徐文珊著

中國歷史文化 國父思想綜合研究集

中國歷史，是中國人以中國文化精神所創造。

也就是歷史是文化的結晶體。某種文化創某種歷史；

某種歷史必由某種文化乃能造成。

不能假借，不能誤解，乃自然趨勢。

本專題研究承
本書之出版
中山學術文化基金董事會之獎助
補助

謹以此書奉獻
中華民族列祖列宗以及
全國同胞海外僑胞
並以答謝
師友之教益
上慰
先父孝廉瑞徵公
先母高太夫人在天之靈

徐文珊

這是國民革命第一烈士陸皓東先生所創制的中華民國國旗

中華民國國旗，乃採自先烈陸皓東青天白日旗所設計，該設計經同盟會修訂為青天白日滿地紅國旗。

國旗的青色是表示高大的青天，白色是表示光明的白日，用以象徵我國家的偉大；紅色是表示中華民國乃由無數革命先烈的熱血創造出來的。

那光輝四射的十二道光芒，一面表示我國家民族一天天發揚光大；一面表示我國民每天十二個時辰，都要自強不息地努力奮鬭，使我們的國家永遠如青天之不老，如白日之輝煌！

這是 國父孫中山先生親自撰寫的

中華民國國歌

它象徵自由平等博愛

國歌

象徵中華民族性的國花

有色有香傲霜雪經冬不凋

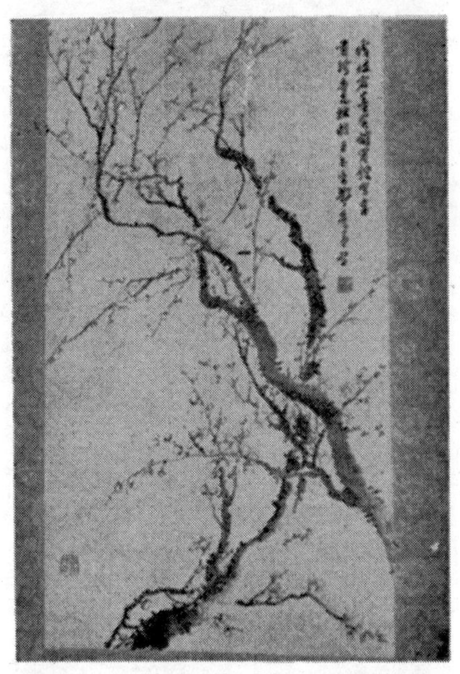

此圖係友人馮述先先生）盦
盧（繪贈作者之件）貢珍係
作者當時所用之別號（

此圖係古代名家
所繪具蒼勁古老之氣

疎影橫斜水清淺
暗香浮動月黃昏

中華民族共同始祖

黃帝軒轅氏

他領導我們建國定居
他領導我們開始文化生活
同胞們不要忘記在黃帝面前我們都是一祖之孫

中華民族的文化中心
大成至聖先師孔子

同胞們，不要忘了，在孔聖面前，我們大家都是一師之徒。

天不生仲尼，萬古如長夜。

宋，唐庚（字子西）

孔子紀念歌

徐文珊

大哉孔子　大哉孔子
爲人間之至聖　擅天縱之英明
聚山川之靈秀　集羣聖之大成
不厭不倦　博學多能
倫理道德　萬古所宗
一貫大道　修齊治平
老安少懷　天下爲公
巍巍乎我夫子　巍巍乎我先聖
天將以爲木鐸　人共仰爲晨鐘
世衰道微兮爲砥柱
漫漫長夜兮有明燈
漪歟偉矣　大成至聖
天人合一　世界大同
漪歟偉矣　大成至聖
千秋萬世　仰止無窮

中華民國國父孫中山先生

中華民族的政治導師：他替我們創制了立國寶典

同胞們請記住在　國父面前我們大家

都是一位領袖的羣衆一個主義的信徒

中華民國國訓

忠孝仁愛信義和平

中華民國各級學校共同校訓

禮義廉恥

錢序

竊嘗謂民族之形成與其發展，雖出多端，而惟文化陶冶之功為大。尤其我中華民族，擁有人口之多，所占地面之大，與夫其歷史緜延之悠長，舉世無匹。益見民族之與文化，一而二，二而一，實為相融交成，一體而不可分。論及文化，則當以歷史為主，學術思想為副。學術思想之就實表現為歷史，歷史之一脈貫注展演愈複雜，推擴愈廣大，而不失其中心精神之所在者，厥由於學術與思想。而光大學術，主持歷史，使此文化益臻於篤實光輝可大而可久者，則在人物。人物事為之與學術思想，是亦一而二，二而一，其表現為歷史，其成績為文化。而在其背後，則可窺見此一民族心性之特點。抑歷史以往之展演，必歸宿於當前之社會，而社會當前之活動，又展演為以下之歷史。歷史有成敗興衰，社會有隆替治亂，此亦一而二，二而一者。欲考論一民族之展演與其前途，則以往之歷史，當前之社會，以及流貫散布於此社會與歷史中之傳統學術思想，與夫代表此傳統而踐履，而發揚，而斡旋，以為此社會與歷史之主幹與領導之人物，皆當分別而觀，會通而求。而此民族所居有之土地，乃此民族文化生根發脈所在，乃此民族之主要天賦，亦不當忽。上之五者，乃考論民族文化之主題，而前四者尤為其重點。由此乃可以預卜此民族之命運，指示其當前努力之方向，以期不負此天賦而善盡夫人事。今者，國運方否，民生日瘁，昧者不察，往懍懍於當前之遭遇，而不知深求之於以往之經過，或則拈其一節，而忘其全體。大病在身，當得醫者作一總檢查，而後病況可知，刀藥可投。及門徐君文珊，著為中華民族之研究一書，主要即在討論文化，而能縱觀全體，於我上舉五者皆所論列，庶乎其異於憑虛立論，舉偏概全者之所為，余故樂而為之序。至其書中取捨詳略，輕重得失之間，則俟讀者之自得之。

中華民國五十八年四月，錢穆序於臺北外雙溪之素書樓

自序

一

本書的出版，在作者本人來說，是一件大事。因爲這是我多年蓄積的心願，用最大的功夫，竭其所知所能，作爲對國家民族最大的貢獻。由客觀立場，用冷眼來看，儘管不够深入，不够充實，談不到貢獻；但在主觀立場，則已盡了我最大的力量。根據過去的經驗，自然我深知，再假以時日，十年讀書，十年思想，寫出來會比現在爲稍深入，稍充實。我非不知道，但不能再等候。一則外在的事實，不容我再遲延；國家民族的命運，已危在旦夕。二則內在的條件，也不容我再等待。按理，六十多歲的人並不老，但在我，能活到六十多歲，已經出乎少年時代所預料。因此，雖明知其不够深入，不够充實，也只有先以初版問世，外以待於師友之教益，內而本此基礎更求擴充。如以成功不必自我的立場看，則拋磚乃能引玉最低限度，留此未竟之業，啓此爲學報國之門，以示後昆，則愚公移山之事未嘗不可見之行事，成爲事實。本此宗旨，乃毅然付梓，以就教於賢達。

二

就題目言，此爲一極大題目；就內容牽涉學科言，又是一極廣泛的範圍；就所欲求得的結論言，更是極難解答的問題，極難肯定的結論。皆非作者所能勝任。但我却這樣作了。此非無自知之明，乃因此一問題是這樣的性質，應該這樣作。換句話說，不由此入手，不能抓住問題的核心，得不到答案。作者此書，並非謂已求出答案，已解決問題，也只是指出一方向，開始一奠基工作而已。內容所論，看作引論也可，看作愚者之一得，也未爲不可。

排解爭端，要大事化小，小事化無。研究學問，却正相反：要小題大作，不可大題小作。因爲小題大作可以充實，大題小作即難周備。本書却又正犯此病。就是說，這是一個大題目，不容易作好。自己知道，所以一開始，即不敢小作。盡量求充實，不求急功。也就因此，本題之研究，以及本書之撰著，歷時極久，準備時間極長，參考書籍亦頗多。初稿寫成，置之案頭，等待補充修改。也有一小部份稿件，先在期刊發表，測驗反響，接納善言，以爲補充修改之地。就思想之醞釀，問題之探討，計劃之釐定而言，民國四十七年已經開始。至着手寫作，則始於民國五十二年。到本年出版，前後合計，已滿七年。中間雖有短稿另成小册，不免就延時日，但內容性質不出本題範圍，原爲本專題之一部份。由附庸蔚爲大國。其動機多屬被動應邀而作，如「中國古代教育思想與　國父教育思想」一文，應各界紀念　國父百年誕辰籌備會之邀而作。「四書發微」則係應維新書局之邀而作，只有「中國史學概論」一書，係自動由書中史學稿擴充成爲專書。雖不免多耗若干歲月，但由此可以看出，作者在本專題研究中，一種實事求是，認眞不苟之精神。

就動機言，究竟我爲甚麼決定研究此項題目？追溯起來，應歸納爲以下三因：

第一，多年來研讀本國文史，饒有興趣，富有情感，由自愛而自尊，不期然而然，對國家民族發生一種堅定信心，認爲只有我中華民族才是世界上最優秀的民族，最有前途的民族。因而不僅在心理上與民族結不解之緣，亦在行動上以民族利益爲最高嚮往。但是現在我中華民族却陷於極危險的境地。而環顧國人，對自己的文化，並不都那麼起勁。自尊心，自信力，也不都那麼强烈。今天我們的科學落後了，但落後的也只是科學，並不是一切落後。今天的邪惡勢力共產主義在中國得勢了，但邪惡終究是邪惡，正規終究是正規。俗語說「邪不能侵正」。邪惡勢力縱能得逞於一時，斷不能維持於永久。目前的局勢本不足以使我們將自信心動搖，自尊心放棄。相反的，我們正應在此時發揮自信力自尊心，以爭取民族之生存發展，使邪惡勢力提早崩潰，豈容我們先自氣餒？但事實上却不免偶有此種現象。因而欲追求此項心理之來源，而思有以挽救之。此其一。

第二，近年在臺講授三民主義，　國父思想，一面自己進一步研究，深得教學相長之益。論其所得，首在對　國父思想之瞭解，使我由衷欽敬其爲人，以及其思想學問。愈研究愈見其宗廟之美，百官之富。他的學問是有本之學。他的學問之本就在於中國固有文化。他寖染於固有文化而不自知。引經據典，脫口而出，人人可見，這是表面的。其精神，其思想，其風度，無一不是中國精神的融合，而自然流露，不着痕迹。這是內蘊的。究其所以然，是由於他對此有甚深之研究。他以此爲基礎，進一步吸收世界知識。面對當前現實，表現出中華民族的全部精神與知識能力。並爲中華民族，以國民革命挽救其災難；以全部遺教，指出其復興圖强的途徑。這就是　國父之所以爲　國父。由此我深深瞭解，歷史文化就是民族的靈魂；欲瞭解民族，必須由此入手研究；欲復興民族，也必須由此入手。如由　國父思想中抽出中國歷史文化，即不成其爲學問，不成其爲　國父。由此類推，中國學人不由此入手，打一根基，即爲無本之學，不成爲眞正的中國學人。

其次，是中國的歷史文化，有其極深厚的潛力，極高的價值，不容我們忽視。最進步，最適合現代的國父思想，是由中國歷史文化所鑄成。它不僅培育民族得有今日，也能支持促進我民族於未來。不僅中國人有此信心，世界開明人士，也認爲只有中國文化有其無窮價值，無窮力量。所以科學發展到太空，世界局勢險惡至此地步，仍爭相研究中國的歷史文化。這就足使我們警惕了。假如只看人家研究，尊重，而我們自己却袖手旁觀，就愧爲中國人。裏面自己的感覺，外面的刺激，使我不由得不發憤。這樣就促成了此項研究的決心。

由清末到民初五四運動打擊激盪，繼之以共產主義的摧毀，中國歷史文化在中國人心中大大受了創傷。到今天未能恢復。所以許多人對自己的精神遺產不僅所知甚少，亦不感覺興趣。甚至以鄙夷眼光視之。今天的病，此為病根；今天的問題，此為核心；今天自救救人的途徑，也只有這一條路才是根本。因此，為求瞭解　國父思想，為求挽救學風，改變一部份人的觀感，下了這一決心，從歷史文化中求對中華民族有所瞭解，對　國父思想有所瞭解。同時也把風氣鼓動，把心理改變，使固有文化得以宏揚，民族因而復興。這就是我的最大願望。

第三，用歷史眼光看，共匪之竊據大陸，為有史以來未有之奇變，民族生存最大之艱難。用文化眼光看，又正是中國正統文化之大反動，總反動。民族艱難能否克服，文化反動之能否制止，成為對民族的總考驗。能之則生，不能則死。由歷史證明，我們有此能力。就文化上研究，我們有此把握。不倚賴，不期待，自己的問題自己解決。假如問題單純，只限於我們國內，不待到今天，問題早已解決。不幸的是，中國問題與世界問題緊緊連結在一起，中國問題成為世界問題的一部份，已不能單獨解決。只有與世界自由民主國家合力，以求共同解決。因而把我們手脚拖住；有能力，有志氣，而不能單獨施展。而世界問題又恰巧和原子武器攪在一起，人類大毀滅的恐怖又拖住了世界自由民主國家的手脚，因此拖而又拖，延而又延，以至今日。在這種情況之下，就更加重歷史文化的重要性，而不能期待於武力。我們在今天放眼縱觀世界大勢，不能不使我們中國人加强責任感與自信心，認為今天的世界局勢固然極其險惡而複雜，但險惡複雜中有一中心。如問此一中心何在？則我敢說仍在歷史與文化。那麼如欲在此得到解決，則我們又敢說，我們中國，中國民族，中國文化，乃是中心的中心。雖然在自然科學上，在武力競賽上，我們並不領先，但我們認為問題的核心，並不在科學與武力上。並且愈是競賽的激烈，愈要另求其解決之道。用大的眼光看全盤的問題，就可自信，只有我們中國有資格負此責任。這就是我選擇決定此項問題的第三種因素。

主觀客觀條件，都集中在中華民族上，也就是集中於中國歷史文化的研究上。責任感不許我推諉，也不許我避重就輕，選較容易的題目作。於是權其輕重，量其緩急，不放棄自己的責任，不丟棄自己的寸長，而決定了這一最大最難的題目，作爲我對國家民族的些微貢獻。

抗戰時期，在重慶中央文化運動委員會，由張主任委員道藩主持，編纂「偉大的中華」小册一種，採集體著作方式，以海外華僑爲主要讀者對象。因工作崗位關係，由作者任約稿籌編之役。最後推請趙友培先生依專家原稿綜合整理，重新改寫。他以生花之筆，作深入淺出之文，體例劃一，文字一貫。到臺灣後，由文藝創作出版社出版。惟因篇幅太小，未能作到詳盡，於實際問題亦未加以探討。作者雖與其役，但覺各方面均有未盡。且勢異時移，今不比昔。因依初旨，擴充範圍，改變體例，成爲本書。

三

問題的研究，文稿的寫作，都是從歷史開始。中國歷史悠久，史籍浩繁，無法一一通曉，只有作重點的研究。於極盛極衰，極優極劣，變動極大……等處，較多注意。另一方面，則於潛在力量，無形作用，加以默察深思，求其對民族生存所發生之影響。在叙述時，則置重點於盛世與優點之揄揚。於其缺失則以沉痛心情加以檢討，如實指深，藉作前車之鑑。不嘲諷謾罵，不諱疾忌醫。以期前事不忘，可作後世之師。至五千年進取創造之輝煌史蹟，則史籍俱在，史教有傳，非本書所能盡其萬一，固可得而略也。本書所論，大率史籍所不載，史教所罕傳，而作者由史籍史教之中，研精覃思，得之於心，應之於手，認爲當資瞭解與警惕者，予以擇要提擧而已。此可視爲作者對中國歷史之觀點與態度，而不能看作史事之叙述，史學之研究。

次論文化。

就文化本身而論，爲一極其廣泛豐富的學問。可以說由天文到地理，由鬼神到人事，由精神到物質，無所不包。尤其是中國文化，不僅廣泛豐富，同時又極高深優秀。大膽的說，幾乎沒有人能把它講得完備周到，而又恰當，能使人人首肯。加以用文化作範疇，從事硏究探討，成爲一種專門學問，乃是最近幾十年的事。由學術眼光看，此一新興學術之發展，爲一種進步。更進一層，欲將歷史趨勢提高，欲將民族復興，更不能不從文化上着手。現在文化學發達，即證大家對此有共同認識，是一種好現象。不過要將它硏究好，却不是一件容易事。有待於大家共同作進一步的努力。

作者淺見，認爲中國文化爲中國人所自創，同時也就在中國人身上實行，應用。事實上它是融入中國人日常生活中，不知不覺的表現出來。中國人有中國人的性格，風骨，與習慣，這就是鑄成中國文化的先天條件。因此要瞭解中國文化，必先瞭解「中國人」。這是根本。對中國人瞭解不够，就不配談中國文化。此其一。

中國歷史，是中國人以中國文化精神所創造。也就是歷史是文化的結晶體。某種文化創造某種歷史；某種歷史必由某種文化乃能造成。不能假借，不能誤解，乃自然趨勢。因此，欲瞭解自己的文化，必須由自己的歷史上求解答。不能假借外人望風捕影的說法，歪曲自己，以致自誤誤人。此其二。

表現文化精神，傳達思想的工具，口頭之外，就只有靠文字。口頭的言語一霎即逝，文字則能行之遠傳之久。並且可以如實保留，可能使它不走樣。因此，從書本上硏究，爲主要途徑。除此以外，就只有從古今使用的器物上，社會制度與人民的生活上，思想上，風俗習慣上，求得某一部份面相。總之，在硏究工作上，可資利用的資料很多，但究竟以文字爲主。也正好，我們的書本多，典籍豐富；四千年前的古書，現在仍然能看到。雖然歷代多有散失，但主要書本大體保存。此民族之幸，使我們在硏究工作上得到許多便利。也就因此，本書取材以書本爲主要資料。其他都用作輔助。

基於以上瞭解，本書的研究，乃從多方面着眼着手。雖明知範圍牽涉不宜太廣，但爲求接近眞象，使結論不致太空泛起見，不惜曠日持久，多用功夫，多讀書，多參考資料；不輕於判斷，不輕於定稿。**爲了瞭解「中國人」，增入民族性，與中國社會，中國人物，中國人口，中國藝術……各篇。爲了瞭解中國歷史，增入民族起源，民族融合，輝煌史蹟，以及歷史的轉變各篇。**

研究歷史的往往忽略於地理，殊不知地理條件是構成民族，創造歷史的先天因素，不容我們忽略。所以本書特闢專章，把我們所生長食息的家園，作一概括的敘述。同時也藉此激發國人愛國愛鄉的熱情，只可惜時間與篇幅，不許可我們在此方面用過多的功夫。但此一方向在此指出了，門徑也在此開啓了。照此方向，由此門徑，繼續前進，則是以後的事，也是大家的事。

在研究方法上，有許多大家所未用過的。看來不免有新奇之感。例如要瞭解民族，除歷史文化以外，並及於民族性，中國社會，中國人物，人口，藝術生活等等方面。我覺得這些事項都是民族的自然流露，越是不知不覺的表現，越能見出眞象。所以這些一般人所不注意的地方，我却越加注意。這是本書的一項特點。

文化的內容雖然極爲豐富，但中國文化長處在於精神方面，不在於物質。問題的根源，也在於精神而不在物質。求補偏救弊，求發展，也是精神重於物質，精神難於物質。自然在本書研究上，不容我們不把重點放在非物質的精神方面。我們深信，精神方面得到解決，物質方面一切都可迎刄而解。如從物質上着手，輕忽了精神，則不僅不能得到眞象，不能由物質而解決精神問題，甚至相反的，將如治絲而愈棼，使問題更加嚴重。不但不能救中國，救世界，反而將助長兇燄，加深人禍，適足爲害。因爲精神爲本，物質爲末，我們只能求以精神解決物質，控制物質，斷不能以物質控制精神。中國文化是：「天定勝人，人定亦能勝天」。我們在此着重的是人定勝天，而不是天定勝人。人定勝天就是精神決定物質。只有野心家才强調物質，强把精神力量抹煞。物質不能解決精神上問題，事實已明白的擺在我們面前。所以歸結起來，無論從那方面講，也不能不置重點於精神方面的文化。本書即本此旨，先將中國文化作一概括叙述之後，即分門別類，儘可能作一比較深入的研究，予以系統的叙述。於抽象中求具體，又於具體中作抽象的說明。避免抽象玄虛，但終亦不能完全免於抽象玄虛。不過在理論上力求與現實相配合，相印證，不以談玄說理爲能事耳。

四

就本書內容與體例而論，大前提是爲研究中華民族而作，一方面求對民族有進一步的瞭解，一方面要由此項瞭解而研究民族未來命運，希望研究出一條共同致力的方向，以掌握命運，而求復興圖强之道。據我們研究的結果，認爲一切以歷史與文化爲中心。其次，國父思想，大家已公認爲救國建國，乃至救世界人類的最高指導原則，並已定入中華民國憲法，列入各級學校課程，定爲全國人民共信共行的道理。究竟國父思想怎樣構成？它的特質是甚麽？特徵在那裏？這是我們必須知道的。因此本書另一目的，即同時由此項研究對國父思想求得進一步的瞭解，以期在思想上步趨發展，在行動上有所依據。研究的結果，我們確知國父思想即以歷史與文化爲中心，他的研究，他的結論，一切歸結到歷史文化上。這樣又使我們的信心更加深一層。因此本書大前提雖僅一個，內容重點却有三項：

第一、是歷史。在歷史方面自然無法在本書中一一介紹事實，只能由事實中擇取特點，加以標舉，予以闡釋說明，已略如前述。凡屬盛衰之因果，演進之跡象，趨勢之升降，理則之印證，於必要時加以解釋。如以之與史書所講事實配合閱讀，或可得若干助益。

第二、是文化。在文化方面比歷史用力更多，敘述更詳。橫的分析，縱的演變，乃至在生活上的表現，都盡量加以研究。並按輕重先後排成系統。實爲重點的重點，中心的中心。欲窺知中國文化之概略者，未始不可以此爲津梁。大膽的說，**就是此書實可爲作中國文化研究看。**

第三、是　國父思想。若干年來時賢研讀　國父思想，由民權民生方面入手者多。由民族入手者少。講民族也很少由歷史文化上着眼。在臺灣實行三民主義，也是在民權民生兩方面用力較多，成效較著。此並非大家對民族主義忽略或輕視，乃因民族問題全在精神，比較抽象，不易抓住致力重點，或具體工作。遂致民族精神不能重振，民族道德不能恢復，社會風氣亦未能改革。究其實，三個主義之中實以民族爲其根本。蓋精神不振，意志不堅，許多努力都不易收效。作者有感於此，所以着重於民族主義，而民族主義之中又特別着重於歷史文化。我覺得必這樣作，方合於事實，亦合於　國父思想精神。又本書於　國父思想並不重在歷舉其各方面之主張以及理論之介紹，因遺教全書具在，不待本書之詞費。**茲編所述，重在其思想上之特點，方法，淵源，以及風度……等等。希望藉此表現其崇高偉大。就效用而言，亦在在足資吾人取法。所以篇幅雖不太大，但全書實均不出此範疇。其作法却與時賢不同，所論亦多一般書中所未見。**

本書重點既如上述，即比較偏重於古代。又以古代文化　國父思想合併研究，亦另有其深意。古代究竟是古代，現代究竟是現代，我們今天所處的是現代社會，所當的是現代局勢，所行的是現代政治。但追根究底，這現代是怎樣來的？局勢是怎樣構成的？我們應該有所瞭解。　國父思想怎樣來的？對於現代局勢有怎樣的作用？在現代思想界學術界有怎樣的價值？他對中國古代的一切，又是甚麼態度？這更是我們要知道的。掉轉過來說，中國古代歷史文化到現在實已結晶爲　國父思想，但在這結晶之中却含有極重大的轉變演進的意義，既不是由古代突轉爲現代，兩相脫節；又不是依樣葫蘆，完全承襲。在這中間却需要高瞻遠矚，以歷史修養，民族立場，世界眼光，最新思想，以一種大手法，作承先啓後的大事業。**在古今**

兩時代中間，要有一種接筍工作，使上下銜接，不致如方枘不能入於圓鑿。歷史既要前後不斷，社會又不能突轉，於是這新舊轉變關頭，接筍工作極爲重要。國父有此識力，他緊緊掌握此一機運，切實計劃出多種接筍作法。舉例言之，革命方略中列訓政時期，即爲明證。政治建設必先作地方自治，也有同樣意義。本書即本此旨，將兩時代交替的自然運會，人爲的工夫，以及舊文化與新思想的關係，特別指出，加以標榜說明。再舉例言之，歷史篇中特闢專章論述歷史的大轉變；文化篇中特述華人洋化考，皆是。在 國父一方面，又另闢專章闡述「舊社會的解組與新社會的建立」，兼及 蔣總統所提示「整理民族文化遺產，改革民族習性」。這都是兩大偉人掌握機運的大識見，大手法。他們把轉變時期應把握的重點指示給我們，方向標明給我們。不可輕忽視之。用特大力標榜，此又本書之一大特點。此外，淺見認爲我們對 國父思想應作下列四種看法：一是中國歷史趨勢的提振，二是中國固有文化的宏揚，三是舊文化新文化過渡交替的掌握，四是世界文化之接納，與民族命運之決定，遠景之標擧。至於他在思想本身上之種種特點，則散見於各章各節。

五

無論歷史與文化，都不僅在於探討與說明，尤重在優點之保持與發揚，缺點之補救與改正。至於我所說的優點是不是眞正的優點？還有沒有更好的優點未能提出？缺點是不是眞正的缺點？在我自己都不敢斷定。只有等待讀者來批評指正。但有幾點要說明的，首先是一個人研究所見，所得，總不免有所宥，也不免各有其爲學重點。不敢說十全十美，完備無缺。我有所宥，我知道。我有我作學問的重點，我也知道。至於是不是有所偏，恐怕也不能免。但我却力求避免。也力求擺脫我之所宥。這是要說明的第一點。其次，因爲所研究的問題是我們自己的，先天上免不了一種敝帚自珍的心理。也就是不能免於情感作用。作學問貴乎理智清醒，頭腦冷靜，我非不知道。但**這主觀的立場，客觀的事實，當前的局勢，使我無法把情感拋却得乾淨**。同時在我的感覺，現在許多人，正因爲缺乏一種內在的情感，以致對自己的一切不肯作深入研究，缺乏瞭解，因而不感覺興趣。想到此處，**遂寧使偏於情感，不願以冷漠超然的態度去從事。自然更不肯以冷嘲熱諷態度隨人俯仰，幫外人罵自己。坐此之故，文中不免偶有情溢於詞處，讀者如認爲功，則當引爲深幸；如認爲過，也甘願領受**。無論爲功爲過，在我自己，出於自然，心安理得，於願已足。如許我自作批評，則前面所說，不够深入，不够充實，所不能免。**肝膽照人，熱情撲面，一字一句，皆由內心深處傾吐而出，則敢告無愧**。這是要說明的第二點。

在觀點與論斷上，固不能免於有或偏。但我要鄭重說明，**本書中所提論點，都是自己讀書，觀察，由心中嘔出的見解。以濃厚的責任感，純正忠實的態度提出。不抄襲，不人云亦云；謹愼小心，非有確實把握，不敢輕易提出，不作肯定判斷**。由讀書而得到某種啓示，自然很多。掠人之美以爲己說。則我不肯。引人成語，採人成說，必註明出處，其未有註明出處者，皆作者淺見。**這些淺見儘管浮淺，但得來却也並不容易**。**這都不是前若干年學力所能道出**。有些是積存胸中多年的疑問，由讀書思想而得解。有的則是由近年講授 國父思想，研究文史與三民主義，所得的瞭解。在課前課後，準備整理，固有所獲。更有時在講演時，靈感忽至，有如禪宗之頓悟；講來講去，左右逢源，前後貫通，如有神助。就在此時，我得到進步了。衷懷愉悅，不可名狀。數十年教學生活，此爲一樂。至於古人所謂文思三上：馬上、厠上、枕上，具有同感，均有所獲。惟應再加講壇上耳。今人不騎馬，却有時得之路上。厠上較少，枕上却多。往往於睡眼矇矓中躍起記錄。或苦不成寐，而文思則滾滾而來，不能自已。如此者屢，非出偶然。積之既久，所得漸多；排比連貫，補綴刪改，再四再三，漸臻豐富。事後檢點，似亦不無可採。惟一改再改，久久不能定稿耳。經驗告訴我，教學固可相長，即作、與學，亦未嘗不可相長，倘我不從事寫作，即不能得現在之進境。此則不期然而然，不蘄至而至者也。就寫作之動機言，應謂為意外之收穫。

六

就個人生命而言，可以說我這一生都生活在憂患中。我生於清末，長於民初，壯於民國半世紀。在此期間，內憂外患，紛至迭乘，此起彼伏；六十餘年，迄無寧日。戰亂時多，平靖時少。可以說沒有一天安定日子。愈近老年，憂患愈深。眼看着自己的國家民族，由過去的輝煌壯大，一天天陷入危險艱難之境，成為多災多難的可憐蟲。危機嚴重，局勢險惡。並且問題繁複，不僅在表面，亦在裏層；不僅在武力，亦在文化；不僅靠政府，尤靠人民。但**就在這六十多年中，我民族就在重重憂患中創造過奇蹟，表現過威力，發揮過沉潛堅忍，不屈不撓的性格。並在變亂不安中得到若干進步。單就我直接目擊身受的而論，已稱得起波瀾壯濶了**。自然也不免顯現若干因循泄沓，不很理想的弱點。不過就在此時，我已親見親聞，親身體認，我中華民族之不可輕侮，不可忽視。無論從那方面都可看出。讀歷史固能以古察今；反轉過來，看今天也同樣能以今證古。由此類推，當然也可以查知未來。所以孔子說，「殷因於夏禮，所損益可知也；周因於殷禮，所損益可知也。其或繼周者，雖百世可知也。」（論語為政）歷史的價值在此，讀歷史的作用也在此。此歷史之所以可貴。不過截至本文着筆時止，尚未見禹甸之重光，億萬同胞倒懸之解。再一想到，共匪禍國，與過去之匪亂不同。他們不僅有國外背景的支持，且以外來邪惡思想，淺薄幼稚的作風，要整個斬斷中國歷史，根本摧毀中國文化。甚至要將所有中國衣冠文化之族，變為禽獸不如的畜類。據我們在臺灣所得的大陸匪情，二十年來，他們已把中國社會，中國風俗習慣，優良傳統，一切連根拔起。舉目所見，已不是人的世界。同胞所受，已不是人所應受的痛苦。這些慘不忍睹，暗無天日的現象，我們幸而在臺的人，都未親眼目睹。不過僅就在臺所聞見，已使我們怒髮上衝，不能須臾忍受了。更不幸的是，天禍中華，不讓我們喘氣，不讓我們在每一次大破壞之後，略事休養生息，從事建設。猶如一個人在大病之後，元氣損傷，而不使他休養進補。這還不算，災難重重，一次比一次緊，一次比一次重大，性質也一次比一次複雜而嚴重。克服起來，也就一次比一次艱難。近來索性把中國問題與世界連在一起，使我們欲用自己的力量，解決自己的問題而不得。好像是老天有意同我們中國開玩笑。這就是面前我們的局勢。

在近六十多年，這史無前例的非常時期，我對國家民族貢獻了甚麼？我簡直不敢想。如果說，在過去是交了白卷，我又不甘心。如果說有了些微貢獻，則又舉不出具題事實。僅僅在崗位上負責盡職，那是每個人的根本立場，談不到貢獻。既無「上馬殺賊」之功，又無「下馬草露佈」之效。最多亦只於抗戰時編撰書刊，口誅筆伐，以鼓士氣，勵民心，從理論上抗日反共，作精神動員工作而已。至於近二十年反共戡亂時期，局勢之險惡，問題之嚴重，性質之殊異，皆遠過於前。而貢獻力量，報効國家的途徑，遂亦異於曩昔。就作者而言，自隨政府來臺，目睹國內外情勢，變化萬端，而危機則日重。憂心如焚，而時局表面則平靖。默察沉思，核心在於思想與文化，而武力與政治經濟不過運用之工具。斬草要除根，擒賊要擒王。為今之計，從根本上作釜底抽薪之計，使禍患消化於無形，化干戈為玉帛，斯為善之善者。次焉者，則以攻心之戰，喚醒迷途者使之知返，昭蘇國魂，恢復人性；進而瓦解頑敵，當大有助於反共。最低限度，亦當以眞理闢邪說，以正統思想，中華文化斥共產謬論；痛陳利害，彰顯是非，期以我以精神勝彼之物質。內而喚起全體同胞，由自尊而自信，由知恥而有勇；外而號召友邦，攜手同行，共同以中華文化制彼邪惡，扶我正義，以菩薩勝魔鬼，以王道致太平。竊自思忖：荷槍實彈，我既不能；政經建設，亦我所短；以文化思想作攻心之戰，在我或屬寸長。因竭其所知所能，朝此方向邁進。期以向晚之年，作野人芹曝之獻。於是在教學中學習，在學習中思想，在思想中搜集資料，參考圖書，從事研究。以中華民族為範疇，以歷史文化爲主體，以復興中華，拯救世界爲最大目標。日積月累，所得漸多，見解漸深，系統計劃亦漸漸具體。於是分題試撰，信筆之所之，思之所及，草成初稿，置之案頭，以待補充修正。有時偶在期刊披露，輒得同情推許。因而信心益定，勇氣倍增。積之既久，成稿漸多。然對此項全盤計劃，尚未就正於高賢。閉門造車，不知是否出門合轍也。

民國五十五年，中山學術文化基金董事會成立於臺灣。由紀念 國父孫中山先生誕生百年，從事於中國學術文化之研究探討，藉以表揚 國父思想之淵深博大。適於此時，各界共同發起，請 蔣總統領導，復興中國文化運動。期以精神遺產之宏揚，促成起死回生之大業。可證人同此心，心同此理。瞻望前途，雀躍三丈。不禁額手爲民族慶。嗣由中山學術基金會公開徵求已未完成之學術研究著作，分別審核，予以獎勵或獎助研究。揆其用意，既與拙見相吻合；觀其條例，亦與此作無牴觸。爰即以全盤研究計劃送請審核。乃承推許，認爲有研究價值，許以二年爲期，予以研究獎助金六萬元，分四期撥付。協議既成，欣喜過望。獎金事小，同感事大。物質上固得資助，精神上鼓勵尤多。自此益加努力，以期如限完成。實際說，此項大題目，並非兩年所能完成。中山學術基金會此一時限之提出，當由計日程功，以及獎助金給與種種問題上考慮決定。若純由學術立場而言，則此兩年期限未免過於迫促。假如我未有前數年之準備，實不敢輕於同意。現在幸已如限完成。倘時局許可，程期可展，則再延三年或二年，當可較爲充實與深入。不過以初稿刊行，廣求教益，以待再版時擴充修訂，亦未爲不可。

七

本書在編排方面，有的作了大膽的嘗試。也有的需要向讀者說明和致歉意的。

第一，是挿圖。書中挿圖的一般作用，大家都知道。除此以外，我認爲文字的敘述，是隔膜的，間接的，所以盡可能多插一點圖片。

第二，是標題。本書卷帙稍重，篇幅亦長，每篇文字也都在兩萬字以上。要等一口氣讀完一全篇，才能得到內容要旨，根據自己的經驗，在讀者心理上有一種沉悶，緩慢，不顯豁之感。因此本書除了依慣例，在章節開頭標註大題之外，又有時在大題之後加標小題。如有必要，每段首行再以顯著字體標明段落要旨。又每一段中，希望請讀者注意的文句，為了避免滑眼看過，也用顯著字體標出。這是一種未有前例的創舉。大膽，嘗試，希讀者諒解。再補充一句，即標題不用呆板形式，不專作報告，也注意於情感的煥發，意義的標舉，優點的揭露。因此不惜用比較刺激而富有感情的文句標出。這樣就有時不像文題。嚴格講，不合體例。但我覺得，著書目的在效果；為達成效果，不妨將體例變通，靈活運用。文字如此，圖片也是一樣。這又是一種嘗試。

第三，是命運篇。書中正文，以敘述與說明的為主。偶有淺見，有時順便提出。至於全部主張，在作者認為與民族命運直接有關的問題，應由全民族共同努力，以共同決定民族命運的，一起納入命運篇；亦分章分節，按題敘述。雖屬個人淺見，但都經深思熟慮，依據固有文化之精神， 國父的思想，當前的需要，以及 蔣總統的若干指示。實為本書最後一項重點，也可說是作者嘔心瀝血，對國家民族所盡一份責任。為功為過，皆待讀者之定評。不過口鋒間容有過火，評論中語氣稍重，或難避免。惟皆出於至誠，發自內心，為憂國憂時而作。只對事，不對人。有熱情而無意氣。其心無他。想獲亮宥。蓋德不孤，必有鄰，古時已有明訓也。

第四，本書之撰著歷時甚久，各文先後撰寫各自成篇，自為起訖。間有在期刊發表者。徵引古書，行文用語，均不免雷同。合編以後，刪削修改，至再至三，似仍有未盡。亦有時必欲刪削即傷文義。遂僅縮減文句，未盡削除。因之不免偶有文句重複之感。敬希讀者鑒諒。

八

古人著書，或爲立訓垂教，惠澤蒼生，或願藏之名山，傳之其人。亦間有明知其所言不能見容於當時，而立言不爲一時。（如顧炎武）事雖不同，其意則一。皆以聖哲之資，垂不朽之業，成爲中國文化史上一顆顆明晶，將中國歷史照亮。這是古代聖哲的往事。今人著書，動機不同，不能縷指。要之，爲現實應用者居多。作者此書，不敢與於著作之林，只爲如鯁在喉，必思一吐爲快。不求垂後，只求盡其在我。如獲一二知音，予以同聲之相應，同氣之相求，進而同德同心，攜手共進，則如空谷中聞足音，精神上不孤寂，於願已足。倘更能得賢明當道，行其一言，著其一效，則數十年努力爲不虛，民族復興有利賴，更喜出望外矣。

本書作者徐文珊近影

河北省遵化縣
東海大學客座教授
臺灣省立臺中商業
專科學校教授
蒙國恩抗戰勝利後
受勝利勳章

本專題之研究，承中山學術文化基金董事會之獎助，本書之出版，又承該會之補助部份出版費，使本書能順利完成研究工作以及出版，彌覺欣幸。又承錢師賓四（穆）於著述百忙中賜撰序文。尤爲感奮。關於排校工作，承友好王心平、劉樹幟、孫曾祥諸先生及姪若水之協助，均所感激。至本書圖片之搜集與攝影，多由次子力昌爲之。協助編校抄錄，則命四子漢昌爲之。

中華民國五十八年二月，農曆己酉年元旦，

河北遵化徐文珊序於臺中。

中華民族之研究目錄（又名國父思想探源）

第二章　中國之學術……一六〇

第三章　各科學術之發展……二〇九

第二章　華　僑

第一篇 導論篇

一

——由中華文化瞭解中華民族——

文化是構成民族的主要因素。中華文化是由中華民族所自創。文化與民族品質和性格有關，中華民族有中華民族的品質和性格，這中華民族的品質和性格就是中華文化的先天條件。文化既經創造發達之後，又影響民族品質和性格，可能多少有些改變。文化是爲適應生活需要而創造；創造之後，即促進民族生活，並且隨着民族生存發展而繼續改良，創造，和進步。民族生活有主觀條件，也有客觀條件。生活方式屬於主觀條件；自然環境和外患，屬於客觀條件。這些條件有時隨時代而有變遷，則爲隨時適應需要而文化亦應有若干改進。文化本身是否能適應民族生活，又是否能適應客觀條件的演變，便是對文化的考驗。再把眼光放大放遠些看，民族文化在全世界，全人類中，有無長久與人共存的可能性，也是應該注意的問題。假如有涵容性，即能長久與任何人相安共處；如有排他性，即彼此不能相容，而人類世界即將長期陷於恐怖不安中。又民族自身有無在不安的世界中競爭生存的基本能力，更爲重要。因此，我們可以說，民族是軀體，文化就是靈魂。民族有沒有前途，要看它的文化；民族有沒有排他性，要看他的文化；甚至一個民族在世界各民族中優劣高下，能不能爲所有人類謀幸福，除禍患，也同樣要看他的文化。因此，我們認爲要瞭解一個民族，必從文化上着眼。即自己要瞭解自己的民族，復興自己的民族，也必須從文化上着眼，着手。所以本書以中國文化與歷史爲中心，求對中華民族有所瞭解。所謂歷史，就是文化的表現和紀錄，也是對文化的考驗。就橫截面言，是社會，是文化；就縱剖面言，就是歷史。因此本文提出由中華文化瞭解中華民族的要旨，作爲全書的發凡。

二

中華民族是世界上最優秀的民族，中國文化是世界上最優秀的文化。此非自作大言，而係千眞萬確的事實。由目前的現象看，中華民族正處於低潮，當危運。**但這低潮與危運是由極複雜的因素所造成，並不足以證民族之不優秀。此一低潮危運是暫時的，不難由民族自覺自救而平安渡過。乃至更向前發展進步。又不僅能救我們自己，亦能救世界人類**。此亦非大言，而是必然之理，當然之勢。

中華民族是一元的，西方民族是多元的。中國歷史是一元的，一統的；西方歷史是多元的，多統的。中國地理是一元的，西方地理是多元的。中國文化是一元的，西方文化也是多元的。一元的有完整性，堅固性，不容易打破。合則力强，分則力弱也。多元的先天上有分裂性，歧出性。這是中華民族，中國文化在先天上所佔的優勢。

由滿淸誤國，民族開始衰落，至淸末而愈深。政治軍事之外，兼及文化學術。從此自尊心受損，自信心喪失。寖假彼此推波助瀾，造成內部自己唾棄毀壞，與外來勢力相激相盪，成內外夾攻之勢。民族元氣焉得而不傷？民族靈魂焉得而不闇淡？不過在這裏我們要知道，任何民族，任何文化，絕不會十全十美，完備無缺；亦不會直線上升，而不廻旋跌蕩。由文化本身看，中國文化有其長亦有其短。由五千年歷史看，有盛亦有衰。此事勢所不免，無足爲怪。乃民族不幸，適以民族低潮衰運，巧遇西方之高潮盛運；又以我之所短，遇人之所長。其顚躓蹉跌，自屬勢所不免。我之所長，在精神不在物質，在內而不在外。張目不能見，舉手不能得。人之長在物質不在精神，在外而不在內；張目可見，舉手可得。於是我所見所感者，皆我之短，人之長。國人不深察，遂主動將自尊心放棄，自信心推出。其甚者幫助外人，打擊自己。遂使低潮更趨於低，衰運益趨於衰。而國勢遂如江河之日下。設非　國父孫中山先生倡導國民革命，則國運已終；設非　國父創造三民主義，大聲疾呼，中華文化已全盤西化。噫！亦危矣！

國父孫中山先生說，「外國人對中國的印象，除非是在中國住過二三十年的外國人，或者是極大的哲學家像羅素那一樣的人，有很大的眼光，一到中國來，便可以看出中國的文化超過歐美，才贊美中國。普通外國人總說中國沒有教化，是很野蠻的。推求這個原因，就是大家對於修身的工夫太缺乏。（民族主義第六講）由此我們可以知道，要瞭解一個民族和它的文化，非一朝一夕可得，亦非僅由表面所能看出。必經長時期體認，深一層研究，慢慢看，仔細看，各方面看，才能有所得。外國人如此，中國人也是如此。外國人因爲不瞭解我們，而對我們嘲笑謾罵，自難深怪，但已非合理態度。我們本國人也隨聲附和，跟人家嘲笑謾罵自己的民族與文化，則情不可恕。因爲彼此立場不同。但是說來奇怪，好像這樣人並不是沒有。我們深深引爲遺憾！

前面說過，我們的長處在內而不在外，在精神而不在物質。不能以精神與物質齊頭並進，融成完整無缺的文化，總是我們的缺點。但這一缺點是近代的事，而非自古以來的根本創傷。中國科學創始既早，發達亦快。由遠古到周末，已臻鼎盛。其說另詳文化與學術兩篇，爲免支蔓及重複，此處不予深論。即就精神與物質而論，雖同爲民族生存所需要，但究以精神問題爲主，爲根本，而物質爲輔，爲末節。物質究必受精神之操縱與控制。有精神即不愁物質。究竟是物質受制於精神，而非精神受制於物質。只有馬克思的唯物論唯物史觀，才將精神壓在物質之下，使之受制於物質。按人類之價值本在於精神；失却精神作用，人類即失其所以爲人類，喪失了人類本有的價值與尊嚴。馬克思必定將精神壓在物質之下，爲對人類一極大侮辱。他將人的精神作用否定，使人類與物質無異；人類價値與尊嚴即完全喪失。自難爲人類所接受。我們始終認爲哲學思想，教育與政治思想是立國根本，是民族文化的基石。豐衣足食，堅甲利兵，究竟受哲學，教育，政治的支配與控制。孔子對齊景公論政，說「君君，臣臣，父父，子子。」景公領悟，他說「信如君不君，臣不臣，父不父，子不子，雖有粟，吾得而食諸？」（論語顏淵）這就很淺近明白的將此項道理闡明。

就精神與物質兩方面比較而言，物質問題容易解決，而精神問題則極難。形而下究比形而上容易着手，也容易收效。物各有理，一物一象，一物一理。物理之中可以分疏，也可以統一。能以類行雜，以一統萬。不必多學而識，要能一以貫之。求則得之，捨則失之。形上的東西既不易着手，更不易在人心理上生根。但必定使文化思想能生根才有作用。這抽象的思想與觀念問題欲使之在全國每個人心中牢牢的建立根基，是何等艱難的事！差幸我們的老祖宗早已替我們民族建立下此項根基，只可惜近年根本已經動搖！又差幸最近政府推行文化復興運動，可望將此根本重新建立牢固。我們除了極力從事於重建根本之外，更需將精神物質輕重問題，提請國人注意。因可破除疑慮，加强信心也。清末張之洞曾說，「中學爲體，西學爲用」，提出體用二義，在我覺得深得文化之旨要。只要我們能掌握住根本，有了體，便可站得住脚。至於用，不難在精神力量推動之下迅速完成，使民族文化臻於完整無缺之境。

假如我們回過頭，看古人心目中的文化整體，則早在尙書中已可看見一項消息，那就是所謂六府三事。六府是金、木、水、火、土、穀。三事是正德、利用、厚生。「禹曰，於，帝念哉！德惟善政，政在養民。水、火、金、木、土、穀惟修；正德、利用、厚生惟和。」（尙書大禹謨）按大禹謨於尙書爲僞古文，無論其爲眞爲僞，要當出自上古。不應遲至東晉。另有考證，此不贅述。就本文看，所謂德惟善政，屬於精神；政在養民，屬於物質。水、火、金、木、土、穀，爲物質；正德屬於精神。物質爲養民而備，精神爲治民而修。所謂正德者，正人之德；利用者，利物之用；厚生者，厚民之生。以德爲本，以物爲用，以厚民之生爲最後目標。可以說有體，有用，亦有歸宿。即此已足證我國文化思想，體系完整，並不畸重畸輕，偏重一端。再就我們可考的先秦思想家兼政治家管子而言，既主禮義廉恥爲國之四維，亦主倉廩實而後知禮節，衣食足而後知榮辱。並興漁鹽鐵之利以富民，立四維以教民。可謂標本兼施，有體有用，精神物質並重。至孔子之去食留信，以及先富後教，亦具同樣精神。可證基本思想本屬完整，不過遞推遞演，未免在正德上用力過多，利用上用力略少耳。此後世之過，非原始精神，先聖初旨。不可不知者也。

三

世界各民族性格不同，自然條件不同，所以文化也不免差異，其結果乃各自向不同方向發展追求。喜歡向上追求宇宙奧秘的，便向超現實的宇宙界發展，因而形成宗教，成爲神的文化。喜歡向下追求自然界物質之所以然的，便向人世界之下的物質研究發展，因而形成科學，成爲物的文化。喜歡向中間人的世界追求人類道理的，便一直向現實界研究發展，因而形成哲學，教育，政治……成爲人的文化。我們中華民族認爲世界是人的世界；人的世界，人的問題，不能向上求神來解答或解決。更不能在物上解決。人究竟是人，所急切待解決的，是人而非神，亦非物。神與物既均不能解決人世界的問題，就只有在現實的人世界本身上去追求，因而形成中國的，也就是人的文化。我們大家都把中國文化稱爲人文的文化，主要即在於此。

向上追求天與神的問題，太抽象，不可捉摸，不易求出結論。更無法求得能使人人首肯的共同結論。所以講天神，講生以前死以後的宗教，遂分成若干種。這許多種宗教各是其所是，而非其所非。正如韓愈所謂，「入於彼必出於此；入者主之，出者奴之；入者附之，出者汙之。」（原道）究竟那種宗教所講是宇宙眞象，無人可以判斷，也就無法可以確切知道。終究成爲不能解決的懸案。只有各是其是而已，亦只有自認爲解決而已。

向下追求物質的問題，應該說不是文化的最高最後目的。因爲物是爲人用的，而非人爲物用。站在人的立場來研究物，不過像中國所謂利用厚生而已。意思是利物之用，以厚民之生。則應以人爲主，以物爲奴，自無疑義。假如在物上用力過猛過多，必致忽略了人，因而成爲本末倒置，忘其所以之勢。又物有物之理，人有人之理；物之理不能通於人之理。則雖瞭解了物，仍不能因而瞭解了人。人爲萬物之靈，而物則無靈。無靈的物容易瞭解，也容易操縱控制。有靈的人則不易瞭解。因爲物是死的，人是活的；忽然而天也，忽然而地也。把握不住，捉摸不定。所以人的問題最不容易瞭解。更不易操縱控制。如捨人而求物，是避難而就易，易的解決而難的仍不能解決。如捨物而求人，則難題解決，而易的便可順勢而決。無何阻障。再進一步講，縱使物的問題得到解決，倘使人的問題未得解決，其結果將是齊景公對孔子所說，「信如君不君，臣不臣，父不父，子不子，雖有粟，吾得而食諸？」則先決條件在人，其次乃及於物，至爲明顯。現在科學發達，一日千里，未嘗不快，不好，但就因爲人的問題未先解決，而科學反成爲野心家侵略人的工具，毀滅人類的武器。違反了利用厚生之本意，更非人類創造文化，以適應生活需要的初衷。此豈人類之所求？

過份强調物的結果，便又爲野心家所利用，他們以物之理和對物之道作爲解決人事的道，因而將人看作物，使人役於物，抹煞人類高於物的靈，而使成爲無靈之物，且造成物質至上的哲學，政治，社會……等等，因而有唯物論，唯物史觀之荒謬理論，以欺世禍民，邪說誣民。今天的人禍即由追求物質，强調物質硬將物壓在人上所造成之後果。

今天的人禍，不是神所能解除，至爲顯然。至於物，不僅不能解除人禍，反而成爲助長人禍，促成人類的禍源。則欲解除人禍，只有賴於人了。再進一層分析人禍之本源，則大家皆可承認，是由於思想，觀念，理論，所造成。那就可知明明白白是由人所造成了。擒賊擒王，追求根本，其必由人上求解決，乃爲不爭之論。欲在人上解決人的問題，解除人禍，必賴於人文文化，自亦屬不爭之論。

就今日世界文化發展的現象看，實已構成文化失調。此不僅中國人作此看法，世界開明學者亦有同樣看法。所謂文化失調，正可以中國的正德，利用，厚生三事來說明。**先正人之德，再利物之用，最後落於厚民之生。但是今天的世界，却只利物之用，不正人之德，結果遂不僅不厚民之生，反而殘民以逞了。再不急起直追，以正德控制利用，以厚生代替殘民以逞，則世界人禍將不知伊於胡底。則人文文化不僅爲今日中國之需，亦爲世界之需；又不僅爲今日之需，並爲未來世界永久之需。以人文文化爲本，物質文化爲用，使物必受制於人，不使成爲無韁之馬，才是理想的辦法。**必這樣才能一切歸於厚民之生，而不致殘民以逞。

四

就宇宙全體而言，宇代表無限空間，宙代表無限時間。中國人首先提出宇宙，也解釋宇宙，說上下四方爲宇，古往今來爲宙。時空並包，動靜兼顧。在此宇宙中冥冥在上者，爲天，爲神；具體在下者爲地爲物。天有能而無形，地與物有形而無能。惟有處於宇宙中間者爲人，既有形，又有能。上與天相應相接，下與物相生相用。故稱人爲萬物之靈。天與神不可見，不可知，不能在天神上求得確切定論。宗教家指神爲有，爲能：但神之存在，存在於人之信仰，信其有則有，信其無則無。信不信由人，不能强人以信仰。物待天而生，待人而成，爲人而效其用。成不成在人，用不用亦在人，物不能奈人何。天與神雖不可必，但無形中有其功能，有其作用，則不可否認。稱之爲自然亦可，稱之爲天神亦可。而此無形之功能，無形之作用，人皆能之。更進一步說，天地自然之功能作用，有待人而成。因此我們認爲，人可上應天之心，助天之功，成天之德，贊天地之化育。贊天地之化育，即幫助天地化生萬物。則人類與天地同德，同功，亦同能。因而我們以天地人並稱爲「三才」。才者能也，三才者，三能也。天能，地能，人亦能。惟物則無能。然則實際爲此宇宙之中心者，乃人而非神，當然更非物。所以在中國人心目中，這宇宙是人的宇宙，世界是人的世界，人才是宇宙的主人。物要受人的培成與利用。具體說，就是，上有天，下有物，中間有人。人就是我，我就是宇宙主人。我們古人常講天人合一，所謂天人合一包括天，亦包括物。是將天地，人類，萬物，合爲一體，成爲一家。即對物亦以朋友之道相對待，而非以主奴之道相對待。所以張載西銘說，「民吾同胞，物吾與也。」與就是朋友的意思，而不是奴隸。這是中國人的情懷，也是中國人的雅量。此爲人文文化之極致。

這種强調人的文化思想，並不是誇大狂，而是加强人的自尊之心，自重之念，因而加重對天地人類萬物的責任感。於是有「一人一物有不被堯舜之澤者，如己推而納之溝中」（孟子萬章）的情懷。也就是說，我們並不作權利看，而作責任看。此中國人文文化精神之最高價值。

五

就精神與物質而論，在唯物論者認爲精神決定於物質，否定了精神力量，提高了物質的功能。中國人的思想則不然。我們不僅在思想上堅決相信精神力量超過物質，並有以精神勝過物質的行徑，甚至以精神傲視物質的事實，也所在多有。即爲求精神伸展而放棄物質，犧牲生命的事實，也史不絕書，比比皆是。極力提高人類價值，加重人生意義，尊重人類在宇宙中地位。**我們認爲人類之所以爲人類，即人類價值之所**

在，**是精神而非物質。假如人類只求物質的滿足，即與禽獸無異，而失去人類的特點**。顏子安貧樂道，即安於物質之貧，而樂於精神之道。孔子說，「士志於道而恥惡衣惡食者，未足與議也。」即是說，志於道是追求精神生活，提高人類價值，增加其功能。以惡衣惡食爲恥是追求物質的滿足。兩者相權，一爲自己，一爲人群。一求物質之滿足，一求精神之舒暢。**就人類而言人類，爲人群重於爲己，求精神舒暢重於求物質之滿足**。此中國人對精神與物質的看法，**因此我們强調精神的重要與高尚，也勉勵國人以精神力量戰勝物質，並極力闡明精神非物質所能勝。假如放鬆精神，聽任物質擺佈，即自貶身價，喪失人類尊嚴，也拉低人類地位**。

六

中國的人文文化可就人性，人格，人羣三方面分別加以說明。本書文化篇即以此爲主。以上三義都可納入人生哲學的範疇。關於人性，我們堅主人之性善；關於人格，我們人類可以頂天立地，上與天齊。此兩義均可由觀念確立，思想納入正軌而得到滿意的解決。惟有人群一事比較繁複，不易作到滿意程度。毛病也就出在這裏。所謂人羣，又包含兩項意義：即一，人處人羣的道理；二是處理人羣的事務。前者爲倫理道德，後者爲政治、經濟、社會等等。最難的就是人處人羣之道。人類羣居，人人不能離羣。每個人的前後左右都是人，隨時碰到人。人對人的道理作不好，即隨時隨地可以出毛病。小毛病不過傷人，結怨，破壞感情；大毛病就要害家誤國，影響整個社會。我們試一分析歷史上人物的成敗得失，國家的盛衰與亡，十九皆由人對人的問題而起。這人對人的問題作不好，小之身敗名裂，大之國破家亡。影響深遠，關係重大。我國先聖先賢首先把握住這一點，痛下功夫，把大部份力量用在這上。所以倫理道德特別發達，成爲中國文化的主體。倫理道德項目雖多，但可一歸之於仁。仁从二从人，即人對人。仁的核心是愛，仁的表現是禮。孔子提出一仁字，已概括倫理道德的全體。推行的辦法就是教育。我們把教育看的非常重要。政治家治民，使用教育。教育家教人，使用教育。個人自己敦品修德，使用教育。修史讀史，取法於史，也同樣就是教育。如果我們說，中國文化以教育爲主，亦不爲過。總之，我們重視教育，而教育事業以性善論爲出發點，以人格主義爲功夫，以學習處人羣之道，爲人羣服務爲目標。先天上認爲人人性善，即人人可以爲聖人，有爲聖之資，教育家即以幫助人人發展人性，成聖成賢爲責任。至於個人謀生技能，在教育全程中不過細枝末節而已。在學者受人尊敬，得人幫助指導，得以成聖成賢，其勢順，其事易。所以我們自古即把握教育事業不肯放鬆，就民族生存發展，國家立國而言，應該說是最好的作法。這種極端强調教育的文化，可以說是中國文化極大特點，也是極可貴的優點。

七

人文文化以人爲中心，故治國必先治人。人以心爲中心，所以治人必先治心。自治要從治心起，治人要從治心起。因此我們一切功夫以治心爲主。自治的要從格物，致知，誠意到正心。心正而後身修。治人的要從存其夜氣，求其放心起，到推己之心，以知人之心。自治要忠，對人要恕。忠是盡己之心，推是進己之心以及人之心。人同此心，心同此理。因而己所不欲，勿施於人。爲政的要導之以德，齊之以禮。德與禮都在心。子率以正，孰敢不正？是先正己之心，進而領導與感化天下之心。大家心正，天下太平，人類自然幸福。這是我們人文文化的根本作法。

更進一步，我們要使人心心相感，彼此互應。即心與心相交通。心之交通不僅以空間爲限，亦包括時間。空間上一人之心與天下人之心相交通；時間上一人之心與千萬世之人心相交通。這樣，一個人的生活就成爲無限。空間無限廣大，時間無限久遠，而這個人遂成爲超乎形體之上的不朽人，天下人。因爲人生活在人人心上，所以人有依靠，不孤獨，有樂趣，不寂寞。所以聖人教人將自己的心安放在天下人的心上。盡量求心之所同而爲之，心之所異而去之。君子樂於與人爲善，亦樂於成人之美，即是此意。

還要再進一步，聖人又要我們將心量擴大。所知者多，所見者大，所懷者更要衆多，廣遠，無此疆彼界，不患得患失。逆來順受，大度包容。孔子六十而耳順，即無逆耳之言。蓋大仁之心無所不宥也。思利己必兼利人，思遠者來必使近者悅。以德相感，以義相接。先獨善其身，再兼善天下。想到今天，也想到未來。既要爲往聖繼絕學，也要爲萬世開太平。縱橫上下，兼己兼人。即萬物亦視爲朋友兄弟。這是我們中國人的心量，中國文化的風度。遍觀世界民族，世界文化，未見其匹。

爲了使人能在時空上擴大延長，我們遂標榜三不朽的目標。使大家嚮往奔赴。**即立德，立功，立言。這三不朽完全是使一個人面對人羣，而與人爲善，即立德；爲民服務，即立功；爲未來創基業，即立言。我們把不朽之道建立在爲人羣盡責任上，是爲人而非爲己，是利他而非自利。**相反的爲己，自私，只顧目前，不思未來的，即要與草木同朽。不僅與草木同朽，更要爲人類所唾棄咒詛，成爲人類罪人。人生以爲人爲目標，生命即無限大，無窮久，一個人不朽，人人受其惠。人人不朽，人人相互受惠。今人受惠，未來人也永永受惠。而人類社會便成爲幸福安樂的社會，無休止進步的社會。個人不朽，國家亦不朽，民族亦不朽，進而可使世界人類無一不受其惠。此亦非大言，而是易如反掌的事，只看我們心之所向而已。所向者大，宏功偉業即在目前。豈難致哉？

八

西方人講自由，平等，博愛。中國人也講自由，平等，博愛。西方人講，在近代；中國人講，則遠在上古。西方人所講，是形而下；中國人所講是形而上。先後既有差，深淺高下亦有別。試略論之。

西方人講自由，是身體自由，居住遷徙自由，言論自由，信仰自由等等。完全是政治社會上的眼前事。中國人講自由與此不同。我們講自由有三方面事：

第一，是精神上的自由。指精神枷鎖之解除，心中疑慮之消釋，人生意義之瞭解。因而透澈通明，了無障碍。人我之界既除，得失之念自泯；無憂無慮，坦蕩於懷。以大仁之心，行忠恕之道。內出於誠，外融於禮。安而行之，自然中節。大步向前，無所畏懼。此孔子所謂「七十而從心所欲，不踰矩」之境界。亦智仁勇三達德之昇華。精神枷鎖既除，心中自有餘樂。蓋人之最大苦惱，無過於憂、惑、懼。憂者憂得失，惑者惑義利，而懼者則無過於生死。憂惑懼之不除，為人生之最大苦惱，亦即最大之不自由。得失之念，義利之分，生死之間，困擾於心，無時或釋。重重枷鎖，自束其身。天下之愚，莫過於此。我人文文化，以教為先，孔子教人，以仁去憂，以智療惑，以勇除懼，三德備而苦惱除，精神之自由有享受不盡者。此上乘之自由，殆西方所不能夢見。惜乎今之言自由者，捨此而求彼，捨本而求末，捨內心之枷鎖不除，而惟求之於外，此眞不可索解者也！

第二，為政治上之自由。西方人講自由，在政治，已如上述。中國人在政治上也講自由，但講法亦與西方不同。西方重在不干涉，中國則有一政治上之理想境界。亦高於西方一等。此種理想達成，人民自由，政府也自由，或說政府已無形消逝，不需政府而人民自然幸福，社會自然安定。在此一境界中不需要政府，也不需要法律，而大家自然相安無事。此時人民有政治生活而不覺得有政治。如魚游水中而不知有水，魚忘水，人忘政治。這是一種化境，實已超政治而上之。最能描述此一境界的，無過於曾點。他說他的志向是，「暮春三月，春服既成，冠者五六人，童子六七人，浴乎沂，風乎舞雩，歌而往，詠而歸。」(論語先進)這幾句話，表面看，平平無奇。深進去想，具無窮價值。因為他已提供我們一崇高境界，令我們嚮往，令我們奔赴。對民族文化實有極大功勞。無怪孔子贊美不置。我們試想，在這一境界裏，需要

喊自由嗎？自由在這裏，已經無形融化消釋了。又不僅孔子曾點有此理想，有此境界，禮運大同篇，陶淵明的桃花源記，也有同樣理想。惜乎以此義相標榜者少耳！

第三，是超現實的自由。此種自由是莊子所提出，亦莊子之徒所享受。他們以現實界的人生苦惱太多，必須擺脫。孔子求解除，莊子求擺脫。兩種作風，兩種態度。解除是即在現實中自求解除之道，仍是現實中人，仍作現實中事，甚至為現實中所有人亦同樣為之解除。莊子則不然，他要一走了事。現實界苦惱，不可居，走向超現實。超現實界可以無拘無束，自由自在，再不要向下看這苦惱的世界。縱然肉體不能走開，精神必須逃遁。極端的個人主義，使他把所有的苦惱擺脫，而去獨自享受那自我放縱的自由。人羣的事，他好像不大熱心，樂得自己輕鬆，已經躊躇滿志了。我們站在現實的立場，看莊子式的自由，只覺得理想雖然很高，却不敢效慕追求，因為它不足為訓。

次論平等。

中國人講平等，也與西方人不同。西方所講，也是政治上社會上的平等。中國人則從根本上着眼。最根本的是人格，即作人立場上的平等。我們口頭雖不提平等的名詞，實質上則追求平等，以平等精神看人，對待人，比西方人更澈底，也更根本。

首先，由性善論講起。人之性善，是我們所强調，雖偶有極少數人提出異議，如荀子，但事實上性善論已為人人所公認，成為中國文化之基本出發點。就性善言，人人所同，並無差異，即人性無不善。人性既皆善，在性善論上即人人平等。因為性善，即可以為聖人。所以人皆可以為堯舜。在作聖人，作堯舜的立場上，亦人人平等。又因性善，所以有仁義禮智四端。或者說，因為有四端，所以說性善。此四端人皆有之。因而孟子說，「無惻隱之心，非人也；無羞惡之心，非人也；無辭讓之心，非人也；無是非之心，非人也」。（孟子公孫丑）就是說，人人有此四端，即人人在本質上平等。孔子罵「始作俑者，其無後乎！

爲其象人而用之也。」即站在人的立場，爲人類爭平等地位。

站在教育立場，孔子主有教無類，即視前更進一步，扶助人人向上，使成聖成賢，成君子。無所厚薄。是教育平等，亦人格平等。

政治上我們有民貴君輕之論，有尊重民意，注重民生的民本主義。這種尊重人民在政治上地位的思想與作法，即基於平等精神。「聞誅一夫紂，未聞弒君」之說，以及「說大人則藐之，無視其巍巍然」，也是人民與人君平等的意思。今人喜談民主；以上所舉，由政治制度上看，是民主精神；如由人權上看，則未嘗不是人權的平等。至少是基於平等精神而蔚成的民主思想。就這一點而論，又比西方講權利義務上的平等，深進了一層。

次論博愛。

「博愛」一詞在中國始於唐朝的韓愈。在此以前稱仁愛，兼愛，或說「泛愛衆而親仁」。無論叫甚麼名稱，其愛人則一。墨子講兼愛，有宗教意味。除此以外，中國人講愛，都是倫理的愛。西方講博愛，也由宗教中來，亦無論爲倫理的愛，或宗教的愛，其爲愛則一。愛人即助人，即視人如己，消極的己所不欲，勿施於人。積極的則是「窮則獨善其身，達則兼善天下。」兼善天下，即兼愛人人。在政治以仁君行仁政，在社會上即「老吾老以及人之老，幼吾幼以及人之幼。」其事甚顯，其義甚明，無須詞費。

九

大家都說孔子學說平易近人，這是極恰當的評論，可說是眞知孔子者。一種學術思想貴乎能與人羣打成一片，使人人可知可行，不貴乎高深渺遠，與現實隔絕，使人可望而不可即。中國人重現實，重人文，所以我們的文化平易近人，人人可得，不艱難，亦不渺遠。孔子所講的話，必使人人能懂，能行。大道理從小事講起，從日常生活作起。他教人就從灑掃應對進退講起，也就從這裏作起。中庸，中庸，就是尋常日用一些平常的道理。但下學可以上達。由入則孝，出則悌，到聖賢；由灑掃應對進退，到治國平天下，都是一理。一貫追求，一貫去作，順理成章，很容易。我們要知道，偉大是由平凡中造成。捨平凡即無偉大。與平凡隔絕的是突出，而不是偉大。文化貴乎偉大，不貴乎突出。平凡的必廣大，廣大必穩妥，也必有涵容性，與永久性。所以易繫辭傳說，「可久則賢人之德，可大則賢人之業」。必可久可大，才是好文化。中國文化最平易，最不與現實人生隔絕，所以最偉大，也最可大可久。中庸說，「故至誠無息，無息則久，久則徵，徵則悠遠，悠遠則博厚，博厚則高明。……天地之道，博也，厚也，高也，明也，悠也，久也。」（第二十六章）此即顯示我文化思想，以博厚爲始基，以高明爲極致，以悠久爲目標。

論個體之大，大不過泰山。但王陽明却說，「泰山不如平地大。」論個體之高，高不過泰山，但程明道却說，「泰山爲高矣，然泰山之上即不屬於泰山。」這些話極富哲學意味。泰山之所以爲高大，乃由平地上襯出；沒有平地，即見不到泰山之高之大。但他儘管高大，却大不過平地。又誰能大得過平地呢？即就高而言，泰山雖高於平地，但不敵平地之廣，之大，之爲人人所不能離。所以我們可說，突出的泰山，不如平凡的平地。

任何宗教都有一天堂，有天堂才成爲宗教。宗教中的天堂設在另一世界，只能供人嚮往，不能給人指實。人在生前不能到達，只能等到死後。生前努力，不過爲死後上天堂鋪路，作準備。一天不死，一天不能到達。但人一死，便無知覺，終不能證實天堂之有無。此宗教之所以爲宗教。孔子則不然。孔子也有一天堂，但他的天堂就在平地上。很近，很容易到達。看也看的見，走也走的到。並且就在人的生前到達，也就在生前享受。人人可到，人人可享。既非渺不可知，也非可望而不可及。他們最喜歡標榜堯舜，堯天舜日就是天堂。堯舜的境界雖高。但並非爬不上去。「服堯之服，誦堯之言，行堯之行，是堯而已矣。」

（孟子告子下）究竟堯舜之道是甚麼呢？「徐行後長者，謂之弟；疾行先長者，謂之不弟。夫徐行者豈人所不能哉？所不爲也。堯舜之道，孝弟而已矣。」（同上）很簡單，一點都不希奇。並無甚高深玄妙。爲聖人，上天堂，就是這麼容易。

又不僅容易，且已曾實現過。堯舜時代不要說了。文武成康之治，放馬歸牛，刑措四十年不用，就是天堂。這還不算，孔子本人就曾親身創造出天堂，擺出來天堂給人看，也供人享受。他爲魯司寇，攝行相事，三月而魯大治。夜不閉戶，路不拾遺，男女行者別於途。粥羔豚者弗飾賈（商賈忠實，不虛飾欺人）這不就是天堂嗎？只可惜時間太短，地方太小，未能普遍天下，繼續長久耳！假如天假以緣，大同之治已在孔子手中實現，人人可以享受。宗教中可望不可即的境界已被孔子拉下來，擺在現實界的平地上。

必不得已，不得不採立訓垂教之一途。於是首先修春秋，以微言大義教天下。公羊家釋春秋張三世。說孔子所見世爲太平世，所聞世爲昇平世，所傳聞世爲據亂世。則由據亂而昇平，而太平，逐步接近，逐步實現，太平世即在眼前。曾點所述之志，前引之「暮春三月，春服即成；冠者五六人，童子六七人，浴乎沂，風乎舞雩，歌而往，詠而歸。」也就是天堂。禮運大同篇更明明白白是人世天堂。這境界看似高遠，實際就在眼前。只要我們肯作，能由「徐行後長者」作到孝弟，基礎已立，起碼條件具備，依此前進，立可達到。　國父孫中山先生最喜標榜博愛，天下爲公，以及大同篇等等，即證他決心就用三民主義把天堂在平地上建立起來，其事甚明，其勢亦極易。只待我們促成之耳。

十

孔子之道最平易，即在人人心中，人人面前。所以可大，可久。莊子之道突出，墨子之道也突出，雖能煊赫於一時，得到若干人士的贊美與嚮往，但面即不能大，時亦不能久。能大能久的只有最平易的現實人間中庸之道。

能平易，必廣大：能廣大，即能涵容；能涵容，即能融化吸收，而益增其廣大與高深。

孔子之後有墨子；反儒，非樂，非命，節用，節葬，好像專爲反對儒家而發。拚命打擊孔子，居然造成儒墨勢力相均衡的局面。所以韓非子顯學篇謂，「世之顯學儒墨也」。但曾幾何時，墨家衰而孔子自若也。更進一步，又造成孔必用墨，墨必用孔的局面。終於將墨子精神豪俠尚義，捨己爲人，埋頭苦幹的優良精神，無形中融入儒學，因而擴大了儒學的基礎。並且在無聲無息，不着痕跡的達成了此一地步。而墨家本身則始終打不起精神，抬不起頭。

孔孟之後，又有老莊。在西漢，在魏晋，老莊勢力壓倒了孔子。佛學來了，在南北朝，接替老莊文把孔子壓下。到了唐朝釋老並盛，而儒學也復興起來。到了宋明，終於被理學家把釋老融入儒學，而釋老終於告退。結果中國文化仍是儒學天下。釋老，以及墨學，都無地位。以此見突出的終不敵平易的，偏頗狹隘的，終不敵廣大涵容的。此自然之理，亦自然之結果。

在中國歷史上，不乏若干大思想家，先出入於釋老，即因其突出之故。但出入釋老的結果，仍要回到儒家。王陽明即其顯例。這些人以厭故喜新，以及好奇的心理，捨棄了平凡而向突出部份作試探。要在突出部份尋找奇蹟。他們以滿懷希望，使用極大氣力探尋。但探尋的結果，却是失望。回過頭來，再看看這平庸的寬濶大道，究竟還是人間不易之理。坦濶大道究竟是在寬平面上。好奇，突出，都是此路不通。所以最後還是回來，讀儒書，走正道，在正道上一步步脚踏實地，邁向理想世界，創造人世天堂。多少人碰過釘子，多少人猛醒回頭，但也有若干人始終執拗不悟，一定要在牛角尖裏拚命攢。此一事實，給我們很大教訓，也使我們生無限感慨！

作者前編輯張溥泉先生（繼）全集，讀其在西安勞動營紀念週訓詞（民國三十年九月）對其坦誠眞摯的態度，眞是無限欽佩。他自己明明白白告訴在營受訓的共產黨徒說，「我第一次看見總理的那個印象，永遠忘不了。……對於這樣一個人，當時眞是五體投地。後來同盟會成立了，許多青年都加入同盟會來革命。可是我的腦筋又變了，以爲三民主義也許不是世界上最高的主義。……以後我又到了法國。……在法比的邊境上有一個地方，正在實行無政府共產主義。就介紹我到那兒去。……我那時還不懂法國語，只是幫他們種地。他們的生活是靠賣菜去維持。外國賣菜的方法是推着車子，吹喇叭。我那時就是個吹喇叭的。……自己想到飄蕩浪漫的生活不對。拿國家民族作兒戲，在道義上也是不對的。想來想去，到底三民主義是切實的負責任的主義。自己走來走去，又回到中國來。」（張溥泉先生全集第一九四頁）大家試想，這是多麼現實的教訓！多麼深刻有力！這過來人說的過來話。又是多麼坦誠，深刻，而又有熱情。只可惜前車之鑒即在目前，而重蹈覆轍者，竟相踵接而不知返也！由此我們領悟，共產主義突出，三民主義是寬平面；共產主義是反動，三民主義是正規；共產主義是罪惡，三民主義是救國大道。事實很明白，並且越來越明白。國脈民命所攸關，豈可再拿國家民族作兒戲。前輩元老已把痛苦經驗告訴我們。好奇，厭故喜新，向突出部份試探者，可以休矣！

十一

眞金不怕火，眞理不怕邪說，菩薩又豈怕魔鬼？中國正統文化是推不翻的眞理，是眞金，是菩薩。過去推不倒，將來也永遠推不倒。這就是眞理，也是事實。今後的事實尙未出現，但可由眞理和過去的事實推知。至於過去的事實，已經擺在歷史上。爲了明白未來，必先指出過去的事實。

三千年來，正統文化已歷經無數次刼難，但到今天却益顯其光輝。第一次刼難，是墨子。已如前述。時在春秋末，孔子後，孟子前。

第二次刼難，是老莊派道家。在戰國前期，孟子前後。道家反儒與墨子不同。他們主張復古之太初，虛其心，實其腹。反知識，反教育，主絕聖棄智，廢除道德。與儒家之重視教育，强調倫理道德，隨時代進步，追求知識者不同。道家雖人物頗多，勢力頗大，但終無損於儒學。

第三次刼難，是申不害韓非。時在戰國後期。他們爲主法治而反道德，反人治，任法不任人。又依道家主愚民，遂反教育，絕知識。雖反儒而未有重大效果。

第四次刼難，是秦始皇李斯。時在秦初定天下，滅六國。始皇聽李斯策，依韓非說，採愚民政策，並杜絕以古非今，異說紛爭，是非不能統於一。於是焚書坑儒，以根本之圖，作倒行逆施之學。不僅反儒家，反正統，乃舉一切文化教育，學術思想而滅絕之。並以偶語詩書者棄市的罪杜人之口。是爲前所未有之最大一次文化刼難。

第五次刼難，是黃老之說，神仙方士之流，風行於朝野。亦幾於奪儒家地位而代之。時在西漢文景武三朝。蓋公、曹參盛於前，竇太后行於後。儒術至此，不復能在政治上與黃老對抗。賴政府搜求遺書，經師提倡，董仲舒建議，劉向歆父子的整理典籍，而正統文化得以復活。構成中國文化復興時期。

第六次刼難，是魏晉六朝的玄學與佛學。東漢的道德高峯被曹氏父子先後夷平。民族道德，社會風氣，乃迅速下降。老莊趁勢抬頭，正統文化遂遭破壞。佛學盛行，又佔有思想界地盤，而儒家益受冷落。至唐雖已抬頭。但道佛勢力仍盛，由韓愈原道可見。

第七次刼難，是元朝以政治力摧毁壓抑，對儒生侮辱，使儒學又入於闇淡時期。

第八次刼難，是清朝的文字獄，以及摧毀民族思想的毒辣手段。

第九次刼難，是太平天國。他們站在民族革命立場，以漢人推翻滿人政權，本極正確，無可非議。但他不站在自己民族立場，發揚中國文化精神，明華夷之辨，爭取全國人民的支持，偏要以私心借外來宗教力量，並中國數千年文化而摧毀之，到處破壞聖廟，與正統文化爲敵。遂自絕於中國人民，自取滅亡，終被中國正統文化所埋葬！曾左胡李羅……等，遂在衞道的立場上，將太平天國平定；而清政府不過藉此得漁人之利，苟延殘喘而已。我相信，假如洪楊能有遠識，不反對正統文化，而打出春秋大義的旗號，則曾左胡等人不僅不予撲滅，更能進一步贊助他們成功。

第十次𡚁難，是民初的五四運動。按五四運動初意本不錯誤，惜由部份過激份子矯枉過正，作的偏激過火，遂爲野心家所乘，爲共產黨作了鋪路工作。他們走到極端，遂致喊出「全盤西化」的口號。痛罵「吃人的禮教」，以及侮辱聖人，稱爲「孔老二」，「孔家店」等等。自己對自己文化從根本上作破壞的工作。自己放棄立場，自毀長城。這一次𡚁難，因係內外夾攻；受創甚重。

第十一次𡚁難，便是現在的共產黨了。他們自民初得勢，到三十八年而攫得政權，到五十五年發動所謂「文化大革命」而變本加厲。他們此種行動，表現他們兩種心理：第一，欲根本毀滅中華民族，非從文化上着手不可。第二，他們知道，足爲共黨死敵的精神武器，就是中國文化。因此他們對準中國文化作致命的打擊。他們能不能達到目的呢？這要從歷史上求解答。

前面說，中國正統文化歷經十一次𡚁難，到今天事實告訴我們，並未損其毫末，甚且更加發展，益放光輝。不僅中國人愛護支持，世界有識之士亦無不愛護支持。凡是以正常心理過正常生活的，沒有不對中國文化尊重並加以研究學習的。就本國來說，正統文化之所以歷經𡚁難而屹立不搖的，有內在與外在兩項原因，也就是兩種力量：

內在的力量，在於文化本身，自有其不可磨滅之理。本文以上所述，以及本書文化專篇，都足以闡明此理。如更進一步，就正統文化核心作一探討，則可就拙著「先秦諸子導讀」中所述儒家之所以不朽，擇要轉錄，藉明旨要。

「第一，在宇宙萬物中，承認人類之地位與價值。故主張尊重人格，發展人性。必使人類發展至最大限度，俾與天地並立，與造化同功，與日月同久。並認爲宇宙之主宰爲人類而非天神。且人人可以爲聖人，人人可以頂天立地。在社會上承認人與人有同等地位，同等人權。故反對以生人殉葬。並倡禮，以彼此尊重人格。在政治上承認人民在政治上地位，故有民主精神，與公僕政治思想。……不僅以人類平等相待爲滿足，且必使人人盡性推恩，因而共享和平自由幸福，以臻於大同世界。此種觀點，實最適合人類需要，亦最爲人類所共同歡迎。

第二，以仁愛忠恕禮義，調整人與人之關係。必使人與人之間皆以仁愛相聯繫，以忠恕相對待，以禮義相規範。夫然後，人與人相安，國與國相安，人類與萬物亦無不得以相安。因而共同相處於自由和平溫暖的環境中。此當爲人類所共同蘄求，共同嚮往。

第三，精神與物質並重。由外面言，政治經濟社會上種種安排，物質方面固然重視，同時對精神亦不輕忽。二者放在同一重點上去看，去處理。故一面言先富後教，一面又言去食留信。由內面言，個人生活固不能離物質，但精神上之自由愉快實超過物質生活。「朝聞道夕死可矣」即爲最好之說明。人類超過萬物，即在精神生活。精神上之愉快幸福，實超過物質上幸福。如輕忽精神即等於對人類之侮辱與虐待。」

（先秦諸子導讀第三十一頁）

外在的力量就是政治的支持，廣大人民的愛護，以及有力分子的維護，思想家儒者之闡揚。但力量雖自外來，條件仍在自己。設非儒家本身有足够條件，又豈能得到人的支持擁護。所以歸結起來，無論內外，正統文化絕無滅絕之理。

人究竟是人，人都有理性。儘管惡勢力摧毁，終不能完全毀滅。壓力一鬆，立即復活。再加以呼喚，更將發揮潛在力量，形成反抗洪流。合乎天理，順乎人情的，一定受人歡迎，擁護扶持，惟力是視。這是天地間自然的道理，也是必然的歸趨，豈是惡勢力所能損其毫末。由上述儒家正統文化之內容，以及歷經多次艱難而不磨滅的事實，使我們益堅其信念。正統文化必能常存，必能發展。不僅能大行於中國，亦必能大行於世界。因爲人類都是人，既是人就有其相同之點。儘管有小異，但小異必日減，而大共同必日增。人類文化前途樂觀，此其主因。

前面說正統文化極平凡，平凡即廣大，平凡得猶如平地。共產黨突出，又不僅突出，直欲與眞理爲敵，將平凡的平地推翻。但事理告訴我們，只有突出的可以倒塌，可以摧折，而平地則永遠是平地，沒有倒塌，也無可摧折。誰曾見平地倒來？既突出而又逆天理，背人情的共產黨，硬要將平地推倒，其不可能明甚，其愚蠢亦明甚。只有使突出反常的共黨自身倒塌在平地之上而已。事理甚明，爲期不遠，人人可見。

前面又說過菩薩與魔鬼。孔子是菩薩，馬克思列寧是魔鬼。國父孫中山先生是菩薩，毛澤東集團是魔鬼。菩薩與魔鬼鬪法，誰能相信慈祥的菩薩會失敗，亦只有魔鬼跪服於菩薩之前耳。

十二

因爲目前共產黨得勢，尤其是朱毛匪幫在中國得勢，使整個大陸陷於匪手。他們又能對內鎭壓，對外恐嚇。與中國正統文化，民族性格，完全相反。一般人遂多陷於迷惘，不能瞭解其所以然之故，尤其是國際友人。因爲匪幫都是中國人。所以一面注意匪幫本身，一面拚命下功夫研究中國文化，要在中國文化上求得答案。**究竟共產黨在中國得勢，且如此猖狂，原因在那裏？**

這是一個極大的問題，也是極難的問題。但如我們從各方面反覆加以研究，不難得到答案。

第一，是正統思想之總反動。

我們常說，道高一尺，魔高一丈。正可說明反動思想之所以得勢。前面說，孔子後不久，就有墨、道、法諸家之反動。儘管道理明明白白擺在面前，但仍有人反對。雖然是心勞日拙，終無效果，還是要繼起，一次一次的反對，也一次一次的失敗。這是人類一種反常心理所構成。不喜平凡，而要突出。不走正道，而走偏鋒。正像孟子所說，「仁，人之安宅也；義，人之正路也。曠安宅而弗居，捨正路而不由，哀哉！」（孟子離婁）這就表示，分明安宅與大路就在眼前，却偏偏有人捨而不由，去走偏鋒，入歧路。這是反常現象。究竟社會上正常的居多，反常的萬不得一。到了歷史上却好像一個接一個。三千年之後，時代劇變，國內外情勢險惡，恐怖，人心疑慮徘徊，找不到出路，這時正常的平凡的正統思想，一般人對之不免厭倦，懷疑他的效果，不足饜人之求。於是在思想上不惜挺而走險，別尋其新的出路。在這時候，最反動得激烈的，才最受人歡迎；不够刺激的，不能滿足要求。於是極端反動的新奇之論來了，遂不惜以國家民族予以嘗試。其實在最初的動機，也不過嘗試。殊不知道國家民族的命運是經不得嘗試的。成功了固然好；失敗了，國家民族就垮臺了！我們的大陸，就在這種嘗試之下失去了。我們的正統文化，也就在這嘗試之下，被共產邪說喧賓奪主了。用歷史眼光看，可以說是三千年文化史的總反動。此其一。

第二，是在正統文化的寬容性與涵蓋性中所養成。

中國文化有極大寬容性，涵蓋性，最能容納異說，絕無排他性。晚周學術異端之起，即由於此。政治家不干涉，思想界有充分自由。此由文化精神所養成。中庸所謂「萬物並育而不相害，道並行而不相悖」可證。天下一家，四海一人，無彼此之界，無階級之分。思想大門經常寬寬的開着，任你自由出入。共產黨遂得大搖大擺在思想界馳騁而無阻滯。他們又能把握農民心理，與之相安共處，得農民之支持。農民頭腦簡單，遂被他們偽裝的態度和花言巧語所欺騙。此其二。

第三，是由近代思想混亂所促成。

近百年左右，爲有史以來未有之最大變局。不僅中國爲然，全世界無不皆然。又不僅文化思想變，一切都在變。民族在競爭，權力在演變，經濟上尤其變的利害。中國國內因受外力侵略，壓迫，又感於物質文化之落後，於是主動的求變，被動的改變，自然的演變；從衣食住行日常生活小事，到治國平天下的大事，無不在變。變就是亂，亂了就使人眼花撩亂，心無所主，無所適從。國內如此。再看歐洲，則自文藝復興，以及工業革命之後，文化思想亦呈一片混亂。異說紛紜，莫衷一是。尤以經濟方面紊亂更甚。中國留學生恰在此時大量出國，公費自費均有。目睹西方新奇混亂之思想，無人爲之指導，乃惟新奇偏激之求，而共產派遂佔勢力。這些人回國之後，無形中受毒已深，雖並非共產黨徒，但却爲共產黨作了鋪路工作。加上五四運動一陣狂風，拚命打擊自己，而要求西化。當然助長其勢而自陷於邪說深淵。此由時代劇變，思想混亂所造成之嚴重後果者三也。

第四，對三民主義之反動。

三民主義是 國父孫中山先生在全世界思想混亂中所創造。他的立場則是中國正統文化；他的思想，是規規矩矩，在實際事實上尋找問題，求得答案。完全是中庸精神，正規作法，不出奇立異，不求其突出。平平的鋪在大地上。必求人人易解，事事易行。一片平凡面目呈現於國人面前。惟恐其高深，亦惟恐其以怪異面相突出於思想界。不求其偉大高深，而自然成爲偉大高深。實際說，只有在平凡中才能造成眞正的偉大。孔子最平凡，所以最偉大。 國父也最平凡，也就最偉大。但在淺見好奇人的眼中，却總覺得不夠刺激，不夠力量，必別求其奇異刺激而後快。那個最新奇，最刺激，就最受歡迎。自然就輪到恰好對三民主義唱反調的共產主義了。共產黨徒最聰明，專門針對三民主義最平實的地方下手。譬如，爲求通俗普及，我們很少講哲學，遂留下哲學的空隙給共產黨作文章，大講其哲學。於是唯物論，唯物史觀，唯物辯證法……都來了。青年人最富求知欲，最好新奇。三民主義，看來看去仍然是堯舜禹湯文武周公孔子的一貫道統。老調子，聽熟了，看慣了。講來講去，還是這一套。提倡固有道德，固有智能，也仍是古人的作法。對哲學，我們不講，遂給他們造了機會，大講特講。一席話，就會把純潔無瑕的青年說服，跟着他上延安，（抗戰時共產黨根據地）去受苦。雖明知要受苦，但爲追求他的所謂理想，滿足他的願望，甘願去受苦。此作者在抗戰時期，親身親聞之事。及今言之，猶有餘痛。此由對三民主義之反動所造成者四也。

第五，抗戰前後，共黨在軍事政治上種種巧取豪奪，以及國際友人的受騙。

此一因素可說是日本替他造成的。抗戰初期，共產黨聲明，願在政府領導之下，一致對日抗戰。政府當以君子之懷，信其誓言，容其請求，於是收編其軍隊，發放其餉械裝備，視爲國軍，共同抗戰。無如狼子野心，食言背信，藉機坐大，且襲擊國軍，削弱政府力量。對外則施其欺騙慣技，作惡毒宣傳。國際友人不察深情，受其蒙蔽，遂誤認爲土地改革派之政黨，屬於中國內政。且以和談調解紛爭，反而助長賊燄，益使囂張。最後加以勝利接收之際，不免步驟紊亂，政府威信遭受打擊，亦予匪共以可乘之機。在政府，則因抗戰八年，元氣大傷，對內渴求和平安定，不願訴諸武力。所以不惜委曲求全，忍讓再四。以君子之心，置小人之腹；期以至誠，化彼頑兇。不料匪共喪心病狂，執迷不悟，反而利用此項政治軍事上機會，得寸進尺。而大勢遂不可爲。惜哉！痛哉！此近年匪共利用抗戰所得之機會。此其五。

有上數因，遂使共匪猖狂，大陸陷於匪手。此爲有史以來未有之奇變，中華民族前所未有之最大刼難。民族命運遭遇危險，民族文化受到考驗。不過在此我們必須指出，**共匪的勝利，只是軍事和政治的勝利，而不是文化上的勝利。**我敢斷言，**他們在軍事與政治上僥倖取得一時的勝利，是可能的；欲在文化上取得勝利，則根本不可能。因此他們在最近發動所謂「文化大革命」，以求在文化上取得勝利。其心勞日拙，自速其亡，事極顯然。其對中國正統文化心懷畏懼，也至爲顯然。我們在今天，曠觀五千年歷史，與世界大勢，站在民族立場，認爲拯救民族，發揚神武，創造偉績，只有賴於民族文化。惟有以文化力量內**

而促進生機，喚起靈魂，外而摧毀共黨，挽救人類浩刼，才是唯一可靠的根本途徑。

另外我們在此，願向國際友人作一提示，**大家如欲對中華民族有所瞭解，只能從根本上着手，走正常途徑，由中華民族五千年正統文化與歷史，作深入探究，絕對不能在共匪身上找答案。因爲共匪一切反常，是五千年文化爆出的反動勢力。必不得已，從反面去看，或可得到一些消息。因爲所有他們的思想行動，無不與正統文化相反。爲民族精神，民族性格所不能容。亦爲世界人類所不能忍。在根本上沒有久存之理；其爲暫時的，顯然可見。**

十三

中國人以中國文化精神爲基本精神，爲適應生活上需要，分別創造出許多種學術，分頭向各方面發展。蔚成許多種優秀高深的學術。哲學、政治學、教育學、經濟學、文學、史學、科學、醫學、天文學、曆算學，……可以說應有盡有。時間比西方早，項目比西方多。若干方面遠超過西方之上。今天我們所見的科學落後，實際講來，只是近三百年的事。因爲三百年以前，西方科學也還未發達。假如由近三百年的落後，推到五千年以前，認爲一切落後，就犯攏統病，不合於事實，成爲重大錯誤，也成爲重大罪過。我們應該拿中西雙方歷史按時代對比，黃帝時西方如何？夏商時西方如何？周朝時西方如何？此外漢，唐、宋、明、淸，各時代又各如何？分時代再分項。全部對比之後，便可明瞭兩方面的情況。同時也就加强了自信力與自尊心。我認爲這一項對比的工作，對中國人，世界人，都有其必要。不知有無熱心飽學之士願任此役？不禁企予望之。

上面說，我們以同一文化精神作基礎，創造了許多高深學術。這些學術內容所論雖然事項不同，但在精神上却有其一貫性，與共同性。深入研究，便可知其共同處。如必定要問此所謂一貫性與共同性是甚麼？那就請看本文前半所論，可以說，那就是我國學術的共同精神。至於各科學術的內容，則分別見於本書文化篇學術篇各章，再加上文化篇以下，民性篇，社會篇，人物篇，地理篇，以及最後的命運篇，便可將中華民族各方面，得到概括的瞭解。

十四

中國人到底是中國人，始終是中國人。中國文化也到底是中國文化，也將始終是中國文化。中國人不會變成外國人，中國文化也不會變成外國文化。中國人的特質在文化，中國文化存在於中國人心中，身上，乃至每一個細胞中。一時的瘋狂，由變態心理，暴力壓迫所造成；驟然的風暴，內外多種因素所造成，都不是中國人的本性，更不是中國文化的本質。一切反常，已如上述。一旦暴風吹過，暴力減削，立見陽和。彼時陰霾散去，中華民族的本質，中國文化的本來面目，都將如實的呈現於世人面前。那時不僅中華民國復興，亦將以中國人情懷，使世界人類得救。不僅中國文化發揚光大，亦將以中國文化之光芒照射四遠，領導改造世界文化，使天下合同，陽光普照。

中華頌

徐文珊作詞

可愛哉　我中華
可愛哉　我中華
青的山　綠的水　天然入畫

西子湖　北海塔　美麗如花
五千年連續的輝煌歷史
億萬世不變的優良文化
都是我寶貴的精神遺產
都是我燦爛的異果奇葩
可愛哉　我中華
　可愛哉　我中華
縱橫千萬里　肥饒又廣大
那一寸不是我祖宗創下
還有那挖不盡的寶藏埋藏在地下
聖哲　賢豪　思想家
一個個人間燈塔　照耀着海角天涯
我愛我的中華　我愛我的中華
中華民族崇高偉大
中華民國就是我的家

第二篇　總論篇

第一章　何謂民族

第一節　由「族」字之構成講起

甚麼叫民族？很難下一定義。但我們可由族字的構造得到一些消息。就文字學講，族字是個複體字，象形兼會意。說文解字，「族矢鋒也，束之族族也。从㫃从矢。㫃所以標衆，衆矢之所集。」今按其說未能盡其意也。㫃，旌旗；矢，弓矢，武器。㫃所以標衆，即集合羣衆，指揮羣衆之意。㫃下加矢，在同一旗幟指揮之下集矢對外也。意指外侮來時，或有危害時，領導者登高一呼，搖旗吶喊，使羣衆集合，集矢對外，以求生存也。換句話說，在同一旗幟指揮號召之下，集中力量，以求生存的即為一族。這就是族字的原始意義。小之為家族，宗族，大之即為國族，民族。

如再進一步研究其內容，則此一事件之背後又有幾種意義，即一、必地區相同；二、必利害相同；三、人的形質相同；四、有能合作的性格；五、有共同擁護的領袖。以上條件具備之後，乃為求共同生存而過着相愛互助的共同生活。上面說的家族宗族，範圍太小，都不足以賅其義。因此，我們可以初步判斷，以上所說種種，便是所謂民族的原始意義。

人類生活一面隨文明進化而日趨複雜，一面又由人口滋殖而日趨繁盛，於是所謂民族的意義也愈加豐富，民族間區別也日漸增加。於是原始時期民族的意義，遂不足以賅括民族的內涵。

國父孫中山先生在民族主義第一講中說造成民族的原因有五種力：即一、血統；二、生活；三、語言；四、宗教；五、風俗習慣。並且說「這五種力是天然進化而成的，不是用武力征服得來的。」意思就是民族的形成是由這五種因素所自然演變而來。換句話說，即是相同的血統、生活、語言、宗教、風俗習慣，可以造成一種民族。相異的血統等等，便造成不同的民族。這是近代世界上研究民族學的重大發明。至於他何以作此研究？則因為世界上由於不同的自然因素所造成的民族非常之多，而這不同的民族之間不能和平相處，演成互相競爭的局面，因而對於民族問題加以研究，遂得如上之結論。

第二節　組成民族之三種因緣

作者認為除了上述區分民族的方法之外，還可用另一方法加以研究。在我的淺見認為民族之形成由三種因緣而來，即，血緣、地緣、與文化緣。玆分述之於下：

一、血　緣

所謂血緣即上面所說的血統。因為血統的不同，可以由自然條件造成體質上不同的民族。近代研究此一問題的有民族學與人類學。名雖不同，實質上則是一回事。至少可以說很相近。人類學又分體質人類學與文化人類學兩大類。體質人類學即着重在由體質上研究人類的同異。如膚色、骨骼，身高、體重、體力、智力……等，都是他們着手的重點。他們用調查，統計、比較、種種方法研究。是純就先天體質而入手的。文化人類學則着重在文化上的差異，如語言文字，生活用具，生活方式，生活習慣，文化思想，歷史……等等，都是他們研究的對象。這就不全屬於先天，而大部份屬於後天。這裏先就血緣略作說明。

所謂血緣，就是指血統的因緣。某一民族孳生繁衍，自然保持相當界線，不與外民族作血統上的混合，久而久之，便形成獨立的民族，保留它先天上的特點，一望而知爲某民族，不致混淆。這是構成民族最主要的先天條件。也是最基本的實際問題。

二、地緣

血緣與地緣有關，同一血統的民族，必以同一地區爲條件。換言之，同一地區也不會生出不同血統的民族。但這只能以早期爲限，一至近世，則因種種原因，往往一民族流徙滋殖，有意無意分佈在許多地區。尤以海運大通以後爲甚。如歐洲的拉丁族，本來只在西南歐一帶生活，後來散佈到歐洲、北美、中美、南美、許多地方，都有拉丁民族，流動性很大。即其顯例。但追溯其本源，則必起於一地。

就地域與人類而言，地域條件對體質，生活，文化各方面都有極大影響。愛斯基摩人只能生長在北極一帶。棧色或黑色人種只能在赤道左右生長。以黑種人與愛斯基摩人比，不僅膚色不同，體質不同，生活習慣，以及性格等等，都不相同。緯度相同的可以在氣候的條件上相接近，山川物產等等條件又造成許多隔離與差異。古代交通的不便，更成爲一種天然障阻，使人類不能由移動而趨於接近。這地理因素對民族之形成關係並不太小。

三、文化緣

血緣屬於先天，地緣是外在的自然條件，文化緣則屬於後天。文化是人類爲生活的需要而自行運用體力智力所創造。與外在的客觀環境有關。不同的民族，體力智力，以及客觀環境可能都有不同，因而造成不同的文化。人類生活在不同的文化中，又自然而然形成民族間的許多隔膜。成爲民族的界限。人類生而有理智，也有感情，因而好同而惡異，也求同而拒異。也就因此在文化的同異上劃出民族的界限，無形中構成民族間的鴻溝。所以我們常見歷史上有不同文化的人們彼此爭鬪，不能融洽。

民族的異同，心理因素很大。心理因素又多着重於文化。諸如衣冠、飲食、居處、行動、言語、文字、生活習慣……等等，隨處都可表現民族的特徵。也就是表現兩民族的差異。人見其異於我也，而彼此疆界遂無形中劃分。此自然之勢也。孔子讚譽管仲，說。「微管仲，吾其披髮左衽矣！」（論語憲問篇）即就文化差異而言者也。當時所謂蠻、夷、戎、狄四夷，在我們今天推想，不一定在血統上有多大差異，地域的相差，也不足構成民族間重大隔膜。主要原因即在文化。所謂「披髮」，與華夏之總髮冠帶不同；所謂「左衽」與華夏之右衽不同。說華夏總髮冠帶，不過表示華夏民族已入於彬彬有禮的文明程度，實不僅指總髮冠帶以及右衽。在華夏民族看起披髮左衽之徒，實在不順眼，心中起極大反感，認爲是沒有文化的鄙野之族，而疆界因之以立。孔子之所以讚譽管仲，即在管仲能爲中原華夏文明之族抵禦四夷鄙野之族。完全在文化上着眼。在孔子之意，我們文化程度已高之族，萬一爲四夷所滅，即將退爲野蠻原始世界，幾千年由無數代祖先用心力體力所創造的文化，勢必化爲烏有。退回原始狀態。這是何等嚴重而危險的事！所以他爲此而嘅嘆，也爲此而讚譽管仲之功。

但話又說回來，孔子雖爲維護文化而主張攘夷，可是他並不是仇視夷狄，也並不是始終要排斥夷狄。他是要一面保持並提高華夏民族的文化，一面要以華夏已有的文化提携四夷民族，使之進於文明。以與人爲善之心，達四海一家之願。甚至他不惜以親身感化提携，使夷狄漢化。「子欲居九夷。或曰陋，如之何？子曰，君子居之，何陋之有？」（論語子罕）他要以君子而居於九夷，不嫌其陋，當然意在以君子提高其文化，使由陋而進於不陋，由野而進於文。這是一種自己下地獄而求普渡衆生的精神。及至夷狄內移，日久漢化，用華夏衣冠制度，行華夏禮儀風俗，則界限自然泯除，惡感無形消逝，不會再有相互排斥之事。這就是文化上差異給予民族的影響。

現在我們再回過頭來看　國父孫中山先生所舉造成民族的五種力，血統，即我們所謂血緣。生活、語言、宗教、風俗習慣，都是我們所謂文化緣。因爲這都是人類在後天所造成的條件。所差只是地緣，國父未曾提到。我們未嘗不可替他補上。至於上面所舉生活、語言、宗教、風俗習慣入四件事未嘗不可以文化一詞爲之賅括。旣比較方便，又可免於遺漏。所以我們改用血緣，地緣，文化緣三種因素。作區分民族的條件。

由於文化學術的發達，人類將可能巧奪天工，先天的自然的種種條件都可能用人力予以改變。因此今後研究民族學，處理民族問題，應特別注意於文化一端。一方面要促使其進步，一方面要在本質上掌握其異同，應求其同者使之同，應保留其異者使之異。在文化的異同上作工夫，這是今後對民族問題工作應把握的重點。

第二章　民族與國家

民族是自然形成的，國家是武力造成的。民族的結合，最初是爲抵禦天然災害，後來漸入於抵禦異民族人爲的災害。偶聚偶散，無所謂組織。後來人爲災害漸多，而人類亦由進步使生活上需要日增，人事日繁。逐漸需要過組織生活，而原始部落以起。强有力者起而號召羣衆，組成一個個的部落，而自任首領，是謂酋長。這是人類政治生活的開始。

人類再進化，人事愈繁複，人爲災害愈嚴重，政治組織的需要愈迫切，於是原有的小型組織部落逐漸演變擴充而進入國家階段。一面大小相併，一面逐漸具備國家的規模。這一階段的演變主要是靠武力，所

以　國父孫中山先生說，「民族是由於天然力造成的，國家是用武力造成的。」（民族主義第一講）明白一點說，國家就是民族爲了求生存發展而組織的政治體。主要的作用在抵禦人禍。其次便是管理衆人的事；消極的使人們彼此相安，積極的促進人們生活幸福。這就是國家的起源和作用。

民族與國族的關係原始意義固如此，遞演至於今日，而民族與國家的關係益形重要而密切。就國家的組成份子言，有一民族建設一個國家的，有數民族合組一國家的，亦有一民族分組許多國家的。第一種以中國爲代表，第二種以美國爲代表，第三種以拉丁族爲代表。就原始意義言，以一民族建設一個國家爲最自然合理的現象。其他都是遞演而生的不正常現象。就便於民族生存發展而言，也以一民族建立一個國家爲最適宜。我們中國天然合乎此一條件，爲最理想的現象，當善爲利用，且加强之，以使民族團體强大而有力，適於生存發展。所以　國父孫中山先生主張融合國內各民族爲一大中華民族，使漢滿蒙回藏等名稱成爲歷史上名稱，泯除其小異，强調其大同，不再存有界限。即係一種眼光遠大，計劃深遠的作法。

最初的部落，爲自然條件所限，當是小型的組織，隨地域而分散。在初期也只能作到如此程度。後來逐漸進步，感覺到只有小型組織，零星分散，不能解決大的問題，不能發生大的力量，有擴大統一的必要。加以中國人天性愛人，能合羣，也願意大家合在一起，以相愛互助的精神，過共同的生活。所以自黃帝時起（其實史前期應早有此項事實，不過本書爲求謹愼，不能不自黃帝講起。）即在無數個小部落之上，再作一統一組織，擁戴一共同領袖，即歷史上所謂天子。大禹會諸侯，執玉帛者萬國。此所謂諸侯，即部落；所謂萬國，即言其多。數目愈多，部落面積即愈小。遞演遞進，逐漸合併，消滅，數目日見其少，面積即隨之加大。至商而餘三千，至周而餘八百。所以武王伐紂，會於孟津者八百諸侯。這些數字當然不敢說是精確，但由多而少，乃勢所必然。最後發展到周，文化程度突飛猛進，於是在口頭與書面上把這種求大統一的心理喊出，因而有四海一家，天下一人的呼聲。「溥天之下，莫非王土；率土之濱，莫非王臣。」「天無二日，民無二王」，以及「春秋大一統」等類口號，乃成爲一般人的共同嚮往，因而演爲口頭禪。到戰國而有王天下的野心，至秦而完全實現此一大一統的願望。過去的部落，諸侯，完全消滅。自此遂只有一個大共同的統一政府，而沒有小的部落。歷代相傳，一直以天下統一爲大家一致嚮往的常態，以分裂爲變態。分裂後必求其統一，統一後不再求分裂。這是中國的民族性，也是中國文化的特色。由這裏表現出中華民族氣派大，度量宏，理想高。

用民族生存發展的眼光看，必須有國家；有國家的組織，才有生存的保障。國家愈大愈强，民族生存愈穩固可靠。從中國的歷史與地理看，最適宜一個民族建立一個國家。恰好我們中華民族先天上有此求天下一統的天性，文化思想上有此一理想，政治上有此一作風。因此五千年來我們始終在此一大目標之下生存發展。　國父孫中山先生更標明此義加以提倡，强調其重要性。既見其有遠見卓識，亦證其思想實以中國固有文化爲基礎。今後更應照此目標邁進，當爲大家所公認。

再就國家的需要性而言，我們由猶太人之慘痛經驗，得到可貴的教訓。數世紀來，他們有民族而無國家，到處流亡，受盡了歧視，排擠，和苦難。偌大的世界，竟無猶太人容身之地。第二次世界大戰結束，他們以最大的努力恢復了他們的國家，就是現在的以色列國。用這一事實說明國家對民族的重要，實勝過千言萬語的抽象理論。

第三章　人民與民族與國家

人民能藉自然力構成民族，過集體生活，即因人民自然具備集體生活的條件。第一，人性善。性善即能相愛相親，和諧相處。人與人之間有一種向心力，彼此相求，也能彼此相安。所謂善惡乃後天的社會名詞，指人性在人羣中所發生之作用而言。爲人羣所歡迎的，即所謂善；爲人羣所憎惡的，即所謂惡。人之性善，所以彼此能相親愛，相吸引，而過集體生活。在今天即謂之合羣。此羣性爲人類先天所本有，所以能自原始時代即有有民族之組織，有集體之行動。此其一。

第二，人類都要求生存，大家有同樣的要求，即在生活上有同一之目標。又加在生活上有共同的禍福，共同的危害。人類爪牙體力不能勝過自然力以及人爲力的危害，因此乃自然而然彼此結合，過着共同生活，奔向求生存的共同目標，因而有所謂民族。此其二。

至於所謂國家，實際就是民族的强化。單有民族而無國家，逐漸不能達成求生存的目標，乃不得不進一步結成更堅强更細密的組織，採取更有力的集體行動。這就是所謂國家。

就人民對民族及國家而言，同其需要，同出自然，生於情感，亦同樣具備先天的自然條件。即所謂羣性。不過時代推演，人類進化，世界上民族賦性不同，强弱有異，文化思想，立國精神各有不同，因而造成紛爭擾攘之局，日甚一日，而民族生存亦遂日益感受威脅。於是對民族對國家之需要性日益迫切，而國家有待於人民之擁護支持，亦日益增重。於是愛國之呼聲以起；殺身成仁，捨生取義之大義以立，而人民對國家之忠奸亦由此判分。

第四章　民族與文化

文化爲人類爲求適應生活之需要，運用其體力智力所創造的事物。木處而顚，土處而病也，乃爲宮室以供民居。爲宮室即文化。茹毛飲血不宜於食用也，乃鑽燧取火，教民熟食。取火與熟食亦爲文化。諸如此類，許多器物之製造，方法之發明，都是爲生活之所需而創造的文化。原始時代極爲簡單，大都僅屬於物質方面事物，今人稱之爲物質文化。稍後而有言語，再後有文字，更後乃有文學詩歌，哲學，歷史，倫理，政治，教育，經濟……等等。這都不是物質方面事物，今人稱之爲非物質文化，也是爲適應生活上需要而創造。

文化與地理有關，如氣候之寒暖，物產之豐嗇，山川之有無等，都直接影響人類生活，所以就間接影響文化。客觀環境也有關係，如異民族異國家的危害或多或少，或相交通，或相協助，種種不一。久而久之，亦足影響文化。

文化是民族自力所創造。民族品質優秀者進化早，文化之產生亦早；品質較差的進化遲，文化之產生亦落後。就民族生存而言，文化發達以後，體力的强弱便成爲次要問題；而文化遂成爲主要條件。文化力强的佔上風，能生存；文化力弱的居下算。所以我們可以說，民族創造文化，文化支持民族。也就是說，民族以自力創造文化，即民族自身生存，則靠自己所創造的文化來支持和推進。因此民族欲求生存，要在文化上着眼。旣要力促其進步，又要隨時補救其缺點，並吸收外民族的優良文化，以促進生機，使之臻於完備。赤裸言之，今後之民族生存，主要在於文化鬪爭，文化競賽。也就是民族的命運要由民族文化來決定。

同一民族產生同一文化，生活各方面無不相同。其彼此相視，一而已矣。視另一民族，一切不與我同，即視之爲異，爲敵。人們心理上對先天的血緣地緣的相異，遠不如後天文化相異的印象鮮明而深刻。並且是多方面的。而血統的同異則僅是膚色與體格的差異，不足構成民族間鴻溝之界。惟有言語、文化、生活習慣、食衣住行、文化思想等等，才是民族間顯然的界線，合作的障碍。因此我們可以說，文化實在是民族的靈魂。

第五章　民族之演變

民族的本質，是時刻在變的，並非固定不移。因而民族間的界限也隨時跟着變。由於世界大通，逐漸接近的多，逐漸隔離的少。不過變化有遲速，有顯晦，有多少而已。

就血緣而論，其分別在於膚色與體質。但膚色與體質都可能變化。原始人類應爲四足着地，後拖長尾，週身生着長毛。不知到了何時，忽然由俯身四足着地一變而爲直立。前足演變爲雙手，頭向上直豎，尾巴脫落，週身長毛也逐漸由進化而脫掉，只餘頭頂一部份，即今所謂頭髮。頭向上，身體直立，兩手懸空，乃使頭腦清醒，慢慢產生知識，發生思想與意志。兩手不再着地，便能自由活動，作出許多事項。因爲常常使用，所以頭腦日漸靈敏，雙手日漸巧妙，十指愈見發達。無用的尾巴與身上的長毛，則因不使用而由退化到脫落。自此以後，乃長成人性，智力與體力相互配合運用，遂創造文化。並且愈後愈多，愈快。人類乃脫離獸域，而與禽獸無論在外形上，在實質上，均有顯然之差異。這是人類由體質變化而造成之重大進步。此後雖不再有如此顯著之變化，但其時刻在演變，則爲不易之事實。

此外如體質的强弱，身軀的高矮，壽命的長短，乃至智力的優劣，也都可以用人力加以改變。自科學發達以後，醫藥衛生進步，教育普及，人類知識隨之而突飛猛進，遂能想出若干方法使體質改變，智力提高。尤以使用優生學知識方法使人類由先天上改進品質，更爲有效。至於體質弱的，可以使之强；身軀矮小的，可以使之高大；壽命短，疾病多的，也可以使之長壽而無病。尤其是智力，更可以用後天的功夫，和教育方法，使之進步。日本人身軀矮小，但經他們的努力，現在已經加高。我們中國人多病，而平均壽命短，但由於我們的努力，近年在臺灣已大大爲之改觀。死亡率減低，平均壽命提高了。醫藥衛生發達，疾病也大大減少。智力經過考驗，也已證明，不在世界任何民族之下。日本與中國如此，其他民族也是一樣，都或多或少的有所進步。這就證明，人類的體力、智力，都可用人力加以改變，而並非不可移易。也就是說，後天的人力可以改變先天的本質。在古代，民族間接觸的機會少，競爭的意味並不強烈。民族品質的優劣，進步的遲速，關係不大。現在不同了。現在是世界民族競爭最劇烈的時代，全靠競爭乃能圖存。一有落後，便難免於淘汰的命運，因此必想盡方法，極力使民族無論在體力上，智力上都能進步，天天進步，樣樣都佔優勢，才能生存能發展。這樣，就不能不使我們警惕，在目前以及未來民族競爭劇烈的場合上欲佔優勢，即不僅要在政治、經濟、軍事上努力邁進，更要注意在民族品質上作功夫，爲根本之圖。必如此，我們才能在世界上立足，也才能實現我們救國家亦救世界的高遠理想。我們今後無數代的子孫，也才可以揚眉吐氣，不僅有前途，亦能對世界人類有貢獻。

自然條件對民族影響當然很大，即如膚色與體質，便受直接影響。生活與文化，也直接間接，或多或少的受自然條件的限制。即證地理條件對人類關係極爲密切而重要。但地理條件亦非一成不變，也有頗爲顯著的變化。就大體說，滄海可以變爲桑田，桑田可以變爲滄海。河流可以改道，山岳可以崩頹。就中國而論，古代黃河以北盛產熱帶動植物，民族生存活動亦以黃河兩岸爲中心。遠古時代無確切記載可證，即就有史時期而言，已知上古有象、獅、虎、豹之類動物。又據樂毅報燕惠王書，「薊丘之植，植於汶篁」，知山東省汶水一帶小竹（篁）可以移植到河北省北部的薊縣。春秋戰國時期文化驟盛，書冊繁多，而當時書冊全用竹簡，所以書稱簡冊，或簡策，又稱篇，字皆以竹。竹之應用如此之廣，當非取給於外來。是黃河一帶盛產竹之證。但一至現在，則成嚴寒之區，熱帶動植物已不復能生存，所以不僅不能看見大象，也不能看見竹子。現在看象只能在印度、緬甸一帶，看竹子則要到長江以南了。此證氣候變化，溫暖地帶逐漸由北向南移動，並非固定不移。其他物產受氣候與水土影響，自然也就跟着變化。科學發達，交通便利以後，人口流動性大，地域對民族的影響將逐漸減弱，不是固定不變的嚴重條件。

自然條件亦非不可用人力利用，或改變。靠山的利用山，近水的利用水。山與水雖不免對人發生障害，但人可以用自己的智力與體力使它爲人類生活而効勞。大禹治洪水，既除了害也興了利。西門豹治鄴，不僅除了人爲的害，也爲之開十二渠。渠開成了，水患沒有了，水利興起了。由此可證，人力可以改變自然條件。自古已然，現代科學發達，更可發揮力量，改變現狀，創造新環境以利民生。則自然條件對於民族，亦非絕對不可移易的事了。

世界大通以後，全地球成爲一體，不僅地域的隔離不再有甚麼阻碍的力量，民族疆界的保持，民族生存的維護，也因世界的大通而受極大威脅。一民族而欲閉關自守，不問外事，已不可得。就民族生存而言，較古代爲困難，危險性一天天加大。本身文化的良窳，國家的强弱，是屬於主觀方面的條件；侵略的兇燄，均勢的維持，是屬於客觀方面的條件。自己文化落後，或國家衰弱，可以導致亡國滅種；而三五强國政治家在會議席上一席話，立刻可以決定一個國家民族的命運。自己還不知道，而國已亡，或地已消，而若干同胞成爲人之俎上肉。捷克的命運是英國首相張伯倫與德國總統希特勒在慕尼黑會議所決定。抗戰勝利後，我們中國東北若干權利的喪失，是美國總統羅斯福，英國首相邱吉爾，與蘇俄總理史大林在雅爾達會議所決定。我們中國還不知道，人家已經替我們決定某種命運，使領土主權喪失，同胞陷於苦境。這類事在古代是沒有的。在古代靠自己主觀條件，可以把握自己的命運，現在則不僅要注意到自身，並且要時時目光四射，向外爭取有利條件，避免受人宰割。所以在今天單講民族的理論是一回事，爲民族求生存求發展，則又是一回事。這是現代人研究民族問題應該具備的觀念。

第三篇　歷史篇

第一章　中華民族起源與名稱考

研究民族主義不能離開歷史，研究歷史不能不追求民族起源。民族各有名稱，中國民族也有我們自命的名稱。這名稱由何而來？有何意義？也應該研究明白。茲本此旨，搜集資料，以謹嚴態度，首先對此兩問題加以探究。

中華民族究竟起源於何時何地，這是很難得到肯定而明確的答案的。因爲人類在原始時期未有文化，既不能有文字記載，也不易得到可供信據的實物證明，所以過去對此問題並沒有答案。但是飲水思源，愼終追遠，我們自己總要求出一個答案，以明我民族之所自出。不僅我們自己如此，就是世界各國，對這創東方文化，有悠久歷史的東方民族，也要明白個究竟。到底這民族起於何時？來自何地？此一疑問遂成中外人士共同渴求解答的問題。

遠古時代的問題，既不易得到確切的證據，只有作猜測式的推論和判斷。雖然立說人不能不提出若干論據，但這論據顯然是薄弱的，主觀的，很難使人人首肯。立說不只一人，推論不只一種，說法遂不免紛歧。一般人只能就一種比較近理可信的作爲假定的結論。擇要言之，有下列六種：

一、西來說。此又有二說：第一、謂來自巴比倫。第二、謂來自中亞細亞。前者法人拉克伯里氏(Terrien de Lacouperie)主之。後者英人波爾(Ball)主之。

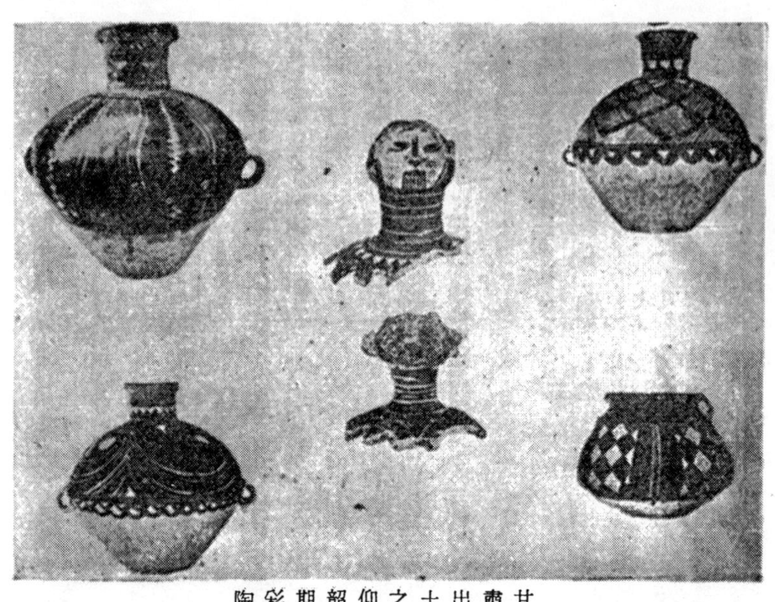

甘肅出土之仰韶期彩陶

二、來自埃及說。德人契且（A. Kircher）主之。

三、來自印度說。法人戈比腦（A. de Gobineau）主之。

四、來自土耳其說。瑞典珂羅掘倫（Karlgren）主之。

五、起自甘肅說。日本人烏居龍藏主之。

六、百姓民族由西北方進入中國說。主者不詳。

以上都是外國人提出的論斷，中國人並沒有人提出任何主張。大都相信西來說。在民國二十年以前，中國治史者論到民族起源，大都以西來說爲宗。但後來有人反對，提出許多反證，否認西來說。中國人如繆鳳林，外國人如德國夏德氏（Hirth）等，都認爲中華民族西來說不足信據。惟究竟中華民族起源於何時何地？終未有新說建立。

說來奇怪，好像我們先祖有靈，就在這渴求解答此一難題的時候，無意中屢有地下資料發現。這些資料如果分開來，都不足以作建立新說的論據；如合攏起來看，則很足爲立說的依據。並且近年地質學、考古學、人類學古生物學都非常發達，可以新的學理，配合新出土的地下資料，作新的判斷。因而此一問題已可得到令人相當滿意的解答。茲舉較重要資料如左：

一、民國十年，地質調查所，為研究地質，挖掘地層，在遼寧省（當時稱奉天省）錦西縣沙鍋屯掘得遠古時代洞穴遺址一處，其中遺物有石斧、石鏃（箭頭）石環、石紐、石珠等石器。骨錐、骨鏃、骨針等骨器。鬲碗盆罐破片等陶器。以及人骨等等。參加挖掘的，中國人之外尚有瑞典人安特生(C.C. Anderson)等。

二、民國十年又在河南澠池縣仰韶村發掘，亦得遠古人聚居村落一處，遺物甚多，有石斧、石鑿、石刀、石環、石鏃、石耨、石鋤等石器；骨錐、骨針、骨鏃等骨器；彩色陶盆、陶鉢、陶罐等陶器。挖掘的機關也是地質調查所，也有安特生在內。

三、民國十三年，在甘肅省寧定縣齊家坪馬廠沿等處，掘得石器陶器等多件。

四、民國十五年，山西省夏縣西陰村發現新石器時代石器多件。

五、民國十八年，在北平附近房山縣周口店發掘，得古代完整猿人頭骨化石。以後又在化石上層與下層續得原始石器時代之石器，以及人骨化石等。此項人類頭蓋骨化石，因為接近猿猴，學者稱之為猿人頭骨。又因出土在北京附近，又稱為「北京人」。此項頭蓋骨化石，形體極其原始，年代極其邈遠。在考古學上價值極高。

六、民國二十一、二年，中央研究院在山東省濟南龍山鎮掘得石器，粗陶器細陶器、蚌器等。並有貞卜用過之獸骨。

此外尚有多處發現舊石器等類遠古遺物，地點在河北省宣化、綏遠、寧夏、陝西榆林等處。時間即在民國二十年前後。不備述。

綜計此十數年間在各地所發現之遠古遺物，就地點言，以「北京人」所在地為中心。就年代言，也以

「北京人」爲最古。據考古學家研究，距今約五十萬年。其他古物如新石器陶器最少則有數千年。就文化階段言，由始石器時代到舊石器、新石器，再到陶器、銅器，每一階段均有遺物發現。並且在地層上下，以及地域分佈上，都能連爲一氣，合爲一體。每一階段歷時多久？雖不能確知，但年代愈早，進化愈緩慢，可以斷言。則由始石器到舊石器，應歷時最久。再到新石器，次之。均需若干萬年。上與「北京人」頭骨相接，遞演遞進，五十萬年之數頗爲可信。又按此項年數爲外國人所提出，未聞有人提出異議，則已爲世界學人所公認可知。又據步達生氏（R. Black）等考古學家研究，「北京人」頭骨及河南仰韶村發現之古代人骨，與現代之中國北部人民體質相近，同屬一系。即可證今之中國人爲此項遠古人之後裔。又就各種遺物研究，均富東方色彩，與中國文化爲一系。

綜合上述所得遠古資料，可以確知：中國本土上，至少在五十萬年以前已有人類，逐漸繁衍進化與分佈，而成爲今天的中華民族。這一民族自己創造東方色彩的文化，也創造了輝煌史蹟。他的分佈，僅就有遺物發現的地域研究，北到蒙古，西到甘肅，東至遼寧，南至山東河南，而以北平爲中心。根據此一事實，我們已可得一結論：即中華民族起源於本土，並非由外移來。以前所有外來各說，已被新資料所推翻，不攻自破了。**自此我們應澄清觀念，確認我中華民族自始即在中國國土上生長，是土著民族。在血統上有獨立性，在文化和歷史上也有獨立性**。這一批地下資料，對我們中華民族太寶貴了！

國父孫中山先生在民族主義第三講，對於中華民族的來源是採用百姓民族由西移入中國說，惟並未作肯定的判斷。他說，「講到中國民族的來源，有人說百姓民族是由西方來的，過葱嶺到天山，經新疆以至於黃河流域。照中國文化發祥地說，這種議論是很有理由的。……」今按　國父演講民族主義在民國十三年一二月，其時許多地下新資料剛剛開始發現，尚不足以構成學術上有力之論據，新說尚未建立。直到民國十八年發現「北京人」，才在學術界發生重大影響，得到有力證據，新說才漸漸爲國人所公認。**可惜遺**

樣一件有利於民族思想的大事， 國父未能趕上，使他在不得已之中只有採用百姓民族之說。假如天假以年，及見新證之發現，新說之建立，則其拊掌稱快，雀躍三丈，乃意中事。則大講其中華民族起自本土說，亦屬必然也。惜哉！

次論中華民族之命名。

國父所領導的國民革命是有深遠計劃，和長時間準備的，在同盟會時期已決定推倒滿清之後，以「中華民國」爲國名。「中華」二字爲章太炎所提出，「民」字爲國父所提出，合爲「中華民國」，「中」字「華」字爲古代名稱「民」字表示新國國體。但在古代所用不只「中」字「華」字，還有「夏」字。對邊疆民族又另有許許多多名稱。民族的主體，則在華，在夏，地點在中央。玆分別論述如左：

中華民族是由許多宗支合成的，許多宗支中比較大，比較優秀並且定居於中央的，則爲漢族。但漢族的名稱是漢朝以後才有的，漢以前沒有。我們在先秦典籍中所見的名稱是華，是夏，是中，而沒有漢。夏又不只一支，故又稱「諸夏」。此外的宗支概括稱爲「夷」，或分別開，在北的稱狄，稱胡；在東的稱夷；在西的稱爲戎；在南的稱爲蠻。華夏人所居稱中國，中國以外稱四夷。此外又有苗、猺……等名。玆分論中、華、夏、漢名稱的由來。

中　中國人自稱中國，有兩義：第一、以中國居天下之中，故稱中國。天下之大，廣漠無垠，而吾人四方展望，適居其中，故稱爲中。第二、蠻夷戎狄環居四圍，而華夏人實處其中，故稱中國。蓋以別於夷狄也。

華　說文解字卷六下，𠌶榮也。从艸𠌶。段玉裁注：「見釋艸。（今按爾雅釋艸）……又曰木謂之華，艸謂之榮。榮而實者謂之秀，榮而不實者謂之英，析言之也。引伸爲曲禮：「削瓜爲國君華之。之字又爲光華，華夏字」又謂俗作「花」，其字起於北朝。今按𠌶即「花」之本字，象形。加艸爲「華」。段氏

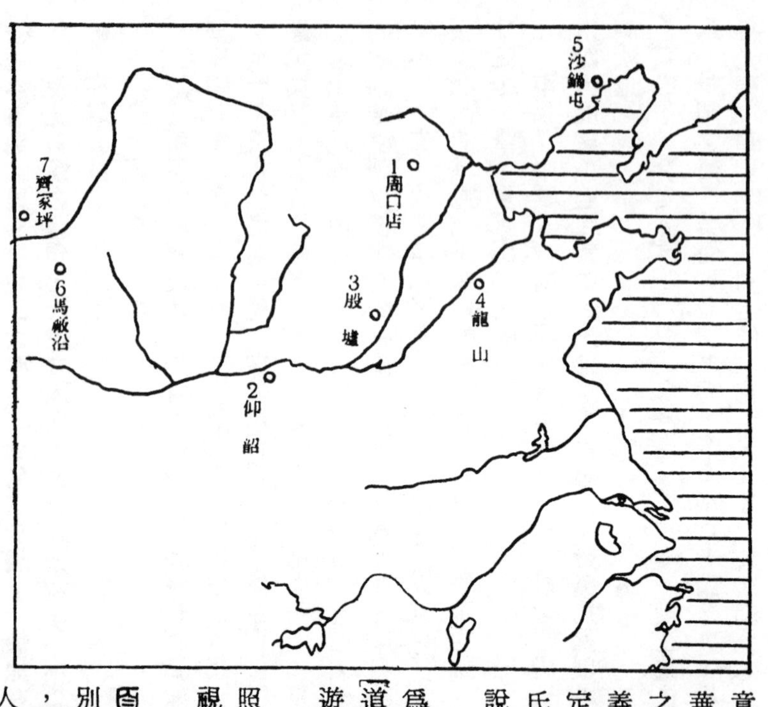

意謂，「華」即古「花」字，榮華也。引伸爲光華，華夏。是指華夏之名由於花，榮也。亦即美麗光華之意。章太炎在其所著「中華民國解」闡明命名之義，謂中國民族「以雍梁二州爲根本……就華山以定限，名其國土曰華，則緣起如是也。」今按，章氏之意，華字由華山而得名。是華字由來之又一說。

中字除居中曰正謂之中國，夏字四方皆夷我獨爲華夏（嚴夷夏之分）之外，尚有允執厥中，以中道立國之義。而華字於榮花之意而外，列子有黃帝遊華胥氏之國，則其時已有華國之意矣。

以上二說各有理由，然與蠻夷戎狄苗猺等稱對照，則字多从虫从犬，有鄙視外族之意，是華人自視甚高，則以光榮華美命名，似較合於事實。

夏　說文解字卷五下夏中國之人也。从夊从頁从臼。臼，兩手，夊，兩足也。段玉裁註：「以別於北方狄，東方貉，南方蠻，西方羌，西南焦僥，東方夷也。夏引伸之義爲大也。」是指夏爲中國人之稱，引伸爲大。蓋以中國之人碩大，優於四夷也。與華字華美之意相合。又就夏字之構成言，頁即首字，臼兩手，夊兩足，合爲一人。有誇大意味，亦合於華人心理。又疑其稱與夏禹之夏有關。禹平水土，其功大，故人稱夏禹。夏禹即大禹，故後世獨於禹稱大禹，而不於堯舜湯武稱大堯大舜……也。後世相沿，遂以夏禹之夏爲朝代之名，初時未嘗有也。由此引伸，中國人自稱爲夏，亦頗近理。

章太炎氏謂夏因夏水而得名，與華字由華山而得名者相同。皆指爲由地而得名。雖不無理由，然終不如上說爲有力。

漢　漢族之名不見於先秦典籍，其由漢代得名至爲顯然。在歷史上漢爲盛世，於文治武功均有可觀，久爲中外人士所欽仰。後世遂以漢字稱中國人，曰漢人。朝代名遂遞演而並爲種族之名。至今習以爲常，遂不僅稱中國人爲漢人，稱中國文亦曰漢文，中國學曰漢學，中國字曰漢字。諸如此類，不一而足。假如我們進一步追求漢代之得名，則應謂由於項羽之封劉邦爲漢王。其所以稱爲漢王，則由王於漢中，漢中名由於漢水。漢水入江之口曰漢口，漢水之陽曰漢陽。是地名原於水名，王名原於地名，朝代名原於漢王。族名原於漢代。窮源竟委，中國人之稱爲漢人，實淵源於漢水。此與章氏推論華夏二字源於華山夏水方法相同，但其事不同。揆情度理，漢族之名源於漢水，應無可疑。惜章氏於漢字未有論述耳。

近代所謂滿蒙回藏族等，皆後世繼起之宗支，由某一地區繁衍壯大而成近世所謂五大族。其得名或由地域，或由宗教，情況不一。演至今日，已成歷史陳跡。蓋　國父於民族主義主張融合國內各民族爲一大中華民族，不使再有彼此疆界也。

現在世界民族分類命名，因我們膚色黃，稱爲黃種人。外人又以漢唐兩代聲威遠播，又稱我們爲漢人、唐人。又稱爲蒙古利亞人(Mongolion Race)。我們自稱則曰大中華民族。

第二章　中華民族之融合與發展

第一節　引論

中華民族起源於中國本土，都生長在中國本土上。換句話說，就是凡自始即生長在中國本土上的，都是中華民族。不過中國國土廣大，古時交通不便，由於自然條件的阻隔，不能不分別住在不同的地域。這些分散在不同地域的人，在膚色種性等本質上並無差異，但由自然條件所造成的生活習慣，和體質上，不免有些不同。這就是在大同中不免有小異。同胞兄弟姊妹，一父母所生，先天上有很多相同之點，仍不免有小異，何況這樣大的民族，這樣廣闊的土地？更何況還要加上種種不同的後天習染和客觀條件？怎能使這樣大的民族處處完全相同？我們對中華民族各宗支的同異問題，就是這樣看法。

我們首先在此提出兩項大共同的事項：

第一，我們所居的土地，是一塊自然完整合一的土地，有其一致性，不能分割。地形大體成為樹葉形。不狹長、不突出、不畸零、不短缺，自然而然成為一整塊。地形則西北高而東南下；山川相間，自西而東，而南，也自然形成一種態勢。我們的遠祖，自始即生活在這一大塊肥沃溫暖的黃土層平原。

第二，我們有一部共同一致的輝煌歷史。一個頭，一個系統，一個中央政府，一個政治組織。大家以同一中央政府，同一歷史系統作為一種共同向心力。在政治和歷史上，無不力求維護一統，而避免分裂。以一統為常態，以分裂為變態。自始至終，這種共同心理不曾改變，無形中成為民族發展融合，乃至於團結進步的一種精神力量。

以上兩項大共同事項，是我們民族發展融合的極有力條件。無形中促進，支持，使我們得到不少有利機會。因而得到不少好的效果。

相同之點雖如上述，但我們的民族太大，地域太廣，時間久了，自不免有紛爭擾攘的事發生。小爭執即小衝突，大爭執即歷史上所謂戰爭。雖同爲一中華民族，亦所難免，猶如同胞兄弟姊妹，爲了一個玩具，可以打架吵嘴；爲了財產，可以分家。我們對各宗支的紛爭戰亂，就是這樣看法。但是話又說回來，兄弟姊妹竟是兄弟姊妹，是一父母所生。打架吵嘴雖不能免，至終是同氣連枝，互爲一體。左手受了傷，右手立刻相救。「其相救也，如左右手」。所以詩經有所謂「如兄如弟，如手如足。」一旦有外患，則「兄弟鬩於牆，外禦其侮。」（詩經小雅常棣）我們對各宗支過去的相與提攜合作，今後的共同致力於生存復興，又是這樣的看法。

各宗支分散在不同地域，主觀客觀條件，都不免於小異。一旦得到移動融合的機會，便可得到進步。雖不免因戰爭而有若干破壞與不良後果，但就民族融合而言，則有許多益處，不過不爲一般人所注意而已。我們站在今天的立場看歷史上事實，並用今天的知識解釋古人古事，在民族融合上分析研究，得到下列各項益處：

第一，是數量上有增加。這是顯而易見的事實。

第二，是品質上有進步。這是優生學上的問題。各宗支由移動而雜居，由雜居而通婚，這是必然的現象。用優生學的道理看，宗支關係愈遠的，其婚生子愈優秀。我們古代有「同姓爲婚，其生不蕃」的誡條。即暗合於優生學的道理，即血統愈疏，地域相隔愈遠，生活習慣等等，也愈加不同的，其婚生子即愈優秀。血族羣婚，不但其生不蕃，即生亦往往癡呆或生理上有不正常現象。所以每有一次民族融合，即得一次提高品質的效果。因爲事不顯著，故不爲人所注意。

第三，是文化上有進步。生活在中原的華夏族，因為在自然條件上得天獨厚，所以品質較優，文化較高，生活亦較優越。處在四夷的邊疆民族比較差。他們旣入內地與漢人融合後，在文化上學習感染，因而得到進步，這是顯而易見的事。就華夏民族而言，也在若干方面吸收邊疆宗支的文化。即如床、椅，來自北胡，稱胡床、胡椅。漢人本席地而坐，見胡人睡床、坐椅，便也仿效他們，睡床，坐椅。趙武靈王欲富國強兵，特地仿效胡人，穿胡服，習騎射。這是文化上漢人自求胡化的事實。現在我們樂器中有胡琴，當採自北胡。橫笛稱羌笛，是來自西羌。這是在音樂上漢人吸收邊疆文化之證。漢人習文，胡人習武；融合之後，亦有相互調和之效。又漢人在文化思想上一向主張天下一家，「四海之內皆兄弟也。」所以對外來的宗支，如不威脅生存，便不抵拒排斥。不僅不排斥，甚至用盡了力量來提携幫助。就像大哥哥教導小弟弟一樣。所以民族融合之後，便是文化上交流、和諧、同化、和進步。

第四，是經濟上有發展。內地經濟發達，這是一面由自然條件，一面由文化條件所促成。四夷經濟比較落後，所以他們生活遠不如內地。移動融合之後，夷人經濟生活立可改善，自不待言。即邊疆經濟亦可獲得若干進步。因為移動有時是相互的，並不完全是內移，也有時外移。如秦漢，就都有以政令使漢人外移的事實。外移的結果，即可使邊地經濟發展進步。漢人設邊郡，移民實邊，接着開墾，屯田，與內地通商，對胡人賜金帛；種種措施，都可使邊地經濟發展，使內移的胡人提高經濟生活。即國家整個經濟，也可得到融通與調和之效。

第五，是地域上有擴充。這也是顯而易見的事，不必縷述。

根據以上所述，我們可以說，民族融合可以促成民族的發展和進步。只可惜歷史上的民族融合多由戰亂所促成，非盡出和諧或自然，為美中不足耳。

第二節　第一次民族大融合

由黃帝時起，中華民族開始進入文化時期，普遍過文化生活，也開始建國。也可以說由民族領袖率領人民團結合作，正式過有組織的羣體生活，採有組織的集體行動。是由黃帝時開始的。當時活動地區。大體以黃河以北爲中心。另外有許多宗支分散在各地，時相侵擾。內地人不得安生。於是黃帝率領人民「戰炎帝，戰蚩尤。天下有不順者，黃帝從而征之。……東至於海，西至於空桐，南至於江，北逐葷粥。」（史記五帝本紀）然後中土人民乃得安居。這可以說是第一次全國大統一，內外大交通，爲爭生存而合作禦侮。同時也收到民族相融合之效。

到了堯舜，便有所謂「平章百姓，協和萬邦」的話。（尚書堯典）這是調協輯睦，使天下歸於一的工作。到了大禹，洪水爲患，各地人民均直接間接受到災難，不得安居，隨水患而奔走流亡。大禹治水，導水入江河，順流入於海，水患始得平，人民始得平土而安居。在這時，地無分東西南北，人不分華夏蠻夷，水之所在，必往治之；災之所在，必往除之。水道通而水患平，路亦隨之而通。人民居處往來，因而便利。政治上由禹之治水，普救人民於災難，因而四海歸心，人民內附，政治力量因而加强，各族之間亦因而和協輯睦。所以大禹會諸侯，執玉帛者萬國。地無四方，民無異國，皆來內附。這是中華民族第一次大融合，大輯睦。不僅水患得平，疆域上也隨之而擴充，而通達，而奠定。在民族求生存上，也受到一次重大考驗，即在天然災害侵襲之下，我中華民族實已在一領袖領導之下，同心協力，共同排除危害，爭得生存。在民生史觀上得到一項有力的證明。這是在民族融合之外，附帶得到的收穫。

第三節　第二次民族大融合

遞演至周至秦，又形成民族大分裂，大紛爭，但同時也得到民族大融合。就民族史言，此一時期變化極爲劇烈。大體言之，華夏民族文化程度高，政治發達，經濟繁榮，土地肥沃，因而民生樂利，利於安定，不尙武功。四夷宗支則文化落後，經濟困窮，人民習於武事，體格比較强悍。對內地人民之優越生活極爲羨慕。所以利於向內移動，而所謂四夷內侵之事以起。中原華夏之族生存遂大受威脅。首先是周宣王攘敵於前，薄伐玁狁，略民於太原。其時周室尙盛，外族無可奈何。及至幽王失政，王室中衰，爲西方犬戎所逼，竟至不復能在關中立足，而擧國東遷以避之。此即表示外族勢力漸盛，華夏民族不能敵。於是春秋初年，乃有「尊王攘夷」之口號，而諸侯能率先挺身而出，內尊王室，外攘夷狄，的即爲衆諸侯所推崇擁護，因而羣推爲諸侯中盟長，稱之爲「伯」。伯即長，即後世所謂霸。管仲相齊桓，富國强兵，四出征討，外患得平，而中原以安，華夏民族乃得免於滅亡。觀孔子之推崇管仲，「微管仲吾其被髮左衽矣！」（論語憲問）可知當時外患之嚴重。言設非管仲之攘除四夷，則華夏民族已爲四夷之俘虜，捨中原文明冠帶之俗，而淪於被髮左衽，與夷狄同風。果眞如此，則中國文化將倒退若干年，作逆轉向，而民族歷史亦將成另一面目。

當時四夷宗支繁複，並不只四種。雖一般人講東夷、西戎、南蠻、北狄，然每種又分若干支派。如夷有九而蠻有八，戎狄亦各有五六種。尙書旅獒有「惟克商，遂通道於九夷八蠻」之說。論語子罕有「子欲居九夷之語。此外墨子、戰國策均有九夷之號。爾雅則更有「九夷、八狄、七戎、六蠻，謂之四海。」之說。可證四夷宗支之繁，名目之多。這些分散在四面八方的宗支，雖然都在華夏民族攘除之列，但終不免有意無意的內遷與混合。事實上無法攘除淨盡。我們又須明瞭，華夏民族之所以必定要攘夷的動機，大體說來，有下列兩種因素：

第一，是生存問題。四夷內侵，影響華夏民族的生存。爲了爭生存，必須攘夷。所謂攘夷，實際是排除威脅生存的外患。其着眼點在爭生存。

第二，是文化問題。華夏民族文化程度高，政治上有組織，社會上秩序，生活上有保障，也有幸福。四夷則不然，他們一切落後。在華夏民族看起來，這些文化低的人，和我們不同。是我們生存的敵人。所以攘夷也就是在文化上排除異己，避免退步。其着眼點在文化。

就求生存而言，如夷人以武力內侵，影響內地人生存，自當抵禦。如他們僅爲生活改善而內移，不使用武力，不影響內地人生存，則並無抵禦之必要。事實上四面八方都有這種情況。即不經戰爭而和平內移的不在少數。似此情形禦不勝禦，亦無須禦。久而安之，界限自然化除。亦有禦而又來，衰而又興，退而後進者，如楚即其顯例。在春秋時代中原諸侯以攘楚拒楚爲最大目標。必勝楚而後可以稱霸。但楚終未被六國所滅。是雖禦而終歸於一。至於所謂文化上的差異，則所懼者在以夷變夏，而不在以夏變夷。假如夷人內侵，强華夏人以就夷，是文化上退步，由文明而復返於野蠻，華人將誓死反抗。假如夷人和平內移，在文化上用夏變夷，捨其鄙野而習於華夏，是由野而進於文，則華人歡迎之不暇，斷無排拒之理。並且就文化精神而論，中國文化實以四海一家，天下一人爲基本觀念，提携教導之不暇，根本無抵禦之念。所以大禹解衣而入裸國，孔子欲居九夷而不嫌其陋。又說「言忠信，行篤敬，雖蠻貊之邦行矣。」是直以夷人雖鄙野，亦屬同胞，我文明冠帶之族當提携之，同化之，使與我同登衽席，共進於文明，共享其幸福。所以不僅無人號召以文化而攘夷，且提倡以文化而感染提携，使之成爲一家，泯除界限。事實上夷人內遷之後，無不在文化上與華人打成一片，由感染而同化。這是自然現象，也是必然現象。

因此春秋戰國時期，夷人內移，與華人雜處之事，與日俱增。眞正華夷拒戰之事並不多。大部份戰爭像諸侯與諸侯之間，互相侵伐，互爭雄長之戰，多非華夷之拒戰。一至秦併六國，統一天下，即形成華夷內外各宗支的大融合。大同化。眞正作到天下一家。自此以後，不再有九夷、八蠻、七狄、六戎之稱，乃至各夷之目。過去民族間的差異，由流徙，戰亂，內移，雜居，以及政治上之統一，而一切泯除。各宗支的名稱也都成爲歷史上名稱，不再有人使用。

秦統一天下之後，有關民族間的擧措，有三件大事：

第一、北築長城，爲永久抵禦匈奴之計，且派重兵鎭守北邊。

第二、以政治力量，求文化上之統一。所謂車同軌，書同文，行同倫，統一律度量衡者是也。由此次文化上大統一，更進一步促成了民族間的融合。在血統與地域之外，又加上文化上的一致。使華夷之間實實在在作到血統，地域，文化多方面的融合。

第三、始皇二十六年，徙天下富豪十二萬戶於咸陽。三十五年，謫徙民五十萬，於新開闢設置的桂林，象郡、南海各郡。以政治力量，作有計畫的移民，且由內而外，有以華人充塞邊疆，提携邊民，使內外趨於一致之功。

綜觀以上措施，除北邊的匈奴以外，於民族融合，劃除界限，有極大之貢獻。

進一步講，秦民族本身即非華夏之族。他們是西戎，由西方來，趕走了周朝的中央政府，逐漸吸收華夏文化而日趨强大，終於統一天下。統一之後，以華夏文化統一內外各宗支。可以說，秦之統一，在武力政治上他制服了華人，在文化上則是他降服於華人之手。他未曾保持西戎本色而排拒華人文化，是他的雅量，是他的聰明，同時也是他的功勞。

就結果論，此次民族大融合有三大效果：

第一、破除人民在種族上界限，使大家在心理上消除一種障礙。

第二、使民族基礎擴大，地域推廣。

第三、由血統的混合，使民族品質上有進步。

第四節　第三次民族大融合

兩漢四百年，在民族間有排拒亦有融合。而最後乃醞釀成五胡亂華，成爲民族第三次大融合，也是最大一次融合。綜漢室一代，始終對北邊的匈奴陷於困擾之境。一開國漢高祖即陷於白登之圍。景帝以前，只於敷衍，未採積極政策。到了武帝，才迫不得已採取强硬政策。一面擊匈奴，一面通西域以斷匈奴右臂。另外對於四夷，也有意無意作了許多民族融合的工作。

第一、匈奴屢次內侵，主要係羨慕漢人文化和經濟生活的優越。所以搶掠之外，同時也自動向內地移民雜居，不肯回去。漢人只有承認此事實，不能拒絕。

第二、主動的使民族內外交流。武帝建元三年，將東甌全部人民徙於江淮間。徙匈奴渾邪王部四萬人於隴西，北地，上郡各地。元狩三年，徙山東貧民七十餘萬口於關西，朔方，新秦中等邊地。元狩四年，霍去病破匈奴，徙烏桓全部人民於上谷、漁陽、右北平、遼東等地。元封元年，又徙閩越人民於江淮之間。（見漢書）到了東漢光武帝，也大量徙南匈奴人民於北地、朔方、五原、雲中，雁門各郡。章帝也納降屈蘭、儲卑胡，都須等五十八部，約二十萬口徙居於雲中、五原、朔方、北地各郡。此外人民自動內外移動，不見於載籍者，尚不可勝數。似此有意無意的使民族內外交流，頗得相與融合之效。（見後漢書）

西漢宣帝以後，因匈奴內附，遂時有以胡兵留駐邊塞之事。日久內移，爲數漸多，軍民雜處，亦相融洽。東漢末年，召董卓率西涼兵入衛中樞，而垂涎已久的邊塞軍民，遂得名正言順的大量向內地移動。接着東漢三國之長時期分裂，混亂，內憂外患紛至迭乘，四夷宗支亦多乘機內移。加以在此時期中國政治上擾攘不安，失却統攝能力。邊防廢弛，武力也就衰退。同時道德觀念也由曹操有意的破壞而風氣日趨於下。道德藩籬被惡風所衝破，不復能拘束人心，促進歷史。文化學術由東漢之考據訓詁入於晉室之崇奉老莊，競尙淸談，一般士大夫名士者流，相率自潔其身，不再熱心世務。於是由漢末至晋初，近二百年間，中原華夏之族無論在文化學術上，政治上，社會風氣上，同時走向下坡，旣不能奮發有爲，號召內外，挽救國運，又不能在文化思想上打起精神，納入正軌，以天下興亡爲己任。國事自此遂不堪問，而夷狄之禍遂不能制。雖有遠識如江統者流，深憂胡禍之將作，主張徙戎，但當時的晋惠帝未能採納，而大禍遂不能避免。

中原旣呈衰象，四夷遂得逞其武力，肆其內移之志。華人旣不能抗，遂更進一步啓其覬覦之心，而割據倂呑之勢以成，長時期擾攘爭奪之局以啓。四方倂至，各族俱來。初則夷族侵華，華人敗走，豪家大族隨政府大量南移。繼則夷又制夷，紛爭迭起。興滅起伏，無有寧日。所謂五胡亂華者是也。

五胡以匈奴爲主。匈奴在北，入中國較久，勢亦較大。次鮮卑，在遼東及河北山西一帶，勢亦不減匈奴。影響於中國者甚大。次羯，亦在北；次氐，次羌，均在西。其形勢由東，亘北，而至西方，對內地成大包圍之態勢。他們由不同地域，先後向內地移動，以武力奪取政權，以人力爭取地盤。在經濟上掠奪佔據，提高其享受，改善其生活。在文化上則採不同態度：對漢文化或迎、或拒、或聽其自然。在血統上也有一部份欲保持其血統而禁與漢人通婚，或雜居。惟迎者多而拒者少。無論爲迎爲拒，其結果終被漢人同化，則爲諸胡一致之現象。

在胡亂初期，內地華族能走的隨政府逃亡，至於江左。不能走的失却政治上保護，只有留下來受胡人蹂躪。初時陷於狼狽混沌狀態，遂失却以高度的政治文化經濟漢化胡人之能力。而胡人自此囂張跋扈，其粗暴鄙野之氣，驟難移易，因而兇殺殘暴，篡奪爭權之事，此起彼伏，踵趾相接。形成一片黑暗混亂狀態。同時也成爲中華五千年歷史上一段汚濁可恥時期。

話雖如此，但漢文化並不是胡人所能摧毀。漢人自幼生長於自創的文化，也不甘聽其湮滅。加以所謂文化主要在於內心，不僅在表面；此種深植於人民內心之文化，並非武力與政治所能摧毀。所以胡人新興暴力如狂風般吹過之後，朝氣漸失，自己並無一套像樣的文化足與漢文化相抗衡，使不再像初期的抵抗，漢文化本身也漸漸顯露其光芒，發揮其潛力。另方面未能南下的漢人以其漢文化精神與胡人合作，無形中教育了胡人，也感染了胡人，慢慢使胡人政權漸行漢化政治。漢胡雜處的社會也終成爲漢文化社會。

不但此也，胡人漢化的最大力量還是已受漢化的胡人自動求其漢化。似此情形，不一而足。玆舉最重要的北魏孝文帝爲例。

北魏是鮮卑人，自拓跋珪建國，六傳至拓跋宏，爲孝文帝。自拓跋珪起，即仿漢制立太學，置五經博士。生員多至二千人。以後文化漸盛。至孝文帝因受漢文化較深，於政治文化頗具遠識。知以鮮卑鄙野故俗，久處邊地，過游牧生活，不足以統治中國，延長國祚。乃決心加强漢化，先由平城遷都至洛陽，繼以政令推行漢化政策。舉其要者，如一、正祀典；二、定婚制；三、考牧守；四、定律令；五、頒田制；六、定服制；七、禁胡語，用漢文漢語；八、求遺書；九、法度量；十、興學校；十一、廢胡姓名，一律改用漢姓名。十二、獎勵胡漢通婚。……諸如此類，無不力求漢化。雖遭族人之大力反對，乃至釀成爾朱榮之亂，亦在所不惜。其視力卓越，效果深遠，不可忽視。

此外胡人自求漢化者甚多，如匈奴之劉淵、劉聰、劉曜，（建國前稱漢，後稱趙）都漢化甚深。推行漢化政治，頗具成效。鮮卑之慕容氏（建國曰前燕、後燕、南燕）也漢化極深。前秦苻氏（氐族）本非塞外之族，而係中原文化較低的部落。所以他們建國崇學尙禮，與漢人並無多大差異。及至苻堅，用漢人王猛爲相，更極力推行漢政，文教益盛。諸如此類，不勝枚舉。可知漢人在武力上敗於胡人，在文化上則終於制勝。卒使內侵或內移的胡人在文化上終於完全漢化。至於血統，則彼此本無膚色體質上的差異，所差者乃自然條件所造成尙文尙武的强弱上不同，游牧生活與農業生活的不同。此種不同經內移雜居之後，自然漸趨一致，加以政治文化上的力求漢化，自然融合爲一，不再有任何界限。

又胡人內移者十九皆留居內地，不再外遷。偶有返回原居地者，佔極少數。漢人渡江南下，除因避亂而流徙外，又富開發江南，擴展生活領域之效。經此一次大流徙，江南文化爲之提高，經濟爲之繁榮，人才因而蔚起，得到極大之發展。

總之，由漢末至南北朝之末，三百餘年之間，爲中華民族大流徙，大融合時期，爲有史以來最大一次變亂。中華民族經此次變亂，於歷史固爲衰運，但就民族融合言，未始非一種收穫。蓋胡人漢化固爲一種進步，漢人得胡人之加入，亦如注入新血輪，增加新生命力。雙方相得益彰，旣使民族基礎擴大，又使品質提高，文化進步。就民族本質而言，有極大收穫。只惜此次變亂融合，出於爭奪相殺，非出於和諧自然，爲美中不足耳！

第五節　中華民族之發展與中衰

五胡亂華所造成的混亂局勢，一直到隋代才算完全結束，又歸大統一盛世。這時亂極思治，人民心理渴求安定。照理隋朝應該是個長治久安的盛世，可惜煬帝無道，沒有作大一統盛世明君的識見和氣量，竟又放走這一機運而製造成另一禍亂之局，而把這一發皇的機運移讓到下一代唐朝。唐高祖李淵，太宗李世民，都有足夠的氣魄，承當此一歷史運會。於是大唐近三百年的基業，便在李氏父子手中奠定堅實的基礎。不僅初唐一段在國內治安上作到滿意的程度，並且向外擴展，對不肯內附的外族威德並用，力求統一。必要時不惜出兵征伐。必使四海一家，天無二日。結果東至高麗，西至天山，南至雲南的南詔，和西藏的吐蕃，先後內附，終成大一統的大版圖。雖然對外戰爭有勝有敗，但結果都使四夷賓服；或滅其國，改設州郡，或委質稱臣，按時入貢。使大唐聲威廣被四遠，至尊大唐天子爲「天可汗」。「可汗」爲胡語國王之稱。所謂「天可汗」應指國王之上的萬王之王。其擁護愛戴，可以想見。又不僅亞洲大陸如此，即東邊的日本，南方的東南亞若干小國，也無不望風內附。即遠在地球另一面的英國；和後來的美國，也無不知道亞洲大陸有一個文化極高，國勢極盛的大唐。都稱中國人為唐人，把中國人國外集中居住的區域稱為唐人街；以唐字代表中國。到今天仍然不改。由此我們可以推想當時中國的盛況，可稱為中華民族的黃金時代。

唐代國勢的擴張，不僅使民族由紛亂而統一，由衰運而振興，同時也使民族得到進一步融合之效。唐代天子李氏本隴西成紀人，西涼後裔，在當時即屬四夷而非諸夏。但他們掃平羣雄，平定禍亂，入主中國，並無人斥之為夷狄。西涼人民隨李氏由西而東的數量當極鉅。即僅就初唐一段而言，東征西討，剿撫兼施，內外民族，由戰爭之流徙，戰後之混一，其彼此融合至為顯然。安史之亂前後，夷人在朝為官，借夷兵平內亂，夷人內侵，又以夷制夷，終使夷人由懷德畏威而先後內向。種種事實，不一而足。皆大有助於民族融合。此唐代在民族發展上之又一貢獻。

不僅此也，除了政治和武力之外，在文化上也以唐朝為發皇時代。就國內而言，由晉室清談至南北朝而佛學大盛，幾乎佔了思想界正統。正常文化思想反而湮沒不彰。形成文化上闇淡時期。到了隋朝，逐漸走上正軌。煬帝好文學，文風自此盛。到了唐朝，一切文物制度，政治措施，由太宗作有計劃的提倡整理，才大部份恢復古代精神，有的更加改革進步。以明經與詩賦開科取士，使經術文學得到有力之發展。又整理典籍，編纂圖書。一時文人碩彥輩出，遂呈文化復興之象。就國外而言，唐代為文化外輸時代。隨政治軍事以及商業交通而向外傳佈。或由中國人士主動傳揚，或由外人自動學習，或於無意中攜出無意中吸收仿放。於是光芒四射，遠被四表。而中國文化乃得在世界上放一異彩。中華民族亦藉文化之發揚而達於盛運。至今世界人士對中國人，中國文化，另眼看待，不敢輕侮，實由漢唐立其基礎。

站在民族構成因素立場來看，血統之外，就是文化。前已言之。我們國內各民族在血統上本屬一系，所不同者只在文化。唐代文化由振興而輻射，更由政治軍事，以及商業交通等等條件而外輸，無形中使內外合同，在文化上統一，也就是在民族上融合。所以就文化言，唐代對民族融合亦有極大貢獻。

唐末藩鎭之禍結束了唐代近三百年的盛世命運，又入於五代十國的分裂混亂局面。使中華民族又陷於衰運。北宋雖然有一番振作，但由於宋初政治上兩大措施，使中原的漢人未能恢復盛唐之舊，而終於陷入亡國的慘境！這兩大措施是：第一，因鑒於唐末藩鎭之禍，邊疆大吏權重，尾大不掉，於是改採中央集權政策，收回兵權，直接由中央統率大軍，主持全國政治與軍事。以致邊疆大吏不能隨時應付邊患，而外患遂不能制。第二，偃武修文，輕忽武力，只重文教，造成一代文弱習俗。又適逢北方新興的民族宗支恃其武力，相繼南侵，而中國遂一蹶不振，終致亡國！中華民族至此，遂由唐代之極盛，入於宋末之極衰。中原漢人不僅不能制服四夷，且終亡於夷人之手。由全部歷史進程看，殆爲民族發展之低潮，也是衰運。

我們檢討這一衰運之釀成，實應由我們自己負其責任。論武力，我們自始即以自己的力量，打破無數次障礙，在自己的土地上生長繁殖。我們有足够的力量維護自己的生存。到這時竟失去自己維護生存的能力，這只怪我們自己輕忽武力，打不起精神，鼓不起勇氣，又不能大公無私，大家開誠合作，共體艱難。遂任憑外敵侵陵，不能免於滅亡的命運。實質上是有力量未能發揮，未能集中使用，被不能團結的散漫氣習，以及自私之念所消蝕。這一教訓，到今天仍有極高教育價値。只看我們生在今天的人能不能接受這項歷史教訓了。

論文化，我們的文化是完全的，是有武裝的。並不是文弱的，或文武分途的。使文化成爲文弱，是後人的罪過。孔子以六藝教人，禮樂射御書數。禮樂是政教之大本，立國之基礎。書數是生活教育。射是武事，御也是武事。古代車戰，習御即爲車戰。射御皆爲軍事教育。民間習俗中有大射禮，鄉射禮，即演武比武的集會。雖武事亦行之以禮，所以有鄉飲酒禮，鄉射禮。古代孔子的畫像都有佩劍，何嘗不主尚武。爲習文而棄武，又是後人自取之咎。所以我們應該承認，宋代的民族中衰，應由我們自己負責。

第六節　第四次民族大融合與畸形發展

五胡亂華，民族大融合之後，內地漢人已非昔日之舊。邊民內移以後的邊地，逐漸繁衍，日久又成另一新興大族。一有機會，便又勃起向內發展的野心。假如中原勢弱，便由經濟掠奪進而奪取政權。如新興不只一族，則又不免夷與夷之間互相衝突。這就是有宋一代的現象。

先從西方講起。在唐朝，由西北到西南，是回紇、突厥、吐蕃、吐谷渾等部落。到了宋朝，這些部落遞演均趨衰落，而西夏代之以興。也可說這些宗支經數百年之演變，復興，又建國而成西夏。西夏既盛之後，便時啓覬覦之念。不斷由今甘肅、青海一帶向內地侵襲。宋初國勢尚盛，又有韓琦、范仲淹之流防禦得力，未成大患，但也不免歲贈金帛。

由東北到北方，先有遼，後有金，最後又有蒙古。他們先後代興，都以南侵爲目標。野心相同，利害即不免衝突。兩雄不並立，亦勢所必然。所以他們彼此之間也互相侵併。互相侵併的結果，國有興亡，人民也不免流徙雜糅，因而也收到融合的效果。至於宋室，開國之初，剛剛掃平羣雄，成一統之局，即有北邊遼的外患。仗着初期國勢尙强，僅得保住大河以南的局面。大河以北勉强支持一個時期，稍後即已不能有效控制。到了金滅遼而代興，則連大河以南都不能保，乃逐步向南退却。後來連大江一線也不能保持。蒙古代興，先滅金，更南下，遂使中國政權不能在偌大的神州立足。終於被他們驅逐下海，而宋室以亡。內地的漢人不能自保，終於被蒙古游牧民族統一了中國。用民族的眼光看，這是一幕反常的現象。即大敗於小；歷史悠久，衣冠文物之邦，敗於新興的鄙野之族；中央正統之局，敗於邊地部族政權。一切反常。

蒙古滅宋，建大元帝國。他們在政治上統一了中國，在民族上匯合了宋、遼、金，以及西方的宗支，融合而爲一。得到民族融合之效。雖然事實上這些地方的宗支並未大量渡過大江而南，但在大江以北，大半個中國都得到一次民族大融合。也就是漢民族又加入新血液，增添新分子，擴大了原來的基礎。

歷史上每一個新朝代建立，統一安定之後，無不偃武修文，從事於文化、政治、經濟的建設，與民休息。但元代不然。他們不僅能滅金、滅宋、統一中國，並且還有很大的賸餘武力，勢必以一瀉爲快。他們藉口花剌子模殺害蒙古商人，便對準了西方，揮軍而進。以強健的體魄，迅速而兇猛的騎兵，挾戰勝餘威，用能所向無敵。一直由蒙古向西，經中央亞細亞，衝過高加索山，到達了俄國，征服半個歐洲。由蒙古到歐洲，分建四個大汗國以統治之。到今天歐洲人每憶此事，猶有餘悸。甚至稱此役爲黃禍。其威力可想。

這一次元人西征，建立起橫跨歐亞兩洲，綿亘數萬里的大帝國，在中國歷史上是空前的，在中華民族的發皇上，也是空前的。藉此一役，固然充份表現出中華民族的威力，但這大統一的局面未能持久，不到一百年即歸於幻滅。其所以未能持久者，有下列二因：

第一，此一遠征，超越民族生存所需要之限度，不是必要的，且與中華民族基本精神相違背，所以不爲全民族所支持擁護。

第二，僅憑部族新興武力任意向外擴張，不肯與漢人合作，不肯接受漢文化，而蒙古自己又並無一套足以安邦定國，長治久安的文化。所以武力一旦衰退，大帝國立即解體。我們要知道，開國時需要武力，治國時即需要文化。武力開國以後，不繼之以文化建設，國未有能持久者。漢高祖既定天下，陸賈勸他倡文教，讀詩書。他說「乃公居馬上得之，安事詩書？」陸賈說，「陛下馬上得天下，寧可於馬上治之乎？」一句話提醒了漢高祖，原來打天下要用武力，治天下不能用武力。於是使叔孫通起禮義，定朝儀，立制度，一代文治以興，四百年基業以立。元人無此識見，他鄙視漢文化，輕侮儒生，徒逞一時豪氣，欲求長治久安已不可得，何況要統治這樣大的帝國？更何況歐亞路程過遠，交通不便，歐亞種族不同，習性各異，歷史文化無不相殊，非有特殊政治能力何能統治？其不能久也固宜。中央統一政權能支持至八十餘年，已屬幸運了。

元朝以部族政權徒逞武力於一時，不合於中華民族傳統作風與文化精神。不能代表中華民族。只能謂為畸形發展，不能視為正常現象。

講到文化上的漢化，則前面的遼金都只想爭奪政權，民族內移，並不敵視漢人文化。並且採行漢制，自求漢化。所以在北方的契丹族（遼），在東北的女眞族（金）都漢化頗深。頗得以漢文化提高其素質之效。金人且將漢文化帶到大東北，使留居邊地的人民也得漢化的機會。已內移的更與漢民族打成一片。久久自然融合為一，不再存有任何界限。

只有蒙古人，在種族上存有一種偏見，不肯與漢人合作，不肯吸收漢文化，始終以驕傲的態度看漢文化，對待漢人。他要保持血統，不願與漢人融合。更鄙視儒生，不予以平等待遇。政治措施也大都如此。但是他們自己既沒有像樣的文化，而天下統一，武力無可使用，文治却又急需，這時在事實上非用漢文化不可，欲拒而不可得。所以其結果不求漢化而自然漢化。蒙古人移居內地，環境不同，久久由動而靜，由游牧而農業，生活習慣也改了。自然會與漢文化感染合一，無法抵禦。這是他不求漢化而自然漢化的原因。

綜觀宋元兩代，在民族演進的觀點上看，有下列三種意義：

第一，此時為又一次民族大紛亂。紛亂的結果，又得到一次民族大融合。女眞、契丹、西夏，侵入黃河以北，蒙古更由北方而深入南方，普及全國各地。這一大段時期，中原的漢人始終在生存威脅中生活，終於被大北方的宗支先後大規模侵入。陸續與中原的漢人融合爲一。

第二，漢人武力上失敗，文化上仍然是勝利的。元人淺狹，不肯吸收漢文化而終於漢化。只有宰相耶律楚材較有遠識，部份採行漢制，可惜未能放手作去，效益未宏。又可惜耶律楚材並不是眞正蒙古人，而是漢化已深的契丹人。由文化方面看，漢文化有不可忽視的潛在力量，對於民族生存有其適應性，對落後民族有其感染力和教育性。

第三，蒙古人之西征，建立前古未有之大帝國，爲一種畸形發展，超過民族生存之需要，不爲民族支持，不能代表中華民族精神。站在民族發展融合立場看，也超越自然限度。

第七節　漢民族復興與漢滿之融合

元室迅速衰落，漢人急遽興起。明太祖代表漢民族大起民族革命。他以恢復故業號召天下。他在北伐檄文中曾說，「天道好還，中國有必伸之理；人心效順，匹夫無不報之仇。」結果推翻了元朝統治，恢復了漢人政權，使中華民族的生存發展又入正常道路。此次漢族復興，雖由元人自己衰落之機會所促成，但漢民族之富有潛力，不可輕侮，亦由此證明。

明朝二百八十年的國祚又被東北的滿州部族所推翻。滿州是金人後裔，屬女眞族。經元明至清而又盛。乘李自成叛亂的機會滅明而入主中國。他們也像元人，有強烈的種族偏見。一定要保持他們的血統，維持其政治上優越地位。文化上也不肯漢化。但事實上漢文化無法拒絕。於是他們用很巧妙的手段使用漢文化而壓抑漢人。其所以壓抑漢人，乃一面防制漢人反抗，一面藉以保持滿人的優越地位。綜有清一代，漢人深受滿人之無理虐待與屠殺，其痛苦遠過於歷史上任何時期。對蒙古、回、藏各族更不如漢人。這完全由滿人之種族偏見，自私心理所造成。其氣量之淺狹，由此可見。我們今天用歷史眼光看此一事實，深深爲之惋惜！

接下來最後一次融合，便是清末民初了。這次是由　國父孫中山先生所主持領導。國民革命是　國父所倡導，革命以排滿爲目的。當時的國勢是一髮千鈞，危如纍卵，有朝不保夕之勢。　國父的革命是爲了救國，要救國就必須推倒滿人的政府。但　國父雖然排滿，却並不以滿族人民爲對象，不與人民爲敵，只要推翻他的政府。假如要報仇，則這兩百多年的血海深仇實在値得一報。過去他們殺漢人，現在漢人可以殺滿人。可是　國父並不這樣主張，在革命初期決定策略的時候，他就聲明一項態度，他說，「兄弟曾聽見人說，民族革命，是要盡滅滿州民族。這話大錯。民族革命的原故是不甘心滿州人滅我們的國，主我們的政，定要撲滅他的政府，光復我們民族的國家。這樣看來，我們並不恨滿州人，是恨害漢人的滿州人。假如我們實行革命的時候，那滿州人不來阻害我們，我們決無尋仇之理。他們當初滅漢的時候，城攻破了，還要大殺十日，才肯封刀。這不是人類所爲，我們決不如此。……」（三民主義與民族前途，民元前六年十月，在民報紀元節大會講）又於民國十二年著作中國革命史時說「……對於滿州，不以報仇爲事，而務與之平等共處於中國之內。此爲以民族主義對國內諸民族也。」這是一種態度，也是一種雅量，充分表現中國正統文化精神。以與滿人態度相比，正好成一强烈對比。由這裏，我們瞭解了　國父，也由衷欽敬其爲人。這才叫作偉大！

以上所說，在民族融合的立場來講，還只是消極的不在各宗支之間尋仇報復，不增加惡感，不製造民族相融合，以及互相合作的障礙。更進一步，他還有一種促進民族融合的主張。在著作本民族主義部份，國父曾說：「夫漢族光復，滿清傾覆，不過祇達到民族主義之一消極目的而已。從此當努力猛進，以達民族主義之積極目的也。積極目的爲何？即漢族當犧牲其血統，歷史，與夫自尊自大之名稱，而與滿蒙回藏之人民相見以誠，合爲一爐而冶之，以成一中華民族之新主義。如美利堅之合黑白數十種之人民，而冶成一世界之冠之美利堅民族主義。斯爲積極之目的也。五族云乎哉？夫以世界最古最大最富同化力之民族，加以世界之新主義，而爲積極之行動，以發揚光大中華民族，吾決不久必能駕歐迭美，而爲世界之冠。此固理有當然，勢所必至也。國人其無餒！」讀了這些話，我們才眞正瞭解民族之必當融合，乃至融合之眞正意義與效果。可嘆我們五千年歷史，只有人作民族融合的工作，而並無人指出其所以然的道理。也並沒有人大聲疾呼，以民族融合，求擴充力量，加强團結相號召。有的人不僅無此識見，更無此氣量。清室垂亡還在說寧可贈與友邦，不與家奴。前後對照，才眞正瞭解 國父孫中山先生的眞正偉大過人。以視那些自高壁壘，不肯與人開誠合作的淺見人，相去何可以道里計！眞民族之罪人！

革命成功了，滿清政府推翻了，不僅不仇殺，甚至還訂有種種優待清室條例。對滿族人民亦平等相待，和平相處，從無一人遭受漢人報復虐待。並且在國父號召民族融合之下，亦眞能融洽和協，泯除界限。到現在滿漢之間已毫無分別，不見有任何痕迹存在了。惟蒙回藏人因宗教關係尚未能盡趨一致耳。

總結上面的敍述，可知中華民族是歷經多次融合發展而至今日的。對此一問題我們又須知道三種事實，具備一種態度：

第一、中華民族雖以中土的華夏族爲主，但溯本窮源，散在四夷的宗支，許多也是由中土的華夏族分出去的。並不是另外的種族。就是中華民族各宗支實同出一源。即就最爲中國患的北方匈奴而言，據史記匈奴列傳說，「匈奴，其先祖夏后氏之苗裔也，曰淳維。唐虞以上有山戎、玁狁、葷粥，居于北蠻，隨畜牧而轉移……逐水草遷徙，無城郭常處耕田之業。」（史記集解，堯時曰葷粥，周曰玁狁，秦曰匈奴。）據此則匈奴本夏禹王之後，華夏之族，因居於北而別建國，寖久遂與中國爲敵耳。又據史記南越尉佗列傳，「南越王尉佗者，眞定人也。秦時已併天下，略定揚越，置桂林、南海、象郡，以謫徙民與越雜處。十三歲，秦佗時用爲海龍川令。……秦已破滅，佗即擊幷桂林象郡，自立爲南越武王。」讀此，可知今兩廣一帶之南越，亦由中土之謫徙民與土人合組爲南越國，以中土人爲王者也。又據史記東越列傳，「閩越王無諸，及越東海王搖者，其先皆越王勾踐之後也，姓騶氏。」今按，越王勾踐世家，「越王勾踐其先禹之苗裔，而夏后帝少康之庶子也。封於會稽，以奉守禹之祀；文身斷髮，披草萊而邑焉。」則東越亦禹之後，華夏族也。諸如此類，可以類推。即認四夷宗支多與華夏同出一源，並無種族血統上之差異。

第二、中華民族經歷次融合之後，已經沒有純粹的漢族，或蒙古……等族。實際歷史上各宗支名稱幾已完全融合於漢族之中。原有的名稱與界限都已不復存在。

第三，由於歷次的民族融合，使我們民族活動地域逐漸向四方擴展，也逐漸使各地域彼此連貫。最初我華夏族活動地域只在黃河以北，逐漸由北而南，再先後向東西方伸展。落後地區因而得到進步開發，偏僻地區也因而得到彼此交通。加以政治上的一元統治，全國各地域方得融合爲一。

以上所述，爲我中華民族融合問題上必須瞭解的事實。

在歷史上所見，我們民族融合出於紛爭戰亂者多，出於自然和諧者少。我們今天以民族立場來看，大家本屬一家，應和諧相處，不應此疆彼界，相與仇視。不過在當時基於生存問題，與利害問題，乃至維護漢文化問題，不得不對內侵的外族視爲仇敵，加以抵禦。古時世界未通，沒有中華民族以外的眞正外族入侵。所謂中國，就是天下。威脅自身生存，侵犯自身利益的，即爲仇敵，當然要竭力抵抗。漢之抗匈奴，宋之抗遼、抗金、抗元，亦猶今之抗日、抗俄。今則世界大通，眞正異族外患，紛至沓來。且世界民族競爭圖存，日甚一日。局勢大異於前。問題之嚴重性，亦十倍於往昔。因此當對內捐棄成見，改變過去觀念與態度，對過去一切內部紛爭戰亂，視爲歷史往蹟，將爭生存的目光與力量，由內轉爲對外。凡屬中華民族，均屬同氣連枝，利害相共，和諧一致。依照　國父孫中山先生所指示：一、以一個民族，建立一個國家。二、融合國內各民族爲一大中華民族，彼此相見以誠，提攜合作，合爲一爐而治之，使所有漢滿蒙回藏……等均成為歷史上名稱。這樣，方能使中華民族在世界上立足。這是我們對此問題必具之態度。

如何方能達到此目的？這是實際方法問題。據作者淺見，第一，當遵照 國父所示，「漢人當犧牲其血統，歷史，與夫自尊自大之名稱，與滿蒙回藏人民相見以誠，提携合作。」第二，發展交通。第三，移民雜居。第四，通婚。第五，發展教育文化，提高邊民知識。第六，政治上力求劃一。第七，生活上力求一致。第八，統一語言文字。……照此作去，則界限自然化除，民族自然融合，團結合作之精神亦必能加强。同胞其勉之！

第三章　輝煌之歷史

第一節　引論

俗語說一部二十四史從何說起？本書非歷史專著，當然更有同感。但講中華民族又不能不講歷史，那麼在有限篇幅中要講全部中國歷史，就要另作一番打算了。

中國五千年歷史上事實當然無法在此敘述。但講歷史又不能離開事實。因此我們只能就歷史事實作一全般鳥瞰，而說明其大勢，指出其特點，解釋其意義，介紹其重大的貢獻與創造進取之往跡。期使讀者藉此對中華民族的精神力量略略有所瞭解。因而增加其信心，把握其機運，以期繼續有所創造。

首先我們要說明，中國歷史有四種特點：

第一、是悠久。　大家都知道，中國歷史悠久。如連史前期一併算起，應該說至少已有五十萬年。這五十萬年中雖無文字記載，但各階段都有地下發現的遠古器物。如就有史時期言，從黃帝起算，也有近五千年之久。（四千六百餘年。）

第二，是連緜不斷。自有文字記載起，即一直連續記載，不僅不曾中斷，且逐漸詳密繁多。中國史籍最早應從尚書起。到了周朝，更爲發達。直到今天，史籍在中國典籍中佔一大部份，史學亦成一主要學問。

第三，是一元。中國歷史雖然時間如此之久，地域如此之廣，而政治組織始終是一元的，一個系統，一個中心。我們自己看慣了，不覺得有甚稀希，實際說，這是一種奇蹟。由西方歷史的多元，民族國家的演變，可以反映出中國歷史始終一元的難能可貴。

第四，是詳密。自黃帝作甲子即用以紀年。司馬遷著史記，自周共和元年開始紀年。自此中國歷史有確實年份可考。孔子修春秋，自魯隱公元年起，更有月日可詳。並且史體詳備，史籍繁多。政府設史官，私人撰史書，逐漸普遍，史事流傳遂日趨詳備。

第五，是燦爛輝煌波瀾壯濶。中國歷史是中華民族自力在本土所創造。遠的不講，僅就有史時期近五千年而論，已足使後世子孫以及世界人士贊嘆仰慕，乃至感發興起了。在這時期所表現，中華民族不是平凡的民族，不是懦弱無能的民族。多少自然界的困苦艱難我們打破了，多少人爲的患難災害我們排除了，多少生活上的物質需要我們創造了，多少適應人羣需要的精神文化我們發明了。我們能羣策群力，互助合作，運用靈敏的頭腦，巧妙的雙手，一代接一代的進取，創造。不怕艱難，不避險阻。有堅靭的毅力，艱苦卓絕的精神；生命力强，沉潛力厚。爲了爭取民族生存，大家合力奮鬭；仁人志士更不惜任何犧牲，或殺身以成仁，或捨生而取義。有氣魄，有辦法，有理想；寧爲玉碎，不爲瓦全。寫下了不少可歌可泣的史篇，作過多少驚天動地的表現。猶如在自己的生活舞臺上表演過緊張精采的戲劇，而由自己作主角。雖然這中間不免有厄運，有衰象，也有破壞民族生存的敗類。但這應該看作戲劇中高潮後的低潮，好人羣中的大奸與小醜。這些低潮已一次一次的過去，也就是被後面的高潮冲走。這些大奸與小醜，也一個一個被歷史的洪流所埋葬，但在無數後代人心中，却永遠不能忘記，永遠在痛恨與唾罵。總之，**我們讀完了中華五千年史，猶如服下一付興奮劑，而不是一碗白開水。這裏面有血，有淚，有刺激，有教訓；波瀾壯濶，氣象雄偉。既不平凡，也不庸懦。使我們對古人起敬，爲民族喝采。深深相信，像這樣的歷史，才眞稱得起燦爛輝煌；像這樣的民族，也才稱得起世界上最優秀，最有前途的民族。**

以上四種特點，爲中國歷史所獨具；世界上任何民族所不能及。我們黃帝子孫有這樣一項精神遺產，已足使我們驕傲。不過同時也使我們感到肩頭責任的重大。

以下就五千年歷史，擇要作重點的叙述。自然也不免依作者直覺作一種解釋或評論。

在講事實以前，又有三種觀念，爲研究中國歷史所必具，應該首先加以說明。

第一，是歷史不走直線。任何民族的歷史均所不免。也就是有興有衰，有起有伏。既不是直線上升，也不是直線下降。尤其是我們中國歷史，興衰起伏，變動無常，變化也極劇烈。這正顯示歷史上有波瀾，民族有力量。不過生當衰運的人們責任特別大，不能任其衰落，必急起直追，以圖挽救耳。

第二，是歷史上有一種勢。這所謂勢，不在表面，不在文字，而在表面與文字之上。要由全盤歷史上作一鳥瞰，才能看出歷史上的勢。這一歷史上的勢，顯示將興將衰的趨向，或將發生或造成某種現象。也就是說，一個民族的命運，可以由過去看到現在，再由現在看到未來。將興將衰，可以看出；有沒有前途，也可以看出。有遠識的人能料事如神；有歷史修養的，能察知未來命運，即是此理。

第三，是有些事實不能由表面看出，必深入一層體會，以情與理來推論，方可看出。因爲史書只能記載現成的大事，有具體可指的事實，才能據事直書。一般性的變化，逐漸演成的進步，就很少在史書上看到。但我們不能說，史書上並未記載中國文化有甚麼進步，即說我們文化無進步。人民的知識能力隨時代而有進步，爲情與理之所必然，但也沒有那一部書說我們的人民知識進步了。自西漢武帝立太學，文翁化蜀，而教育逐漸普及於民間。史書所載，不過太學州學郡學之設，對於人民的影響，則少提到。實際我們應該承認，由於教育的普及，人民在政治，思想上與能力上都有極大進步。由事實的需要，以及實際工作上學習，經驗，其進步是當然的，也是必然的。可是也並無一部史書予以指出。因此，我們不能完全依靠史書決定歷史全部面相。必依據情理，以今推古，以古推更古。否則，照中國一般人對歷史的觀感，總是今不如古，一代不如一代，那我們就無法解釋我們民族如何能進步到今天的景況，更無理由說我們的歷史如何燦爛，如何輝煌了。

必具備以上三種觀念，才能瞭解中國歷史。

第二節　文化之創造、建國之開始

司馬遷撰史記從黃帝講起，我們這裏也從黃帝講起。在這裏我們就用着上述第三種觀念了。就是說，有史時期從黃帝起。中國人過文化生活，有了國家，開始了政治生活，也只能從此時講起。但從此時講起，並不表示中國歷史是從此起始。就是說，在黃帝以前，老早就已開始文化生活，政治生活，不知已經過多少年了，不過到黃帝時才有記錄，後人才能知道。這樣，我們在講黃帝時如何如何時，就必向上推想，黃帝以前若干年，就已逐漸開始文化生活，政治生活了。因爲這所謂文化與政治不是一蹴可幾的。

中華民族自遠古繁衍進步到黃帝，已到很像樣的地步。生活所必需的物質文化，大體具備了。即就食衣住行而言，食已由茹毛飲血進到火食；又由吃動物進到動物之外也吃植物。這兩項食的進步，已使我們完全脫離獸域，而進爲文明的人類。衣則已由天衣進到穿獸皮樹葉，又由獸皮樹葉進到衣裳。說衣裳就要想到布和帛。能製衣裳就已能以棉織布，以絲織帛。住也不再穴居野處，或構木爲巢，而有了簡單的房屋。說房屋就要想到構屋的技巧，和簡單的科學知識。行也有了舟車。說到舟車，又要想到水的浮力，與車的輪軸作用。這都是科學知識的運用。雖當時未必能知，但已能行了。總而言之，我們要瞭解歷史，必從字面更向裏面推想，不可僅從字面解釋史實，一兩句話滑口讀過，而把可貴的道理，艱難創造的事實，輕輕放過。要知道，從原始社會到黃帝，一切一切都已進入一新階段。

黃帝以前的社會，是甚麼樣的社會，現在不能知道。一面依據傳統，一面依據部份進化較遲的地區殘存原始現象，可以知道有部落時代。部落中有酋長。到了黃帝，開始有了政治組織，也就是有了統一的政府，也有了天子和百官。自此大家的事有人管，人民也開始過有組織的政治生活。這一組織是在部落之上的統一組織。統一組織的首領稱天子。天子是酋長之上的共同領袖。先有部落，後有統一政府；先有酋長，後有天子。既有部落，又要統一政府；既有酋長，又要天子。這就表示，大家都有由散漫而結合，進而求大統一的共同要求。這固然是由事實需要所促成，但也證明中華民族有要求大統一，大團結的精神和氣量。無論天下如何之大，必使之成爲一體，以四海爲一家，天下爲一人。凡屬同類，皆爲一體。這是一種非常難能可貴的精神。政治上有此能力，性格上有此風度。這就是中國歷史的光榮，中華民族的可貴。

以上所述，爲政治問題，是物質文化以外的精神上創造。此外如定曆法，用甲子，制婚姻……等等，也都自黃帝時開始。至於文字的發明，我們雖不敢依傳說斷爲黃帝史官倉頡所創，但這時已有簡單的文字以代結繩，則是必然的。否則我們即不能對黃帝時史實能有所知，而不僅靠傳說。所謂有史時期，應指有文字記載而言。以後逐漸進步，由多人前後不斷的積累，才具備這樣一套必需的文字。關於文字的起源，另屬專門學術；在這裏，我們只能講到如此程度。

人類的禍患，是在所不免的。自然界的禍患，隨時逐漸儘可能的克服。人爲的禍患，就要組織的力量，大家在同一領袖號召領導之下去克服了。爲了求生存，不能不使用武力。也許就從黃帝時起，開始了有組織的戰爭。他領導人民，與炎帝戰於阪泉之野，與蚩尤戰於涿鹿之野。先後把他們戰勝，人民始得安居。由此使我們認識，中華民族的智慧，知道要求生存，就必須互助合作，過組織生活，以武力維護生存。這樣就形成了國家的形態。僅靠原始式的部落，是不能適應人民生存的。 國父孫中山先生說，「國家是靠武力造成的。」又說人類求生存，才是歷史演進的重心。我們由黃帝建國已得到事實的證明。

第三節　典範之昭垂、偉績之開創

堯舜是中國歷史上典型的聖君，此一時期也成爲中國歷史上黃金時代。此後無論講政治，講倫理，無不以堯舜爲最高典範。在教育上發生極大功效，在心理上具有極大鼓勵作用。無人不傾心嚮往，也無人不用作典範。他們的爲人是。「其仁如天，其知如神。就之如日，望之如雲。」（史記五帝本紀）他們的風度是，大公無私，撫愛百姓。最足使人欽仰的，乃天下爲公的精神，君位傳賢，不以傳子。創禪讓之局，立民主之制。爲中華五千年歷史首創崇高典則，放無上光輝，至今奉爲圭臬，仰止無窮。稱其人爲聖君，稱其時爲盛世。衆口一詞，照爍千古！早在四千年前有此績業，此誠中華民族無上光榮，歷史上不朽盛事！

不幸就在這最崇高的盛世發生最大的洪水之災，人民無法安居。給當時的君臣以及全體人民以嚴重的考驗。可憐這文化初備的半原始時期，一切精神與物質條件均不足以應付這樣艱鉅浩大的工作。但人民求生存的願望是一致的，力量是雄厚的。爲了爭取民族共同生存可以發出無比的力量。不怕艱難，不怕困苦。大家在聖君賢相領導之下，組織起來了。大舜把這項任務交給大禹，大禹運用他超人的智慧，組織起人民，發動人民求生存的最後力量，定出計劃，按步就班，開始用雙手雙腳和大自然奮鬭起來。十三年功夫，不停的工作，東奔西走，足蹟遍天下，不敢懈怠，沒有怨言。糾正了先前他父親鯀所用堵截的方法，而實行疏導，他開了九條河，使泛濫無歸的洪水有了出路，先走入江河，再流入大海。三次經過自己家門，都不肯進門一望。他把公私，緩急，分辨得清楚，先公而後私，爲公而忘私。終於把洪水治平，人民得到安居。就大禹而言，超人的智慧，道德的精神，辦事的能力，在在都表現不平凡。他成功了。他的功績不僅在當時，也在後世。他的典範也不僅在當時，而留在歷史上永永磨滅不掉了！就人民言，求生存的力量發揮無遺了。組織的行動，表現出功效了。雙手雙脚不斷的努力，終於勝過大自然了。這一次自然界給我們的災難，我們克服了，給我們的考驗，我們勝利了。歷史上第一次偉績，我們創造了。誰說中華民族不偉大？

第四節　周室之鼎盛、學術之發達

夏商兩代的一千年，在此一千年中人口繁衍，文化進步，在正常與安定的狀態下，各方面都得到平衡發展的機會。湯武的革命在弔民伐罪的旗幟下，遞嬗了兩朝的命運。周初開國，以文武周公的聖德與才能，立下八百年的國祚，造成歷史上最長的朝代。在政治、經濟、教育與社會上應興者興，應革者革，高瞻遠矚，大展鴻猷，爲以後三千年歷史奠下深厚的基礎。在此後三千年中，因襲者多，改革者少。可以說周朝一朝影響於當時者少，影響於後世者大。三千年的政治，大體上都是周朝的遺規。直到民國，才由國父孫中山先生，爲求進步，爲求適應世界潮流，而根本改革。則周朝的政制未可忽視。玆舉數要端略述於後。

周朝的政治由周公所定。周初開國，統一天下，仍以關中的鎬京爲帝都，另置東都洛邑，以求四方入貢，道里平均。只此一項，已見其遠見卓識。此關於建都者一也。

井田制是否曾經實行，近代史家頗有人提出疑義，認為如此呆板的方法，不可能見於事實，僅為一種理想而已。我則認為確曾施行，並且可能就從周初開始實行，即由周公所定。其理有四：

第一，詩經有「有渰萋萋，興雨祁祁。雨我公田，遂及我私」（小雅大田章）的話。呂氏春秋上農章也說，「后妃率九嬪蠶於郊，桑於公田。是以春秋冬夏皆有麻枲絲繭之功，以力婦教也。」都說到公田。按田制只有井田有公私之分。方里為井，中為公田，八家各私百畝。詩經出於西周，呂氏春秋出於周末秦初，俱有此說，足證井田之確有其事。

第二，孟子說，「夫世祿滕固行之矣。詩云，雨我公田，遂及我私。惟助為有公田。」由此觀之，雖周亦助也。……使畢戰問井地。孟子曰，子之君將行仁政，選擇而使子，子必勉之。夫仁政必自經界始。經界不正，井地不均，穀祿不平。是故暴君汙吏，必慢其經界。經界既正，分田制祿，可坐而定也。……鄉田同井，出入相友，守望相助，疾病相扶持，則百姓親睦。方里而井，井九百畝，其中為公田，八家皆私百畝，同養公田。公事畢，然後敢治私事。所以別野人也。此其大略也。」（孟子滕文公上）滕文公以之問，孟子以之答，足證其事必已行而又廢也。

第三，商鞅用於秦，廢井田，開阡陌。開阡陌必廢井田。前無井田，即後無阡陌。則井田之廢，在關中始於鞅也。

第四，周初之時，地廣人稀；井田雖呆板，其時非不可用。周末戰國紛爭，人口繁滋，始感困難耳。又其時於土地分配，未有定制。周初開國，始立規模。則其時創行此制，乃屬自然。

綜上四因，可信井田之確曾實行，未有疑義。就制度本身而言，有兩種意義：一家八口，受田百畝，溫飽有餘，足也。人各有田，未有偏枯，均也。既足且均，民生之本已立矣。周公之政，首着眼於民生，使既足且均，在當時實行民生主義也不過如此了。此周公着重民生問題者二也。

在政治本身上，是禮樂。以禮樂爲政，亦以禮樂爲教。政治是教育的目標，教育是政治的手段。相互爲用，相爲表裏。教育成功，政治也就成功了。爲政而重用禮樂，在方法上是探本之圖；在作風上是尊重人民，與人爲善。眞王道政治之本。無怪乎成康之世，刑措四十年不用，囹圄爲空，路不拾遺，民生康樂。成爲歷史上黃金時代。也無怪周朝延祚八百年之久了。撫今思昔，禮教廢弛，囹圄日滿，不禁感慨繫之！此周公以禮樂爲政教，奠立王道政治之始基者三也。

封建制度始自周公，自無庸諱言。我們推想周初時代，以一個中央政府，統治那麼大的天下，地域那麼遼闊，交通那麼困難，就同姓與功臣，裂土而封，分疆而治，也未嘗不是好辦法，未可以今天的眼光輕議古人之非。易地而處，易時而思，在當時也不過如此。論其缺點，則唯一弊病在於世襲耳。如不用世襲制，則一切弊病都消滅了。就中央與地方關係而言，始受封者皆王室近親，功臣本人。遞傳三五世，宗支即遠，情感即疏。加以分散各地，彼此無從把晤，遂不免各私其私，而紛爭以起。就利害言，因屬世襲，疆土人民即爲諸侯私產。私產不厭其多，亦惟恐其不久。於是大小相陵，强弱相併，遂不能免耳。此周公行封建，得失互見者四也。

周公既以禮樂爲政爲教，提倡道德，連帶演成官師合一，政教不分之制。蓋因中央政府爲人才薈萃之所，學術文化之中心，其勢不能不由中央倡導，亦由中央負責推行也。其後教育日趨發達，逐漸普及，非僅中央所能兼顧，而學術文化遂由中央擴展而至諸侯，又由諸侯擴展而至民間。由點而面，由中央而地方。人民知識既日漸發達，事實需要亦與日俱增。加以列國紛爭，競爭劇烈，諸侯延攬人才，不遺餘力。而政治風度寬宏豁達，紛歧錯雜之說，兼容並包，不加制止。戰伐連年，民生凋敝，而諸侯野心有加無已。大勢所趨，危機迫切。傑出之思想家遂各逞其思力之所及，由不同之角度，作深入之研究，而學術文化遂風起雲湧，突飛猛進，呈燦爛輝煌之象，爲中華五千年歷史放一異彩；造極登峯，爲各時代所不及。

事雖非盡周公之功，然其始基則由周公奠之也。此學術文化由周公倡導者五也。

綜上五端，皆由周公在周初所創制，不僅造成周室之盛，亦建三千年政教宏規。雖非盡美，亦足以度越前古，啓導未來。吾人讀史至周，應知周室之盛其來有自；後此三千年歷史精神奠基於此。此讀周史不可不知者也。

次論民族精神。

東遷以後，王室德衰，諸侯强大。四夷內侵，民族生存受威脅。即外患嚴重，而中央不再爲諸侯所尊重。大家各爲其私，不復能在中央領導之下禦侮圖存。於是尊王攘夷乃成一致之要求。由今言之，所謂尊王，即擁護中央。中央爲一；共同擁護一中央，即大家在一領袖之下團結合作。攘夷即禦外侮。合起來就是大家在周天子面前團結一致，共同抵禦外侮。管仲首先挺身而出，先以齊致富强，再四出征討，然後會諸侯朝天子。這樣就成爲霸。以能率諸侯朝天子，禦外侮的即爲霸。霸古伯字，諸侯之首也。孔子一面稱讚尊王攘夷之功，一面修春秋，以大一統相號召。另一面以强調華夷之辨建心理國防。當時雖無民族主義之名，而有民族主義之實。試想，在當時推行民族主義，除了這些還有甚麼？國父自己說，「蓋民族思想，實吾先民所遺留，初無待於外鑠者也。余之民族主義，特就先民所遺留者，發揮而光大之，且改良其缺點。」（中國革命史）如要問先民所遺留者何事？則我認爲應該說就是這些。無以名之，名之曰春秋精神，也就是民族精神。

次論學術思想與民主精神。

周朝的學術思想，不僅內容豐富，且面面俱到，各科具備，而又能深閎博大，造詣甚高。可謂「極廣大而盡精微」。上自探討天地自然的哲學，與天文星曆之科學，下至民生日用的農學，種樹養桑，中間學凡倫理，教育、政治、經濟、社會、地理、兵學、醫學、陰陽五行、律曆、藝術……無不應有盡有。可謂

古代戰車圖

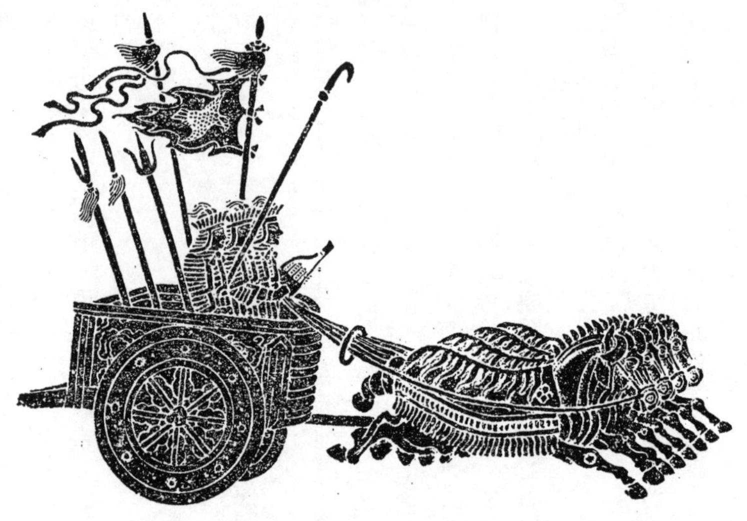

水陸舟車攻戰圖

這是春秋戰國時代的軍事概況（見金石索）

洋洋大觀，無美不備。觀漢書藝文志，已可得其概略。班氏就劉向歆七略部勒羣書，計輯略、六藝略、諸子略、詩賦略、兵書略、術數略、方技略，而諸子之中又析爲九流十家，其豐富完備，已可概見。雖其內容多相反而不同，要皆持之有故，言之成理。可謂

「一致而百慮，殊塗而同歸。」其應天順人，爲人類社會所不能離者，則「放諸四海而皆準，百世以俟聖人而不惑」。如日月之經天，江河之行地。不僅爲中國人民所共同信守之常經，亦爲世界人類所不可離之大道。飲水思源，凡此學術思想，皆出於周朝，成於孔孟，而孔孟之思想又淵源於周公。孔子曰，「甚矣吾衰也，久矣吾不復夢見周公！」（論語述而）孔子之道即周公之道。周公倡禮樂，孔子亦倡禮樂；周公重政治亦重教育，孔子亦重政治教育。則欲爲我正統文化溯其源流，實應由孔孟而上推至於周公。準此而論，周朝一朝，不僅在政治教育上立下三千年的規模，爲三千年歷史奠下基礎，中國正統文化，也創立於此時。是支持促進中華民族生存發展的文化精神，實奠定於此時。啓之者周公，成之者孔孟也。此讀周史不可不知者也。

民主政治，在周朝固無足稱，然民主思想却大盛於晚周。在孟子及諸子書中，戰國策書中屢見之。惜無人爲之整理，予以宏揚耳！

偉大的周朝，有他偉大的條件。以上所述，不敢謂爲已盡其義，但其大略，當不出此。

論其缺點，則世襲制的封建，造成根深蒂固的思想，遺留以土地人民爲私產的惡例，影響於後世者不少。在當時則造成尾大不掉之局勢，於晚周之紛爭擾攘，中央無可奈何，惟有坐視其發展。蓋在周初，王室以諸侯之力量爲力量。及王室德衰，諸侯勢大，不擁護中央，則中央本身毫無力量，所餘者惟有君臣之名分耳。此周政之失也。

第五節　大中國之大統一

秦併六國，統一天下，人人知之。但大家普通所講，大都是指政治上的統一，實際上秦的統一是多方面的，不僅在政治。茲分述之。

第一，政治上的統一。

周初分封同姓及功臣，以封建制度分區代天子統治天下，這在政治能力未能直接有效控制全局的時候是一種可行的方法。但在前期宗支較近，關係較爲密切而中央本身尚强的時候，可以保持安定，不致分裂。數傳之後，宗支漸遠，關係逐漸淡薄，遂無法不形成分裂。西周維持四百年不亂，已屬難能可貴。東周前期尚能在尊王攘夷號召之下維持於不墜。到了戰國，纔不免於眞正分裂的命運。周室能繼續八百年，成爲歷史上最長的朝代，實賴另外的因素爲之支持。已詳前述。秦代以强力削平六國，統一天下，但逼上來的問題，是如何統治這樣大的天下？首先他懲於周室之分裂應歸咎於封建之非計，遂決定改弦更張，由中央政府直接統治，把固定的諸侯改爲流動的官吏。受中央的指揮，行一致的政令。一切法令制度一律由中央制定，頒行天下。不容違抗，也不許議論得失。百分之百的中央集權制。一反周朝的制度，在政治上開創新作風，展開新局面。把遼濶的疆土按地理與政治的便利分爲若干郡，郡之中再劃分若干縣，即所謂郡縣制。從此次改革以後，中央政令可以一直下達於每一郡，每一縣。收劃一之效。在政治上，由周而秦，這是一重大改革，也是重大進步。自此中國纔得到眞正的統一。雖然此項中央集權制度不免於極權專制的弊害，但用歷史眼光看，此項改革究竟是一項進步。利弊相權，仍是利多於弊。至於有利無弊的政治，是要靠時間和經驗逐步改革修正得來，豈可一蹴而幾。所以就此項由封建而郡縣的政治改革而論，應該說是秦朝的一大貢獻，也可說是秦始皇一大功。

此外官制也由秦朝創立規模，爲後世立一基礎。

第二，種族上的統一。

周朝四夷民族內移內侵，雖由華夏民族不斷攘斥排除，不致使衣冠文物之族被髮左衽，但由內移而形成華夷雜處，事實上已無法抵禦。最終由强秦以西戎而統一天下，入主中原。此外由四方內移內侵之族，日久也完全同化於華夏。政治上不歧視，心理上亦不再存任何畛域。自此由秦之統一天下使民族融合成爲定局。除北方的匈奴外，只見民族融和擴充，未有擯斥。其詳已見前章。是在種族上亦收進一步統一之效。

第三，疆域上的統一。

周以前雖也爲統一之局，但實際因疆域遼濶，夷狄之部落旣未能全部內附，諸侯之分區統治也是各自爲政。中央和地方只能間接經由諸侯發生有限度的關係。眞正的統一也自秦朝纔算作到。六國原有的疆土之外，又向外擴張，如東南的閩越，南方的百粤，都在六國旣平之後收入版圖。嗣後分天下爲三十六郡。北築長城以防匈奴，內除各國自保疆界的長城及河堤，使海內之地可以暢通，無虞阻隔。當時的疆界是東至於海及遼東朝鮮，西至臨洮羌中，北至長城，南至百粤。自此中國的疆域大體確定，內部悉爲一家。此亦秦始皇一大功。

第四，文化上的統一。

華夏民族文化大體相同，但由於地域的遼濶，交通的阻隔，以及各諸侯國政治社會風俗習慣之種種殊異，自然要造成許多文化生活上的不同。至於四夷民族，則根本不同，其已內遷頗久者，可與內地同化。其未內移，或初移未久者，均有待於華夏之提携與協助，以及政令之推動。爲求生活上之一致，事實上亦有此需要。至思想學術言論等等，本無一定之標準。儒道墨名法……等流派，亦莫衷一是。人民無所適從，政令亦無依據。此種現象可暫而不可久；可行於亂世，不能長期容於統一之治世。秦統一後，感覺苦惱，認爲此一問題必須趕快解決。因以政令統一律度量衡，使車同軌，書同文，行同倫。自此普天之下，不僅在文化思想上不再紛歧，在生活上也歸於一致。到這時文化上才得到眞正的統一，民族也得在實質上進一步融合之效。

萬里長城的修築，在秦朝是一功，也是一過。站在國防的立場講，是一功，站在暴虐人民立場講，是一過。他們爲了抵禦北邊防不勝防的匈奴，作了這樣一件擧世無匹的偉大國防建築。雖然有一部份是就燕趙等國現成的工程加以連接，但大部份是興工新築。西起甘肅嘉峪關，東迄山海關，綿亘五千五百餘里。號稱萬里長城。作者臨長城二十里而居，常得登臨以自廣。城的建築，因山爲勢，騎山脊而立，隨峯巒起伏。遠望之，蜿蜒上下如長蛇。登臨其上，左右顧盼，氣象雄偉，形勢壯麗，慨然想見古人之遺風，發思古之幽情。此一偉大笨重的工程，實象徵中華民族之氣魄。爲了一種目的，我們不惜任何犧牲，必定要作成。一個人不成，大家合力。一天不成，兩天三天，乃至無數天，必使完成而後止。這是一種精神，一種魄力。又不僅秦人有此魄力，後來的漢朝，明朝，都曾重修或延長。現在我們所看見的，是明朝重修的遺跡。在作者登臨的時候，還相當完整。又向東向西，都有延伸。更一重一重的裏外增築。所以長城有些地方不只一重。在中國歷史上，它發揮過威力。對民族生存，有過很大的貢獻。即在對日抗戰初期，也還發生過不少的功用。就此項建築而言，充份表現我中華民族實幹苦幹的精神。所以我覺得，不讀中國歷史，不能知中華民族之偉大；不讀中國古書，不能知中國文化之優秀；不登萬里長城，不能知中華民族氣派之大，魄力之强。

次論秦之過。

秦之功，不能埋沒，當領會者領會，當效法者效法。秦之過，不能掩飾，當瞭解者瞭解，當警戒者警戒。秦朝年祚雖短，影響則極大，功多，過亦不少。總之，這是一個不平凡的時代。

秦之過第一是自私。因爲自私心太重，所以許多措施全爲自謀，而不爲人民設想，不惜殘民以逞。例如，爲求造成萬世一統之業，而採用愚民政策，與弱民政策。愚民與弱民，目的相同，作法則異。兩者相較，弱民之罪小，愚民之罪大。收天下兵器，聚之咸陽，銷毀之以鑄成金人十二。徙天下富豪十萬戶於關中。皆弱民之事。其影響在於一時。從李斯議焚書，坑儒，偶語詩書者棄市，挾書有罪，以古非今者有罪。皆愚民之事。此則不僅影響於當時，亦影響於無窮的後世。周朝盛極一時之燦爛學術，民族文化精英，數千年文化積累，竟爲暴秦燬於一旦！使後世既無從窺見古人眞象，更無從發榮滋長，繼長增高。設非兩漢之搜求整理，將使民族文化根本滅絕，勢必從頭作起。暴秦之罪，以此爲最大，最深，最不可恕！

第二，爲極權暴政。秦人併呑六國，統一天下之後，驕恣暴戾，有恃無恐，運用大權，無所不用其極。其視人民，無非奴隸羔羊；既壓制其意志，更無視其禍福。其使民也，如恐不勝。其視民命，曾草芥之不如。爲始皇陵墓，內設機鍵石室以防盜之發墓。恐工人外洩，盡閉殺之。始皇既死，後宮非有子者皆令從死。死者甚衆。慘絕人寰，有如是者！宜其不旋踵而亡於愚弱人民之手也！

第三，只重政刑，不尙教育與禮樂。秦人來自西戎，以武力得天下，不肯踵周室成規，以禮樂爲教，行王道政治。竟始終以政刑爲治，恃暴力統制鎭壓，既乏深閎器識，又無視人民精神力量。加以商鞅李斯前後相秦，主張乖謬，迎合君心，不惜助桀爲虐，絕恩去情；重農重戰於前，焚書坑儒於後。根本反對教育，廢棄禮樂，摧毀性情，杜絕知識。人民痛苦不在衣食而在精神。敢怒而不敢言，道路以目。至六國既滅，天下統一，益有所恃而無恐，驕恣暴戾，逞威尙刑。人民積怨既深，遂一發不可遏止。以秦之强，不旋踵而亡。此皆其倒行逆施之果，由淺薄狹隘不解精神力量而來。由今視昔，其敗固由自取，而人民意志之不可輕侮，不可違逆，實足爲今人之戒。而共產匪黨不取資前鑒，不悟其理，竟重蹈其覆轍，則其不旋踵而亡，固無待於蓍龜也。

由中國正統文化而觀秦政，實文化之反動，民族之罪人。因我國正統思想，以尊重人格人權爲立場，以發展教育，助人人成聖成賢爲目的。此眞中國精神，正常道理，可大可久之作風。暴秦不此之圖，以片面的看法，只見物質，不見精神。只重農戰政刑，不重禮樂教育。以軍國主義行霸道政治，與周孔之正統思想背道而馳，形成極端之反動派。亦見其恃强逞暴，目光短淺，不學無術耳。其自取滅亡之事小，影響於後世者大。由羣臣爭功，至拔劍擊柱，高祖不能制，不得已逼使高祖起用叔孫通定朝儀，起禮樂之事實，證明禮樂之不可廢。由西漢搜集整理圖書而證教育文化之不可缺，愚民政策之不可行。亦以見周公孔子之道，終爲不可磨滅之眞理。如日月之經天，江河之行地，而中國正統文化終不容忽視也。暴秦之罪，應以此爲甚也。

綜計秦朝雖有功亦有過，但究其動機，則自爲而非爲民。其過更無論矣。吾人由今觀古，不以其過而掩其功，亦如不因功而忘其過。讀史論人，皆當如是也。

第六節　第一次平民革命、第三次黃金時代

秦併六國，恃强逞暴，妄圖造成萬世一統之業，極力以高壓政策，殘酷手段，統治人民。既消弱其力量，更梏桎其思想。在秦室認爲藉此可以使人民無力反抗，政權可以永久鞏固，子孫萬世之業亦可永久享受。殊不知結果適得其反。欲愚民而民不愚，欲弱民而民不弱。始皇死後不數年即衆叛親離，以戍卒斬木揭竿，羣雄並起，卒滅强秦。形成第一次平民革命。此一面表示人民非可以暴力長期統治，尤不可梏桎其性靈，壓迫其思想。須知此次革命抗秦，並非物質生活之艱困，而係精神上痛苦所釀成。質言之，也就是反恐怖，反高壓，爭自由之革命。而非爲饑餓爭物質之革命。此一事實與馬克思階級戰爭之說恰恰相反。就文化思想而言，則顯示政府爲人民而設。倘政府不爲人民，則人民必推覆之。堯舜之禪讓，民主精神之表現於事實者也。孟子民貴君輕，以及聞誅一夫紂之論，是民主精神見於言論思想者也。且不僅此也，管子愼子亦有尊重民意之論。管子牧民篇有曰，「政之所興，在順民心；政之所廢，在逆民心。」愼子威德篇有曰，「故立天子以爲天下，非立天下以爲天子也。立國君以爲國，非立國以爲君也。立官長以爲官，非

立官以爲長也。」一種種言論，闡發民主精神，至深且備。暴秦不此之圖，終至自食其果。悲夫！

漢定天下，開始以平民組織政府，統治天下。此一平民政權上懲嬴秦之失，下啓新興之運，在政治措施上建立一好基礎，遂使國運繼續了四百年。並在歷史上創下輝煌的績業，造成第三次黃金時代。成爲五千年史上不多得的盛世。究其所以成功之故，應歸功於下列三種重大措施：

第一，是建都的問題。

漢高祖本欲都洛陽，婁敬建議入關中，都長安。問張良，良以爲便。高祖遂入都長安。長安居形勝之地，當外患之衝，有控制全局之功，禦侮圖存之效。西漢開國第一着棋，即已得手。

第二，是起禮義，定朝儀，倡學術，興文教。

高祖以布衣，起豐沛，不諳詩書，慢侮儒士。陸賈議請倡行詩書文教，而高祖乃曰，「乃公於馬上得天下，安事詩書？」陸賈則謂，「陛下於馬上得天下，亦將於馬上治之乎？」一語道中要害。又加羣臣爭功，至拔劍擊柱，高祖不能制。不得已，乃命叔孫通定朝儀，起禮樂。結束軍事，開始文治，以禮樂治天下。周公所定立國宏規，經暴秦破壞之後，至此乃告恢復。王道政治自此亦代霸道而得復活。此一政治方向之政變，至關重大。非僅漢朝一朝，即後此若干朝皆蒙其利。

文帝時賈誼上陳政事疏，備述禮義與教育之重要，力主太子必須受教育，並主禮敬大臣，振興文教，轉移風俗。文帝雖阻於元老重臣，不能行其議，實尊其學，亦重其人。無形中受其影響。歷景帝至武帝，儒術大行，黃老之術衰。百家之學廢，而正統思想得昌。又自始皇焚書，禁書，至惠帝始除挾書之律。文帝景帝繼之而搜求遺書。武帝立五經博士，並爲博士置弟子員。繼而立太學，置太學生。又自文翁化蜀，設立郡學，更普及全國，於各州郡設州學郡學，縣設縣學。自此教育事業不僅在中央恢復昔日之舊，並普及於地方，使全國人民皆得受教育機會。一反秦之所爲。自此逐漸發展，教育事業乃日趨發達，東漢太學生多至三萬人。地方教育亦歷代相沿不替。按教育爲政治之本，自周初開國，即以政教相輔而行，用得使全體人民知恥守禮，教化大行。已詳前述。兩漢矯秦之暴，行周之禮，可謂氣量大，目光遠，深得政治之要。其影響於後世者至深且鉅。不可謂非漢室一大德政。

且不僅此也。興學之外，又創考試制度，選擧制度。自武帝起，以對策方式考選賢良。繼又以察擧制度由地方擧孝廉，薦茂才異等。責州郡以時選擧。自此演爲定例，考試之制立，選擧之事成。與教育事業相輔而行，先教後考，既教且考。考教並行，學術文化焉得而不盛？加之以孝廉擧士，亦足使民風丕變，道德彰明。觀武帝元朔元年詔文，知兩漢文教之盛有由來也。其言曰：

「公卿大夫，所使總方略，壹統類，廣教化，美風俗也。夫本仁祖義，褒德祿賢，勸善刑暴，五帝三王所繇昌也。朕夙興夜寐，嘉與宇內之士，臻於斯路。故旅耆老，復孝敬，選豪俊，講文學，精參政事，祈進民心。深詔執事，興廉擧孝，庶幾成風，紹休聖緒。夫十室之邑，必有忠信；三人並行，必有我師。今或至闔郡而不薦一人，是化不下究，而積行之君子，雍（壅）於上聞也。二千石官長，紀綱人倫，將何以佐朕燭幽隱，勸元元，崇鄉黨之訓哉？……」（漢書武帝紀）

讀武帝此詔，其殷殷求治之心，與仁講孝之志，洋溢於紙上。教化焉得而不興？民風焉得而不厚？其影響於後世者，豈淺鮮哉？論者多謂漢武帝窮兵黷武，好大喜功，豈眞知武帝者哉？

又自文景搜求遺書以來，武帝繼之。於是山巖屋壁之藏，經師遺老之學，乃得集中於中央。至元成間劉向典校中秘書，將搜求所得，分別部居，理其篇卷，去其重複，考其原委，使古代典籍十九得復舊觀，較然可觀。繼由其子歆繼父業編纂總目，名曰七略別錄。自此經秦火摧燬之殘餘，乃得死灰復燃，斷而又續。造成中國文化復興之業。東漢之道德高峯，歷代學術之發榮滋長，皆應溯本於西漢。此誠斯文之幸，民族之光。漢室之功，應以此爲最！

第三個措施是禦侮圖存，開疆擴土。

北方的匈奴始終爲中國患。强悍的秦能以武力滅六國，不能以武力平匈奴。也只有消極的防禦，以蒙恬統重兵防邊之外，並築一道萬里長城。漢朝開國的英主劉邦能滅秦，能滅項，但不免白登之圍。武帝以前也只能以和親贈幣政策來飲酖止渴。但這以肉喂虎的辦法並不能擋住老虎不來。到了武帝不能再忍耐，於是振四世之餘烈，發揚民族禦侮圖存的威力，憑藉文景兩朝休養生息的人力物力，大顯神威，大舉北伐。並遣使通西域以斷匈奴右臂。結果匈奴臣服，不敢南下而牧馬。西域內附，大宛貢汗血馬。積恥得雪，邊患得除。人民得以安枕，中華文化得以保存。接着又平閩越，通巴蜀，定西南夷。自此四夷內附，四海一家，國家疆土亦隨之而擴張，確定。文治武功兩相輝映。武帝一朝，已使中國歷史成爲第三次黃金時代。雖不免有過，爲美中不足，但功過相抵，仍有足多，可稱民族功臣。降至東漢，仍能攻守並施，使國威遠振。東西兩漢，後先輝映，遂成民族殊榮。至今不論海內外，無不知有漢代，無不知有漢人。以漢代表中國人，中國學；於人稱漢人，於學稱漢學。飲水思源，不能不歸功於兩漢。

政治上仍秦制實行郡縣。但封建思想在一般人心目中仍念念不忘。尤以貴族子弟，以及開國功臣，無不垂涎欲滴，渴望寸土之封，王侯之位。且懲秦之孤立，亦有拱衛王室之要求。因此在漢初封建制度遂得廻光返照，以郡縣與封建兩制並行，成爲雙軌制。然不久即告結果，政治上專行郡縣，又得統一。

漢初承秦暴政，以及楚漢之爭，全國騷然，百姓流離，生活困苦。高祖統一，天下初定，人心亂極思治，理所必然。文帝景帝，深明此理，不事更張。以黃老之學，行無爲之治。以與民休息。使在徭役上得以喘息，經濟上得以復蘇。可謂應天順人，有道之君。遂成歷史上豔稱之文景之治。夜不閉戶，路不拾遺。上追文武成康，下以垂教後世。經此數十年之休養生息，而武帝之對外用兵，遂得有雄厚之憑藉。此所謂歷史運會，而文景能順應之，乃得成其治。可謂識時務之俊傑也。

第四是在經濟政策。

在經濟上自文帝起，即實行重農貴粟，抑制工商政策。採取穩健態度，使國家根本深厚穩固，不致動搖。對地主之兼併貧農土地，採取裁抑政策。雖效果不著，其意則極佳。到了武帝，用桑弘羊策，採平準法以調節物價，採均輸法以輸運物質。又用鹽鐵專賣政策以保障人民生活必需品之供求，不使受商人操縱。並鑄五銖錢以調節金融。這種種措施，都合於實際需要，不失為賢明政策。連年對外用兵，國家經濟不致枯竭動搖，當賴於此。

以上所舉，為兩漢之善政，但善政之外缺點亦在所難免。

第一，也是自私的心理。高祖微時見秦皇帝的威勢，也說「大丈夫當如是也。」即位後則又說，「非劉氏而王者，天下共擊之。」其視天下為私產，已明白說出。惟不似始皇之暴耳。

第二，因為家天下，帝位世襲，不免幼主以髫齡即大位。幼主不能治事，母后不得不臨朝。母后臨朝即連帶有兩種弊病產生：一是外戚當國，二是宦官用事。政府的事委交外戚；母后所親，所信也。宮廷裏面的事，重用宦官，勢不得不然也。外戚非盡賢能，宦官則多小人。從西漢末年起，即由外戚勢大而釀成王莽之亂。東漢後期幼主多而外戚宦官遂交互擅權，致使朝政日非。憂國憂民之賢士大夫，清流君子，起而抗爭，終至釀成大規模的黨錮之禍。而東漢命運遂在內憂外患交迫中結束。我們居今設想，假如能選國家元老重臣如西漢霍光之流，輔佑幼主，國事或不致壞亂至此。

第三，兩漢中間夾一王莽。為了王莽篡位，擾亂了政治，也擾亂了學術思想，社會風氣也受重大打擊。西漢末的王莽，東漢末的曹丕，既篡了位，又要說便宜話，拆古史的台。硬說「舜禹之事，我知之矣。」分明是以小人之心，度君子之腹。以欺騙巧詐之局，解釋公誠揖讓之風。其罪不只在於篡奪，尤在破壞道德，誤解古史。上而誣蠛聖賢，下而鼓勵權臣篡奪。小人之險惡，有如此者！

王莽之政，雖偶有可採，但功不能抵過，卒使政治混亂，民不聊生，將西漢所造成之歷史高峯復陷於衰運。設非光武中興，眞不知伊於胡底！

第四，是東漢建都洛陽，放棄了長安。捨形勝之區，居四戰之地，於國勢振作上，處於不利地位。

第七節　正義之光芒、道德之高峯

東漢後期因主幼，母后臨朝，外戚與宦官交替用事，而東漢命運遂終亡於外戚與宦官之手。此君主世襲不能免之弊害。足使後人警惕。國勢的衰敗引起西涼的外患與黃巾之內亂。結果大權落於權奸之手而帝王受制於權奸無可奈何。羣雄擾攘的結果造成三國鼎立的局勢。三個國代表三個勢力，也就是三個不同的立場。曹操挾天子以令諸侯，得名正言順之效。然而私心滔滔，不容異己，成爲實力最强的惡勢力。西蜀的劉備諸葛亮爲天與人歸的正義派，以匡扶漢室，爲國除奸爲職志。東吳的孫權則是欲得漁人之利的第三勢力。這三個力量相決鬥，正義本可伸張，只可惜劉先主死的太早，剛剛打下三分的基礎，便以英年逝世。更可惜的是，後主之無能出人意料之外，其愚爲常人所不能及，乃至不堪想像！以天下至智的諸葛亮，遇天下至愚的劉後主，使大功不得成，正義不得伸，人民之願望不能達成！這一切我們只能委之於命運。使後主能如木偶，諸葛之功可成。可惜後主木偶之不如！又有何說？事之成敗，關鍵在後主一人，責任只在後主一人。此時此地天生一後主，使中國歷史逆轉向，天乎？人乎？

由於時勢的需要，和長時期歷史文化的培養，中國民族性的發揮，這時產生不可以數計的人才。使這一段不很長的歷史放出萬丈光芒。道德，政治，軍事，文學，科學都有不尋常的表現。論人數，軍事爲最多。論造詣，道德爲最高最深；對世道人心，對當時以及後世，都有不可磨滅的影響。擧代表人物，在道德方面，我們擧劉備，關羽，諸葛亮。在政治方面，我們擧諸葛亮，曹操。在軍事方面，我們擧諸葛亮，周瑜，曹操，司馬懿。在文學方面舉諸葛亮曹氏三父子和建安七子。（孔融、陳琳，王粲，徐幹，阮瑀，應瑒，劉楨。）在科學方面，舉諸葛亮，華陀。至集道德，政治，軍事，文學科學於一身的全才，則只有諸葛一人。此一時期人才濟濟，盛極一時。幾乎與春秋戰國時期思想家之盛，後先輝映，可以媲美。

關羽生於亂世，與劉備張飛邂逅相逢，因情投意合而拜爲異姓兄弟。劉備雖爲皇族，但貧無立錐，東西飄泊如喪家之狗。所有的只是正義感，匡扶漢室的志氣，不可一世的才能。在責任上，在利害上，關公都沒有以生死相許的必要。只有在道義上，自願追隨，不惜以一死報之。他的一生行事，以此爲中心，他心目中朝廷之外只有一個劉備。爲了漢室，爲了劉備，可以赴湯蹈火。高官厚祿，功名富貴，在他的眼中是糞土，是可恥的卑鄙齷齪的東西。道義纔是至高無上的。行我心之所安，纔是最大快樂。所以他不惜掛印封金，過關斬將，歷盡艱難，奉着最大的累贅甘糜二夫人，不遠千里投奔窮途潦倒的異姓兄弟。丢掉高官，來合哥哥過苦日子。這是關公的傑作，人民的典型，精神的勝利，道德的成功。綜計關公一生可以說是藝術的創造，道德的生活。他的軀體已經死了，但他的精神到今天還在活着，活在中國每一個老百姓心中。普天之下，有井水飲處無不建關帝廟，或三義廟，家中供關公像或木牌位。婦人孺子，販夫走卒，無不知有關公，無不知關公的義氣。這還不算，演述關公事蹟的小說，戲劇，民間文藝爲大鼓書，講平詞，……說不盡的方法，無不把關公的事蹟，義氣，演述得栩栩如生，宛然如見。這是關公的成功，是中華民族道德精神的表現，也是歷史的光輝。

諸葛亮在中國五千年史上是一位不可多得的完人。他自比管樂，實超過管樂。他的長處人能及其一，不能及其全。他有眼光，有魄力，有才能，有抱負，更有道德。能料定時局，也能創造局勢。他性本淡泊，苟全性命於亂世，不求聞達於諸侯。對於先主，僅僅是知遇之隆。及以身相許，則誓必鞠躬盡瘁，死而後已。對正義，對漢室，自願以全力匡扶。對人民，自願拯於水火。三分之局是他與先主所創。沒有他，恐只有兩分而沒有先主立足之地。先主一死，西蜀一人而已。也可以說三國時期左右時局的中心人物只有諸葛亮。論政治，羣推爲大政治家，人無閒言。論軍事，司馬懿驚爲天下奇才。論科學，只有他能造木牛流馬，運輸糧秣。論文學，兩篇出師表已足壓倒一切。**但最成功，也最可貴的，乃是他的道德精神。大家承認，他的死是完完全全鞠躬盡瘁而死。語云慷慨就死易，從容赴義難。他之死，也並不是從容赴義，只能說是「鞠躬盡瘁」。這又比從容就義更難。**他豈不知自愛？但如自愛即不能鞠躬盡瘁，即不能下報先主於地下，不能彰正義，扶王室，救人民。亦即不爲其道德精神所許可。他的死，死於知遇之隆，死於正義，是犧牲生命以完成道義。這是道德精神之最高表現。對後主，在先主遺言本有「此子可輔則輔之，不可則先生自爲之，」的囑託。但諸葛亮雖明知其不可，也只有犧牲自己，如何肯取而代之。無如民族不幸，先主不幸，諸葛亮更不幸，偏偏遇到無能到極點的阿斗。卒至使諸葛犧牲而大功不成，正義不伸，人心不快，而國運卒爲之逆轉！吾讀史至此，不禁爲諸葛哭，爲先主哭，亦爲民族哭也！

第八節　混亂中有定力、分裂中求統一

三國中以西蜀爲道德集團，東吳爲投機分子，北魏則爲權奸勢力，反道德集團。曹操父子本身（曹植除外）無論矣，其最不可恕者爲重才能而輕道德，以致造成尚巧詐而反禮教之風氣，兩漢四百年苦心培養之氣節禮讓之風俗，爲之敗壞；深入於人心之道德藩籬爲之衝破。建安十五年，操下令有曰，「……今天下尚未定，此特求賢之急時也。……若必廉士而後可用，則齊桓其何以霸世？今天下得無有被褐懷玉而釣於渭濱者乎？又得無盜嫂受金而未遇無知者乎？二三子其佐我明揚仄陋，唯才是舉，吾得而用之。」明言不必廉士而後可用。盜嫂者爲無恥亂倫，受金者爲貪贓枉法；均爲禮義所不能容。然不問道德，但有才能即可重用。建安二十二年又令曰，「……今天下得無有至德之人，放在民間，及果勇不顧，臨敵力戰，若

文俗之吏，高才異質，或堪爲將守，負汙辱之名，見笑之行，或不仁不孝，而有治國用兵之術，其各舉所知，勿有所遺。」（均見三國志武帝紀）按此則明言汙辱之名，見笑之行，不仁不孝，此非人所不齒之敗類而何？然操亦用之。前後兩令一出，此風一長，猶如潰決隄防，焉得而不泛濫？因此盡曹氏之魏，司馬氏之晋，爲無恥亂倫之鄙野政權，無怪乎骨肉相殘，以暴易暴，內外傾軋，亂無已時也！使中華國史至此而闇淡無光，不僅禮教蕩然，即人民心理亦莫衷一是！於是乎國運頹唐，社會混亂，天下分裂。蓋必然之果也。曹操之罪上通於天矣！以視上舉武帝苦心求賢之詔，眞武帝之罪人，使人目眥盡裂也！

在兩晉南北朝時期四夷內侵，此時的中國對外旣沒有一個中心力量足以號召天下，禦侮圖存，對內也沒有一種正義力量爲之支持。無論在實力上在心理上，都沒有一個鞏固的中心。於是士大夫知識份子在思想上無出路，乃競相逃避，遂造成清談的風氣。但在這混亂時期却有兩種無形的力量在默默中支持。使政治上雖然失却重心，但在社會上則有一種定力，文化上有一種深根。這社會上的定力是由東漢末年傳下來的門第。這時的門第，實際上成爲民間一種向心力。一個大戶足以影響一方，有表率作用，也有號召能力，可以庇蔭若干人民，在亂離中維持生存。這些門第的形成，或由仕宦，或由孝廉，或由財產而著有聲望。亦有賴學問道德，素爲一方所敬仰，而發生極大作用者。譬如鄭康成，即於黃巾之亂中爲盜賊所敬重，而使一郡得全。即其一例。加以大家庭制度爲基礎，門第在社會上遂成爲一種安定力量。所以國家政局雖時起波瀾，而地方上則相當安定。

說到文化深根，此爲中華民族的特徵，也是中國文化的特長。此項文化深根實以人性爲其基礎。所以其推行與傳播不僅無阻，並且能在每個人心中深深的紮住根基。因此雖經曹魏之潰決道德隄防，仍能使基層社會維持於不墜。中國社會並未由此崩潰。不僅此也，即內侵或內移的五胡，也先後都被漢化，在文化上統一於中原。此中華民族之可愛處，亦中華文化之可敬處。

兩漢統一了四百零七年，由曹魏至隋之統一，共擾攘分裂三百九十二年。中間雖偶有統一之局，也為時甚暫，其勢亦不盛。這長時期的分裂擾攘，是由內外兩個力量所造成。內部的是曹操的潰決道德藩籬，敗壞風氣，使中國不能有一個鞏固有力的政府，這是內在的根本創傷。外來的則是五胡的先後大量內侵，並且自相爭奪侵併。這分裂混亂的局面，在中國人心目中是最大的不幸，不正常的現象，不應有的現象。中國人的想法看法，是春秋大一統，是天無二日，民無二王，四海之內皆兄弟也。車同軌，書同文，行同倫。就求統一言，是不遺餘力；就恢復舊業言，是前仆後繼，不達目的不止。不怕挫折，愈挫愈奮。一再挫折，一再繼起。直到隋文帝楊堅，才結束過去的局面，打開新出路。這一陣內外擾攘的狂風，才算吹過。分裂的殘局，終於被漢人統一。中國歷史上闇淡時期；才算是渡過。

魏晉南北朝時期的混亂，是政治上混亂，社會的混亂。在這一方面構成歷史的衰運。若在文化上着眼，則又另是一種景象。有好的一面，也有壞的一面。茲分述於後。

首先要指出的是五胡亂華，以文化落後的夷狄入主中國北部。中原的漢人敗於夷狄。但所敗的是軍事與政治；若論文化，則漢人不僅未打敗仗，實在已打勝仗。蓋五胡武力强，文化低。內侵之後，受中原文化之感染，雖欲拒而不能，久久自然漢化。有識者則更自行放棄胡俗，主動實行漢化。上擧北魏孝文帝，其最著者也。則此一時期，武力上漢敗於夷，文化上則夷變於夏。提攜感染之功，實未可忽視。

藝術在中國文化中佔一大部份。我中華民族喜歡藝術，有藝術興趣，也有創造藝術的能力。不期然而然的，總要把生活藝術化。愈是高人雅士，藝術興趣愈高。在魏晉六朝一段時期，政治上雖然混亂，闇淡，藝術則極發達。這是一特殊現象。最好的是書法，繪畫，雕刻。此外像建築，音樂，可能亦有可觀。可惜資料不多，所知不詳。講到書法，到今天，仍然無人能趕上，成為書法藝術最高峯。就書法藝術論，在此時期又可大體分為兩派。第一是鍾繇、王羲之、衛夫人為代表的一派。瀟灑美麗的行書、楷書，看起來是那麼自然，脫俗，出神入化，超逸不凡，看了使人心裏非常舒服。不知不覺，隨之而生嚮往之心，高雅之念。另一派是北魏的石刻。都是無名作家的作品。這些石刻別具一種風格，堅硬，挺拔，用方筆寫硬字，鋒芒畢露，每筆都有千斤之力。地區偏於北部。想與民風土俗有關。與鍾王一派在風格上顯然不同。雖各有其妙，俱足不朽，但論造詣，則魏碑視鍾王所差尙遠，實不能望其項背。

繪畫在此時期好像是由古代呆板的風格得到解放。創造出新的作風，與生活更爲接近，技巧上大大進步。風氣逐漸普及，所以名家輩出。下啓唐宋畫風，造詣高深，成爲中國藝術之主流。雕刻以人物爲主，與佛學有關。北魏時期的佛像雕刻，實已馳名世界，到現在尙難超過。以大同雲崗、河南龍門造像爲最著。大的大到不可思議，孤懸山野，遠望儼然一座小山。小的壁上浮雕，千變萬化，各具姿態。想像力强，雕刻技術高，氣象尤其雄偉。藝術造詣如此之高，實出人意料，值得我們驕傲，更值得我們學習與推進。又關於書法的雕刻，自上古已發達。周代的石鼓，秦代泰山刻石，漢代的墓碑，都已高到相當程度。到了南北朝，尤其是北魏，石刻藝術量既大增，技巧更爲進步。一筆一畫，不僅不走樣，更能將字，的風神傳出，我們眞佩服這藝術價値之高，能力之强。

建築也可能有極優異的表現，因爲建築與繪畫雕刻有關，有這樣好的繪畫雕刻，建築一定也很像樣。可惜資料不足，不能肯定耳！

文學在這一時期有非常特殊的表現。詩，在古體詩上，可說已發展到頂峯。陶淵明、謝靈運，可爲代表。沈約創字的四聲，詩的八病，從此文學上增加聲調之美。詩逐漸加上格律，演成律詩，絕句詩。文則演成駢驪文。文學更趨於藝術化。內容美，字句美，聲調更美。駢體文的美，可說是美不勝收。中國文字特點多；駢體文把中國文字的特點可說是發揮盡致了。

關於藝術，另詳後藝術章；關於文學，另詳後文學章。讀者可參看。

這一時期在思想上只有佛與老，可說是佛老的世界。談不到思想家。有就是高僧。經學至此陷入最低潮，一無可述。史學、地理學，則極發達。史學能上承兩漢之盛，續纂史書，使史業繼續不斷。地理學則畸形發展，有關地理之專門著作，如雨後春筍，忽然蔚起。其盛況為前此所未見，同時亦為後世所不能及。惜散佚過多，存者太少耳。

第九節 開鑿運河、改善民生

隋朝的統一承四百年分裂之後，人心思治，本可久享，但煬帝不能上體天心，下順民意，竟倒行逆施，自速其亡！然國祚雖短，施政雖暴，其事亦有足稱者。

隋初承平，國富大增，到處倉儲滿溢，民食有餘。其富庶為歷史上所罕見。足見中國人力物力之雄厚。假如政治社會略得安定，即可使國力恢復，民生樂利。

隋文帝以正常的道理治國安邦，政治上得正常發展。假如煬帝能守成，國祚可以久享，歷史可以上昇。可惜氣量狹小，胸襟不廣。既無歷史修養，又無遠大計劃。他小有才而狂妄恣肆，任意妄為，不恤民力。以致雄厚的國力迅速衰竭，卒之民怨沸騰，羣雄四起。不旋踵而告滅亡。此全由煬帝之自取。然其開運河以溝通南北交通，則大有功於當時及後世。因中國地域遼濶而交通阻隔，此項南北水路終須打通以利漕運。若干年來無人作此笨重艱鉅的工作。此項開運河工作實與萬里長城先後媲美。長城用在防禦，在民生經濟上只有消耗，並無利益。運河之用則全屬民生經濟。雖當時人民勞苦，不免仇怨，但欲求永久之利不能免於一時之苦。此與西門豹治鄴之開渠同一意義，而工程艱鉅則過之。民可與樂成，不可與慮始，於此兩役均見之。不過作此種工作，需要有眼光，更需要有魄力。煬帝虐政百端，獨此為不朽之盛事。雖其動機含有個人遊觀之樂，不全為民生，而效果則民生因以利賴。後世論人，應以歷史眼光，合動機與效果而爲論斷，不可因其惡而隱其善。大學所謂，「愛而知其惡，惡而知其美」者是也。國父孫中山先生爲行民生主義，定實業計劃，仍要疏濬運河，加以利用。其有功於民生，影響於後世者，可以想見。

第十節　歷史之顛峯、民族之盛運

有唐一代爲中國五千年歷史的顛峯。文治武功都臻極盛。不僅在政治軍事上使中華民族聲威遠播，即在文化上經濟上，也發生極大輻射作用，向外擴展，使亞洲各民族得提携啓廸之實惠。雖然白璧不免微瑕，宮廷內有些不理想現象，但大體上無傷於大局，功足以掩過。唐代之所以能構成盛世，最大條件是時間能繼續長久。其次是唐太宗之創業垂統，立訓垂教，奠下堅固基礎，用能歷久不衰。天寶以前，可說都是能開創，能勵精圖治的明君。從高祖開國，歷貞觀之治，永徽之治，開元之治，前後繼續了一百多年。這長時間的安定與建設，遂奠定深厚的基礎。雖前有武韋之亂，後有安史之禍，但都能化險爲夷，以盛治冲淡了變亂。天寶以後諸帝，大都也能守成。因此使大唐基業維持三百年於不墜。

全唐三百年，二十帝，以太宗爲最有爲的聖君。他的長處多，政績好。不僅英才傑出，且能小心翼翼，虛心求治，不敢放縱自私。因此非一般帝王所能及。不僅有唐一代歷史由他創立了規模，打下基礎，即在中國五千年史上，也由他承先啓後，照亮了歷史全程。使中華民族的輝光照耀於世界。他以平民隨父起兵，東征西討，歷盡艱險，飽經憂患。既知締造之艱難，尤熟知民間疾苦。所以他能作成歷史上罕見之聖君。綜計他的特點，約有下列七端：

第一，他愛民，他知道國以民爲本，帝王應以爲民服務爲職志。所以他處處爲人民設想，盡量與民休息，去奢崇儉，減輕賦稅，愼用刑罰，使人民能安居樂業，豐衣足食。史稱貞觀之世，一歲中斷獄，天下合計，共僅二十九人。以視文武成康，應無愧色！

第二，他以戒愼恐懼之心情，誠心勵精圖治。小心翼翼的想作出一番事業，不想作威作福，享受帝王之樂。律己極嚴，不敢稍涉怠忽。他曾對近臣說，「爲君之道，必須先存百姓。若損百姓以奉其身，猶割股以啖腹，腹飽而身斃。若安天下，必須先正其身。未有身正而影曲，上理而下亂者。朕每思傷其身者不在外物，皆由嗜欲以成其禍。若躭嗜滋味，玩悅聲色，所欲既多，所損亦大。既妨政事，亦擾生人。復出一非理之言，萬姓爲之解體。怨讟既作，離叛亦興。朕每思此，不敢縱逸。」（貞觀政要）爲人君者如此謹愼，天下安有不治之理？太宗又精硏歷史，勤求史教。常與羣臣硏求治理，引古證今，備論古人古事成敗得失之故，以爲鑒戒。其所論斷，獨能切中肯要，爲羣臣所欽服。又爲重視史業，對於修纂前代史書親身執筆，盡力提倡推行。就正史而言，即有晋書、梁書、陳書、北齊書、北周書、隋書、及南史、北史，凡八部。另有唐律、唐六典、杜佑通典，劉知幾史通等史書多種。一時蔚成風氣。史學史業之盛，爲歷代所未有。對歷史教育不僅接受，亦能提倡發揚，其視力之高遠，作風之卓越，影響之深遠，有不容忽視者。

第三，他虛心納諫，廣開言路。並常責備羣臣，僅有阿順意旨，未有進言，認爲未能盡職。他說，「中書門下，機要之司，擢才而居，委任實重，詔勅如有不穩便皆須執論。比來惟覺阿旨順情，唯唯苟過，遂無一言諫諍者，豈是道理。若惟署詔勅行文書而已，人誰不堪？何煩簡擇，以相委付？自今詔勅疑有不穩便，必須執言，無得妄有畏懼，知而寢默。」（貞觀政要）今按，一般人之常情，大半願聞阿順意旨之論，惡聞逆耳之言。對朝廷諫官亦以厭惡態度拒其諫而文已之過，飾已之非。若唐太宗之惟恐人之不言，惟恐不聞已過者，相去何可道里計！太宗以英挺之資，具改過向善之勇，無怙惡拒諫之失，用能內進其德，外成其治。其成功豈偶然哉？

第四，在政治制度上能開創宏規，加强民主精神，避免獨裁專制。如三省制，以中書省，門下省，尚書省分別行使宰相權。換句話說，即將宰相職權分而爲三：中書省掌草擬詔書；門下省掌審核詔書；尙書省掌執行詔書。職權既分，已免宰相一人專斷，而在草擬詔勅之前，又須經政事堂會議；會議決定，方能草擬詔書。草成之後，送皇帝畫勅，交門下省審核。如認爲不便，可以將原詔封還皇帝，請其收回成命，稱爲封駁。如此審愼，政令自然穩妥。但皇帝權消弱了，宰相權也消弱了。皇帝不能獨斷獨行，宰相也不能獨斷獨行。相對而言，即加强民主意味。此一制度之定立，爲中國政治上一大進步。只此一端，已不可妄議中國政治爲專制獨裁，何況尙有其他削減帝王權限的制度和方法。

對於賦稅制度，也自太宗起，作重大改革，減輕人民負擔。把人民的義務分爲三種：地租曰租，土產貢賦曰調，力役曰庸。合稱租庸調制。事雖三分，實極輕易。有田始有租：男子十八授田，六十還田，僅合四十稅一。庸則每丁每年服役二十天。調是絲麻布帛之征。數亦不重。三者合計，仍較漢制爲輕。其體恤人民之苦心可以想見。上不豪奢揮霍，下能輕徭薄賦，藏富於民，國力焉有不富之理？

府兵亦爲唐代一種優良兵制。寓兵於農，國家省養兵之費，人民無以兵害農之苦。兵强國富而民不傷。

第五，知人善任，愼選賢能。王珪、房玄齡、杜如晦、魏徵、李靖、長孫無忌……皆一時人傑。太宗信之深，任之專。尤以魏徵爲最。直言敢諫，正色立朝，常使太宗以天子之尊受窘受辱。太宗始終敬之、畏之，而不銜恨。即地方官吏亦認眞選拔，認眞考核，不稍疏忽。

第六，平定禍亂，開擴疆土。唐初開國，內亂既平，外患未已。歷高祖至太宗，仍不能不對外用兵。不過太宗對於四夷雖不能不用兵，但不窮兵黷武，專恃武力。他以恩威並用，只求內附，不務殺傷。所以雖使國威遠振，疆土擴張，四夷賓服，但並不懷恨。可謂中心悅而誠服，傾心內向，至尊太宗爲天可汗。至此中國歷史走上顚峯，成爲中國五千年史上極其光輝燦爛的盛世。中華民族之發展，至此臻於極盛。

第七，提倡文教。文化教育是立國的根本。中華民族自古即着眼於文化教育。一部尚書，就是治國安邦之道，教育人民之法。君臣以此相勉勵，人民以此相效法。自此立訓垂教，自然演爲定制。周初開國，以禮樂爲治，三千年來未有重大更易。唐太宗英姿挺異，允文允武，於武功固有卓越成就，於文教亦極重視；提倡推行，不遺餘力。論功行賞，文武並重。開創立國宏規，則取資於前史。擧凡古聖先賢嘉言懿行，歷朝奸佞之倒行逆施，一一引爲鑒戒。政治上種種措施，得失成敗，盛衰興亡，亦一一加以檢討。以便民爲主旨，以求治爲苦心。加强考試制度以促進教育。廣大人民既得仕進之階，而學道愛人，亦自然易治。因此經太宗之創制，遂使有唐一代文教普遍發展：經學、史學、文學、政治學、書法、畫法、……無不臻於極盛，並至顚峯。文教之盛，爲前古所未有。不僅海內爲然，即四夷各族，亦廣被其澤，形成文化輸出。或由感染而効慕推行，或派遣青年來華受教。如西南亞，東南亞，乃至東北亞之日本、韓國、琉球，無不傾心嚮往，靡然向風。自此中華文化光芒四射，不脛而走。既成全亞之文化中心；其力量所及，雖歐洲各國亦受其影響。所以在唐朝不僅武功赫奕，文化上亦征服亞洲各國，無形中成爲四夷師表。至今亞洲各國仍保存若干中國古制，生活上亦留有若干中國流風餘韻。溯本窮源，當歸功於唐代，歸功於太宗。

論人才，經學史學大家輩出，著述豐富，已見前述。最盛的應推文學家。詩人之多，作品之美，迄今爲中國文學史上頂峯，任何時代不能超過。前期的駢驪文，後期的古文，也超越前後各代。書家，畫家，既多且好，並以高尚的風格，精深的造詣，領起五代兩宋的藝術。詞，與小說，開了端緒，爲宋明作家開了兩條新路，把文學的領域開拓。戲劇，音樂，在唐朝創始，發達，也給藝術開了新路，創造新格調。逐漸擴充發展，就又由宮廷普及於民間，成爲人民生活的一部份。在歷史上看，戲劇，音樂，無足重輕，如站在民族文化立場看，站在廣大的民生上看，則其意義實不容忽視。現代人都知道，民族文化範圍廣，內容豐富，對民族生存影響重大。也知道民生不僅是衣食住行的物質生活，也包括精神生活。所謂精神生活，也並不僅是板起面孔在說教，受教，同時也包括閑暇遊樂的藝術生活。藝術對於人生的重要，現代人也都能講的頭頭是道。總之一句話，人生不是苦海，而是樂園。惟能擺脫苦海，創造樂園，才能把人生提高，把民族發展。加强生命力，創造幸福。但我們就歷史全程看，使人民既得飽食暖衣，又得多種藝術的滋潤的，恐怕也只是從唐朝才開始。這時的人民有教育，能讀書明理了。能應考以求仕進，爲社會服務，爲自己創前途了。有繪畫可看，有書法可欣賞，有詩文供吟咏，有戲可看，有音樂可聽了。前人所未享到的福，他們享到了。他們的生活不枯燥，精神有寄托，即或有些苦悶，也得正常發抒的機會了，民生到此階段，接近理想世界了。假如把太宗盛世延長五百年，大同世界不是早已實現了嗎？只可惜美中不足，帝王不都是唐太宗，宰相不都是魏徵，房玄齡，杜如晦。因而好景不常，變亂迭起，而民生亦隨之陷入苦境！其實唐太宗的地步並不難作到。堯舜禹湯周孔之後有唐太宗，還不是他自己立心要作堯舜，就作到了。作堯舜也並不難，大公而已矣。唐太宗即以大公之心爲天下蒼生謀幸福。昏君闇主不能作成堯舜，也只是一個「私」字。唐玄宗分明已經作成堯舜，造成開元之治，偏偏中途變節，因寵愛貴妃而誤盡天下蒼生。一個人前後演變，由天上落到地下，由聖君而變爲闇主。此無他，自私而已矣。我讀歷史，首先着眼民生，而民生又是多方面的，不僅是吃飯穿衣。由全部實際人民生活瞭解歷史，遠比政治經濟切實得多。這樣就不能忽視文化，教育，與藝術。看唐史，尤其要從這許多方面普遍着眼，才能眞正瞭解唐史的價值。我佩服唐太宗，就在他這些地方。我佩服　國父孫中山先生，也正因爲他着眼民生，以大公之心，求民生之幸福，而民生之中又不僅注重物質問題，也注重精神問題。所以他一再强調教育，强調考試，也講閑暇遊樂，提倡正當娛樂。假如天假以年，使　國父多健康三二十年，再多加幾位賢輔相，則大同世界可以在他手中實現，而他也可以作成堯舜。

此外如發展對外交通，與對外貿易，遠至歐洲，亦爲唐代一足稱之大事。自此使中國對外交通開其端，爲後世奠一基礎。

唐朝的缺點是唐太宗的良法美意未能全部繼續保持，維繫於不墜。武韋之亂，安史之亂，賴國家堅實基礎，未致根本動搖。唐末的藩鎮，終於推翻了唐朝三百年的統治。我們惋惜的是，非制度之不善，乃人謀之不臧。如府兵制的破壞，租庸調制的破壞，都是由於人事。溯厥源流，仍在一私字。假如帝王皆如太宗，羣臣皆如魏徵，房，杜，姚，宋，爲國爲民，大公無私，則不僅大唐基業繼續不替，人民生活亦將益加改善，中華民族日進無已。惜哉！

第十一節　燦爛之文化花朶

晚唐中衰，亡於藩鎮。使國家又陷於分裂。五代十國的擾攘，把國勢衰落，中國歷史又入於闇淡時期。北宋興起，以武力統一了中國，歷史盛運再臨。中華民族之發展，又得入於正軌。按理本可得長時期安定，突飛猛進的進步，造成另一個盛運，可惜有宋一代未能把握此一機運，由於措施失當，使國勢未臻健全，似乎始終在半病態中發展。蓋自宋初開國，即懲於唐末之地方勢力太大，改行中央集權制，削弱地方權限。疆吏擅權之弊雖去，但疆吏權力過小，不能隨時應變，形成內重外輕之勢。一旦邊疆有警，往往窮於應付，不免貽誤事機。是一弊已去，一弊又生。加以太祖爲求鞏固中央，預防功臣將帥禍亂，實行偃武修文，重文治，輕武功。結果遂使有宋一代文治興而武備弛，在軍事上始終抬不起頭來。未能以文武並進，遂形成畸形發展之現象。又適逢北方西方新興民族前後繼起，先後內侵，遂使文弱的朝廷窮於應付，一再暴露弱點。不若漢唐盛世之文治武功並盛。因此兩宋時期足資稱述，可以不朽者，惟有文化思想耳。

不過話又說回來，北宋前期一大段，國勢亦頗有可觀。文武兼擅之士，出將入相之才，層見叠出，相繼秉政，頗爲國家建立炫赫功業。如寇準、韓琦、范仲淹、富弼……等，率皆公忠體國，能識大體，有爲有守。他們內勤國政，外捍强敵。當時西夏雖强，終以憚於韓范，而不敢內侵。即前此之寇準，當北方遼勢正盛之時，亦能採積極政策，堅强立場，迫眞宗親征，因而振作民心士氣，以攝服强敵，得以澶淵之盟爭得雙方均勢。換來百年安定。可惜眞宗過於膽小怕事，不敢進取。否則追奔逐北，大振國威，使遼雖强亦不敢啓覬覦之心。則國家之長治久安，非不可得。眞宗不此之圖，實應視爲罪過。更進一步言之，當時設非寇準之忠勇能識大體，挽大局，當大難，吾恐靖康之難已見於眞宗之朝也。足見爲政在人，而人才則須由培養得來。有人才又須能用。有才而不用，用而不專，都不能得濟世救民之效。人才要有器識，人主則要有氣量。此所謂器識與氣量，由教育得來，由學問道德之修養得來。尤其要取資於歷史。太祖太宗兩朝時有趙普，雖學養並不太深，但他能有此識力。他對太宗說，「我以半部論語佐太祖定天下，以半部論語佐陛下致太平。」不管他是不是確曾使用，用的是那半部定天下，那半部致太平，只這一句話，已很可貴，已算是立了功。不學無術的人，是不能成大器，立大功，擔當大任的。從這一角度看，宋朝的重文治，尙教育，是有道理的，也有實際效果的。前期的歐陽修，韓琦，范仲淹，司馬光，三蘇，乃至於王安石，都是飽學之士。至於周濂溪，邵康節，程顥，程頤，張載，後期的朱熹，陸九淵，這些理學大家，也都有他們的貢獻，對當時以及後世，都有重大影響。教育家胡瑗，孫復，則更有卓越績效見於當時。總之，這以學術與教育爲治國根本的作法，無論在任何時，任何地，都是推不翻，打不倒的道理。宋朝的特點在此，貢獻也在此。

王安石的新法，人皆知其新法本身利多而弊少。如上下通力合作，隨時補充糾正，則宋之富强，可立而待。足見安石實爲不可多得之政治家。只可惜安石才識有餘，而修養不足。加以性情剛愎，有欠虛懷。缺乏大政治家風度。雖魄力堅强，終因樹敵太多，正人君子率多持反對態度，不與合作。而新舊黨爭，迭相起伏；內部分裂而外侮乘虛而至。北宋遂在此內憂外患中結束其命運！雖有良法未能救國，適以促亡。惜哉！

次論一般文化。

宋承唐代文化之盛，基礎雄厚。繼以政府偃武修文，提倡推行，不遺餘力，於是有宋一代文化遂得突飛猛進，開出燦爛的花朵。

宋代的文化發皇是多方面的。首先應該說明的是印刷術的普遍應用。從五代發明活字版及木刻起，到了宋代迅速發展，很快的普及到民間，許多古書和當時的著作都有了印本，不再靠手鈔。這對於文化的傳播，古籍的保存，都有極大功效。就文化發展史而言，我們可以劃分兩個大段落，即以宋代爲界限。在宋以前，書籍文字靠手寫，逐字手寫，窮年累月不能畢一經。縱畢一經，亦只一本，供一二人研讀而已。印刷術行，其功何止千百倍於手寫？自此文化之普及，進步之迅速，何止千萬倍？此文化史上應大書特書者也。

其次講理學。人皆知宋學即理學，理學即哲學。但宋儒所言之哲學以人生爲中心，可謂爲人生哲學。人生哲學雖亦言天，言性，言理，言氣，乃至言先天卦氣，涉及玄虛，但終以人生爲中心，以人生爲出發點，不失人文精神。其進程爲接周秦而發揚光大，非異軍之突起。其目的在從公私義利之辨，天理人欲之分上作功夫，以求內治外修之道。雖或有方法上之異同，其終極目的則一。是理學之本身本無可厚非。其所以爲後世所詬病者，不外二因。第一，是偏重於理論，涉於空談，缺少實際。第二，是援引佛學以入正道，使純正國學不免變質。按宋學之所以爲宋學，實有其甚深之歷史因緣。漢學以考證爲主，功夫破碎。竭畢生之力，不能出於章句訓詁。言古人之陳言，不能內明其義理，外益以新知。汩沒性靈，不能有所樹立。加以自漢迄唐，未能脫此藩籬，在經學上不出箋註正義之功夫。一千年間，箋註功夫已作到頂峯，再無新功可立，事實上不能不轉向。別闢蹊徑，另尋出路。猶如駢驪轉爲古文，詩之外有詞，詞盛極而有曲。在經學上前人低下頭尋章摘句，宋朝人則抬起頭講大道理。此自然之事，亦不得不然之勢。章句訓詁必字字有來歷，有依據，自然功夫確實，不涉空虛。講大道理則必在內容上求意義，以書本配合人生。書中的道理必須明白，必須闡發。講的人不能無意見，也要說明。這樣就無法不講空話。講空話而離開人生，離開實際，便成空中樓閣。如講空話不離人生，能發生實效，則這空話便是有用之學。宋儒理學所講雖多空話，只講理論，但他們所講的理論在分析人生，指導人生，以教育爲功夫，達成政治的目的。也就是以國計民生爲其總目標。不過在他們認爲欲改善政治必自教育作起。教育是根本，政治是實務。根本建立穩妥，實務乃能著效。猶如大學的三綱領八條目。治國平天下是政治，是實務，也就是最後目標。但欲達成此項目標必自格物致知誠意正心，以及修身，一步步作起。他們所講就是格致誠正的功夫，不過在這方面講的太多，修齊治平的實務講得太少而已。至於援佛學以入正道，亦由六朝隋唐而來。彼時佛學幾獨佔中國思想界。老莊之道家思想雖時盛時衰，亦終有其勢力。在唐朝思想界極自由，同時亦不免混亂，觀韓愈原道可知。至宋而融合爲一，亦自然之果。迂曲附會，曲解聖賢，自不應該，但相與印證比較，擴大基礎，則未嘗無益。

如更進一步，講理學家的學風，也並不是把自己關入象牙之塔，與世務隔絕，只言心講性，而不顧國計民生。程朱即爲顯證。他們都作官，都要用其所學，以求治國安邦。那些僅知「平時束手言心性，臨危一死報君王」的，乃是理學末流所發生的流弊，非眞理學。尤其是束書不觀，空疏放誕的冒牌理學家，更是理學的罪人。不能代表理學。不可執此以爲理學之詬病。宋朝的學風由訓詁轉入義理，是不錯；由咬文嚼字轉入理論與個人修養功夫，更接近於治國安邦之實務，視漢學已爲一重大進步，不可以厚非。

又宋理學中並非一派，也不是只有一種作風。大家所熟知的，只有濂洛關閩四派。此外還有與朱子相對立的陸九淵。人稱朱子之學爲理學，陸子之學爲心學。其實另外還有一派，因起自浙東一帶，稱爲浙東學派。他們明標經世致用之旨，故又稱爲事功派。以葉適陳亮等爲代表。在宋代理學中可謂異軍突起的一支生力軍。彼時朱陸正忙於心與理之爭，靜與敬之辨，而葉陳等則直奔向治國安邦之道，經世致用之學。他們評論時人，說是不着實，不適用。又說那些人「務爲不可測，以蓋其所無。一藝一能，皆以爲不足自通於聖人之道。於是天下之士始喪其所有，而不知適從。爲士者恥言文章行義，而曰盡心知性。居官者恥言政事書判，而曰學道愛人。相蒙相欺，以盡廢天下之實，終於百事不理而已。」(宋元學案卷五十六）由這些話表現出他們作風在着重文章行義，政事書判，也就是國家社會的實務。我們只可惜這一派勢力不太大，成就不太高，非朱陸之敵。假如有宋一代理學，都採此一作風，則不僅學術走上正軌，國家民族也受其賜。

不過話又說回來，即就濂洛關閩，以及陸派心學而言，他們雖然言心講性，不免空泛，其於正人心，勵志節，敦教化，已使國家民族受益於無形。至其究天人之理，明義利之分，將中國哲學思想作深入之研究，於文化學術實有重大貢獻。尤其張載西銘，恢宏人類在宇宙中地位，提高人生價值，闡釋人生意義，指導人生方向，於世道人心影響至大，也就是在教育上功效最著。他的四句名言：「爲天地立心，爲生民立命，爲往聖繼絕學，爲萬世開太平。」至今爲吾人所崇奉，一致認爲是最好的人生哲學，最能恢宏人的志氣。這就是宋朝理學最大貢獻。我們今天仍以頂天立地，繼往開來爲修養與訓練之目標，實即張載的教育。此種效用雖不能在政治社會上有顯然可見之事功可指，然在無形中實有極深遠宏偉之力量。未可以空泛無用視之。所謂無用之用者是也。

在教育上，理論方面，學術思想領導方面，有理學爲之前導。在實行上有胡瑗、孫復之流，實地以其所學教授生徒，以經世濟民之實務爲教材，以實心實力報効國家，盡忠職守爲風範。弟子滿天下，績效見於時。頗發生力量。在制度方面，有書院制之盛行。對於講學論道，輔翼政治，改良社會風氣，有極大之影響。加以印刷術之通行，得書較易。與書院制相配合，遂使教育在質與量上都有重大進展，更爲普及。學術也更爲發達。自此演爲定制，直到清末，仍然盛行。其功效可以概見。

再次講文學與藝術。

講到宋朝的文學與藝術，應該大書而特書。因爲宋朝的文學與藝術是多方面發展的，並且都有很高的造詣。就文學而論，散文繼唐朝韓柳之後，大家輩出，盛極一時。歐陽修倡於前，蘇東坡光於後。梁啓超評蘇之文學造詣說，「散文至東坡而極盡其變」。東坡自評，則謂，「行乎其不得不行，止乎其不得不止。」皆屬恰當之論。今讀東坡散文，實覺不亞於韓柳。詩雖不敵於唐，而詞則過之。作家之多，作品之美，兩俱可觀。且在作風上亦各有新境界創出。畫法，書法亦能由盛唐繼長增高。蘇東坡，米芾，夏珪之畫，蘇黃米蔡之書，俱臻高峯，各有境界，皆足不朽。蔚爲一時之盛。至今燴炙人口，引以爲法。就中國五千年歷史而言，在武力上雖爲衰世，在文化上則爲盛世。儼然一朶怒放之鮮花，燦爛奪目。且不僅供人欣賞，亦足資取法，於民族文化有促進之功。準此而論，則有宋一代歷史，正未可忽視。

吾人放眼縱觀宋朝全史，就帝王言，缺乏振作有爲之英主。他們只想苟安，不思進取。尤以南宋諸帝爲然。所以終南宋一大段，不見有發憤圖强，恢復疆土，拯救人民的遠大計劃。只是敷衍，不求振作。就大臣言，亦不能與北宋諸臣相比。只有一個岳飛，可算是有器識，亦有氣量的文武全才。他以赤膽忠心，一意爲國。只想以全心全力報効國家，絕無半點個人權與利之圖謀。可惜這曠代英豪既不見容於權奸，亦不見用於皇帝。又不僅不能容，不能用，更必置之死地而後已。遂使忠良飲恨，而宋室亦終於不振。其無意於恢復，已於此見之。岳飛之死，就事功言，爲澈底之失敗；若就正義言，則爲無上之勝利。忠義死於權奸，歷代所不免；民心之反映，歷史之裁決，其收穫之豐富，則從未有如岳飛者。就岳飛而論，功未成，業未就，而人格上之造詣實超越前古。其身雖死，而天下人心歸之，正義歸之；楷模典範亦歸之。永永爲天下人所同情，欽敬，嚮往。由他之死加强了忠奸之辨，公私之分。人言死有重於泰山，岳之死，實更重於泰山。就歷史言，南宋有一岳飛，宋史不寂寞。有一岳飛爲大公至正而死，反映南宋權奸爲自私而誤國，爲一人私利而誤盡天下蒼生！究竟個人私利享受幾天，而貽害無數生靈摧毀民族命運，永永爲歷史罪人！輕重相權，得失立見。然覆車在前，有目而不見，一個接着一個，向覆轍上跑。竟忘義利之分，禍福之辨。攘利惟恐不先，赴義惟恐不後；置國家民族於不顧。人心之向背，歷史之裁決，一概置之不理。即自己的子子孫孫不能在社會上抬頭，也在所不惜。歸結起來，無非是一「私」字。多少大事被一「私」字所誤。可恨哉自私！

第十二節　武力之畸形發展、民族威力之大發揮

元代以北邊的蒙古部族而入主中原，全以武力取勝，不尙文治。與宋代的重文輕武完全相反。靠武力可以打天下，也可以開拓疆土，但不能治天下，也不能使國家長治久安。所以元代之强未及百年而亡。假如沒有耶律楚材，恐怕亡的更要快。綜計元代人物，也只有一個耶律楚材。他是遼的宗室，並不是蒙古人。他飽讀詩書，博通經史，並明曆算卜筮。元太宗窩濶臺得楚材，每事必以咨詢，策畫多中，極見信用。元朝立國規模，大半出其手定。蒙古陋習，多所革除。賴此使元朝統治維持百年之久。蒙古人建議要殺盡北方漢人，廢農田，改爲牧場。賴耶律楚材維護得免無數生靈塗炭。但孤掌難鳴，一人不敵衆口，敝政終不能免。蓋元人以塞外遊牧騎射之族，入主中原，不識詩書，不習政事，自難以治國安邦之識略相期也。

就武力言，其威勢之發皇爲有史以來所未有。不僅滅金滅宋，統一了全國，並且向西遠征，憑騎兵攻

下了半個歐洲。白種人到現在還不曾忘記當時的黃禍。此一威力之發揮，實由來有自。他們因居北地，氣候較寒，出產較少。因而使體格强而文化水準遂不能不低。他們羡慕內地的生活，遂時時想內侵內移。所以自周初一直到魏晉，始終爲內地的邊患。五胡亂華算是達到內移的目的，把大江以北的太半個中國統治了近三百年。這是他們蓄積已久的威力大發作的結果。又經七百年，歷隋唐兩宋，再把蓄積雄厚的武力大大的發揮，遂造成元朝一百年的入主中原。但這沒有文化力量支持的武力是不能持久的。所以政權的起落猶如暴開暴謝的曇花。加以元人遠征的兵鋒超越民族生存所需要的界限，不爲人民所支持擁護。統治異民族異國家，更不是單憑武力所能濟事。綜計起來，我們就中華五千年全民族的全史眼光看，元朝一百年的歷史，可以說是部份民族武力的畸形發展。對外表現了中華民族雄厚的威力，同時也暴露了沒有文化支持的武力之失於粗暴陋野。換句話說，在武力上表現了民族力量，是他們的功勞；在文化上暴露了弱點，是他們的罪過。我們惋惜的是，他們氣量狹小，識見短淺，既不能開誠佈公，與漢人合作，吸收漢文化；又不能不僅尙武，也重文治。假如他們以武力定亂，以文教安邦；把眼光放遠，以仁心仁政求長治久安之計，則必能繼續久遠，使中華民族始終雄視世界。可惜他們無此氣量，缺乏識略，鄙棄文化，遂重武輕文，任力不尙德，與宋朝之尙文輕武恰成相反之對比。均未能齊頭並進，文武雙修，威德並用。宋與元各得其一偏。以視唐代之文武並盛，顯然有高下之不同。相形之下，益見唐人氣量之不凡，唐史之赫奕！假如以兩朝之長，互補兩朝之短，豈不兩得其美？惜哉！吾人讀史至此，益感欲治國安邦，求民族生存發展，文化與武力實不可偏廢。讀史得史教，不可不在此等大端上着眼。

元朝文化唯一可稱的，當首推戲劇文學。元的雜劇，不僅數量多，質亦優。如以純文學眼光看元曲，其文學之美實有造極登峯之感。詩文不能追唐宋，戲曲則一枝獨秀，度越前古。在文學史上足稱盛事。

第十三節　又一次平民革命、又一次民族復興

元朝的統治，始終看不起文化，也就是看不起漢人。對數千年中國傳統文化不能接受，顯示本身的淺薄鄙野事小，使人民受不當受的痛苦事大。結果自身不旋踵而亡，人民之怨憤以深。尤其是讀書的文人，所受侮辱與壓迫更深。這樣不平等的待遇，使人民難以久忍。加以元人本身弱點極多，如爲爭皇位時起內訌，政治能力太低，後期諸帝迷信佛法，殘忍好殺武力迅速衰竭，等等。所以不久便民怨沸騰，義兵蜂起。數年擾攘之後，元室命運終被漢人推翻。明太祖朱元璋以平民起兵，推翻了元室，削平了羣雄，統一了中國。又恢復過去漢人天下，復興起傳統文化，以文武並重，全國人民又過文化生活，歷史命運又走上正軌。

明初的武功頗足稱述。元末雖衰，然以平民起兵反抗，仍然是個極堅强的敵手。推翻元的整個統治，是一項極爲艱鉅的工作。明太祖由安徽起兵，四面征討，最後向北討平了元朝，推翻了蒙古人一百年的統治。收復了久陷於北敵的燕雲十六州。洗刷掉後晋石敬瑭對敵割地稱兒皇帝以來的恥辱。隨即掃平羣雄，統一了中國。國勢既定，聲威遠播，繼續對外或用兵，或通使，或自動入朝納貢。太祖成祖先後對東北用兵。武力所到，北至黑龍江，東至烏蘇里江，圖們江，皆入版圖；設置三百八十四衛以鎭撫之。更擴及海外的庫頁島、琉球、朝鮮。更南則東南亞諸國如安南、柬埔寨、緬甸、暹羅，八百媳婦等，都來朝貢，成爲中國藩屬。又開發雲南、貴州、尼泊爾，西藏、青海等地，以及西域諸國，無不內附稱臣，勢力直達葱嶺以西。就是屢爲中國邊患的日本，在明成祖以前亦對中國入貢，受中國册封。遠在南洋的婆羅州，馬來亞，也仰慕中國聲威，傾心內向。四夷向化，萬國來朝。藩屬之多，聲教之盛，爲前史所未有。在此時期，中華民族揚眉吐氣，發揚神武；文化外輸，影響於世界者至鉅。在近代世界史上，爲中華民族爭得

優越地位，至今仍受其賜。就民族發展史言，明朝爲盛世，於民族有功。

周秦以來，中國的邊患始終在北方。到明朝雖已滅元，將蒙古人驅走，但數十年後又死灰復燃，再爲中國患，仍不斷內侵。太祖與成祖對這頑强的敵人，始而是以攻爲守，幾次出兵北征，贏得重大勝利。尤以成祖更英勇有爲，他先後五次御駕親征，躬臨戰陣，大挫其鋒。換得數十年的安定。後來爲策久遠，又採攻守兼施政策；一面於必要時出戰，一面修築長城，以資防守。設置關隘，屯戍重兵，分置九鎭，號稱九邊。其所修長城雖大體仍秦之舊，但他們分段分次興工，化整爲零。以省勞費。又改稱邊牆，避免長城之名。在太祖成祖時代，先後完成山海關到晉北一大段。約有全程的一半。中葉以後，再續修西部的一大段。仍到甘肅嘉峪關。又爲拱衛北京，在直隸山西一帶，再加築一條防線，稱爲「次邊」，或名「重牆」。亦設若干關塞，以資防守。與外牆同樣作法。又於沿邊築城設邑，充實邊務。作者生於河北遵化，去長城二十里而居，時得登臨之便。即遵化縣城，亦城池高大堅固，磚上鑄有萬曆四十年重修字樣。迄抗戰勝利，仍然完好。近聞已被共匪拆毀。即此可見明代國防攻守兼施，氣魄雄偉，有久遠計劃。

又另有一事，與國防有關者，即建都地點。元人自北來，習於北方生活，故以北京爲國都，稱爲大都。明太祖安徽人，功臣亦以南人爲多。又加江南富庶，遂定都南京，而改大都爲北平府。成祖以燕王篡位，留北京久，深知國家大患在北而不在南，國都宜設艱難衝要之區，以鎭撫强敵，而免邊境空虛，誘啓外患，而內生惰志。否則長期在南，北方早已不保。因決志北遷，以首都設於國防第一線。並五次向北御駕親征。如此始能爭得明代前期之安定。遷都北京，應視爲明代政治上足稱之上策，而其功則在於成祖。

明代又一賢明措施，關於民族文化者至大，値得大書特書。蓋明承元之後，元人不肯接受漢文化，入主中原時期，舉凡人民風俗習尙，衣冠制度，姓名規則，言語禮節，槪依胡俗。以視原有漢制，顯有文野高下之不同。太祖深厭之。蓋只聞「用夏變夷，未聞變於夷者」也。因下令悉復唐時制度，所有胡服、胡俗、胡語、胡姓，一切禁止。作者於數年前點校原抄本顧炎武日知錄，第二十九卷較通行本多出胡服一章。備論華夏不宜從胡俗。其述明太祖事，有云，「太祖實錄，初元世祖起自朔漠，以有天下，悉以胡俗變易中國之制。士庶咸辮髮椎髻，深簷胡帽。衣服則爲袴褶窄袖，及辮線腰褶。婦女衣窄袖短衣，下服裙裳。無復中國衣冠之舊。甚者易其姓字爲胡名，習胡語。俗化既久，上久厭之。洪武元年二月壬子，詔復衣冠如唐制。……其辮髮椎髻，胡服、胡語，一切禁止。斟酌損益，皆斷自聖心。於是百有餘年胡俗悉復中國之舊矣。」（按此章只見於原抄本日知錄，經作者點校，於民國四十七年出版。其通行之舊本，乃被刪削之稿，非作者原意。）讀此，吾人深佩明太祖之識見與魄力。保存民族本色，維護民族文化，不失民族立場，其功有不可沒者。此事雖小，影響實大。此種精神仍足資今人警惕。因此以中國文化精神，中華民族立場，規定中國適用之服裝，中國之禮俗，中國之姓名制度，言語文學，實仍爲今日當務之急。則以太祖之魄力，挽今人洋化之頹風，實有其必要。吾人讀史得史教必貴能實踐力行，此其一端耳。

興文教，定科舉，地方辦書院，中央設翰林院，重用文人，提倡教育，也是明朝一大德政。到了成祖，更以政府力量主持編纂叢書類書。許多孤本善本古書，賴得保存者甚多。政治上文武並重，不偏於武，亦不偏於文。不過矯元之野，較重於文耳。總之，在政治大體上能文武並重；以武功定國，以文教安邦，不失中國文化精神。明代承元之後，有此魄力，殊覺難能可貴。自此中國傳統文化，雖經元代狂風摧毀，終得復於正軌。雖文化本身有其不可摧毀之力量，但明代君臣扶植之功究不可沒。

科學，繼元朝的郭守敬，又進一步發展。中國文化中自然科學一系，斷斷續續，未能一直發展進步。元朝有郭守敬，既精水利，治西部水利河渠有功。又通天文曆算。至明而有徐光啓，爲中國近世大科學家。既通天文曆法，尤精算學。西人利瑪竇，湯若望等攜西方之算法，地理等學來中國，徐氏從之游，盡通其學。科學著述極多，尤以幾何學爲最著。北平東城之天文觀象臺，即徐氏所手創。迄抗戰勝利後，仍屹然無恙。此外如宋應星之於農工技術，李時珍方以智之於醫藥，均爲明代科學大家。西方科學亦即於此時輸入中國，而爲國人所接受。自此中國文化中科學一系得邁進一大步。惜有清一代未能繼踵研究，遂落西人之後耳！

此外建築學由成祖之興建北京宮室，使中國自創之建築學得到發展與表現之機會。天壇之建築，至今爲世界建築學家所欽佩。

至於學術思想，人生哲學，王陽明一人已足照亮全明二百餘年歷史。明末之理學流弊，則罪在鄙儒，誤解陽明學說，過有攸歸，與陽明無涉。其學精深博大，非一言可盡，另章別述，此不備舉。

三保太監鄭和下西洋，爲明代大事。其動機姑置無論，其效果以及表現民族力量，則可足稱。使國威遠揚其功一。於短期中自建大海船六十四艘，船長四十四丈，寬十八丈，當時雖歐洲亦不能及。其功二。航海術尚未發達之際，以一內宮太監鄭和，率數萬人以大艦隊七次出海，遠至南洋，非洲，等地。二十國入貢，通使，與貿易。替中國立下極大功勞。影響不可謂不大，效果不可謂不宏，中華民族的能力藉此得一考驗，也得一表現的機會。其功三。

論人物，政治家前有劉基，後有張居正。軍事家，前有徐達，後有戚繼光，袁崇煥。忠貞不二的國家重臣，前有方孝孺，中有于謙，後有左光斗，史可法。思想家學者，前有王陽明，後有顧炎武，黃宗羲，王夫之。航海家有鄭和。科學家工業家，有徐光啓，宋應星，李時珍。至於爲明抗淸，彰民族大義，續明朝宗祀，收臺澎入版圖，則爲人所共知的鄭成功，及其輔佐陳永華。……凡此種種，指不勝屈。綜計有明一代，不僅武功赫奕，文治足稱，而人才之衆，亦足稱爲濟濟多士。

明代敗政亦所不免。擧其大端，首爲廢除宰相。在前期不乏英主，政治尙未大壞。中葉之後，以庸主，在深宮，負重任，而又累年不聽朝，任國政之廢弛，局勢遂壞。次爲廷杖制。無論朝廷大臣，文人儒士，一不稱旨，即在朝堂公開解衣杖擊，重者至死，輕者亦肌膚糜爛，痛苦呻吟。大儒陽明，即因讜言直諫，廷杖四十，死而復蘇。然後謫往龍場。痛苦事小，點辱斯文事大。蓋士節不可不勵，尊嚴與廉恥不可不重。古者刑不上大夫，良有以也。次爲薄俸制。官俸薄不足以仰事俯畜，何能勵廉潔，肅政風？顧炎武日知錄備論薄俸之失，言之至爲深痛。第十六卷俸祿章首言，「今日貪取之風所以膠固於人心而不可去者，以俸給之薄，而無以贍其家也。……今之制祿，不過唐人之什二三。彼無以自贍，焉得而不取諸民乎？」今按，薄俸不能勵士節，肅政風，實爲百病之源。前代之失，仍足爲今人之戒。

更次爲科學以八股文取士，爲文形式動於實質，呆板而不靈活，遂致汨沒性靈，無形中摧毀埋沒無數人才，亦不得不視爲敗政。

第十四節　部族政權之再現、國勢盛而又衰

在歷史全程中，清朝一段最特殊，最重要，也最關係重大。他有長處，也有短處。對民族有功，也有過。功過相抵，功不能掩過。中華五千年輝煌歷史，民族艱難締造的偉蹟，幾乎被他們斷送。民族生命幾乎爲他們斬絕！痛定思痛，至今猶有餘悸。

滿清繼元代以北方部族而入主中國，他們比元人乖巧，他們鑒於元人拒漢文化而速亡，乃極力吸收漢文化，以漢文化培育自己，也利用漢文化而統治漢人。他們知道漢人比他們厲害，一旦得勢，滿人即非其敵。所以他們利用漢人而又拚命壓制漢人。手段毒辣，高壓與懷柔並用。不僅統制行動，尤重在統制思想。揆其用意，無非鎮壓反抗，全出自私心理。結果民族精神消失，民族自尊心亦爲之摧毀。創痛之深，前史所未見。整理文化，大量編撰叢書，類書，工具書，動機在消耗漢人精力，使埋頭於故紙堆中，以及藉機肅清民族思想。論動機爲其罪；論效果，則亦不無微功。

在國勢上，憑其新興朝氣，武力旺盛，頗使疆土擴張，國運上昇。至中葉乾隆帝，猶能以十全武功臻於極盛。中葉以後，局勢即壞。初入關時新興朝氣既失，國勢亦隨之日就衰退。論武功，不能平內亂，禦外侮，定邦國；論文治，不能振作有爲，爲長治久安之計。徒知壓抑漢人，而自己却又不能培養出有眼光，有魄力，能高瞻遠矚之大政治家，與思想家。求一如元朝之耶律楚材而不可得。褊狹，忌妬，自私……種種不正常心理，始終不肯改變。高壓，懷柔，控制……種種卑劣手段，始終不肯放棄。於是武力既已消失，政治日益腐敗，國勢遂不免如江河之日下。在文治上，也不過在考據，義理，詞章上作功夫，於治國安邦之實學既無所就，爲學作人之道亦無所明。而科擧制度，承襲明末之弊以八股文取士，梏桎人民性靈，流毒之深更不可勝道！因之清學雖盛，其績業多在文字，範疇不出古代成規。其結果遂只有經學家而無思想家，政治家。於國計民生殊少實效。至於近代西方科學、政治、哲學、更談不到。中國之所以落後，就是此一時期所造成。

就清政府而言，其自私，達於極點。因自私而壓制漢人，不開放政權，不改變觀念與作風，也達於極點。若論政治之昏瞶與無能，則簡直駭人聽聞，爲有史以來所未有。自己無能而不求進步，又不肯用有能的漢人，則是罪大惡極，不可饒恕。又恰巧就在此時西方各方面在進步，在擴張勢力，同時世界也就在此時大通。歐洲的白種人，正由黑暗時期掙脫而出，進入突飛猛進之中。接着，美國也由殖民地而建立獨立國。同時由英國開始的實業革命，也正在歐洲大陸普遍發展。民族民權的革命，也先後繼起。舊國家復興，新國家獨立。一切都在蒸蒸日上，向外擴張。爲消納人口，發展國勢，而尋找殖民地。爲銷售過剩商品，尋找經濟落後的地區作爲商場。而這時的中國，正合他們尋求的對象，所以一個接着一個，向中國跑來，以求解決他們的問題。我們呢？政治的腐敗，朝野的昏瞶，出人意料之外。經濟則生產力停滯在半原始狀態，但消費力則極强。於是中國成爲列强角逐之場，而中華民族遂墜入恐怖之深淵。朝不能保夕，瓜分之禍迫於眉睫。五千年歷史不僅入於極端闇淡，民族生存亦幾於不能自保。部族政權梏桎着我們的手脚，文化思想的統制阻止我們進步和自強。於是乎我們成爲列强的俎上肉，角逐場。中國之不亡，其間不能容髮！

國勢有興有衰，歷代所不免，而未有此時之甚。興衰影響之大，也未有此時之甚。因過去西方未盛，世界未通，國運盛衰，是大門裏面的事。到清朝，則是大門外的事。大門裏改朝換代，不出中華民族。大門外盛衰興亡，則成亡國滅種的事。因此我們可以說，民族衰運，民族危險，至清代而至其極。清人罪過，也爲前史所未有。假如不是 國父孫中山先生起而革命，則中華民族已經滅亡，無有今日。

第十五節　空前之革命、歷史之新頁

歷史的演進，時代的呼喚，需要一個大仁大智大勇的大革命家作旋乾轉坤，起死回生的運動。 國父孫中山先生便是應運而生的一個民族偉人。他上承五千年歷史，下啓億萬世後代，受列祖列宗的精神感召，習於古先聖哲的文化薰陶，接受時代所賦予的任命，振前古之餘烈，發民族之神威，登高一呼，羣山響應，而睡獅因以猛醒，潛力得以發揮。此即所謂國民革命者是也。

國父孫中山先生之倡導國民革命也，上秉天心，下順民意，高瞻遠矚，迎合潮流，應興者興，應革者革。立場深穩，而目光遠大。既不失民族精神，亦不背世界趨勢。廢帝王，興民主，一片大公之懷照耀前古。尤爲難能可貴者爲立國寶典之創制，政治體制之改革。三民主義，五權憲法，都是劃時代的創作。上承舊典，下啓新機。應世界潮流，開中華新運。推翻滿清，結束帝王之舊制；創建民國，建立不拔之根基。中華民族歷史至此展開新頁，而民族生機亦自此展現。

第四章　歷史之大轉變、民族之總考驗

第一節　東西之接觸、弱點之暴露

我們五千年歷史都是中華民族在自己的領土上獨力創造，雖然歷史有升降，民族有興衰，文化有演變，但大都是我們自己的事，對中華民族以外很少發生關係。偶爾有對外的事，並不影響我們的盛衰與興亡。無論是武力，或文化，對外只有擴充，絕無挫敗。五千年民族歷史之所以輝煌，此其一端。

清朝中葉起，局勢變了。西方民族恰好在此時走上盛運了。在民族運動上，他們自中世紀文藝復興，東羅馬帝國滅亡，宗教勢力衰落以後，普遍自覺，努力自強，爭取獨立自主，許多新興國家起來了。同時在文化學術上也突飛猛進，政治思想，自然科學同時發達。在政治上瀰漫着民主自由的思想，自然科學更是一日千里的進步，並且運用在實際生活上，把人民生活程度提高。到了十七八世紀，民族革命，民權革命，實業革命，相繼發生，一個簇新的歐洲列强展現於世界。幾乎使整個歐洲形成一個帝國主義集團。緊接着便向外發展，一面尋找殖民地以消納他們過剩的人口，一面尋找商場，以消納他們由實業革命產生的過剩商品。於是武力與商業同時向外擴張。另一方面傳教士以其宗教思想向外傳播，無形中和武力商業配合發展，得相輔相成之功。到這時西方的後起之秀遂成爲不可忽視的力量。

上面說過，就在這時，滿清初入關時的武力衰退，政治也隨着武力的衰退而失去控制的力量。於是形成以暮氣沉沉，日趨於下的國勢，正當朝氣蓬勃，蒸蒸日上的外族侵略勢力。其着着失敗，節節退却乃成爲不可逃避的命運。從嘉慶年間起，中國歷史就走下坡路，且愈走愈快，愈走愈下。到了清末義和團之亂，惹起八國聯軍入北京，訂立城下之盟辛丑和約，中國的國勢算是一敗塗地，不僅過去五千年的輝煌史蹟掃地無餘，即民族的生存也瀕於滅亡的邊緣，幾於不能自保。靠了列強之間政策的矛盾，以及　國父的救國運動，幸免於瓜分之禍。這次的挫敗，給我們中華民族極大的打擊，也給我們以極嚴重的考驗。假如我們在這時不能闖過這一關，不能與世界各民族一較身手，則我們過去的輝煌歷史，崇高文化都將成爲枉然，只供人憑弔而已！

政治軍事上我們是失敗了，在國民經濟上，和文化學術上呢？

民元以前，我們的國民經濟是半原始式的生產。農業完完全全保守在舊階段，工業是家庭手工業，商業是以地區爲限的地方經濟，鑛業也是舊法採煤鐵，採銅檢金。交通是騾馬牛車，人力帆船，泥濘道路。消費上自然也能在自己有限的生產和運輸上量入爲出，自給自足。不見可欲，民心也能不亂。應該增加的生產量，不能增加；可以開發的地上地下富源，不會開發。於是在這得天獨厚的溫帶大黃土層平原上始終受着不必要的窮。這是我們在那時的經濟生活，和經濟能力。

滿清末葉，海禁大開，外國人來了。由於鴉片戰爭以及歷次外交和戰爭，對外暴露盡了政治上的弱點，政府的昏瞶無能。於是外交官，炮艦，帶領着商船來發中國財，吸中國人的血了。並且外國不止一國，一個佔了便宜，接着一個一個都來了。各自帶着新奇美觀而又廉價的商品，向貧窮而又善良的中國人炫耀，傾銷。於是我們僅有的家庭手工業破產，白銀外流，拿未加工的農產品抵償一部份貨價。不足的只有拿大船的白銀向外國送。從此我們再也離不開洋貨，洋貨直接影響到每個鄉村，每個老百姓。消費量增加了，生活程度提高了，但生產能力還是老樣子。這樣的經濟危機，恐怕也只有先知先覺的　孫中山先生感到迫不及待的嚴重，因而有民生主義的提出。

講到文化學術，在基本精神上，到今天我們不認輸。只有在實際應用上，雖然起步在前，但在終點我們是落後了。說起步在前，是因爲初期的物質文化，乃至於科學發明，科學製造，畢竟是我們領先，只是在發展的中途，我們遲滯了。這是因爲我們過分重視精神問題，相對的忽略了物質，因而在一般人心理上成爲一種風氣，一種習慣，也就是大家對書本用的功夫太多，在修身齊家等等的大道理上看的過於嚴重，不知不覺對生活應用的事便不免輕忽。偏偏巧，西方的文化精神在這一方面恰恰和我們相反。他們對生活應用的物質問題看得重，興趣濃，因而也成爲風氣，結果遂在這方面超過我們，使我們雖在根本上始終佔着優越地位，但在兩眼看得見的物質上相形見絀了！論軍事，他們有槍炮，軍艦，新式操法，我們則還是刀槍，騎射，人力木質兵船。論經濟，他們用機器製造，我們則用兩隻手。論交通，他們是輪船火車汽車，我們還是原始式交通工具。講到生活，因爲他們能製造，肯用腦筋，想辦法，求改良，所以在生活應用，乃至於享受上，遠超過我們。我們守舊，沒有巧妙的工業，不肯動腦筋，所以停留在固有的階段，可說是有福不會享。外國人來了，東西也來了，於是乎羨慕，仿效，購買，改變生活方式。由頭上變到脚下，由早起變到晚上，喫的，穿的，用的，住的，行的，無一不變；連禮節，風俗，習慣，都變了。

精神方面的事最顯著的是宗教，他們對傳教，認眞，出力，肯犧牲，肯遷就。想盡了方法，無孔不入。雖不能普遍改變中國人的思想，但影響實在很大，風氣也爲之改變了一部份。

政治上他們重民主，講自由平等。教育上他們主張發展個性，注重生活應用知識的灌輸。倫理道德上不重孝道，不主尊尊親親。社會上反對大家庭，講權利義務。人情味不如我們厚，道德心比較我們淡。生活上則較爲規律，緊張，舒適。我們却懶散，清閑，不懂得享受。但如果講吃苦，耐勞，他們不如我們；講道義，他們不如我們。諸如此類，東西兩文化在這時接觸了。結果，我們的優點是內在的，無形的，大家看不見，所看見的全是我們的缺點。於是這樣我們落後，那樣我們不如人，在廿世紀世界民族比武的大擂臺上，我們只有跌交，只有失敗。自此民族自信心喪失，自尊心隨之而去，整個民族在心理上氣餒下能不能過去幾千年的輝煌歷史，崇高文化，在自己的信念上動搖了！到底我們中華民族是不是優秀，能不能在這民族比武的擂臺上站住脚，自己開始懷疑了。

國民革命推倒了滿清，問題解答了一半。三民主義的演講，本也解答了另一半問題，但一般人心理上的疑雲並未由此解除，很多人仍然在作反工作，即自我拆臺，作自我否定的工作。

第二節　接連之外患、重大之危機

接着日本帝國主義來了，要根本滅亡這古老的民族，獨佔這東亞大國。又給我們以一次極嚴重的考驗。他用武力，明目張膽的打。處心積慮五十年，一步緊似一步，傾其全力撲上來。我們能不能招架呢？八年抗戰的最後勝利解答了這問題。我們站住了，雖然受盡了創傷，但仍屹立在擂臺上。

中華民族不幸，一波未平，一波又起。蘇俄赤色帝國主義以征服世界的野心，首先指向這喘息未定的中華民國。他用卑劣的手段，多種策略，欺騙，欺騙，再欺騙。不用明槍，不一拳一脚的打。從物質到精神，從軍事政治到思想，無孔不入，無惡不作。可恨的中華民族敗類，甘願爲猛虎作倀爲敵人作走狗，自己破壞自己，他們惟恐中國不亡，惟恐亡的不徹底，用中國人的力量打擊中國，遂使我們防不勝防，在抗戰八年元氣大傷，喘息未定時無法應付這史無前例，舉世罕有的險惡局面。因而造成現在的局勢。我們究竟能不能闖過這一關呢？這問題要我們自己解答一半，整個自由世界解答一半。因爲這是我們的問題，也是蔓延，擴展，成爲世界的問題。大家受侵略，大家要抵抗，中國問題成爲世界問題的一部份。我們首當侵略之衝，先吃了虧，局勢比人家困難，責任比人家重，能不能站起來，打出一條血路，固然是我們的事，同時也是自由世界的事。也就是我們能不能站起來，打出去，不僅影響我們自己的生死存亡，也影響整個自由世界的生死存亡，這一考驗太大了，局勢太嚴重了！

用歷史的眼光看，用世界眼光看，中華民族到了清末，乃至於民初，確確實實到了窮的境界，非變不可。「窮則變，變則通，通則久，」這是中國哲學。不過這變應該如何變？變些甚麼？不變些甚麼？變的變到如何程度？朝甚麼方向走？這都是應該審愼研究確實把握的問題。這一變直接影響到民族命運，一不小心，便將根本失敗。

第三節　用歷史眼光展望中華民族前途

用歷史眼光看中華民族的過去，現在，與未來，可得兩個概念：

第一，過去五千年歷史爲一大階段，民元以後爲一大階段。此可就下列三點說明之。一，就政治言，過去五千年政治體制雖不斷有所改變，但大體上爲一種類型。到民國成立，纔根本改革，另換一種新的體制。這一政治體制的改變，是上承政治上優良傳統，外應世界潮流，中國人所自創的一種新體制。二，就民族生存言，過去是中華民族各宗支在自己境內鬧糾紛，未與其他民族作生存上的鬥爭。現在則是中華民族與世界上所有民族在國境以外爭生存，客觀條件不容許我們再在國境內自己鬧糾紛，只有團結一致對外求獨立。確確實實是「兄弟鬩於牆，外禦其侮」的局面。又過去國境內各宗支比較，雖然漢族有時在武力上失敗，但終以漢族爲最優秀。所以既能於忍辱負重若干時之後光復舊業，又能同化入侵的宗支，提携落後的兄弟。現在的局勢則不同了。現在的奮鬥對象既不弱於我們，甚至在若干方面比我們强。又加上則有不只一個。他們有時一同來，有時先後接着來。這樣就使我們很難招架了。三，就文化言，過去是我們自己創造文化，自己享受，並供人家享受。也就是在文化上我們始終站在優越地位，不曾打過敗仗。現在也不然了。至少在物質文化方面我們是節節敗退，遠落人後了。相形之下，我們顯得非常愚蠢，非常尷尬。翻開五千年歷史，遠非昔比了！過去的光輝闇然失色了。

第二，我們應該在歷史與文化上瞭解中華民族。說老實話，我們對自己本身的瞭解實在覺得不够。要想眞正瞭解自己，我認爲必須在歷史與文化兩方面作深入的研究，方能得到正確的答案。至於我們今後能不能在世界民族競爭的場合上站住脚，乃至於恢復歷史上的光輝，對世界人類負起責任，則要在瞭解自己之後，挺身而起，自救救人了。能則存，不能則亡。能則不僅能自救，也能救人類。民族競爭是沒有情面的，不能倖存的。

面前的局勢，儘管是危險的，艱難的，但我們的信心堅定，絕對樂觀，我們中華民族不僅有前途，並且能救人類，救世界。

這話絕不是空話，也不是自我陶醉，而是有根據的。我的根據是在主觀方面由歷史和文化得到確實的把握，又由現在許多優良的表現,得到證明。在客觀方面由自由世界的警覺與力量,具有信心，由敵人的倒行逆施，以及人性與良知，使我們沒有理由相信敵人會不消滅。詳細的理由，明確的答案，分別在本書各篇中解答。歷史篇講歷史問題，文化篇解答文化問題，命運篇解答當前以及今後的問題。讀者讀完本書，自能豁然開朗，疑雲頓消，信心建立。並且我相信，一定接着便奮臂而起，爭先恐後，爲國家民族之復興而携手合作，努力奮鬥。我堅決相信，中華民族的復興，就在眼前，就在我們這一輩身上。

第五章　綜論

綜觀中華民族五千年歷史，全由本民族自身，在自己生長食息的本土上，繼續不斷創造而來。稱得起輝煌，够得上燦爛。論民族生長，我們能克服自然界災難，也能排除人爲的災禍。自遠古即以自己的智力體力不斷奮鬥，以求生存。論民生，在食的方面，我們由原始茹毛飲血的生活，第一步進至熟食，第二步進至農業，不僅吃動物，也吃植物。衣的方面，由天衣到穿樹葉，再到養蠶織絲，以絲織成帛，再製成衣服。史前期已有紡織工業。住的方面，由穴居野處到構木爲巢。再由巢居進到宮室。行的方面，由兩條腿到舟車。生活使用的工具，由始石器到舊石器，新石器，再到陶器，骨器，銅器。再進到鐵器。爲治病，我們自己發明醫藥。嘗百草，就是用人口人身作實驗。自此懂得藥性。再研究生理，知道人體構造，人身有若干骨頭，若干內臟，各司何職，如何會得病。生理學病理學都有了。最後才到醫治。醫病不僅用藥，也用針灸……等等。病未發能預先知道，也有預防之法。像這樣高度的科學知識，在四千年，三千年前已普遍使用，著有績效。論精神生活，我們自五千年前已開始過政治生活，有了組織。也瞭解人生價值與生命意義，因有哲學思想，有教育事業。爲調理人羣，我們發展倫理道德。爲不得已時安定社會，使用法律刑罰。爲解決全體人民共同生活，自創經濟學。爲供給人類精神上需要，有多種藝術調節生活，發抒情感；有各科教育，以供給人類先天的求知欲。又爲使人類社會有條有理，消極的能不亂，積極的能互助，使生活進入高度文化程度，我們强調禮。像這樣，種種等等，數不勝數，都是我們中華民族自力所創造。並且一代接着一代，繼長增高，進步發展，以至今日。雖然經過若干艱難困苦，都被我們自力所克服。

我們知道，任何制度，不會永久適用。時移勢異，制度即須隨之修正補充或改革，以適應需要。一種制度用久了，也可能由種種客觀條件發生或多或少的流弊。有了弊就要挽救；有了新事實，也要有新制度。我們的政治制度，由周秦制定之後，三千年未有重大更易。到了清末，國內外情勢完全改觀，老規矩再不能適應新需要。所以到了民國，由 國父孫中山先生內審諸己，外觀諸人，爲使中華民族永久適存於世界，不能不改弦更張，爲重大之改革。但這一改革，仍應是中國的，不能失掉中國本色。五千年中國的文化傳統，民族習性，絕不能丟棄。所以他能站在中國立場上，由固有文化中生根，創造一套立國規模。這就證明一切事，到了應該變的時候一定要變。不該變的是基本精神和民族立場，應該變的是方法和制度。但我們檢討五千年歷史，顯然在變以求通上未能作到充份滿意，因而形成了我們太偏於保守的弱點。過去的歷史上每有人欲變以求通，必遭極大阻力。這是我們深致惋惜的。就此點而言，　國父孫中山先生的魄力，不能不佩服。

就君主政體言，家天下的思想自所難免，爲爭皇帝位，不惜使人民肝腦塗地，顛沛流離。若干戰亂，皆由爭皇帝而起。由上古至滿淸，皆所不免。至　國父孫中山先生，才痛定思痛，洞察其禍源，而爲釜底抽薪之計，根本廢除君主，改爲民主共和。此一改革應視爲一種重大進步。溯本窮源，其所以改革，實由外審世界大勢，內受歷史上慘痛教訓而起。則歷史之影響於民生者，實未可忽視。

退一步言，中國歷史上有君主，君主中不免有暴君，全世界各國，各民族，也同樣有君主，也有比中國更殘暴的君主。更進一步講，全世界沒有任何國家民族沒有君主。則由原始到近代民主，必經君主一階段，這是文化進展所不能避免的現象。舉世皆然，非中國所獨具。即不足爲中國之病。

君主政治不僅不足爲中國之病，且就君主政治與世界各國相比較，遠比西方暴君爲開明。名爲君主，實則富有極大民主精神，並非完全用一人大權獨攬，獨斷獨行。若干事實，足資證明。爲免支蔓，另詳他章，此不具述。雖則如此，我們仍然適應潮流，首先自動廢除君主，建立亞洲第一個民主共和國；站在世界尖端，起領導作用。此中華民族之極大光榮。用歷史眼光看，實爲古代精神在近代突飛之進步。而其功則在　國父孫中山先生。

就中國歷史看君主政治，我們古代也有富於民主精神的政治思想與事實。堯舜禪讓，民爲邦本，以及所謂民本主義政治理論，獨夫之號，皆是也。君主之弊首在自私與驕狂，次在世襲。自私即不公，驕狂即殘暴。但是否自私與驕狂，則在人。故歷史上有暴君亦有明君。明君多而暴君究居極少數。世襲即不免有幼主。即使不幼，亦因生長深宮，養尊處優，驕奢成習，與人民隔絕，不解世事。爲救此失，制度中定有諫官，以監督君主；有太師太傅，以教育太子。此爲中國政治制度中優點。即君主必須納諫受監督，以防其暴。太子必須受教育，以防其驕與愚。惟於幼主則苦無避免之道耳。蓋主幼則母后不得不臨朝；母后臨朝，即不免宦官用事，外戚弄權。國勢之壞，大都由此而起。東漢即其顯例。此弊在制度，即在世襲。假如君不自私，位不世襲，則君主未始非可行之制。

歷代開國之君，大都起自民間，必爲英主。初期亦必爲盛世。入後德薄勢衰，精神懈弛，流弊萌生，乃生禍亂。有英主出，可以中興；有權奸至，則禍國殃民之事必不能免。西漢宣帝中興，南宋權奸禍國，皆其顯例。

有聖君又必須有賢相。君臣相輔，乃如魚之得水。有賢又必能任，任而又必專，齊桓公之於管仲是也，臣賢而主闇，如諸葛亮之於後主是也。聖君賢相，相輔相成，則只有唐太宗。此外多難兩得。足徵人才難得，得而不能兼，遂使五千年之歷史，輝煌中不免有闇淡。可慨也夫！

文治武功並盛，以漢唐爲最。西漢承秦毀滅文化之後，先之以起禮樂，定朝儀，繼之以搜求遺書，整理文化，斯文得以復興，國運賴以上昇。東漢倡教育，重氣節，民風賴以樸實，根基賴以深厚。曹氏父子潰決道德藩籬，使魏晉兩朝闇淡無光。清談足以誤國，佛老不足以安邦，魏晉六朝備嘗其苦，使後人得痛苦之經驗。隋固富庶，但積暴則速亡。唐太宗以愛民之心，行惠民之政；勵精勤之治，制驕暴之風。以賢相佐聖君，以節約培國本。既懍於史教，復重於史書。以文治經邦，以武功定國。唐業之盛，超越前古，豈偶然哉！宋室右文輕武，使一代積弱不振。明廢宰相，後期又多庸主，遂成始勤終怠，前後懸殊之局。雖尚文而輕侮文人，以廷杖毀士節，一代政風遂壞。清代以種族偏見高壓漢人而學習漢文化，又以漢文化控制漢人。技巧雖高，氣量則狹；野心雖大，能力則又極低。誤國有餘，自保又不足。設非先知先覺之倡義救國，民族命運幾斷送其手。自私之心，驕狂之氣，偏狹之量，短淺之目光，害了民族，亦毀滅了自己。

建都地點與國運有重大關係。有膽有識的帝王，必將國都建於形勝之地，當外患之衝，制建瓴之勢。婁敬的目光，張良的決策，畢竟不凡。我們在今天設想，假如西漢建都洛陽，必不如長安。北宋建都汴京，四戰之地，無險可守。先天上處於劣勢。南宋都建康，大江以北都不能控制，任敵馳騁。明太祖推翻元朝，不肯北上即以元大都爲國都，只就近以南京爲國都，就氣量與膽識而言，遠不如他的兒子成祖。假如成祖不將國都北遷，則明朝前期一百年强大安定的局面將不可得。蓋國都不僅與國防有關，於君臣以及人民心理也有關。對政治經濟文化都有關係。孟子說，「無敵國外患者國恒亡」。我們也可以進一步說，「遠避敵國外患者國更亡」。國都對於國運，關係重大，實在不可忽視。

縱觀五千年中國歷史，由古而今，由野而文，由小而大，中間輝煌赫奕，變化萬端。可謂波瀾壯濶，蔚爲大觀。朝代有興亡，民族有盛衰，國勢有升降。得失成敗之間，有成功的經驗，也有慘痛的教訓。回首前塵，百感交集。我中華民族以自力創造文化，亦以自力合作以圖生存。在自己的家園，創造自己的前途。不僅蓽路藍縷，以啓山林；亦且克服災難，自闢生機。歷經無數次挫折，遭遇無數次艱險。終能化險爲夷，有進無已。氣量恢宏，理想高遠。豁達大度，推己及人。有忍辱負重之心，亦有發憤圖强之志。文化精神擧世無其匹敵。版圖遼濶，東亞未見其偶。精神遺產，豐富精深；地下蘊藏，尤有無窮蓄積。生爲中國人，何等光榮，何等幸運？黄帝子孫又當如何珍惜愛護此輝煌史蹟而思所以繼長增高，恢宏績業？既自救而救人，復承先而啓後。責任重大，前路迢遙。我輩青年，其各奮起。

綜觀本篇之撰著，不重在敍述事實，而着重在下列三事：

第一，由民族歷史之光輝，自知民族之優越。由自知而自信，更由自信而自尊自重。民族前途，實賴於此。因之於史事宣揚優點者多，批評缺失者少。

第二，讀史貴乎得史教。成功者當仿行，失敗者當戒懼。今人讀古史而不能得史教，或雖有史教在前而不接受，不奉行，亦罔而已矣。因此每於古事之有益於今，可資鑒戒者，必闡釋之强調之。倘藉茲篇而於世局得所補益，則不僅作者之幸也。

第三，人爲感情動物，於古人古事時雖遠隔，理則爲一。其人非他人，皆我列祖列宗；其事非他事，皆我列祖列宗辛勤奮鬬之往蹟。用歷史眼光看，我非局外人，乃與古人爲一系。轉眼我亦成爲歷史中人，與古人無二。今天我以歷史眼光看古人，明天後人即以歷史眼光看我自己。我能思慕古人，痛罵古人，後人亦同樣景慕與痛罵於我自己。後之視今亦猶今之視昔。則煥發情感，於古人古事慨然發思古之幽情；於今人於後世，奮起精神而繼志述事，使古人與今人後人打成一片，連成一氣，合爲一體。世系相接，而績業亦得前後繼踵而爲，綿延不斷。則更輝煌之績業即在眼前，亦即在我輩身上。此歷史之所以爲歷史，本篇之微旨亦在於此也。

第四篇　文化篇

第一章　中國之文化

第一節　前　言

民國十年十二月二十三日，國際共產黨代表馬林（Maring）到桂林訪問　國父孫中山先生，他問；先生革命的基礎是甚麼？　國父答說，我們中國有一個道統，堯舜禹湯文武周公孔子，相繼不絕。我的思想基礎，即承接此一道統而發揚光大之耳。馬林不解其意。再問，　國父仍然如此答。今按，馬林對中國歷史文化，以及中國民族性毫無所知，對這話當然無從瞭解。我們中國人，略讀些古書，便可知道。不過必定要指實這所謂一貫道統具體內容到底是甚麼？又非一言可盡。並且沒有幾句適當的話可以概括其實質。尙書大禹謨所謂「人心惟危，道心惟微，惟精惟一，允執厥中。」雖公認爲儒家心法，但這話太抽象，不能表現中國文化的眞精神。我們如欲眞正明瞭這中國正統文化的眞精神，有待於進一步研究，不能模糊影響，似是而非的輕下斷語。

民族主義第六講，講到恢復民族主義的方法，最要緊是能知與合羣。所謂能知，除民族所處地位外，亦指中國固有歷史文化。也就是說，欲重振民族精神，實行民族主義，第一個條件就是要對自己的歷史文化研究淸楚。瞭解自己的歷史文化，才能油然而生自尊心，自信力。然後才能齊心合力共同爲民族生存發展而奮鬪犧牲。最後更具體明白的提出恢復固有道德，與固有智能。這所謂固有道德固有智能就是中國固有文化。再看　國父全部遺教，隨時隨地都可看到他引經據典，思想言論無一不由固有文化中托出。與上引　國父對馬林之問，若合符節。那麼我們如欲眞正瞭解　國父思想，就必須從根本處下手，把中國固有文化痛下功夫，研究出所以然。

今天的反共鬪爭雖靠武力，但這問題的實質，却是文化思想問題。如單靠軍事，並不能解決全部問題。所以除軍事外，同時又須發動文化反攻。甚至在軍事發動以前，就要首先展開文化思想戰。另一方面，這一反共戰爭不能只靠物質力量，尤賴精神力量爲之推動支持。加强精神力量，實爲今日當前急務。依照　國父的指示，欲加强精神力量，也只有由文化思想上着手。

基於以上所述，固有文化之探討實不容緩。惟玆事體大，旣非一言可盡，亦非一手一足之烈所能濟。必羣策羣力，造成風氣，鼓起興趣，乃能有成。作者不敏，願以棉力貢其一得之愚，藉以拋磚引玉。如能對讀者略略有所貢獻，則不僅作者之幸。至其所不逮，則有俟乎君子。

第二節　中國文化之創造

中國文化內容豐富，價值崇高，非一言可盡。玆先言其創造。

中國文化乃由中華民族爲適應自身需要而創造。用自己的智慧，自己的手脚，在自己的土地上，自己生活環境中逐漸發明創造。由簡而繁，由卑而高，由劣而優，自然而然，用大羣的力量，前後積累，慢慢形成一種中華民族文化。由何時開始？到何時完成？都沒有明確的界限。也可以說，天天在創造，也天天在修改補充，永遠沒有所謂「完成」的一天。我們有的是求知慾與創造慾，也有崇高的理想，無窮的力量；我們並不以任何「現狀」爲滿足，永遠求進步，也就永遠在創造和修正中。單憑這一點，即可講中華民族的前途是無限的。

就時間而言，中國文化是世界上最早的文化。在我們創造文化的時候，前無可繼承，旁無可依傍，完全憑自己的力量單獨創造。就後果言，我們這創始最早的文化在今天仍有其崇高價值，它不僅能繼續支持中華民族的生存發展，也適合於全世界人類的共同生存發展。所以我們用歷史的眼光看世界文化，再用世界眼光看中國文化，從創始到現在，乃至到未來，最有前途的無過於中國文化，最適合世界人類共同生活的，也無過於中國文化。

通常講歷史文化，一般都說中國已有四千年或五千年之久。實際這僅指有史時期一小部份而言。我們所能知道有文字記載的歷史，當不過此數。但若講文化之發生，則應遠在若干萬年之前。考古學家講人類文化階段有所謂石器時代，銅器時代，鐵器時代等。石器又分始石器、舊石器、新石器，銅器又分赤銅、青銅……等。並有實際古器物不斷由地下出土。最早的爲始石器時代，距今若干年，無法確知。約略研究推算，當在數十萬年之間。今天我們所能知道最古人類使用的器物，無過於此了。這所謂石器，即原始人自製在生活上使用的器物，也可以說是最古的文化特質了。我們講文化，只能以此爲淵源。始石器使用若干萬年，經進步改良而至舊石器，舊石器使用若干萬年，經進步改良而至新石器，成爲較精美的製品。又經過若干萬年，積累進步，方有銅器，鐵器，乃至若干燦然大備的文化。其進化歷程，始而非常緩慢，也非常艱難，愈到後來，積累愈厚，進步就愈快。所以有現在的科學日新月異。但是不經過原始時期的創造艱難，是無法到達今天的。我中華民族生長在中國本土上，就在這本土上發現過舊石器，新石器，陶器，銅器等等原始時期文化遺物。有史時期以後，更不要說了。我們由舊石器時代遺物，一個一個文化階段遞演到周秦漢唐，以至民國，都有足爲代表的文物，供我們憑弔，研究，和欣賞。我們要從這些實物上研究中國文化的創造和一步步的進展。每一件東西都是我們先祖心力體力的結晶。面對着古物，要懷想到祖先。想想先人創業的艱難，更要想想繼起發揚的責任。不僅要慨然發思古之幽情，尤貴在繼長增高，爲往聖繼絕學。

第三節　中國文化之特徵

中國文化有幾種特徵：即創造性，融合性，輻射性，世界性，與現實性。

（壹）中國文化由中華民族自己創造，由原始時期逐漸演進，繼續創造，以至於今日。上文已經說過。這裏所講創造性有下列二義：

第一、所謂文化是內容非常廣泛的複雜體，因爲人類生活的需要是多方面的，所以文化也是多方面的。每有所需，必有所創。物質文化有物質生活方面的食衣住行等等事物；非物質文化有精神生活方面的教育，政治，文學，藝術……等等抽象事物。無一不需，即無一不備。都是我們所自創。無假外力。

第二、在時間上繼續創造。惟其能繼續，所以有進步。惟其能獨力創造，所以有其獨立性。

由上列二義，所以我們可以說中國文化有其創造性。

（貳）所謂融合性乃指能吸收外來文化，吸收之後又能消化之，融合之，使成爲自己的。就本身而言，能吸收新血輪，新營養，以補自己之不足。此爲必不可少之能力。必能吸收外來的文化，乃能成其大。就外文化而言，經我們吸收之後，便融化爲我們的，而不再是外人的，即如佛教入中國，經中國吸收之後，乃加入中國人體中而成另一面目。並非完全囫圇吞棗式的吸收。所以我們能自創新宗派，以宏揚其學。如華嚴宗，天臺宗，禪宗即中國人所創。佛學雖由印度來，但入中國後，並不完全保持印度本色，而加入中國味，成爲中國的佛學。即就國內而言，漢人對四夷文化也同樣吸收。如古代漢人席地而坐，沒有牀，後由匈奴傳人，漢人便之，遂亦用牀。以其來自胡人，故稱爲「胡牀」。椅亦來自胡人，故稱「胡椅」。前已言之。樂器中橫笛來自西羌，故稱「羌笛」。手拉的兩弦琴亦來自胡人，故稱「胡琴」。今皆成爲中國文化，不再有漢胡之別。

（叁）輻射性是向外放射，指文化輸出，向外擴展，影響到中國以外的地區。就亞洲而言，北面由匈奴到西伯利亞，再延到東北山海關以外，乃至韓國日本；南面由兩廣到緬泰越，以至南洋，不丹尼泊爾；西面由新疆西藏到小亞細亞。甚至再遠到歐洲。這以中國爲中心的廣大地區，都是中國文化輻射所到的區域。中間雖不免有小異，但不出一個大同。也可以說，整個亞洲，除印度有其自創的文化以外，都屬中國文化。文化和政治不是一回事，儘管政治力量不能達到，而文化力量却可無遠弗居。政治能到之處，自然更不消說，可以隨政治向外伸展。政治經濟人口等項輸出靠武力或政治力，文化輸出則不然。它自身有一種力量，尤其是中國文化，自己會向外伸展。它有一種吸引力，也有一種同化力，不帶侵略意味，自然而然受任何人歡迎。它的向外伸展多是被動的而不全是主動的。即不是以武力送出，而是被人家迎入。因爲是人家迎入，所以儘管在政治上亞洲各國各自獨立，但在文化上則是一體。即在精神上彼此是融洽的。就中華民族而言，我們在政治上有時不免打敗仗，在文化上則除清末外永遠是打勝仗的。

（肆）我們說一國文化有世界性，並不是說它有侵略性，而是說它合於世界人類的共同要求，爲世界人類所共同愛護與歡迎。我們敢斷言，將來會有一天中國文化普及於全世界。換句話說，中國文化普及全世界的一天，就是人類浩刧終止，而和平自由幸福開始普及的一天。

文化是人類爲適應生活需要而創造，由生活中來，也向生活中去。必能促進生活幸福，擴大生活範圍，提高生活境界，綿延共同生命，乃合於創造文化之目的。所以我們評論文化之優劣，當以此爲標準。質言之，即文化爲生活而創造，合於人類生活要求的爲上選。民族不只一種，如只適合某民族生存，而不適於他民族生存，必將招致紛爭，彼此不能相安，即不是好文化。所以又必須不僅適合於一民族生存，也能適應全人類共同生存的乃爲上選。對文化評價以此爲標準。迎拒也以此爲標準，乃至以死力相爭，也以此為標準。

中國文化有缺點，是事實，但缺點可以補救，不能因其有缺點而全部廢棄。中國文化有世界性，合於世界人類共同要求，也是事實。此一事實已由歐美亞非各洲人士普遍對中國文化發生興趣，爭相研究予以證實。

（伍）舊新石器時代可以說是不知而行時期，接近有史時期方始運用頭腦，發展智慧，對與人生有密切關係的事物加以追求思想。最初不能對自然界有所瞭解，乃一切歸之於天，而神權以起。神權在思想史上支持一極長時期。至周代始擺脫神權而向人文方向發展。這是一大轉變。由這一轉變使我們擺脫神權，不走宗教的路，而在人事上作功夫，所以教育，政治，倫理道德等等特別發達，而沒有宗教。對自然科學也不太感興趣。這又是中國文化富於現實性的又一義。

第四節　中國文化之實質

中國文化的實質非一言可盡。扼要言之，不出下列三種意義：第一、人文的。此又可分人性，人格，人羣，三項。人羣中包括倫理與政治。第二、農業的。第三、健全完整的，宏濶大度的。四、着眼在合與生。玆依次述之。

一、人文的

中國文化着眼點在「人」，上不向天神發展，下不向物質追求。以人為出發點，亦以人為歸宿。一面以人為宇宙萬物之主宰，一面為人羣解決問題。最終目的在求人類生活之自由，幸福，與進步。其言天，則引天以就人，使天與人合一而以抽象的天落實在人上，而藉人以表現天的意旨。對於物則有不屑於追求的意味。因此一切歸結於人。遂形成確確實實的人文精神，所以說中國文化的本質是人文的。

宇宙中有人類，有萬物，有人所不能瞭解的天地自然，稱之爲天或神。人類研究發展的方向不同。向天或神追求發展的，構成以神爲中心的文化。向物追求發展的，構成以物爲中心的文化。向人類本身研究發展的，便構成所謂人的文化。換句話說，就是以人類本身爲研究對象。這樣就表示，在人類心目中，神、人、物三者，以人爲最重要，也最偉大。宇宙中以人爲中心。

基於此項觀念，自然要將人類在宇宙中地位提高，將人類價值看重。將人生意義看得非常重大而豐富。因而在作風上，就要把地位提得更高，價值加得更重，意義擴充得更充實而豐富。

中國人既不向上追求知天，亦不向下追求知物。只將人盡量向上提，提到與天同高，認爲天神的問題即在人上可以得到解答。物是無知的。這樣人就上與天合而爲一，而永永在物之上。而人類在宇宙中便成爲獨尊，無限高，也無限重大。因此，在中國人心目中，是將宇宙，人類，萬物合起來看，合起來講。在空間上無地限，在時間上無時限。將現在與過去未來合起來看，合起來講。而在這無限時空的宇宙中，實以人類爲其中心。這是一種氣量，就對人影響而言，無限崇高，偉大！

從歷史上講，對原始洪荒時代大家都無法知道。必定要講，只有由想像中推論，就不免落於神話。我們中國人在此項神話中說是盤古氏開天闢地。但所謂盤古氏認爲是人而並不是神。雖屬神話而不由神開始。也就是不把開闢天地的功勞推到神上，而認爲是人。又傳說女媧氏煉五色石以補青天。女媧氏也是人而非神。合起來看，就等於說，開闢宇宙的是人，彌補宇宙缺陷的，也是人。接下來自然主持宇宙的也是人而統統不是神。我們歷史書的體裁，也始終採用紀傳體，表示歷史以人爲中心。即或是神怪小說，在許多神怪中，也是以人爲中心。如封神榜中的姜太公，西遊記中唐僧，就全是人。書中若干神怪，都受此中心人物的操縱控制。甚至認爲許多神，都是人封的。這就無異將神壓在人之下了。此事雖小，意義却極重大。

因爲觀念上着重人，所以功夫重點放在人的研究與人的發展上。因此我們的文化學術以哲學教育倫理道德政治經濟文學史學乃至藝術爲最發達，而不發達的却是追求神的宗教與追求物的科學。我們的哲學是研究天人關係和人生意義的，屬於知人的；教育是教人的；倫理道德是消極的安人，積極的爲人類造福的；政治是治人的；經濟是養人的；藝術是娛人的；文學是人類精神上交感互應的。總之，一切都是人的事。所以說中國文化是人文的文化，是再恰當不過的。

我們研究人，從下列三方面着眼着手，茲分述於後。

1. 人　性

人文之中以人性爲基本問題，中國文化既置着眼點在人上，則第一個問題要研究分析這個「人」的本質，即所謂人性。在春秋戰國時期，對人性的討論曾掀起一陣熱潮。討論的焦點在於性之善惡。善惡是屬於後天的社會名詞，也可以說是人事問題。以人事眼光研討人性，越發顯示人文色彩的濃厚。其結果性善論成爲大家公認的結論。此一結論之形成富有極重大意義。因人之性善，人類始能相愛互助；能相愛互助，人類始能羣，也纔能進步。並且有幸福之可言，又必以性善爲基點，方能順利的發展教育，倫理，政治……等等事項。又惟有性善論之提倡，乃爲對人類一種尊重。這性善論之提倡與强調，爲中國文化一大特色，也是一大功勞。世界任何民族，任何文化所未有。

性善論提出之後，接着便要使此善良之本性消極的保持勿失，積極的擴大發揮，使人類功能光芒四射，普及於人類，乃至於萬物。所有的倫理、教育、政治、經濟……種種思想和制度，都建築在這性善論的基礎之上。特別是教育。所有我們在教育上的功夫，大部份用於保持本性，發揮本性上；所謂存誠去僞，推恩盡性者是也。即政治上的大同思想，也建築在性善論之上。讀者試想，如人性不善，誰肯老人之老，幼人之幼，乃至使鰥寡孤獨廢疾者皆有所養呢？

2. 人格

接下來便是擴充人性，提高人格了。

我們中國人把「人」看得多麼高，多麼大？這簡直不可思議！中庸講的最好，它說「唯天下至誠爲能盡其性，能盡其性則能盡人之性，能盡人之性則能盡物之性，能盡物之性則可以贊天地之化育，可以贊天地之化育則可以與天地參矣。」（中庸第二十二章）這是說人可以贊助天地以化生萬物，其功能可以與天地並立而爲三，叫作參天地。又說「故至誠無息，不息則久，久則徵，徵則悠遠，悠遠則博厚，博厚則高明。博厚所以載物也，高明所以覆物也，悠久所以成物也。博厚配地，高明配天，悠久無疆。如此者不見而章，不動而變，無爲而成。……」（中庸第二十六章）這是說人能上配天，下配地，而在時間上又能悠久無疆。其功效則雖不見而能章。章者明也。雖不動而變，變者易也，生也。雖垂拱無爲而人類萬事萬物自然能成。一至宋朝張載作西銘，則直謂「乾稱父，坤稱母，予茲藐焉乃混然中處，故天地之塞吾其體，天地之帥吾其性。民吾同胞，物吾與也。」這簡直是說一個人的形體雖然藐小，但自另一面看，則充滿於天地之間的都是我的體，主宰於天地之間就是我的性。換句話說，就是我的體大，大到塞滿天地之間的大空間；我的性能力大，大到主宰着天地萬物。也就是說我的有形之體雖不過七尺之軀，但我的精神實充滿全宇宙。我的心雖在我的腔子裏，但其功却能支配全宇宙的事事物物。所以我們現在常說頂天立地，又說天地人三才。我們中國人心目中的「人」就是這樣一種東西。錢師賓四（穆）在其所著中國思想史自序中有一段話，解釋此義最爲明透，茲錄誌於此，以作本節的結語，「中國思想則認爲天地中有萬物，萬物中有人類，人類中有我。由我而言，我不啻爲人類之中心，人類不啻爲天地萬物之中心，而我又爲中心之中心。而我之與人羣與天，尋本而言，則混然一體，既非相對，亦非絕對。最大者在最外圍，最小者占最中心。天地雖大，中心在我。……」

我們對此思想無以名之，名之曰「人格主義」。孔子言之而未詳，中庸發明之，孟子實踐之，而宋儒引伸之，遂成中國文化人文精神之中心。

3. 人羣：倫理，政治

所謂人羣又有兩義：第一是人處人羣之道，第二是處理人羣之事。茲分述之於次：

處人羣之道就是倫理道德，也就是教育。人類必須羣居，人賴羣而得生存，亦賴羣而得發展。人離羣即不能生活。這樣人處人羣之道就成爲人生第一要義。一個國家之盛衰，民族之文野，也要由此判分。

中國文化精神的特長既在於着重處人羣之道上。所以倫理道德特別發達，教育特別發達。由於倫理道德與教育之發達，既使人羣長幼有序，秩然不紊，社會蒸蒸日上，同時更由道德力量的推動，使歷史上昇，創造多少可歌可泣的輝煌史蹟。使民族文化逐步昇高，民族力量逐步强大。又由教育的發達，使民族知識普遍提高，繼續進步。形成支持民族文化無限發展的無形力量。

處理人羣之事，就是政治，包括經濟、社會，種種人類共同生活上所不可少的事項。在原則上人民自己的事要人民自己去作，大衆的事大衆去作。但人類智慧不齊，能力有差，事實上有許多事也不許可人人自己去作，因而產生巧者拙之奴的公僕政治，連帶形成服務的人生觀。在中國思想中如何由少數優秀份子爲大衆服務，乃至如何把大衆的事處理得很好，進而促進大衆幸福，以躋於理想世界，遂成爲共同一致的目標。也就成爲中國文化思想的中心。

歸結起來，人格主義，倫理教育，政治經濟，實在是中國文化的內容，也就是實質。假如從中國文化中抽出人格主義，倫理教育，政治經濟，將空無所有，失其所爲中國文化。這就是中國文化的最大特徵。

二、農業的

中國領土廣大，氣候溫和，土壤肥沃，天然是個適合農業的地帶，所以我們農業發達極早，數千年來自然形成農業國家。中國社會也就形成農業社會。因此文化精神也無形中受農業影響很深。農業在平原，與平原相對的有山岳和海洋。山岳地帶生活靠狩獵和畜牧，也靠林產。海洋地帶生活靠漁業和貿易。近代工業發達，雖平原也不全靠農業而成為工業社會。各種地勢生活情況不同，對文化思想自有不同影響。生活在廣大平原的農民有其生活的特點。這些特點，先天的就成為文化的基礎。所以要瞭解中國文化的本質，必先研究農業社會的特點。

第一、農耕以土地為對象；土地有定在，所以農民生活必有定居，不利遷徙。

第二、太地廣袤，不能集中，所以農民生活只能隨土地而分散，成星羅棋佈之鄉村，不易成人口衆多之都市，也不會輕於流徙。

第三、土地為不動產，其產權移轉流動性少，而農業生產亦有相當固定的數量。因此農民之財產與歲入有相當保障，然亦有相當限制。

第四、農業生產靠脚踏實地，努力耕作。一分耕耘，一分收穫；無可倖致，然亦力無虛擲。

第五、農業生活既不利於遷徙移動，自然由於長期靜止使生活單調而平板，聞見亦自趨於狹隘，性格偏於保守。

第六、由於固定居處演成家族制度，宗族制度。自然養成長幼有序的倫理觀念。加以半耕半讀成為習尙，因而廣大農村保有數千年倫理道德傳統，形成中華民族優良文化的基礎，所以自古即有「禮失而後求諸野」的諺語。漢以後求孝廉者必於鄉野，求賢良方正者必於鄉野，而歷史上無數忠臣孝子大都由鄉野輩出，成為中華民族一顆一顆明星。這是倫理道德精神賴家族制度與農業社會而保存者也。

第七、聚族而居的小鄉村既隨土地而分散，同一鄉村遂成為生死與共，休戚相關的伴侶，自然成相愛

大孝配天圖

中國文化首重倫理倫理首重孝道

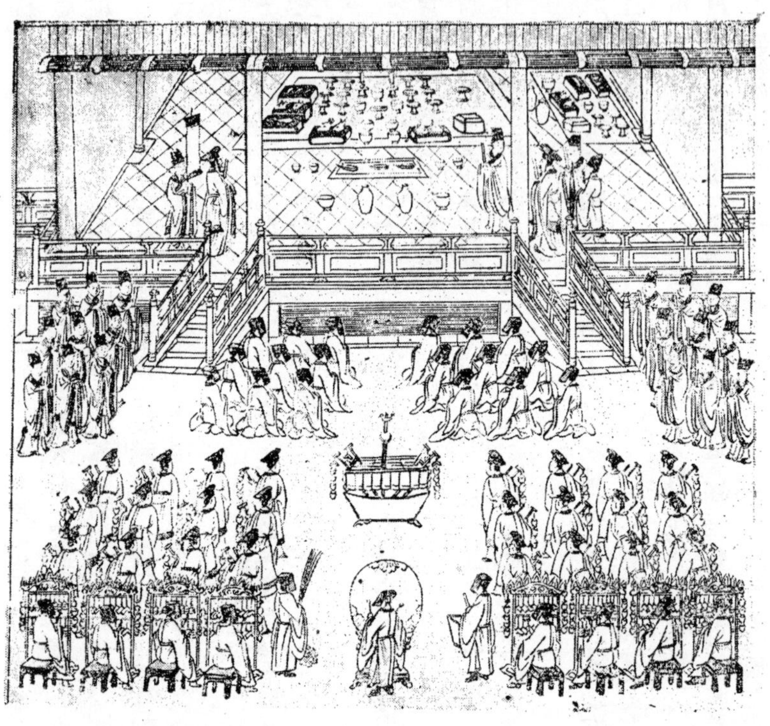

孝親歌

徐文珊

水有源兮木有本
雁有陣兮人有倫
烏鴉雖禽獸　尚有反哺心
宇宙萬物人為貴
豈可人而忘其親
哀哀吾父母　劬勞無限恩
提攜哺育無晝夜
教養何曾辭苦辛
兒外出　母倚門
兒疾病　累雙親
人間最可貴　天下父母心
飲水要思源　為人莫忘本
首孝悌　次謹信
齊家之本惟孝順
大孝尊親一等人

註：此作得教育部徵選歌詞獎

互助的美德。一家有事，全村合力以赴。有無相通，守望相助，疾病相扶持。道德精神賴此養成，民風亦賴此而樸實敦厚。

第八、農業尚實，不尚巧詐，生活質樸；既能吃苦耐勞，亦能節儉安分。奉公守法，耕讀傳家。既不見都市繁華，心理上自不喜虛浮奢侈。因此農業社會始終保持崇本務實的風氣。無形中成為社會上一種定力。此種力量蓄積厚而沉鬱不易發，亦不易見。但一發即不可遏止。所以中華民族能忍辱負重，能自力排除其生存障礙而復興故業。

第九、農業社會影響於民族文化的有優點亦有缺點，如安土重遷，缺乏冒險進取的勇氣；保守的習性也足使社會進步緩慢；賴祖宗田產為生，不免養成倚賴性；固定的居處，閉塞的交通，不免使相愛互助的範圍及於宗族而止。這都是顯明易見的缺點。此外如數字的觀念，時間的觀念都由農業上實際需要而養成含糊攏統，粗枝大葉的習慣，缺乏細密的頭腦，因而不免使生活散慢，行動遲緩，顢頇而不緊張。諸如此類，都是由於農業生活以致影響文化精神與民族習性的弊端。我們站在今天繁複的社會關係，緊張精細的工商業社會來看中國古代的文化，自然不免感到上述種種缺點，足為民族文化之累。所以 蔣總統於民國四十一年六月發表「整理文化遺產與改進民族習性」時，指出若干農業社會的病態，教我們改革。因此我們不諱疾忌醫，也不溢美溢惡，平心靜氣，將中國文化優點舉出，供我們發揚光大；劣點舉出，待我們挽救補充。

三、健全完整的、宏濶大度的

論者每多以自然科學不發達又缺乏尚武精神為中國文化之詬病。此種論調使一般人對中國文化蒙有一種陰影，覺得我們在此方面一無所長，為重大之缺陷。殊不知事實上並不像一般人所想象的那樣簡單。現在我們把有關事實加以列舉說明。

講到健全完整，應首推科學。有了科學，才算得上健全的文化。關於科學，另詳下科學章。這裏先講軍事。讀者必將前後各章合看，乃能得其全。

民族生存需要教育政治經濟，也需要武力。假如民族文化缺乏尚武精神，是經不起考驗的，一遇內憂外患，便要滅亡。必須能文能武，能處常也能應變，那才是健全的文化。中國文化在教育、政治、經濟方面很發達，能處常，是大家都知道的。同時亦具有尚武精神，平時有應變禦侮的準備，則好像有些人不太注意。

我們從孔子的教育講起。孔子以六藝教人，六藝是禮樂射御書數。禮樂是精神訓練，屬於教育的體；射御是軍事訓練，書數是生活技能訓練，合起來屬於教育的用。射是軍事，顯而易見。御也是軍事。春秋時車戰，所以立國必養兵車，所謂百乘之家，千乘，萬乘之國，都是以兵力大小區分國力的名詞。有兵車即必須能駕馭，御即是學習駕馭兵車的技術。與射同爲軍事訓練。是教育內容含有尚武習戰的成份。唐代吳道子所繪孔子像有佩劍，也表現孔子是能文能武的全才，並不是只能文不能武的文弱書生。今人畫孔子像或不佩劍，此大失本意。又孔子爲魯司寇；司寇是武官，不是文官。相當今之警備或衛戍司令之職，管治安的。後來以司寇攝行相事，與夾谷之會，有文事亦有武備。在會中斬齊優倡侏儒之樂。凡此種種，都表示孔子並非文弱書生。講於文亦習於武。其教弟子也是一樣。再看論語和儀禮、禮記、都常講到習射之禮，是練習射御之事普及鄉村之證。則中國文化有體有用，文武兼備，手腦並用，顯然可見。重文輕武乃後世畸重畸輕之結果，並非先秦本來面目。

次論生活。

適應生活要求應爲民族文化第一項條件。也就是說，如不適於民族生存，即不是好文化。民族生活又有兩部份，第一是食衣住行，政治經濟……等等利用厚生之事；第二是調適安排人類的關係，消極的使相安共處，秩然有序；積極的使人類生活由相愛互助與合作而得促進。既可提高人類生活境界，亦能使文化不斷進步。現在我們知道，管教養衛是民族生存必需的四大要項，缺一不可。養是食衣住行利用厚生之事，衛是軍事，管教是教育政治經濟等等。中國文化在這許多方面無一不備，前已言之。所以我們說，中國文化是健全完整的。至於教育思想與制度中富有生活意義，甚至處處不離實際生活。詳下教育章。又作者另有中國古代教育與 國父教育思想一文（載 國父百年誕辰紀念論文集第三册）可參看，此不贅述。

歸結起來，無論從管教方面看，從養的方面看，或從衛的方面看，中國文化中無一不具備。可以說是文武合一，手腦並用，智德雙修，文史教哲與科學齊頭並進，形上形下同樣研究發展，並無畸重畸輕之現象。因此我敢說中國文化是健全的，完整的，不是有些人所想像那樣偏頗不全的。

也許有人說，中國科學落後不是有目共睹的事嗎？民主政治不是顯然較西方落後了嗎？這當然不錯。不過這是從現代橫截面來看的，並沒有包括縱剖面。假如僅僅用現代的橫截面代表中國文化全體，恕我不能首肯，因爲這種看法是不完全的，不能看到文化全進程。一種文化是由積累演進而來，我們有五千年的歷史文化，遞增遞演以至今天。古代先祖本給我們打下健全完整的基礎，後世子孫未能善爲保持發展，以致造成畸重畸輕的現象，那是後人的事，不是文化本質的事。猶如一個人身體本極健康，但自己不知愛護，既無衛生之道，又要任情斲喪。以致把身體弄壞，應該歸罪於自己不小心，而不該責問先天本質。又如本質健全，則一時的病症不難一藥而愈。又何能妄自菲薄，說中國文化根本不值一錢呢？

以上講健全完整，次論宏濶大度。

所謂宏濶大度是說有容人之量，有大的氣度，對於人類能站在人類立場同樣看待，不但不分彼我，不厚此薄彼，甚至能視如一體，休戚相關，痌瘝在抱。視天下爲一家，同類如一人。所以 國父孫中山先生說「世界主義就是中國二千多年以前所講的天下主義。」（民族主義第三講）這天下主義便是四海一家，萬邦協和的世界，也便是禮運大同篇的理想境界。現在大家都講世界主義，其實配講世界主義的只有中國。換句話說，也就是只有中國人有此氣量，有此風度，也有此理想。但從另一面看，只有中國所追求的世界主義，才眞是全世界人類共同想望的幸福世界。掛羊頭賣狗肉的世界主義那是騙子手，藉世界主義之美名行侵略征服的勾當。要找沒有危險性的世界主義只有到中國來。

我並不是在說空話，而是有證據的。在古籍中幾乎到處都可找到證據，這就證明此種思想並不是一兩個人的思想風度，而是全民族的共同風度，所以隨處都在流露。例如禮運大同，是人人知道的。「溥天之下，莫非王土；率土之濱，莫非王臣。」（詩經小雅北山）「禹思天下有溺者，由己溺之也。稷思天下有饑者，由己饑之也。」（孟子離婁）思天下之民，匹夫匹婦有不被堯舜之澤者，若己推而內之溝中。」（孟子萬章）像這樣的情懷，世界上那個國家，那個民族，那個思想家，能找到？管子書中又有所謂「存亡國，繼絕世，起諸孤」，（管子中匡篇第十九）之論，此後孟子等儒書中常見之。所謂「存亡繼絕」即已亡之國，已絕之世必使存之，繼之，而後安於心，此豈僅不侵略所能賅？可謂以菩薩心腸對人類，對世界，對異國。這就是中國古代所謂王道，與武力征服，以及用權謀之霸道相反。這種王道精神就是正統文化。因此我認爲，必眞正瞭解中國文化，方能協助中國達成此項願望。

在思想上我們也有同樣風度。中庸曾說「萬物並育而不相害，道並行而不相悖」。（朱熹章句第二十九章）這是對中國文化精神，與民族性作一總說明。不僅人類，甚至對萬物都同樣以對人類之理相對待。所謂恩足以及禽獸者是也。「道並行而不相悖」是一種思想自由精神。有我也有人，容我也容人。戰國學術競爭，處士橫議，即表現此精神之結果。這種寬宏大度，泱泱大風，在現在的世界上我們找不到第二個。作者在拙著先秦諸子導讀中有一段話，發明此旨頗詳，兹引以作結。「管子對曰，遠舉賢人，慈愛百姓，外存亡國，繼絕世，起諸孤，薄稅斂，輕刑罰，此爲國之大禮也……。按此數語，實道盡中華民族之泱泱大風，與中庸之萬物並育而不相害，道並行而不相悖實同一懷抱，斯乃我中華民族至高至大之文化精神。此種精神出於自然，合於人道主義，爲人類共同生存共同幸福之最重要條件。使中華民族強大，此種精神宏揚於世界，乃眞全人類之共同幸福，共同企望。今之三民主義中民族主義，實即此種精神之具體表現。綜合上引數語，計有下列數義：一、以仁愛爲出發點；愛百姓，愛人類，愛異國。二、爲愛人而惡人，而抑强扶弱，止貪禁暴。三、己欲立而立人，己欲達而達人。必使人人得其所，安其生。與人類共生存，共幸福，不以自己生存幸福爲已足，更進而求全人類之共同生存幸福。甚至爲求人之生存幸福而犧牲自身之生存幸福。此乃中華民族之民族性，亦即中國之文化精神。非但有容人之量，亦且有捨己爲人之勇。以視今之極權世界，不僅有己無人，甚至以人之痛苦求自己之利益。以他人作犧牲，求自己之幸福。兩相對照，此豈人類所能容？以此知欲救人類，救世界，求人類之共同幸福，非發揚中國文化不可。易言之，非中國文化不能救世界。」（先秦諸子導讀第六十一、二頁）

四、着眼在合、在生

更次論着眼在合與生。

按合與分爲文化思想上一種傾向。由心理上着重點影響到作風，最後更影響到效果。其事雖微，關係則大。玆略論之。

中國文化在心理上是向內求，所求者爲人類同然之理。所以有「人同此心，心同此理」之諺。孟子尤其强調此理，他說，「口之於味也，有同耆（嗜）焉；耳之於聲也，有同聽焉；目之於色也，有同美焉。至於心，獨無所同然乎？心之所同然者何也？謂理也，義也。聖人先得我心之所同然耳。故理義之悅我心，猶芻豢之悅我口。」（孟子告子）陸九淵更進一步說，「西海有聖人出，此心同，此理同；東海有聖人出，此心同，此理同。……」由此可見，大家所求者，人心之所同。聖人就其同者而益同之，則人與人合而爲一。心理上融洽和協，不隔膜，不分散，更不敵對，因而益加親善，愈相合同爲一。人與人相處之道，以此爲根本；人類社會相安之局，以此爲保障。再就人類共同求生存之道而言，則更賴於此心理上之協合爲之增加向心力。蓋合則爲一，爲一則力大，力大則勢强。所以爲求生存而强調人類之大共同，泯除其小異，爲無上之要道。

中國文化精神着眼於求同求合，乃至就其同者而引伸擴張之，以求其合同爲一，不僅適於中華民族生存發展，亦適於世界人類共同生存發展。因此我們在今天，爲了救中國，要强調於合，致力於合；爲了救世界人類，消滅赤禍，也要以人類大共同之理，同然之心，喚醒人類，使大家去其隔膜，消除敵意，而以相同之愛心親愛相處，道義相接，則人類浩刧可免，自由和平幸福可得。

誓還先生論「合與分」，闡明此理，至爲透闢。他說，「中國文化重心是道學，西洋文化重心是科學。前者目的在追求修己安人之道。後者目的是研究各別事物之理。要想修己安人，必須人我相合。要明事物之理，必須逐層分析。合的最高境界是天人合一，分的發展極致是核子分裂。……合的原動力是愛，無愛則不能合。……分的原動力是暴，無暴則不能分。……合的結果是共存共榮，天下太平。分的結果是循環鬪爭，破壞毀滅。人本血肉之軀，一死即不復生。物皆無知無覺，裂後仍成他物。故對物的科學雖不妨分，但對人的道學則必須合。那種妄分階級，提倡鬪爭之說，乃西洋文化對物之道，萬不可搬來對人也。」（五十六年六月四日中央日報第十版）今按，此眞一針見血之論，深中肯要。由於合反映中華民族之性善，樂於助人，樂於與人爲善，更樂於大家携手共進，同登彼岸，共躋於大同之治。此種思想隨處可見，而以中庸爲尤深刻有力。孟子見梁襄王，出語人曰，「望之不似人君，就之而不見所畏焉。卒然問曰，天下惡乎定？吾對曰，定於一。孰能一之？對曰，不嗜殺人者能一之。孰能與之？對曰，天下莫不與也。……」（孟子梁惠王）定於一即合而爲一。不嗜殺人即是愛。天下莫不與，即天下人心莫不同。羅貫中三國演義，一開頭就說「天下大勢合久必分，分久必合。」合爲常分爲變，合爲正，分爲病。合之既久，難免偶而生變，亦猶人不免於病也。此合久必分之說也。不幸而分，人心必使之歸於常，返於正，故必極力以求其合。必使之歸於合而後已。一日不合即不停止奮鬪。天無二日，民無二王也。故中國五千年歷史以合爲常，以分爲變；合極多而分極少。只有分而求合，絕無合而求分。此分久必合之說也。

西方人向外求萬物不同之理。在此不同之點上求分殊之道。何者爲動物，何者爲植物鑛物。着眼在異。異則分，分則離。在現象上所見無非異，在心理上所想無非分與離。此正如晉還先生所說，「對物的科學雖不妨分，但對人的道學上則必須合。」但是求分求異的心理習慣養成之後，則甚難在人與物上作清楚的分別。因而自然科學發達而人文科學落後，倫理道德遺忘，人類相同之點，天人合一之境，四海一家，天下一人之理想，遂置諸九霄雲外。於是人與人由分與異而演爲個人自由主義。其偏激的野心家更進而鼓勵成仇，由仇恨而鬪爭，而人禍以烈。對於物則分而又分，分到不可再分，仍然要分，於是乎造成核子分裂，而科學遂成爲人類毀滅人類自己的利器。

次言生。

人莫不求生，動物植物亦莫不求生。求生得生，生生不已，天地自然之道也。故易繫辭傳曰，「天地之大德曰生。」人類求生，本諸天性，順乎天理。但中國人求生時不僅求一己之生，並求人類全體之生。又不僅求生，並求充份之生，幸福之生，以及由人類擴及萬物，凡屬有生之物皆得暢遂其生。所以一面以飢溺爲懷，以人人皆被堯舜之澤爲志，一面又求盡己之性，盡人之性，盡物之性，乃至贊天地之化育。贊天地之化育，即助天地化生人類萬物。到了禮運大同篇，便更進一步，要使人類合力以互助與服務精神，以求鰥寡孤獨廢疾者皆有所養，貨力不爲己，而宇宙人類萬物乃成爲一大家庭，共享幸福生活。此中國政治上最高理想。其思想根源却在於求合與求生觀念上。中國文化之可貴，即在於此。

講到天人合一，以上所述，即是一種合一之境。中庸所謂「天命之謂性，率性之謂道，修道之謂教，」以及孟子所謂良心、良知、良能，亦是一種合一之境。推而至於養氣，養浩然之氣，可以養到至大至剛，塞於天地之間，又是一種合一之境。總之，人與人，人與天地萬物皆爲一體。在中國人心中皆屬一家，無此疆彼界。此種觀念演進到北宋張載，發展到了頂點，也講的透澈到頂點。他索性把天地稱作人類的共同父母，人民都是同胞兄弟，連萬物都是我們的朋友。彼此相對待便要「尊高年慈孤弱，于時保之，子之翼也。」求同，求合，求生，到此程度，無以復加了。這種思想弘揚到世界，才眞眞是全人類的最大幸福。這就是中國文化的最高表現，亦其最高價值，不可等閒視之。

五、中庸之道

講求中庸之道，也是中國文化中一重要意義。在中國人心目中，中的觀念甚强。事事必求其合乎中。仔細講來，所謂中又有兩義：第一是空間上要居中，不偏左也不偏右。這是一種態度。必居於正中，心才能安，大而言之，自稱己國必曰中國，以與四夷相對比。中國者，國居天下之中也。小而言之，居處必中，行走必中；總之，一切必求其中。這是具體落實的意義。第二是心理上抽象的意義。即凡事都有一至中至正的道理。人類作事必依此大中至正的道理而行。這一道理即所謂中庸之道。中不是折衷不是調和，而是適當，是恰好，或合度。庸是常，也是平。行事依此中道，必能長久，隨所處而無阻滯。萬事萬物各有其大中至正的中庸之道。不能增，也不能減；不能過，也不能不及。俗語有云，「增之一分則太長，減之一分則太短。傅粉則太白，施朱則太赤。」意思就是說，這就是一個最適當其可的程度，雖一分也增減不得，增減了就不是恰好的中道了。我們中國人心中時時存着此一求中的心理，凡事必求其適度。試擧一日以我們不理會。這一文化中可貴的精神，人生的大道理遂遭埋沒了！

心中以中道爲準之證。只因「習矣而不察焉，行之而不著焉，終身由之而不知其道者，衆矣」（孟子）所

以作。可見作事必以是否合乎中道爲標準。這話我們天天說，道理天天行，但很少人加以深思。此即人人

說中不中？即表示這樣作是否合乎中庸之道？答說中，就是合乎中道，可以作。不中，即不合中道，不可

常口語爲例，即可證明。每作一事，常問人，「這樣中不中？」問中不中，即問可不可？但不說可不可而

第五節　中國文化之演進

中國文化的演進也和民族歷史一樣，波浪式的進展，不走直線；有盛有衰，有顯有晦。跌宕迂曲，遞演遞進，以至今日。在有清末葉以前，完全自己發展；海通以後，始與西方文化全面接觸。在此以前沒有比較，不知道自己的優劣長短，實際生活上在閉關自守時代也並不感覺到自己文化有甚麼缺陷。外國人來了，基督教也來了，科學知識，軍事政治，火車輪船槍砲等等都來了，使我們平靜無波的生活起了極大的變化，再不能關起門過安定日子，也再不能把固有文化一成不變的保持下去。到這時才有比較，也才要自我檢討，自求進步。經此劇變之後，對民族文化失去信心者有之；深惡痛絕，必欲去之而後快者有之；抱殘守缺，自我陶醉者亦有之。求信心堅定；不自傲亦不自卑，惟岌岌以求進步如　國父孫中山先生者，殆如鳳毛麟角！我們處在今天實應平心靜氣，以民族生存爲立場，將中國文化徹底作一番研究。橫截面的分析，縱剖面的演變跡象，都要研究清楚。前面我們已作平面的分析，以下專作歷史的研究。

這裏所謂歷史的研究，也並不是要作文化史。要作中國文化史應獨立成一專書。這裏只想就歷代演進的大勢，作一簡括的說明。

中國文化發源甚早，前已言之。我們在這裏，遠的不講，從黃帝講起。黃帝時無論在食衣住行方面的

物質文化，以及政治，曆法，婚姻制度等非物質文化，都已大體具備。正式文化可以說自此開始。

到了夏商，歷時雖久，甚少變化。因資料少，只知道商代重卜筮，幾於無事不卜，純屬神權時期。無可稱述。

周初開國，乃以嶄新姿態在文化上開一新局面，並奠定此後三千年的規模。如政治體制即定於此時；社會秩序，倫理道德定於此時；興教育，起禮樂，定於此時；生活方式，風俗習慣，衣食住行等等，都在此時定型。此一生活形態，政教制度，支配中國人生活歷三千年之久，直至民國，才開始改變。三千年中只有部份改變，沒有大規模變遷。這是周初在文化上的貢獻，也是周公的功勞。

周初封建，天子坐鎮中央，將同姓及功臣分封各地，作星羅棋佈式的安排，代天子以統治人民。疆域大小有差，土地人民貧富也都不同。各建一國，設官分職，政治經濟倫理教育一一舉辦，與中央無二。麻雀雖小，肝膽俱全。這樣一來，隨着政治把文化平均分佈到全國各地。封建諸侯所到之處，即文化所到之處。自此中國文化得普及民間。換言之，天下各地在文化上得到平均發展的機會。這是由封建得來文化上收穫的第一義。

王室衰微之後，諸侯間宗支漸遠，情感漸疏，各爲私圖，力求强大，政治上造成大小相陵的混亂局勢。但由於彼此競爭，遂各延攬人才，改革政治，苦心焦思，以求進步。因而在文化上也造成由競爭而突飛猛進之局。尤以戰國時期爲甚。這又是由封建遞演而得的文化進步第二義。

周初官師合一，政教不分，厥後王室衰而私學盛，學術教育由中央而地方，自由競爭，自由發展。加以民生凋困，朝不保夕，社會混亂，遂使思想家各逞智力，縱橫奔放，於是春秋戰國學術蔚爲極盛。

秦統一天下，行愚民政策，焚書坑儒，禁偶語詩書，使燦爛輝煌之學術思想頓趨停滯。以政治力量摧毀文化，其影響不僅使思想閉塞，且迫使兩漢儒生收拾殘餘，整理破舊，在老路上迴旋，不能以有用精神勇猛奮進，繼長增高，精力浪費，時光虛擲，使中國文化陷於長時期停滯，此皆暴秦虐政之果。

不過從另一面看，秦既在政治上統一天下，實現國人嚮往已久之天下大一統之局，爲後世奠一眞正統一之政治基礎，且廢封建行郡縣，實行中央集權，不僅在形式上統一，亦在實質上統一，此當爲暴秦對歷史文化一種無形貢獻。雖一之者不得其人，然終不能不謂爲一種收穫。又六國時一切制度與思想紛歧錯雜，極端自由，然同時亦極端混亂，此種現象可暫而不可久，在分裂時無法求一致，在統一後則不能不整齊劃一。始皇既定天下，立即實施統一文化之措施，於是「車同軌，書同文，行同倫。」使一切文物制度隨政治亦趨於一致，此不得不謂爲一種貢獻。此則暴秦百罪中之一功。

漢承秦敝，不能不作恢復工作，首除挾書之律，次搜求遺書，廣開獻書之路。更進一步，司馬遷搜集史料，整理史籍，創作史記於前，劉向歆父子整理內府藏書，編定目錄於後。使散亂文籍既得整齊部居，編定卷帙，且分類編目，考訂眞僞，使得整齊有序。東漢班固繼之，於正史中始載藝文志。此一創格上而彌補司馬氏之缺，下而開史籍備載藝文之例，使後世徵文考獻得所遵循，功實有不可沒者。

繼搜求遺書整理文獻而有博士官及博士弟子之設。對於經書，也開始各立學官以主講。隨之而起的便有師說家法之分，以及經今古文學之爭。至東漢而有考據訓詁之學。因而兩漢經師輩出，著作如林。加以考試制興，教育發達，中央設太學，地方設州學郡學。而孝廉方正，茂才異等，由地方培養訓練，不僅人才繼起，學風亦普及於民間。又自西漢書籍文件由竹木簡改用帛，至東漢蔡倫造紙，再由帛改用紙。蒙恬造筆，書寫便利。小篆改爲隸書，再改草書楷書行書。所有文化工具一改再改，進步再進步，便利再便利，使文化傳播與使用由繁而簡，由難而易。自此中國文化進展極速，擴充亦易。由此種種，遂使兩漢眞正形成文化復興之業。

就學術類別言，史學有司馬遷史記，班固漢書，人皆知之。史記屬通史，漢書屬斷代史。史記之功不僅在整舊創新，尤在定立體制，開二千年史籍之成規。漢書繼史記爲斷代史，無形中啓後世逐代修史之先例。均有不可沒之功。文學有詩，有賦，有散文。詩又有五言七言以及樂府之分。科學有淳于意（倉公）張機（仲景）之醫學，張衡之天文學。政治經濟前有賈誼之治安策，後有董仲舒的對策，桑弘羊的經濟財政。此外如重農抑末，裁抑兼併，平準均輸，都有重大成就。劉向歆父子之整理圖書，尤有功於文化。兩漢學術文化不可謂不盛。

就風氣言，西漢因天下初定，人心厭亂，老子之無爲政治頗得在政治上實行，道家思想遂極一時之盛。武帝而後始轉向以入於儒家，由靜而動，由無爲而有爲。武功文治，政治、經濟、學術，都有像樣的作爲。一至東漢，由教育的發達促成經學的鑽研，與氣節的崇尚，而風俗的淳樸，道德的高尚，輿論的伸張，乃造成歷史上高峯。

到了三國魏晉，文化思想起了重大改變，也可說是逆轉向。首先我們要知道，東漢崇高敦厚的道德精神，優良風氣開始受到惡勢力無情的摧毀。曹操以一世之奸雄擧道德藩籬而潰決之，社會風氣遂如江河之日下而不可收拾。據三國志武帝紀，建安十五年春，曹操曾下令：

不必廉士而後可用，盜嫂受金而未遇無知者，亦得而用之。不論道德，只問才能。（原文已見前述）。

所謂「盜嫂」是亂倫，無行。「受金」是貪贓受賄，爲人羣之蟊賊，民族之敗類，社會所不齒。懲治之不暇，而曹操以明令褒擧之，世風何得而不日下，道德隄防何得而不潰決？魏晉兩代朝野上下之混亂，歷史之下降，曹氏實應負極大責任。

三國擾攘，西蜀以正義與曹魏惡勢力決鬬；以後主之無能，使先主基業，諸葛賢能，終於功敗垂成，卒使奸邪得逞，正義闇然不彰。然而是非公道自在人心，司馬昭之心固路人皆知也。不過在此時期人才獨盛，軍事發達。此外與軍事繁亂相對照的是文學特別發達。是一種畸形怪現象。領導中心在曹氏父子，在貴族士大夫而不在平民。文風雖盛，不能代表民族文化。

晉尚清談，崇老莊，尚無為，為知識份子逋逃之藪。以狂放為清高，以消極代進取。遂使世局一面釀成五胡亂華，天下混亂，一面使風氣墮落，學術式微。繼之以佛學大盛，儒學衰落。由曹魏迄南朝之末，形成長時期文化闇淡之現象。

唯一可以告慰的，在此時期藝術特別發達，呈一枝獨秀之態。並且多方面普遍發展，各臻佳境。如書法有鍾繇王羲之衛夫人，至今為書法之祖，一千餘年無人能及。畫法有顧愷之，羣推為中國繪畫之祖。雕刻有北魏大同雲崗石刻，龍門造像，以及無數的書法石刻，自成一體，稱為魏碑。尤以泰山經石峪刻石為最著。建築雖不著稱，要亦有可觀。

隋年祚短，無可稱述，次論唐。

用歷史眼光看，文化演進至唐代，由六朝長期衰運中作復興加强的工作，然後開啓了後期的新運。如以現代用電的事作一比喻，則唐代猶如供電的變壓器。經他的變壓，電力加强了。文化經唐復興，力量加大了。其功實有足多。我們又可以說，唐代不僅可稱文化復興，甚至可說是中國文化極盛時期。因為唐代承六朝文化衰運之後，國勢由亂而治，初唐盛唐，明君賢相，繼踵而來，文治武功，皆臻極盛。不僅勤求治理，同時亦致力文化。考試制度盛行，以明經詩賦兩科取士，教育事業因而發達，文化普遍提高。於是經學上經傳注疏之業大盛，孔穎達賈公彥等之五經正義開其端，至宋而有十三經注疏，至清而有正續編皇清經解。經學至此遂臻全盛。安邦定國政治經濟之學，前有魏徵、褚遂良、狄仁傑、姚崇、宋璟諸賢相，後有李德裕，都在歷史上有卓越貢獻。論文學則超越歷代文風，有極高之造詣，為文學史上所僅見。唐詩卓絕千古，人所共知。作家之衆，尤少其匹。唐文則前有初唐之駢儷，後有韓柳之古文。由詩而詞，既在體裁上別創一格，又與音樂合流，益增文學之美。論書法有褚遂良、顏眞卿、李邕、懷素、柳公權諸大家，論畫有王維、韓幹等。燉煌石室之壁畫爲近代人所發現，其藝術價值已馳名中外。此爲無名作家之作品。則繪畫藝術之普及民間可想。小說由唐代發其端，戲劇歌舞亦由唐代而創始。音樂亦至此而大盛。所以無論從廣度看，從深度看，唐代文化均有可稱。

講到史學，在唐代更有輝煌成就。僅就正史而言，即有八部成於唐朝。此爲太宗提倡主持之功。前已言之。此外有劉知幾撰史通，創立史學理論。杜佑作通典，於正史之外，別撰政書，於史體之開創，以及史事之應用，均有貢獻。凡此種種，皆前代所不能及。

再從吸收與放射兩方面看，也隨政治軍事而發生極大作用，尤以向外放射爲甚。中國文化之向外傳播以漢唐兩代爲最，漢唐之中又以唐代爲最。萬丈光芒，被於四表，不僅亞洲方面受其影響，即歐洲也直接間接由商業與交通而得輸出。所以有唐一代，在中國文化史上放一異彩，不可忽視。

講到思想風氣，到了唐代表現出一種奇異現象。一方面以儒家思想爲基礎，苦讀詩書，崇奉孔子，一方面又盛行佛法，上自帝王，下至販夫走卒，普遍信仰，寺院遍天下。而另一思想路線的老莊也在此時抬頭。崇老子，講莊子，奉其人爲太上老君，南華眞人，尊其書爲道德經南華經。張道陵的道教也就藉勢而得大行。形成儒釋道三足鼎立之勢。這從好的方面講，表現出中華民族之雍容大度，道並行而不相悖的精神。從壞的方面講，則似覺思想上犯攏統病。按三家思想本不能融洽，必擇一而行，何能在同一政府之下許可三家並行。且不僅消極的許可，甚至積極的提倡。至於一般老百姓則更不分彼此，早上拜孔聖，讀儒書，晚上又入寺廟拜佛燒香。一座廟宇可以同時供奉道教佛教的神佛。仔細想來，的確有些不可索解。由韓愈原道一文可以充份反映出當時思想混亂的現象，遂使有志之士不能安於心。因而奮起衛道，詆排佛老，而維護中國正統文化。像這等混亂狀態應該認為唐代文化思想的美中不足。

宋朝重文輕武，文風盛而武功衰替，未能像唐朝文治武功並盛，在全盤文化上講，已感偏頗不全。思想上接唐代的儒道佛三家並立進而入於思想本身上糅雜混淆。講儒書者不純由儒家立場，本儒家精神解釋儒學。有時不免以佛學道理解釋孔孟學說。道家思想也在此時抬頭。講宇宙原始，講易經遂又不免雜以道家觀點。宋朝的理學就在這樣情況下發展。站在儒家立場來說，這是一種歪曲與誤解。也可以說是變質。站在一般文化立場來說，也未嘗不可謂為擴大基礎。單就理學內容而論，可謂極盡其精微深邃之能事。言心講性，說理，說氣，不僅以人為研究之對象，並且內向而專究其實質，相對的較少着眼於事功之應用。此為濂洛關閩四派之共同作風，不過在此共同作風之中又各有其重點與主張。

東漢學人埋首故紙堆中，專作章句訓詁考據之學。不免支離破碎之弊。到了宋朝，又矯枉過正，流弊所至，竟拋開書本，而言心講性，坐而論道。都未能實學實用，與國計民生打成一片。比較注重於經世致用的浙東學派未嘗不想糾正學風，但其業不昌，未能蔚成風氣，成為事功，為可惜耳！

自宋朝起，印刷術大行，書籍由手寫而刻板印刷，使文化傳播得到極大便利，對文化事業影響甚大，可以說是劃出一道里程碑。前此典籍隨時有增加，也隨時有散失。從此以後，印本通行，一書刊布，動輒千百，不虞再有亡佚。加以編印叢書類書風氣普遍，許多書賴編入叢書類書而得保存。加太平御覽，太平廣記，道藏等等，都是有名的大部頭叢書類書。此風一開，大有功於文化。明清兩代繼之，至民國仍沿用之。學者稱便。

史學前有歐陽修重撰唐書五代史，稱為新唐書，新五代史，後有司馬光資治通鑑。史學自此大盛。尤以通鑑更受重視，以其於體制上既屬創新，於用意上亦有功於治道。所以不僅有人繼起，亦有人因其體制而別有所創，如袁樞通鑑紀事本末是也。鄭樵通志，馬端臨文獻通考繼唐朝杜佑的通典而創成史籍中的典志體，與正史相輔爲用，有擴充領域，開創史體之功。

文學則繼唐代之後，古文大行，詩風亦盛，詞則創始於唐，完成於五代，至宋而臻於極盛。

元朝承宋朝的餘緒，本可繼續發展，但因以蒙古騎射尙武民族，不習文事，非但不予以提倡，甚且百般摧毁，因而文化至於元代又入於闇淡時期，無可稱述。惟文學獨盛，戲曲一枝獨秀，餘無足稱。

明朝文化又呈復興之象。理學有王陽明之光大宋學，爲有明一代樹立思想中心，蔚成風氣。文學史學政治經濟，均得平均發展，書法畫法建築雕刻，也都有進步。刻書，藏書，編纂叢書，成爲風氣。考試制度加强，也有促進教育的功用。可惜科擧限用八股文，試帖詩，梏桎性靈，爲其美中不足。又由鄭和七次下西洋，使中國造船術，航海術得一重大進步，而無形中將中國文教聲威帶至海外，政治與文化均有輸出作用，並且爲後來的華僑出國打開一條出路，奠定無形基礎。今天海外華僑獨盛於東南亞不爲無因。

建築工業不僅在中國文化史上有極高造詣，在世界建築學術上也佔有極重要地位。如古代的宮殿，樓閣，明代的北京天壇，川陝棧道，鐵索橋，拱門，拱橋，都是世界聞名，驚爲奇蹟的工程。在孫文學說中已有提及。此皆中國人自創的物質文化，具有東方文化風格，而以明代爲最盛。

講到科學，元有郭守敬，明有徐光啓，都是中國大科學家。他們精於天文，曆法，和算學。北京的觀象臺就是完全由中國人自己設立的天文臺，自製的儀器。可惜一般士大夫偏重於言心講性，對自然科學，應用科學，以及實際治生之道都不甚重視，不加以提倡，遂使一二傑出科學家只能獨力開創，獨力發展，人存政擧，人亡政息。既不能造爲風氣，又無人繼起研究，遂使中國科學早於西方而結果反落於西方之後。

西方文化正式傳入中國也自明代始。較爲著名的如利瑪竇、南懷仁、湯若望等人是人人皆知的。他們把西方的算學，地理學、天文學，乃至於基督教，都傳到中國來。自此以後，中國文化中加入西方的成份。基礎擴大了，不僅有自創的倫理道德政治經濟，也有自外輸入的物質文化。大家觀感爲之一變，應該說這種變化以明朝爲樞紐。

清朝在民族文化上是一個極關重要時期。有重大進步，有重大發展，同時也有重大挫折與重大變化。可以說這是一個不尋常時期，受考驗，受打擊，也受盡了侮辱。就民族心理論，自尊自傲，也自卑自餒，既想閉關自守，抱殘守缺，又想急起直追，亡羊補牢。比較言之，前半期尚能自主自立，有聲有色，呈復興氣象。雖其發展是在不正常的病態中進行，但大體言之，仍不乏可稱之盛事。即如清初諸帝以高壓與懷柔政策交互使用，或同時使用，一面興文字獄以梏桎文人思想，摧毀民族精神，一面集合文人大量編纂叢書類書，提倡文化。就其動機言，罪不可赦；就其成績言，功亦有足稱者。所以有清前期學風之盛，績業之優，文人學士之多，均非元明所可比。

論學風，由於明末諸大儒之提倡，使明末空言性理坐而論道之空疏，經漢宋之爭轉而入於捨經學無理學的樸實學風，走考據訓詁的老路。故人稱清學爲樸學，考據訓詁之學構成清學主體。此外雖並有所謂義理，與辭章，但均不能與考據並論。經學家在考據，功夫在考據，成績也在考據。所以考據訓詁之學可謂貫澈有清一代的學術風氣。而以乾嘉時代爲最盛。

就類別言，經學居首，而經學中又首重小學。所以文字學最盛而經傳註疏次之。義理之闡發又次之。史學前有王夫之的史論，黃宗羲師弟之學案與明史，後有乾隆帝編定之二十四史，繼三通而續撰至九通十通，續資治通鑑。這是關於史籍的創作或編定的工作。至於史事的考訂，則有王鳴盛的十七史商榷，趙翼的二十二史劄記，都是名著。至於史學理論與方法則有章學誠的文史通義。史學在清朝不能算不發達。諸子百家之學素來比較寂寞，到了清代後半期乃漸發達。但也只是校刊箋註之學，並沒有創作和發揮。

文學到了清代可說是極盛時期。無論散文詩詞小說，都極熱鬧，並臻上乘。作家既多，風氣亦盛。考據，義理，詞章，大家視爲並重的三條路。文學之中尤以散文爲盛。散文中又分桐城陽湖兩派，此外又有曾國藩所倡兼重經史百家的文學。至於八股文，試帖詩，則是摧毁文人心靈的文體，不僅害了文學，更戕害了無數寶貴精力，錮蔽了無數傑出才士。

科學上雖也有梅文鼎等人，但以視西方，則微不足道。以論治生之道，則農業停滯在半原始狀態，工業停滯在家庭手工業，經濟限於地方經濟，地下鑛藏不能開採，金融財政不能開源，亦不能節流與疏導。結果使人民生活始終困窘，受着不應該受的窮，吃不必要的苦。

清代後期，海禁大開，西方文化隨政治經濟大量侵來。兩個不同型的文化緊緊接觸起來。從這時起，不僅軍事政治上打了敗仗，在文化上也打了敗仗。並且敗得狼狽。剛剛巧，以我們的弱點與人家的優點相接觸。我們的優點沒有機會和人家一較身手。因爲我們的優點在無形的精神方面，也就是所謂非物質文化，手裏拿不出，眼睛看不見。而人家的長處却在我們的面前一樣一樣的顯示表演，我們如何能不敗仗？所以不接觸則已，一接觸便敗下陣來，打一陣敗一陣，敗得頭迷眼花，連重整旗鼓的勇氣都沒有了。從心理上退却下來。自信心失掉，所以連自已的優點也和弱點一起被自己所否定。這就是清末時期中華民族文化的大挫折，弱點總暴露。由於外遇强敵而連自已的信心一起失掉。

到了民國，接着清末的頹勢，並沒有把它挽回。也沒有對自己文化作一冷靜觀察，客觀評斷，將得失優劣一一臚舉以出，作一起死回生的打算。以便在元氣大傷之後稍進一點補劑。甚至在作法上適得其反，不僅不進絲毫補品，甚且大力抨擊，自我否定。失去理智，純以感情用事，對自已文化只有痛駡，只有攻擊。充其極，遂有「全盤西化」口號的提出。這是民國初年的所謂新文化運動。在這風暴中沒有人敢替自己的文化說句公道話。有之，只有　國父孫中山先生。因爲他的三民主義是整個建築在中國歷史文化上的。也是利用了中國文化的優點，而採取西方的優點以補救我們缺點的。可惜在當時雖然他敢於大聲疾呼「恢復固有道德，恢復固有智能」，實際能領會的有幾人！能實踐的有幾人！有此遠大眼光，宏濶氣度的又有幾人！

四十幾年來，由於外患的刺激，國際人士的標榜，國人逐漸有所領悟，在作風上略有轉變，若干方面也確有多少進步，但到今天本文着筆時止，似乎仍未達到理想地步。今後應如何改革文化，使臻健全，又如何以健全的文化挽救我們的民族命運，則要看我們這一代了。

第六節　中國文化之展望

單就中國本身而論，大家對於本國文化的未來，看法並不一致。此乃因大家對本國的歷史文化瞭解深淺不一，着眼點亦不同之故。如僅從表面上看科學，自然我們遠不能與西方比。如深進一層，再放大一點眼光看大處，遠處，乃至表面之後的裏層，則我們正該由自知自信進而自己感覺責任重大，前途光明而且樂觀。姑且放下理論，先講事實。

第一項事實，是中國正統文化歷經四五千年，遭遇多次打擊摧毀，而仍不能磨滅。又不僅不能磨滅，反而愈受打擊愈見光輝。縱觀世界各古老文化，如埃及，巴比倫，印度，希臘等，均已衰落，或已轉向變質，不復能振起精神，支持促進其民族生命。只有我中國文化，至今而愈受世界自由人士之重視。作者屬筆至此，適值亞洲第四屆印刷會議於民國五十七年三月一日在中華民國臺灣省臺北市舉行，美國總統詹森頒致書面賀詞，他說，「由於貴會是在中華民國主辦下舉行，故此時能對卓越的中華文化表示特別的敬意，尤爲允當。中國爲我們首創印刷術，他在第九世紀首創木刻版，而在十一世紀首創活字版。我們大家對維護此一偉大文化的精華，都負有一份責任。他對於全世界所作的貢獻，是很深遠的。……」(五十七年三月二日中央日報）只這短短的幾句話，即表示三種意義，第一，中國文化是卓越的，外國人對它要表示敬意。第二，中國文化對世界的貢獻，是很深遠的。第三，全世界人士都有責任維護此一偉大文化的精華。其意即不僅在印刷術之發明，而重在整個文化的精華了。由此可見全世界人士對中國文化的觀感。我們對此雖不能稍存倚賴之心，但信心可以由此加强，前途可以樂觀。因爲這些話不僅代表詹森總統個人，實可代表世界一般人。

在自由世界中得以自由表現其意志，因有上述之事實。即在鐵幕內，也同樣具有此項觀感與意志，所差者，只不過在暴力壓迫之下，不能自由表達而已。但我們深信，眞理永遠是眞理，並不因暴力而失去其眞實性。人心也永遠是人心，是非善惡也並不因暴力壓迫而根本改變。他們的瘋狂，一部份是變態心理所促成，一部份是不能不在暴力壓迫之下故作違心之論，以及傷天害理的勾當。因此我們沒有理由因惡勢力的一時瘋狂而失去信心。

至於歷史上一次一次的打擊摧毀，而終不能損其毫末，反而益見光輝，事實繁複，已詳前導論章。可參看，此不復贅。

第二項事實是聯合國的組織。

自從國際聯盟失去作用，第二次大戰方酣之際，世界上愛好和平的政治家無不以消弭戰禍，追求和平爲職志。美國羅斯福總統，英國邱吉爾首相，與中國蔣主席，乃共同發起一世界性組織，以蘄求永久和平爲目標，也邀請蘇俄的史達林參加，於民國三十四年（公元一九四五年）共議組織聯合國。中美英蘇爲邀請國，亦即發起人。先行起草聯合國憲章，然後邀請各國參加，在舊金山開成立大會。這裏我們不講歷史，只講憲章精神與四邀請國文化立場的分析。

聯合國宗旨在和平、自由、正義，人人知道。憲章中最主要講正義的條文，是由中國代表所提出，並堅決主張，經大會通過，成爲憲章的核心。此其一。講到四邀請國的文化立場，則蘇俄是唱反調的國家。

我們要他來，有兩種用意，第一、是以君子樂於與人爲善之心，寄望於蘇俄，使化干戈爲玉帛。共同爲人類和平幸福而努力。第二、是藉此予野心家以道義的與實力的制裁，使其侵略野心無所施其技。在蘇俄則亦樂於利用此一組織得以和平的假面具作他侵略野心的掩護。非眞心誠意於蘄求和平，更談不到正義。則憲章宗旨全與蘇俄相反，事實至爲明顯。眞正組織者只有中美英三國。三國之中，美英同屬一種文化系統，即代表西方文化。只有中國爲另一種文化系統，即代表東方文化。此其二。

因此我們可以說聯合國是由東西兩大文化系統融會而成。英美代表西方，中國代表東方。根據此一事實，我們可以說聯合國的組織，中國佔百分之五十。這就是中國文化對世界的貢獻。這就是 國父孫中山先生所倡民族主義，對世界人類負一項大責任的主張，也就是前述中國文化中宏濶大度的王道精神。現在聯合國不能有所作爲，由於否決權之行使。這一致命傷否決權之定立，是由蘇俄的勒索，美英的退讓所造成，與中國無關，非中國本意。但中國文化，中國人的一切貢獻，一切希望皆爲此一否決權所斷送。及今追想，不勝痛心！

話雖如此，但世界愛好和平的人並不因此而放棄希望，即證世界人類都嚮往於正義的和平，平等的自由。亦證中國文化精神爲世界人類所共同支持擁護。此一事實足以支持我們的信念。我們在今天仍然堅信，無論是修改憲章，或另創新組織，此一共同嚮往終有達成的一天。並且不會太遠。假如我們中國人有信念，有魄力，起而倡導必可成功，即必有更大貢獻。聯合國憲章的創立，世界人權宣言的發佈，已經是我們的成績。將來如有新發展，新開創，則我們對於世界人類所作的貢獻，將遠超過於科學的發明，或軍事的勝利。

另一個事實，是現在世界各國研究中國文化的風氣日盛一日。最熱鬧的是日本，美國，其次東南亞各國，歐洲的瑞典、法國、英國，乃至數不盡的國家，無不拚命的下功夫研究中國文化，讀中國書。這一現象我認爲不僅爲中國之榮，更重大的意義却是中國文化精神之普遍受人重視。這就是以中國文化救世界救人類的先兆。我們有理由自尊，自重，而更重要的却是我們應該猛醒，應該負起領導的責任。我們要知道，宏揚中國文化的責任，領導世界蘄求正義的和平的責任，在我們中國人身上。國父有此遠見，也有此抱負，所以他在民族主義中諄諄勉勵，要我們對世界人類負責任。這就證明他對中國文化研究甚深，對世界大勢更所見甚遠。其不平凡由此可見。

最後，希望我們大家有一共同覺悟，人類創造文化，本爲促進人類生活，增加生活幸福。有形可見的物質，無形可見的精神都需要。尤其需要的是兩者的協調。如不能協調一致，則一個爲人類幸福而努力，另一個却脫離軌道反而爲人之害。這是一種反常現象，稱爲文化失調。世界有識之士無不懍於此種現象而思有以挽救之。挽救之道，惟有賴於精神。控制物質的到底要靠精神。殺人的科學是魔鬼，救人的精神是菩薩。無論魔鬼如何可怕，終必降服於慈祥的菩薩之手。又要知道，目前局勢的可怕，是由精神所構成，也就是文化思想所構成。欲根本消滅這可怕的人禍，只有從精神方面着手。因此發展文化思想的武器，作攻心之圖，以消滅人禍於無形，乃爲今天的急務，僅僅在物質文化上競賽，並不是根本辦法。中國的物質文化是落後了，但最後拯救世界人類的却只有中國的文化思想。我們既不可自餒，更不可失去信心，放棄責任。

第二章　中國之學術

第一節　前　言

所謂學術，應該說就是爲學的方法。說文解字，術，邑中道也。顏師古漢書註，術，道徑也，心之所由也。皆訓術爲道。依此訓釋，則「學術」二字應指爲學所由之路。又商鞅重法，申不害尙術，韓非法術並用。法行於下，以制百姓；術操於上，以馭羣臣。申韓於術，皆作手段解。即方法之謂。歸納言之，則所謂學術，應解作爲學所由之途徑，與所用之方法。不過在今日而言學術，於途徑與方法之外，應兼包態度與材料兩種意義。前面之所謂道，即爲學之途徑與目標。所謂方法，應指技巧。至於態度，則在內心，屬於道德。材料則在外面，指所研究之對象。綜合上述途徑，目標，方法，態度，材料，合而言之，才能叫作學術。

作人有作人的態度，作學問有作學問的態度。是否認眞，是否忠實，是一種態度。有沒有熱情，責任感，也是一種態度。必肯認眞，才能以實事求是的精神向前追求，必定要求出問題的眞象。存心忠實的，才肯對學術負責任。不自欺欺人，不模糊影響，或武斷攏統。提出理論時必設想到可能發生的後果。必這樣，才肯實實在在，說實話，作實事；就實際問題，求確切答案。熱情由責任感而來。必有一種對人羣的責任感，才有爲求解決問題而從事學術的熱情。這是一種內在的推動力，以道德精神爲其基礎。章學誠講史德就是心術。這所謂心術，就是我們所說作學問的態度。

作任何事都必有方法，作學問更要有方法。無方法的可能徒勞無功，使精力罔費。有方法才能有結果。方法好的可能事半功倍，效果宏偉。否則方法笨了要曠日持久，方法用錯了更可能得到相反的效果。考據是方法，求義理也是方法。學與思是方法，博與約也是方法。經世之學重歷史，科學家重實驗。諸如此類，學不勝學。就學術而言，方法爲必不可少的要項。

所謂材料，也可說就是學術研究的對象。學術研究是一種活動，一種功夫。研究甚麼，是研究的對象，或說是學術的內容。譬如以宇宙現象爲對象，就是哲學。以自然界具體事物爲對象，即自然科學。以社會萬象爲對象，即社會科學。以書本上現成文字爲限的，講章句訓詁，即形成考據之學；講書中義理的，即形成所謂義理之學。所用材料不同，研究的對象不同，就分別構成不同的學術。

其次講到途徑與目標。人類有理性，每作一事必有其意義。作學問是大事，不僅是個人一生事業，也影響整個人類社會，自更要有目標。目標要鮮明，也要遠大。墨子由天志明鬼的途徑，要達成改革社會風氣的目標。莊子由超現實的途徑，要達成逍遙自在，以求精神放縱的目標。孔子則由教育政治的途徑，要達成堯天舜日，大同世界的目標。途徑不同，作法自異。效果當亦懸殊。至於目標，則高下有殊，公私可辨，價值亦可判分。途徑就是道路；路要直，要平，要近。路走對了，便走一步近一步，必有到達目標之一日。走錯了，事倍功半還不算，再不好便愈走愈遠，永永達不到目的，且可能有危險，造成不良後果。就思想演進蹟象言，由殷商之每事必卜，至周而用政治教育，起禮樂，興倫理，即捨對天神之倚賴而任人事。再至孔子不言性與天道，專任教育，實爲一種重大進步。乃墨子又回過頭，言天志，明鬼神，必使人再倒向天神懷抱，不僅是向後走，亦是反人性的艱難路，窄狹路。墨子生孔子之後，不繼孔子向前走，而向後走；不走平易的寬濶路而走艱難的窄狹路。這是墨子的作風。他路走的不對，所以他不能成功。不能達到目的。莊子又不然，他兩眼向天上看，兩脚向天上爬。他也不接孔子向前走，而要向上走。向前走是實在路，向上走是架空路。孔子向前走實在路，故兩脚常在實地上；莊子向上走架空路，故兩脚無根基，常懸空起。這又是莊子的作風。惟有孔子，兩眼時時向前看，兩脚時時向前走。脚踏實地，一步一步，由平坦寬濶的大路走向人生最高理想。而他理想的天堂就建築在面前實地上。人人看的見，人人走的到。走一步，近一步。功夫不罔費，眼前見效果。由常人而爲士，由士而君子，由君子而聖賢，作一步是一步。這是孔子的作風。單就爲學途徑與目標，已可見儒道墨三家的高下。其結果大家都看見了。墨學至周末而衰，至西漢而絕。道家之學始終在虛無漂渺間，無法使人跟他走，自然也就無法見到效果。惟有儒家之學，人人在走，時時在走。不僅中國人走，全世界正常明智之士都在走。由孔子到　國父孫中山先生，已經走到理想大同世界的邊緣，若不是反常的惡勢力作祟，到達目標已爲期不遠了。由這裏看，爲學途徑與目標關係不可謂不大，不容我們不注意，因此本文就以此問題爲重點。

中國學術歷史悠久，內容豐富，造詣高深，如必一一詳論，可作成專書。非本篇所能負荷。若僅就縱橫兩方面，作概括的叙述，藉以表明我國學術之價值。其優點固當極力表揚，缺點亦不應隱諱。所謂橫的分析，以正統儒家爲代表，剖析其內容。縱的叙述，以周，漢，唐，宋，明，淸各代爲重心作史的觀察。以中國之大，學人之多，學術之盛，美不勝收。欲求周備，有待專著，至爲明顯。玆篇所述，不過就淺見所及，擇舉其要耳。

就個人言，每個人有他獨特的作風。就時代言，又各有時代風氣。講中國學術，不能注重個別的小異，而應强調其大共同。所以本文所論，着重於大共同，而不强調其小異。不過足以作中國學術代表的思想家學者，或確曾影響學術界的人物，則特別提出，加以强調。

學術之興起，由許多條件所促成。主觀方面，人類生而有智慧，有理性，也有求知欲，和創造欲。自願向前追求知識，創造新境界，滿足求知欲。對着面前事物，總要明白個究竟。這是一種主動力量。此其一。人類性善，天生有愛人之心，願爲人人解決生活上問題，解除心理上疑慮，排除其困難，幫助人渡過難關，走向光明，追求幸福。這是一種情懷。也出於自然。所以遇有大家共同的問題，必竭力以求解決。乃面對現實，運用思想，求解決之道，而學術思想以起。此其二。人類由無知而有知，又由有知而日漸進步，文化亦由積累而日趨發達；能力既逐漸加强，憑藉亦日益雄厚。愈演愈進，學術自益趨發展。此其三。人類羣居，社會問題繁複，人類智慧不一，解釋自難一致。理論主張，錯雜紛歧，彼此有時相非，得失亦有考驗。因而批評糾正，改革競爭，爲挽救時弊，爲自樹徽幟，而學術思想乃日漸興起，日趨發達。此其四。有其四因，學術之旺盛，乃不可遏止。加以我中華民族品質優秀，中華民國領土廣大，開化早而人才衆，傑出之才士遂先後繼起，各逞其思力所及，針對問題，提出意見，創造盛大之學術。輝煌燦爛，光照百世，尤以晚周時期爲甚！此中國學術之所由生，亦中國文化所以盛也。

第二節 中國學術之興起與鼎盛

一、以哲學爲起點

人類最初所要瞭解的是自然界。在上的抽象而無形，最不易瞭解，古人概括稱之爲天。在下的具體而有形，明白可見，概括之稱爲地；天地間事物，種類繁多，亦概括分爲金木水火土五大類。物雖可見，中間的作用則不能明白，只知有相生相滅的功用。後世遞演，稱之爲五行，而五行之間有相生，或相剋之道，亦有終始循環之象，故又稱爲五德終始。這些現象都與人類生活有關。追求其所以然，可以成爲科學，也可以成爲哲學。我中華民族着眼點重人而不重物，遂在哲學上發展，而科學比較冷漠。我中華民族有一特點，即一切問題都以人爲出發點。也以人的問題爲中心。其結論也必定落到人上。所以即或是哲學，也以人爲中心。因此我們的哲學十九爲以人生爲中心的人生哲學，而純推理哲學不發達。第一步，以人的立場，求對天有瞭解。第二步，緊接着或說就在同時，要瞭解天與人的關係。第三步，進而以天人關係研究人生的道理，次個人立身，人與人相處之道。這樣，就構成一套精深而完備的人生哲學。我們的教育，政治，經濟，……都以人生哲學爲根基，向外分頭發展。所以我們所有的文化學術，都有一共同風格，而以人生哲學爲範疇。所以大家都稱中國文化學術是人文的。由遠古，文化之始創，即循此路前進。嗣後社會逐漸繁衍，問題就隨之一天天增加，人類智慧也一天天進步，解決問題的方法，也就愈用愈多。於是我們的學術思想遂突飛猛進，發展極快。殷商以前我們所知不多。從周初講起，不過四五百年，到了春秋戰國，已臻於極盛，到達最高峯。進步之速，不能不令人驚嘆！

中國學術應該從易經講起。易經經傳雖成於周朝，但他的來源應上溯至遠古。在遠古時期對天地自然的初步瞭解爲陰陽，次爲五行，即上擧金木水火土五種自然界事物。以一 -- 兩符號代表陽與陰。重疊增衍而成八卦，八卦再重疊增演而成六十四卦。文字由此開始，學術思想也由此開始。

易經雖係對天的探索，但自始即緊緊扣合在人事上。絕不捨人事而空談玄理。從第一個乾卦，到第六十四未濟卦，無一卦不講人，完全以天理講人事。也可以說以天理指導人生，使人類活動順應天地自然之道。這就無異於認爲人類是天地萬物中一部份，而人又爲萬物之靈，所以人的活動，人的生，必與天地萬物爲一體；以人心表現天心，以人道表現天道。自此天人合一，天道與人道合一，而本體哲學與人生哲學亦合而爲一。這是中國學術思想之大源，亦中國哲學之特色。

自遠古演進至周初，而成爲易經哲學與易傳哲學。繼續發展而至春秋，孔子更加以闡發。可以說是由天的探索而更趨於人事；由天人關係的探索而演爲易理。更由天人關係的闡發而入於純人事。也就是捨天而專言人，捨鬼神而專究人事。在人事中又特別着重教育。最後歸結到政治。教育以發展人性爲起點，以參天地，贊化育爲目標。政治以大同世界爲目標，以天下一人，四海一家爲懷抱。都與天人合一的哲學思想相吻合。自始至終在人的範疇中追求活動，完完全全是人文的。這就是中國學術的主流，無所謂家派。此後異說紛起，彼此相非，各有徒屬，家派乃立。進一步言之，家派雖分，此一哲學中心，基本觀念，始終不能搖動。

二、紛歧與鼎盛

中國學術有一極大特點，即極端自由，所以能向不同方向分頭發展。並不專走一條路，成單線發揮。

人類才智秉賦既有不同，興趣與環境亦不一致。人類在學術上需要也是多方面的。為了各盡其才，為了適應需要，大家分頭進展，乃勢所必然。久而久之，人才衆多，遂演為學術之盛。惟此所謂盛，又有兩義：即一，各科各門普遍發展，如哲學，科學，教育學，政治學，農學，兵學……樣樣都有，相當完備。雖不能說應有盡有，亦大體具備。第二，則是人多了，所見，所聞，所感受，所憑藉，實有不同，遂不免對同一問題作不同看法，作不同主張，提不同結論。因而形成紛歧錯雜之現象。尤以戰國時代為然。此周代諸子百家之學所以形成，亦學術思想所以紛歧之故。

中國學術以周為最盛，影響亦最大。講學術不能不從周講起。於周代以周公為最早，所以於周代思想家應先講周公。不過周公無書傳後，我們所知不詳，不能作專題探討。惟知孔子之學實從周公來。我們只能於孔子學術中窺知周公思想之概略，不能詳也。

周孔均為儒家，於中國學術為最早，又為中國學術之中心，故先論之。

儒家一面上承原始天神思想，一面繼周公之學向現實上作功夫。其對天神之態度，以論語為代表。其所表現之態度，明確而堅定。承認天神之存在，惟不採倚賴之態度。因天神之事不可確知，不可明言，故孔子於天神問題避而不言。「夫子之文章可得而聞也，夫子之言性與天道，不可得而聞也。」此不啻對思想態度作一明確表白，蓋性與天道，孔子所不言也。「子路問事鬼神。子曰，未能事人，焉能事鬼？敢問死。曰，未知生，焉知死？」此又不啻在思想領域中畫出一條界限：一為現實人生界，一為超現實之宇宙界。人類生活時刻不能離現實之人生界。與人類生活有密不可分之關係者，亦為現實界，而非超現實之宇宙界。竭一人畢生之力不能窮現實界之理，又何必捨現實而向渺不可知，遠不可求之宇宙界苦苦追求。故一面敬鬼神，一面遠鬼神。而儘人類所有知識能力在現實中求瞭解，求適應。因此一面在人生哲學上作功夫，一面向教育與政治上作功夫，而不向純哲學或宗教上作功夫。人生哲學講明，教育與政治得到正常發展，斯爲人類最大幸福。故首先繼周公而倡行禮樂，以爲政治教育之大經，人民生活之規範。寖假普遍，成爲制度。一時士大夫知識份子循此途徑，一面研究發展，一面推廣民間，而儒家以起。至孔子而集其大成。且私人設教，以弘其旨，以廣其傳。此儒家所由成也。儒家思想以教育與政治爲主，其內容另詳本書教育與政治各章，此處不再詳論。

孔子之後，儒家寖盛，而反對之流派亦起。反儒者又遞演而分爲三派。第一爲墨家，第二爲道家，第三爲法家。儒家爲士大夫作風，士大夫爲貴族與平民中間份子。有上下相通之作用。以禮與樂爲教育工具。以服務爲政治作風。全爲現實作法。反對派以墨家爲最早。次道家，次法家。玆依次述之。

墨家承受古代天神思想，承認天神之存在，亦承認其意識，且强調之。不僅尊天事鬼，且須上應天心，善體天志；以天心爲心，以天志爲志。故人類必尚同，尚同即上同於天。天志兼愛人類，無所厚薄，亦無親疏遠近。因之人與人亦應兼相愛，交相利，不分差等，不別親疏。又因墨子起自平民，不滿於貴族之不事生產，以及連年飽受戰亂之苦，於是對貴族士大夫深惡痛絕，反戰非攻之主張堅强。又於繁飾禮樂之儒生君子既厭其徒言禮樂，徒事教育，不事勞動，尤惡其以倫理教育爲政治之首要。乃憤而創爲新說，以逞其反對貴族士大夫儒生之志。故非儒也，非攻也，非樂也，節用節葬也，明標反對儒學之大旗而爲說。是墨學之所由成也。就學術思想演進之跡象言，儒家既已脫離天神覊絆而捨天以言人，已爲一重大進展。後起之墨家理應由此繼進，向現實界追求前進。然墨子不此之圖，反回過頭倒向天神懷抱，一切以天志爲依歸。實爲一種廻旋路。雖未捨人事而專任天神，但人事必依靠於天神，終爲思想上逆轉向。蓋自此人不得有人的意志，而以天志爲志；人不得有人之行而必行天之行。至此人類遂不復能與天地同高，與造化同功，與日月同久。對於人類尊嚴而言，爲一種輕侮。以視儒家之提高人格，發展人性，使上與天齊，相去何可以道里計？就以上數點而言，墨子爲儒家之罪人！

如就方法與目標而言，則墨學亦別有其極可貴之價值。論方法，其最大特點在以自苦爲極，至於手足胼胝，腓無胈，脛無毛，摩頂放踵，利天下爲之。完全是犧牲自己，拯救社會的作法。說實話，作實事。這是自己下地獄，使人上天堂的作法。其精神可敬，其作法則難於持久，亦難於普及。但對我民族捨已爲人，輸財仗義，以及勤儉自勵性格之養成，確有極大貢獻。在學術思想，和民族心理上開闢篤實路線，爲民族生存奮鬥紮下一個深厚的根基，其功實不可忽視。

對於社會，墨子有許多主張。他最痛恨士大夫階層，不勞動，不生產，徒事消耗。更反對繁禮厚葬，奢侈浪費，故以節用節葬爲務。對於音樂，也認爲是一種無益於實際生活的浪費，所以也在反對之列。而他所認爲最嚴重的問題，實無過於戰禍連年，以致使人民哀哀無告，痛苦流離，任人犧牲而無人愛護。因此用極大力量，爲人民作喉舌，呼出疾苦。必不得已，以天志使人兼愛。兼愛者，普愛羣生，皆如父子兄弟，因而消弭戰禍，不相侵擾，以解除人民痛苦。凡此種種，皆出於愛民之心。因而有愛民之政。甚者，爲弭戰禍而研究製造守禦之器。又十日十夜而自宋至郢，止楚攻宋。其苦心宛然如見。就其苦心而論，不僅無可厚非，且足使人欽敬。是其目標鮮明，全在利人，全在濟世。若此之流，求之中外，皆所罕覯。至於方法，則因見有所偏，未能深入觀察，於人類本性，於社會組織，缺乏認識，遂致理論上的呼籲不能打動人類內心，一生苦行成爲罔費。惜哉！以此見學術思想之難於求備也！

就天志明鬼，尙同與兼愛而言，先決問題，在人之信仰。次在人性人情。人之情無不厚於其父母而薄於人之父母。墨子必欲强而同之，非人情所能安。就不事生產之士大夫而言，其觀點有類於許行。其對士大夫無瞭解，亦如許行。至於士大夫在社會上有何作用，其理已詳於孟子許行章。此不贅。反對繁禮厚葬，奢侈浪費，自有其相當理由，亦足反映當時之豪奢無度。就孔子「禮與其奢也寧儉，喪與其易也寧戚」而言，則孔子並不主張鋪張耗費。鯉也死有棺而無槨，是孔子亦並不主厚葬也。可見繁禮厚葬乃自然演成之社會風氣。墨子非之，自有其理由。但不能將罪過一概加之於孔子。至於在經濟上因憂貧而力主節約，則立意雖是，而荀子已非之。在荀子認為患不在貧而在亂。故荀子強調禮以救亂，主增加生產以救窮。墨子則只有節約以救窮。墨荀相較，顯然後勝於前。綜觀上述，儒者本身即為士大夫，不事生產。又主禮主樂。在墨子眼中，認為所有儒生全為社會寄生虫，於人民實際生活毫無補益，於經濟則有害，所以他把所有罪過推到儒家身上，而高舉反儒之大旗，倡非儒之論。由非儒而非命，非樂，主節葬，節用。因而形成第一個反儒學派，也就是反正統學派。

究其故，在於墨子功利色彩過深，過重。只可惜他的功利主義偏而不全。荀子解蔽篇評論他說，「墨子蔽於用而不知文」。殊不知用有兩種：即有用之用，與無用之用。前已言之。墨子所見，只是有形的用，有用的用，而不見無形之用，無用之用。政治經濟，勞動生產，有用之用也。倫理教育。哲學思想，以及音樂舞蹈等等藝術，無用之用也。假如無用之用根本無用，即根本不會產生，即產生亦不能經久，不能立足。無如人類社會對此無用之用需要更為迫切，所以正統派思想與作法是雙軌制。哲學思想，倫理教育，音樂藝術，與政治經濟同時並重。甚至以教育與哲學，禮樂等等領導經濟，支配人民實際生活。此所以孔子不為農，不為圃，而專從事於教育與政治。就功利而言，孔子所求者大而深，墨子所求者小而淺。以此見墨子之識見與氣量，均遠不如孔子。乃一味以淺狹的功利眼光反對儒家，吾故曰，墨子為儒家罪人。

次論道家。首言老子。

道家閱世最深，感觸最多，見解既極奇特，主張遂異於常人。其對天神之態度，並殊於儒墨。老子之學，係將宇宙，人類，萬物之理，合併研究。追求其中的共同道理。他所提出的共同結論，即一「道」字。如更為道字下一定義，則他說，「人法地，地法天，天法道，道法自然。」法自然即是任自然。老子言道，言自然，而少言天，不言神。不過他言道，言自然，即所以言天，亦即所以言天神。其釋道，釋自然，即所以釋天神。質言之，其視天爲自然，謂宇宙萬象無非自然現象，並非有天神爲之主宰。則其所謂天並非神，主張無神論。將思想由原始天神領域中解脫而出，擺脫宗教藩籬而使思想現實化，使人完全人化。在當時以自然解釋天道，使人類完全人化，是一種大膽，也可說是大識見。在思想史上是一種革命。此爲老子學術第一義。

自此論提出之後，大前提決定了，接着便循此途徑，解釋人生，也指導人生。在他認爲，道既屬於自然，即爲永久不變之定律。於是在此大的自然律中求人生之道。於是無爲也，無爲而無不爲也，謙下也，柔弱也，皆取之自然律以教人以處世者也。他主張人類應當以主動力量與天道自然相融合。因爲人類爲宇宙萬物之一，於此自然律只能因，只能順，而不能違逆。所以取自然律以教人。此爲老子學術第二義。

由墨子而老子，學術思想又掉轉頭向前邁進一大步。固爲老子一大功。但他教人歸眞返樸，復返太初，重過原始洪荒生活以求治。則既非人類所能安，亦背天地萬物之自然律。他又教人絕聖棄智，杜絕知識。殊不知人類天生而有求知欲，此項求知欲只有逐漸發達，加强，而不會消滅。人類文化之進步，即靠此求知欲爲之促進。老子必欲杜絕所有人類知識，惟見其心勞日拙耳。其作法亦反乎自然之道。惜乎老子言自然而反乎自然，不能領導人類社會，依自然理則繼續前進，使文化進步，人類幸福。其所採途徑錯誤，方法雖有可採，而績效不著也。

道家之莊子則又視老子爲尤放縱恣肆，不以老子思想爲滿足。乃由老繼進，而引天以就人。他以現實之人生界不足供人類生活，乃向超現實進軍，以超現實之宇宙界併入人生範圍圈，以供精神之縱放，思想之追求，而人類乃有超人意味。故莊子思想可謂爲「超人思想。」（西方哲學家尼采亦主超人哲學，惟與莊子之超人哲學相近而不同）雖人之形體不能脫於有限之現實界，然精神則可超出現實外而入於無限之宇宙界。故時時引頸昂首至現實界以外而極目四望，然後知宇宙界其高無限，其大無垠，其時彌久，其用彌廣。於是喟然而嘆，撫掌而歌。而有限之現實界遂不能滿足其欲望，不足以供其神遊，以及思想上之窮求冥索。乃以超現實之宇宙界爲其精神遊憩之所，與現實打成一片，同爲人類生活之領域。

因爲莊子目光專注於宇宙界，心理上所追求嚮往，亦在於宇宙界，所以對人類社會上問題不感覺興趣，至於人與人關係如何調整，人類幸福如何增加，民生疾苦如何解除，皆非其所求，皆非其研究之對象。在他只覺對現社會厭惡，所以求其逃遁，採玩世不恭之態度，以求自適其意。其態度不足爲訓。其思想則於後世學者有恢宏氣宇之功，開擴思想領域之效。其言語雖放蕩不羈，然其書則不能廢，其思想亦仍有其前途。此莊子之學也。

我們站在今天看老莊，雖在主張上有若干缺點，但在思想上亦有其不可磨滅之優點，亦確曾發生若干優良影響。如老子謙下柔後之教，知足知止之言，無爲而無不爲之政，皆有其甚深意義，發生重大影響，不可以主張須返太古洪荒而一筆抹煞。至於莊子，雖其言桀驁不馴，其態度玩世不恭，但他在思想上爲我們開闢廣大領域，不拘拘以耳目所接聞爲限，頗有恢宏氣宇之功。齊物論認爲天下無固定不變之是非，於生死壽夭亦不自形質生滅上觀察，於聖哲賢愚，才與用，均另作一種超脫看法。凡此種種，都是以超脫態度，採超然觀點，在現實人羣所論所行之上，於民生實務上雖無直接用處，然於學術思想上却有提高境界，擴大胸襟之益。準此而論，中國學術無孔孟則不能實，無老莊則不能超。必能實而又能超，乃能成其偉大。噫，老莊亦偉矣！

次言陰陽家。

陰陽家以天地萬物自然界現象爲研究對象。他們承古代天神思想而擴展之，又與近於科學之五行思想合流，成爲另一派學術。惜其不向科學方向發展，亦不能繼荀子而更進，在哲學上求解答，偏偏向神的方面去追求。雖然走神的路，亦並不由神的路而創爲宗教。却要將這神而不能明的事與人事合流，使天神與人事發生關係，成爲一體。於是神怪迷離，不可究詰的問題，用人事去解答。因而天人相與之觀念以立。自此水旱風雷，山崩川竭，日月蝕……等類問題，皆與人事發生關係。更進而造成符瑞災異之說。自此大之國家政治，小之人民日常生活細節，都受其支配。於思想之進展，成爲一股逆流。他們抛開哲學的路不走，科學的路也不走，偏要走神怪荒唐的路。這條路是窄路，也是死路。因爲哲學的路可以用一理應萬事，即以類行雜，以一統萬。這是無限寬濶的路，是活路。科學則儘所知以求日進，可以由一而知二，由二而三，以至於無窮。知之爲知之，不知爲不知，實事求是，不强不知以爲知。知識不怕少，即僅知一知二，都是可靠的，確實的。也是活路。即或是宗教，也可以索性將一切不可知不可見的事以神來解釋，由神的路一直走進去，也可以因應無窮。也是一條活路。只有陰陽家，硬要將不可知不可解的事上與天，下與人拉在一起，使相扣合。其勢不能不有所窮，窮而又不變，自然就一切不能通。其過在將可知可解的現實問題與不可知不可解的問題拉到一起，使現實化爲玄虛，而玄虛仍舊玄虛。以致解而解不通，證而證不實。即如求雨止雨即是。求雨而雨不來，止雨而雨不去，路既窮而不究。疑者自疑，惑者仍惑。直如將中國人民引入絕港而不自知。大惑者終身不解，大愚者終身不靈。阻礙中國思想不能猛進者，陰陽家不能辭其咎！

次論政治家與法家。

「政就是衆人的事，治就是管理。管理衆人的事，便是政治」。（民權主義第一講）這是　國父孫中山先生所下的定義。我們接着便可以說，政治學就是研究如何管理衆人之事的大學問，大事業。就學術言，這才是學術的中心，也是研究學術最重要的目標。

漢書藝文志將中國學術析爲九流十家，對於政治家，無論內容如何，一律稱爲法家。似嫌過於攏統。因爲各家的主張與作風，不僅不同，甚至極端相反，不能混爲一談。就內容分，應分爲政治家與法家。茲先論政治家！

中國政治思想開始甚早，可以說從堯舜時起，即有像樣的政治思想了。尙書就是政治學書。內容所講就是政治上道理。

周初的政治措施，具體表現了他們的政治主張與思想。這時的政治規模出於周公。假如我們就拿周初的重要措施研究其理論，即可得到周公的政治思想。如封建制度即以天下與同姓及功臣分疆而治。在今天，大家都會痛罵封建制度，但假如我們爲三千年前的古人設身處地一想，在那時以一個統一政府統制這樣廣大的天下，除了與親信人分疆而治之外，又有甚麼辦法。分等而封，按年述職，依時朝貢，就是預防分裂的向心作用。假如必以秦之郡縣責周之封建，則我們就要知道，周朝這八百年，變化是多麼大？用歷史與文化眼光看，在周只有行封建，在秦則應該行郡縣。假如秦仍行封建，即秦不能接受歷史教訓，而將文化停滯不進，爲秦之過。假如論者必責西周不行郡縣，即昧於歷史時勢。所以說周行封建，秦改郡縣，皆自然之勢。究底言之，唯一的弊病，只在世襲一端而已。假如不世襲，則一切弊病沒有了。其次講井田制。井田制即以政治力量制民之產，合理安頓人民生活。此爲政治之本。再次即爲禮樂。禮樂以教育人民。教育就是政治，或說是政治的方法，政治的內容。把人民教育好了，政治的目的就達到了。就學術思想而言，教育就是途徑。國富民安，天下太平，四海一家，就是目標。至於政治上研究的對象，自然就是整個人類社會。可以說完完全全是實在，具體，人類社會最最切要的大學問。這是純正偉大的政治家，所採取的態度和路線。

我國正規政治家由周公開其端，孔孟荀諸聖繼其志，述其事，亦光大其學。儒家政治思想，以及歷代所行政治制度，另詳政治專章。此不重出。

次論所謂法家。

法家中以管子居首。不過漢志中所謂法家，過於攏統。商鞅申不害，韓非，眞所謂法家；若管子者，實應別出另列入總類，或列爲政治家。因其學術並非專任刑罰，與申韓等異趣也。玆先論之。

管仲生東周初，於諸子百家中爲最早。有顯赫之事功，亦有書傳後。惟其人未臻純乎純，孔子鄙其人而稱其功。具見於論語。今所傳管子書成於管子卒後，內容豐富，但駁雜不純。然亦多有足稱，未可因其人而廢其學。不以人廢言也。

管子之學主實學實用，不尙虛玄。以政治與教育並重。以教爲政，亦以政爲教。在人上作功夫，表現人文精神。其思想基礎大，有雍容大度，泱泱大國民風度。即如以禮義廉恥爲國之四維，至今奉爲圭臬。存亡國，繼絕世，崇尙和平，仍爲現代政治家所共同嚮往。富國强兵，尊王攘夷，九合諸侯，一匡天下，尤爲歷聖所推許，實爲民族精神之所托。至其尊重民意，將順民心，實隱寓民主精神。倉廩實而知禮節，衣食足而知榮辱，則富民政治，着眼民生，並以精神與物質並重之論也。合而觀之，實三民主義思想之濫觴也。似此種種，皆不磨之論，遠非商韓之輩所能夢見。

管子與商韓輩法家的主要區別，在於管子尊重人類在宇宙中地位，亦尊重人民在政治上地位。商韓輩則以淺狹的功利目光看政治，以奴隸眼光看人民，以嚴酷手段統制人民。一切作風與政治家背道而馳。所以他們主張絕情去恩，不尙德治，不行愛民之政。反教育，反禮樂，專尙政刑，僅知法治。結果遂造成嚴酷少恩之作風，而人民遂陷於痛苦深淵。就學術而言，雖均屬實學實用，以國計民生爲實務，但兩相比較，其廣狹可見，高下亦可知。蓋人之性善，有情有恩，必欲絕情去恩，違背人性，反乎自然。其不能行明矣。又人生而有求知之欲，向上之心；樂於與人爲善，相授以知。故順其勢者其道行，逆其心者其事敗。政治家明乎此理，順天應人，於政治即自教育入手。他們的作法，即以教育爲政治，以政治爲教育；政教合一，官師不分。以愛民之心行愛民之政。尊重人性，扶植人性；勉勵人人爲聖爲賢爲君子。人人樂而受之，故其事順。孔子曰，「君子學道則愛人，小人學道則易使也。」此由研究體認得來，亦由經驗得來之眞理。昭昭如日月之經天，人人得而見之。乃法家者流目光短淺，氣量狹小，得其偏而遺其全，必欲反其道而行，宜其不能久也。暴秦行之，不旋踵而亡，不亦宜乎！

次論名家，農家，縱橫家，雜家。

名學本哲學中一部份，屬於思辨方法，抽象而非實務；但實務却受其影響。由立名以擧實而起，最後却走入堅白異同，白馬非馬之純哲學推理。在西方稱爲邏輯學，或稱辨證法，在中國則稱之爲名學，國父稱之爲理則學。就思想本身而言，細密精微，反覆辨證，有極高思想價值。就效果與功利而言，亦確有不可忽視之功用。

名者實之賓，先有實而後有名。爲擧實必立名，爲事所必需。先由物而及於人，又由人而及於事。如何者爲山，何者爲水；某也爲堯，某也爲舜是也。若此之類無可爭辯。至於事，則不能免於紛爭。如大小高下，美惡好醜，是非善惡，聖哲賢愚，……若此之類，皆相對而立名。有大即有小，有賢即有愚。擧一善則有一惡，名甲爲聖，則明乙爲庸。其事不能兩得。蓋必有平庸之衆，方能襯出一聖一賢。有無數之醜，方顯出一美。受聖善之名者得矣，其如庸者醜者何？因此對於事名之立，乃有不同之主張。老子主廢名，莊子否定一切名，孔孟荀子則主正名。一至惠施公孫龍輩乃逞其智力，爲方法上之研究，理論上之剖析。既不主張廢名，亦不主張否定一切名。有正名之意而又與孔孟荀諸儒之正名態度不同。是爲純哲學的推理派。在思想本身上雖有貢獻，但在實務上則有擾亂是非，多增紛擾，使人莫衷一是之不良影響。所以純正的儒家政治家對之不免有厭惡之感。

農家之書不傳，僅在漢書藝文志中得知若干書名與作者，不能備悉其詳。孟子書中只講到許行陳仲之流，說他們主張君臣並耕，自耕而食，自織而衣，反對厲民而自養。就孟子書中所言，似着重在政治社會上問題，近於現代之社會主義，不似純農業學術上派別。究竟此外尚有何主張，已不得而知。如僅就其君臣並耕，上下共同勞動而言，有泯除階級之思想，亦接近於無政府主義。與墨子之反對貴族士大夫不事生產，並盛倡節用節葬之說，有一脈相通之處。雖其事不可行，理不可通，然其動機在於爲平民爭地位，用意亦有足多，未可一筆抹煞。

縱橫家就是現在所謂外交家。不過現在的外交家大都有自己國家民族的立場，爲本國的利益而奮鬪，往來折衝於國際政治場合。戰國時代的縱橫家則不盡然。像藺相如，以趙人爲趙相，爲趙國利益而冒九死一生之危險，以爭取勝利，其他無所知。始終忠於趙。此不得謂之縱橫家。像蘇秦張儀之流，不僅楚材而晋用，更朝秦而暮楚。只憑口舌，以取尊官；無國家立場，無固定主張。逢迎世主，爲利而忘義。應名爲政客，不得稱爲政治家。以其爲自身利祿而非爲民生疾苦也。所謂縱橫家者，不過以口舌取官之道，剖析當時各國强弱之形，彼此相互爭存之道。實不得謂之學，亦不得稱爲家也。

雜家不成家。但雜家中却不乏傑出之士。如呂氏春秋是也。呂不韋不學無術，不足語於學術思想家之林。其書之實際著作人，則多學貫天人，兼通百氏之通儒。惜不能詳其姓氏。又因其書成於衆手，旣缺乏中心思想，亦無堅定明朗之主張，未足以成家派也。

最後講科學。

後世於先秦學術，標榜政教名法者多，稱述科學者少。實則其時科學極爲發達，惜不爲人所注意，遂致沉埋淹沒，不爲人知。亦無人繼起，遂任其如曇花之一現，暴開暴謝。其後斷斷續續，時有科學家繼起。不過政治上旣不重視，不提倡，學術界亦不標榜，全靠個人興趣，自己研究，自己努力，亦即任其自生自滅。此中國科學不發達之主因。此派學人，即以自然界事物爲其研究之對象。今據漢書藝文志，著錄天文二十一家，四百四十五卷。其說曰，「天文者，序二十八宿，步五星日月，以紀吉凶之象，聖王所以參政也。易曰，觀乎天文，以察時變，然星事殉悍，（顏師古註，殉，讀與凶同。）非湛密者，弗能由也。夫觀景（影）以譴形，非明王亦不能服聽也。以不能由之臣，諫不能聽之主，此所以兩有患也。」又著錄歷譜十八家，六百六卷。其說曰，「歷譜者，序四時之位，正分至之節，會日月五星之辰，以考寒暑殺生之實。故聖王必正歷數，以定三統服色之制。又以探知五星日月之會，凶阨之患，吉隆之喜。其術皆出焉。此聖人知命之數也。非天下之至材，其孰與焉？……」今按天文歷數皆純自然科學。其書雖不著撰人姓氏，要皆出於周秦西漢。可見中國科學發達之早，著作之多。又漢志並載醫經七家，二百十六卷；經方十一家，二百七十四卷。皆醫藥科學之著作。此外漢志所不載，以及歷代續撰之醫藥學書籍甚多。最偉大之著作，計有素問，傷寒論，本草綱目，證治準繩，醫宗金鑑，以及永樂大典，古今圖書集成所收醫書，皆不朽巨著。就最古的素問而言，書成於戰國末期，託之黃帝。已幾經散佚修補。內容計八十一篇。分四大部份：一是關於解剖生理的，二是關於病理的，三是關於診斷的，四是關於療法的。對於人體組織構造，已經把骨骼，內臟，經絡，俞穴，氣血等等研究清楚，生理上彼此的關係，各部份的作用，也都能熟知，這是醫學的第一步。如何會發生疾病，是第二步。診斷病情是第三步。這部份最重要，也最難。據素問所載，診斷方法有診脈，察色，聞聲，問病……等等。即現代所謂望，聞、問，切。診脈之學始於扁鵲。（見史記扁鵲倉公列傳）按由血脈跳動察知病情，由上古時人發明，歷二千餘年猶驗，可謂爲神奇。其最初發明當由無數次實驗而來。其事精細微妙，非有極精密之頭腦，深邃之學理，豐富之經驗，確實之統計記錄，不能發明。現代之所謂科學方法也不過如此。西醫用聽診器聽胸部背部，也是由血脈跳動情形察知病情。大家即認爲科學方法，於診手脈察知病情，則稱爲不科學。就此一端而論，不能算公道。又自扁鵲發明診脈學後，至晉王叔和又加以研究進展，著有脈經十卷，他把脈理分作二十四脈，視扁鵲脈理又有進步。再後又分爲二十八脈。到了明朝又有李時珍著「瀕湖脈學」，和「奇經八脈考」兩書，專研脈學。

到現在仍然有高明的醫生僅憑診脈即可診斷病情。只可惜研究以求改良與進步的精神不夠，遂致停滯於初期科學階段，不能與西學之日新又新者並駕齊驅耳。

論醫學家則春秋時代有扁鵲，至今尊爲內科聖手。他能於病未發時預知其病。今天科學發達至此程度，尙不能預知病情，而三千年前中國醫學家能之。西漢倉公（淳于意）創立病案。東漢張機（仲景）著「傷寒論」，內載三百九十七法，一百一十三方。備論傷寒及一切外感病。據說今天的西醫尙不能及。三國時的華陀，爲外科聖手。他已發明用痲醉藥療病，能動手術。能爲關公刮骨療毒，也敢爲曹操破腦醫風。講到醫療方法，則有內服湯藥，醪醴，針灸，砭石，湯熨，以及外科手術等等。總之，中國醫學以人體，藥石爲研究對象，以爲人療疾除災爲目標，以望聞問切，各科醫療技術爲方法。由五千年前神農氏嘗百草製醫藥開始，到今天五千年，反落西方之後，此乃近代之過，國人之恥。不知亦有能發憤研究進步，急起直追者乎？

此外學派尙多，不能一一列擧。其先秦各家學術，亦僅能簡單擧要如上。作者另有「先秦諸子導讀」一書，備論先秦學術，可參看。

第三節　萬古常新之正統學術

孔子大聖；其爲德也，民無能名之。曾子，子思，孟子，得孔學眞傳而宏揚之，亦闡述之。吾人就論語，大學，中庸，孟子而窺儒家歷聖相傳之學術，應不失其眞。四書中所論爲學作人之道，放諸四海而皆準，百世以俟聖人而不惑。其爲道也，正如尙書洪範所言，「王道蕩蕩，王道平平，王道正直。」終身行之，有不能盡。及今太空時代，眞正言學術，仍不能超越其範疇。站在民族立場，挽救民族命運，擴展民族前途，不能不從學術文化上着手。今天的學術，恐不足以當此任。改弦更張，恢復古之道，開拓新機運，有待於學術界之努力。職此之由，就正統學術擧其要而鈎其玄，以現代眼光作新的探討，實不可緩之急務。

一、以發展人性爲起點

人之性善。性善爲人類之所同。同之中不免有小異，所以孔子說性相近也，習相遠也。說相近即指大同中有小異。再加以相遠之習，遂離而愈遠。中庸說「天命之謂性，率性之謂道，修道之謂教。」即是性善論。因性不善即不能成爲道。孟子講人性無不善，則强調其大同。惟性雖善亦有時由外力而變質或失去。所以要教，教就是修道，也就是扶持本性，使不變質，不失去。此教育事業之所由生。教育事業繁複萬端，艱難而任重。不能不研究體認，實踐力行，並在實踐中求改進，因而構成學術。此學術之所由興。

大學講明明德；明德就是本性，明明德就是彰明本性。中庸講盡性，與大學同義。由盡性而達到參天地，贊化育的境界。孟子就着重在如何明明德盡性。在盡性的方法上他提出存其夜氣，求其放心，不失其赤子之心，以及集義養氣等等。同時强調性善，大講其性善論。這是第一步。

接着就要講如何發展，使本性既不喪失，亦不變質，更要進一步使之發揮作用，以成事功。大學以格致誠正修齊治平爲功夫。中庸則只講一「誠」字。一至孟子，則講推恩，講擴充仁義禮智四端，講以不忍人之心行不忍人之政。更明白具體的，則是「老吾老，以及人之老；幼吾幼，以及人之幼。」其簡單易行，切實明瞭，無過於此者。

二、以修己治人爲途徑

修己治人是爲學作人的道路，由這條道路可以走到最高目的。修己是手段，治人是目的，同時也可以說是手段。第一步先修己，第二步再求治人。不修己無以治人，不治人則修己只能獨善其身，不能兼善天下。大學的八條目：格物，致知，誠意，正心，修身，齊家，治國，平天下。由格物到修身，爲一段，是修己；由齊家到平天下，爲一段，是治人。欲治人必先修己，欲修己必自格物始。物格而後知致。知致而後意誠，意誠而後心正，心正而後身修。最後到天下平。這就是說，一切功夫從格物求知起。格物求知就是教育，也就是學術。不學則無知，不學則無術。必學乃有知，乃有術。即等於說，一切從學起。

格物之物應包括物體與事物。就實在物而求，物各有理，即以物體爲研究對象。說事物，即以人事爲研究對象。事亦有理，研究事物之理，即成爲倫理，社會，政治……等等學問。以物體爲對象，即對自然界所得之常識。孔子所謂學，兼包二者。學而時習之，即指事物。詩可以興，可以羣，可以怨，邇之事父，遠之事君，多識於鳥獸草木之名。事父事君指事物，多識鳥獸草木之名指物體。肅愼氏之矢，人不能識而孔子識之。故人稱夫子博學而多能。孔子自謂，「吾少也賤，故多能鄙事。」亦兼指物體與事物而言。就格物以致知而言，朱子解爲即物窮理，本不錯。是指知識由外面求來。陽明必指爲格者正也；格物者，正物也，蓋此心即理，無假外求。不知心中之理，僅限於某些事，而不能及於所有事。更不能及於外面的物。學由事來，亦由物來。事無限，物亦無窮，故必一一以求之。如解爲以心中之理正外界之事，即有所窮，有所限，而非經文逐層向前推進之意。就此一點而言，我服膺朱子之說，以其合於經旨，亦合於教育與學術之理也。

治人屬於政治，不過孔子又說修己以安人，修己以安天下，因而有老安少懷之論。所謂治人，是與修己相對而言，非盡統治之意。所以論家庭則說齊家，論國家則說治國，論天下則說平天下。講到政治，則說先之，勞之。先之勞之就是爲人民辦事。人民的事先人民而知之，憂之，亦身任其勞。並非完全統治之意。用現代術語來講，就是公僕政治，服務的人生觀。「仕而優則學，學而優則仕」。仕就是從政。已從政而優，仍要學，學無止境，即萬事萬物而窮其理也。學海無涯也。學而優則仕，學以仕爲歸也。「吾豈匏瓜也哉？焉能繫而不食？」繫而不食即學而不仕也，亦即學而不用也。學而不用則學也罔，修己而不安人，則人生之意義失，亦不能贊天地之化育而參於天地。所以孔孟一生皆棲棲皇皇，至老不休，求有用我者而行其道以濟世。此學術之所以爲學術，而人所以貴於爲學也。

次論修己之道。

孔子講「學而時習之」，講「弟子入則孝，出則弟，謹而信，汎愛衆，而親仁。行有餘力則以學文。」又講「先行其言，而後從之。」其教人也，由灑掃應對進退教起。這是說爲學要有次第，爲學次第是由近而遠，由卑而高，由小而大。一步步學，一步步作。「無欲速，欲速則不達。」「譬如行遠必自邇，登高必自卑。」此爲學第一義。學了就要作，要時時作，在日常生活中學，即在日常生活上作。所以屢屢說習，行，發。習是習練，不是溫習誦讀，由論語全書論學各章可證。「子路有聞，未之能行，唯恐有聞。」可證學而必行，學而即行。「吾與回言終日，不違如愚，退而省其私，亦足以發，回也不愚。」省其私是察看他的私生活。足以發，是足以發揮其所學。就是把所學得的道理在生活上實踐出來，發揮出來。一方面是即學即行，學有所用；一方面是行之中又可得學，亦可進學。此爲學第二義。

所學既爲事與物，又要在生活中實踐力行，就是生活教育。就學術而言，所學所用既屬民生實務，則其學爲實學，其用爲實用。以實學爲實用，即是孔門學術。

次論學而必思。

學是就書本學，從師學，亦就民生實務上學。或兩眼看來，或兩耳聽來，或由事物上體認得來。但學海無邊，竭一生之力，所學能有幾何？事物繁多，不相連屬，僅憑記問，又能幾何？因此必須學又而思。學其然思其所以然；學其表，思其裏；學其一，思其二；學以知之，思以貫之。學而不思不能融會於心，故曰學而不思則罔。學一以知一，學二以知二，舉一隅不以三隅反，不能融會貫通，不能稱其爲學也。所以禮記學記說，「記問之學不足以爲人師。」賜也聞一以知二，回也聞一以知十，孔子承認賜不如回。聞一知二愈於聞一知一，知十又愈於知二，至於孔子大聖，則曰，「汝以予爲多學而識之者歟？曰然。非歟？曰非也，予一以貫之。」一以貫之所貫者幾何？曰無限。能以「一」貫無限，則其學無所窮，無所碍，亦無所止。於是乎無所不知，無所不能。故曰博學多能。

思固然重要，但徒思而不學，將涉於空想，無事實，無依據，亦無憑藉。空想易涉玄虛，無益於實務。閉門造車出門未必合轍。以不合轍之車行於轍，其敗也必矣。故曰思而不學則殆。學而思，思而又學，斯爲學之坦途。中庸融貫聖人之學而闡述之，曰，「博學之，審問之，愼思之，明辨之，篤行之。」斯眞能得聖門爲學之旨者。

三、宇宙中以人爲中心，人以心爲中心

宇宙廣大，至富至高。無所不有，亦無所不包。人類求知，無厭無足，於此廣漠無際之宇宙，雖無所不求，但不能不立一中心。天不能不知，但天與人類生活無密切關係。萬物不能不知，但站在人類立場，人爲主而物爲客。天，人，物，雖均爲人類求知對象，但天之事不可究極，非人類所切要。物之理無窮盡，不急需。則最急於瞭解的莫過於人類本身。如必欲求知天，可能永無結論。必定急求結論，則只有歸之於神。歸之於神即可以在人類心中認爲解決。這就形成宗教。物之理在外，必一一向外去求，乃能有所得。人之理在內，可以說即在我心，歸而求之吾心，當下即得。人數雖衆，但人同此心，心同此理。即心有所同然。得一可以統萬。人之事繁，爲人生所不可離。亦爲人生所不可不知，則人類求知，應以人類本身爲中心，乃順理成章，自然之事，亦應然之事。正統學術順天應人，一切學術以人爲中心，亦以人爲範

疇。天之事存而不論，物之理爲人而求，可以後人而求。即儘一切力量先求知人，以人爲中心。天之事，物之理，皆站在人的立場求之，利之，應之。此正統學術之爲學態度。

世界人類興趣不同，作法亦異。有人對天之事發生興趣，求知天過於人與物。循此而進，即形成以神爲中心的文化，是爲宗教。又有些人對物之理有興趣，求知物過於天與人。循此而往，遂又形成以物爲中心的文化。前者爲宗教家，後者爲科學家。我國正統學術獨對人事有興趣，求知人過於天與物。循此而往，即形成以人爲中心的文化。成爲倫理道德家，教育政治家。宗教家盛於西方，科學家亦盛於西方，倫理教育家則在我中國。長於此者短於彼；西方自然科學領先，而倫理教育政治，則只有求之於中國。就今日而論此三中心文化學術，則爲人造福者爲自然科學，爲人製造禍患者亦爲自然科學。甚至可能毀滅人類者，亦將是自然科學。宗教家以救世爲懷，其動機無可厚非，但挽救人類浩刼，顯然無此力量。**則拯救人類者，惟有待於倫理教育與政治學。則中國學術爲世界人類救星已無疑義。有此力亦有此心。故中國學術由孔子至　國父孫中山，始終以救世界救人類爲抱負，亦即以此爲終極目標。此正統學術以人爲中心之苦心，亦即其價值。**

宇宙之中有天，有人，有物。天之事不能見，不能確知，不能確指。能見能知又能確指者，惟人與物。物無知亦無能。人則既有知亦有能。就能見能知又能確指者而言，則宇宙之中心在於人。安頓此宇宙者亦爲人。此中庸所謂贊化育，參天地之說也。正統學派有此認識，亦有此氣量，故毅然肩起此重大責任，而贊佐化育，參於天地。**我們不把人類與萬物的事情寄望於不可必知的天地神明，委責於天地神明。而挺身引以爲人類自身之責。更進一步，具體而言，在每人心中即將此大任放在自己身上。好像在我們心目中，宇宙雖大，但有一中心，中心在人。我爲人，即中心在我。此非誇大狂，而係責任感。亦係一種超越的識力。可貴的精神。**

就人而言，人又是個極其繁雜微妙的東西。有五官百骸，亦能視聽言動；有聖哲賢愚，亦有是非善惡。構成此社會萬象者，一切皆由人。就事象言，複雜萬端，不可捉摸，但如能提綱挈領，亦有一中心。此中心何在？即在人之心。如能掌握人之心而痛下功夫，則一切問題可迎刃而解。不僅人事可入於正軌，萬物亦遂其生，宇宙亦得其所。此中庸所謂「喜怒哀樂之未發謂之中，發而皆中節，謂之和。致中和，天地位焉，萬物育焉。」喜怒哀樂發自心；發而中節，即心得其正。心得其正可以使天地位，萬物育。育是生，位即是安。這無異於說，**使宇宙得安，萬物得生，人類得和的，即在人心。則人心即爲宇宙之心也。歸結起來，就是宇宙中心在人，人的中心在心。則人心即宇宙萬物之中心。**

儒家有此認識，於是緊緊抓住此一宇宙中心而痛下功夫。舉凡克己復禮，率性，修道，設教，推恩，盡性，存其夜氣，求其放心，乃至於大學之三綱領八條目，中庸之誠，孟子之知言養氣，擴充四端……無非都是在人心上作功夫，以培養此中心爲專務。即尚書所謂「人心惟危，道心惟微；惟精惟一，允執厥中」之訓，儒家奉爲心法，名之曰十六字心傳，仍皆爲治心說法。總之，一切功夫着力處，無不歸於人心上。能領此旨，方能認識儒家爲學宗旨，正統學術之眞精神。

國父孫中山先生也有此認識，所以他也能上承正統學術而緊緊抓住此宇宙中心而入手用功。他說，「夫國者人之積也，人者心之器也，而國事者一人羣心理之現象也。是故政治之隆汚，繫乎人心之振靡。吾心信其可行，則移山塡海之難，終有成功之日，吾心信其不可行，則反掌折枝之易，亦無收效之期也。心之爲用大矣哉！夫心者，萬事之本源也。滿清之顚覆者，此心成之也；民國之建設者，此心敗之也。」（孫文學說自序）今按此論，實前聖所未發，學者所忽視，而國父獨能知之深，用能爲此深入淺出之論，以發人深省。且更進一步，即本此旨，創爲孫文學說，作爲心理建設之礎石。其識力精深，學養深邃，有非常人所能及者！即證正統學派之所以爲正統，眞理之所以爲眞理也。

吾人試於今日曠觀世界，即知舉世所瘋狂奔競者，無非物的追求。宗教家雖聲嘶力竭，以神的意旨挽救人禍，但一究其效果，則不能濟於事也明矣。然則捨正人心之一途，又將何所資以奏效？獨惜此瘋狂世界往而不返，捨宇宙中心，萬事本源不求，而惟逐其末，無怪人禍日深，危機日重而不見挽救之道也！有能翻然覺悟，改弦易轍者乎？吾將馨香禱祝以求之也。

四、博，約，通，用

作學問要有廣大的基礎。欲有大的基礎，即須有廣泛的知識，豐富的經驗。知識廣了，才可以縱橫通貫，相互印證發明，得左右逢源之妙。深根必在廣大的基礎上才能紮穩。高樓也只有在廣大深厚的地基上，才能建立起來。因此，作學問第一步即要求博。上引中庸的話，一開頭就是博學之。又說，「故君子尊德性而道問學，致廣大而盡精微，極高明而道中庸。溫故而知新，敦厚以崇禮。」內而尊德性，不失其本心也。外而道問學，以廣見聞，擴充知識領域也。致廣大者，建立廣大基礎也；盡精微者，學有深根，造詣深邃也。極高明者，超乎衆人之上，爲人所仰慕也。道中庸者，平易近人，不偏不倚，合乎民生實用也。這一段短短的話，實道盡正統學術所有方法與態度。

只博而不約，將使學術無中心，泛濫無歸宿，淺薄而無專精。必定博觀而約取，才能達到精深的目的。只博覽而無專精，將使學術無貢獻，無大用。所以爲學貴乎先博覽而後求專精。即古人所謂由博返約。

孔子說，「君子博學於文，約之以禮。亦可以弗畔矣。」顏淵說，「夫子循循然善誘人，博我以文，約我以禮。」約於禮是一種約法。禮是生活規範。其實質爲仁。約於生活規範是在思想與行動上作一約束。至於學問，則要約於一專。「德行：顏淵，閔子騫，冉伯牛，仲弓；言語：宰我，子貢；政事：冉有，季路；文學：子游，子夏。」以上所學，可以說是一種性格；也可以說是一種專精。也就是所謂約。

那時學問門類少，現在門類多，且愈來愈多，愈分愈細。勢非有所專一不可。

通有二義：學理上縱橫通貫，是學術本身的事；通達事理，能將所學用於民生實務，是與用相連的事。聞一知二，聞一知十，是通。一以貫之是大通。由學而思得來，不思不能通。思即能悟，悟始能通。又由博而得來，不博不能通。博即所知者多，多即能通。天下事物有同然之理，甲如此，乙如此，丙亦如此。「如此」之理即通於甲乙丙。天下事同於甲乙丙者多，則「如此」之理通於天下同然之事物。此學理相通之一面。甲學問自有其用，乙學問亦自有其用。甲乙之間又互相為用，不能各個獨立。甚至一種學問有待於多種學問之組合，或助成。如習政治者必通經濟，通教育，通法律……等等。習教育者必通於哲學，通於心理學，通於社會學，倫理政治……等。習文者必通於史，習史者必通於文。尤以歷史學為最複雜，最艱難。幾乎於學無所不包，修史者，習史者即應無所不習，無所不通。不通即不能下筆，不能於史變洞徹通明。此學理相通之另一面。至於說到與民生實務相通，則　國父孫中山先生之學即最好例證。國父於學無所不窺，是人人知道的。一次邵元沖問，「先生於學究何所專。」國父說，「予無所謂專也。凡有助於予之革命者，無所不習。可以說予之所學，革命之學也。」我們研讀　國父遺教，知道他本習醫，是醫學家。但一部三民主義，包括了多少東西？一部孫文學說包括了多少東西？由最抽象的哲學，文學，史學講起，一直講到政治，經濟，社會，法律，以及自然科學，應用科學，天底下所有的學問都包括了。這就證明，各科學術彼此之間都要能通，對於民生實務又要能通。愈能通的廣，通的透，其效用愈廣，愈大。所以中國學術於學講通學，於學者講通儒。現在我們又講通才，實行通才教育。即是此意。孔子教人學詩，學禮，他說不學詩無以言；不學禮無以立。又說「誦詩三百，授之以政，不達；使於四方，不能專對，雖多亦奚以為？」不達就是不通。書中所習不能用於民生實務也。可見誦詩三百，目的是要授之以政而能達。出使四方而能專對。如不能，即學而無用。學成枉費。

進一步講，最實際的科學，最抽象的哲學，表面看，極端相反，深究起來，也屬相通。每一門學問都有其最高，最深的原理，這最高最深的原理就是哲學。自然科學講到最後，也有其哲學。也與哲學相通。所以在哲學上，門門都相通。因此，在學術上最忌劃分壁壘，或畫牢自限。一定要把視線放廣，氣量放大，手法放靈活，心理上尤其要縱橫通貫，打破壁壘，想得通。這樣才能有大的成就。上面所講通學，通儒，是也。現在實施通才教育，也是此意。

最後講用。

爲學必有用，不用則學爲罔費。如學而不能用，則一切落空，成爲無意義。前引大學八條目，格物到修身，是學；齊家到平天下，即是用。博學審問愼思明辨都是學，篤行則是用。學而優則仕；學是學，仕即是用。「吾豈匏瓜也哉，焉能繫而不食？」不肯繫而不食即是求其用。「如有用我者，吾其爲東周乎。」盡性推恩是學，是功夫；參天地，贊化育就是功用。且是最高最大的功用。誦詩三百授之以政也是用。總之，儒家教人爲學，首先懸一最高目的，即是用。離開用，一切學問全失其意義。

孔子以六藝教人，禮樂射御書數，都有用。爲魯司寇，攝行相事，即是用。三月而魯大治，是用而效。國父一生手不釋卷，是學；一生奔走革命，是用。高談爲學問而學問，以自鳴清高，是一種自誤誤人的謬論，不足爲訓。

用有大小。小才不可大用，大才亦不當小用。小才大用將誤事，大才小用則使才遭埋沒，實在可惜。孔子最善量才爲教，亦量才爲用。對於弟子皆能因其才而量其用。就學問知識而言，學之淺深廣狹固能直接影響於用。就道德與氣量的修養而言，則責任之大小輕重，乃至危難之扶持，皆有甚深之關係。曾子說，「可以託六尺之孤，可以寄百里之命，臨大節而不可奪也，君子人歟？君子人也。」這就不是知識學問淺深的問題，而是道德，氣量，操守的問題，在學問知識之上。孔子解釋說「君子不器」。即是此意，蓋器各有用，一器一用。君子成德達才，不以器用爲限，故曰君子不器。吾人爲學求用，當在此等大處高處着眼，不可只低下頭看一器之用。近世社會風氣，特重理工農醫，皆屬一器之小用，其着眼於擔當大任的君子之學者，實寥寥無幾。此於學爲捨其大而就其小，捨其本而逐其末，捨其高而就其卑。不能在大處着眼，於國家無益，於青年有損。欲求在亂世中培養領導社會的大思想家，擔負國家重任的大政治家，戛乎其難哉！

用又有有形與無形之分。有形之用看得見，抓得着。無形之用看不見，抓不着。有形之用屬形而下，因爲看得見，抓得住，所以大家都能把握。無形之用屬形而上，因爲看不見，抓不住，所以很少人能把握，遂常常被人忽略。這無形之用雖然看不見，抓不住，但並非無用，只是其用在形下之用之上。有一種超於用之用。換句話說，就是形下的有用之用實在受形上的無形之用的支配與控制。因此作者又名之曰有用之用與無用之用。哲學，教育學，文學，藝術，……表面看都無用。尤其是哲學，最無用。學哲學的畢業後無處可擺，無事可作，只有寄放在其他學科上，或一般工作上。實在無他的專業可作。照這樣說，哲學應廢止，大學哲學系也應該關門。但事實上並不是這樣。環顧世界上文明國家，無不講習哲學。優秀民族必有其自創的哲學。沒有那一國，那一民族把哲學拋棄。愈文明，愈優秀，就愈要講的起勁。這一無用學科並不受人輕視。雖至太空時代，哲學仍然公認爲立國根本，民族生存的命脈。最近我國風氣過於偏重有用之用的實科，比較輕忽無用之用的文史教哲，就利害言爲不智，就民族生存言，是一種隱憂，也可以說是危機，實有改進的必要。

五、尊德性而道問學，致廣大而盡精微，極高明而道中庸，溫故而知新，敦厚以崇禮。

中庸講學問，有幾句非常扼要而又中肯的話，即前引之二十七章中，「故君子尊德性而道問學，致廣大而盡精微，極高明而道中庸。溫故而知新，敦厚以崇禮。」這一段話實道盡了正統學術的眞精神，眞方法。每句話都包括相對的兩面，避免偏頗，避免有所蔽。德性在內，學問在外。尊德性是將功夫向內用；道問學是將功夫向外用。欲致廣大就要博覽，要廣泛吸收知識，建立大的基礎。盡精微則要切實精細，作研究體察的功夫，不可粗枝大葉，務廣而荒，泛濫而無所歸宿。就是說，既要博又要精。極高明是志趣高，目光遠，氣量大，造詣深。道中庸則又戒勉學者，不可因好高騖遠而高談玄理，不切實際，不合人羣需要。也就是與現實脫節。又不要走偏鋒，入歧路，而要老老實實，規規矩矩，走正常的大道，平易而近人。使成爲人生所不可離之道，不可不知之學。溫故是熟習已知的，知新是知道從前所未知的。由已知推未知，即由習舊而生新。不以知舊爲已足，而貴乎創新，也貴乎聞一知二，知十。敦厚是內在的德性，崇禮是外在的儀表。綜合起上面幾句話，意思就是教育我們，在爲學時思想要周密，作風要穩妥，不要只顧一面而忘掉另一面。尊德性是好的，但在尊德性時不要忘了同時也要道問學。致廣大是好的，但在致廣大時不要忘了同時也要注意盡精微。極高明是好的，但在求高明時不要忘了同時也要道中庸。不僅能溫舊的，也要能知新的。不僅內而敦厚，也要外而崇禮。這樣就面面俱到，不致發生流弊，成爲偏頗不全的學問了。**像這樣淵深博大，完備周到的學術思想，天底下再也找不到第二份了、我們何幸而生爲中國人！有這樣好的學術思想，眞當愛護珍惜，遵照實行，將學問確確實實作好。**

六、由格物致知而治國平天下，由下學而上達。

大學全文所講，實以爲學次第爲中心。首揭三綱領，繼述八條目。三綱領可以說是大目標，八條目則是講功夫次第。先由治國平天下逐步向前推，最後推到格物止。這就告訴我們功夫的起點就在格物。由格物而致知，一步步落實，一步步收效，最後即可達到平天下的地步。八條目以修身爲中心，前四目爲內治，後三目爲外修。先修己後治人。修己爲手段，治人爲目的。由近而遠，由小而大，不能躐等。功夫必從小處近處起，最後目標不能不在最初時奠定。此古聖爲學苦心，成功途徑，未可忽視。譬如行遠必自邇，登高必自卑。學海無邊，自然要一點一滴學。由孩提以至衰老，一步步向前，不可稍爲鬆懈。在步驟上必定要按步就班，循序而進。「無欲速，欲速則不達。」作學問不可以性急，不可求速效。「鐵杵磨成針，功到自然成。那有一鍬挖個井？那有一筆畫成龍？」爲學不論淺深，步驟不容紊亂。這是定而不可移的道理。

儒家教人爲學，最重次第。由灑掃應對進退作起，是次第。入則孝，出則悌，謹而信，汎愛衆而親仁，也是次第。由格物致知到治國平天下，仍然是次第。都是由小處近處起。起點要小要近，當無疑義。起點雖不可不低，立志則不可不高。目標不可不遠，氣量不可不大。此一遠大志氣，應當就在孩提初入學時立下。使他在初學時即在心中有一理想遠景。這一遠景崇高偉大，美麗幸福，但却不難到達，就在眼前實地上，並非高不可攀。這遠景中有一崇高境界，也有一種責任感。這裏面有自己的利益，也有人羣的利益。在二者不可得兼的時候，自願犧牲一己利益而爲大羣。就個人人格造詣而言，這裏有聖有賢，可以參天地，贊化育。假如在幼少的心靈中就擺上此一遠景，就是一種最高的教育，最有意義的學術。隨時隨地可以養成一種心理習慣，以及作風。自然而然陶鑄成爲人而不爲己的君子風度。在心理上不空虛，在學術上有意義，在感覺上有無限的光榮。心中有此一遠景，可以在無形中促使其向上，向前，始終在正軌上進行，走一步有一步的收穫，一步的造詣，走兩步有兩步的收穫和造詣。不怕學業所就不大，有一點一滴，即是於人羣有益的。走不上偏差路，作不成害羣之馬。假如所就稍多，即爲士，爲君子，爲聖賢。在勳業上小之造福一鄉，一邑，大之則一國，乃至全天下。最低限度，也可留一典範，永垂不朽，而其人亦可永垂不滅。孔子以老安少懷爲志，時時在安懷路上奮鬭前進。愈上愈高，最後乃成聖人。秦始皇與二世以百姓爲犧牲，供一己享受爲志，其結果遂成千古罪人。此一强烈對照，足使吾人警惕！

孔子講下學而上達，下學是起點，上達是終極造詣。不下學無由上達，不上達則下學只是下學，其學不貴。灑掃應對進退是下學；治國平天下是上達。入則孝，出則悌是下學，成聖成賢成君子是上達。在下學時即不忘上達，時時奔向上達，則愈走愈近，愈走愈接近聖賢君子。上達的境界在上，在前，必求其上，乃能上。如根本即未立志求上，自然永遠不能上達。我們經常看見有些人只知下學，並不求上達，如果說明，則其所謂上達，無非是升官發財，作大官而不是作大事。**假如大家都在孩提初學時代即立一遠大志向，力爭上游，時時求上達，則學術風氣立可丕變，國家社會皆蒙其利，人民生活立可改善，民族文化亦立可改觀。**

在學術本身上，求上達是一種作法，不求上達又是一種作法。旣經立志必求上達，則其任重，其事繁，其阻礙艱難必層出不窮。則欲肩此重任，必先苦其心志，勞其筋骨，空乏其身。也就是煅煉其身心，修養其德行，廣求學問，以求適應需要。立廣大基礎，作精深研究，並站在國家民族立場，求國利民福，世界大同。假如根本沒有上達之志，則心中並無一種宏遠廣大的遠景，肩上也並無要擔當的責任，則這學問也不過就興之所之，性之所好，學下去就是了。旣沒有美麗的遠景，崇高的嚮往，遠大的計劃，不過爲了應用，就所用的去學而已。可能是枝枝節節，零零碎碎。也可能並未料到將來的後果。

其甚者，拋棄民族立場，而爲敵用，以危害自己的國家。這一苦果我們不是已經吃過了嗎？言念及此，不寒而慄！

作學問猶如建築，一個人準備作二十層高樓，則他在破土以前就要作一計劃，地面要多大，地基要多深，材料要多少；作法，工人，一切問題都要先作好準備。一路作，一路要想到二十層的事情。這樣作下去，儘管一生未作完，但基礎既穩固又廣大，工作也是堅實的，作一層有一層的用，十層有十層的用。穩妥可靠，工既不枉費，作風亦足爲典範。後人也可以接着向下作。沒有遠大計劃的，其作風是破了土就砌磚，基礎既未打深，範圍也未打大。作一層算一層，作了第一層並未想到上面的第二層。式樣，構造，作法，都可能隨時改變。最後作出來是否合用，是否堅實可靠，都不能知道。這樣作是有相當危險性的。

子貢說，「文武之道，未墜於地。在人；賢者識其大者，不賢者識其小者。……」(論語子張)這是說，聖人之道即在眼前；賢者能識其大者，即擇其大者高者而記之，因而嚮往之，亦仿行之。不賢者則只能擇其小者。如再引伸一句，則我們也可說，賢者「志」其大者，不賢者「志」其小者。以其大者爲志，即有高遠理想之謂，也就是學求上達。如只志其小者，則所就者能有幾何？樊遲請學稼，又請學爲圃，孔子斥爲小人。即以其所志者小，蓋稼與圃雖能福國利民，然其效用小。作用低，爲學而志於此、其價值不高，效用不宏。君子志安天下，其功用有千萬倍於稼與圃者，故不暇於稼與圃。 國父孫中山先生本來學醫，爲醫師，其業在爲人解除痛苦，延長壽命，本屬高尚事業。但 國父並不以爲滿足，在他認爲，如只作醫生，所救者幾人？如革命救國，所救者民族國家，其效果視醫生何止千萬倍？又如救中國仍不足，如能進而救世界，救人類，則其效用豈言語所能道盡？所以他毅然決然，放棄醫業而從事革命。又不僅革命以救中國，又創造三民主義，既救中國，又救世界。用能有如此造詣，如此成就。溯本窮源，其革命救國之志早在習醫之前已經決定。所以我們說,在孩提初學時即當立志求上達。孔子與 國父,即最高典範，最顯明例證。

上達並不難。孔子說，「仁遠乎哉？我欲仁斯仁至矣。」孟子說，「舜何人也，予何人也？有爲者亦若是。」是就道德修養而言者也。國父說，「革命基礎在於高深學問。」是就學術本身與功業而言者。可知在道德修養上成功易，在事業上成功比較難。不過話要說回來，學問作到相當程度，能左右通貫，已可因應無窮。只要基礎打得深厚，範圍放得廣博，便能一通百通，泛應曲當。亦不必過份恐懼其艱難。不過功夫不能鬆懈，心中不可自滿耳。國父一生奮鬪革命，一刻不停，爲學用功，亦一刻不停。用能在革命事業上成就，在學術造詣上也作到「致廣大而盡精微，極高明而道中庸」的地步。以醫學出身的科學家而能在哲學上有創見，立新說，即證其造詣之深，功力之純。吾人爲學，如不能歷覽前聖後聖而領其教，亦罔而已矣！

七、求實

所謂實是忠實，確實實在。以忠實態度，據實際材料，研究實際問題，採用實際方法。研究學術要有作用。倘竭畢生之力從事於學術研究，而對人羣毫無作用，使功力罔費，便是沒有意義。即使有而作用不宏，亦不可用。作學問不可鑽入象牙之塔，與現實人生隔絕。也不可捨實地而建築空中樓閣。這是實的第一義。態度要忠實，是心術問題。對學術忠實就是心中有責任感。前引章學誠講史學，於劉知幾所提才學識之外又加史德，即證他特別强調史家必須有史德，有史德就是對史學要忠實。是非曲直以及爲功爲過，都應當平心靜氣據事直書，不容有半點偏私，絲毫恩怨。他解釋這所謂史德，就是心術。也就是道德心。此道德心用於處世對人，即爲君子；用於學術，即爲學術道德。又要知道一個理論發表，一種主張提出，即發生極大影響。一有不慎，即貽害無窮。馬克斯的理論害苦了全世界人類！足爲炯戒。因此必存心忠實，考慮到可能發生的後果。以一種高尚的責任感從事於學術。這是實的第二義。前面講過孔門教育是生活教育，其學術亦是生活學術。就是說以實際生活爲材料，在實際生活中找問題，求解決。不要捨實務而空談玄理。所以「夫子之文章可得而聞也，夫子言性與天道，不可得而聞也。」子路問事鬼神，孔子教他先求事人。問死，孔子教他先知生。這就是明明白白教他，不要捨人事而任鬼神，不要捨實務而空談玄理。孔子以六藝教人，也就是教人從六藝學起。禮樂射御書數，都是民生實務。入則孝，出則悌，謹而信，汎愛衆而親仁，也是生活日用之事。教人老安少懷，更是以修已安天下爲歸宿。其求實精神隨處可見。此實之第三義。爲學必須讀書，這是天經地義。書本之外又必以實生活爲活書本。天地之間無處不是學問，即無處不是書本。如必以書本爲限，則「堯舜時讀何書來」？子入太廟，每事問。即是以太廟爲學校，以祭祀之禮爲書本。這還不算，讀書是學習，實踐力行是應用，也是學習。「學而時習之」，即一面學一面行，行就是學。灑掃應對進退是行，也是學，就在灑掃應對進退中學習生活之事，亦習禮也。這種學習才是最實在有效的學習。此又實的第四義。有此四義，足以表現正統學術之求實精神。有此求實精神，所以其學終爲民生所不可離。在學術界中亦終如北辰之高拱，爲羣星所嚮往。

八、取法於師，求益於友，嚮往於古先聖哲。

學必有師；師者，傳道，授業，解惑也。孩提無知固有待於師之誘導；年長爲學，亦必賴於師之啓廸也。孔子師郯子，萇弘，項橐。子貢又說聖人無常師。（論語子張）孔子自己則說，「三人行必有我師焉。擇其善者而從之；其不善者而改之。」七十子之流，事孔子如父。孔子死，服心喪三年，廬墓三年而後去。師道之尊如此！師之不可離又如此！擇師之道又廣泛至此。則師之於學，重要可知。降至兩漢，學有歧而師說有別，因而家法森嚴，壁壘以立。於學術之歧出固足示人以不廣；於師道之推尊，則有足多。

師在上，有其尊嚴。師之外，有朋友。師以教，朋友以相切磋。「獨學而無友，則孤陋而寡聞。」惟友有益友有損友。擇師之外又須擇友。擇益友可以補師之不足，而輔我進德修業。「以文會友，以友輔仁。」則朋友之於學，亦未可輕忽。

古先聖哲爲人倫典範，學之所向，心之所存。師在上，友在旁，古先聖哲則在想像效慕之間。人各有友，亦各有師。師不同，友不同，而在古先聖哲則爲人人所共同嚮往。師以此教，朋友以此相期勉切磋，學者以此爲終身奔赴之目標，努力之境界。有古先聖哲，學術上有一共同之中心。大家可奔赴同一目標，效慕同一典範。造詣容有不同，方向則共同一致。正統學術强調此義，故極力强調堯舜之聖，禹湯文武周公之德，以爲人倫極致，政治典型。人人有此典範，人人向前奔赴，永永無滿足之一日，即永永無超過之一日。可以一生嚮往不盡，而一生心中不感空虛。亦一生不停止進步。究竟其聖何如，其德何如，文獻不足徵，皆不能實指，亦不必定爲之實指。總之，心中有些一最高最上之理想境界，作一生爲學目標已足，不必定爲之實指。此正統學術之可貴作風，未可厚非，亦未可訾議。道家，墨家，法家，不能深領此旨，必非毁之而後快，撤去學者心中之最高典型。此其所以不足以領導人羣，支配學術，視正統學術望塵莫及也！

九、文並重，術德兼修

學術既是爲民生，目的即爲應用，則一切作法當着眼在應用。用是廣義的，不僅在理論，亦在事功。不僅在思想，亦在方法。不僅在言語，尤在行動。這樣就要多方面訓練，學習，和應用。既須能文，又要能武；既要用腦，也要用手。多方面着手，多方面習練。這樣才能坐而言，起而行，學足以致用。象牙之塔既不可進，白面書生，弱不勝衣，亦不足擔當大任。必能上馬殺賊，下馬草露佈，才是眞正能安邦定國，出將入相之才。孔門教育以禮樂射御書數爲教材，以德行，言語，政事，與文學爲分科。以從政爲目標。授之以政，要能達；使於四方，要能專對。棲棲皇皇，席不暇暖，無非爲求有用我者。既不要咬文嚼字，尋章摘句，埋首於考據訓詁，也不想言心講性，坐而論道，空言義理。一定要實學實用，篤實踐履，其學足以領導人羣，其政足以止爭定亂。上之足以贊佐化育，下之亦能福國利民。由溫故而知新，能聞一以知十。先獨善其身，再兼善天下。文足以經邦，武足以定國。此眞孔子之學，儒門之教，而正統學術之風範也。捨此皆非其眞，或非其全。未足以言正統學術也。

十、平易近人，平凡中求偉大

儒門教育另一特點，即平易近人，絕不把聖境高懸在另一個境界，令人高不可攀，致使人望而却步，畏懼不前。極力强調事之易，勢之輕，以及路之近。孔子言仁之境即在目前，欲之即可達到，並不難。孟子於此義闡述尤詳。他對齊宣王說，「王之不王，非挾太山以超北海之類也；王之不王，是折枝之類也。」（孟子梁惠王）極言王者王天下之易，亦猶反掌折枝耳。又說，「以不忍人之心行不忍人之政，治天下可運之掌上。」（孟子公孫丑）又引「顏淵曰，舜何人也，予何人也？有爲者亦若是。」孟子滕文公）「道在邇而求諸遠，事在易而求諸難。人人親其親長其長，而天下平」（孟子離婁）「夫人豈以不勝爲患哉？弗爲耳。徐行後長者謂之弟，疾行先長者謂之不弟。夫徐行豈人所不能哉，所不爲也。……」總之，孟子極言聖境之易知易求，其苦心亦猶　國父之創知難行易之說耳。究其實，其事之易極爲顯然，只在爲與不爲耳。決心爲之，立即超凡入聖。

總之，正統學術並不將聖境擺在生以前或死以後，即在現實實在境地上；也並不在邈遠處，而即在眼前。也並不是多麽高，多麽難，而是就在自己本來崗位上輕鬆平易的達成。既不須等到死後再上天國，也不必跑到另一世界去尋求樂園。只要自己當下立志，當下實行，立刻即達聖境，眼前就是樂園。在己而不在人，在今世而不在來生。道在邇不必求之遠，事在易不必求之難。即在平凡中求偉大，羣衆中求超拔。一旦此義昌明，人人通曉，人人力行，即人人可以成聖成賢成君子。而大同世界亦即在眼前，豈難致乎？此正統學術可貴之又一義。

第四節　學術之演進

大家都知道，漢學以考據訓詁爲主，宋學以義理爲主，明代承宋學之緒，仍以義理爲主。清初有漢宋之爭，中葉以後，仍回考據訓詁之路。玆依次略述之。

漢之考據訓詁，乃被動非主動。即客觀條件所促成，非有意於尋章摘句。蓋自秦火而後，典籍蕩然，偶語詩書，挾書而行，均有禁令。至漢惠帝始除挾書之律，文景開始搜求遺書，武帝始立五經博士。元成間劉向歆父子整理內府藏書，典籍始略得復舊。偏偏又因今古文有別，師說家法，門戶派別，各有區分，互不相下，因而紛爭大起，議論沸騰。尤以經文歧出，最爲嚴重。加以古今字體演變，輾轉傳鈔移寫，難免魯魚亥豕之訛。由周之古文大篆至秦而小篆，而隸書，再至東漢而楷書，草書，行書。一變再變，以至四五變，字形殊異，已費周章；文字增演，又由少而多，通假互訓各有不同，經義遂須考證訓釋而能明。此東漢訓詁之所以盛，學風之所以立也。

東漢時期既承西漢今古文論爭之餘緒，經傳文字本身急須確定，章句有待判明，音義訓釋有待推敲。此皆事實所迫，不得不作之功夫。加以光武帝重視文教，崇尚禮儀道德，太學生多至三萬人。則書本之需要，自極迫切，且數量之大，至可驚人。書本之供應既如此迫切，經文之整理自亦隨之。此東漢學風之立爲事實所促成，至爲明顯。因此東漢一代經師多而思想家少。咬文嚼字功夫勝過大義之闡發。其長在謹嚴確實，周詳細密，無一字無來歷。其缺則支離破碎，皓首不能通一經。以論派別，則賈逵，許愼治古文學於前；何休治今文學於後。鄭玄則混而一之。其學力與工力實足稱漢學後勁。

魏晉六朝是中國學術闇淡時期，無足稱述。

至唐而得復蘇，惟未能脫於漢學羈絆。所以在學術上仍以五經正義走考據訓詁的老路。不過唐朝學術氣派大，基礎深，範圍廣。爲唐代學術一大特色。唐人於經學之外，另在史學上開了一條路，遠較漢朝爲盛。不過就唐代而言，經學，史學，都不足代表唐代精神。能表現唐代精神的，應該說是文學。由六朝發展下來的駢驪文，古體詩，到了唐代前期都達到頂峯，不能不開新，或轉向了。於是文轉爲古文，古體詩演爲近體詩，更轉而向詞曲方面發展。詞自此開始了，像樣的戲曲構成了。文學於創作之外，也有批評，史學也有理論著述了。書法，畫法，音樂，舞蹈，都有卓越的表現，吸收了不少人才。所以唐代的文化學術是向多方面發展的。比較而言，藝術極爲發達，在性靈發抒上得到極大便利。因而在文字的考據訓詁，以及義理的推求闡發上，並不能超越前賢。此唐代學術一大特色。

次論宋學。

宋朝是理學的世界，人人知道。文學藝術雖然也極發達，但終不能掩理學之光輝。

宋代理學由唐代之道佛思想與儒並行種其因。宋初希夷老人陳搏啓其端，周敦頤（濂溪）成其學。濂溪一出，從游者衆，影響深遠，一時名家蔚起，學者靡然向風，遂成一時風氣。濂溪之學受陳搏影響，以易經爲主，著有太極圖說，通書等書。他由宇宙原始講到人事，主以靜達到明心見性，以誠字爲精神。雖也以經書爲研究對象，但他們不再作文字訓釋的功夫，而進一步在文字之上去追求經文原意。在其所以然上作功夫。故稱其學爲義理之學。簡稱理學。又因其以天道與人性並論，故又稱性理之學。亦有稱爲道學者。

與濂溪同時而稍後者，有邵雍（康節）程顥（明道）程頤（伊川）張載（子厚）等。一時大家輩起，一代學風爲之大盛。其學雖各有重點，各有造詣，率能由濂溪繼進，不專言宇宙原理，天人關係，轉重在人性之發抒，人格之弘揚。材料則由易而轉重於中庸。至張載而完成天人合一的人格主義。至此而理學造極登峯。西漢的董仲舒也講天人合一，但他的天人合一與張載不同。董氏講天人相應，說天有意志，人要依天的意志而行。山崩川竭，日月蝕都是天心的表現，人要依天志而行。人有功，天給以符瑞；人有過，天降以災異。是把天拉下來，罩在人事上。人在天的下面，無地位。張氏的天人合一則不然。他說，「乾稱父，坤稱母，予茲藐焉乃混然中處。故天地之塞，吾其體；天地之帥，吾其性。民吾同胞，物吾與也。」他把天地人類萬物合爲一大家庭。天地爲父母，人民爲同胞兄弟，萬物皆爲朋友。這還不算，論到人之體，說是天地之塞。論到人的性，說是天地之帥。意思就是，充滿於天地之間的皆吾之體，爲天地之主的即是我的性。這是把人提上去，使上頂天，下立地。事實上主宰此宇宙萬物的，就是人，也就是我，就是我的性，我的心。與董氏大大不同了。就此點而言，由西漢而宋，是學術思想上一大進步。雖同以宇宙人類萬物爲研究對象，但結論却有天壤之別。此宋學一大功。張載可作宋學代表看。因張氏西銘一出，程氏首先推崇稱讚，說是發前聖所未發。至朱子更恢宏其學。此後學者無不奉爲圭臬。即證人同此心，心同此理。其弘揚聖學，影響於後世者，至重且大。不能謂宋代理學空言性理，游談無根，無補於實際也。

理學到南宋，至朱子而集其大成。朱子上承程子之學，領張子之旨。但他的學問却實實在在，由讀書得來。一點一滴學，一字一句思；既學且思，久而久之，方成自家的學問。他有他的見解，非師說之複述。程朱雖屬一系，但程是程，朱是朱。論造詣，青出於藍，後勝於前。作學問原本應該如此。即或是經史原書，也並不以闡明原旨爲滿足，應進一步向前走。如果說來說去，仍只是原書上的一些東西，則學術上不能有進步。張載的話就是如此。他是依古人原意又向前邁了一步。所以程子推崇他，說發前聖所未發，言聖人所未言。必這樣才可貴。朱子之學也是如此。所以他在許多地方實超邁前賢。錢師賓四推崇朱子說，「在中國學術史上，若論博大精微而盡之的學者，孔子以下，只有朱子。可算第二人。」（學籥：朱子讀書法章）此論實不爲過。前引中庸所講，「故君子尊德性而道問學，致廣大而盡精微，極高明而道中庸。溫故而知新，敦厚以崇禮。」而朱子却能一一實踐之。他能兼備這許多條件，所以夠得上中國學術的正統。也足爲後學典範。他的主要特點，在於讀書方法之切實。他對於讀書，堅主必須虛心，不可自己先立意見。又必須熟讀，逐字逐句讀。要上下文連貫讀，不可泥着一字。又要有疑，「要看他那罅隙處，方尋得道理透徹。」最要緊還是必須虛心。萬不可先執己見。乃至以自己的成見去解經文。其認眞處甚至說，「如酷吏治獄，直是推戡到底，決是不恕他方得。」由這許多處可證他功夫用得是如何切實，直是讀自己的書，說自己的話。基礎廣大，心思細密，而志趣又極高，直欲上追古聖。無怪他的學問淵博而又精深。與朱子同時的又有陸九淵（象山），當時朱陸齊名，均爲一時重望。本可相互切磋，收相得益彰之效。無如兩人爲學重點微有出入，遂相與論爭，各不相下。加以雙方弟子推波助瀾，各擁師說，遂成門戶。究底言之，所歧出者，朱主敬，陸主靜；朱主即物窮理，陸主明心見性；一重理，爲理學；一重心，爲心學。如此而已。其明聖學，正人心，救社會，一也。同爲正統學術，本可相輔而相成，不應因小異而生意見。終至彼此相非，致示人以不廣！學術史上美中不足也。

濂洛關閩之學，以及陸象山，功夫精純，造詣深遠，各有千秋，均足不朽。惟皆偏重由書本之研尋，作義理之闡釋，於國計民生，政經社會各端，未能針對時需，爲對症之藥。於民風土俗之改革，疾苦之革除，既未能有實際之對策，即人才之培養亦未能措意。不能不謂爲美中不足。不過諸家之外，有此弘識遠慮，毅然倡導，卓有貢獻者亦不乏其人。北宋前期有胡瑗，南宋中期有葉適、陳亮、呂祖謙養獨能力挽頹風，提倡實學。尤以胡瑗之潛心學術於前，培成弟子於後，卒之養成風氣，化洽朝野。頗爲時人所推重。

其所授生徒，學成從政，率皆公忠體國，政聲四播。學以致用，惠及黎庶。不僅坐而言，亦能起而行。不空言義理，不尋章摘句，而以民生實務爲歸，明體達用爲務，斯眞孔學面目，正統學術之核心。獨惜業未大昌，遠非洛閩諸學之敵，遂使效益未宏，學風亦未能廣被也！

總之，漢學功績在使人有書而能讀。宋學功績在使人讀了書而能照書中意旨作好人，指出功夫當如何作。各應其時代需求而自然促成。吾輩後人不必論其非，但常取其長，亦諒其苦心，承受其績業。能讀其一書，得其一長，行其一訓，皆足以受用終身，有裨於學。輕議前賢，慢侮古人，而不自努力，非吾輩後學所宜出。

次論明學。

明學由陳白沙（獻章）輩啓其端，王陽明宏其學，顧炎武帝黃宗羲殿其後，亦挽其頹勢。陽明雖在學派上承象山之緒，亦主心學，實視象山大大進了一步。蓋陽明雖亦重明心見性，但他所標榜之目標，則曰知行合一，曰致良知。說爲學只在致知。其倡知行合一乃强調知必待行以成之；知而不行，只是未知。立意在不要以口說心知爲知，要拿行動來，拿事實來。完全在促人力行。「致良知」更明明白白着意在行動上。蓋良知人人有，功夫只在「致」，「致」是達成。要達成良知，自然非行動不可。所以陽明之學實已將大力用在力行上。他要人把功夫用在致良知上。這就視象山進一步了。試看他最後提出的所謂究竟話頭，便可知道。即：「無善無惡心之體，有善有惡意之動，知善知惡是良知，爲善去惡是格物。」他將爲善去惡解釋格物，雖與朱子不同，但其苦心在勸人爲善去惡則大有益於人心。此明學之所以爲明學，亦陽明學之所以爲陽明學。雖與宋代同屬理學，但其致力重點，顯然是不同了。

再進一步看陽明，在作者認爲，眞欲瞭解陽明學，應從其傳記中求之。先看他讀書如何讀？讀何書？讀了之後又生何作用？思想如何運用？然後再看他的遭遇，橫逆來時他如何處理？顚困中又如何領悟中有何心得？有何發明？然後再看他如何教人？如何治人？又如何平定內亂，剿滅土寇？最後再看他如何事君，事父，乃至如何自身用其所學？他的全部學問最後如何完成？必這樣，才能眞正瞭解陽明之所以爲陽明，他的學問之所以成，事功之所以立，正統學派價值的所以可貴。

陽明自幼才高志大，基本教育固自正統聖學開始，由經傳讀起，次及宋學。但這些平實的大道理在他看來，也不過如此。於是爲好奇心所驅使，轉求之於釋老。但出入釋老的結果，終覺其說雖較新奇，而不能解決問題，非正理平直的大道。因其過於偏激，均非人生眞理。於是又由釋老重返聖門。又不僅習文，亦兼習武，精騎射，知兵法。正色立朝，以直言而忤上意，觸權奸，旣受廷杖，又遭貶黜，遇暗殺。至龍場而從者死，不死者病，病中又憂憤不能解。陽明即在此極端顚困中自問，聖人處此又當如何？想來想去，也不過如此。實並無更好辦法。因處之泰然，心境頓然爲之寬鬆。心廣自然體胖，因而人皆死，他不死；人皆病，他不病。而致良知之學，知行合一之教，即在此時悟出。則其知係困而知之，其行亦勉强而行之。此聖學之能當身求得，亦當身受用者也。居龍場而化洽蠻荒，君子居九夷之道也。定宸濠之亂，受命忠君之事也。亦文武並重，手腦並用之效也。平土寇則剿撫兼施，其文告常能感動强寇，率衆來歸。王道政治，以德化民也。所至必練民兵，使自衛；興學校，使就學。講學論道，常於流離中不輟。學而又思，即知即行，當身實踐聖門教訓，亦即以身作則，身教言教並行不廢也。一生奔走，死於道路；發憤忘食，樂以忘憂，不知老之將至也。總之，由陽明之成學，使吾人知學問不僅在書本，亦在生活。旣要學，又要思。由陽明之應用，使吾人知君子樂於與人爲善，困於心，衡於慮，而後作。亦知其以大仁大智大勇之心，無入而不自得，用能於橫逆顚困中享融融之樂也。孟子書中天將降大任於是人也，必先苦其心志……之教，完完全全，亦明明白白，由陽明領受之，亦實踐之。孟子之教由陽明而得明，陽明之學由孟子而得成。理從書中來，功在事中立。學而時習，用行捨藏。不遺世獨立，不咬文嚼字。若此學術乃眞學術；若此學人，乃眞學人。中國學術史上有一陽明，如一盞明燈，不僅將學術史照亮，亦將聖學彰明。噫，陽明人傑也夫！

綜觀宋明理學，其學術實以人爲研究對象。於人又以心爲研究對象。在他們認爲社會問題在於人，即由人而起。人之賢不肖由心而起，一切病源在於人心。則欲治國平天下，救人羣，必從根本上着手。所以治國必先治人，治人必先治心，亦即正心誠意功夫。按此本屬根本作法，未可厚非，乃近人竟有非之者，亦爲不善變矣。作者認爲就今日而言救國，言學術，益感治人治心之重要。則於宋明理學實當另作一番估評也。

從陽明一生言論行事看，他是個至性過人的人，心腸太熱，抱負太大。所以他爲了救人，救世，挽救學術風氣，用心甚苦，用力過猛。因爲他知道一切病源在於人心，於是以極大力量用在治心上。欲治心必先强調心之本然，所以講良知良能，講心即理，講致良知，知行合一。一切都歸到心上，他教人把所有功夫用在治心上。將心治好，根本即立，一切都可迎刄而解。按此道理本來不錯，但因用力過猛，遂不免被人誤解，認爲我本來就是聖人，或已經作成聖人，又何必再讀書求學，學爲聖人？曲學之士遂斷章取義，由自尊而演爲狂妄，由治心而不再治學。因而演成明末空疏無本之學，成爲理學之流弊。束書不觀者有之，空言性理者有之，而聖學日以離矣！陽明之苦心爲之汩沒，此豈陽明之初意哉？

明末顧炎武出，看厭了宋明理學之空言未補於事實，也看見了王學末流所生之流弊，致於束書不觀，空言性理。遂大倡實學，以杜流弊，挽頹風。他說捨經學無理學，經學即理學。要人讀經，要老老實實以實學致實用。不要置四海困窮，天祿永終不言，而終日講危微精一。他把爲學重點擺在「四海困窮，天祿永終」上。一部日知錄，完全表現了他作學問的方向。全書分上中下三部份：上篇經術，中篇治道，下篇博聞。實際無論那一部份無不着眼在國計民生實務，其結論必落到事實上。其苦心求治，昭然若揭。其作風將明學作一大轉變。他不再講空話，不再作無補於民生國計的空文。在學術史上，不僅改革宋明學風，也爲下一代開啓新運，恢復正統學術的正軌。其功實不可沒。

黃宗羲亦承明學之敝而捍衛陽明，痛斥腐儒「不以六經爲根柢，束書而從事游談，更滋流弊。」故主張學者必先窮經。惟於窮經之外，又主讀史。他說「然拘執經術，不適於用。欲免迂儒之誚，必兼讀史。」（清史稿本傳）其主讀經，同於顧炎武；至兼讀史，則梨洲之獨見。至此遂又爲學者增闢一條途徑，切實而具體。與經書相輔翼，正可得恢宏之效。蓋經以言理，史以述事。一爲古人所言，一爲古人所行。言行相顧，理事相明，學問乃爲活學問，而眞能致用。梨洲提倡以經史並讀，既免空虛枯燥，復得互相印證發明，不僅使學歸正軌，更進一步將功夫落實，其功實不可沒。至其於政治上有創見，富民主精神，尤屬難能可貴。明淸之際，有顧黃二老，爲中國學術放一異彩，歷史上不寂寞，民族中有光輝。不可謂中國無人也。

次論清學。

清學由顧黃轉其向奠其基，王夫之（船山）朱之瑜（舜水）振其精神，顏元（習齋）李塨（剛主）加强其力量。但橫遭滿清政權之無情摧毀高壓，而同時又培養利用，遂使有淸一代學術，不能在正軌上前進，而在病態中發展。結果學術雖盛而不健全，人才雖衆而不能盡其才，效其用。而民族命運即在此病態學術中走入絕港，瀕於絕境。及今言之。使人猶有餘痛！

滿洲人來自關外，他們知道自己文化太低，不能不學習漢文化，也使用漢文化統治漢人。但對漢文化，漢學人却懷着恐懼心理，不敢放手作去。所以他一面提倡，一面又控制漢學人，管制漢人思想。表面上優禮相待，高爵牢籠，實質上却以恐怖政策壓迫其思想與行動。所以有淸一代學術，始終在病態中發展。既未走入常軌，亦未給民族學人思想家以正常發展的機會。文字獄一次接着一次的鎮壓，大規模編纂叢書，類書，工具書，博學鴻儒延攬學人，種種措施，相反相成，同時並進。學人思想性靈遂禁錮在一條窄小狹隘的路上，只有在考據訓詁上作功夫。我堅決相信，假如不是滿清以種族偏見施高壓政策，而能容許學術自由發展，一定能繼顧黃而走入正途，大放異彩。因為由許多方面可證學術是與時俱進的。儘管表面上看不出顯著跡象，實際上確有一股暗流在無形中推動。雖表面上看不出，實際不可否認。加以文化學術恃積累而進步，聰明智慧也是後來居上。清代學術方面廣，功夫深，造詣高，成績豐富。許多處都超過前人。只是他們寶貴的精力與智慧無法自由向思想上擴充邁進，別創新機，開闢新路，惟有用在考據訓詁上，因此不能繼古聖先賢走寬廣路，實在路，實覺可惜！

在清初，雖明學之弊已為學人所厭棄，但仍有為之撐持廻護者，如孫奇逢（夏峯）李顒（二曲）等。不過他們並不以恢復明學為滿足，而欲復宋學之舊。但聲勢既微，繼起又無人，遂不久銷聲匿跡，成為過去。而有清一代成為樸學之天下。其所以稱為「樸學」者，據梁啓超氏清代學術概論謂，「其為文也，樸實說理，言無枝葉，而旨壹歸於雅正。語錄文體，所不喜也，而亦不以奇古為尚。」（第十七節）今按，此論最為允當。亦足表現清學精神。稱為漢學，考證學，均不足賅其義。然亦有直稱為「清學」者。論其內容，則以經學之考據訓詁為主，經學之中又有專研小學者，小學中又專音韻，則狹而又狹者也。以論功夫，則為經傳作新疏者多。阮元輯而刻之，成皇清經解，又續編。誠皇皇巨著也。舉正統派代表人物，則以戴震（東原）段玉裁（茂堂）王念孫（懷祖）王引之（伯申）為中心，人稱戴段二王，清學中心也。

史學，由黎洲啓其緒，萬斯同（季野）宏其業，為明史實際撰著人。畢沅（秋帆）撰「續資治通鑑」均能賡續前人，續撰史書，足資不朽。至由乾隆帝繼三通敕撰六通，七通，與前合為十通，則能使史業繼續古人成規，而向前繼進，功有足多。合刻正史，擴為二十四部，亦史界盛事。王鴻盛（鳳喈）趙翼（甌北）爲史書史事作考證。王夫之（船山）作史論，評古事；章學誠（實齋）作「文史通義」，繼史通講史學理論，述史學方法。均有弘揚史學有功。然章氏自謂「劉言史法，吾言史意。」則史學理論中又着重於心理因素者，宜其重史德，言心術也。其提倡地方誌，則又爲史學擴展領域者也。

地理學由初期胡渭倡之於前，顧祖禹成之於後，其所著「讀史方輿紀要」，羣推爲地理學名著。惟亦限於史的考證，未若顧炎武「天下郡國利病書」之以民生經濟爲重耳。

在考據學上異軍突起，別有建樹者，則辨僞之學也。按對古書古人開始持懷疑態度者，自王充「論衡」始，至唐而劉知幾有疑古，惑經之論。歐陽修著「易童子問」，對易經提出疑問，至此而懷疑之風漸盛。明代有胡應麟，高似孫，遂有考訂古書眞僞之專著。至清而有閻若璩（百詩）著「古文尚書疏證」，姚際恒（立方）著「古今僞書考」，崔述（東壁）著「考信錄」，而考訂古書眞僞之業遂大盛，辨僞之學於焉成立，遂爲學者所重。此學一盛在學術史上泛起波瀾，亦別闢一新機運，開一新路徑。自此不再盲目信古，而頭腦頓爲之清醒，方法頓進於精密，膽量亦頓爲之加大。而學術界遂另現一新面目。則辨僞之學應視爲學術史上大事，亦屬盛事，應大書特書者也。

中葉以後，學者注意力漸由經史擴及諸子。數千年備遭冷漠之諸子學術，至此始爲學者所注意，在學術界中略爭得一席地位。雖其業只限於註釋與校勘，然在經學全盛時期，能打破傳統觀念，爲諸子爭一地位，鳴其不平，已屬難能可貴，不能不謂爲盛事。與其事者有郭嵩燾（筠仙）孫詒讓（仲容）王先謙（益吾）諸人。以經子並重者，則又有晚期之俞樾（曲園）焉。

輯佚，是清代新興一種學術上貢獻。我們以歷代公私目錄書對勘，即知書籍隨時有增亦有減。所增者新著，所減者舊籍。散失以前，容有著作者徵引鈔錄，藉存一鱗半爪。清人由各家徵引之文一一錄出，合而輯之，雖未必能得全璧。但可窺見部份面目。雖非創新，亦可復舊。於學術界有功。爲者甚多，以馬國翰「玉函山房輯逸書」爲最著，所輯宋以前古書。凡六百廿九部。功力不可謂不大。

校勘學雖不始於清，但盛於清。古書傳鈔翻刻翻印，一訛再訛，往往使原書不能卒讀。搜集多書，以善本或原書稿本一一對勘，眞象乃見。雖屬功夫，非關著作，但非淵博之士亦不能爲。淸儒能之者多，以戴震，全祖望（謝山），盧文弨（召弓）爲最著。

科學在清代雖不盛，但上承餘緒，加以朝廷延攬客卿南懷仁等從事研究，亦薄有成就。以天文曆算等爲多，戴震，王錫闡（寅旭），梅文鼎（定九）等可爲代表。

金石學係以古代遺留之金屬器物之款識或銘文，以及石刻文字爲研究對象。藉此可得古代文化學術眞象，亦可用以對勘古書古史。唐宋已有人從事於此，清末吳大澂（愙齋），羅振玉等繼之。惟其業不昌。

學術至清末而大變。先有康有爲（長素，南海）梁啓超（任公，卓如），後有　國父孫中山先生。玆略述康梁，至於　國父，則另撰專章論述之。康梁於清學爲異軍突起之支派。始則將經學今古文之爭議重燃戰火，爲今文張目而痛斥古文爲非。著「新學僞經考」，因大倡春秋公羊學，張三世，明三統。彰微言大義。繼而言孔子實託古而改制，著「孔子改制考」以證之。更進而撰「大同書」，藉孔子標幟，發表自己政治主張。自此經學上探討一變而爲政治上運動。此論一出，舉國譁然，斥爲洪水猛獸。致遭禁絕。嗣因清廷失政，國勢阽危，而光緒親政，遂由政治上運動更進而爲政治上改革。史稱爲維新運動。旋爲舊勢力所撲滅，六君子以身殉，康梁則僅以身免。新政遂敗。史稱戊戌政變。此由學術而影響政治者也。

政變既敗，康氏出亡海外，而梁氏則奮鬪不懈，繼續致力於新思潮之鼓舞，新文體之提倡，而一面仍續作君憲保皇運動，不放棄政治活動。因梁氏具世界眼光，通中西學術，尤擅作文字宣傳。以其文字淺顯易解，而筆鋒常帶情感，富有魔力，下筆千言，滔滔不絕，於是風行一時，不脛而走。風氣爲之丕變，思想爲之大開。加以嚴復，（幾道）伍光建林紓（琴南）輩大譯西書，介紹西方思想。兩相應和，不僅人民思想知識大開，而學術風氣亦另呈一付新面目，大非昔日之舊。雖主張君憲保皇，不主革命，然其鼓舞民心，開通民智，則大有功於革命。未可一筆抹煞。清學至此，基礎擴大了，範圍放廣了，不再抱殘守缺，閉關自守。吸收了新血輪，增加了新活力。雖由時代所促成，梁氏之功終不可沒。

綜計有清一代學術，是個不平凡的時代。優點多，缺點也不少。功夫實在，造詣精深。論方法，不能算不精密，也不能算不適當。態度尤其謹嚴，認眞不苟，不輕下判斷，每立一說，必求實證。不僅要本證，又要旁證。證又要多，孤證即不成立。其態度有足稱道。清學之所以不理想，只在材料。胡師適之論學主方法與材料並重。其所著「治學方法與材料」，申論此義甚詳。他說，「顧氏（炎武）閻氏（若璩）的材料全是文字的，格利賴（荷蘭人，發明望遠鏡當中國明末）一班人的材料全是實物的。文字的材料有限，……實物的材料無窮。……」又說清儒許多都能用很精密的科學方法，許多重要學者如錢大昕（竹汀），戴震，崔述，王念孫，王引之等，都可稱爲科學的學者。只是因爲所用材料不出故紙堆，所以最大成績不過兩部皇清經解而已。」其論點完全着眼在材料，認爲清儒所用方法够得上科學方法，問題只在材料。這話固然不錯，但如只重實物的材料，於物質文化固可急起直追，不落人後，其結果必走到物的文化一路，與中國人文精神不合。假如再擴充，不只在文字上作功夫，亦不只在物上作功夫，並及於以人爲中心的社會萬象，人類活動，如倫理，教育，政治，經濟，社會等，則既不離人文，又免偏而不全，且合實際需要。那就更爲理想了。

此外，關於各科學術之研究說明，另作專章，分別闡述，詳見以下各章，計有：人生哲學，文學，史學，政治學，經濟學等。

伍、結語

學術不能離現實，孔門學術完完全全建築在現實上。不能離現實即不能不着眼於應用。用是廣義的。也是多方面的。用於民族生存發展，用於培養人才，用於領導政治，也用於蔚成風氣，振作民心士氣。總之，學術的最大用途在於促成民族文化之進步，國家民族之强盛。能達成這些目的的，才是好學術，否則不是好學術。學術內容豐富；項目繁多，長於此者或不免短於彼。有時盛也不免有時衰。有缺點即要補救，衰落了就要振興。我中華民族領土廣大，歷史悠久，倘學術不良，即不能有今日；但由另一面看，學術如無缺點，歷史也當無衰世。則發揚優點，補救缺失，不能不急起直追。本此精神，檢討中國學術，大體言之，優點在博大，高明，中庸，悠久，以人文爲精神，以致用爲目標。風度寬宏，方法精密，既深入而淺出，復成已而成物。用能促進文化，發展民族，孕育民族精神，培成恢宏氣質。論其缺點，則稍偏重於功夫，輕忽於事功，偏重於理論，輕忽於方法。於修已之道德用力過重，於治人之事功用力較少。又習於保守，艱於改革。詳於知人，略於知物。其結果遂致人文彰顯，物理不明。未能人物並重，平衡發展，而使近世物質文化遠落西方之後。綜觀以上種種，當知所用力矣。

第三章　各科學術之發展

第一節　中國之人生哲學

一、前　言

哲學是一切學術思想的基礎，各科學術都有他的哲學。學術思想的構成與發展，都以其哲學爲根本。

所謂哲學，是對於某種事物的看法，解法，或說是一種想法。思想的發展，就以這看法解法為依據。在看法解法上微有不同，所構成的思想學術便大有差異，甚至極端相反。學術思想如此，人生問題更是如此。人生問題是個極為複雜微妙的問題，所以人的看法解法便有極大差異。這就構成相差極遠的人生哲學。這人生哲學不僅影響個人立身，更影響國家民族。所以有遠大眼光的思想家，政治家，教育家，無不重視人生哲學。欲致力於民族發展，國家復興的，應從根本上着手，建立或糾正其人生哲學。

國父孫中山先生致力於民族復興的事業，不遺餘力。他的作法就與衆不同。在他認為武力，政治，經濟，都是枝葉，人生哲學才是問題的根本。所以在這種種努力之外，特別着重在人生哲學的探討上。這是他的卓絕處。因不憚煩瑣，不厭其詳，在百忙中研究孫文學說，闡述知行之理。又為軍人講軍人精神教育，提出智仁勇三達德和精神與物質的問題，給軍人打氣。在講民生主義時，首先提出民生哲學，民生史觀加以探究，再拿出馬克思的荒謬哲學思想，予以批評糾正。在講民權主義時，更提出服務的人生觀，對人生意義探本窮源的作一番解釋。我們把他這些有關人生問題的精義，作一番歸納綜合的研究，即知其以中國固有文化為基礎。以中國正統思想為思想，儒家聖哲的看法為看法。不過在主張上有些視古人所言更明朗，更具體，或更進步，使人易知易行而已。其精神既與古人相一致，其理論亦實由古人發展進步而來。因此我們覺得，為了闡明　國父人生哲學思想的本源，應該將中國固有人生哲學作一研究，一以闡明我中華民族的文化精神，一以追溯　國父思想的淵源。但茲事體大，作者不敏謹就所知，試為發凡，以求能拋磚引玉。

中華民族有中華民族特有的個性，此種個性先天的側重於人文，所以中國文化具有濃厚的人文色彩。一切問題以人為中心。就哲學思想而論，我們不注重純哲學。有哲學大部份都與實際人生有關。也充份表現人文精神。因此本文索性以人生哲學為主題，探究中國的哲學思想。

人類是一種離奇古怪的東西，人生是一個頗難解釋的問題。愈研究便愈覺得它內容的豐富，道理的高深，以及問題的複雜。人類是有靈性的動物，既有善良的人性，又有純潔的理智。對於自己的生活，不願糊糊塗塗混過去，必定要尋出個究竟。追求更高，更幸福的境界。這樣便產生了人生哲學。

中華民族品質既極優秀，歷史又極悠久，自有文化以來，既對此切身問題注意探討。歷代思想家都繼續研求。年深日久，前後積累，遂創成精深高厚的人生思想。既較其他學術發達，在世界各民族中，也可說是人生哲學最發達的民族。因此我們認爲中國文化思想之精髓即在於此。其他學術如教育，政治，經濟……等等，都在人生哲學基礎上發展成長。所以我們又可說，人生哲學是一切學術文化的根本。必以極愼重的態度加以研究，不可輕忽視之。

爲了方便，把這一大問題分爲四部份研究：即一，人與天；二，人與人；三，人與國家民族；四，個人立身。玆依次述之。

二、人與天

原始人對天地自然現象不能瞭解，自然要求解答。經若干年代的追求，得到第一步認識，即輕清在上者名爲天，重濁在下者名爲地。再進一步，就其性能而名在上者爲陽，在下者爲陰。時間上四時運行，由陽而陰，又由陰而陽，周而復始。由晝而夜，又由夜而晝，亦周而復始。空間上日在晝出爲陽，月於夜見爲陰。交互出現。陰晴風雨，夏暖冬寒，亦周而復始。如此交替循環，而人類萬物皆得生長。自此天地陰陽，遂成爲人類對自然界初步認識。在天地陰陽交錯進行中而萬物生，萬事成，而人類亦在其中。換句話說，就是人類是天地陰陽交感而生，這就構成人類與天地的先天關係。假如宇宙間只有陽而無有陰，或只有陰而無有陽，人類萬物都不能生長。妙用就在既有陽又有陰，而兩者又交互配合，永恒而不失信。這樣人類萬物就能繼續不斷的生生不已。易傳說，「一陰一陽之謂道，……天地之大德曰生。」（繫辭）「有天地然後有萬物；有萬物，然後有男女；有男女然後有夫婦。……」（易序卦）人與天的關係，就在這種觀念上建立起來。所以中庸一開頭就說：「天命之謂性。」人性既本於天，當然在先天上與天爲一體。

第二步，是人要以天爲法。天道至高至大，也至爲神奇不可測，人類生活就必須一切取法於天。易繫辭傳說，「是故天生神物，聖人則之；天地變化，聖人效之；天垂象，見吉凶，聖人象之；河出圖，洛出書，聖人則之。」「古者包犧氏之王天下也，仰則觀象於天，俯則觀法於地，觀鳥獸之文與地之宜，近取諸身，遠取諸物。於是始作八卦，以通神明之德，以萬類物之情。……」都明白表示，人應以天爲法。何以人必取法於天？天之德又如何呢？易乾卦象傳說，「君子以自彊（强）不息。……大哉乾乎！剛健中正。」這是說，天之道，其行健。健是堅强而不移易，始終不改其道。其態度中正，至公至明而不偏。所以君子取法於天而自强不息，中正不阿。換言之，因其能法天，所以能成君子。就是老子也說，「人法地，地法天，天法道，道法自然。」因此成德達才的大人「與天地合其德，與日月合其明，與四時合其序，與鬼神合其吉凶。先天而天弗違，後天而奉天時。天且弗違，而況於人乎？況於鬼神乎？」（易乾文言）這是說，人生要取法於天地自然之道而與天地合其德。這是人生應有的基本態度。

第三步，是引天以就人，明天人爲一體。就天而言，天實與人類一而非二。既不是兩相對立，也不是兩相懸絕，實自然成爲一體。換句話說，天之道並非高不可攀，渺不可及，而即是人之道。人類與天地萬物皆爲一體；其理一，道亦一。天地無心，以人之心爲心。天地無耳目，以人之耳目爲耳目。天無言語，以人之言語爲言語。所以說，「天聰明自我民聰明，天明畏自我民明威。」（尙書臯陶謨）「天視自我民視，天聽自我民聽。」（尙書泰誓）「天之生此民也，使先知覺後知。使先覺覺後覺。予天民之先覺者也，予將以斯道覺斯民也。非予覺之而誰也？」（孟子萬章上）因此堯舜禹之相勉都說，「天之曆數在爾躬……允執厥中……四海困窮，天祿永終。」（尙書大禹謨）這是說，天人爲一，天之道即人之道。不過天地不能言語，不能行動，必藉人而表現。則天地，人類，萬物皆爲一體可知。不過天地抽象，人則具體；天之道較爲玄妙，人之道則明白易見。所以欲知天者必自人，欲知人者亦必由天。

第四步，引人以就天。就人而言，雖在形體上微不足道，但其精神作用則不可思議。苟能盡性，可以贊助天地而化育萬物，因而上與天齊，天地人並立而爲三。在作法上是提高人類地位，使不斷向上，上到不可再上，遂達到天地人三才的地步。中庸全書幾乎都是發揮此一道理。例如第二十二章，「唯天下至誠爲能盡其性，能盡其性則能盡人之性；能盡人之性則能盡物之性；能盡物之性，則可以贊天地之化育；可以贊天地之化育，則可以與天地參矣。」這就明白說出，人類德能發展至最高點，即與天地同功，可以贊助天地化生萬物。「天地之大德曰生」，能助天地化生萬物，即是人行天之道。換句話也就是說，天地之道藉人而推行。那麼人類便與天地佔在同一地位，具有同等價値。

第五步，人類有弘揚天道的責任。天地不能言，無法使人人知道，只在默默中進行，存在，或表現。天人既爲一體，人即應該法天，即應表明之，使人人知道，以便取法而與之相應。天不能自明，必待人明之；天不能自言，必待人言之。這樣，彰明天道便成爲人類的責任。所以孔子說，「人能弘道，非道弘人。」（論語衛靈公）中庸則說，「誠者，天之道也；誠之者，人之道也。」人弘道就是弘揚天地自然之道。誠，是現象，也是實質；誠之，是表明此種現象與實質。易繫辭傳說，「極天下之賾者，存乎卦；鼓天下之動者，存乎辭；化而裁之，存乎變：推而行之，存乎通；神而明之，存乎其人；默而成之，不言而信，存乎德行。」這所謂卦，是人所畫，辭，是人所出；變與通，是人所爲；德行更是人所行。至於所謂「神而明之，存乎其人」，更是明明白白指出，天道之妙，全靠人爲之神而明之。

更進一步，不僅天地之道待人而明，即天地之位，亦待人而安。中庸說，「喜怒哀樂之未發之謂中；發而皆中節，謂之和。中也者，天下之大本也；和也者，天下之達道也。致中和，天地位焉，萬物育焉。」這是說，中、和，是天之道；致中和，是達成天之道，亦即彰明天之道。這樣，天地始得位焉。位焉即得其正位，安其所也。天地安其所，萬物也就由此而得到生長。意思就是，人類行動實能影響天地萬物。人類行動合乎天道，可以使天地，人類，萬物，一切各安其位，各遂其生，各得其所。反乎天道，可使天翻地覆，人類不得其和，萬物不得其生。以言人類功能之大。這無異於說，主宰於天地之間的，實爲人而非天。朱子解釋這話說的最好，他說，「右第一章，子思述所傳之意以立言，首明道之本原出於天而不可易。其實體備於己而不可離。次言存養省察之首，終言聖神功化之極。蓋欲學者於此反求諸身而自得之，以去夫外誘之私，而充其本然之善。」（中庸章句首章）這所謂「聖神功化之極」，即指天地位，萬物育等事。這就將人類德能形容盡致了。這就是中國正統思想對人類的看法，對人與天關係的解法，也就是對人類的估價。

最後第六步，便是更具體，更落實，把天拉下來，把人提上去，把天地索性看作人，把人看作天地之子，讓大家合成一個大家庭。稱天爲父，稱地爲母。天子是老大哥，代替父母管教一大家人，給子弟們辦事。文武百官是老大哥的辦事員，幫他辦事。所有的百姓，都是兄弟姊妹。就是萬物，雖與人不同類，但本於天的立場，也要看作好朋友。父母對子女無不愛護，對老弱、幼稚、殘疾的，特別疼愛，便要特別照顧他們，比較優待些。命那些聰明强壯的，多出些力量，來提携幫助那些可憐的老少殘廢。又要教育人們，要大家對父母盡孝，對老大哥服從，盡忠。彼此之間要和睦相處，互相合作。大家各盡其力，以求生活之自由，幸福，與文化之進步。必使大家都能快樂的終其天年，並繼續生生不已。一代一代傳下去，至於無窮。這種想法近乎宗教而實非宗教。因其非宗教而有這種人文想法。才越覺得可貴。

詩經說，「溥天之下，莫非王土；率土之濱，莫非王臣。」（小雅北山）這就是天下一家。「四海之內，皆兄弟也。」（論語顏淵）也是天下一家。但還未明白說出以天地爲父母，至易說卦傳則說，「乾，天也，故稱乎父。坤，地也，故稱乎母。乾爲天，爲圜，爲君，爲父。……坤爲地，爲母……」這裏雖已說出以天地爲父母，但仍未說出以天地人類爲一大家庭。一至宋朝張載，就索性痛痛快快把話說明白了。他說，「乾稱父，坤稱母，予玆藐焉乃混然中處。故天地之塞吾其體，天地之帥吾其性。民吾同胞，物吾與也。大君者，吾父母宗子；其大臣，宗子之家相也。尊高年，所以長其長，慈孤弱，所以幼其幼。聖其合德，賢其秀也。凡天下之疲癃殘疾，惸獨鰥寡，皆吾兄弟之顚連而無告者也。于時保之，子之翼也。……」（西銘）此文一出，痛痛快快將中國人心聲呼出，也將中國人理想描出。程伊川極稱其功，認爲孔孟以來所未有，實發前聖所未發。朱子繼之，推崇此文，有功聖門不少。此後讀者無不認西銘爲中國文化之瓌寶。其足爲中國文化思想之代表可證。換言之，也就是凡屬中國人，無不以天地與人類爲一大家庭。是把天拉下來，使他人化；把人提上去，使他上應天心。這樣，天就合人類打成一片了。這就是中國人心目中人與天關係的最高點。同時也是把人類價値估到最高點。所謂天人合一也講到最高點。

以上所說是人對天的看法、想法，或說是認識。但是接下來，又如何達到此項目的呢？這是一項極大，極難的問題。

孔子不言性與天道，中庸則首先由天命講起，講到參天止。一開頭就把人類與天道連接在一起。先天上說明人之大源出於天。但並不涉絲毫宗教意味，全是哲學的看法與講法。接下來便指出人類上參於天地的道路，那便是教育。「天命之謂性，率性之謂道，修道之謂教。」因此我們可以說，參天地育萬物，明天道，表天功，最後達到天地萬物人類爲一家的天人合一，必由教育。功夫着力處在於誠。所謂誠，就是保持此天命之性，實實在在使之向上發展，不喪失，亦不變質。發展至極，便可參於天地。教育的下面是政治。教育是手段，政治是目的。教育是準備，政治是事功。教育成功了，政治也就成功了。教育的效果要藉政治來表現，政治的理想要藉教育來達成。基於此種認識，我國自古即視教育與政治爲一體，並不分開。尚書如此，周公的政治如此，由管子到孔孟，乃至後世儒家，無不如此。得君行道的必以教育與政治同時作功夫；雙管齊下，如管仲是。有德而無位，不能藉政治表現的，就只有竭一生之力從事於教育。教當時也教後世，如孔孟是。歷史上有德而無位的多，有位而無德的也多，既有德又有位的少。因此我們的教育家多，教育思想特別發達。五千年歷史文化，論思想無過於教育；論人物無過於孔孟。我們可以說，中國文化的精華即在於教育，中心在教育。而教育的目標則在天人合一。

孔子不言天，但講教育。其言教育則由孝悌入門，以謹信守禮爲道路，以仁爲最後目標。他所講的仁，就是超凡入聖之境。也就是贊天地化育之功。能作到仁的地步，便不僅超凡入聖，也已與天地合德。如上學易乾文言說，「夫大人者，與天地合其德，與日月合其明；與四時合其序，與鬼神合其吉凶。…」中庸說，「大哉聖人之道，洋洋乎發育萬物，峻極於天！優優大哉！……唯天下至聖爲能聰明睿智，足以有臨也；寬裕溫柔，足以有容也；發強剛毅，足以有執也；齊莊中正，足以有敬也；文理密察，足以有別也。溥博淵泉而時出之。溥博如天，淵泉如淵，見而民莫不敬，言而民莫不信，行而民莫不說。是以聲名洋溢乎中國，施及蠻貊。舟車所至，人力所通，天之所覆，地之所載，日月所照，霜露所隊，凡有血氣者，莫不尊親。故曰配天。」（第三十一章）這裏所謂大人，聖人，就是孔子所謂仁人。所謂配天，就是與天地合德，與天地參。仁人的造詣如此，人類的德能如此，這就是教育的目標，教育的功效。中國教育家即以此爲其施教方針，也以此爲其責任。讀書至此，使我們嘆服，贊美。對此種教育無以名之，名之曰人格主義教育，天人合一教育。這就是中國人生哲學的精髓。

孟子則從性善論講起，接孔子與中庸向前走。孔子只言性相近，習相遠。中庸只講天命之謂性，率性之謂道，雖都未明言性善，但都是性善論。一至孟子，則痛痛快快，大講其性善論。堅決而肯定，深入而淺出，影響所及，至二千餘年後的今天，公認爲眞理，深入人心，牢不可破。接着提出四端論：「惻隱之心，仁之端也；羞惡之心，義之端也；辭讓之心，禮之端也：是非之心，智之端也。人之有是四端也，猶其有四體也。」（孟子公孫丑上）此所謂四端論即性善論之引伸。此論一立，無異打開天窗，將天道與人心照徹通明，了無障碍。心理上障碍一掃而空。人人上秉天心，通於天道，先天上與天同其純潔。同其善良。無形中將人類地位提高，人類價值增重，油然而生自尊之心、自重之感。此爲孟子教育理論之第一步。

第二步講功夫，則提出盡性與推恩，存其夜氣，求其放心，乃至擴充四端以成四德。最後提出人人可以爲聖人，人人應該爲聖人。「舜何人也？予何人也？有爲者亦若是。」（孟子滕文公上）「人皆可以爲堯舜」（告子下）這許多話無非都是强調人性之善，充其善良之性即可以參天。這樣就無異於開一道門，架了一架梯，讓人人抬頭向上爬，爬一步近一步，愈爬愈高。最後就爬到與天地參的地步。

進一步又提出養氣，作爲功夫的着力處。他所養的氣，是浩然之氣。這浩然之氣「至大至剛，以直養而無害，則塞於天地之間。其爲氣也，配義與道，無是餒也。」（孟子公孫丑上」這等於是說，這塞於天地之間的氣，是天，也是人，同時也就是人與天的媒介。人要識得此氣，下功夫培養，便可使一個藐小的人體，瀰漫於天地之間。天道以明，人道以立；彰彰在人耳目，歷久而不磨滅。文天祥把浩然之氣又稱之爲正氣。他說，「天地有正氣，雜然賦流形。在地爲河嶽，在天爲日星。於人曰浩然，沛乎塞蒼冥。……是氣所磅礴，凜烈萬古存。當其貫日月，生死安足論？地維賴以立，天柱賴以尊。三綱實繫命，道義爲之根。……」他又將孟子的話加以引伸。孟子的養氣方法是集義，文天祥則告訴我們，在窮時乃見節操，也就是在窮困中表現。並歷擧古人成功成仁的事實以爲例證。說這就是沛乎塞蒼冥的正氣。塞於蒼冥即滿於天地之間。人類的正氣充滿於天地之間，即人類上與天接，能秉天心。行天道之意。也就是天人合一的表現。

總括以上所述，說明人與天地自然的關係。次論我們研究人生問題，處理人生，用思想，作學問的態度。

我們研究天地、萬物、人類的道理，是合併爲一來研究，不把它分開。也就是不把天與人等等對立起來，而觀其異同，各求其究竟。這種分別或對立的作法，是西方的作法。我們則認爲天地，人類，萬物，其理一，體亦一。研究的途徑，是以人爲中心，好像一切道理都可於人生中得到。因此看重人生，一面由人生中瞭解宇宙現象，一面促進人生，提高人類地位，發揮人類功能，以負起安頓宇宙萬物，增進人類幸福的責任。天道遠，人道邇，所以當就切近的着手，而不應捨近求遠。天道玄渺，人生實在，所以不可避實而就虛。天道不可預知，福禍不可預測，而人事則一分耕耘，一分收穫；種瓜得瓜，種豆得豆。確實而有把握。所以不可捨其必然，而求其未必然。從此就決定了我們探討人生問題一種根本態度，即在現實人生中去求，而不向人生現實之外去窮求冥索。這樣一定有結果，有答案，而功夫不枉費，問題可以解決。對現實人生可有貢獻。因此我們把態度決定，就在思想上劃一道界線，一爲現實人生，一爲超現實的宇宙。「子路問事鬼神，子曰，未能事人，焉能事鬼？敢問死，曰未知生，焉知死？」（論語先進）這就是明明白白指出，我們所應竭力以求瞭解的，是人事而不是鬼神；是生前而不是死後。鬼神的事，死後的事，屬於宇宙界，超現實，對這問題我們不能得到確切答案，不是我們急切所求。所以他「敬鬼神而遠之」。「夫子之文章可得而聞也；夫子之言性與天道，不可得而聞也。」（論語公冶長）這樣一來，我們把宗教拋開了，把人生問題提高了，也提前了，更無限的加重與擴大了。所以宗教不發達，純哲學也不發達。這無異於說，人生問題才是最重要，最急切，而又最豐富偉大的問題。等於把西方的宗教，純哲學，科學，一起納入人生中了。這就是我們研究人生問題的態度。

莊子以超人智慧，採超脫態度，不以現實生活爲滿足，而將其生活範圍圈擴展至現實界之上，也就是擴展至天地境界，他不以天爲神秘，亦不認爲天有意志；在他心目中天只是自然，代表大自然界。其高無限，其大無垠，其時彌久。雖然空空洞洞，渺無邊際，但最適於人類神遊。因此他把這超現實的天，拉下來與現實界合併爲一，作爲他生活的領域。換句話說，就是把他的生活領域由人的世界擴展到天的世界。在思想上屬於別派，因爲他對現實人生不感興趣，也不看重，所以不能代表正統思想。但其以天人合一，且引天以就人則一。

董仲舒雖然也講天人合一，天人相應，但他所講的天是有作爲，有意志的天，富宗教意味。主張人要上應天心。因爲天能予人以符瑞和災異，人就必須接受其意旨。與墨子相似而不同。與正統思想大有偏差，只能代表他個人，不能代表一般人的態度。

三、人與人

講到人與人的關係，才是中國人生哲學的主體。天屬於宇宙界，超現實。人類生活一刻不能離現實界；現實界是人，所以人對人才是人類處現實界的問題。也就是人生哲學中最重要，也最難的部份。人類生活只管人不管天，可以；只管天而不管人，不可以。中國的人生哲學既管人又管天，是中國人的偉大超越處，是中國人思想能力，以及生活態度卓絕處。所以人與天部份首先序述如上。下面才是我們處現實界的態度和方法。

(一) 倫　理

第一個要點應該說明的是，人是羣居動物，所以處處不能離羣。人對人，實際就是人對人羣。人對人羣的道理，是現實人生中最重要的道理。在作人上成功在此，失敗也在此，我們古代聖哲苦心焦思以求，苦口婆心以教者，大多是人對人羣的道理。

羣是多，多了就容易亂。亂則必爭，爭的結果只有強大的存在，弱小必至於滅亡。這是原始時代不能免的現象，也是禽獸世界的現象。人類進化之後，有了智慧，有了求進步求幸福的欲望和能力。也有了人性，能彼此相愛，相讓而不願相爭。於是不約而同，大家想出避免爭與亂的現象，因而產生了倫理。倫是次，理是條理，倫理就是把人類安排一次序，讓他們有條理。這樣就可以不亂。這是第一步。我們排列人類次序的條理有三種：

第一，君與臣，臣與民，是政治上關係。

第二，父子，夫婦，兄弟姊妹，是親屬上關係。

第三，朋友，長幼，老少，尊卑，是社會上關係。

排好了這種關係，大家按步就班，各按其序，彼此相處。不爭先，不攘奪，次序井然，人類社會不亂了。這就證明中國人有解決爭與亂的能力，排法雖然不同，但其中有一共同中心，即分別先後與尊卑。君尊於臣，臣尊於民。父母先於子女，兄先於弟，朋友鄉黨之間，大家尊敬年老的年長的。所謂尊卑亦含有先後之意。因此敬長敬老成為中國人倫中根本精神。由此引伸，成為習慣，演為定例，也就認為公理。所以尊敬人必稱「先生」，曰「前輩」。自稱必曰「後生」，曰「晚生」。「先生」即先出生的，前一輩的。我在後，是後出生的，晚一輩的。以先後定人類次序，是非常自然而合理的辦法。試想除此以外，安排這混亂的人羣，那裏還有更好的辦法？到今天大家買票排隊，上下車船排隊，仍然是按先後排列次序。這就證明文化發展到今天，仍不能不按照此一原則安排人類社會。因此我們可以說，按先後排列人類次序，是放諸四海而皆準，百世以俟聖人而不惑的天經地義。沒有人可以推翻。中國倫理自數千年前即以先後為序，並且自然而然，普遍實行，即證中國人文化能力極強，中國文化是既合情又合理的文化。

次序排列好了，接着來的便是彼此相對待的道理。君對臣應該如何？臣對君應該如何？父對子，子對父……各應該如何？這是次序既定之後，急切應該解決的問題。

（二）道　德

這裏也有一個自然的道理，即人都有相同的人性。人性善，即人與人都相愛。那麼人與人相愛，便是人對人的根本精神，賸下的只是外在的儀式和輕重的分別。其次又有一項原則，即上對下，尊長對幼輩的態度，儀節，可以比較輕簡；下對上，幼輩對尊長，則必須鄭重，嚴格，不能隨便。這也是合理自然的道理。總之，無論誰對誰，都有其必備的條件。這一條件，內在的是人類相愛的天性，外在的便是不同的儀節。由內在言爲仁，由外在言爲禮。合起來講，總名之曰道德。

道德就是人對人的道理。彼此之間，各有不同的關係，就有不同的態度和禮節。其內在的實質則一。君對臣要義，臣對君要忠。父對子要慈，子對父要孝。兄友弟恭，夫義婦順，朋友相交以信。這就是所謂道德。我們中華民族重視人文，注重人與人的關係，把倫理分得極爲細密，彼此稱謂極爲複雜，不像西方那麼簡單攏統。同姓的親屬是一套，縱的關係，横的關係；各種輩分，淸淸楚楚。由親疏別遠近，由尊卑別長幼。異姓親屬又是一套。也有各種關係，各種各樣稱呼。世界上任何民族沒有比我們的倫理更細密，稱謂更複雜的。無論親疏遠近，見面都有一番親熱。也由衷發生一種喜悅之感。由見面時彼此都自然的一笑，即可證明。這是人性相愛的自然流露，並無絲毫勉强。至於禮節，乃由人羣自然演成一種公定形式。並非由一人杜撰一套禮節，强人服從使用。約定俗成之後，成爲社會共同儀節，政治家教育家乃就此公定儀節教育後生。「子入太廟，每事問。」試想在太廟中所問，除了禮節之外還有何事？可見孔子亦在隨時隨地學習禮節。並不是創了禮而强人遵行。「三年之喪，天下之通喪也。」即說明三年之喪通行已久，是社會上自然公定的制度。孔子之流不過强調此禮，爲之遵守推行而已。這就證明繁複的禮是社會自然演成，並非由儒家所創。究竟在最初由何人所倡，我們已不能知道。只能推之社會大衆。時間上也不是一天的事，而是逐漸演進而成。這就是我們首先要瞭解的。

1. 禮 與 仁

道德項目極多，要之可歸於禮與仁。禮表現於外，仁存在於內。禮爲外衣，仁爲實質。相爲表裏，密不可分。禮節由仁而生，仁心待禮而成。所以「顏淵問仁，子曰克己復禮爲仁。一日克己復禮，天下歸仁焉。爲仁由己，而由人乎哉？顏淵曰，請問其目。子曰，非禮勿視，非禮勿聽，非禮勿言，非禮勿動。……」(論語顏淵)由此可證，仁即是禮，禮即是仁。仁在心，不可見；禮在行動，可以見。由仁心表現於行動，自然而然有一節度，此一節度由仁心演成，並非由外鑠我，乃我自爲之。故依此節度而行，乃安而行之，並不勉强，自亦不感苦惱。政治家教育家治人，教人，旣由內而外，作盡性推恩功夫以培養仁心；又由外而內，以禮節規範行動，使合於仁心。雙管齊下，內外兼修。所以周公治國，以禮樂爲政，亦即以禮樂爲教。管子繼之，行禮義廉恥之政，亦行禮義廉恥之教。至孔子乃更弘揚之，擴展之，旣闡發其理論，亦推行其教育。及至晚年，因遍歷諸國，不得行其道，乃自嘆「甚矣吾衰也，久矣吾不復夢見周公！」(論語述而)即證孔子所服膺者周公之道，所行者周公之道。其晝夜以思以求者，無非周公之道。周公之道者何？曰禮與樂而已。禮以治外，樂以治心。禮樂政治即仁與禮政治。孔子一生所言所行，仁與禮而已。吾故曰，周公孔子，其道一也。

次申論禮。

今按說文解字，禮，履也，所以事神致福也。从示从豊。段玉裁註，禮有五經，莫重於祭，故禮字从示。豊者，行禮之器。又按說文解字，示，天垂象見吉凶，所以示人也。从二(古上字)三垂，日月星也。觀乎天文以察時變，示神事也。由此可知禮之起源始於祭，祭天地，祭鬼神，以示敬也。上古時人對天地鬼神無所知，但有其作用。不能明其眞象，故不敢不敬。始而敬事之，亦依賴之。繼而敬事之，但不依賴之。故孔子敬鬼神而遠之。以此見禮之起源始於祭天地鬼神，而禮之意則在於敬。

迨後人倫既起，秩序以立，而彼此相對之態度即須定出。人類次序以尊卑長幼先後爲序，則先者，長者，尊者宜居先，卑者幼者宜居後，則敬之意生焉。於是祭天地鬼神之祭禮乃引伸而至對尊長前輩之敬禮，而禮之範圍與作用乃大爲擴展，而廣泛應用於人類現實社會。儒家把握住禮的原始意義，以之上對天地鬼神，下對人類社會，而禮遂成爲上通於天，下接於人的媒介。但因天道遠，人道邇，所以並不强調對天地鬼神的祭禮，而特別注重對人羣的儀節。在人羣中使用禮，有兩種作用：第一，以禮作爲人類相交接的媒介，彼此見面，禮貌當先，然後論事。所以到現在還以禮節爲治事之本。第二，是以禮在人羣中劃一界線，告訴人類行動不可超過此一界限。亦不可不及。在界限之內，是我的責任，也是我的自由。界限之外，屬於對方，責任在他，自由也在他。站在個人立場，只有在此界內求盡其在我，而不能在界外求之於人。自此揖讓進退之節，晨昏定省之儀，先後演爲定制，由簡而繁，由寬而嚴，由疏而密；形式雖不同，其出於敬則一。所以孔子說，「今之孝者，是謂能養；至於犬馬，皆能有養，不敬何以別乎？」（論語爲政）在此提出一「敬」字，即點出禮之意義。又說「人而不仁如禮何？人而不仁如樂何？」（論語八佾）這裏提出一「仁」字，又將禮的實質點透了。「林放問禮之本，子曰，大哉問！禮與其奢也寧儉；喪與其易也寧戚。」（仝上）這又說明，與其注重表面儀節，不如重視其內在的意義。重實質不重虛文也。仁心是道德，祭祀時的哀戚也是道德。以愛父母之心，敬父母之意而作成孝父母之行，是道德行爲的第一步。所以孝爲入德之門。「孟懿子問孝，子曰，無違。樊遲問，子曰，生事之以禮，死葬之以禮，祭之以禮。」（論語爲政）這又說明禮與道德關係。以禮的行動導出道德的內心。這就是禮之所由生，乃至禮的性質。强調禮，就是幫助人發洩道德心，也培養了道德心。所以儒家自周公孔子，無不重視禮；以禮爲教。所以後世稱為禮教。

禮之意既為敬，對人行禮即是對人尊重。尊重對方的身份和人格。受禮的人受人尊敬，於心得安，於情得悅，亦油然而生自尊之心，自重之感。行禮的人尊敬人，相對的尊重人即是自己謙卑。就本身言，自己謙卑，不驕傲，是一種道德；就對人言，是一種敬意。這樣說，對人行禮，也就是以禮待人，有雙重道德意義。再用社會眼光看，禮是人類創造的精神文化，人羣由野蠻無序而產生禮節，進於有序之境，是一種高尙的文化。此項文化乃應事實上需要而創造。那麼人類行禮，守禮，依禮而行，即為文化行為。表現其為文化人，而非野蠻人。反之，對人無禮，即為粗野人。禮貌疏即為文化程度低的人。這就無異於說，對人行禮是表示自己文化程度高，乃光榮而非羞恥，是自尊而非自卑。所以到現在為止，大家仍誇獎有禮的人，說他有禮貌，認為是有道德的君子。但現在一般青年却有一種反常心理，不肯對人行禮，好像行了禮便使自己小了。想盡方法躲避見尊長行禮的機會。即或見了，或勉强似禮非禮，略一表示，或竟望望然去之。寧使自己成為不知禮的野人，而不肯為長者折肢。教者不教禮，家庭不習禮，青年不行禮，遂使我們這五千年重禮民族成為最不講禮的民族。反不如外國人禮貌周到。必不得已，只有在軍中還看到有點禮。一般社會，尤其是在學學生，反而禮貌最差了。我們只能說這是一種不正常現象，由不正常的心理和不正常教育所造成。此外我們還能說甚麼呢？實際說，禮並不是精神上監牢，而是精神樂園。試依禮而行，敬長敬老，心中自有一番樂趣。獨惜不肯試行，遂致望而生畏耳。

根據孔子的話，子女對父母應當生事之以禮，死葬之以禮，祭之以禮。生事曰孝，死以後葬祭皆依禮，仍是孝。父母雖不在，子女之孝則不因父母之存亡而終止。此示孝道出於子女之內心。父母雖死，其精神仍活在子女心中。站在子女的立場，假如其孝行不得及父母生時而表現，不幸而死，乃有「子欲養而親不在」之痛。因而在情緒上欲繼續事之，一如其生前。故祭禮不能廢。至於葬，屬於送死；送死是大事，所以葬禮尤爲隆重。這種孝思之繼續，孝行之延長，即象徵父母生命之延長，延長至於無限。所以近則父歿觀其行，遠則繼志述事，顯親揚名爲大孝。就倫理言，則道德由現實界延伸到超現實。由此可見中華民族對倫理道德之重視。

典禮是國家大事，也是民間大事，祭天地，祭鬼神，祭帝王宗廟，都是對鬼神。天要祭；禘就是祭天的禮。社是土神，稷是穀神，也要祭。因神有神秘性，故敬之，祭之，而又遠之。此外朝聘會同……等等，屬於政治，自然各有其禮，且極隆重。君臣之間，臣與臣之間，臣與民之間，民與民之間，亦各有其禮。軍、師、嘉、賓、宴饗、習射、冠、婚、喪、祭，則是政治上社會上大事，意義重大，禮節自更隆重。日常家居，長幼之間，都有細密的儀節。因爲曲折細密，故稱曲禮。今讀禮記曲禮，自覺有些繁瑣過火，應作若干合理刪省，但現在社會把它一筆勾銷，成爲無禮社會，則未免矯枉過正，失於鄙野。

用現代政治眼光看，禮是一種行動規範，也是一種節度。所以稱禮節或禮法。禮節就是給人類在行爲上定一範圍，劃一節度，不可超過。超過了便是越禮犯分。對人依禮而行，自然不侵犯人的自由。更進一步言，亦尊重人的地位。西方人重視自由，用政治法律保障自由，我們中國則用禮節。大家守禮，社會自然和諧安定，只讓而不爭。既幫助了政治，也促進了社會。就自身言，以禮自律，是最好的自我教育。既可約束自己身心，不致狂妄放誕，又可提高自己的文化程度。我們必須承認，人類行動不能不有節度，無節度的行動便是粗野的行動，亂的根源，所以人類社會不能離禮。無禮的社會是混亂粗野的社會，非文明人所能安。就自由言，用禮保障自由，遠比法律爲優，因法律有傷人之自尊也。我們中華民族倫理道德創始早，禮制發達，這是一種極可貴的文化創造。可證民族之優秀。現在人事繁複，愈加需要禮的安排，但事實却適得其反。此爲不正常現象，亦爲不智之事。須知禮有約束內心作用。由儀節自然演成習慣，久而久之，即對父母不敢不孝，對人不敢不敬。因爲禮是順人性而自然演成，所以用禮助成人性之發展，是最好方法。**我相信，禮節恢復，社會罪惡立即減少。這是定而不可疑的道理。我們要承認，社會愈繁複，愈容易亂。此非法律所能濟，所以愈加需要禮節。就民族文化而言，有禮的民族才是眞正文化崇高的民族。我們豈能忽視？**

次申論仁。

前面說過，仁是實質，禮是外衣。茲專就實質而論仁。仁可以說是孔子所倡道德的極致。孝爲入德之門，仁爲道德的頂點。孝的對象親近，具體，人少；仁的對象由極親近而至極疏遠，由極具體而至極抽象，由極少數到無量數。論關係由極親的父母兄弟親族朋友，而至素不相識的人，乃至凡屬同類的人，都是仁的範圍。愈推愈遠，愈廣泛。就事實言，父母即在面前，孝行可在一言一動中具體明白的表現。廣泛的人羣，瀰漫在各處，仁的行動無法具體明白的表現。更不易見到功效。就人數言，父母二人，簡單容易。人羣衆多，繁複艱難。因此孝最容易仁最難。假如最近最具體，而又最簡單的孝道都不能作到，則這人爲天下之至不仁，達於極點。所以必先作到孝，其次逐漸推廣，而悌於兄弟，和順於夫婦，信義於朋友，再推而至於人羣。作一步是一步，作兩步是兩步。愈多愈好，愈遠大愈好，功效愈切實愈好。雖不能至，心嚮往之，也很可貴。我們作人，爲小人，爲士，爲君子，爲聖賢，就在這行仁的效果大小遠近上判分。

作到仁，說容易，易如反掌，說難則又甚難。「仁遠乎哉？我欲仁斯仁至矣。」（論語述而）「博學而篤志，切問而近思，仁在其中矣。」（論語子張）皆言仁之易。「孟武伯問子路仁乎？子曰，不知也。又問，子曰，由也，千乘之國可使治其賦也，不知其仁也。求也何如？子曰，求也，千室之邑，百乘之家，可使爲之宰也，不知其仁也。赤也何如？子曰，赤也束帶立於朝，可使與賓客言也。不知其仁也。」（論語公冶長）「子貢曰，如有博施於民而能濟衆，何如？可謂仁乎？子曰，何事於仁？必也聖乎，堯舜其猶病諸！……」（論語雍也）此皆言仁之難。但話又說回來，「夫仁者，己欲立而立人，己欲達而達人，可謂仁之方也已。」（仝上）這是說博施濟衆固然極好，但因許多外在條件的限制，功業未必可立。如必欲如此責求，則雖堯舜亦未必能作到。所以說，只要本於仁心而盡己之力，以求立人，達人，也可稱之爲仁了。此即盡其在我之意。能作到盡其在我，即是仁人。「子路曰，桓公殺公子糾，召忽死之，管仲不死，曰未仁乎？子曰，桓公九合諸侯，不以兵車，管仲之力也。如其仁！如其仁！」「管仲相桓公，霸諸侯，一匡天下，民到於今受其賜。微管仲吾其被髮左衽矣。豈若匹夫匹婦之爲諒也，自經於溝瀆而莫之知也？」（論語憲問）這又是稱許管仲之仁，其所以能稱爲仁者，以其功業普及於天下，惠澤及於蒼生，其效宏，合於仁之心也。是乃眞能恢宏仁愛之心而成爲仁之德者也。其着眼點在事功，在效果。廣者爲仁，實者爲仁。相對而言，不拘名分，不死君難，以及幽囚受辱，皆小節。爲成大業不惜犧牲小節也。所謂大行不顧細謹，大禮不辭小讓之說也。亦猶司馬遷之忍辱以成其巨著史記也。史記成而司馬遷之功勳立，德業成。管仲犧牲小節而就大德，焉得而不稱爲仁？孔子稱之，是賢者識其大者也。

次論忠恕，四維，八德。

以上所論，係由孝向上發展，至最高點乃成爲仁。茲再言向四圍擴展，成許多德目，作橫的研究。

禮義廉恥由管子提出，稱爲四維，認爲立國四大經。現在則又由　蔣總統明令定爲各級學校共同校訓。忠孝仁愛信義和平八德，也由　蔣總統定爲全國國訓。孔子教人，常說，「己所不欲，勿施於人」。弟子推崇孔子，說「夫子之道，忠恕而已矣。」又提出一「恕」字。這些德目有的以國家社會爲對象，如忠。有的以特定之人爲對象，如孝。有的以事爲對象，如廉恥。也有的以廣泛的人類爲對象，藉以表現人類風度的，如恕與信義和平。合起來看，皆以人性爲基點，以仁爲極致。換句話說，都可納入仁的範疇。因人之性善，有熱情，有愛人之心，無論對任何人，任何事，都要求心之安。利於人，則心安；害於人，則心不安。人悅之則心安，惡之則心不安。為人言語行事而求人之利，人之悅，是為道德。自內言之，為仁；自外言之，為義。對父曰孝，對子曰慈，對兄弟曰友曰恭，曰悌。對朋友則曰信義。對一般社會曰廉恥。對國家曰忠。名雖不同，實質則一。皆由愛於人，故求義於人。消極的說是己所不欲，勿施於人；積極的說是盡其在我。必不得已，則豈能盡如人意，但求無愧我心，便是道德心。盡其在我是忠，無愧我心是恕。**這忠恕之德最純潔高尚，因為他只責我不責人。只盡我心而無求於人。並且是主動，自動，無條件。作了心安理得的事，使人喜悅歡迎的事，心中一切都了，當下在心中得到報償。所以說「求仁而得仁，又何怨？君子無入而不自得焉。」此即孔顏樂處。其樂在內心深處，是自己所給予。純潔而無渣滓，長久而不短暫，自發而非外鑠**。

仁字从人从二，即二人，人與人。引伸之，即人與人羣。仁之意義即人對人羣最好的道理。恕字从如从心，如心為恕。言人人之心皆如我之心。人同此心。心同此理。以己之心量人之心而行，即為恕道。具體些說，就是事事要為對方設想，假如是我，怎樣？這就不會作出對不起人的事。**心中常想，為對方留一地步，也就是留一步路給人走。自己過去，也使人過得去，這就是恕道，也就是義。所謂己所不欲，勿施於人，即是此意。能這樣量人人之心而行，則我與人人在心靈上相通，而我與人人成為一體。心量擴大，人格擴大，功能也擴大，則我為宇宙上最大之人。而仁德亦成為世界上最高德行。我亦能永永活在人人心靈中，彼此相感相應而不磨滅。這樣即成為超現實人，不隨有限的形體而消逝。精神上舒適無過於此。所以說「仁，人之安宅也。」（孟子離婁）歷史上若干不朽人物，便是這樣人物。這是由中國人生哲學陶鑄而成。此中國人生哲學最高境界，最高價值**。

欲求達到此境界，惟一途徑即先將心量擴大。心量擴大了，自然能知一己之外也有人羣，有萬物，也有宇宙。能容人，容物，容宇宙。宋儒為學即着眼在此，此即宋儒之功。如朱子說，「須放心寬快公平以求之，乃可見道。況德性自廣大？易曰窮神知化，德之盛也。豈淺心可得？」又說，「文要密察，心要洪放」。「心大則百物皆通，心小則百物皆病。」（均見近思錄卷二）這種放大心量的作法，才眞是根本作法，也是初步當作的基本功夫。俗語說，「有容乃大，無欲則剛。」與此同理。蓋未有心境狹小，而能容人容物，成德達才者也。

己所不欲，勿施於人，是消極的說法，如積極的亦爲人設想。則我欲富，人亦欲富。則爲我求富時亦不忘人之富，消極的不害於人之富。積極的則亦求人之富。說淺近些，即不要太自私。不要自私而害於人。進一步爲己求富時亦爲人求富。必不得已，二者不可得兼時，則捨一己而爲大羣。此即是大仁。如國父之民生主義即是爲人人求富之道。他一生自己受苦，而不斷爲人人求富而努力。如爲一己而害於大羣，則反於仁之道，而爲人類之公敵。吾故曰，仁之德無他，不損人利己，不因私害公而已。

廉恥是個人立身處世的態度，亦以人羣爲基點，以仁愛爲精神。廉就是正直無私，不因私害公。恥是作出對不起人的事而內疚於心。明廉知恥便是處人羣之道，也就是道德。和平就是止爭定亂，因爲爭與亂都害於人之生，非仁者所能安；所以求和平以止爭定亂，是一種高尚的道德。因爲它是求人類共同安寧與幸福的。中國人最好和平，所以中國人是最仁慈的人，中華民族是最好的民族。

我們中國人對人生重視倫理，倫理就是人與人的關係。由倫理觀點看人生，每個人都在多種關係包圍中。前後左右，非親即友。一個人具備多種身份：對父母言爲子，對子女言爲父，對兄姊言爲弟妹，……逐漸引伸推廣，幾乎對任何人都有關係。親戚套親戚，朋友套朋友，愈套愈多，愈複雜熱鬧。圍在我四周的，都是自己人，都與我爲一。這樣，一個人生活在世上就不孤獨。所以說「四海之內，皆兄弟也。」不僅不孤獨，並且溫暖，和諧，親切。但同時也就有責任。即天地萬物人類，都待我而安頓，而生長，而享幸福。這樣就顯出人生意義的偉大，價值的崇高，和樂趣的深厚。

四、人與國家民族

上面，已將人與天，人與人的道理加以說明，以下講對國家及個人立身之道。

國家民族是抽象名詞，不如人之具體。但國家民族對人有重大關係，不容忽略。究底言之，國家民族是由人所組成，對國家民族之道，即對人羣之道。不過國家有組織，民族無定型。中國雖以天下一家，四海一人爲共同思想，無此疆彼界，但由於夷狄內侵，遂促成民族團結以求生存之要求。又由春秋戰國之彼此紛爭，促成禦侮自衛之需要。這樣就感到民族之可貴與國家的重要。雖極抽象，亦不敢忽視。又人類自原始時期對於天然災害與人爲災害，不能以個人力量排除，因而大家爲了求生存不能不合作。災難來時，領袖人物，登高一呼，搖旗吶喊。大家便各執武器，集合在領袖面前，集中力量，朝一個方向使用。以排除患難。由「族」字的構成，即告訴我們這一消息。族字从旗省，前面已經說過。意思就是，在同一旗幟指揮號召之下，集矢對外的，即爲一族。小之家族宗族，大之民族國族，這就是民族的原始意義。逐漸演進，大家不斷以武力合作以求生存，便形成國家的組織。同時也開始政治生活。遞演遞進，相爭日甚，人禍愈多，民族的界限形成，國家的組織加强，而民族國家遂成爲人類共同求生存的必要條件，任何人不能脫離民族國家而單獨生存。事實的教訓，理論的呼喚，使人人都承認，維護民族國家的安全强大爲人生不可旁貸的責任。在人生哲學上，遂成爲定理。　國父孫中山先生由此一歷史事實，發明了民生史觀。也由此一教訓，創造了民族主義。民生史觀就是人生哲學。民族主義就是依此哲學而提出的政治主張。因而人民愛自身，亦須愛民族國家，習文亦須習武。執干戈以衛社稷，便成爲人民共同標榜的民族英雄。更進一步，以道德思想喚醒野心家，以消弭戰爭，反對侵略，乃成爲至高無上的高尚思想。在人生哲學中達到最高境界。由合作自衛以求生存一面看，構成民族精神。由人生理想一面看，便由此走向和平正義的大同世界。因爲求自衛，所以要尙武。因爲嚮往和平正義，所以反戰弭兵。管子首先尊王攘夷，不惜以齊國的兵力東征西討，以爲華夏衣冠民族禦侮圖存。一面亦倡反戰弭兵之論，以追求和平正義之理想。他說，「貧民傷財，莫大於兵。危國憂主，莫速於兵。此四患者明矣，古今莫之能廢也。兵當廢而不廢，則古今惑也。」（管子法法篇）可見他有廢兵的主張，認爲兵是當廢的。大家如都能廢兵，則天下無人禍。孔子重仁，尙禮，根本與戰爭不能相容。但事實所迫，不能不文武並重，並鼓勵執干戈以衛社稷。六藝中有射御。射是軍事；古代車戰，御即駕御兵車，也是軍事。孔子畫像有配劍。皆證孔子的教育是文武並重，手腦並用，術德兼修。禮制中有鄉射禮，大射禮，是民間普遍習武之證。習武在於禦侮，禦侮在於保衛國家之安全。國家安全，人民始能安生。因此衛國禦侮成爲人民的共同責任。而中國人生哲學也就成爲完備健全的哲學思想。

孔子修春秋，首明大一統之義，次强調華夷之辨。或稱夷夏之防。大一統即團結一致，擁護中央。明夷夏之防即建立心理國防。我爲夏，敵爲夷。欲禦侮圖存，必先分淸，何者爲敵，何者爲我。陣線分明，始能激發敵愾之情，而奮勇破敵。就人生言，此即人民對國家應持之態度。就民族言，此即民族求生存的思想與行動。從時間方面看，人類基於此種精神而不斷團結奮鬪，就構成燦爛輝煌之歷史。從實質方面看，就是民族求生存的根本力量。稱之爲民族精神也可，稱爲民族主義，亦未爲不可。這種精神成爲中國人生哲學中的一部份。也就是中國人心目中人與國家民族的關係。由此遂演成國家興亡匹夫有責的共同信條。因而爲國家民族生存發展而奮鬪犧牲的民族英雄，革命志士，乃在歷史上接踵而來。挽救了民族命運，增加了歷史光輝。對於這些犧牲一己而救大羣的人，孔子稱之爲殺身成仁，孟子稱之爲捨生取義。所謂成仁取義，就是對國家民族的態度。

更進一步，我們對國家民族有一種理想境界。促進人類社會達於此種境界，則引爲自身的責任。這又是我們人生哲學中一種崇高精神。這種理想是由保國衛民以求共同生存進而至於國家形態自然消逝，民族界限自然破除的境界。在這一理想境界中，天下爲一家，四海爲一人，無此疆彼界，無侵擾紛爭，更沒有戰亂，也沒有巧詐欺騙。大家推選賢能爲大家辦事，大家在和諧的氣氛中互助合作，養老，恤孤，幫助廢疾，使大家都能得到自由自在的幸福生活。不需要國家，不形成民族。凡屬人類，皆爲一體。這是國家民族的昇華，而不是國家民族的忽略。這一境界的描繪，首先由曾點提出。已見前述，此不再贅。接着又由禮運大同篇把它具體的說出了。晉朝陶淵明的桃花源記，也可看作這一境界的另一寫法。因爲他的思想實質上，就是這麼一回事。

孔子一生到老，苦口婆心教人，辛苦奔波勸人；學不厭，教不倦，發憤忘食，樂以忘憂，不知老之將至。若問他所追求的是甚麼？那就是他自己說過的「老者安之，朋友信之，少者懷之。」（論語公冶長）我們如就用這三句話形容這裏所謂理想境界，該不爲過。當時的隱者譏笑他，說他是「知其不可而爲之」。（論語憲問）我們則說，這知其不可而爲之的精神，就是他的樂處。也就是他的人生哲學。對於這，我們無以名之，名之曰樂觀主義。這裏所謂樂觀，當然並非享樂之意。乃是對於人生，對於世事，總是抱無限希望，眼前一片光明。所以一息尚存，就要盡其在我。孔孟一生即如此作人，也如此教人。二千餘年來，也就自然演爲中國民族共同思想，共同態度。間有不同主張，應認爲學養未深，不肯虛心的變態心理。是偏差，不是正軌。不能代表中華民族正統思想。

五、個人立身

從人與天的觀點看，人是宇宙性動物。從人與人的觀點看，人是政治性動物，或說是社會性動物。如從個人立身的觀點看，則人又是可大可小，可高可低，富有彈性的動物。因爲人類的生命價値是由自己決定的。決定爲君子，即爲君子；決定爲聖人，天人，即爲聖人，天人。如放棄作好人的權利而自願居於下流，則爲小人，爲罪人。但又有些人無識無知，聽其自然，對作人的道理，只聽任環境擺佈。結果或作成小人，或作成毫無意義的庸人。不好，也不壞；虛生一世，與草木同朽。其所以不同，全在於作人道理之瞭解與否，以及瞭解的多少有差。因此，這作人的道理實在是一項極重要問題；小之關乎個人成敗得失，人格高下；大之影響國家民族。不可以忽略。

中國古代聖哲對人生問題極爲注意，認爲這是一切問題的根本，很早就加以研究探討，並以此說教。我們的教育思想實際可以說就是人生思想，也就是人生哲學。換句話說，就是教人作人的道理，如對此加以分析，則我國教育的內容不外下列各端：

一、人類特質之認識。
二、人生意義之瞭解。
三、人生理想之追求。
四、人生態度之決定。
五、人生方法之尋求。
六、生活技能之學習。

茲依次分別敍述如左：

第一、人類有人類的特質。舉要言之，有下列各點：

1. 人生不能離羣，即生活有相互依存性。
2. 人類有人性，有情感，亦有理智。
3. 人類生而平等。

4. 人類於物質生活之外，亦有精神生活。
5. 人類有生亦有死，生命有其限度。
6. 人類在宇宙中地位最高，價值最重，責任亦最大。

人生不能離羣，其事甚明，無須解釋。所謂不能離羣，即有相互依存性之謂。這樣就需要能合羣。以謀共同生活。一切生活條件，都由此而起。假如人類不必羣居，很多人生上問題都不發生。只憑個人力量謀生就够了。和禽獸世界沒甚麼差別。但人類不甘於禽獸世界的生活，實際也不能這樣生活下去。同時人之性善；所謂性善，即相愛互助之意。是人類自然具備合羣的條件。加以外在的要求，而人類遂在合羣互助中生存發展起來。不過有時因個人的利害而妨害了合羣之德。於是培養人性，促成合羣之德，遂成人生上不可忽視的首要事項，欲達成此項要求惟有賴於教育。

人之性善。由孔子到中庸，再到孟子，已經將此理論發揮盡致，雖有告子荀子等提出異議，但終不能動搖人類的共同信念。數千年的考驗，已公認爲定論，不需再爲闡釋。人生而有理智，亦出於自然。此所謂理智，即有辨別是非善惡的能力。孟子講四端論，說「惻隱之心，仁之端也；羞惡之心，義之端也；辭讓之心，禮之端也，是非之心，智之端也。人之有是四端，猶其有四體也。」（孟子公孫丑上）就是說明人類先天即有善的性和清明的理智。雖然事屬本然，但孟子發而明之，强調之，且納入教育之中以培養之，保持之，更恢宏之而使仁義禮智四端成爲仁義禮智四德，即是孟子極大功勞。蓋人類由理性之自覺，進而發生自尊之心，自重之感，是非常自然的結果。人類道德由此養成，公理正義由此判分，多少人類社會上問題由此解決；或根本即不發生而消滅於無形。但此項自覺有時在某些人變態心理中發生動搖現象。因而倡明人性，喚醒理智，爲人生第二個要項，亦爲教育上不可一時或懈的責任。

人類有情感，所以不能免於喜怒哀樂愛惡欲種種衝動。這些衝動如能適可而止，恰如其分，對人處世的道理即正常合理，人類社會自然和諧安定。個人修養即算成功。但這情感却最不容易控制，因而亦最容易得罪人，不僅個人修養失敗，社會上多少問題亦由此而起。我們中國人最能瞭解這一問題，所以在調節情感，控制喜怒上，不惜用極大力量，認爲人生中極大問題，一毫不肯放鬆。顏淵能不遷怒，不貳過，孔子推崇他好學，即是此理。不遷怒即是控制情感的功夫。公明賈推崇公叔文子說「夫子時然後言，人不厭其言；樂然後笑，人不厭其笑；義然後取，人不厭其取。」（論語憲問）這所謂樂然後笑，也是控制情感的功夫。這以理智控制情感，是中國人生哲學上一極大特點。

人類自然而生，自然而死，同爲宇宙間一人，根本沒有等差。有等差是人類社會所造成；在先天上，在作「人」的立場上，根本沒有差別，大家一樣。在人生哲學上看，凡屬人類都是平等的，不應有不平的觀念，更不應有不平的待遇。儒家思想非常重視此點，力主人類平等之說。在積極方面，強調人人可以爲聖人，人人可以頂天立地，堂堂的作個人。在作人的立場上沒有分別。消極的反對以不人道的待遇對待人。所以孔子不僅反對生人殉葬，即以木偶殉葬，亦要反對，因爲他是像人形而作成的。爲甚麼要以無辜的生人爲死人殉葬呢？以生人與死人同葬，即表示死人貴而生人賤，不僅不平等，也是最殘忍，最不人道的事。但這不人道的事是由人類不平等的觀念所造成，所以教育家大聲疾呼，強調人類平等之義。孔子說「有教無類」，是在教育立場上說的。孟子說：「說大人則藐之」是在政治立場上說的。又說「人皆可以爲堯舜」是在人格上說的。其強調人類平等，是一樣的。

人類有知識，有靈性，也就是有精神活動。生活上需要物質的供給，是人類與禽獸相同的。物質需求之外，也有精神上需求，是禽獸所沒有的。人類高於禽獸，就在這精神條件上。精神上需要吸收，也需要放射。吸收的是知識，是樂趣，追求這知識與樂趣，是精神上生活的範圍，也是精神上安頓慰藉的資料。放射的是給與，也是追求。給與人類萬物以同情和幫助，形成光、熱、和力。追求更高更理想的生活境界，創造更美的藝術生活。人類要自立，自尊，自強，都靠精神力的推動和支持。爲了自尊，可以傲視一切。把維持生命的物質視如糞土。爲了自強，可以獨立不倚，不受人憐，不因人熱。爲了同情，助人，可以犧牲自己的自由，自己的財產，乃至於寶貴的生命。爲了國家民族，更能不顧一切，忘一己而爲大羣。因而有革命，創造，犧牲。就是爲了人間公理正義，是非善惡，也寧願以頭顱熱血來換取扶持。像這樣的生活，都與物質無關，或說超乎物質之上。因爲到必要時物質可以放棄，生命可以放棄，而精神生活則不能不爭取。物質生活上有享受，有樂趣；精神生活上也有享受，有樂趣。爲了爭取精神上的享受與樂趣，寧願犧牲物質上的享受與樂趣，而不肯爲物質享受而犧牲精神。社會上對犧牲物質享受的稱爲君子，大家歌頌崇拜。對犧牲精神生活而追求物質享受的，稱爲小人，大家攻擊唾罵。就此項人類心中的公是公非而論，即可證中國民族人生理想之高尚。所謂孔顏樂處，即在於此。中國人心目中的人生價值就在這精神條件上。

就物質與精神兩項生活比較，雖同爲人類生活所不可少，但過於看重物質將發生許多流弊，不僅影響個人，更影響人羣。因爲追求物質享受是爲個人，爲個人追求物質就不免於爭。爲個人享受而爭物質，就有害於人羣利益，即因私而害公。因私而害公，即成人類公敵，非人類處人羣之道，有背於人生意義。社會由此不安，禍患由此而起。此就對人羣之影響而言也。人類有大的責任，强的能力，重的價值，以及高遠的理想，非個人物質享受所能限。如必欲自限於一己物質爭奪中，便是對人羣不負責任，自己縮小能力，貶低價值，放棄理想。把人類的優越條件一概丢棄，而關在物質的小圈圈中。這是就對個人影響而言的。總結起來，爲害於人羣是不道德，自貶身價是不智，都是不好的。所以强調物質，標榜物質至上的野心家，不僅把人的世界造成爭奪混亂，擾攘不安的禽獸世界，同時亦將人類價值低估，人類尊嚴抹煞，即人類本然的善性也被摧毀無餘。仔細想來，這唯物主義才眞正是人類無窮的禍源，殺人不見血的魔鬼。我們中國對人生自始即不這樣看法，也不這樣做法，我們始終不强調物質，只强調精神。强調物質便把人生境界拉低，强調精神才能把人生境界提高，並且無限的提高上去。這樣人類便永遠在進步中，愈進步距離理想世界愈近，去禽獸世界愈遠。有利而無弊。就此點而言，可說是中國人生哲學最高價值。最可貴的精神。

人爲萬物之靈，這是大家公認的事實。所謂萬物之靈即萬物中最優秀，最能幹之意。此一靈字下得最好，最恰當。宇宙萬物中沒有比人類更有能力的東西；自然而然，人類就成爲宇宙萬物中的主人。換句話說，就是主持支配宇宙萬物的，就是人類。因爲人類有心靈，有理智，有人性，所以能安排此宇宙萬物。因此人類在宇宙萬物中就成爲地位最高，同時責任也最重的東西了。人類自己無此自覺，就失其所以爲萬物之靈。因此瞭解自己在宇宙中地位與責任，便成爲人生哲學中極重要的事。

以上是人類的特質，爲萬物所未備，研究人生問題必須首先瞭解。

第二、講人生的意義

人生意義與人類特質有密切關係；瞭解了人類特質，也就明白了人生意義。具體說，也就是將人類特質加以發揮，强調，以特質發展成爲事功，那就是人生意義了。再進一步說，將人類的理性培養，擴充，以平等的情懷，仁愛的天性，對待人類萬物，大家以和平態度互助合作，以自己的心力體力，盡自己的責任，把宇宙人類萬物安排的有條有理，各遂其生，各安其性。爲自己盡力，也爲人羣盡力，爲萬物盡力，寧爲人羣而犧牲一己，不爲一己而犧牲人羣。心目中想到一己的利害，也想到人羣的利害；想到今天，也想到無窮的未來。事事必求自己之心安；所謂心安是爲一己，也是爲人羣。因爲不利於人羣的事，自己心必不安。必要時爲人羣要肯犧牲一己，爲將來要肯犧牲現在。這樣作，自己心安，人羣擁護。這便是人生眞理，也便是人生的意義。因爲這樣可使生活內容充實豐富，效用大，功業可普及於人間，生命可以綿延於永久。而一個人的精神可以生活在無數人的心靈上。這才叫人生的意義。如只爲一己設想，爲一己盡力，甚至爲一己而害大羣，則這人只是爲一己而生活，是一己人。如放開來，不僅爲一己而亦爲大羣，則這人是人羣人，或稱社會人。如更能澤被萬物，功及宇宙，則這人便是宇宙人。這就明白顯示出來人生的意義了。

我們要知道，人生的價值是超時空而存在，超物質而存在，超自我而存在的。因爲人生並不隨有形軀體在有限的時間消逝而消逝。所以說是超時空而存在。人類生活不能以物質之豐吝爲限，而有更高的精神生活，所以超物質而存在。人生不以自我滿足爲限，而更要追求人類萬物之共同幸福，所以超自我而存在。由此可證人生價值之高。也就是說，人類有能力，可以超越一己界限而使用；生活範圍可以超越目所能見，耳所能聞，有限的小圈圈而把它放廣；時間上也可以超越數十年短暫生命而無限綿延。總之，因爲人類有靈性，所以人類生活是有彈性的。可大可小，可久可暫，也可豐可吝，全在自己的決定。此一決定以對人生問題的瞭解爲樞紐。瞭解的多而且看得透，想得通，便可成爲宇宙人，次社會人，更次便只作一己人。我們又何樂而不爲宇宙人，社會人？必定要把自己價值低估，地位拉低，能量縮小，只作成一個自了漢？甚至成爲社會蠹蟲，人類公敵呢？我們中華民族氣量大，眼光遠，理想高，從來就不把人生意義看輕，不把人生限在一己利益的小圈圈裏，而盡量把它擴充，提高，放廣。所以把眼光向上看，要求作到極高明而道中庸的地步。又向外看，向外求作到致廣大而盡精微的地步。尊德性而道問學。由下而上，求下學而上達。由近而遠，求近悅而遠來。由普通中求超拔，由平凡中求偉大。既高明而悠久，復平易而近人。因此我們極力着眼於人羣，致力於國家社會。策劃現在，也策劃到未來。因而自然演成向外用力的服務人生觀。「子路問政，子曰先之，勞之。請益，曰無倦。」這先勞無倦便是服務。「其爲人也，發憤忘食，樂以忘憂，不知老之將至」。乃至明知其不可而仍爲之不已。這一片救世熱誠，就是基於對人生的瞭解而自然演成。並且這種態度非僅孔孟等少數人所具，而是一般人共同具備的態度。不過由此更進，提出殺身成仁，捨生取義的最高境界，則是孔孟的功勞。至於在理論上思想上既提出「人生以服務爲目的，不以奪取爲目的。」，又在行動上由服務而革命，由革命而犧牲，則是 國父孫中山先生以及許多革命先烈的最大貢獻。所以我們由此瞭解，這服務，革命，奮鬥，犧牲的人生哲學，是中華民族共同信念，非一二人之私言，而 國父思想乃是將這固有思想發揚光大而成。更由這些事實，使我們領悟中華民族的人生哲學價値高，而人生哲學對個人人生，對國家民族的生存發展，關係極爲重要，因而闡發此項人生哲學爲吾輩不可忽視之責任。

第三、講人生境界之提高

馮友蘭將人類生活分爲四個境界：一，自然境界；二，功利境界；三，道德境界；四，天地境界。渾渾噩噩，不識不知者，爲自然境界。生活範圍，思想所及，不出個人利害者，爲功利境界。知有己亦知有人；爲一己亦爲人羣者，爲道德境界。不僅知有人類，亦知有宇宙萬物，不僅知有今天，亦知有過去與未來者，爲天地境界。（新原人）錢師賓四（穆）則將人類文化分爲三階層：一，自然的人生，或稱經濟的人生，面對的是物質世界。二，社會的人生，或稱政治的人生，所處是人的世界。三，精神的人生，或稱心靈的人生。所處是心的世界。（文化學大義，文化的三階層）並且說，有的民族文化進展，是逐步上昇，即由經濟人生上昇到社會人生，再昇到精神人生。而有的則始終停在物質人生上。錢師說，「馬克思的唯物辨證法，把人類歷史看成鬬爭，否定再否定，而始終沒有超越出文化第一階層之消極意義與生存目的。於是人類文化演進全成手段，永遠釘住在物質人生之最低階層上。此是馬克思唯物辨證法對人類文化演進通律所犯最大的錯誤。」（見同上）今按，人類究竟是人類，是人類就有靈性；有理智亦有人性。所過的生活就是文化生活。不過文化程度有高低，知識能力有大小，因而生活的境界，心力體力活動範圍，就有許多差別。馮友蘭氏分爲四種境界，略嫌繁細，可將自然境界與功利境界合併爲一，即稱爲功利境界。錢師分爲三階層，簡單明確，合於事實。所謂文化三階層，可以說就是人生三種程度。此三種程度可以逐步上昇，也可能昇至第二程度爲止。但也有人硬把人類自動要求逐步向上的天性堵截，靈性摧毀，使之永久停留在最低程度的物的世界。如上述錢師所擧馬克思便是。我們要知道，這最低程度所面對的是物的世界，求經濟的滿足，以一己爲限。心中所想，行動所求，不出個人利害。生活範圍圈太小，心量太狹，與禽獸生活無大區別。甚者爲了爭取自我物質的滿足，而鼓勵鬬爭，奪取，使人類社會彼此間只有仇恨，敵對，永遠不得安寧，更談不到溫暖，和諧，幸福，和進步。實際說，人類天性並不是這樣，正如前引孟子所標擧之四端論，說惻隱之心，羞惡之心，辭讓之心，是非之心，人皆有之。（孟子告子）有惻隱與羞惡之心，即能溫暖和諧。有辭讓之心，即能讓而不爭。有是非之心，便能辨明是非利害，奮發向上，爭取更高生活。不甘於停滯在第一階段的最低生活。我們中國强調性善，先天上尊重人類在宇宙中地位，盡量提高人類價值，所以很早就致力於提高人類生活。換言之，即力求儘快將人生提高至第二程度。到第二程度仍不能滿足，緊接着更向上提昇，必欲將人生提到最高境界第三程度爲止。所以即或是第二程度，也不甘於停滯在單純的政治社會教育上。必使政治之上有一超現實政治理想，社會之上有一超現社會的理想社會，而教育則更要將每一個平凡的人，超凡入聖，將生活境界提了再提，高而又高，心中始終有一更高的標準，更好的典型，使人不斷的向上。進步再進步，向上再向上。一息尚存，即不停止努力。在生活境界上固然不能擺脫第一二兩程度，但遇與第三程度有不可得兼時，便寧捨第一二兩程度，而必定緊緊抓住第三程度不放。**落實些說，就是必要時物質生活可以放棄，社會生活可以超越，必求達到第三程度，即最上層。因而有時以驕傲的眼光看物質，而不屑一顧。可以餓死，不可以爲維持生活而犧牲精神生活。受苦受餓，只要精神上安樂舒暢，俯仰不愧，則物質上貧乏，其甘如飴。走到極端，便是生命可以犧牲，精神生**

活不能放棄，生活程度不能降低。欲使之由宇宙境界，心的世界降到自然境界，物質世界，抵死也不肯。這就是中國人的特性，由中國文化，中國的人生哲學所養成。全世界找不到，外國人所不能瞭解。禮記檀弓所學不食嗟來之食的餓者，就是一例。不過這還是爲一己之自尊心所驅使。至於像蘇武，就更高尚，更可貴了。他以漢使身份爲涉匈奴內亂之嫌而受牽累。他以漢使不肯受審而自殺。自殺遇救不死而受尊敬，而被人招降。爲了拒絕招降而受餓，受窘，受凍，受非人待遇。十九年的非人生活，遠超過自殺，超過生死。如問他何以致此？則吾將對曰，中國文化，中國人生哲學，第三程度的心的世界，所支持。孔子的殺身成仁，孟子的捨生取義，都是此義。不過蘇武所表現，實實在在超過了殺身成仁，捨生取義。非中國，世界上那有這樣人？非中國文化，中國人生哲學，那裏能培養造就成這樣超人，這樣超然境界！噫！亦偉矣！

中國人生哲學不斷向上，所以有一種擴展性，向上性。因爲不斷擴展，所以胸襟豁達，心境寬廣，用能容人，容物，容宇宙；與之共存，共生，共享幸福安樂。因爲不斷向上，所以自尊自重，理想高遠。用能將人格提高，重精神而輕物質。不怕窮，不怕苦，不怕艱難。這樣自然就造成爲人而不爲己，服務，犧牲的人生觀。

無論是向外擴展，或向上追求，都以道德爲其動力。所以我們如果說中國的人生是道德的人生，亦不爲過。

因爲我們重視人的擴展與向上，完全在「人」上作功夫，自然相對的輕忽物的追求和瞭解。其結果遂使倫理道德，政治，教育，文學，藝術……等等精神方面文化特別發達，而自然科學比較淡薄。就精神與物質，政治與經濟比較而言，我們是主張以精神控制物質，以道德領導政治，認爲精神是根本，物質是受精神支配的末節。所以齊景公問政，孔子答以君君，臣臣，父父，子子。齊景公很聰明，他立刻解釋說，信如君不君，臣不臣，父不父，子不子，雖有粟吾得而食諸？這就明白說出**物質以精神爲本，政治要由道德領導**。這是我們中國的人生哲學，也是政治哲學。管子的政治，是以禮義廉恥爲國之四維，也是以道德爲政治基礎。再向上推，周公的政治以禮樂爲先，也是同一道理。總之，**無論人生哲學，政治哲學，都是以道德爲其基本動力**。**這種以道德爲基本動力的精神和作風，有甚麼人可以推翻？甚麼人可以否定其價值？又在何時何地可能磨滅？**

西方在文藝復興之後，才有人的自覺，中國則在上古已經自覺，並由自覺而自尊自重，自我向上。進而尊重人，甚至對萬物，也尊重愛護。所以在人生上主張盡己之性，也盡人之性，盡物之性，進而贊助天地，化育萬物。君子樂於與人爲善。政治上窮則獨善其身，達則兼善天下。必使人的德能發揮至最高點，求廣，求高，求永久。講到此處，就想起　蔣總統的兩句名言了：

生活的意義，在增進人類全體的生活；

生命的意義，在創造宇宙繼起的生命。

這兩句話不僅道中肯要，點透了中國人生哲學的眞義，而且簡單明瞭，易知易行。只在實踐力行耳！

如將中國人生哲學中境界用圖畫來表明，當如下頁圖：

物質生活是生活所必需，人人不能免，所以雖上昇到最上層心的世界，物質生活仍不能離，離則必死，而生命消失。所以一定要包括在各階層之中。但如只以物質生活爲限，則無異將生活關在一己小圈圈中而不能自拔。人人以此爲限，則人人自私，人人爲我，必出於爭。無異於禽獸。社會生活以人的世界爲範圍，爲己亦爲人，利己亦利人。二者不可得兼，即捨己而爲人。已是道德的生活。其生活內容充實而豐富，生命崇高而有價值。到第三階層宇宙生活，進入心的世界，則更是其高無限，其大無垠，無時空之限，無物我之分。大無不包，富無可比。無實際邊緣，所以下面兩層用實線標明，第三層則只能用虛線表示。中間各有中心，箭頭則指向上追求的方向。謹在此試撰兩句聯語；作爲本節的結束：

利己利人兼利物，

希賢希聖亦希天。

第一階層物的世界　　第二階層人的世界

第三階層心的世界

宇宙

社會

個人

第四、講人生理想之追求

因爲人是有靈性的動物，有能力，也有知識，所以對現狀總覺不滿，總想要改善。這一改善現狀的要求，是人類長時期普遍的要求，是大家的共同希望，同時也就形成爲大家共同努力的方向。久而久之，智慧集中，力量集中，努力的績業前後積累，便促成人類的進步。就績業言，是文化。就經過言，便是歷史。人類的進步就靠這一改善現狀的希望，爲之促成。生活之改善就是人類幸福之增進。包括個人生活，也包括集體的共同生活，乃至於物質生活和精神生活。所以無論爲個人爲集體，爲物質或精神，這種改善現狀的共同希望，實爲人類進步的基本推動力量。

心中有希望，就是面前有美景。有此希望即不斷向前努力爭取，兩眼即時時向上看，兩脚即時時向上爬。文化是積累進步的，且愈後愈快，與物體下墜同一道理。如問所求何事，可以說是多方面的。上面所說個人，集體，物質，精神，都在其內。換個說法，就是求生活內容之充實，範圍之擴大，時間之悠久，物質之享受，和精神之舒適愉快。再具體些說，便是上學　蔣總統所說的兩句名言。

這兩句話包括時空兩種意義。前者意在空間，後者意在時間。空間上求擴展；由己而人，由物質而精神。這樣就須自將心量擴大，胸襟擴大，生活範圍圈擴大。所謂心量擴大，指心中不僅想到自己，也想到人羣。胸襟擴大，指氣量，要有容人之量，要有氣魄；志趣要高，理想要遠。生活範圍圈擴大，指不只為一己利益而活動，也為人羣，不僅為物質供應而奮鬥，也為精神舒暢而營求。不僅以有限的現實界為限，也擴展到無限的宇宙界，使自己成為超時空的宇宙人。范仲淹所謂「先天下之憂而憂，後天下之樂而樂」便是最具體的說明。孔子所謂仁，孟子所謂義，中庸所謂誠，大學所謂三綱領八條目，實質上都是此一道理之闡釋。合起來看，就是人生哲學的道理。讀了這些書，瞭解了這些道理，身體而力行之，則這人便有聲有色活在世上，不與草木同朽，不以時空為限，而在生前享人間至樂，死後留無窮生命。所以我們先哲提出三大目標，作為人生的嚮往：即立德，立功，立言。大家稱之為三不朽。（見左傳襄公二十四年）到了宋朝張載更擴大，更發揮，提出四句名言，作為人生典範，即「為天地立心，為生民立命，為往聖繼絕學，為萬世開太平。」這些話為一般人所豔稱，即證為一般人所公認，亦即為一般人心理所同然。也可證明這就是中國的人生哲學。或說是中國的人生理想。

第五、講人生態度的抉擇

人生是一件大事，也是難事，應以嚴肅態度處之。不可兒戲。又因作人態度不僅影響個人一生，也影響人羣。所以不可輕忽視之。茲就古人所言所行，擇要敍述如左。

一、樂觀

樂觀不是享樂，也不是頹廢或自私，而是對人生的看法透徹通明，無所煩苦，心中有無窮樂趣，眼前呈一片光明。因而積極奮鬥，創造進取，至老不休。孔子自謂，「其為人也，發憤忘食，樂以忘憂，不知老以將至云爾。」（論語述而）便是最好的自我評語。這就是所謂樂觀。分析言之，有三種意義；

第一、人生不是苦海而是樂園。但有些人却把人生看成苦海，其一生遂在苦海中渡過。有人看作樂園，或能將苦海變成樂園，其一生也就在樂園中渡過。人生究竟爲苦爲樂，全在個人的看法與作法。聰明人認其爲樂，且能在苦中尋樂，忙裏偷閑，一生便能享用不盡。愚蠢人認其爲苦，且在樂趣中自討苦吃。並且自以爲智而笑人爲愚。這是觀念問題。由於眞正的樂在何處，大家看法不同。所以苦樂異趣。很多人以一己物質享受爲樂，在物質不足時便以爲苦。這是作風問題。但我們知道，物質是外在的，受客觀條件限制，如何能使人人必足？並且足與不足大部份是由比較而來，無主觀固定標準。各人所得多少總有不同，即永無足之一日。人的貪心不足，即富貴達於極峯的帝王，也沒有滿足的一天。秦始皇漢武帝享盡了人間富貴，沒有人能比了，可是他們心中却沒有一天滿足。「人心不足蛇呑象，勢力相傾雀捕蟬」。如果只以追求個人物質享受爲人生意義，則不僅將人生誤解，且將永無滿足的一天，也就永無快樂的一日。我們常見愈富有的人，可能就是最苦惱的人。但如退一步想，心境自寬，當下即得滿足，到處都是樂趣。細想起來，又何必自討苦吃。眞正對人生瞭解透徹的人，不把個人物質享受擺在第一位，而把着眼點放在宇宙人類萬物的整體上。這樣，對個人物質享受既將視爲手段，而不看作目的了。也就是說，人生的意義大，不僅在個人物質生活，不過爲了達成人生意義不能不以物質供給自身生活而已。想通了，看穿了，自然就將樂趣擺在個人對宇宙人類萬物的關係上。盡得一分力量，得到一分樂趣；盡得兩分，便得兩分樂趣。這樂在內心深處，是自己培養得來。比如作教師的，辛苦教學多年，眼看着一個個學生成德達才，學業有成就，事功有表現，這時其衷懷之樂，豈是物質所能比？助人爲快樂之本，到今天還用作教育青年的守則，這不證明人生之樂在此而不在彼嗎？

第二、隱者笑孔子「知其不可而爲之」。但我們要問，這所謂「不可」的定義是甚麼？那些事是絕對不可？又有那些事看似不可而爲之不已竟自變爲可？挾泰山以超北海是不可，但這是「爲」的範圍嗎？國父倡導國民革命，以赤手空拳而敵滿淸政府，人皆知其「不可」，但 國父爲之不已，不是變爲可了嗎？在樂觀主義的人看社會上的事，大都如此看法。他們總認爲可與不可不是絕對的。事在人爲；爲之不已，總有希望。眼前總是亮的，希望總是有的，只看我們肯不肯去作了。所以一息尙存，即不停止奮鬬。所以孔子總是發憤忘食，樂以忘憂。並且不知老之將至，即一息尙存，盡其在我之意。這是樂觀的另一意義。

對人生抱樂觀態度，即證於人生意義瞭解透徹，不僅個人一生享受不盡，社會人羣亦蒙其利。蓋樂觀即將進取創造；爲人亦即爲己。民族發展賴於此，避禍求福亦在於此。

第三、對逆境以笑臉迎接而不咒詛。人生遭遇不同，而逆境則均不能免。這逆境對於人究竟是福是禍，固然有外在的決定力量，爲人所無可奈何。但在當者立場，亦非盡不可加以改變。如能以樂觀態度看逆境，則正可利用逆境作自己磨鍊身心的機會。所以孟子說，「故天之將降大任於是人也，必先苦其心志，勞其筋骨，餓其體膚，空乏其身，行拂亂其所爲。所以動心忍性，增益其所不能。」（孟子告子）這是把逆境看作成全自己的藥石。不僅不咒詛，且以高興的心情去迎接了。這就證明逆境來了，不要愁眉苦臉，一味咒詛，而要以孟子的態度，把它當作教育看。這樣就可把禍變成福，苦變成樂。在心情上也可得到解脫。塞翁失馬是人人知道的故事。他以一種輕鬆的態度對待禍福，心中立刻覺得寬敞。 國父孫中山先生則以一種嚴肅態度對待逆境，與孟子相同。所以他一生致力革命，遭遇無數次逆境，但始終打不倒他。同時也就在逆境中把事功完成了。假如他無此修養，在逆境中低頭，咒詛，則有十個 孫中山也犧牲了。一百年，革命也不能成功。我們看他爲 蔣總統題的字，就可見出他的思想和態度。他說，「人生不如意事固十常八九，要在堅忍耐煩，勞怨不避，乃能期於有成。」這就是以笑臉迎接逆境。由此可見 國父的思想與行事，就是中國固有思想的發揚與實踐。

二、調節情感，保持理智

用社會觀點看人生，控制情感，保持理智是最重要的。許多人在作人上失敗，由於情感奔放，而自己不能控制；事業失敗，由於理智爲情感所掩，而不能明辨是非利害。因此先聖先賢認爲情感與理智的調節，爲作人成敗所攸關，因而致力於此，使情感發洩必得其中，理智必須保持清明。中庸講「喜怒哀樂皆未發謂之中；發而皆中節，謂之和。致中和，天地位焉，萬物育焉。」孔子贊美顏回，說他「不遷怒，不貳過。」不遷怒就是操縱情感，使得其中和。孟子明義利之辨，講四端，即保持培養淸明的理智。我們常於不能控制情感時失去理智。忘却是非利害。一時烏煙瘴氣，似乎一切都不管了。試想，人生就是發脾氣嗎？發了脾氣後果怎樣？事情怎麼樣？有修養的人脾氣發得適可而止，人的感覺又怎樣？想想這一連串的問題，便該欽佩古人教人控制情感，保持理智的教育了。

但話又說回來，人究竟是情感動物，不能不發作。這與生俱來的情感，旣不能閉塞，更不能違逆。只有順應，不過必須有限度的調節控制。如必欲反人情而行，即倒行逆施，未有不失敗者。墨子强人依天志兼愛人類，愛人之父如其父，亦即視己之父同於路人，其道終不得大行，行亦不能久。即因人莫不愛其父，厚於己之父而薄於人之父。此乃人之情；墨子悖人之情而行，即不明於人之特質，而倒行逆施。故其學終不得大行。莊子妻死，鼓盆而歌，豈人之情也哉？舉凡反乎人情者，均非人生眞理，無益於人之生。必依乎天理，順乎人情者，乃可大可久，此正統思想之儒家所以可貴也。就全部人生看，情感與理智如車之兩輪，缺一不可。無情感則人類社會冷酷，無溫暖，無幸福。無理智則社會混亂，無秩序，亦不能進步。理想的辦法是，以理智控制情感，以情感調諧理智。以理智安排社會秩序，以情感固結人羣。相輔爲用，不可偏廢。中國的人生哲學就是這樣。

三、明生死，求不朽

人壽百年，終有一死。死是人生的大限。因有此大限，人生便有許多問題發生。例如死後有無靈魂，有無知覺與作用？死的早晚，壽命的長短？事業，德能有無發揮盡致？蓋棺論定，對人生價值的最後估評。死的處理是否得當？……諸如此類，都是人在生前所要考慮的事項。其實這還在其次，最難擺脫的還是死的恐怖。因爲對於死認作人生中最大恐怖，因而失去理智，陷於迷惘，遂致因人死而紊亂了人生。平時畏首畏尾，危急時手忙脚亂。很多人對人生處理得不好，大部份由於對死的恐怖未能擺脫。究竟死是不是可怕？怕死又是不是可以不死？不怕死又是否必死？都是值得研究的問題。平時不研究，遂始終心中坐着一個死神，時時刻刻威脅着自己。假如將生死問題了徹，即參透了生死關，將死神從心中送走，則隨時可以輕鬆愉快的大踏步向前，走所要走的路。

生是人的開始，死是人的終結。有始即有終，有生即有死；萬物皆然，人亦一理。是自然現象。問題只在生死一念影響於人生。中國人生哲學對此極爲重視，所以對生死之理闡釋極詳，亦認識極透。晏子春秋有一段晏子與齊景公的對話，說的很有趣。「景公置酒于泰山之上。酒酣，公四望其地，喟然嘆，泣數行而下。曰，寡人將去此堂堂國而死乎？左右佐哀而泣者三人。曰，臣細人也，猶將難死，而況公乎？棄是國也而死，其孰可爲乎？晏子獨搏其髀仰天而大笑曰，樂哉！今日之飲也！公怫然怒曰，寡人有哀，子獨大笑，何也？晏子對曰，今日見怯君一，諛臣三，是以大笑。公曰何謂諛怯也？晏子曰，夫古之有死也，令後世賢者得之以息，不肖者得之以伏。若使古之王者如毋有死，自昔先君太公至今尚在，而君亦安得此國而哀之？夫盛之有衰，生之有死，天之分也。物有必至，事有常然，古之道也。曷爲可悲？至老尚哀死者怯也。左右助哀者，諛也。諛怯聚居，是故笑之。……」（晏子春秋外篇重而異者第七）今按，此一故事意極深而事極顯。景公不達於生死之理，故以國君之尊而悲不自勝，苦不堪言，則人間豈尚有一毫可樂？此之謂悲觀，此之謂愚蠢。晏子達於生死之理，處之泰然，怡然自得，故能以人之所悲引以爲樂，則此悲此樂豈非皆由自取？晏子所謂「盛之有衰，生之有死，天之分也。物有必至，事有常然，古之道也。」可以代表中國人生哲學中生死觀。

死既不能免，則生命有限，如何利用此有限生命，如何處理死的問題，乃成急待解決的問題。孔孟一生栖栖皇皇，席不暇煖，至老不休，即爲事實說明。前引發憤忘食，樂以忘憂，不知老之將至，即是口頭說明。孔子所謂「君子有殺身以成仁，無求生以害仁」。孟子所謂「捨生取義」，都是處理生死問題的明訓。因而「死有輕於鴻毛，有重於泰山，」遂成中國人共同觀念。但生死大事，亦不可輕視之。所以又必須愼重，公私義利之間，必權衡輕重，當死者死，死而無當於義者，即不必死。所以孟子又說「可以死，可以不死，死傷勇。」這就是我們中國人生哲學對生死的態度。至於生以前，死以後，種種問題，屬於現實人生以外的問題，可能人各異論，言人人殊，永遠得不到確切結論。對這類事我們的正統思想寧願存而不論，不妄加揣測。亦不輕於立論，强人以就我。所以子路問死，孔子令其先知生；問事鬼神，令其先求事人。這就是在思想上所劃的界限。

生命是有限度的，但人類能力强，欲望大，理想高，不甘於使全部人生隨形體而消逝，必求有以超越此一限度而永存之道。肉體的生命既無法延長，只有在精神上去求。同時人的能力與價値，也在精神而不在形體。所以極力利用此數十年必死之生命，發展德能，創造績業，爲人類社會立億萬世不拔之根基。因而有「不朽」的要求。所謂「不朽」即指形體雖死，但精神績業可以常留人世，繼續爲人類貢獻，因而我的生命並不隨形體的腐朽而腐朽，永遠爲後人所懷念，則我的精神生命即永遠活在後人的心靈上而不磨滅。補救了形體生命的短促，擴大了人生的效果與作用。人生便從此可以超於生死而無窮延續。超生死即超時間空間而存在。對人生是一種超拔。宗教家也想使有限的人生得到超拔，但他們不在現實世界中去努力，却向不可必知的神的世界去追求。因而走超現實的路，捨人事而任鬼神。中國人不走宗教的路，即在現實世界中去追求，亦能得到超拔。不僅使人生得「不朽」，生命價值亦得提高，生死限可以擺脫。這是中國文化的人文精神，也是中國人生哲學之精神價值。

若問如何才能達到這不朽地步，那就是前引春秋時叔孫豹所論「不朽」的名言。原文說，「……太上有立德，其次有立功，其次有立言。此之謂不朽。」（左傳襄公二十四年叔孫豹對范宣子之問）至今成爲大家共同信守的名言，稱爲人生三不朽。所謂立德，是在道德上有成就，爲人而不爲己，不僅自己作人上成功了，也可爲世人留下可貴的典範，永永爲後人所尊崇效慕。立功是在事業上有成就，對人羣大衆有貢獻，也就是對國計民生有益，則將永永爲受惠的人民所懷念。立言是在思想學術上有成就，著作成書本，將自己的心得流傳，使後人得所遵循，提高了民族文化，指導了後世人，則人可由所立之言而永永存在。這才叫作不朽。自此天地自然所給我們的生死大限，被我們打破了。心理上得到解脫，生活上得到幸福，而人類文化亦賴此增加推進力。我們不走宗教的路，而即在現實世界中超拔了。 國父孫中山先生說，「以數十年必死之生命，立億萬世不拔之根基」，這現代人的名言，我們應視作不朽論的註脚。

四、求眞自由

人類生而有自由權，平等權，這是人人公認的，也是人人所要爭取的。現在的世界就是人類爭自由的世界。這裏所謂自由，是指人身自由，思想言論自由而言，屬於形而下，是政治與社會問題。我們中國人自古即在政治上過着自由生活，不感覺不自由的痛苦。所以 國父說我們是自由太多了，這也是指形下的自由。可是我們中國並不以此爲滿足，另外還有一種更高境界的自由，我們以這種更高境界的自由作爲人生的最高享受。這是西方人所不能夢見的。

這種高境界的自由有消極積極二義：

消極的是精神上苦惱的排除。平常人大都不免三種苦惱：即憂、惑、懼。所憂者得失，成敗。由於人我一關不能打破，於是在心中不能免於你我，得失，多少的觀念，因而患得患失之苦時時縈繞於懷而不能擺脫。思想行動無形中受極大拘束而人則往往不能自知。精神上的自由因而失去。所惑者是非可否的判斷，歧路的徘徊，窮愁困窘之不能解脫，……這種種問題不能得到適當解決，遂不免憂慮遲疑，舉棋不定，困擾不決。所懼者以死爲最大。因爲過於怕死，以致畏首畏尾，欲東不敢東，欲西不敢西，逡巡瞻顧，怯步不前，時時在恐怖中生活。這就無異於將已得的自由推出門外，反而以重重枷鎖緊緊的綑住自己。講來似乎離奇，實際却是如此。總之，這些形而上自由的喪失，全是咎由自取。自古已然，於今爲甚。但現代講自由的人，却兩眼只看形下人身的自由，一面向鐵幕極權國家爭取，一面也向自己的政府爭取。好像政府剝奪了人民的自由，政府不夠開明。是否合於事實，則不過問。至於形而上的精神自由則並不加以注意，寧願坐在自製的監牢裏而偏向政府要自由。豈不可怪！

精神枷鎖既是自己所加，當然要由自己解除。解除之道，孔子已有明教，他說仁者不憂，智者不惑，勇者不懼。就是教我們作到智、仁、勇三達德。仁者愛人，仁者爲人，是心中無彼我之分也；無彼我之分，即打破人我一關，而不生患得患失之念。不憂得失，心境自然輕鬆。自由即可恢復。智者瞭徹於人生眞理，明於義利之辨，有是非心，富正義感，禍福利害，判斷明確，心中無所疑，事來有所決，大刀濶斧，斬釘截鐵。自由自在，自己決定自己的命運。勇者不怕死，自然亦不輕死。生死一關打破，尙有何事不敢爲？總之，作到智仁勇，一切精神上苦惱排除，形而上自由立至。人生至此境界，樂有不可勝言者矣。

孔子自述其一生爲學進境說，「吾十有五而志於學，三十而立，四十而不惑，五十而知天命，六十而耳順，七十而從心所欲，不逾矩。」（論語爲政）這是告訴我們，一切基礎在於學，即在教育。必學才能有進。三十而立就是勇。四十而不惑就是智。知天命，耳順，就是仁。從心所欲就是精神上自由，也就是人生最高境界，最高享受。但雖然如此般自由，却能不逾矩；不逾矩就是不越禮。而這不逾矩却是自然而然、並非勉强；即自然中節。自由到此程度，已入化境。人生得此享受，是最大幸福。此項幸福乃自己所賦予。賢者能之，愚者棄之。以論人生哲學，世界無其匹敵。此精神上自由之積極意義，中國文化之眞精神，中國人生哲學之眞價值。

自尊心發展的結果，可能形成一種類似驕狂的態度。但實際自尊與驕狂不同。自尊是自重，不肯作卑鄙事，不肯在人格上，精神上受屈辱。驕狂是自滿，不謙虛，因而對人不禮貌，不接受忠言，不虛心學習。中國有句格言，「傲態不可有，傲骨不可無」。所謂傲態便是驕狂不禮貌；所謂傲骨就是自尊心。傲態表現於外，令人厭惡；傲骨蘊藏在內，令人起敬。陸象山有詩，「仰手攀南斗，翻身倚北辰。舉頭天外望，無我這般人。」自尊自重至此程度，眞是無以復加了。我們所要具備的是傲骨，所要極力避免的則是傲態。就中國人生哲學說，由中庸發展到孟子，再到宋明理學家，是極力勵人自尊。蓋人必自尊，才能受人尊重。人必自侮而後人侮之。不過在實踐時必須注意，勿以驕狂為自尊耳。

第六、講人生方向之研尋

在人生方法上首先要存其夜氣，求其放心。這是消極方法。進一步盡性，推恩，明明德，存誠去僞。更進就要養氣，要由格物致知而達到治國平天下。下學而上達。要自修，自律，愼獨克己，擇居。一部四書可以說都是講作人的方法，成聖成賢的不二法門。數不完，說不盡。尤以孟子所講為最具體，明白，切實易行。「居天下之廣居，立天下之正位，得志與民由之，不得志獨行其道。富貴不能淫，貧賤不能移，威武不能屈。此之謂大丈夫。」（孟子滕文公下）這所謂大丈夫，也就是君子，意思是要我們堂堂的作個人。在着力處，孔子强調忠恕，一以貫之。己所不欲，勿施於人。孟子則特別着重在義利之辨，以義利之辦作我們取與辭受，出處進退的標準。大學重在由內而外，由己而人的層次步驟。中庸則以一誠字爲中心，要我們把生活範圍擴大，生活內容充實，生命價值提高。着力處在把心量擴大，氣量恢宏，精神活動量推廣，自尊心加强。把一己人作成宇宙人。自然人作成文化人。

另一意義即保持中庸。所謂中庸不是折衷，也不是調和，而是恰好。凡事都有一個最適當的境地。保持這一最適當的道理而不偏不倚，不過不不及，就是中庸。能作到中庸，作人即算成功。所以作人最重要的方法就是保持中庸。諸如此類，不可枚擧。總之，消極的不要太自私，積極的要自尊，要肯虛心學習，立志作好人。如此而已。

第七、講生活技能的學習

人生不能不靠物質，物質的供應要靠自力去尋求。也就是說，每個人要有自己謀生的能力，不能依賴人。這是基本要求，人人所不能免。爲求人類集體生活的安全，必有合力以求國家民族生存發展的能力。體力智力都有必需的起碼條件。處人羣之道，對社會之道，離不開禮樂，也少不了爲社會服務，創造，以及促進文化。負政治上責任，求經濟上發展，排除患難，解救紛爭，乃至提携幼弱，教育後生，……等等，無不需要實際的能力。假如一個人雖是好人，但毫無所知，一無所能，則這人便是無用之人，在人羣中不發生作用。其一生平平淡淡，毫無價値，與草木同朽。因此必旣有道德又有能力，才算是有用的人。所以孔子教人，各種能力都要學習。禮樂射御書數，是他的教材，詩，禮，是他的課本。德行，言語，文學，政事，是他的分科。禮樂教人德行，射御教人衛國禦侮的軍事，書數便是日常生活的技能。他强調詩，就着眼在應用上。他自己說明自己，「吾少也賤，故多能鄙事。」人家推崇他，則說「博學多能」。可見他立身處世的基本條件無一不備。這就是榜樣，也是教育。

就個人立身言，最低限度要具一技之長，有自己謀生能力。進一步如能以餘力貢獻於人羣，才算不虛生一世。我們一般人所標榜的典型人物是能文能武的全才。所謂上馬殺賊，下馬草露佈者是也。

六、結　語

人生哲學不僅影響個人一生禍福，成敗得失，也影響人羣。不僅影響現在，也影響到未來。因此一個民族的人生哲學對國家民族的生存發展有極重大關係。我中華民族自始即重視此一問題，歷代哲人都不斷研究，有極正確的精深的造詣，以及詳密的理論。又不僅研究探討，更不斷的力行實踐。所以不僅我們的文化思想極爲發達，民族歷史也極輝煌。換句話，如果我們說中華民族的歷史文化所以輝煌燦爛，乃由人生哲學所促成，亦不爲過。不幸近年社會風氣日趨敗壞，學術日趨衰落，對於我們的優良文化遺產，特別是人生哲學，淡然視之，既不研究探討，更不力行實踐。甚者受西風影響，對自己的文化反而大起反感。遂使風氣日下而不見挽救之道。爲今之計，加强教育，根本改革教育政策，將教育內容充實，放廣，加深，以作人處事的道理作爲教育主要的內容，不僅僅灌輸謀生技能，與知識的傳授。宏揚古代人生哲學，儒家思想，宋明理學，使青年先在人生道理上有所瞭解，使確定其人生立場，然後再講學問。必這様，其學問才是有本的學問，其爲人也是有立場有目標有風度的人。願與教育當局青年朋友共同努力以赴之。

第二節　中國之教育

前　言

教育是教人的事業，以人爲對象，幫助人向上，向善。在人文文化中，教育是主體，所以中國教育思想，以及教育事業極爲發達。

就全部中國文化來看，應該說以哲學爲起點，以教育爲中心，以政治爲歸宿。哲學是教育的基礎，政治則是教育的目標，或說是功用。因此我們可以說，中國文化思想的中心，就是教育。這是中國文化的一種特色，也可說是一種難能可貴的優點。茲摘述其要點如左：

壹、教育思想之起源

中國教育思想發生最早，就現存之典籍而言，遠自尙書時代即已開始。其書雖屬史書，但就內容論，十九都有濃厚的教育意義。所謂典、謨、訓、誥、誓、命、都是教訓人的話。都以勉勵人，警戒人爲職志。可以說尙書全書實以教育爲實質。由此顯示中華民族教育思想起源之早。不過形成有系統的思想，成爲制度，則自周朝始。

古代思想家十九都注重教育，只有極少數例外，如老莊商韓是。此外無不重視教育，尤以儒家爲最。就儒家本身言，其思想固極博大淵深，幾乎無所不包，但在淵博中却有一中心。一切思想學術直接間接均與此中心有關。假如從儒家思想中抽去此中心，即將空無所有。此中心爲何？即教育是也。四千年來中國之教育實即儒家之教育。因此講中國教育必以儒家爲主。

就思想家而言。自孔子以下的儒門鉅子都是教育家。有極可貴的教育思想。道法各家雖反對教育，但人類天生有一種求知欲，亦有向上心，自然而然需要教育。站在教育家立場，提倡教育爲幫助人向上的作法，對人類爲一種尊重，適應人類需要，受人類歡迎。所以雖有人反對，終無害於教育之發展。儒家最重教育，所以儒家始終最受人歡迎。教育事業也就隨之而日趨發達。

貳、教育哲學

各科學術均有其哲學，也就是有其理論的基礎。儒家於教育亦有其哲學。孔子不講哲學，但有時流露一點哲學思想。孔子以前的易經講哲學；易傳更大講其哲學。孔門的儒家幾乎都講哲學。如大學中庸孟子荀子等，都有很像樣的哲學理論。本文言教育，玆擇其與教育直接有關者作重點之敍述。

易經全書都講哲學，但綜括起來，可得兩個概念：即一是生，一是易。易是變，變由生而來，故曰「生生之謂易。」（易繫辭傳）生生不已，所以變動不居。因此我們可以說，易經千言萬語，實可歸納於一「生」字。「天地之大德曰生」（同上）生萬物，生人類；萬物又生萬物，人類又生人類。這是天地自然現象，歷久而不變。萬物與人類靠此生生不已之德繼續生存發展。此一天地自然之德只能因，只能順，而不可違逆。人爲萬物之靈，爲宇宙主宰，消極的不能違逆此理，積極的即須發揮人類所有德能以助成人類萬物之生。在儒家認爲父母生我，育我，鞠我，故對父母當孝。孝之大者爲繼天地自然生子生孫。萬一不幸而無後，即將使天地自然之德至我而破壞。父祖曾高之生命至我而斬。此不僅對父母爲不孝，對天地自然亦爲一種罪過。所以不孝有三，無後爲大。不僅此也，更進一步，還要幫助人類萬物皆得其生，遂其長，並使人類萬物在共同生長之中得到適當安排，使消極的不相害，積極的互助互利，以求生之幸福安樂。人生最大幸福在此，最大責任也在此。儒家對人類的教育也就在此。所以教育不僅求生存，且更求生存之幸福安樂，生命之綿延，乃至生活範圍之擴大。這是儒家最基本的教育哲學。

人生各有一境界，如孔子有孔子的境界，莊子有莊子的境界，名利中人，以及無識無知的庸人，也都有其生活的境界。此所謂境界，並非指物質上可見可聞的生活程度，乃指超乎物質的一種生活範圍圈，是精神問題。也就是精神上所盤旋想像或追求的一種境界。此種精神上境界對實際生活有支配作用。雖屬抽象問題，亦未容忽視。人類生活由於知識與道德之不同，所以心理上所嚮往，行動上所追求，各有其不同的限度。這就叫作境界。如無識無知的人，渾渾沌沌，無所用心，所處便是渾沌境界。如志在名利的人，其所盤旋追求，不外一己之名利，則其言論行動必不出一己之範圍，所處便是個人名利境界。有道德學問修養的人，知道有自己，也知道有人羣；有祖先，也有後代，並有宇宙萬物。其心中常覺上對億萬世之祖宗，下對億萬世之後代，有一種責任感，甚至對人類以外的萬物都有一種情懷。其心中所盤旋，所追求，就不只一己的利益，也有人羣的利益。假如人我利益有衝突，便能權其輕重，毅然犧牲一己而為人羣。又假如歷史命運有危殆，則寧肯犧牲一切而負起承先啓後的責任。這樣人所處，便是道德境界，或說是宇宙境界。我們在歷史上，在當前社會中，常見有捨己為人，旋乾轉坤，或是立訓垂教，清操自守的人物，便是生活在這種道德境界中。我們中華民族歷史文化之所以燦爛輝煌，光被四表，全靠這道德境界中人為之支持推進。如在教育上舉創造此種境界的代表人物，則應以孔子為最高典型。

別於孔子而無此興趣者有莊子。在莊子心目中又另有一番天地。他不以現實世界生活為滿足，要在超現實世界去追求。雖然他的形體無法脫離現實世界，但他認為這現實世界不足以供其神遊，於是在現實世界之外，別求其安心立命之所。因而超得失，超是非，超彼我，超生死，一切超於現實世界之上，形成超現實的境界。

也就是說，世界上一切得失，是非，彼我，……等等，均不足以縈其心。而現實間一切國計民生，亦非其所關切。這是莊子的超現實境界。

孔子不是這樣，他不放棄現實，他知道現實世界為人生所不可離，為人羣所賴以共同生存。這裏面雖然有若干不能使人滿意之現象，但無不可以人力補救改善。他始終以樂觀心理採積極態度求改善現實，利濟羣生之道。完完全全是現實的看法與作法。不過他與常人不同的，是他認為即在現實世界中亦未嘗沒有超脫的境界供人享受。此一現實中的超脫境界實駕莊子而上之。即莊子之所知所能，孔子知之，能之。孔子所知所能，莊子則不能。吾人用第三者眼光比較之，再用歷史考驗之，知人類社會所要求的是孔子現實中的超脫境界，而非莊子的超現實境界。眞能使人俯仰無愧，悠然自得的，也是孔子的境界，而非莊子的境界。站在教育立場，應該標榜提倡的，更是孔子的境界，而不是莊子的境界。

究竟孔子的境界是怎樣的境界？這可用孔子自己的話來說明。子曰，「賢哉回也！一簞食，一瓢飲，在陋巷，人不堪其憂，回也不改其樂。賢哉回也！」（論語雍也）這就是一種境界。世界上一般人大都以貧爲憂，以物質不足爲苦。而顏回獨能由此物質上貧乏解除其憂苦，而入於精神上恬然自得的樂境。因而忘却物質上憂苦。這就是現實中一種超脫境界。更進一步，孔子又說，「吾十有五而志於學，三十而立，四十而不惑，五十而知天命，六十而耳順，七十而從心所欲，不踰距。」（論語爲政）這裏所謂「知天命，」是指天地人類萬物自然之理，乃至於人類在宇宙中地位與責任。對這些道理已瞭然於胸中。得到此項瞭解，因而在心境上有一種更高的嚮往。這已是一種超脫。所謂「耳順」是以大仁大智大勇之懷處現實社會。因而對一切罪惡以類似宗教的救世心腸予以宥恕。所以不再有逆耳之言。這又是一種境界。至於所謂「從心所欲，不踰矩」，則已入於化境。雖然身在凡俗而心却已超拔到另一世界。「從心所欲」是極端快樂，極端自由，却仍然「不踰矩」。不踰矩就是不超越範圍。這裏所謂不超越範圍應該是「克己復禮」的意思，是在人羣中不踰本分，不妨害他人的意思。然而這不踰矩却在從容不迫中得來。可說是從容中道，自然中節，並非出於勉强。雖然極度自由而仍能自然合乎節度，不失處人羣之道。這又是一種境界，由修養得來。在現實中沒有比這再高的境界了。到此地步，一切煩惱解除，一切拘束擺脫，可說是現實中最上乘，也是最快樂的境界了。這就是孔子的生活境界。只這一生活境界之提出，就是最高的教育了。

無論就個人福利講，或就社會人羣講，提高人類生活境界，是教育上根本工作，極爲重要。這是人生觀的問題，由哲學修養得來。實是教育上最高，最大，也是最難的課題。儒家有此認識，抓住此點，不放鬆責任，且始終不懈的在此方面從根本上努力，這是極爲難能可貴的特點。其次講人性問題。

人性是人類之所以爲人類的特質。人類在萬物中靠人性而超乎萬物之上，能統馭萬物，也能贊天地而化育萬物。總之，人類能爲宇宙之主宰，天地之中心，全在於人性。儒家重教育，即就此人類特質而益加發揮，一面使人與萬物之異點盡量發展，使人愈高而萬物愈下，一面又使人類能化育萬物，利濟羣生。因此即把握此特質痛下功夫。消極的保持人性，勿使喪失或變質。積極的便要發展其功能。更進一步，便大倡其性善論。雖然孔子不言性與天道，但實際上孔子以性善論爲出發點。一至中庸，雖不明言性之爲善，但「天命之謂性，率性之謂道，修道之謂教」。就是性善論。因性不善不能成爲道。到了孟子，便明明白白大講其性善論了。儒家强調人性，在人性上作功夫，並提倡性善論，便是儒家一大功。因爲第一，這是對人類一種尊重，提高人類在宇宙中地位和價值。第二，是要求人類對宇宙萬物負責任，使萬物皆被其澤。第三，是鼓勵人向上，加强其自尊心，使人人都成聖人、賢人、君子。只有荀子主張性惡論，於儒家爲僅有之別派。不過除性惡論一端而外，荀子亦重教育，亦希聖希賢，乃至贊天地之化育。就動機論，如人之性惡，在先天上爲對人類一種侮辱。不若性善論之對人尊重。强調性惡，便構成一種先天罪惡論。接近於宗教。宗教家大部份都主張人類先天罪惡論。我們中國不然，所以宗教不發達。就效果論，言性善則教育功夫爲順，爲因，其勢輕而易。言性惡爲逆，爲矯，其勢重而難。就事實觀察，或就孟荀理論比較，性惡論均非性善論之敵。就儒家而舉代表理論，只有舉性善而無性惡論立足之地。如用教育觀點看，性善論本身即爲一種教育。因此本文於人性只講性善不言性惡。（讀者欲知其詳，可參看拙著先秦諸子導讀荀子部份）

其次論人生應持的態度。

儒家對人生觀點是樂觀、積極，也是為人，是利他。「學不厭，教不倦」，「發憤忘食，樂以忘憂，不知老之將至。」乃至「知其不可而為之」，都是樂觀主義的最好說明。就個人而言，只此樂觀態度即為一生幸福之所托，無限前途之所由創造。也是生命力所由生，樂趣所由以供給。學問事業也未嘗不由它支持促進。總而言之，人之一生全靠此種樂觀精神鼓舞進取。也靠它滋潤生活，使免於枯燥，苦惱，而虎虎有生氣。至於前面所謂老安少懷，如用政治的眼光看，是一種政治理想，如用人生的眼光看，則是站在自己立場，目光朝外看，使老者由我而得安，朋友由我而得信，少者由我而得懷。完完全全是服務的，利他的，為人的。因此我們可以說，**孔子的人生觀是樂觀、積極、創造、進取、利他、與服務。總之，他的一生形體上苦，精神上樂；自己受苦，人羣享其幸福**。單講他的人生觀，已是教育。他的一生事蹟，也是教育。

總結起來，儒家哲學觀點在本體上主張生、易、和性善。在人生觀上主張樂觀、積極、服務，提高生活境界。其教育思想以此為基礎。必先瞭解此項問題，才能瞭解其教育思想，所以首先叙述如上。

國父孫中山先生，對進化的道理，瞭解的透澈，時常講到。孫文學說第四章，以七事證明知難行易之理，其中即講進化。進化是生，就是變，也就是生生之謂易。他說，「進化之時期有三：其一為物質進化之時期，其二為物種進化之時期，其三則為人類進化之時期。元始之時，太極動而生電子，電子凝而成元素，元素合而成物質，物質聚而成地球。此世界進化之第一期也。……由生元之始生而至於成人，則為第二期之進化。」這裏講生，乃由哲學的生而入於科學的生，此為古人所未及知。其講太極而生電子等等，實與古人講生生之謂易，以及天地萬物生於有，有生於無之說若合符節。以見古人之說實暗合於科學。接下去他又講，「人類初生之時，亦與禽獸無異。再經幾許萬年之進化而始長成人性。而人類之進化於是乎起源。此期之進化原則，與物種之進化原則不同。物種以競爭為原則，人類則以互助為原則。社會國家者，互助之體也；道德仁義者，互助之用也。人類順此原則則昌，不順此原則則亡。此原則行於人類當已數十萬年矣。」此又由生進而講到生之理，由物種講到人類。最後更進一步由生之理講到社會國家，道德仁義。一步步落實，直落到教育上。所謂社會國家，道德仁義，非教育而何？由此可見 國父的教育哲學既深且遠，而又與儒家思想深相契合。

國父一生領導革命，革命免不了殺人流血。但他對革命則並不主張多殺人。相反的，他是以殺人爲救人。民國十二年十二月九日，在廣州大本營對革命軍演講時曾說：「槍砲能有效力者，因其能殺人。故大軍一到，敵人即服。三民主義，五權憲法則與之相反，其效力爲生人。革命主義既以生人爲最終目的，故必須週知敵人之情形，尤須明瞭士農工商之狀況。對待此類人們，非可殺之也，實須生之。如何方可生之？則須知其痛苦所在，提出方法，痛陳主義，乃能克敵致果。」接着又說：「革命是救人的事，戰爭則爲殺人的事。軍隊奮鬪是出而殺人，黨員奮鬪是出而救人。然革命須用軍隊之故，乃以之爲手段，以殺人爲救人。殺人爲軍隊之事，救人乃黨員之事。」一片仁者情懷，菩薩精神溢於言表。這就不僅以生爲理論，且以救人爲職志，以生人爲己責。由另一面講，即不僅有此思想，亦有此行動。且以教育與革命一切都打成一片了。

講到人生觀，與生活境界，則 國父的一生行事與言論，可以說就是儒家思想的實踐。大家都知道，國父是「爲革命而生，也爲革命而死。」完完全全爲民族國家，沒有一點自私自利之念。在他的心目中只知道有人羣，有民族國家，乃至於有人類，而忘了自己。只覺得自己的一切都應該貢獻給人羣。一生辛苦，爲人類共同之生存幸福盡瘁而死。論境界，完完全全是道德境界，或說是宇宙境界。雖無此言論而有此事實。所以說是古代思想的實踐。他講人生觀，大家都知道講的是服務的人生觀。他說「人生以服務爲目的，不以奪取爲目的。」不過我們覺得服務二字實不足以盡其義。應該說是革命，是犧牲，是利他。孔子在教與學方面的作法是「學不厭而教不倦」，在政治上的理想是「老者安之，朋友信之，少者懷之。」他在作人的態度上是「發憤忘食，樂以忘憂，不知老之將至。」在作風上是「知其不可而爲之。」這是大家公認孔子說到作到的思想與事實。今天我們若將　國父一生言論行事和這幾句話相對照，則我們覺得一一皆甚吻合。他一生讀書不倦，活到老學到老，人人知道。他不教書，但對人諄諄教誨之誠，隨時有所表現。其全部思想，三民主義，都是求老安少懷之道，大家該可承認。樂觀奮鬪，至老不休，則事實俱在，無待縷指。至於所謂「知其不可而爲之」，則從立志革命起，到逝世之日爲止，無一天，無一事不是如此。若必待「可」而後爲，則革命事業根本不能發動，即發動亦不能繼起。空前絕後的大革命事業，自始至終就在「不可」的局勢中所造成。

人性善惡問題，　國父却曾講過。民國十二年十月二十日，在廣州對全國青年聯合會講國民要以人格救國，此次演講由人類原始講到人性，再講到道德。他說：「……換一句說話，就是人本來是獸，所以帶有多少獸性，人性很少。我們要人類進步，是在造就高尚人格，就在減少獸性，增多人性。沒有獸性，自然不致於作惡。完全是人性，自然道德高尚。道德既高尚，所作的事情，當然是向軌道而行，日日求進步。所謂人爲萬物之靈是也。」由這一段話可得兩個概念：第一，人之性善。因爲性善，所以能使道德高尚。這是明明白白的性善論。肯定而堅決。第二，「我們要人類進步，是在造就高尚人格；要人類有高尚人格，就在減少獸性，增多人性。」這無異於說，減少獸性，增多人性，便是教育的責任。雖未明言教育，實質上就是教育。與古人存其夜氣，盡性，推恩之論如出一轍。

由上所述，可知　國父的教育哲學，完全是古代聖哲思想的實踐，毫無出入。亦可證古代正統教育思想爲古今不易之理，而　國父思想則以固有文化爲淵源。

叁、教育功夫

第一、保持人性、慎獨、愼微

儒家教育功夫第一步便是保持人性，使不失本來面目。孟子說：「大人者，不失其赤子之心者也」。（孟子離婁下）又說：「存其夜氣」，「求其放心」（孟子告子上）這都是基本功夫。又說：「人之所以異於禽獸者幾希，庶民去之，君子存之」。（孟子離婁下）這些話都表示，人既有人性，人性既善，即當存之勿失。這點東西極爲可貴，是人與禽獸的異點，也就是人所優於禽獸的最大特點。能保持勿失，即不僅能保留人禽之別而力爭上游，且可爲君子，爲聖人。否則要成爲小人而又近於禽獸。其成敗關鍵常在義利之間，人我之間，而得失成敗則往往在於幾微之頃，一動念之間。獨處時，閑居時，大利當前時決定之，考驗之。所以大學特重於愼獨。愼獨，愼微，是功夫着力處，在獨居時用之，暗室中用之，在義利關頭亦用之。「小人閒居爲不善，無所不至。……故君子必愼其獨也。」（大學）這裏所謂愼獨，愼微，就是要自己作保持人性的功夫。人性本善，不損人利己。損人利己的事是在大利當前時人性不能勝物欲，天理不能勝邪念所造成。功夫就用在培養人性，扶持天理，使勝過物欲與邪念上。這功夫只有靠自己在閑居獨處時用之。宋儒張載所謂「不愧屋漏爲無忝」，（西銘）亦是此意。這保持本性可說是儒家教育第一步功夫。其入手或說愼獨，或說「擇善而固執之」，或說「止於至善而不遷」。在孟子則說「存其夜氣」或「求其放心」，其義一也。說明白些，就是把握。把握此善良淳樸的本性，勿使喪失，勿使改易。小心謹愼，戰戰兢兢，如臨深淵，如履薄冰。守身如執玉。「得一善則拳拳服膺而弗失之矣。」（中庸第八章）

第二、是盡性和推恩

講到盡性和推恩，可以說是儒家教育的中心。也可以說是特長，這是中國文化可貴之點。中庸全文可以說就是講的這一道理。從「天命之謂性，率性之謂道，修道之謂教」講到參天，大到不可再大，高到不可再高，功能達到不可思議！其理想之高遠，胸襟之展擴，氣象之雄偉，不僅中國思想史上無其匹敵，即在世界，亦屬絕無僅有。這是儒家教育思想一種最高標的。只此標的之高懸，已大有功於人類。任何教育思想無法把它超過。這就是以人為對象，盡量使之發展，發展到無以復加的一種理想。猶如把人性看作一粒種籽，盡所有力量培養，澆灌，施肥，使之生根發芽，扶搖直上，枝葉繁茂，開花結果。使天下人皆得庇其蔭，賞其花，食其果。他們對於人人都是這樣看法，想法，也就是這樣教法，並以此境地相期待。這樣，一個平凡的人，便能上與天齊，與天地同功，與日月合德，與宇宙同久。所以中庸接着說，「唯天下至聖為能聰明睿智，足以有臨也。是以聲名洋溢乎中國，施及蠻貊。舟車所至，人力所通，天之所覆，地之所載，日月所照，霜露所隊，凡有血氣，莫不尊親。故曰配天。」（中庸第三十三章）這就是儒家心目中的教育功用。也就是人類應有的德能。如此標舉人類之德能，已足使人類對自身肅然起敬，油然而生自尊之心，自重之感。這是教育的上乘。我自己的經驗，每讀中庸，輒有此感。**因此我相信，日讀中庸一通，便能使人克己復禮，排除邪念，而超凡入聖。人人如此，世界上就不再有小人。**

現在我們常講「頂天立地」。又常以天地人並舉，稱為三才。究竟一個人怎樣上頂天，下立地？又怎能與天地並立而為三？不讀中庸不能瞭解此理。讀了中庸就明白人是如何偉大！在空間上，不僅是七尺之軀所能賅。在時限上，也不是數十年有限生命所能盡。它有一種無形的功用，超乎形體之上，越乎數十年有限生命之外，廣被四表，普及萬物，延及無窮。所以儒家講聖人，說他能配天。又說「博厚配地，高明配天，悠久無疆。」（中庸第二十六章）又說「大哉聖人之道，洋洋乎發育萬物，峻極於天，優優大哉！」他把人看得如此般神聖，如此般偉大，對於人類有極大教育意義。

張載最服膺中庸之道。他撰著西銘，可以說是為中庸作註脚。他把天地人類萬物整個看作一個大家庭，在他想，充塞於天地之間，豈僅是目所能見的七尺之軀？此即上頂天下立地之謂。而人在天地之間實爲其中心。論其能，則人之性實爲天地之心。也就是說，天地無主，以人爲主；天地無心，以人之心爲心。天人合一，萬物一體，而人實主持支配於其間。按此雖不免誇大，但對勵人志氣，發展德能而言，確有極大效益。繼謂：「尊高年，所以長其長；慈孤弱，所以幼其幼。聖其合德，賢其秀也。凡天下之疲癃殘疾，惸獨鰥寡，皆吾兄弟之顚連而無告者。於時保之，子之翼也。」此則直謂凡爲人類，皆屬同氣連枝，無不痌瘝在抱，盡其在我，使各遂其生，各得其所，繼之又謂知化，窮神，存心，養性，……此皆中庸孟子之心，儒家教育之旨，而張氏特闡述之，宏揚之耳。

究竟如何方能達到此一境地？此爲儒家教育思想主要部份。儒家諸書中均言之。玆舉要如左：

大學講教育理論層次最分明。是一部教育方法論。第一言明明德。所謂明明德就是盡性和推恩。親民是事功，止於至善是把握。格物、致知、誠意、正心、修身、齊家、治國、平天下，是功夫次第。學者必由此入手，由此前進不已，方能成大人之學，創造治國平天下之偉大事功。

中庸講中和，講中庸。言爲學亦言政治。而實以一「誠」字爲中心。誠者實也，不失其本來面目也，進而發爲仁心仁政也。就立身言，擇善固執也。千言萬語不離此一中心。上而爲聖爲賢，下而爲愚爲匹夫匹婦，一也。又提出智仁勇三達德以及五達道。所謂五達道即君臣、父子、夫婦、兄弟、朋友。其言功夫次第則與大學格致誠正修齊治平可以相輔相成。其重點在認眞苦幹，鍥而不捨的精神。文曰：「博學之，審問之，愼思之，明辨之，篤行之。有弗學，學之弗能弗措也；有弗問，問之弗知弗措也；有弗思，思之弗得弗措也；有弗辨，辨之弗明弗措也；有弗行，行之弗篤弗措也。人一能之己百之，人十能之己千之。果能此道矣，雖愚必明，雖柔必强。」（中庸第二十章）這種人一己百的精神才眞是基本道理。不僅金石可鏤，即移山塡海之難亦可克服。何況爲學？由明德至此，一層層推進，一步步落實。這就是大學中庸的教育方法論。

論語講教育功夫重在啓發與領悟。知識要由學者自己主動，一面隨時隨地去搜求，一面就已知推未知。所以孔子入太廟每事問。一生到老學不厭。學之外要思。「學而不思則罔，思而不學則殆。」（論語爲政）既學且思即能悟，能悟就是以自力求得新知。所以溫故可以知新，擧一隅可以三隅反。夫子不過是「循循然善誘人」。誘人就是引導之使之前進，使入於正軌。是啓發也是輔助，而不是注入或强制。書中對於着力處則重在克己復禮。禮在表面上是規範，在實質上是仁恕。復禮即回復到禮的繩墨之內，必能克己而後可。克己即以功夫使天理戰勝後天的邪念，以恢宏先天的本性。功夫的重點即在於克己上。

孟子於功夫首重保持本性，次講推恩和盡性，「老吾老以及人之老，幼吾幼以及人之幼，天下可運於掌。詩云，刑於寡妻，至於兄弟，以御於家邦。言擧斯心加諸彼而已。故推恩足以保四海，不推恩無以保妻子。古之人所以大過人者無他焉，善推其所爲而已矣。……」（孟子梁惠王上）此言必能推其所爲，方能利濟羣生，成人之德。又說：「惻隱之心，仁之端也；羞惡之心，義之端也；辭讓之心，禮之端也；是非之心，智之端也。人之有是四端也，猶其有四體也。……凡有四端於我者，知皆擴而充之矣，若火之始然，泉之始達。苟能充之，足以保四海；苟不充之，不足以事父母。」（孟子公孫丑上）所謂四端，謂仁義禮智四種端緒，而非四種已成之德。以今語釋之，「端」即所謂可能性，言人皆有成此四德之可能性。此所謂性善也。至於仁義禮智四德，則必待行動以成之。有行動然後有事功，有事功乃能成其爲德。欲成其德，則必即此四端引而伸之，引伸之則事可成，人可見，乃能成其德，就其功。孟子言必擴而充之，始能保四海，成聖人。如不擴充，則端只是端，而不是德。雖有可聖之資終不免於爲小人。雖有四端無益也。這種把握四端而擴充之，即功夫之着力處。理論明白暢達，易知易行，發明孔子之道，有功於聖門，未有過於此者。

第三、講養氣

孟子所謂養氣，應與中庸合看。中庸講誠，不言養氣；孟子言養氣不講誠，其實一也。中庸之言誠，不僅上學參天，配天，博厚，高明，悠久諸義。甚至說：「唯天下至誠爲能化。」（中庸第二十三章）「唯天下至誠爲能經綸天下之大經，立天下之大本，知天地之化育。夫焉有所倚。」（中庸第三十二章）此與孟子之旨實相吻合。孟子所養之氣爲浩然之氣。「其爲氣也，至大至剛；以直養而無害，則塞於天地之間。」（孟子公孫丑篇）這是說氣之體。又說：「其爲氣也，配義與道，無是餒也。是集義所生者，非義襲而取之也。……」（同上）這是說氣之用。也就是說，它與人事的關係。雖講來很抽象，但它却在人類日常生活中表現。論其大，也誇張到「塞於天地之間」，此與中庸之旨並無不同。

氣究竟如何養？功夫的着力處何在？這是我們要知道的。第一，就孟子養氣章而言，首言不動心，次言養勇。又言持其志無暴其氣，所謂無暴其氣初步在守氣，進一步在守約。要作到「自反而不縮；雖褐寬博吾不惴焉。自反而縮，雖千萬人吾往矣。」（孟子公孫丑）能把這些功夫一一作到，且以「直」養而無害，則浩然之氣自然充沛，其功夫重點在於收斂。第二，講集義。集義者，言語行動無一不合乎義，日積月累，自然誠於中，誠於中自然形於外。即所謂自反而縮（直）。無所慊於心。這是基本功夫，必先求無所慊於心，然後能無懼，能有勇。換言之，集義則理直，理直則氣壯。其表現於外，則如文天祥正氣歌所謂「……於人曰浩然，沛乎塞蒼冥，皇路當清夷，含和吐明庭；時窮節乃見，一一垂丹青。」其功夫重點在於內修，也就是克己。第三，要擇居。因爲居可以轉移人的氣質，無形中予人以潛移默化之功。所以孟子說，「居移氣，養移體，大哉居乎！」（孟子盡心上）又說「自暴者不可與有言也，自棄者不可與有爲也。言非禮義，謂之自暴也；吾身不能居仁由義，謂之自棄也。仁，人之安宅也。義，人之正路也。曠安宅而弗居，舍正路而不由，哀哉！」（孟子離婁上）這裏所謂居，自然非指屋舍之居，乃精神之所向，心之所安。屬於精神環境。然亦與實際生活，物質環境有極密切之關係。所以孔孟都講擇居。孟子又說：「居天下之廣居，立天下之正位，得志與民由之，不得志獨行其道；富貴不能淫，貧賤不能移，威武不能屈。此之謂大丈夫。」（孟子滕文公下）居廣居，立正位，不淫，不移，不屈，這幾句話直可作前面養氣章註解看，也可作爲孟子修養功夫總結論看。持與中庸對讀，若合符節。所以我認爲孟子之學得之於中庸。

荀子因主性惡，性不可盡，無恩可推。所以特別注重後天功夫，主張化性起僞。實在應該說起僞以化性。僞者人爲，即以人力勝天功。他首重禮樂，次重環境。又特別提出「爲其人以處之」。所謂爲其人以處之，就是以老師或理想的典型人物爲榜樣，實際作到他的地步。以人爲師也。就功夫本身論，就是現在所謂「變化氣質」。

肆、教育方法

儒家教育方法極多，不僅合於教育原理，且多爲近代教育所不及。換言之，就是許多古代教育方法逐漸失傳，也不爲現代人所注意，反要向外國學習。但是學來學去，終不能出於古代之範圍。茲擇數要點分述於後。

第一、在生活中學習，在生活中實踐，以生活爲教育，教育即生活。

論語開宗明義第一章講「學而時習之，不亦悅乎？……」時習之並不是口頭上溫習，而是在生活中習練。也就是說，在書本上或口頭上學來，必在生活上實際力行出來，方算是眞正的學問。「子曰，吾與回言終日，不違如愚。退而省其私，亦足以發；回也不愚。」（論語爲政）前已言之。「子路有聞，未之能行，唯恐有聞。」（論語公冶長）足證有所學必立即有所行，不在生活上行出，不能成其爲學。此其一。

「子曰，弟子入則孝，出則弟，謹而信，汎愛衆而親仁。行有餘力，則以學文。」（論語學而）這明明白白說出，學問就從日常生活行動得來。把孝弟忠信……等等道理在生活上表現出來，就是學問。童蒙初步教育更爲明顯，就是灑掃應對進退。進一步才是習文。此其二。其以生活爲教育，至爲顯然。中庸講學、問，以篤行爲歸宿。也就是以生活爲歸宿。此與西哲杜威所言，不謀而合。惜今人言教育常舉杜威而遺孔子，有數典忘祖之嫌。

第二、是自學輔導、自我教育

醫師爲人治病是根除病源。病源既除之後，生肌長肉，恢復元氣，則要靠病人自己。走路的方向靠人指點，方向既明之後，路則要自己走。教育的事項是學習爲學作人之道，爲學作人之道靠老師指導。此道既明之後，躬行實踐，以德潤身，則要靠自己。最多老師隨時爲之督導，爲之指迷解惑而已。儒家深明此理，所以他們的教育方法既不採耳提面命之注入式，也不「代大匠斲」。（老子）他們只是擔任誘導以及示範的工作。顏回稱孔子說：「夫子循循然善誘人。……」這是對教育家最恰當，也最尊重的評語。誘者導也。善誘人就是最能引導人走路的人。老師的責任只是指導方向，啓示方法，指明功夫着力處。路還是要學者自己去走。「顏淵問仁，子曰克己復禮。……請問其目，曰非禮勿視，非禮勿聽，非禮勿言，非禮勿動。」（論語顏淵）克己復禮是方向，也是方法。非禮勿視以下便是着力處。這一套話就夠人力行一生一世了。大學的三綱是原理原則，也是方向。八目就是方法，也是功夫着力處。這又够人奉行一世了。孟子講養氣，是方向，本文前面所講如何養氣，就是方法。但實際去養，則是自己的事了。諸如此類，舉不勝舉。都是此意。總之，老師指導之後，一切要靠自己。肯不肯去行在自己，行了有沒有偏差也在自己，是不是半途而廢，也在自己。**這一切靠自己的教育也可說就是自我教育**。**自己教育自己是最基本的教育**，**最有效最切實的教育**。**同時也是最光榮的教育**。宋儒作功夫不僅自己策勵自己，也自己檢討自己。有人於案頭置兩罐，晚間檢討，爲一善，或動一善念，罐中置一黃豆。爲一惡，或動一惡念，置一黑豆。按日檢討記錄，必使黃豆日增，黑豆日減，以觀進境。這全憑自己的天良，不自欺。像這樣自我檢討，自我教育，在今天仍是最好的教育方法。

不僅此也，天地間知識無窮無盡，竭一生之力，老師能教得多少？我們如不能觸類旁通，由已知推未知，則一生所學有幾？所以爲學貴乎能悟、能推。老師指一方向，明一事理，我們必進一步的知二知三。所以孔子說：「擧一隅不以三隅反，則不復也。」（論語述而）又貴乎溫故而知新。孔子問子貢「汝與回也孰愈？子貢曰賜也何敢望回！回也聞一以知十，賜也聞一以知二。子曰，弗如也，吾與汝弗如也。」（論語公冶長）學問的優劣由此判分，造詣的深淺由此表現。假如老師帶一步走一步，帶兩步走兩步，不帶不走，則學不能有成。此言推理，言領悟，是方法，也是功夫。

第三、是循序漸進

路，必一步一步的走；話，必一句一句的說。要循序而進，不可一蹴而幾。「無欲速，欲速則不達。」（論語子路）教育功夫必由近而遠，由內而外，由己而人，由下而上；一步一步，不可躐等。由近而遠，所以要先能入則孝，出則弟，其次乃是應事接物出以謹而信。最後乃能汎愛衆而親仁。這是次序。先求其近者小者，再逐漸向外擴充，所以孟子說推恩。恩如何推？即先老吾之老，再推而至於人之老。先幼吾之幼，再推而至於人之幼。這是功夫次第。也就是所謂推恩或盡性。近者旣悅，遠者自來。天下亦自然歸之。不亦樂乎？

由內而外，由己而人。在內是修己，在外是治人。欲治人必先修己。己身不能修未有能治人者。所以大學八條目由格物致知講起。格物致知之後，再作誠意正心工夫。進而修身。前五步功夫是一段落，力量向內用，屬於修己。可以說是治人的準備功夫。己身旣修，方能談到對外。對外也應由近處小處起，所以先要齊家。能齊家再治國，再平天下。一步一步向外走，一層一層向四圍擴展。孔子說「窮則獨善其身，達則兼善天下」，也是先修己後治人之意。

下學而上達，是由卑而高，由小而大，由灑掃應對進退起，到治國平天下，贊天地之化育止，功夫要一點一滴作。九層之臺起於累土。行遠必自邇，登高必自卑。小事不能辦好，未有能成大事者。孔子教人不離日常生活。他由小看大，不求急功，總是循序而進。孔子本人的爲學功夫逐步向前向上，就是個好榜樣。

第四、因才施教

人的才質各有不同，各有所長，也各有所短。因之其所需要的教育也不同。「子路問聞斯行諸？子曰，有父兄在，奈何聞斯行之？冉求問聞斯行諸？子曰，聞斯行之。公西華曰，赤也惑，敢問。子曰，求也退，故進之；由也兼人，故退之。」（論語先進）這就是因才施教。退的使之進，進的太過的使之退。這樣方能使之各得其中。論語中多人向孔子問孝，問仁，問禮，問政，而所答各有不同，就是針對弟子的個性，或因、或矯，下對症之藥。此種方法最切實而有效。不過有一先決問題，即老師必先對弟子逐一瞭解，方可因其才而施其教。又在古時行書院制，或學塾制，人數少，關係密切，較爲方便。現在行學校制，教師對學生漠漠不相識，根本無從施行此項方法。所謂導師制雖照此方向進行，但迄今未著大效。

第五、博、約、專一

現代人爲學皆知由博返約，或謂博觀而約取。顏淵稱孔子也說「……博我以文，約我以禮。」（論語子罕）求博所以成其廣，返約所以就其深。另一意義亦在約束。約束即是思想行動勿出規範。求博易而返約難。所以儒家論學言約多於言博。所謂約就是一是專，也是不越乎規範。專即必須深。孔子講專講一。荀子也講專一。他說「……故不積蹞（同跬半步曰蹞）步，無以至千里；不積小流，無以成江海。騏驥一躍，不能十步；駑馬十駕，功在不舍。鍥而不舍，金石可鏤。螾無爪牙之利，筋骨之强，上食埃土，下飲黃泉，用心一也。蟹六跪而二螯，非虵（俗蛇字）蟺之穴無可寄託者。用心躁也。……目不能兩視而明，耳不能兩聽而聰。故君子結於一也。」（荀子勸學篇）此語論專一最爲明確。然以言精深，則猶未逮孔子也。孔子有曰：「知之者不如好之者，好之者不如樂之者。」（論語雍也）語雖不言專與一，其喩專與一之理則極精深。知之，好之，樂之，乃爲學進境三階段，指心之結於一也。知之爲第一步。「心不在焉，視而不見，聽而不聞，食而不知其味。」（大學第七章）心不在不足以知之。知之不深不足以好之。至於所謂樂之，則非此不能樂，亦即非此不能安。蓋至此時深得其中三昧，心與之俱化，相與爲一，不復能離，非僅專與一所能盡其意。蓋已入於化境，忘其爲教育，而實在享受一種最高的快樂。教育至此境界，乃達到最高點。發生最大效果。孔子能言之亦能行之。所以他能「學而不厭，教而不倦。發憤忘食，樂以忘憂，不知老之將至云爾。」（論語述而）他的弟子顏回，也能達此境界，並享受此種樂趣。其實也並不難，我們平常人都可作到。眞正用心追求的人無不可以得到。無論學那一門那一科，得到其中眞趣，即愛不忍釋手。學科學的總不願離開他的實驗室。學音樂的口中總不住的哼，耳中不住的聽，心中也不住的想，眞是非此不樂。推而至於各科，無不皆然。不過這一基本條件，如不下一番苦功，衝破初步難關，而作深入的研究，是永遠不能得到此種樂境的。苦盡方有甘來。倒吃甘蔗，越吃越甜。總之，不用功的沒有分。只要用功，一定有成。

第六、注重環境教育

從孔子起，即注重環境教育。他說：「里仁爲美，擇不處仁，焉得智？」一到孟子，自幼即受母親替他選擇的環境教育。孟母三遷，是人所共知的教育故事。她一遷，再遷，三遷，全爲孩子的教育着想。這位古代大女教育家不僅有超人的智慧，也有過力的毅力，終於培養自己的孩子成爲聖人。至於孟子本人，遂也同樣作此主張。「孟子謂戴不勝曰，……有楚大夫於此，欲其子之齊語也，則使齊人傅諸？使楚人傅諸？曰使齊人傅之。一齊人傅之，衆楚人咻之，雖日撻而求其齊也，不可得矣。引而置之莊嶽之間，雖日撻而求其楚，亦不可得矣。……」（孟子滕文公下）可見環境移人力量之大。荀子也有同樣主張。他說：「蓬生麻中，不扶自直。」（荀子勸學篇）現在教育學發達，反而不大理會環境問題。以視古人，有愧色矣！

第七、身教、言教、禮教、樂教、詩教、史教、政教

身教、言教、禮教、樂教、詩教、史教、政教，都是教育方法和材料，也可說是教育工具。能同時使用這些事項作爲教育工具的，只有儒家，或說只有中國。既與西方不同，亦爲近代教育所忽視，故闢專章論述之。

禮教樂教爲儒家兩大教育工具，人皆知之。其實不只此數。孔子教人方法多，工具也多。可以說無時無地不是教育。他的一言一動，都是教育。這就是我們所謂身教與言教。身教是基本，是先決問題。孔子的言行，孟子的出處辭受進退，在在都是弟子的榜樣。最能行身教的無過於孔孟。最能收實效的也無過於身教。道貌岸然，威儀整肅的老師在面前一坐，不必開口，已經是教育了。非禮勿視，非禮勿聽，非禮勿言，非禮勿動的規範，就是不言之教。如有所言，必足爲天下法，可爲萬世師。所以一部論語從周朝一直讀到現在，還是在讀。且不僅中國人讀，中國以外也有許多外國人讀。一美籍教授統計，世界上有十部讀者最多的書，第一部就是論語。

禮是在行動上給予人以規範。揖讓進退是禮的行動，也是教育。孝親敬長是禮的內容，也是教育。祭祀，婚喪，飲酒，習射，無一非禮，也無一而非教育。在行動上依禮而行，也就是在行動上受了教育。所以孔子教人克己復禮。克己是戰勝自己，復禮是將越禮犯分的心和行動回到禮的規範之內來。這樣才能從

心所欲，不踰矩。

音樂是藝術。眞正的藝術也一樣是教育。因爲它能感人內心，隨之而悲喜，而哀怨，而興奮，豪壯，進退。又能以節奏旋律調節人的行動和意志。因爲藝術是人類心靈的創造，內容含有豐富的心靈成份。所以它能在欣賞者的心靈上起共鳴作用。不知不覺與之俱化。假如創作者以高潔的心靈融入作品中，則欣賞者由感染而使心靈淨化，具有極大的教育作用。所以孔子「志於道，據於德，依於仁，游於藝。」「在齊聞韶，三月不知肉味。」「聞人歌而善，必使復之而後和之。」都表示其重視藝術教育。並將藝術融入生活，故曰游於藝。游於藝即生活於藝術空氣中。子於是日哭則不歌。則其不哭之日自必歌。孔子之重視樂教可知。至荀子則更有極完備精深之音樂理論了。又由墨家法家之反對儒家音樂教育，正可反映當時樂教之普及。

詩教是儒家特有的教育。詩是文學，也就是藝術。因爲這種藝術是用文字組成的，所以更可以表現人的個性與內心。「詩言志」，所以詩中有性靈。「聲依永，律和聲」。是詩又與音樂合流，更增加了它的藝術氣氛。所以詩兼有文學與音樂之美。尤富教育價值。孔子說：「溫柔敦厚，詩教也。」這是就詩教在精神作用上說的。又說：「不學詩，無以言。」這是就應用方面說的。至於其所以重視詩教的理由，則在論語中有詳細的說明。孔子對弟子說：「小子何莫學夫詩？詩可以興，可以觀，可以羣，可以怨；邇之事父，遠之事君，多識於鳥獸草木之名。」（論語陽貨）這是作人處事，發抒情感，增加知識，促進生機，乃至利濟人羣之道，皆可於詩中得到。換言之，這些事都是我們所當學，學這些只有在詩中去求。所以他一再强調詩教。由今天看來，這是極有深意的。

史教是一種特殊教育。從孔子起，利用歷史作爲重要教育工具。教當時，也教後世。孟子說，「孔子成春秋而亂臣賊子懼。」在孔子的意思，就是要使亂臣賊子懼，因而不敢作亂臣賊子。齊崔杼殺太史，一而再，再而三，就是一種恐懼心理的表現。無奈他的暴力不能勝過正義，不能泯滅是非。我想假如事前他知道正義的威嚴，歷史的可怕，他必不敢冒天下之大不韙。孔子因魯史而成春秋，寓褒貶，別善惡。一字之褒，榮於華袞；一字之貶，嚴於斧鉞。正名定分，辨別是非順逆，毫不假借。執史筆的有這項特權，也有這項義務。在政治上尊王室，攘夷狄。闡明大一統，嚴夷夏之防，重華夷之辨。……諸如此類，是歷史，是政治，也是教育。更明白一點說，孔子修春秋，與其說是爲修史而修史，不如說是爲教育而修史。從孔子以後，大家不僅以歷史的眼光看歷史，同時也以教育的眼光看歷史。史教自孔子創行以後，不僅將教育的領域放廣，更將教育的時效延長。給亂臣賊子也加一種身後的戒懼。另外給歷史也增加一種教育上的責任。其意義重大，其影響深遠。

政教是以政治爲教育。在中國文化思想中自始即如此看法，同時也如此作法，從周公起，已成爲制度。中國政治規模由周公開始奠定，三千年來只有小的變化，沒有大的改革。到中華民國才應世界潮流打開一新局面。周公制禮作樂，人人知道。在當時禮樂是政治，也是教育。從這時起，政教不分，官師合一。政也是教，教也是政。官也是師，師也是官，無法分開，也不應分開。到管仲一開頭就講禮義廉恥國之四維；四維不張，國乃滅亡。按楚辭註，維，網也。四維繫網之四角，總於綱，乃能舉網得魚。引伸爲立國之四大要經，猶網之四維，屋之四柱。此言禮義廉恥爲國之四大支柱，不可缺一。在管子心目中，這是政治，在今人心目中却認爲這是教育。因此我們可以說，管子的政治思想是以教育爲基幹，政治建築在教育上，教育也建築在政治上。互相爲用，相輔相成。因爲教育要靠政治而推行，所以管子極力推行禮義廉恥之政，即以政治力量積極的獎勵，消極的處罰，這樣才能收到實際效果。到了孔子，則在思想上以教育促成政治之郅治，在行動上一生致力於教育，以爲政治作先驅，奠基礎。講到言論，則隨處表現此種主張。如說「政者，正也；子帥以正，孰敢不正？」（論語顏淵）「衛君待子而爲政，子將奚先？子曰必也正名乎?」(論語子路)「景公問政，子曰，君君，臣臣，父父，子子。」(論語顏淵)「道之以政，齊之以刑，民免而無恥。道之以德，齊之以禮，有恥且格。」(論語爲政)「其身正不令而行，其身不正，雖令不從。」(論語子路)諸如此類，不可枚擧。都是以政治爲教育的理論。此與周公管仲實同一主張，同一觀點。我們今天試閉目以思，雖已時隔三千年，實仍有其價值。因此我們認爲，今天的政治對這古代優良制度仍可考慮仿行。

第八、分科與取材

孔子最重因才施教，前已言之。人的聰明資質，以及性之所好，各有不同。致力方向宜各就其性之所近，不必强同。國家用人範圍甚廣，非只一端。所以學可以分科。分科而學可得人盡其才之效。但基本知識則人人必須具備。有如今天的大學有專門學科，也有各院系共同必修學科。據論語，孔子弟子於德行有顏淵，閔子騫、冉伯牛、仲弓；言語有宰我、子貢；文學有子游、子夏；政事有冉有、季路。(論語先進)此可謂四科。今就應用眼光看，可以分爲兩組：德行、文學、言修養，屬於體；言語、政事，生活所需，屬於用。孔子的教育可稱爲有體有用的教育，是完整的教育。

講到教材，大家都知道，孔子以六藝教人，禮樂射御書數。此可分爲三組：禮樂屬於修養，射御屬於軍事，書數屬於生活應用。由此我們可以看出，孔子心目中的教育，是以適合於人羣共同生存爲目標，所以他所採用的教材都是應人類共同生活之所需。禮樂是消極的律己，積極的安人。律己的目的是學習處人羣之道；安人的目的是安排人類社會使秩然有序，並促進人生幸福與社會之進步。射是軍事，顯然可知。御也是軍事。因爲當時是車戰，御即是駕馭兵車。射與御是維護人類共同生存所必需的軍事教育。人人有責，所以必須人人學習此項戰術。不僅此也，禮之中也有鄉射禮，大射禮。所謂射禮應該就是民間普遍學習軍事時所遵循的禮節。書數是生活日用的基本技能，不可或缺。合起來看，這六種教材，也可說是有體有用，文武並重，手腦並用的完整教育。

再就取材而言，並不全在書本，或說不全在文字，而大部份即在日常生活之中。如禮樂，可能有一部分書本，但大部份在實際行動。孔子入太廟，每事問。試想在太廟中所問何事？當然只有禮。可知孔子習禮是在太廟，在朝堂，也在鄉黨。無處無禮，即無處非學習的場所。射御是軍事，根本無書可讀。書數也是生活。活教材，活教育；教育即在生活中。這就是孔子的教育，也就是儒家的教育。

就書本材料而言，孔子最重視詩，論語中勉人讀詩者多處。已見上述。其次書、禮。至於易經、樂經，雖都不敢確定其是否用作教材，但晚年讀易至韋編三絕。其重視可想。至於樂，更爲重視，已詳上述，不再列舉。

兩漢以後，學風漸變，單就教材而言；捨實際生活中教材而專重書本，以讀經爲能事。所謂皓首窮經，即說明一生所學不出經傳。這不僅使教育與生活脫節，與軍事分途，與手足之實際行動也不再打成一片。只用心不用手脚，眞正成爲四體不勤，五穀不分之書獃子。自此教育成爲有體無用，文武分途，手腦不能並用的畸形教育。自此中國教育不再有活氣，不再有力量。當非孔子始料所及。中國教育質上的衰落，漢儒當負相當責任。

第九、改變觀念，變化氣質

講到方法，大家都知道大學中所謂三綱領八條目是一套大思想，大理論。就方法言，可以直接說就是教育方法論。此外如禮記學記，及荀子勸學篇、修身篇，都是講教育的論著，也都有很精深的教育方法論。以與現代的教育學，以及　國父的教育思想綜合比觀，頗多深相契合。茲僅舉數要點如下。禮記學記一開頭便標出化民成俗，爲全篇綱領。它說，「發慮憲，求善良，足以謏（小）聞，不足以動衆。就賢體遠，足以動衆，未足以化民。君子如欲化民成俗，其必由學乎。」這裏所謂化民，就是改變其觀念，變化其氣質。宋儒注重此點，現代教育家也有同樣看法。國父尤其着重此點，所以他對教育重在精神教育，尤其對軍人，更不憚繁勞的大講軍人精神教育。他首先講甚麼叫精神，由精神講到物質，再講到宇宙本體，心物一體。講到精神教育，提出智仁勇三達德，這完全是儒家所標榜的道理。不過國父講這些抽象的理論是用深入淺出的方法，引面前事證以明其理，使當時粗識字的軍人都能瞭解和接受。他以實際日常生活印證學理，所以聽者易於實踐。假如我們用教育眼光看孫文學說，則此書目的正在於改變觀念，變化氣質。整個是教育。他認爲人之畏首畏尾，不肯鼓起勇氣，爲其所當爲，根本在於觀念不正確，氣質不純良。所以他極力作這項精神教育的事業。我們以今比古。深覺其主知難行易之理，創爲有系統的孫文學說，其事與孟子之闢性惡，言性善如出一轍，都是以教育挽救世道人心的神聖事業。其苦口婆心，諄諄教誨之誠，亦與古人後先輝映。這種熱誠極爲可貴。方法尤爲根本。

第十、利用教育心理學

其次講教育心理學。現代教育重視心理學，古人亦重心理學。不過當時無此名稱，未有專題論述，實則所講教育理論，大都是心理方面問題。如大學中講「心不在焉，視而不見，聽而不聞，食而不知其味。」荀子勸學篇有謂，「君子之學也，入乎耳，箸乎心，布乎四體，形乎動靜，端而言，蝡而動，一可以爲法則。小人之學也，入乎耳，出乎口；口耳之間則四寸耳，曷足以美七尺之軀哉？」像這樣的理論，所在多有，都是心理問題。國父不是教育專家，也很少在教育上作專門探討，但細味其言論思想，却有極高深細密的教育心理學主張。最明白易見的，是對甚麼人說甚麼話。對農人講農，對工人講工，對軍人講軍，對議員講議會政治。他雖不倡此論，但能行此道。可見他的主張了。

更進一步，他於民國八年六月二十二日，在上海與戴季陶談話。談到指導羣衆時，他說，「對於毫無知識的給他一個知識是容易。對於號稱有知識的，教他判別是非利害，倒是很難。」這是一種教育原理。

是先入為主的意思。接着又說，「要教訓羣衆，指導羣衆，或者是教訓指導知識很低的人，最要緊是要替他們打算，不可一味拿自己作標本。這樣的去作工夫，方才有趣味，方才得到研究的益處，方才能夠感化多數的人。你看教馬的人，他是怎樣把馬教會的？**就是他在教馬的時候，他自己的意識已經先變了馬。他不是先要馬懂得他的意思，他是先要自己懂得馬的意思。教馬的人，在馬的面前，是一點也用不得智慧的。如果要用人的智慧，一定要和馬打起架來。**」這段話講的太好了，這是很深的教育心理學。利用心理學辦教育，才眞能得到好的效果。現代教育學家都瞭解心理學的重要，教小學要懂兒童心理，教青年要懂青年心理。教問題兒童要懂得變態心理。像這樣的理論，與古代同一精神。至　國父此論，則可謂發前聖所未發。

又在同一段談話中說到，「最要緊的，就是不好先拿我們的知識整個放上去，以為這件事我已經明白了，他為什麼不明白？兩次說不明白，便生了氣。這是不行的。」這又是一種方法，也是一種教育家必備的精神。說來容易，作到難。十有八九是兩次說不明白便生了氣。孔子最瞭解此理，也最有修養，他從不生氣。所以孔子一生到老學而不厭，誨人不倦。這誨人不倦，便是不生氣的意思。這就不僅是教育問題，也是作人態度問題。

在基本態度和方法上，　國父又提出幾項極為可貴的教育原理。他說，「諸君擔負宣傳的任務，應該有恆心，不可虎頭蛇尾。今日熱心奮鬪，明日便心灰意冷。因為要人心悅誠服，不是一朝一夕，一言一動，能够收效果的。必要把我們的主義，潛移默化，深入人心，那才算是有效果。」（民國十二年十二月對黨員講，國民黨奮鬪之法，宜兼重宣傳，不宜專重軍事）在這段話中，我們要注意兩個問題；第一，雖講宣傳，實即教育。作宣傳如此，辦教育也是如此。就是說辦教育必須有恆心。第二，潛移默化，深入人心，心悅誠服，才算是教育上最大的成功。潛移默化者，使受教者於不知不覺中接受，即在方法上避開表面上作正面的說教，而用種種譬喻，日常生活等等暗中印證其理，使之自己領悟。這樣才能收到實在的效果。所謂心悅誠服，這是教育方法，也是教育上一種境地。必達到此一境地，教育才算眞正成功。教育家必有此熱誠，才算是眞正教育家。至於如何達到此一地步，則第一個條件是恆心，第二個條件是熱誠。前面說應該有恆心，實即有耐心，有耐心才不性急，不生氣，不虎頭蛇尾，或心灰意冷。這是教育家的基本態度。也就是孔子所說教不倦。所謂不倦，也就是無論如何，不怠，不鬆弛之意。所謂熱誠，應該說是一種道德。是一種內在的責任感作推動力。民國十三年七月在廣州講言語文字的奮鬪時曾說。「我們宣傳的目的，若是徒然知，而毫不被感化，便是毫無結果。沒有結果便不是我們的目的，要感化人，那才是宣傳的目的。……我們要感化人，最要緊的就是誠。古人說，至誠感人。有了至誠，就是學問少，口才拙，也能感動人。所以至誠有最大的力量。……」今按，此理中庸言之極詳。中庸所講，是哲學，也是教育。書中闡明教育原理，極其精深。其內容則以誠字爲中心。它說，「唯天下至誠爲能化」，又說「至誠如神」。教育的目的就是化，所以說教化，教化。教而不能化，不得謂之教。至誠如神，就是說，人能以至誠感人，便有神力，故能化。　國父深明此理，能言之亦能行之。以視先哲，無多讓焉。此其所以偉大過人歟！

伍、教育目標

儒家教育有明確的目標。第一步最低限度，幫助人脫離獸域，力爭上游。就是說，極力把握人類與禽獸不同之點，向上發展，使人與禽獸之距離愈來愈遠。使禽獸終爲禽獸而人則不僅爲人，且日進無已，文化愈高，而人類社會愈能蒸蒸日上。孟子說：「人之所以異於禽獸者幾希，庶民去之，君子存之。舜之明於庶物，察於人倫，由仁義行，非行仁義也。」（孟子離婁下）異於禽獸即優於禽獸。庶民去此優於禽獸之特點，乃近於禽獸，或又回到禽獸之域。君子存之，故別於禽獸，優於禽獸。教育即幫助人脫離獸域，提高文化程度，使庶民成爲君子。但究竟此幾希之人獸異點果爲何事？據孟子本章所述，即指大舜所知所行。他明於庶物，即知天地人類萬物之理。察於人倫，是知道人類所特有的人與人相處的道理。這都是禽獸所不知不能，也就是它所沒有的。由仁義行，非行仁義，是他能把握禽獸所無的人倫之道而作爲立身處世的大經，自然而然的由這條路不斷向前走。因爲這所謂仁義就是人的路，並非與人類不相干的另一條路。所以愈走愈遠於禽獸。此其所以爲大聖也。這一章書雖短，實已說明教育的目標。

第二步，是高懸一個人倫之極的典型人物，作爲榜樣。使人始終兩眼向上看，兩脚向上爬，爬一步便進得一步，爬兩步便進得兩步。只要能不斷的向上爬，便能不斷的有進步。這一榜樣之標擧，有極大作用。他們的理想人物遠的是堯舜，近的是周公孔子。都是最高理想的典型人物，大家都應該照着作。這一作法目的在提高人類生活境界，使人類永遠在進步，在教育上永遠沒有滿足的一天。也就是永遠沒有停止努力的一天。

以上所論屬於形而上，次論形而下。

形下的最大目標便是用。主要是政治上的用，也就是用在國計民生，用在服務人羣。以用的眼光看，受教育如蠶吃桑葉。爲國計民生服務如蠶吐絲。爲了吐絲而吃桑葉，吃了桑葉便必須吐絲。所以「仕而優則學，學而優則仕。」（論語子張）「吾豈匏瓜也哉？焉能繫而不食？」（論語陽貨）「如有用我者，吾其爲東周乎？」（同上）孔子週遊列國，席不暇暖，乃至狼狽到「纍纍如喪家之狗」。這一切都無非爲了用。爲了用其所學以利濟羣生。實際說，只學而不用，則事屬徒然，力歸枉費，一切教育落空。所以儒家對教育一面重形上，一面也重形下。不說空話，不唱高調。形上屬於正德，形下則屬於利用厚生。一爲修己，屬於體；一爲治人，屬於用。有體有用，有功夫亦有目的。所以說儒家的教育思想是完整無缺的。

「鯉趨而過庭，曰學詩乎？曰未也。不學詩無以言。鯉退而學詩。」這是用。「他日又獨立鯉趨而過庭，曰學禮乎？對曰未也。不學禮無以立。鯉退而學禮。」（論語季氏）這是體。「誦詩三百，授之以政，不達；使於四方，不能專對，雖多亦奚以爲？」（論語子路）學而不能用，用而不善，皆教育上之失敗，功夫枉費，故孔子斥之。其注意應用，至爲明顯。關心國計民生，亦至爲明顯。

儒家有一種人物造型，作爲訓練的標的。也可說是一種教育理想。人類才質不齊，他們所提出的人物造型也不只一種。最高的是聖人，其次君子，次士，即一般人民也有一種最低標準。茲依次述之。

第一種是聖人型。就聖人而論，又有四種型：

伯夷：「目不視惡色，耳不聽惡聲，非其君不事，非其民不使；治則進，亂則退；橫政之所出，橫民之所止，不忍居也。思與鄉人處，如以朝衣朝冠坐於塗炭也。當紂之時，居北海之濱，以待天下之清也。故聞伯夷之風者，頑夫廉，懦夫有立志？……伯夷，聖之清者也。」（孟子萬章下）

伊尹：「伊尹曰：何事非君，何使非民。治亦進，亂亦進。曰：天之生斯民也，使先知覺後知，使先覺覺後覺。予天民之先覺者也。予將以此道覺此民也。思天下之民，匹夫匹婦有不被堯舜之澤者，若己推而內之溝中。……伊尹，聖之任者也。」（同上）

柳下惠：「不羞汚君，不辭小官，進不隱賢，必以其道。遺佚而不怨，阨窮而不憫。與鄉人處，由由然不忍去也。爾爲爾，我爲我；雖袒裼裸裎於我側，爾焉能浼我哉？故聞柳下惠之風者，鄙夫寬，薄夫敦。……柳下惠，聖之和者也。」（同上）

孔子：「可以速而速，可以久而久，可以處而處，可以仕而仕。孔子也……。聖之時者也。孔子之謂集大成。」（同上）

又有一共同型：「得百里之地而君之，皆足以朝諸侯，有天下。行一不義，殺一不辜，而得天下，皆

不爲也。是則同。」（孟子公孫丑上）

於諸聖折衷，則折衷於孔子。「曰，自生民以來，未有孔子也！」這是至高無上一種人倫之極。

第二種是君子型。

「司馬牛問君子。子曰，君子不憂不懼。曰，不憂不懼斯謂之君子矣乎？子曰，內省不疚，夫何憂何懼？」（論語顏淵）此就自修而言者也。孟子說：「君子莫大乎與人爲善。」（孟子公孫丑上）這是就對人而言者也。「可以託六尺之孤，可以寄百里之命，臨大節而不可奪也。君子人與？君子人也。」（論語泰伯）此就事功而言者之。這是君子的造型。

論語論士，首曰：「士不可以不弘毅，任重而道遠。仁以爲己任，不亦重乎？死而後已，不亦遠乎？」（論語泰伯）「士志於道，而恥惡衣惡食者，未足與議也。」（論語里仁）「子貢問曰，何如斯可謂之士矣？子曰，行己有恥；使於四方，不辱君命，可謂士矣。敢問其次。曰，宗族稱孝焉，鄉黨稱弟焉。敢問其次。曰，言必信，行必果，硜硜然小人哉！抑亦可以爲次矣。」（論語子路）孟子則謂「無恆產而有恆心者，唯士爲能。……」（孟子梁惠王）

以上這些人物造型，應該說是儒家教育人才的幾種標準。愈高愈好，最低限度也要作到士。士之中如僅能作到「言必信，行必果」，已經算是小人了，足見其期望之高，眼光之遠。這是對知識分子的期望。

第四種是百姓型。

對於一般老百姓，也有一種最低標準。在孔子心目中必須作到信。他說「自古皆有死，民無信不立。」信是人類社會彼此相互依存的無形條件，最低要求。彼此不能相互信賴的社會是不堪想像的社會。其次是一種作人的堅定立場。「子曰，三軍可奪帥也。匹夫不可奪志也。」（論語子罕）一至孟子，則更強調此義而謂「富貴不能淫，貧賤不能移，威武不能屈」，這樣方足稱爲大丈夫。這都是就人民作人應有堅定立場說的。更進一步則要教之了。論語說「既富矣，又何加焉？曰教之。」孟子則又加詳細的說：「五畝之宅，樹之以桑，五十者可以衣帛矣。雞豚狗彘之畜無失其時，七十者可以食肉矣。百畝之田，勿奪其時，八口之家可以無飢矣。謹庠序之教，申之以孝悌之義，頒白者不負戴於道路矣。……」（孟子梁惠王上）申明孝悌之道，使頒白者不負戴於道路，就是對於一般老百姓的最低要求。也就是老百姓的造型。這些人物造型的標準，便是儒家教育上的目標。同時也是儒家對人類社會的理想。

陸、教育平等

在教育家心目中，人類是生而平等的，受教育的權利也是平等的。在教者的立場不應有差別待遇。所以孔子說：「有教無類。」（論語季氏）又說：「自行束脩以上，吾未嘗無誨焉。」（論語述而）中庸講教育，講人格主義，並沒有等次，也沒有差別。只要是人類，都可以希聖希賢，作到參天地的地步。大家都一樣。這是教育上一種基本觀念，一切教育思想和理論都建築在這基本觀念上。一到孟子，更強調人人可以爲堯舜。他引顏淵的話說：「舜何人也，予何人也，有爲者亦若是。」（孟子滕文公上）極力拉平每個人的身份，希望每個人作成好人。我們仔細想來，教育之可貴，就在使平凡的庸人能不斷向上，不斷進步。已經有知識有修養的人雖也需要教育，但其需要性遠不如庸人之迫切。換言之，即愈是平凡的庸人愈需要教育。並且世界上到底是庸人佔多數。如果教育有差別，何足以鼓勵一般庸人向上？又何足以使人類社會蒸蒸日上？儒家教育思想極力着眼於庸人，加強他的自尊心，增加他的希望，具有極深意義，極高價值。

人類在政治上社會上地位很難作到人人平等，但在教育上地位是可以平等的。也是應該平等的。政治社會上地位是客觀的，教育的地位是主觀的。政治上不能使人人爲君爲臣爲士大夫，但在教育上則可以使人人爲聖賢君子。社會地位有高低，道德與知識則無限度。儒家看人是站在人類先天的立場看，而不站在後天的社會地位看。如此看法，才眞能使人立在平等地位，一同起步向前。此與 國父孫中山先生所講眞平等同一看法，義亦一貫。雙方均將人放在平等線上同樣看待。不過一言教育，一言政治耳。

孟子以平民身份周旋於諸侯王之間，在地位上遠不如諸侯王。但在人格上，道德上並不在他們之下。所以他說「說大人則藐之，無視其巍巍然。」（孟子盡心下）又說：「彼以其富，我以吾仁，彼以其爵，我以吾義。吾何慊乎哉？……故將大有爲之君，必有所不召之臣。」（孟子公孫丑下）本來要去看齊王，適王命來召，反而端起架子不去看他。說：「天下有達尊三，爵一、齒一、德一。朝廷莫如爵，鄉黨莫如齒，輔世長民莫如德。惡得有其一，以慢其二哉？……欲有謀焉則就之。其尊德樂道不如是不足與有爲也。……」（同上）孟子以平民身份，與王侯較量，必定要以教育壓倒政治，使王侯屈於齒德之下，也就是使政治地位屈於教育之下。不肯在政治下低頭。這簡直不是教育平等，而是教育至上了。

春秋以後，教育上獨尊孔子，崇爲至聖先師，萬世師表。任何人上學讀書，在學塾中必拜聖人。在聖廟中更要拜聖人。老百姓要拜，皇帝讀書也一樣要拜。在孔子面前，無分貴賤尊卑，大家是一師之徒，大家平等。這又是教育平等的另一義。

究竟孔子何以能普遍受人尊敬？且尊敬至此程度？在我想不外下列三種因素：

第一、孔子尊重每個人的人格，即尊重人的先天地位和權利，使人人在教育上平等。

第二、孔子一生致力幫助人向上，使每個人都成好人。懸最高標準，指最近途徑，講最平易近人的道理。使人人在教育上得救。孔子雖非宗教家，就此點而論，實富有宗教家精神。

第三、他能呼出每個人的心聲，說出每個人心中所同然之理，使人人能起共鳴作用。因而在心中生出無限光明，無窮希望。

孔子具備這些條件，何得而不受人尊敬？其成爲至聖先師，萬世師表，豈偶然哉？

在教育平等的觀念上老百姓可以抬頭，祛除自卑感，加強自尊心，有勵人上進之作用。這在今天民主時代，教育普及時代，事屬尋常，不足爲奇。但在上古，在帝王時代，社會差別極大時代，有此一種精神，則屬難能。此又儒家教育思想可貴之另一點。

柒、教育與政治與社會

教育是教人，政治是治人。教育是學作人，學作事，政治是以作人作事的道理去治人治事。都是以人爲對象。教育是修己，政治是治人，也是安天下。教育是手段，政治是目的。都以人羣爲基本觀念。假如人類生活而不羣，教育不需要，政治也不需要。站在政治立場看，人民需要政治，也需要教育。站在教育立場看，政治是教育的目標，也是教育的內容。就推行言，教育須藉重於政治；政治也不能不藉重於教育。相輔相成，不可偏廢。合之則雙美，離之則兩傷。中國文化自始即有此認識，所以政治與教育自始即齊頭並進，始終合作，相與提攜。所以官師合一，政教不分。也就是政治要以教育爲基礎，教育要靠政治來推行。不受教育的不足以爲政，爲政的就要負起教育的責任。所以孔子說，「仕而優則學，學而優則仕」。學就是教育，仕就是從政。所以官也是師，師也是官。後來教育要求普及，非政府官吏所能盡其役，於是有私人設教。私人設教相傳自孔子始，寖假普及，成爲風氣，也成爲制度。自此教育可以官辦，也可以私辦。有官辦，也有私辦。政府以辦教育爲己責，教育家也以推行教育輔助政府爲己責。官民合作，共同致力於政治與教育。秦雖焚書坑儒，不重教育，但也設有博士官，掌文教，人民欲學法令，以吏爲師。漢文帝起，政府設博士官，武帝設太學。文翁化蜀，開地方官藉政治推行教育的先例。寖假普及，各州郡遂普設州學、郡學、與縣學。同時政府取士也有了教育基礎。人民由受教育而入選爲郎爲吏，進而爲高官，爲將相。就教育言也有了出路，有了意義。自此亦成爲制度，歷二千餘年而不廢。此爲中國政治上一大特點，亦爲教育上一大特點。

私人設教以補政府之不足，人民有此要求，政府也有此需要。於是逐漸普遍，由州、郡至於三家村，無處無學塾，無處無塾師。有井水飲處必有學有師，以教育人人。於是人人有受教育機會，有上進階梯，可以爲官吏將相，可爲聖賢君子。人民視受教育爲義務，亦爲權利。自動追求，自相競爭。而受教知書識禮之士遂爲人民所尊重，有德有能君子更爲一方所仰望，無形中成爲地方上中心人物，社會上有力分子。

人類生活不能離物質，不能離衣食，即不能離耕種。但人類有精神，不能無精神活動，即不能離教育。自此農業與教育成爲生活兩大項目，缺一不可。此兩大項目能平衡發展，此一民族即能保持優秀，能繼續進步，民族必有前途。假如輕忽教育，只重物質生活，此一民族即無法進步，無法在世界上競爭圖存。我中華民族自始即重視教育，數千年來又日漸普及，益加重視。並不全靠政府力量，大部份是由人民自動推行。這一現象即表現中華民族之優秀、進步、和有前途。但是我們飲水思源，造成此一風氣，奠定此一基礎的，在古代則是周公，孔子，是儒家。在現代，則有 國父孫中山先生。

民間既能普遍發展教育，與農業並重，於是自然而然造成一種半耕半讀的社會。中國社會既成爲半耕半讀的社會，即表示中國教育深深的植根於廣大的農村。換句話說，就是政治的根基在教育，教育的根基在最下層的農村。中國文化遂普及於全國，其基礎深厚而堅穩。因而有所謂禮失而後求諸野的話說。這又是中國政治上社會上一大特色，也是教育上一大特色。

捌、尊師重道

論語沒有尊師理論，只說要隨地從師。人有一長可取，即可爲吾之師。所以說：「三人行必有我師焉。擇其善者而從之，其不善者而改之。」（論語述而）又說：「不恥下問。」（論語公冶長）所謂不恥下問，即不論地位年齡，有長可取，學與德優於我者，即爲吾師。讀書人都尊重書，其實書是人作的，尊重人亦即尊重書。書是死的，人是活的。尊師即是尊重活書本。這是就學的方面而言者。七十子之尊孔子，皆出於自然，由於道德學問所感召而自然發生敬重之感。孔子死，弟子服心喪三年，又廬墓。思之不已，以有子似夫子，奉之爲師；不能對弟子之問而又已之。此眞所謂中心悅而誠服也。自此敬師成爲風氣，視爲當然。至荀子乃有精深完整之尊師理論，也自此尊師重道自然演爲定論，深入人心，至今不廢。現在許多家庭裏中堂高懸牌位，大書「天地君親師」，常年供奉。已見前述。即表示師與君親同其重要，同受人尊重。由此反映出師長在人心目中的地位。尊師所以重道，道是爲學作人之道，也就是教育，尊敬師長即尊重教育。其實是爲重道而尊師，說尊師重道在邏輯上似有語病。尊重教育至此程度，惟我中國有之，惟儒家能倡之，亦能行之。

師有大家共同的師與個人各別的師。共同的師是孔子。孔子以後，凡屬中國人，黃帝子孫，無不奉孔子爲先師，崇爲至聖。沒有例外。此外個人又有個人受業的老師。學子破蒙入塾，先拜共同師長，至聖孔子，再拜自己直接受業的老師。全國上下，自古至今，成爲定例。雖貴爲天子，也同樣在孔子神位前屈膝下拜。**在拜聖人的立場上，大家都是一師之徒。即或是皇帝，也和小百姓平等了**。因爲皇帝也不能不上學，學習爲學作人，以及治國安邦之道。欲學即不能不師孔子。就大皇帝言，他除了拜自己的祖先以外，沒有任何人足以使他屈膝，只有對孔子，是唯一例外。中國人視教育高於一切，視師長如神聖，世界上首屈一指。

玖、教育家風度

中國教育有一種作風，也有一種理想；與西方不同，也爲西方所不能及。我們有一種感覺，即覺中國教育是那麼溫柔敦厚，和平溫暖。不暴烈，不嚴厲，一片慈祥氣象，使人感覺和諧中有莊肅，平易中有崇高。中國教育要使每個人都在教育上成功，由教育中超拔。每個人都能不斷的向上，都能過着幸福生活，享受着內心深處發生的愉快。消極的不爲流俗所染，不爲邪惡所屈；積極的把人類社會澄淸，把人類心靈淨化。必使大家相親相愛，相互尊重人格，相互促進福利。瀰漫於人羣中者，只是一片祥和之氣。

在進德修業上固然要見賢思齊，彼此競爭，但在全部制度上，作風上，並不採公開競爭的方式。我們試想：長期作普遍公開競爭方式的結果是甚麼景象，運動場上賽跑是也。一羣人賽跑下來的結果，是優勝者跑在前面，躊躇滿志了。落在後面的力竭汗喘，灰頹爽氣了。優勝者是極少數，失敗者是大多數。在體育競賽場中是優勝者的世界，由大多數失敗者襯託着極少數優勝者的世界。這種的社會不是和諧幸福的社會，其後果不良，流弊極大。中國古代教育家不是這樣，我們古代教育家心腸是慈航普渡，優秀份子不要只管向前跑，而要時刻回過頭提攜落後的。在政治上是先之勞之，繼之以無倦；在教育上是「以先知覺後知，以先覺覺後覺。」「君子之德風，小人之德草，草上之風必偃。」（論語顏淵）「君子樂於與人爲善」，「君子樂於成人之美」。這是一種作風，也是一種情懷。總之，中國教育家的目的不貴乎培養超羣的奇士，使遺世獨立，而貴在普濟衆生，同登袵席之上。這樣的教育才是眞正理想的教育，這樣的教育家也才眞是純眞高尙的教育家。今天的教育純採競賽方式，一層一層競賽，一次一次選拔。從小學起，初中、高中、大學、留學。一步步競賽上去，也就是選拔上去。競賽選拔的背後，便是遺棄、落伍、失意。後果並不理想。回觀古代教育精神，似有考慮改革的必要。假如 國父在世，對這種作法一定不主張，因爲他重在普及，重在使人人進步，造成好人格。就他所講平等精義中可以看出，他主三系人合作，說巧者拙之奴，又聰明才力愈大的當服千萬人之務。由這些言論中即可看出他在教育上主張平等，提携，不主張競賽。

第三節　中國之政治

前　言

人類是政治性動物，需要政治活動，也有政治能力。我們中華民族尤其富有政治能力，具有政治興趣。因此我們中國政治活動開始早，政治思想也特別發達。五千年的歷史，實際也就是政治發展史。前史時期的情況，我們固然不得而知，但政治活動應該早已開始。到了有史時期已經規模具備，大體上定型了。從黃帝起算，已近五千年。就現存古籍而言，尙書所載已有四千年。尙書的內容就是政治，也是教育。這時思想雖尙未構成系統，言論則多可貴。由此繼續發展，到了周朝，不僅在政治組織與設施上達到高峯，在理論硏究上也臻於極盛。在這些制度與理論上，充份表現中華民族的風度、性格，乃至於政治精神。此種政治思想與政治精神，在全部中國文化中實佔主要部份，其價值至近世而益顯崇高。玆就其足以表現中華民族性格與風度之政治精神擇要縷述如左：

一、民主精神，公僕政治

堯舜禪讓是中國歷史上大家豔稱的故事。無論在政治上、教育上無不以堯舜爲最高典範。大家都認爲堯舜公天下，天子位應讓賢而不傳子。此一觀念深入人心，人人以此爲嚮往，亦以此爲評騭人物之標準。

儒家孔孟尤盛稱之。此一政治上最高原則，成爲中華民族公是公非，無人能推翻之，亦無人能提出異議。只有曹丕，以小人之心度君子之腹，以自己的罪行推翻歷史上美談。他自己布好了篡奪的局勢，逼着漢獻帝行禪讓之禮，以盜取禪讓之名。一手掩盡天下目，因而妄臆古人，厚誣先聖，拆除歷史上輝煌史蹟。無如是非公道自在人心，天下後世，異口同聲，皆謂曹丕篡漢而不言漢魏禪讓。其心勞日拙，既顯然可見，天下之公是公非亦終非暴力所能摧毁。這由中國四千年前首創之宏規，自然表現之政治思想，至今世界未見其偶。此又爲中國政治思想極大光輝。蓋古人言禪讓，言公天下，實即今之所謂民主。

其次講到革命。商湯王周武王，誅暴君而救百姓，亦爲中國歷史上豔稱之故事。大家認爲不僅理所當然，並尊湯武爲聖人，奉爲典範。孔子爲之立名，稱爲革命，而今之 國父孫中山先生襲用之。腐儒溺於君臣之分以非湯武，而孟子闢之。斥桀紂爲殘賊仁義，暴虐百姓之一夫，而湯武爲弔民伐罪之聖君，不僅有事實，亦有理論；自此觀念爲之澄清，是非因而確定。三千年來奉爲圭臬，且爲歷代誅暴君除虐政之依據。 國父孫中山先生倡導國民革命，推翻滿清政府，仍不能不利用此一事實，藉重此一理論而號召於羣衆。則其影響之大，可想而知。

到了東周初年，中國第一位大政治家管仲生，爲中國政治發展史劃一里程碑。自此不僅有事功，亦有理想，有言論，且幸而有書以傳於後，至今尚存。雖其書不盡出於本人之手，但可知事則十九出於其身，義亦十九出於其口。吾輩二十世紀人讀三千年前書。猶覺展卷如新，並無陳腐迂闊之感。玆先言其民主精神。

「管子」書首篇牧民第二章四順，即言尊重民意，其言曰：「政之所與，在順民心；政之所廢，在逆民心。民惡憂勞，我佚樂之；民惡貧賤，我富貴之；民惡危墜，我存安之；民惡滅絕，我生育之。能佚樂之，則民爲之憂勞；能富貴之，則民爲之貧賤；能存安之，則民爲之危墜；能生育之，則民爲之滅絕……」

站在政治家立場，能爲此論，則其設施焉有逆民心，背民利之舉措？此種尊重民意之言論非民主而何？因此我們可以說，中國政治思想一開始就在民主精神上建立起來的。不但此也，接着又在霸言篇第二十三說到：「夫霸王之所始也，以人爲本。本理則國固，本亂則國危。故上明則下敬，政平則人安。」此外全書中以民爲本之言論隨處可見。如感民，利民，爲民除害，使民以時，量民之力，取於民有度，使民親其上長其長……種種主張，散見於各篇，尤以權修、乘馬、戒、法法、霸形、霸言、禁藏諸篇爲多。文繁不備舉。讀了「管子」，我們眞佩服中國上古政治家就能有這樣完備開展的政治思想。尤其難能可貴的，世界上民主政治是三千年前在中國開始的。以視今日民主政治，組織與制度之差異耳，至於實質上之民主精神則在此不在彼也。

「尙書」中天視自我民視，天聽自吾民聽，以及孟子的民本主義，大家已經習聞習見，不必徵引。茲擇今人所不經見者引述之，亦闡揚之。

愼到之書稱「愼子」，其書素少人注意，實爲極重要之政治學著作。其人之思想多前人所未發，後人所不及。就民主精神一端而論，視管子又別有所見，另有所發。對立君設官之旨獨有所掘發。他認爲立君設官乃爲天下而非爲一人。其觀點與同時之孟子及後之黃梨洲相同。極富民主精神。其言曰：「古者立天子而貴之者，非以利一人也。曰天下無一貴，則理無由通，通理以爲天下也。故立天子以爲天下，非立天下以爲天子也。立國君以爲國，非立國以爲君也。立官長以爲官，非立官以爲長也。」(愼子威德篇)此不僅與孟子之議合，與「戰國策」趙威后問齊使之論亦合。「趙威后新用事，齊王使使者問趙威后。書未發，威后問使者曰：歲亦無恙耶？民亦無恙耶？王亦無恙耶？使者不悅。曰：臣奉使使威后，今不問王，而先問歲與民，豈先賤而後尊貴者乎？威后曰：不然。苟無歲何有民？苟無民何有君？故有問，捨本而問末者耶？」（戰國策齊策四）據威后之意，則民爲本而君爲末，民爲貴而君爲賤。先有民後有君；苟無民，則君失其存在性。此與愼子之論若合符節。又由此亦可見戰國時期此種民主思想已相當普遍。天子既爲天下而立，則天下可以讓，天子當擇賢。愼子佚文中有讓天下之文。「堯讓許由，舜讓善卷，皆辭爲天子而退爲匹夫。」「以天下與人，大事也，煦煦者以爲惠，而堯舜無德色。取天下於人，大嫌也，潔潔者以爲汚，而湯武無愧容。惟其義也。」天下之讓受既皆本於義，則得之不足喜，失之不足憂，自無所用於感與愧。廓然大公之懷也。此不僅爲民主精神，亦隱寓爲民服務公僕政治之意味。獨惜數千年來爲愼子闡發政治思想者少耳！

在實際政治制度上，一般人往往謂中國數千年政治爲君主專制，似屬獨斷獨行之極權政治，然細按五千年歷史，則殊覺此種論斷失於攏統武斷。茲將中國歷史上政權分析之如左：

君權：（在皇帝）立法權，任免文武官員權，發號施令權，用兵權。

宰相權：（在宰相）實際行政權，執行皇帝命令權，副署皇帝詔旨權，推薦賢士權，迫使皇帝收回成命權。（唐之門下省有審核詔旨權，其不便者得封還皇帝，使收回成命，史稱『封駁』。）

考試權：（在考試官）實際考選人才權。

監察權：（在御史，或監察使。）拾遺補闕，糾正帝王過失權，阻止皇帝獨斷獨行、爲所欲爲權。糾擧彈劾文武官吏違法失職權。

司法權：（在廷尉）執行國法權，防止皇帝違法妄行權。

根據以上分析，實際國家行政權在宰相手，皇帝詔旨必經宰相副署方能下達生效。如宰相拒絕副署，或宰相缺位時，詔命即不能下達生效。皇帝詔旨門下省有審核權，其不便者有封駁權，即迫使皇帝收回成命權。關於考選雖考試官由皇帝任免，但任命之後，實權即在考試官手。監察權更是皇帝的尅星，時時監督，時時防範；一有越軌，諫官即至。爲皇帝者時時感覺不自在。英明精幹之主如唐太宗，獨畏懼於魏徵。太宗喜玩鷂鳥爲戲，魏徵嘗諫。一天方戲鷂而魏徵至，不及避藏，乃懷鷂而見之。史乘傳爲佳話。司法權屬於廷尉。廷尉執法可以不避權貴，即皇帝本人也不能撓法而行私。必欲違法，廷尉可以拒絕，尊如皇帝，也要在廷尉之前低頭。歷史上不乏其例，漢文帝即是其一。文帝出巡，百姓誤驚其坐騎。文帝怒，交廷尉處死。廷尉張釋之覆謂依律此人罪不至死，不當斬。帝爭之不得，終依律免其死。則司法權亦有相當獨立性，非帝王所得而專。

依上述則皇帝可以自由運用的權限實所賸無幾。行政權、監察權、考試權、司法權，都分掌於各官之手，非皇帝所得專擅。則皇帝權有限，並非完全獨斷獨行，爲所欲爲。只有元淸兩代，以少數民族憑恃一時武力征服漢人，入主中國。以極低之文化統治極高文化之民族，在心理上自慚不如；在統治權上擔心不能持久，乃以變態心理一反漢人文化而加强其武力鎭壓，與政治統治。擧歷史上富有民主精神之優良制度而推翻之，遂使專制意味加强而民主制度消滅。此爲文化落後之部族政權自私心理，偏激手段。在歷史上爲特例，不能代表中國文化精神，更非政治思想、政治制度之常軌。即五胡亂華，夷狄內侵，極爲混亂時期，稍有頭腦，略有氣量的政治家，無不採行漢人文化，遵行中國古制，如苻秦用王猛，如北魏孝文帝等自求漢化皆是。因此，我們可以說，中國正統文化中政治思想政治制度，雖然在外形上是君主專制，但實質上却富有民主意味與相當民主的制度。如上述行政、考試、監察、司法各權的分散，即削弱君權。相對而言，削弱君權即是加强民主之意。

從另一着眼點講，現代所謂公僕政治所表現也是民主精神。因爲人民是主人，政府首長就是人民的公僕。人民的事情要僕人去作，就是所謂公僕政治。講到公僕政治，雖近代始有此名，實則古代已有此論。並已有此思想與事實。孔子已曾言之，孔門弟子已曾行之。前引孔子所謂，先之勞之就明明白白說出，爲政之道在爲民服務，而不在作威作福。諸如此類，隨處有所表現。實爲中國政治思想之精粹。惟至民國初年，始由 國父孫中山先生提出公僕政治之名，並身體而力行之，乃爲國人所熟知耳。

二、崇本務實精神

崇本務實爲中國政治思想基本精神。此種精神在半原始時期已經表現。 國父孫中山先生講政治的起源，說最初是人與獸爭時期，這時是使用氣力。接着是人同天爭時期，這時是使用神權，神權在很早已經開始，到最近雖已由神權演進到君權，再到民權，但神權還是不能擺脫淨盡。足見神權勢力之大。不僅中國爲然，外國也是一樣。但中國古代很早就在政治上擺脫了神權。商朝無論大小事，必先問卜，然後決定政策，採取行動。由甲骨卜辭中可以證明。這就是政治不脫於神權之證。也就是人的政治操在神的手中。一到周朝就由神權政治，進至禮樂政治。神權退縮，人權漲進，這樣就以人代替了神。其漲縮之蹟象，第一步是尊重人類在宇宙的獨立地位，第二步是尊重人民在政治上地位。這樣人類地位一天天提高，權力一天天加大，神權就相對的逐漸消失了。茲分論之如次：

原始人類對自然界現象不能有所瞭解，因而認爲必有不可思議之天神爲之主宰，一切不可知的現象統歸之於天神。繼而强有力者遂利用天神勢力以統治人羣，此即所謂神權。神權盛行時期，人類在宇宙間沒有地位，也沒有力量，只有聽任天神和代天神統治下民之君主的安排。這樣就形成天神對人類一種覊絆。

用現代眼光，以常理判斷，欲擺脫此種覊絆，只有等待科學發達，對自然現象有所瞭解之後，纔有希望。欲使人類在宇宙間有其獨立的地位，須由天神手中奪取。此項工作當然很難。如欲更進一步，人民在政治上有獨立地位，那就更難了。但我們在三千年前已由天神手中擺脫束縛，不僅使人在宇宙間有其獨立地位，即在政治上亦有主人地位。管子牧民篇首言「政之所興，在順民心；政之所廢，在逆民心。」同書小稱篇又曰：「民之觀也察矣，不可遁逃。……故我有善則立譽我，我有過則立毀我。當民之毀譽也，則莫問於家矣，故先王畏民。」此尊重民意之謂也。尊重民意即所以尊重人民在政治上地位。如在政治上無地位，又何必尊重其意旨？此種思想演進至戰國，更進而爲「民爲貴，社稷次之，君爲輕。」（孟子盡心下）「士貴耳，王者不貴。」（戰國策齊策四，顏斶說齊王貴士）一至愼到，則更强調此旨，其論立天子以爲天下，非立天下以爲天子，前已言之。按此即國以民爲本之主張，隱寓民主精神，民貴君輕之旨。

至於提高人格，尊重人類在宇宙間地位，則爲儒家之功。尤以「中庸」所言爲極致。「中庸」全書殆以提倡人格主義爲主旨。如言盡其性，盡人之性；盡物之性；乃至贊天地之化育與天地參等等。此不僅將人類地位由天神手中解脫而出，甚至將人提至與天地同高，與天地同德，因而人類上與天齊，與天地並立而爲三。像這等將人類在宇宙間地位提高，也就是提高其在政治上地位。同時也就是將玄渺的神權擺脫，實在的人權擴大。以人代神，以實代虛。這不僅在中國政治思想上有極大貢獻，亦爲對人類一大功。亦可謂爲近代自由思想之先河。

以民生爲根本，是所有政治家的共同思想，這也是一種崇實務本精神。管子首篇牧民第一章開頭便說：「凡有地牧民者，務在四時，守在倉廩。國多財則遠者來，地辟舉則民留處。倉廩實則知禮節。衣食足則知榮辱。上服度則六親固，四維張則君令行。」這就表明政治上第一個問題是民生，第二便是四維。孔子主張先富後教。孟子主張民本主義，他說：「明君制民之產必使仰足以事父母，俯足以畜妻子，樂歲終身飽，凶年免於死亡，然後驅而之善，則民之從之也輕。」（孟子梁惠王）大家同一主張，同一作法，第一眼就看到民生上。民生是根本，根本不解決，一切都將落空。民生問題解決，政治之事已思過半矣。就此點而論，中國政治思想可謂深得政治之要。歷代政治家無不着重於此。一至近年，國父孫中山先生提倡三民主義，其建國程序亦主建設之首要在民生。其精神亦與古人相一致。

三、道德精神

再次講道德。講政治而言道德，又爲中國文化一大特色，爲西方所未聞見。西方着重在權、在勢、在力。而中國則着重在道德。道德自內發，權力自外來。道德的效果爲愛人利人，權力的效果在統治在威勢。政治以道德爲內在推動力，對人民即成一種責任感。只覺得在位一天，對人民負一天責任。即或不得其位，責任感也並不因此而消逝。孔孟都不得在位，本無責任可言，但他們一生栖栖皇皇，席不暇暖，周遊列國，至老不休，便是責任感在內推動的結果。在中國政治家心中，只有義務而不想到權力。自然無權力在政治上不能有所作爲，但權力的使用則不在作威作福。總而言之，是爲人而不是爲己。

在古書上此種精神，多處都可看到。政治家以一種內發的責任感而爲政，百姓焉有不被其澤者？更進一步，孟子說：「先王有不忍人之心，斯有不忍人之政矣。以不忍人之心，行不忍人之政，治天下可運之掌上。」（孟子公孫丑上）這又與性善論有關。蓋不忍人之心即仁心，仁心即善心、善性。人皆有不忍人之心，即人性皆善，先王以之而爲政，所以有不忍人之政。不忍人之政即仁政，以仁人而行仁政，治天下當可運之掌上，天下歸心也。尙書大禹謨講：「德惟善政，政在養民，水火金木土穀惟修，正德利用厚生惟和。」講政治要以正德爲基本，利用厚生爲專務，這是我們中華民族的政治家情懷。

國父孫中山先生特別推崇大學三綱八目，說是由內而外，精微開展，爲世界任何政治家所未見到。實是最有系統的政治哲學，爲中國文化之瓌寶。但我們詳細分析這所謂三綱八目，則可說全是道德的。所謂三綱是明明德、親民、止於至善。朱子註謂此三者大學之綱領也。無論由字面或由實質，都可以看出是道德的。從道德始，至道德終，中間所謂親民就是政治。八目是格物、致知、誠意、正心、修身、齊家、治國、平天下。朱註謂此八者大學之條目也。這又是道德。由格物到修身，屬於內治功夫，或說是修己，是道德的培養。由齊家到平天下，屬於外修，或稱爲治人，是道德的實踐。前半是手段，後半是目的。也可說是一爲準備功夫，一爲應用功夫。合起來看，是倫理，是教育，也是政治。而其實質不外乎道德。由此發展，便成一大套有系統的政治思想，完完全全是道德的政治。事實昭然，無待舉例。

就實踐而論，歷史上雖有不少自私自利之暴君與權奸大臣，但究竟是非自在人心，正義始終不滅。多少强暴勢力不敢不懾服於正義之下，這就是道德所發生的力量。齊崔杼弑其君，驕狂暴戾，任意妄爲，但終爲赤手空拳的晏嬰所懾服，也爲剛正的史家所懾服。晏嬰是一位大政治家，他最重道德，我認爲他在道德上的成就遠超過他的才能。他在道德的效用上，用以勝過强暴。在政治責任上，他用以匡扶驕奢淫佚之君景公。第一，他匡君以禮，絕不任其踰越。第二，他站在人民立場，爲人民作喉舌，絕不任其以暴政虐民。第三，他以儉匡君。在自奉上不僅節儉，且辭君賜，辭姣妻，戒浪費，戒奢侈，獨在人民身上不吝嗇。第四，則更進一步，能以過歸己，以德歸君。既不要譽於人民，亦不彰君之惡而揚己之善。晏子使魯，景公起大臺之役。時值嚴多，民多飢凍。晏子歸而諫，公許之。晏子出，先鞭其不務者，使怨積於自身。俄而君令至，人民罷役而歸，德於其君。此非有極高之道德精神，孰肯爲之。

中國歷史上類此之例，多不勝舉。茲刪繁舉要，舉諸葛亮以賅其餘。諸葛亮生於亂世，隱於隆中，苟全性命於亂世，不求聞達於諸侯。惟感於劉備知遇之隆，遂許以馳驅。出山以後，能以匡扶漢室，拯救人民，維護正義，以報知己爲職志。直到盡瘁而死於五丈原，可以說完完全全爲人而不爲己。爲漢室，爲人民，爲先主，而犧牲了自己。這一重大犧牲，偉大表現，全由道德精神所推動。自發而非外鑠。假如諸葛亮無此責任感，把道德觀念抽出，則第一步可以不出山，即出山亦可不出力，縱出力也要稍爲自愛其身，不至「盡瘁」而死。第二步爲先主；先主英明，犧牲有價值。後主昏庸，千古無雙，依先主遺囑，可以「先生自爲之」但諸葛亮不肯。且始終爲之効忠，「蓋追先帝之殊遇，欲報之於陛下」。不遺餘力，至死不渝。這才眞正難能可貴，眞能表現其道德之崇高。我們由後世用冷眼看，後主能及先主百分之一，諸葛大功可成，漢業可復，百姓可救，權奸亦可伏誅。諸葛之大功不成，由後主所誤。這一重大犧牲，比盡瘁而死更爲可惜！諸葛非不知道，但也只有委之天數。寧可犧牲自己，使功不得成，名不得立，志不得遂。寧可犧牲事業，不肯犧牲道德。更爲難能可貴的，是至死無一句怨言。因此我覺得，一般人對諸葛多僅推崇其才能，而忽略其道德，有失公允，不能表現諸葛之偉大與崇高。不能算是諸葛的知己。我對諸葛則推崇其道德，遠過於才能。中國有一諸葛，是中國政治史上極大光輝，也是中國政治思想上至高無上的精神價值。除此以外，**歷代聖君賢相無不以道德精神蔚成其在政治上責任感，以良知判斷是非而養成正義感。此責任感與正義感常使事局在阽危中度過艱難，扶持忠義，擊敗邪惡勢力。愈在亂世愈能表現此種精神。所以有「家貧出孝子，國亂顯忠臣」的諺語。這種精神力量不能由表面上看到，也不能由書面上看到，但它卻是中國政治上極大特點，極高的精神價值，非西方講權利義務，重組織形式者所可夢見。**因此我覺得，研究中國政治，如僅以有形的制度，書面的言論爲論述範圍，不能得到中國政治上眞精神、眞價值。只能得其皮相，不能得其精髓。

四、宏濶精神

中華民族氣派大、度量宏，本於天性。政治上隨之而表現一種宏闊高遠精神。目光看到無限遠，計劃想到無窮久，仁心仁德推廣到任何有生之物。不僅限於人類。「溥天之下，莫非王土；率土之濱，莫非王臣。」（詩經小雅北山）「伊尹思匹夫匹婦有不被堯舜之澤者，若己推而內之溝中。」（孟子萬章下）中庸盡性參天之說，更將人類功德由盡人之性擴展到盡物之性。盡物之性即順物之天，使遂其生長。是即愛及萬物，何止人之同類。至於「大學」論政論學，則以平天下爲目標。中國之所謂天下實無所不包，無所不到。稱國家元首曰天子，天子者天之子，天之子治天之下。天無二日，民無二王。四海之內皆為一家。「天之所覆，地之所載，日月所照，霜露所隊，凡有血氣，莫不尊親。故曰配天。」（中庸），就廣而言，其大無外。就統而言，人類萬物皆統於一。就德而言，其仁如天。就氣量胸襟而言，無此疆彼界，宏深廣闊，不僅有容人之量，亦有捨己為人之勇。以論政治思想，世界民族無出其右，可以斷言。

管子為周公以後政治家第一人，有開創之功，無形中有領導作用。一開始即建立一宏闊基礎，管子書中匡篇第十九有曰，「遠舉賢人，慈愛百姓，外存亡國，繼絕世，起諸孤，薄稅斂，輕刑罰，此為國之大體也。」又於霸言篇論明王之為天下說：「夫明王為天下正理也，按彊助弱，圉暴止貪，存亡定危，繼絕世，此天下之所載也，諸侯之所與也，百姓之所利也。是故天下王之。」綜合上引數語，計有下列數義：一，以仁愛為出發點，愛百姓，愛人類，愛異國。二，為愛人而惡人，而抑強扶弱，止貪禁暴。三，己欲立而立人，己欲達而達人。必使人人得其所，安其生，與人類共生存，共幸福。雖僅寥寥數語，實道盡中華民族之泱泱大風。與「中庸」之「萬物並育而不相害，道並行而不相悖」實同一懷抱。斯乃我中華民族至高無上之文化精神。出於自然，合於人道主義。使中華民族強大，此種精神宏揚於世界，乃眞全人類之共同幸福，共同企望。 國父孫中山先生創造三民主義，其民族主義即本此精神而加以宏揚者。前引民族主義第六講所說，和孔孟與管子思想相一致，可謂後先輝映，前後如出一轍。

就對人態度而論，更表現雍容大度，厚往薄來之大國民風度。對四夷只求內附，不復苛求。甚至舉已亡之國而存之，已絕之世而繼之。不僅有此言論，且有此事實。具見管子小匡篇，可以覆按。又中國有句俗話說「宰相肚子撐下船」，由這句話也足以表示政治家應有的風度。凡此種種豈有我無人之淺狹民族所能夢見！此中華民族之眞精神，政治上之大氣派。

講到政治思想，我們確有極其高遠而又宏闊的理想境界。我們先從孔門弟子講起：

孔門弟子中長於政治的很多，但將政治思想發揮到極高點的，則只有曾點。而孔子所最贊美的也是曾點。他的話已見前述。（見論語先進篇）這些話由表面看，毫無意義，深進一層想，則含有極高政治理想。所以孔子獨對此加以讚賞。我們可以設想，這是一付甚麼景象。暮春時節，春服已成，衣食飽暖無憂也。冠者與兒童，相携遊樂於郊野，黃髮垂髫，怡然自得也。浴乎沂，風乎舞雩，安閒自在也。詠而歸，歌詩以抒情也。情動於中而形於言也。詠歌之不足，不知手之舞之，足之蹈之也。閉起眼睛來想，這樣的生活，這樣的社會，還有甚麼不滿足？還有甚麼可求？這不是政治上最高理想是甚麼？不是民生最高境界是甚麼？假如我們說，這就是人世的天堂，亦不爲過。

禮運大同篇是人人知道的，這是一幅美麗的圖畫，也是幸福的天堂。雖然我們今天爬不上，但爬一步近一步，有此一理想高高擺在眼前，便天天可促使我們進步。即或一時爬不到，對現實生活總是有益的，對實際政治也是有益的。何況 國父孫中山先生已用三民主義給我們架了一架梯子呢？

五、政治與教育合一

中國政治上最早的基本觀念，即政治與教育思想相通，根本看作一回事，不能清楚的劃分，何者爲政治，何者爲教育。在古人心目中，政治就是教育，教育就是政治。政治是治人，教育是教人。欲治人必先教人，人民受教則易治，不受教則難治。教育辦得成功，政治即無事作。已達於治也。這是根本之圖。中國古代政治家首先着眼於此，從根本上作功夫，這是極爲難能可貴的特點。因此在中國古書中根本不能分開何者爲政治學書，何者爲教育書，即爲明證。前引尚書即兼具歷史政治以及教育之意義。其篇目都以典謨誓誥訓命等類說教字樣爲題，有濃厚的教育意義。在當時這些學問都看作一回事。細密的分科，乃是我們近代的事，在古代是不必要的。也就因此，我們的政治思想基礎深厚，範圍廣大，內容豐富，理想也極高遠。

周初開國，周公制定政治規模，制禮作樂，定官制，政教不分，官師合一。就禮樂言，禮樂是政治，也是教育。就官吏言，官吏是政府行政首長，同時也是人民師表。站在政治立場看，周公所定政治規模，政治與教育是不可分的。說是政治利用教育爲方法或工具也可，說是政治教育化，也可以。總而言之，教育在政治上站了極重要的地位。像這樣重視教育，提高教育在政治上價值，無論在理論上，在事實上，都是極可貴的作法。因爲教育是幫助人向上的，也是幫助人進步的。用歷史眼光看，合於進化的要求；用人權的眼光看，爲尊重人類先天地位。用實際效果眼光看，也是最有效的根本作法。所以此項以教育爲政治方法的思想與制度，是非常可貴的。

管子言政治，首重四維，人人知道。此處所謂四維，指繫網之四繩，繩總於綱。引伸如屋之四柱，皆所以支持重量，使不失墜者。管子以國喻網與屋，謂國亦有四維，用以支持國家於不墜。國之四維曰禮、義、廉、恥，都是抽象事物，屬於精神而非物質。在他認爲推持國家於不墜，必須靠這些精神條件爲之支撐。此與孔子之去食留信同一觀點。用政治眼光看，禮義廉恥是政治，用教育眼光看，則是教育。由今天看，是兩事，由三千年以前看，則是一事，並沒有分別。

更進一步講，管子不僅有此理論，亦有此實際行動，不是空言。管子書中小匡篇有曰，「正月之朝，鄉長復事，公親問焉曰，於子之鄉有居處爲義，好學、聰明、質仁、慈孝於父母，長弟聞於鄉里者，有則以告。有而不以告，謂之蔽賢，其罪五。有司已於事而竣，公又問焉曰，於子之鄉有拳勇股肱之力，筋骨秀出於衆者，有則以告。有而不以告，謂之蔽才，其罪五。有司已於事而竣，公又問焉曰，於子之鄉有不孝慈於父母，不長弟於鄉里，驕躁暴淫，不用上令者，有則以告。有而不以告，謂之下比，其罪五。有司已於事而竣。於是乎鄉長退而修德進賢，桓公親見之，遂使役之官。」像這樣以實際政治推行禮義廉恥之教，有獎有罰，自然發生作用，國焉得而不治？齊國之富强稱霸，豈偶然哉？按此實萬世不易之理。今日而欲治國安邦，仍當切實考慮認眞實行也。

孔子是教育家，也是政治家。在孔子心目中政治與教育同樣看作一回事，並不分開。他講政治時說：「政者，正也；子率以正，孰敢不正？」「導之以政，齊之以刑，民免而無恥。導之以德，齊之以禮，有恥且格。」「齊景公問政，子曰，君君，臣臣，父父，子子。……」（均見論語）這都是以教育爲政治的理論。在位而爲君，爲臣，都是人民的表率。不僅政治上領導人民，在操行上也一樣要作人民的榜樣。此即周朝官師合一的制度。就教育言，他講教育則說，「仕而優則學，學而優則仕。」「吾豈匏瓜也哉？焉能繫而不食？」「誦詩三百，授之以政，不達，使於四方，不能專對，雖多亦奚以爲？」教人分科，則有德行，言語，政事，文學各科。德行以立身，以行道，爲政治之本。言語、政事則政之用。就是文學也泛指學問，爲從政之基礎。則所謂四科者，可一歸之於政治。其自述一生志願，則「老者安之，朋友信之，少者懷之。」（同上）雖不明言政治，實際就是政治。也可以說，這就是政治的目的，而同時也就是教育的目標。因此我們可以說，孔子的思想，教育是手段，政治是目的。以政治推行教育，以教育提高政治，也助成政治。相輔相成，相因爲用。教育離開政治，一切功夫都將落空。政治離開教育，則一切任務不能完成，一切理想不能實現。民生不能解決，天地萬物也不能遂其生長，安其所樂。

孔子以後，純正的政治家都以孔子的態度爲態度。最重要的如大學、中庸、孟子。孟子的言論，不僅與孔子前後如出一轍，且有發揚光大之功。只有商鞅、韓非，蔽於法而不知教，老子、莊子蔽於天而不知人，才反對教育。成爲中國政治思想上兩股逆流。但這兩股逆流因不合人類需要，且違反人類進化理則，所以都不旋踵而歸消逝。不能代表中國文化。

我們站在今天，用現代眼光看政與教的關係，越發覺得密不可分，而中國政治思想也越覺得可貴。國父孫中山先生學貫古今，兼通中外，他由古代看到現代，由中國看到外國；最古老的、最新鮮的，他都看得清清楚楚。結果，他說「國家富了，要先辦教育。」（見「女子要明白三民主義」演講詞）在民族主義中一再强調恢復固有道德，恢復固有智能。這又是教育。在講恢復民族主義的方法時說，「能知與合羣，便是恢復民族主義的方法。」（民族主義第六講）這仍然是教育。在「民權主義」中講訓政，更是以政爲教，以教輔政的古代作風。由伊尹訓太甲，周公輔成王得來。蔣總統補充民生主義，尤强調教育與藝術。五權憲法提高考試權，並力主選擧之前必先經考試，這由表面看是政治，由裏層看，仍然是教育。我們要知道，考試的前提就是教育。不受教育，拿甚麼去應考？高懸一個考試制度，就是高懸一個教育制度。加强考試，就是加强教育。教育進步，政治自然進步。教育辦好，大家明禮知義，作好人辦好事，不作奸犯科，政治不已達到目的了嗎？所以說來說去，教育是本，政治是末。標本兼施，才是政治之要。就此點而論，我們可以說，中國古代政教合一的思想是「放諸四海而皆準，百世以俟聖人而不惑」的道理。國父孫中山先生有此遠識，有此修養，所以他强調教育。

六、禮樂政治

禮樂是文化活動，有文化的民族才有禮樂活動。文化程度愈高，禮樂即愈發達。進一步言之，運用禮樂於政治教育，非文化程度極高之民族不可。愈發展禮樂，愈能促進民族文化。中華民族文化生活自黃帝時開始。正式開始政治生活，也自黃帝時起。禮樂活動始於何時，不可確知，但尙書之堯典、舜典、大禹謨等等已經有像樣的禮樂制度，有五禮、五典，以及祭祀之文，司徒之教。於樂則舜已命夔作典樂之官。可知堯舜時代禮樂已經發達，已在政治上應用。惟言之不詳耳。一至周公，則進至一新階段，於禮樂不僅重視，幾乎全以禮樂爲政。如謂周公政治即爲禮樂政治，亦未爲不可。例如朝聘會同，爲政治，亦爲禮節。以時述職納貢，爲政治亦爲禮節。至於祭祀、婚喪、揖讓進退，更無一而非禮。樂則不僅王室有樂官，即諸侯亦各有掌樂之官。音樂生活不僅在朝堂，亦普及於民間，尤見重於教育。故施教者必弦歌鼓舞也。又中國古代所謂禮，內容所涵甚廣，不僅限於揖讓進退之節，冠婚喪祭之文，實兼包政治社會乃至經濟許多意義。如儀禮周禮禮記中所言，即以政治社會爲多。而眞正所謂禮節則只佔一小部份。換言之，即一切政治社會種種活動，無不納入禮的範疇，使合於禮的精神。也就是說，政治制度實以禮爲中心。禮就是倫理，也就是將人類社會以禮安排一次序，孰爲君，孰爲臣，孰爲人民，乃至父子夫婦兄弟朋友。名位既定，即循名責實，以定其分，盡其職。即君義，臣忠，父慈，子孝，兄友，弟恭，朋友相交以信。再次以揖讓進退之節表明彼此關係，限制狂妄恣睢之暴行。朝野上下，共守共行，成爲風氣，定爲是非，大家視爲當然。無敢越禮犯分。這樣便發生極大約制力量，使社會自然安定，文化自然進步，人民生活自然幸福。在這樣的社會中，君臣有禮，長幼尊卑有禮，祭祀有禮，朝聘會同，述職納貢有禮，冠婚喪葬有禮，軍師嘉賓，燕饗習射，日常生活，無一而非禮。也無一而非政治。當時的政府，就是教人民有禮，守禮，行禮的機關。這就是當時的政治。所以强調禮治成爲周朝一般人共同主張。最顯著的是魯國與齊國。魯是周公的封邑，其講禮重禮，自不待言。即齊國，也因管子倡四維而重禮。至晏子之重禮，以禮匡君，則已見前述。其對景公論禮之功用，最爲淺明透澈。迨至孔子、孟子、荀子，尤强調之。爲世所共知，不復贅述。秦漢之際禮教衰遲，而漢高祖乃感覺頭痛，不得不用叔孫通，定朝儀，起禮義。此一事實足以證明禮治在政治上之重要。

音樂是藝術，可以調劑生活，可以感染性情，亦可以輔佐禮節。其功用在於內而不在於外。禮樂並用，外內合同，相輔相成，效用乃著。故言禮者必言樂，言樂者亦必重禮。而在今日禮教廢弛之社會，亦仍不能廢除音樂。

樂以成禮，以配禮，行禮。進退升降是動作，音樂是節奏。悲喜是感情，音樂以助悲喜，以節哀樂。有禮節亦有音樂，人的行動與感情就有適當的調節。亦有共同一致的規範。無形中將人類納入正軌。我們的感覺，在大的隆重典禮中，不僅行動肅穆齊一，內心亦自然澄清，雜念自然消逝，意志亦自然純一。我們未能直接聞見古人的禮樂，但間接由書本上，圖表中，乃至小說戲劇中，可以概見其一斑。作者兒時所見清末官場，家庭，婚喪，祭祀……種種禮節與音樂，遠較現在爲莊嚴，隆重，肅穆。現在所行典禮，大都採用西式，音樂亦用西樂。不盡合於中國情調，亦失民族立場。與中國文化精神，生活習慣，都不融洽。至於人民日常生活，幾已無禮可言。官場中因爲强調民主，表現平等精神，泯除階級觀念，連必須的禮節也無形消逝了。結果遂使這禮樂之邦成爲無禮的社會，這是現在政治社會極大問題，應趕快挽救。就禮樂政治而言，中國政治在世界上實有極可貴的價值，爲中國文化的精粹，西方所不能及。應珍惜之，亦應發揚之。

七、賢人政治與法治政治

治國必有人，亦必有法。初期政治只有人而無法。逐漸發展，逐漸進步，感覺需要，乃有法治，與人治相輔而行。雖用法治亦不能廢除人治。徒法不能以自行，法必賴人而立，亦賴人而行。人治、法治可以並行，不可偏廢。但吾人必須注意，縱然實行法治，亦不能不重人治，亦即不能不擇賢而任。則無論是否實行法治，賢人政治都不可廢。二者相較，則與其偏於法，不如偏於人。

話雖如此，實際中國政治在堯舜時期已有法治，據尙書舜典已作五刑，並以臯陶爲士。士即執法之官。嗣後改稱，或名司寇，或名廷尉，每代必有其官。則法治並未廢除。孔子在魯，即曾以司寇攝行相事。不過儒家政治思想，雖不廢法治，其法治乃於必不得已時用之，非專恃於法。儒家强調人治，主張以德化民，重教育，崇倫理。名爲賢人政治，實即德化政治。以德化民方爲政治之本。德化基礎深厚，力量强大，功效久遠。孟子所謂，「以德服人者，中心悅而誠服」是也。直到現代，我國政治通行的諺語還說「懷德畏威」，「口碑載道」。去官者留去思，都是以德化民之意。足見賢人政治，德化政治，在中國政治思想上成爲共同準則，一致作風。所以我們雖人治法治並用，究以重點置於人，於法則主備而不用。

儒家對於賢人政治首重上行下效，以身作則。最早提出此義的爲管子。現存管子書中多處講到。如法法篇第十六說：「是故明君知民之必以上爲心也，故置法以自治，立儀以自正也。故上不行則民不從彼。民不服法死制，則國必亂矣。是以有道之君行法修制，先民服也。」同篇又說：「政者正也，正定萬物之命也。是故聖人精德立中以生正，明正以治國。故正者所以止過而逮不及也。」此明言明君置法以自治，立儀以自正，是爲君的先須自治而後治人。此與孔子之主張相同。孔子說：「政者正也，子帥以正，孰敢不正？」這是基本道理，也是賢人政治的先決條件。如其能作到這一點，則無論君主民主，均能以人民爲重，以民意爲歸，以民生爲本。形式上君主民主屬次要問題。所以說，儒家政治思想是最根本、最崇高的思想。

人民仿效力極大，他們兩眼始終向上屬看。上有好，下必有甚焉者。「城中好高髻，四方高一尺。城中好細腰，四方多餓死。」（古詩）齊靈公禁婦人不得爲男子飾。裂其衣，斷其帶而不止。晏子曰：「君使服之于內而禁之於外，猶懸牛首於門而賣馬肉於內也。公何以不使內勿服，則外莫敢爲也。公曰善。使內勿服，不踰月而國人莫之服。」（晏子春秋內篇雜下第六）這是一種人民心理。爲政者必瞭解人民心理，施政乃能有效。尤必有爲法自制，立儀自正的雅量，則不言之教，速於置郵而傳命。古代政治思想着重於此，深得政治之要，故能爲探本之論。實則無間古今，理仍舊貫，由今視之仍有其價值。

儒家雖主德治，亦並不抹煞法治。如孔子即說：「名不正則言不順，言不順則事不成，事不成則禮樂不興，禮樂不興則刑罰不中，刑罰不中則民無所措手足。」（論語子路）照孔子之意，刑罰仍然要用，不過有一先決問題，必先正名，以興禮樂。然後人民有所遵循，而刑罰乃能中。是重禮樂先於刑罰。以禮樂爲主，刑罰爲輔。又孔子說：「聽訟吾猶人也，必也使無訟乎。」聽訟、決獄是法治，使人民無訟是德治。德治是根本，法治是末流。根本作好，末流可以不用。就對人民而言，聽訟決獄，爲一種侮辱；使之無訟，爲一種尊重。所以政治家以使民無訟爲上，以聽訟決獄爲下。所以其朝夕以求者，在無訟，亦即在德治，在感化和教育，而不貴乎聽訟決獄。由此點而言，儒家政治思想爲世界上至高無上的政治思想。

政治思想發展到荀子，視孔孟又加詳密，他雖也注重人治，但人治之外亦重法治。比較孔孟稍加强法治成份。他主張人治法治並重，但置重點於人治。不過以法配合德治，相輔而行而已。不失儒家本色，王道精神。其論法有曰：「王者之制，道不過三代，法不二後王。道過三代謂之蕩，法二後王謂之不雅。」（荀子王制篇）其比較人治法治之得失則曰：「故有良法而亂者有之矣，有君子而亂者，自古及今，未嘗聞也。傳曰，治生乎君子，亂生乎小人。此之謂也。」（同上）又說：「有亂君無亂國，有治人無治法。……得其人則存，失其人則亡。法者，治之端也。君子者，法之原也。故有君子則法雖省，足以徧矣。無君子則法雖具，失先後之施，不能應事之變，足以亂矣。」（荀子君道篇）準此而論，則治法由治人而立，人爲主而法爲輔。法賴人而行。有法而無人可以亂，有人而無法可以不亂。則二者之得失長短可以見矣。其主張於二者之輕重，亦可以知矣。

假如我們再進一步，追求法治之動機，則出於愛人而非惡人，救人而非害人。爲愛人而惡人，爲救人害人。其用法行刑爲不得已，非樂於刑與殺。必不得已而用刑，乃爲求弭姦止過，懲一警百，而目的不在於刑與殺。尙書大禹謨有謂「**刑期於無刑**」。乃眞道盡用刑之本意，在於以刑止刑。即用刑爲手段，刑措而不用乃爲目的。此類言論隨處可見。商君書亦有「以刑去刑」之論。（商君書靳令篇）又按，大禹謨雖爲僞古文尙書，其書晚出，但無論出於何時，其論亦足以代表民族精神。

韓非子五蠹篇述儒者之言有曰：「**司寇行刑，君爲之不擧樂；聞死刑之報，君爲流涕。**」按此乃眞儒家思想，仁者情懷。以賢人政治而行法治，此語實道盡其意義，亦說透中華民族的政治精神。

商鞅、韓非既反對賢人政治，又反對教育，反對德化。專主法治，任法而不任人。走極端，不調和，不覺悟。中國政治思想上形成一股逆流。結果商鞅死於任法絕恩，自食其果。而韓非仍踵武之。暴秦雖用商鞅而致富强，終因韓非李斯之說而激怒人民，以强秦而亡於揭竿而起之人民，至死不悟。商韓均有書傳於後，其任法絕情，反對賢人政治，反對教育，不尊重人民在政治上地位，兩人同蹈一轍，言之鑿鑿，無稍假借。文獻具在，彰彰在人耳目。他們蔽於法而不知恩，迷信法治萬能，忽視人類精神力量，與感情作用。其結果商鞅死於人民感情作用，敗於精神力量。最後强秦又死於感情作用，敗於精神力量。在歷史進程上形成一種廻旋跌蕩之頓挫。暴風一過，乃見祥和之氣。吾人於今日回觀古代政治思想，深覺法治雖不能廢，但賢人政治終屬政治之本，不能迷信法治萬能也。

綜合上述，我們可以說，法律不如政治，政治不如道德。掉轉過來說，**道德勝於政治，政治勝於法律。那我們就要盡量在道德上作功夫。道德成功，政治可以不用；政治上成功法律可以不用。道德爲本，法律爲末流之末流。非必不得已不用法律。**即或是經濟，爲民生所不可離，在必要時也是寧可犧牲而不能放棄道德。所以孔子有去食留信之言，管子有四維之教。蓋人類社會之所以能成爲社會，在道德而不在經濟也。有經濟而無道德的社會，是不堪想像的現象，不能成爲社會。這是在政治上應有的基本認識。也可以說是中國政治思想精髓之所在。

八、無爲政治

人人知道老莊講無爲政治，不知儒家亦講無爲政治。西漢實行無爲政治，西晉亦盛無爲思想。在二十世紀講無爲政治，有似開倒車，成爲一種諷刺。但退一步想，終不能將無爲政治一筆抹煞。即在今日仍有其利用價值。不過在實施上當對此有甚深之體認，在哲學上有修養，乃能爲靈活之運用。若膠柱而鼓瑟，當然只有失敗，足以構成政治史之笑柄。孔子稱大舜說：「無爲而治者，其舜也歟？夫何爲哉？恭已正南面而已矣。」（論語衛靈公）又說：「天何言哉？四時行焉，百物生焉。天何言哉？」（論語陽貨）此雖言哲學，實亦隱寓政治。如與「其身正不令而行」之語合而觀之，更可證其主張無爲政治。蓋其主旨在以身作則，以收上行下效之功，不在於政令之繁瑣也。老子之無爲政治在於强調無爲而無不爲，以及自然之理。其主旨在反樸歸眞，虛其心，實其腹，聖人爲腹不爲目。並使民不見可欲，使民心不亂，社會自然安定，無待於有爲也。故曰治大國若烹小鮮。烹小鮮不剖腹，不去鱗，囫圇吞之也。亦即不重細節，不多事事也。

細味以上種種無爲政治思想，即在今日實仍可酌量應用。並在精神上領會之，原則上應用之。政令力求其簡。換言之，即政府少管事，使人民多自治。　國父中山先生於政治着重地方自治，實即無爲政治之應用。所謂地方自治，即人民自治而政府無爲或少爲之意。即就法令而言，亦未嘗不可作重點之標擧，而於細節上放寬也。

九、求統一反對分裂

中國人心目中的天下是一個整體，四海之內都屬一家。所有的人都應該受大家共同愛護，受一個首領的統治。這位首領就是天的兒子，代上天統治下民，所以稱天子。這種想法作法稱爲天下主義也可，稱爲大同主義也可。所謂大同，以仁愛爲出發點，希望大家同登彼岸，共享幸福。彼此以兄弟相待，所以在政治上必求其統一。邊遠地區交通不便，不能完全由一政府直接統治，必不得已，內政上許其自治，統屬上必須內向，按時述職納貢，奉中央正朔。如有違抗，不惜用兵，必使之內向而後已。

中國內部有時爲權位之爭，或外族內侵，不幸而形成分裂，在所不免。但終必歸於一。一天不歸一，一天即不停止奮鬬。歸一之後，大家心安理得，無復他求。所以在歷史上統一爲常態，分裂爲變態。人民心理上非統一不能安心。

孔子修春秋，以大一統相號召。大一統即使天下歸於一。孟子繼之，亦有「天下烏乎定？曰定於一」的言論。這都是在天下分裂中不得已而以此立訓垂教。其實此種求統一的思想隨處皆有表現，不僅在孔孟。「詩經」即說：「溥天之下，莫非王土；率土之濱，莫非王臣。」（詩經小雅北山）荀子王制篇也說：「四海之內，若一家，無幽間隱僻之國，莫不趨使而安樂之。」此皆明白提出之統一言論。至於實際行動，則大家知道春秋時；行「尊王攘夷」的口號。所謂尊王，即擁護中央爲一，大家擁護一個中央，即大家統一之意。四夷入侵而不內附，必攘除征服，以安中國而使四夷合同內向。在當時這是一項大的運動，管仲事齊桓，首先響應此項號召，內强齊國，外攘夷狄，然後大會諸侯，朝天子，尊周室，因而稱霸。由此事實反映求天下之統一爲全國上下共同一致之要求，非僅少數思想家所獨具。到了宋朝張載作西銘，更擴充到以宇宙萬物人類統統看作一家，可以說是古代政治思想的昇華了。

用歷史眼光看，中國政治勢力範圍圈像由中央逐漸向外擴展，以黃河沿岸爲中心。不斷擴充，乃成周秦漢唐的廣大疆域。非如歐洲由許多小型國家逐漸合併而成大帝國。相對而言，中國是一元的，歐洲是多元的。所以東西方政治，事實上與觀念上都不相同。此又中國政治思想上一大特點。

在行政區劃上，周朝的封建，採分治制度。此在中央勢盛時期，不失爲一種好制度。我們試爲當時設想，也只有這樣。及至晚周，中央勢衰，諸侯强大，不再內附，雖名義上仍爲一統，事實上已演成分裂。所以就封建本身看，如不能始終有效控制諸侯，使之內附，則站在天下一統的立場看，不能算是好制度。秦滅六國廢封建，行郡縣制，地方官直接由中央任免，可以稱爲改土歸流。內政也由中央直接處理，這才眞正作到天下一統的局面。在求統一的要求上，是一種好制度。

以中國這樣遼闊的疆域，困難的交通，完全作到政治上統一，事實上確有困難。因此在行政上中央集權抑或地方分權，時有不定，成爲歷史上困擾不決的問題。到 國父孫中山先生提出均權主義，才得到解決。所謂均權的作法，是按政務性質劃分權限的歸屬。全國一致性者，歸於中央；應因地制宜者，歸於地方。不過這是在求統一的大前提之下，所定辦法。可證其求統一，反對分裂的思想，始終貫澈。就廣大的中國而言，十分難能可貴。

十、監察制度

監察制度爲中國政治上一大特色。我們常說中國五千年政治爲君主專制，殊不知中國的君權是有限度的，並非毫無顧忌的獨斷獨行。其主要原因即在有監察制度。按古代政治既係君主，又不立憲，爲君的可以大權獨攬，爲所欲爲，臣民無可奈何。但事實並不這樣。**君主以下的官制中却設有執行監察的官吏，並且就以君主爲其監察對象。君主自己設官專門挑自己的疵，責自己的過，並且就擺在自己身邊，專講自己**

不願聽的話。我們眞佩服中國的君主能有如此雅量！這在中古時期的歐洲人看來，簡直是不可思議的事。但我們中華民族東方文化，却有這樣的奇蹟。有了這一官職，君主便不能爲所欲爲，君主的權限便大大打了折扣。因此便不能說中國的政治制度是百分之百的君主專制。君權是有限的。

監察制度起於何時？這是歷史上問題。據作者考證，最早的資料見於管子書。小匡篇有云：「……犯君顏色，進諫必忠，不辟死亡，不撓富貴，臣不如東郭牙。請立以爲大諫之官。此五子者，夷吾一不如，然而以易夷吾，夷吾不爲之。君若欲治國彊兵，則五子者存矣。若欲霸王，夷吾在此。桓公曰善。」按此事呂氏春秋亦載之，見審分覽勿躬章，文與此同，並有「桓公曰善，令五子者皆任其事，以受令於管子」之語。可證其事之必有。據此則大諫官之設，齊桓公時已有之。此後秦漢至民初，未曾中斷。不過名稱職掌人數間有更易。民初一度改稱肅政史。至北伐成功後始依　國父遺教設監察院，以民選之監察委員任其責。列爲政府五項治權之一。

諫官的責任在拾遺補闕，糾正帝王過失，專以言語爲職責，故又稱言官。言官所言皆帝王之缺失，自爲帝王所不願聞。如逢迎帝王意旨，即失言官之職。不失職則必「犯君顏色，進諫必忠，不辟（避）死亡，不撓富貴。」這樣就很危險。怕危險即不能盡言責，盡言責即不能怕危險。因此言官必有風骨，不怕危險，敢盡言責。能冒死與帝王相抗的大家讚佩，稱爲有風骨的諫臣。人人敬重，人人景仰。在國計民生上能發生實際力量，對國家有貢獻。在國民心理上有極大正義力量，支持着政治精神與社會風氣。幾千年來，這股力量撐持着中華民族的反抗精神和正義感。在帝王方面，能納諫的爲明君，永遠受人民尊敬與歌頌，怙惡拒諫的千年萬世受人民唾罵。這就是中華民族的心理，中國政治的可貴制度。

在政治上這是一種拉力。帝王的權是向前跑的力，諫官的權是向後拉的力。雖政體不是民主，但賴有此向後拉的力，使帝王不致如無韁之馬，成爲極端專制的暴君。雖然這兩力未能平衡，但自上古即有此制度，不能不謂爲難能可貴。

第四節　中國之史學

一、前　言

中國是一個史學最發達的國家，也是史學開始最早的國家。就現存典籍而言，最古的無過於尙書，而尙書就是史書。約略說，據今已有四千年之久。足證中華民族對歷史之重視，也可見我們對歷史有興趣，也有能力。歷史是一項文化事業，必文化程度極高的民族才重視史學，發展史業。文化是積累進步的，必有歷史才能積累。則欲求文化之進步，必有賴於歷史。是歷史能促進文化。文化進步能促進人類生活，改善人類生活；人類生活能不斷進步改善，則歷史爲之改觀。是文化亦能促進歷史。二者互爲因果，亦互相影響。那麼就民族生存發展而言，需要有好的文化，也需要有好的歷史。我們中華民族既有好的文化，又有好的歷史，所以是世界上最優秀的民族。

人類生活是一種複雜活動的有機體，所以要瞭解一個人，必先瞭解其過去種種。瞭解其過去種種，才能瞭解其現狀。醫生替人治病，必詳細問明他的病歷，雖壯年老年，亦必從幼年時代問起。這就是最好的證明。大而至於一國一族，也是一樣。所以要瞭解民族國家，必先瞭解其歷史。

就主觀條件而言，爲了導引未來，必先瞭解過去，個人的歷史對本人有指導作用，對他人也有指導作用。民族國家的歷史，對本身有指導作用，對外民族國家，也有指導作用。爲了策勵未來，無論個人或國家，歷史都不可少。

人類是情感動物，對於過去種種，可以使人眉飛色舞，也可以使人唏噓慨嘆，感發興起。如史學家有熱情，有責任感，則無論盛衰興亡，都可使之發生正面的教育作用。對於自身的過去，人人都有一種無形作用，即不期然而然的發生濃厚的感情。一方面珍惜愛護自己的過去，一方面由內心激發一種責任感。就國家而言，就是由歷史激發愛國心。所以滅人國的必消滅其歷史；欲復興圖強的，必强調其歷史。我中華民族重視歷史，史學發達，對於激發民族愛國心有極大作用。

二　史　政

中華民族不僅在精神上重視歷史，也在行動上有重視歷史的作法。玆分述如次：

第一：是政府設史官。相傳黃帝時已設史官，造字的倉頡就是黃帝的史官。這話雖甚渺茫，未敢確信，但可證史官之建置極早。嗣後每代皆有史官，相繼不絕。疑尚書所載虞夏商周之書即爲歷朝史官所記，賴此而得流傳。至周則史官不僅在王室，亦在諸侯，而各國遂皆有國史。史業自此乃大昌。周禮春官宗伯有女史、大史（古同太）、小史、內史、外史、御史之名。鄭玄注：大史，史官之長。今按，周禮爲西漢晚出之書，其所載雖不足徵信，但由周代史業之盛，可證其說並非完全無據。小戴禮王制、月令，並有大史之名。而左史記言，右史記事，更爲盛傳之古制。西漢稱爲太史公，東漢稱爲蘭臺令史，至晉而又改稱大著作，唐宋至清，或稱修纂，或稱纂修、編修，名雖異而實同。此外尚有起居注，實錄等官，亦掌史職。此皆政府特設之專官，掌記當時之事，或修前朝之史。歷代相傳，未嘗間斷。

第二：是將史政定爲制度。政府旣設史官，工作上自有專司，亦有適當制度與之相配合。如起居注官在宮廷，掌帝王日常生活；史官則在政府，掌記國家大事。漢制，令天下計書先上太史，副上丞相。所謂計書表面上似屬經濟報告，事實上想不止於經濟。先上太史，然後以副本送上丞相，可證其視史業重於政治。太史公司馬遷自己也說「天下遺文古事靡不畢集太史公。」（史記太史公自序）可見對於搜集史料，政府已定爲制度。

第三：是記載與編纂。此事只能根據事實予以說明，傳說中制度多不足徵信。如左史記言，右史記事；事爲春秋，言爲尙書。（漢書藝文志）此說即甚可疑。蓋因言與事本不可判然劃分，即言中有事，事中有言，如必爲之分職，非重叠即缺漏，甚難兩全。就時代言，尙書在前而春秋在後，又不能兩全。如謂左傳爲事，國語爲言，則兩書同出一手，並無左右史之可言。章學誠文史通義論之已詳。他說：「記曰：左史記言，右史記動。其職不見於周官，其書不傳於後世。殆禮家之愆文歟？後儒不察，而以尙書分屬記言，春秋分屬記事，則失之甚也。……古人事見於言，言以爲事，未嘗分事言爲二物也。……」（書教上）可見左右史之說未可徵信。至於史事之記載，即在當時，由史官擔任。如舉可靠事實，則晉之董狐，齊之太史，皆當時史官記載當時之事，並且當時即公之朝堂。可見本朝史官記載本朝歷史，成爲定制。即後之起居注官，實錄官也是一樣。周時諸侯俱設史官，俱有史籍。則史業之普遍受人重視，可以概見。當時人著書立說，必引史事，或述前人言論以爲據。游說之縱橫家尤必以史事證成其說，以動人主之心。更可證歷史在一般人心目中之重要。秦始皇用李斯言焚書，諸侯史記爲甚，並立以古非今者罪之律令，即反映其痛惡時人引古事以非今人，以論時政之心理。則歷史之功用可想，歷史之力量亦可知。

其次爲本朝史官記載前朝史事，編纂前朝史書。政府設專官，開史館，搜集資料，鄭重其事。合多人之力，歷若干時日，必使之纂成，以對前人負責，對後世負責。也成爲定制。政府如此，人民也自願負責，所以私人歷史著述也非常豐富。政府力量雄厚，私人力量有限，但他們並不計較這些，寧願犧牲個人的一切，自己從事著述。他們無所求，完全出於自願。既無利可圖，也可能無名可享。再不好，反而招徠物議，受人批評指責，費力不討好。歐陽修的新唐書，新五代史雖奉敕修撰，但招徠物議不少。當時即有吳縝撰新唐書糾謬二十卷以非之。

此外如合編古代史籍爲一叢書，或續撰新書以繼前業，亦於史政有重大貢獻。如宋以前人所能研讀之史籍，多僅史漢三國等四史而止，宋仁宗始出內府所藏史籍雕版刋刻行世，缺者補之。又廢劉昫之舊唐書，薛居正舊五代史，而以歐陽修新著代之。計得史記、漢書、後漢書、三國志、晉書、宋書、齊書、梁書、陳書、魏書、北齊書、北周書、南史、北史、隋書、新唐書、新五代史，共十七部，合稱十七史。明朝又加宋史、遼史、金史、元史，合爲二十一史。定爲正史，由國子監刋刻行世。以政府力量，整理編纂、刋刻，使多種史籍合爲一集，成叢書體制，得免散佚。法良意美，爲一種優良制度，亦爲足資稱揚之史政。清乾隆帝又由二十一史詔加舊唐書、舊五代史，與新著並行。再加新撰之明史，合爲二十四史，稱爲正史。又繼杜佑通典，詔撰續通典、清通典；繼鄭樵通志，撰續通志、清通志；繼馬端臨文獻通考，撰續通考、清通考。合稱九通。自此二十四史九通遂成二百年來官定史籍。嗣又撰清續文獻通考，擴爲十通。至民國柯紹忞再撰新元史，刻者亦並入正史而稱二十五史。以上種種，皆史政之可稱者。以見中國史業之盛，其來有自。

三　史　體

中國史籍代有增加，數量極鉅。史體亦隨之擴充增益。其完備周詳，至足稱揚。由尙書起，記言記事，朝章國典，輿地貢賦，混然爲一，未有分職。雖時序前後不紊，尙無年月可紀。在史體上應屬雛形，未臻完備。至周史業始盛，史體也隨之而建立。此後逐漸發展，史籍日多，作者亦衆，史籍體裁也就隨着擴充推廣。可以說到現在，仍在繼續開創中。不過一面新體增加，舊體則不免有廢棄不用，歸於自然淘汰者，如起居注是。因其所記爲帝王日常生活，範圍旣狹，帝王亦已廢除，此體當無用處。

今按：舊籍言史體者有隋書經籍志，文中將前此史籍總括之分爲十三類。玆列舉如下：

一　正史　　如史記、漢書等是。

二　古史　　如荀悅漢紀、袁宏後漢紀等是。

三　雜史　如逸周書、戰國策、吳越春秋等是。

四　霸史　記載割據僭竊，不爲正統者屬之。如華陽國志、十六國春秋之類是。

五　起居注　帝王之一言一動均詳記之。隋志以穆天子傳屬之。

六　舊事　雜記典章制度，帝王臣下之事。如漢武故事等是。

七　職官　記載官制。如漢官解詁、漢官儀、唐六典等是。

八　儀注　記載禮制。如衛宏漢舊儀等是。

九　律令　記歷朝法律之作。如晉律、唐律等是。

十　雜傳　此類包括史學家與文學家，乃至地理學家所作人物傳記。舉凡史傳、家傳、碑銘墓誌、地方志等均屬之。如三輔決錄、陳留耆舊傳、襄陽耆舊傳、海岱志、豫章志等是。以類爲書者亦屬之，如列女傳、列仙傳、高僧傳等是。

十一　地理　如隋煬帝所定之區宇圖志（今不傳）是。唐宋以後之元和郡縣志、太平寰宇記、元豐九域志等皆是。其專記一地者有各省府州縣志，亦皆屬之。後世演爲地方誌。

十二　譜系　記載帝王世系，以及世家大族之宗族譜牒。如世本、漢世帝王譜、百家集譜等是。

十三　簿錄　即目錄書。如劉向、歆父子之七略別錄、荀勗中經等是。

隋書成於唐，其所論述以唐以前爲限。又其所擧類例，所定名稱多不能賅備。唐以後史籍突增，史體益備，若干通用之名，通行之體，爲隋書所未備。玆擇要列擧如后：

一　編年體　以年月爲綱，事蹟爲目，逐次記述者屬之。如孔子之春秋是。

二　經傳體　按古無此稱，實應增列，使成一體。如左傳是。因左傳爲解經之作，其文分隸於經文之下，並非獨立爲書也。（按：經今文學家有人謂左傳乃獨立之書，與春秋無涉。然其說未爲學者所公認。）

三　國別體　以國爲綱，歷記其事。如左邱明國語、戰國策等是。

四　紀傳體　以人爲綱，綜合爲書。如司馬遷史記。此後歷朝正史均採用此體。

五　斷代史　以朝代爲斷限，免於複述前古史跡。由班固漢書始，後世正史均採用之。

六　通史　歷述古今，使相通貫。如司馬遷史記，即中國第一部通史。司馬光之資治通鑑雖斷自戰國，然歷述至五代，與正史之以一朝爲限者不同，亦應目爲通史。

七　書志體　記載典章制度。此體創自司馬遷史記。其書於記人之外亦記制度，稱爲書，凡八篇。班固漢書因之，改稱志，擴爲十篇。此後正史或備或闕，未能一致。唐杜佑撰通典，宋鄭樵撰通志，馬端臨撰文獻通考，此皆本馬班成規，備述歷代政典，擴爲專書，均屬此類。

八　史表　此體亦創自司馬遷。史記中有十表，十表中有世表，僅載世系，不載年月。有年表，有月表。詳近略遠也。班固因之。後世正史亦或備或闕，未能一致。清顧棟高春秋大事表則以史表爲專書者也。（按司馬遷前有世本，今已佚，不詳其體裁，或與史表相近。）

九　紀事本末　以事爲綱，各詳其原委。司馬光資治通鑑成，袁樞爲區別其事而貫通之，成通鑑紀事本末。讀者便之。後明代陳邦瞻仿其體作宋史紀事本末，元史紀事本末。清谷應泰作明史紀事本末。其體遂大行。

十　史論　此又可分爲三類：

1.史家敍事既終，以己意爲論斷，述其得失，以爲鑒戒。於序事時不雜己見。此體亦始自司馬遷史記。於每篇之末另附短文，冠以「太史公曰」，以資識別。班固漢書則改爲「贊曰」。故又稱史贊。

2.另撰專書，備論史事。如呂祖謙東萊博議，王夫之讀通鑑論等是。

3.另一種爲史學論著，對歷史學術闡發理論，評論史家之長短，比較史籍之優劣，成爲史學專著。如劉知幾史通，章學誠文史通義等是。

十一　綱目體　按：此體歷代史家未有標舉者，實亦應別爲一體。孔子春秋只有綱而無目，左傳即爲春秋之目。合而觀之，即成綱目。朱熹仿春秋將資治通鑑標出綱目，加以義例，而成資治通鑑綱目，頗爲後儒所推重。亦成史體之一種。

十二　考證　史事傳聞，史籍記述，難免有疑。有疑即須考證。有史家自爲之者，如司馬光著資治通鑑成，又自爲通鑑考異三十卷，以窮其源。亦有後人別爲之者，如譙周古史考。亦有備採史事，爲之考補而爲之注者，如裴松之三國志注是。

十三　年譜，年表　叙述人物事蹟，求其時序分明，便於前後比較連貫，正史紀傳之外，多有用此體者。簡者稱年表，詳者稱年譜。實即編年體之人物傳記。此體始於宋之呂大防，他著有韓文年譜、杜詩年譜。至近代益爲盛行。

十四　專史　此又可分爲二類：第一，人的專史，以同一類，或同一事之人合爲一書，如東漢黨錮傳是。第二，事的專史，如政治史、官制史、風俗史、經濟史、教育史、……等是。專記一偶發的或特殊大事的，亦可稱爲專史，如梁啓超之戊戌政變記是。漢朝陸賈的楚漢春秋專記劉項之爭，亦可算是專史。梁啓超氏將專史分爲五類：人的專史、事的專史、文物的專史、地方的專史、斷代的專史。此種分法未免過於細碎，似可以地方的並入地方誌，斷代的並入斷代史，文物專史並入事的專史。合爲以上兩大類，爲較簡便。

隋書所未備之史體大略補述如上。今後史學發達，可能隨時又有新體增加。要之，就中國人自創之史籍體制而言，有如此之多，如此之詳備，不能不令人驚嘆。按：史體之隨時增加，由於舊體有欠完備，不能負起史籍任務，滿足人類要求，傑出之史學家遂竭智盡慮，爲之開創，以新體裁新面目適應事實上之需要，在史學上擴展領域。此種繼續改良與創造精神，即充分表現中華民族創造以求進步的天性，此種現象不僅證明中華民族之優秀，亦可證我前途之無限。

四　史　學

講到史學，首先我們就想起三位史學大家。第一位是司馬遷，第二是劉知幾，第三是章學誠。司馬遷不講理論，專門從事著述。但我們由他的著作史記中可以看出他的史學。劉知幾講理論，也作史官，著史書，但官作的不得意，史書的著作不能任己意之所之，自己並不滿意。惟有史通，專論史學，至今流傳，燴炙人口，認爲中國言史學之不朽著作。至淸而有章學誠，以文史爲一，綜合論述，著有文史通義，爲繼劉氏而深究史學理論之作。惟其書論文者多，論史者少；此外亦講經學，言思想，倡地方誌。內容範圍極廣，非史學專著。至近代則有梁啓超，以中國學人，世界知識，暢論中國史學，著爲中國歷史研究法正編及補編。其書雖言方法，亦有敍述與評論，實可作史學論著看。今後青年有志於史業，當以此書爲津梁。

提到史學應從劉知幾所提才、學、識講起，分開講就是史才、史學、史識。章學誠又提出史德，合爲史家必備之四條件。實際如廣泛一點說，才學識都可併爲史學。即從事史學者必有才亦必有識。無才無識不能於史學有所瞭解與成就。

究竟史學本身是怎樣一種學問？它的內容是甚麼？學問在何處？這是所謂史學的核心問題。歷代史家對此核心問題作正面答覆者少。在我認爲，欲講史學，首先要對歷史的性質有所瞭解，歷史對人類發生的作用是甚麼？先要有透徹的認識。這都是基本條件，先決問題，其次是方法。繁賾的人類活動，如何理出頭緒，簡明扼要的介紹給讀者？何者應該流傳，使人知道，知道後又發生何種效果？何者並無歷史價值，不必多費筆墨，浪費人力物力。這是方法上的初步條件。接下來便是如何着手撰著史籍了。在此方面，首先是對於史料如何選取，鑒別、剪裁？再接下來才輪到排比、連貫，然後着手撰寫。撰寫的時候，需要有高明的文學能力，面對着大堆的史料，要能組織的嚴密，能敘述的有條理，能以簡馭繁，能綱擧目張，使人得到淸楚的印象，明朗的輪廓。文字要美，就是言之能文，言之不文便行之不遠。又要能使已死的古人，已過的往事，生動靈活的陳於讀者面前。需要有熱情，但不能夾雜作者的感情與恩怨。忌諱輕重倒置，次序零亂，重複遺漏。再其次，又要知道，何種材料應用何種方式，何種體裁，較爲適宜？如何寫作較爲便利？時序如何表明？事實如何敘述？人物如何描寫？地點如何標明？……這種種事項，都需要有妥善的安排，周到而細密，又不涉於瑣屑。篇幅要節省，事實又要不遺漏。態度要忠實，立場要超然，而史家又應該有意見，有論斷。史文本身要保持客觀，史家的論斷又要表現，如何分別，應該有個適當的辦法。……諸如此類，都要有專門學問，精細的研究。假如再能多讀些史書，略有些撰著的經驗，那就更好了。反過來說，假如沒有這些歷史上的學問，不具備上述若干條件，那就不能稱爲史學家。上述種種都是史家所必備的條件，也就是所謂史學。

更進一步，如在史事本身上研究，則史學的範圍廣到可以使任何人咋舌，有不敢問津之概。因爲人類的活動是多方面的，地域無限的廣，時期無限的長，心靈創造又是那麽豐富。可謂有美皆備，無奇不有。史學家對這些廣泛而又豐富的事蹟和學術，都需要能懂，不懂便不能執筆寫作。專門學術不可說外行話，史學家雖不必於每一門學術都能精，但必能通。一點不通，開口便錯，將使滿篇都是笑話。我們讀史記，除了記人記事的本紀、世家、列傳之外，還有八書十表。漢書有十志八表。由天官到地理，由封禪五行到禮樂，再由律曆到平準食貨，再到漢書的藝文，那一樣不是專門學術？那一樣不要記載？有一門不懂，便不能下筆。這樣，作一個史學家所需要的條件就太多了！所謂史學，也就更豐富艱難了。兩漢以後，學術日益發達，思想日有進步，史學領域亦隨之而日廣。對史家之要求亦日嚴，因而有若干正史不能備載典志與學術。今後學術不僅門類更多，學理亦將更深、更專。事實上將不可能爲一人所能盡知。其將分工合作，勢所必然。不過就過去中國史學而論，是必須兼通一切的。

順理成章的簡單事實容易作，複雜綜錯的大事就比較難寫。例如一事牽涉多人，一人牽涉多事，一事又牽延多久，兩人兩事若即若離，似一而二，或似分而合，此皆史事之難於處理者。遇此情形如何劃分主從？分別輕重？詳略去取，均須有犀利之目光，深入之觀察，正確之識別判斷，乃能處理得當。既需史才，又需史識，此吾所謂才學識應併入史學者也。

以上所述，我國古代史學家雖多不能言之，然多能行之，即具備此項能力與學問，尤以馬班爲然。徵諸史記漢書，即當首肯。此中國史學發達之明證。其所以可貴者在此，其所以優越者亦在此。而中華民族之優秀，文化能力之强，亦均於此窺見其一斑。

五　史　料

建築房屋要用建築材料，磚瓦木料就是建築材料。歷史是已往事實的記錄，不是講理論的文章，所以也要材料；過去的大事就是歷史材料。今人欲知往事，大部分要靠文字，一部分靠耳聞與目覩。遺文遺物，以及地域上的遺蹟，也都可供史家印證或憑弔，都有史料價值。史家着筆著述之前，第一步功夫便是搜集史料。

同是史料，在歷史上價值又有許多不同。直接耳聞目睹，是第一等史料。間接所見，傳聞所得，便大大打了折扣。就時間論，愈在先的愈接近眞象。在後的次之。就關係論，愈直接的愈有價值，間接的次之。總之，愈原始愈好。如係文字上記錄，凡記錄人之文學能力，事實之詳略，與事局有無關係，記憶力之强弱，又有極大關係。傳說再傳說，記錄再轉錄，又其次者焉。

更進一步，有其事亦有史料，固然最好。雖有其事而無史料，或大事而小記之，或語焉而不詳，致使可貴之史事竟不能傳於後者，又比比皆是。最理想的是朝野上下，均有歷史觀念，重視歷史事業，不忍使可貴之史實如煙霧之消逝，在當時即注意保存史料，製造史料。政府設史官，人民亦協助政府，隨時隨地，製作，搜集，保存。私人史家更以自力撰著史籍，以輔政府官書之不足，亦以成一家之言。如能這樣齊心合力以赴之，史業才能臻於極盛。回觀我中華民族，就是這樣的民族，雖不敢謂人人有歷史興趣或歷史修養，但大體言之，知識份子都能作到。所以我們能自四千年以前有文字起，即有歷史，亦即有史官。君臣以此相勉勵，父子以此相督教，兢兢焉不敢稍懈，惟恐有負於後世，亦即有負於歷史。一部尚書即充分表現此一心理與事實。中國歷史能於有文字記載後繼續不斷，愈後愈盛，亦愈有進步，益趨完備，豈偶然哉？

前面說過，周朝的制度，是當時史官記載當時的事。漢朝的制度是「天下計書先上太史，副上丞相。」「天下遺文古事靡不畢集太史公。」班固班昭兄妹先後藉東觀（內府圖書館）藏書，而成漢書。這種好制度，恐怕世界上沒有第二個。再加上史官或史家執筆撰著之前，以認眞不苟之精神繼續搜求，周諮博訪，必求其詳備，不草率從事。這樣，史料之完備周詳，雖未必十分理想，總可使人相當滿意了。

史料集中了，以下的事情是史家如何運用這些史料以撰著史書了。就在這個時候，難題來了，這時便要考驗史家的學問與能力了。

作者雖非史官，亦非史學家，但可想像的到，堆在史家面前的一大堆材料，眞實可靠的也有，模糊影響不可靠的也有。直接的、原始的也有，間接的、後起的也有。忠實叙述的、神怪慌唐的、肯定的、疑不能定的、詳的、略的、殘缺不全、斷續不接的、……種種不一，樣樣都可能有。重複的要拋棄，缺少的要補充，虛冗的要剪裁，簡略的要擴充。史學家面對着這一大堆雜亂無章的史料，便要拿出史才，來處理運用；拿出史識，來鑒別眞僞；拿出史學，來組織連貫。最根本還是要以內在的道德心、責任感，對學術負責，對前人與後人都要負責。不苟且、不隨便、不感情用事，不夾雜絲毫恩怨。一是一，二是二。說老實話，作實在事。此之謂史德。章學誠解釋，說史德即指史家的心術。總而言之，材料既集之後，便要考驗史家有沒有足够的史才，駕馭這些史料；有沒有足够的史學，組織連貫；有沒有銳利的史識，鑒別眞僞。至於所謂心術，則在史籍纂成之後，有時可以看出一點消息，也有時外人根本無法知道，全在其一己在內心中決定了。所以在武人，是千軍易得，一將難求；在文人，是文學家易得，史學家難求。

人類活動隨時代而日繁，史料即與之而俱增。歷代戰亂，水火，摧毀，前後相循，而史料亦隨之而日滅。保存者不經心，當事人不注意，應留而不留，已留而復失，比比皆是也。求之者踏破鐵鞋無覓處，得之者視同拱璧而不失。又有時目睹寶貴史蹟之橫遭破壞而竟無力以救之，內心之痛，有非言語所能形容。此皆史業之厄運，而民族文化不可補救之損失。

就近代言，政府設史館，置史官，於史業不可謂不重。然於史料之搜求、保管，史蹟之維護，史籍之整理與開創，似均有待於加强。至於所謂史料本身，則可隨時代之進展更爲之擴充。如文字與實物之外，有照像術，留聲術，以及活動電影術，似此均可用作史料，以擴展史業之領域。今後之歷史可不限於文字，而並及於聲音笑貌，言語動止也。

六　史　家

梁啓超說：「司馬遷以前，無所謂史學也。」（中國歷史研究法第二章）這話固然不錯，但同時我們也可以說，司馬遷以前，亦無所謂史學家也。所以梁啓超又說：「史界太祖端推司馬遷。」（同上）孔子大聖，非史學家。春秋爲立訓垂教之經書，教育書，而非好的史書。左傳非獨立之史書。此外於史學，司馬遷之前無足稱也。司馬遷之後，首推班固。然固之史學十九來自史記，除斷代之體爲其所創外，只有小的增改，而無大的創制。如：八書擴爲十志，項羽本紀改爲項羽列傳等。因此我們在史學家方面只學司馬遷爲代表，而以司馬光副之；在理論上學劉知幾、章學誠爲主，此外以撰著三通之杜、鄭、馬，以及撰著學案之黃宗羲爲輔。

1. 司馬遷（子長）

提到司馬遷，可謂中國史學界一盞明燈。他的學問與著作實照耀千古。在他以前，雖有史籍，但各不相謀，事實既不連貫，體例亦不劃一。史學風氣雖已普及，歷史學術迄未建立。史料雖然不少，但雜亂無章，重缺不等。在時代上經過周秦一段之大動亂，至武帝已一切歸於安定與正常。回首前塵，痛定思痛，在心理上要求把過去種種結一筆總賬。司馬遷雖爲史官，但史官的責任好像只限於隨時記載當時的事，並沒有撰著通史，自開闢以來綜合連貫，合爲一書的責任。此項事業乃承其父司馬談之志業，發憤而作。所以書成之後，乃欲藏之名山，傳之其人，而不交政府收藏或公佈。至宣帝時始由其外孫楊惲傳出，乃得公之社會。在書未著成之前，雖受腐刑，亦不惜忍辱求生，以待書之成。此其撰著動機出於自發，難能可貴者一也。

中華民族有五千年之悠久歷史，優良之文化，人人以此自詡。但飲水思源，**設非司馬遷發憤撰著空前歷史巨著史記，吾人將何所資以誇耀於世？國父孫中山先生創造三民主義，其民族主義又將植根於何所？**因此，就民族生存發展而言，就文化進展而言，司馬遷實爲中華民族不可磨滅之大功臣。此其足資不朽者二也。

歷史記載事實，事實就要平實可信。不可夾雜神怪荒唐意味。但是可巧，就在他開始撰著信史的時候，却正是神怪荒唐之言極盛的時候。尤以武帝爲甚。方士言神仙，言黃帝，騎龍而上天，武帝歆羨之，至曰：「嗟呼！吾誠得如黃帝，吾視去妻子如脫躧耳。」神話的魔力如此之大，而司馬遷却能以斷然手段，斬斷神話，完完全全予中華民族始祖黃帝以人的身份。一開筆就在五帝本紀說：「黃帝者，少典之子，姓公孫，名軒轅。生而神靈，弱而能言，幼而徇齊，長而敦敏，成而聰明。」說黃帝有父母，並非感天而生，有姓有名，有人的德能。不涉絲毫神話意味，給我們中華民族一個清清白白的來歷。這事在今天看，平平無奇，在西漢，尤其是在武帝身邊，為方士所包圍，能作到這一地步，不可不謂為大識見，大魄力，大英雄！此其識力過人者三也。

講到史料，我們可以想像得到，擺在司馬遷面前的，裝在司馬遷頭腦中的，是一大堆亂賬。這裏面正像前面所說，眞實可信的、後人僞造的、平實可靠的、神怪荒唐的、詳的、略的、重複的、殘缺的、冗長的、簡單的、……種種不一，無奇不有。在這時，我們第一位大史學家，便受着嚴重的考驗。有沒有足够的才能，駕馭這些史料？有沒有明快透澈的識見，鑒別這些史料？有沒有充分的學問剪裁、運用、組織、撰寫？都在這時候表現。我們首先看他在五帝本紀贊所說：「學者多稱五帝尙矣。然尙書獨載堯以來。而百家言黃帝，其文不雅馴，薦紳先生難言之。」這是說，堯以前事不見於尙書，史料不全。百家言黃帝，其文不雅馴，是講黃帝之人雖多，但都荒唐不可信。接着又說：「孔子所傳宰予問，五帝德，帝繫姓，儒者或不傳。余嘗西至空峒，北過涿鹿，東漸於海，南浮江淮矣，至長老皆各往往稱黃帝堯舜之處，風教固殊焉。總之不離古文者近是。」這是說宰予問各篇（見大戴禮及孔子家語）儒者多擯棄不講。他親身歷覽各處，所見所聞多有不同。綜合比較，終以合於古文者接近事實，比較可信。今按，此所謂古文，應指尙書等類正經書而言。這是一種態度。他一開筆即遇這樣重大難題，但他不肯苟且從事，不僅在文字史料上認眞，並且親身到各處考察訪問。最後決定一項態度，以不離古文，也就是見於正經，不涉荒唐，平實近理的為依據。又說：「書缺有間矣」，材料殘缺，接不起頭來。「其軼乃時時見於他說」，缺的部份時時在其他書本上看到。「非好學深思，心知其意，固難為淺見寡聞道也。」要好學，要深思，又要能想得通，瞭解得透，才能解決這項難題。只有個中人才能知道個中甘苦，淺見寡聞者不足語於此也。這是說不僅要有學，又要是通學，即通儒。「心知其意」，即識大體，明人情，通事理，以今知古，以已推人。此事最難作到，但是却最重要。「余幷論次，擇其言尤雅者，故著爲本紀書首。」雅者正也，我就用這種態度，寫成這全書第一篇五帝本紀。短短一篇五帝本紀贊，道盡了史家的痛苦，史學之艱難；也說透了太史公的內心牢騷，以及他的謹愼通達。讀此可概其餘。此其學力過人，態度純正者四也。

就體裁言，尙書雖也算是史書，但其時還無所謂體裁，只攏統記述而已，惟知稍偏重於記言。春秋依年月編次，算是編年體，但內容太簡略。國語、國策，分國、分題、分事，隨意之所之，與之所至，信筆直書；是修史，也是在作文章。前後接不上，彼此併不攏。諸侯史記，被秦火狠狠的燒完。只有一部世本，司馬遷看到，我們則已看不到，可能比較像個樣。吳越春秋、楚漢春秋，只記一時一事。太史公所見體裁，大體不過如此。太史公面對着一大堆材料，幾種不完整的史體，要完成這樣浩大的工程，不能不從頭考慮。我們要設想，當時他所要撰著的歷史範圍，在時間上包括自開闢以來至於西漢，是爲通史。僅就有史有文化一段而言，也約略有三千年。在空間上，包括所謂「天下」。在事與人方面，包括天下大事、國家大事、一家、一人、乃至一言一動，謦欬之聲，喜怒之形，無不在史家記述選擇範圍之內。而撰著的目的，則在使當時以及後世無數人都能瞭解。不僅了解，更要予人以方便，有系統，有類別，能從書中清楚的得到系統的知識，完整的概念。因此，他要作一全盤打算，自創體制，自想方法，如何方能達到此項目的，成爲完善的史書。在前無成規，旁無依傍的時候，是一種極大難題，極嚴格的考驗。經過長時間研究以後，他決定了採用以多種體制合爲一書的辦法。那就是：

1. 天下國家的大事系於帝王（元首）之下，遠的依世代，近的依年月日。稱爲本紀，後世概括稱爲編年體。

2. 以地域爲限的諸侯國大事，系於國君之下，亦以世代及年月爲次序。因爲國君世襲相承，故稱爲世家。

3. 公卿大臣，或不朽人物，足資典範或儆戒的，分別獨立爲文，完全以人爲本位，稱爲列傳。

4. 典章制度不便附入記事記人之文，以免摻雜割裂，混淆不清，必以專文分別敘述，俾讀者可以分類檢尋，一索即得，爲後世典志體之祖。凡八篇，稱爲八書。

5. 國別，人物，分地，分時，只分而不合，不能得比併與連貫之效，亦不能明彼此之關係。乃煞費苦心，製成十表，遠的依世代，稱爲世表；近的依年月，稱爲年表、月表。此項史表看似簡單，實最艱難。尤以十二諸侯及六國兩表爲甚。

合起來看，一部史記實兼備編年、紀傳、書志、史表，四種體裁。今人概括稱爲紀傳體，實稍嫌攏統。今按：太史公所用各體，嚴格講實皆出自心裁，並非因襲成規。如編年爲事實所需，有年可紀，斷無不用之理。無年可考則紀其世代。有月日可循，則並及月日。其詳近略遠，着重時序之精神，實有足多。可見其自具目光，能靈活運用，並不拘於成格。世家以國爲別，乃事實自然現象，雖有國語國策之以國別區分，但其體裁並不相同。因其書各自成篇，不相連屬。雖國語出於一人，國策則成於衆手，特編者按國合編而已。至於列傳以人爲綱，則未見前例。典志尤出心裁，未有依據。惟有十表，或有世本可資仿效。惟世本內容究爲何種面貌，吾人並不得而知，以其書早佚也。更推而至於刺客、游俠、平準、河渠、日者、龜策……各篇，皆民間生活，昔賢所不錄，士大夫所不重，著作家所不述，而史公獨搜探之、輯錄之，與禮樂天官封禪相提並論，其着眼於民間生活，社會風俗，創爲修史範例，非有超人卓識豈能作到？但梁啓超氏爲中國歷史研究法，論太史公則曰：「其本紀以事繫年，取則於春秋。其八書詳記政制，蛻形於尙書。其十表稽牒作譜，印笵於世本。其世家列傳，既宗雅記，亦采瑣語，則國語之遺規也。諸體雖非皆遷所自創，而遷實集其大成，兼綜諸體而調和之，使互相補而各盡其用，此足徵遷組織力之强，而文章技術之妙也。」（中國歷史研究法第二章）今按：尚書記言記事，以立訓垂教爲主，不見有何政制，於史記八書毫無關係，不能謂八書蛻形於尚書。原書具在，可以覆按。世家列傳爲國語之遺規，亦屬牽强而附會。其編年與十表說已見前。總之，史記所用各體，均屬史公自創，而梁氏必謂之出於因襲成規，何不樂成人之美，而又抹煞事實，迂曲附會，必屈抑前賢而後快，其亦智者之一失歟？此史公能深明史學，能創製史體者五也。

着筆撰寫之前先要自定體例。此爲修史必備之條件，亦首要之事。太史公對於此事亦在無所依憑之下以一人之力優爲之，茲擇要述之如左：

1.本紀：年遠的事蹟少，資料缺乏，以數朝或一朝爲一篇，近的一帝一篇。如最早的五帝本紀，等於合五個朝代爲一篇。次夏商周，各以一代爲一篇。秦以莊襄王以前若干王公爲一篇，始皇事蹟多，關係重大，自爲一篇。二世、子嬰不足以獨立爲篇，附始皇後。秦既滅，漢未興，項羽以西楚霸王宰制天下，分封諸侯，雖未有天子之名而實爲天下共主，故不以成敗論人而爲之撰本紀，列高祖前。高祖以下每帝一篇，以至武帝。呂后雖爲高祖后，但事實上則爲天子，亦不因其賤而黜之。論者譏史公不當以項羽爲本紀，（劉知幾史通列傳篇）是不通史公之意者之論，非通論也。

2.世家：諸侯傳國則曰世家；有爵有邑者當之。惟世家中有孔子，無爵無邑而德過之。經學家尊爲素王，而以左丘明爲素臣。後人尊之，俎豆馨香，世世不絕，盛於諸侯。史公爲之世家，重其事而尊其人，以立典範。王荊公亦以此而非之。不得謂爲史公之知己。

3.列傳：列傳最複雜，歷史上人物舉不勝舉，去取之間抉擇爲難。輕重主從，亦難判分。事蹟要詳明，篇幅則要節省。一事牽涉多人，一人涉及多事，個性如何描述？精神如何表現？……諸如此類，均須有適當辦法，爲之妥善安排。太史公對這些事似乎都有成竹在胸，自然而然，處理得井井有條，自然中節。他把傳記無形中分爲以下五類：

(一)專傳：即一人一傳，獨立成篇。如司馬穰苴列傳等是。

(二)合傳：二人、數人或多人，事蹟相連，性格相近，合爲一傳。如管晏列傳，仲尼弟子列傳等是。

(三)類傳：同類人合爲一傳。如刺客列傳等是。

(四)附傳：事不足以獨立爲傳者附有關人物之後。如叔齊事附見於伯夷列傳。孫臏事附孫武列傳。項梁項伯事附項羽本紀。侯生毛公薛公事附信陵君傳是。

(五)夷狄傳：四夷在外，爲中國患，雖亦立國稱君，但非由中國冊封，不得比於諸侯，故爲之列傳。如匈奴列傳、大宛列傳是。

人選之去留，始自伯夷，早於伯夷者從缺。由今觀之，非無可傳之人，資料不足，事無可記也。孔子不云乎？夏禮殷禮文獻不足徵也。而劉知幾責史公不爲皋陶、伊尹、傅說、仲山甫等立傳，亦不思之甚矣。至於劉項之爭，事關兩主，擇其主動，或關係較重，足以表現其爲人者歸之。於另篇則以「語在項傳」、「事具高紀」之語爲互見之體，以免一事重出，或有所缺漏。按：此正史公之長，而劉氏亦因而病之（史通二體篇），亦爲不善變矣。其描寫個性，不惜以俚語入高文，藉以明其眞象。如周昌傳言昌爲人口吃不善言，嘗諫高祖不可易太子，記昌之言曰：「臣口不能言，然期期以爲不可。」期期二字即狀其口吃。只此二字已將周昌誠懇焦急之狀形容盡致。又吾人讀項羽本紀鴻門宴一段，以范增之淺狹，反襯項羽之態度豁達，光明磊落，不失英雄本色。

雖屬史例，亦見文學修養。

4.稱謂：對於人的稱謂必恰如其分，要合於職位，洽於公論，合乎時間。如漢高祖在高祖本紀中前後數易其稱。最初稱高祖，次稱字，曰劉季，示以平民起兵也。復次稱沛公，起兵後衆所立也。稱漢王，項羽所封也。最後即帝位，乃稱高祖。於項羽先稱項籍、項羽，後稱項王。其義一也。

5.史贊：史家記人記事，以實爲主，立場要客觀，態度須公正，既不可感情用事，抹煞事實，尤不可夾敘夾議。蓋歷史與文學不同，文人論事論人，對歷史不負責任。史家則不可。但人究竟是人，有情感，也有理智，對是非善惡不能無意見，太史公對此一難題求合理解決，創立體例，於正文之後，另作短文，專供史家評論得失、發抒意見之用。冠以「太史公曰」，以別於正文而明其立場。旣以示事實與議論分開，亦以表史文之公正。後世史家便之，因而不改，稱爲史贊。

6.傳文中附載本人作品：有著述的古人擇其代表作品附入本人傳記，最能表現其人思想、性格、主張等等。擇優錄入一文，勝於史家千言萬語，而使讀者能直接閱讀古人作品，亦有親切之感。自史公創此體例，至今益爲史學界所重。因之新史學著作，此風益盛。以此見史公之卓識與史才之優越也。

就體例而言，皆史公所創，而後世所因。此其富於創作才者六也。

太史公是個有深心而又有雄心的人。必有雄心，才能下最大決心，竭畢生之力，從事於這樣偉大不朽的事業。又必有深心，才能苦苦下工夫，以內在責任感必定把事作得滿意。他以史學世家繼承父志，十歲則誦古文，自小即用功，受史學與文學的基本訓練。稍長以後，不以文字訓練爲滿足，他要跑路，要開眼，要推廣見聞，也要訪問父老，遊覽古人遺蹟。於是他在二十歲時便開始遊歷，他在自叙傳說：「二十而南遊江淮，上會稽，探禹穴，闚九疑，浮於沅湘，北涉汶泗，講業齊魯之都，觀孔子之遺風，鄉射鄒嶧，戹困鄱薛彭城，過梁楚以歸。於是遷仕為郎中，奉使西征巴蜀以南，南略邛笮昆明，還報命。」讀此，可知他足跡所至，包括大半個中國，所行不止萬里。走遍了名山大川，看遍了古跡名勝，訪遍了賢豪長者。開了眼界，廣了見聞，擴充了氣量，增加了經驗閱歷。對於他的文學史學上修養大大得了益處。史料搜集了文字以外的口說、實物、實景；加深了印象，加强了觀感。因此他所得的史料不僅是間接的文字資料，也有了直接的耳聞目睹。在文學上讀萬卷書作到了，行萬里路也作到了。只讀書而不走路，可能作成書獃子。只走路而不讀書，可能養成江湖氣。必定是先讀書後走路，才得到閎中肆外之功，恢宏氣宇之效。胸襟藉此展擴，文氣自此暢達。可以作長篇鉅製而不懈怠，可以一氣呵成而無阻滯。史公此行在飽讀羣書之後，執筆為文之前，青年有為，體力旺盛。在史學上得搜集史料、印證史事之功；在文學上得培養氣勢之效。就史學與文學關係而言，密不可分，相輔相成。言之不文，行之不遠，入人不深，感人無力。記事必如賬簿而無生氣；記人必似行屍而無活力。吾人喜讀左傳、戰國策，即靠其文學；喜讀史記，亦靠其文學。文學之魔力眞不可思議！史公以生花之筆，記事則其事宛然如在目前；記人則其人虎虎有生氣。動止之微，言笑之細，輒能使其人全形畢現，巨細靡遺。為長文能首尾相應，有似神龍；作短札能緊湊精練，無懈可擊。用此而其書可久，其事可傳，而著作人亦千秋萬世而不朽。

記上古史只能依據成書資料，而小變其文，如周以前事大體錄自尙書，春秋事採自左傳、國語，戰國則取資國策。下及楚漢春秋……等。取人成文，不見筆墨。必含毫運筆，出自心裁，乃見本領。周以前本紀罕見精彩，始皇以下，項高二紀，始有精神。世家之文，事蹟繁多，而篇幅不能過於冗長，文字上顯受拘束。未能信筆直書，暢其所欲。十表序文簡短有力，篇篇可讀。八書內容枯燥，性質單純，難有展布。一至列傳，乃如魚龍得水，任其所之。取筆為文，無所拘滯。生龍活虎，神態畢現。二千年來，讀史者無不讀史記，習文者亦無不讀史記，豈偶然哉？此其修養有素，氣量宏深，而文學才能卓越者七也。

最後講司馬遷的歷史哲學。

司馬遷以前，有人作史書，記史事，但無人對歷史學術發表議論，表示自己的意見，也就是對歷史的看法。從司馬遷起，對歷史學術提出意見，構成理論，建立了歷史哲學。在學術思想上，這是極有意義的創舉，也是司馬遷的功勞。他在報任安書中曾說：「僕竊不遜，近自託於無能之辭，網羅天下放失舊聞，考之行事，稽其成敗興壞之理，凡百三十篇。亦欲以究天人之際，通古今之變，成一家之言。草創未就，適會此禍。惜其不成，是以就極刑而無慍色。僕誠已著此書，藏之名山，傳之其人，通邑大都，則僕償前辱之責，雖萬被戮，豈有悔哉！然此可謂智者道，難爲俗言人也！」這幾句話，不僅說明了寧可受辱，不肯死節的苦心，乃爲完成此偉大著作。因爲這著作太偉大了。意義深遠，效用宏偉。它在人事上，是稽其成敗興壞之理；在空間上，是究天人之際；在時間上，是通古今之變；在著作本身上，是成一家之言；在期望上，是「藏之名山，傳之其人」，以及「俟後世聖人君子」。這無異是說，這部史書的作用，上明天人關係，下述成敗興壞之理，而在時間上古今通貫，連成一氣，以明演進跡象。此殆中庸所謂悠久、博厚、高明。以及「故君子之道，本諸身，徵諸庶民，考諸三王而不繆，建諸天地而不悖，質諸鬼神而無疑，百世以俟聖人而不惑，知人也。……」（中庸第二十九章）欲綜合天道、人事、空間、時間而爲一，只有歷史足以勝其任，此史公之深心與壯志，其氣量大，識見遠，志趣高。求之於古，已不可多得。求之於今，益不多覯矣！至於遷之自命，則在自叙中有云：「太史公曰，先人有言，自周公卒，五百歲而有孔子；孔子卒後，至於今五百歲。有能紹明世，正易傳，繼春秋，本詩書禮樂之際，意在斯乎？意在斯乎？小子何敢讓焉！」是直以上繼周孔之道統自任也。吾人由今觀之，史遷之於周孔，德雖不侔，業則不朽。雖未能至，心嚮往之。較之揚雄爲太玄、法言以擬聖，勝之萬萬也。此其能闡發歷史哲學，並以道統自任者，八也。

太史公具此過人之長八端，亦足以傲視百世，而其書亦將千年萬世而不朽焉。

2. 司馬光（君實）

西漢的司馬遷撰史記於前，北宋的司馬光著資治通鑑於後。前後兩司馬並爲史界明燈，後先輝映，兩俱不朽。然光之史業，惟在因舊籍而改編，與遷之開創成規者不同。究其撰著動機，乃爲資前史以爲治，破紀傳爲編年，內容所記以政治之大端爲主，偏於中央，略於地方。於民間生活，社會現象，較少叙述。他的貢獻，是把許多不相連屬的斷代史在時間上連貫爲一，在組織上綜合爲一，在風格與目的上，一歸於藉前史以資治的總目標上。他的長處在文字好，便於誦讀；作風好，便於由其中求得歷史教訓，而引爲鑒戒。不必翻檢多書而得多書之益。在體例上編年爲史雖非創格，但綜合多書而上下通貫，則自光始。雖其取資以正史爲經，然實與正史經緯相依，相輔相成。時限斷自戰國，並周初開國之盛，文教之明而棄之，未免可惜耳！

就著書功力而言，以視史遷，不如遠甚。史遷在西漢雖爲史官，但其書則爲私人著述，不能利用官方人力。且在當時雖有史官，未有史館史局之設。其成書全恃己力。書成之後，並未呈武帝披閱，否則於黃帝必使神化，項羽必不能列爲本紀。於資料之搜集處理尤爲艱鉅浩大之工程。又其時未有紙張，簡帛並行。史公之書係以毛筆在帛上寫漢隸。每文一幅，稱爲一卷。工作艱難而繁重，進行緩慢。一至宋朝，則史局龐大，可集多人之力以供驅策。文字則用楷書行書寫在紙上。資料大都出於正史，易於採輯。光之力只在釐定體例，執筆爲文而已，不能比於史遷也。

袁樞爲閱讀便利，將通鑑分別錄出，以事相連，使各爲起訖，以便檢尋。最後編定成書，遂成紀事本末之體，雖取資不外通鑑一書，而於史業又別開門徑，無意中創爲一體，亦於史界有功，用附君實之後。

3. 杜佑（君卿）鄭樵（漁仲）馬端臨（貴與）

書志體劉知幾謂始自尚書，實則尚書以載事載言爲主，偶爾旁及制度，不得謂爲書志體。眞正創始書志體的應該說是司馬遷。史記以八書分別記載並說明歷代典志，其目爲禮書、樂書、天官書、曆書、律書、河渠書、封禪書、平準書。可以說是在當時面面俱到。班固因之而於漢書中作十志。此後史家或因或缺、或增或減，種種不一。不過都是附列於正史中，未有專書單行。歷代演變，亦未有綜合連貫之叙述。至唐而有杜佑，遂將典章制度自正史中提出，使獨立成書，且使上下連貫，以明其演進之跡象。自此以後，政治家施政得所因循，亦明其沿革。不僅於史家得研究上之便利，於政治家亦有應用上之依據。同時唐朝亦另有唐律，唐六典等專書之著作。風氣逐漸普遍，有此實際需要，亦得事實證明。至宋遂又有鄭樵馬端臨先後繼起，有通志，文獻通考之撰著。合稱三通。歷清至民國，擴爲十通。至此史籍中典志一體遂蔚爲大觀。這不能不說是杜鄭馬三氏之功，不過三家所撰之內容，雖各有體例，各有重點，但終不能免於重複耳。

4. 劉知幾（子玄）章學誠（實齋）

司馬遷班固先後創立史學，釐定史體，但只有事實，未講理論，於前此之史業亦未有所評論。至唐劉知幾出，才就史學創造理論，從事批評。著爲史通，專論史學。爲其一生思想學術之結晶。自此而中國史學遂不僅有史業，有史學，亦有史學理論。歷史學術乃粲然大備。細讀其書，大體就前史而抽繹理論，分別標題，專文論述。評論居多，創見較少。並非自立規模，自具主張，作爲系統著述。然即此已屬難能可貴。又其所論不脫經師氣息，未能以超然立場擺脫經師氣息而就史論史，在思想上未臻自由獨立，爲其美中不足。然能有疑古惑經之論，啓後世於史事懷疑考訂之風，亦屬史界功臣。蓋歷史以眞實爲主，史而不實，失其所以爲史。然史事之輾轉流傳，難免失眞。史家執筆，不能以親見親聞爲限，必取資於前人記錄。則失實之處在所難免。「子貢曰：紂之不善，不如是之甚也，是故君子惡居下流，天下之惡皆歸焉。」（論語子張）孟子也說：「盡信書不如無書，吾於武成取其二三策而已。」（孟子盡心）事出正經，猶且如此，況其下焉者乎？則讀史治史不能不信信疑疑，未可一概以信史自之。自劉氏提出疑古惑經之論，喚醒學人以實事求是之精神，尋求古人古事之眞象。不容以黃土當黃金，亦不能以黃金視爲黃土。至宋而懷疑風氣漸盛，司馬光撰資治通鑑，而別爲通鑑考異三十卷，自爲考訂，足爲證明。至明清更由懷疑而擴爲考證辨僞之學。不僅於史事多所訂正，即一般古籍亦多所辨正。如明胡應麟之四部正譌（同訛）、宋濂之諸子辨，清閻若璩之古文尚書疏證，崔述之考信錄……等，皆於一般古籍多所考訂，爲學人所推重。其專力於史事者，則有王鳴盛之十七史商榷、趙翼之二十二史劄記。均有不可沒之功，而啓之者則劉氏也。

章學誠（實齋）生於有清中葉經學正盛之時，獨能致力於史學。著有文史通義。其書以文學與史學合流，相提並論。按：史學與文學關係密切，不可分割，前已言之。蓋文學修養不深，對史學根本不能着手。即着手亦不能暢其所欲，運用自如。至於在文字上對讀者發生力量，使人因愛其文而讀其史，津津有味，樂此不疲，又其餘事也。蓋文學家首重技巧，爲文布局，一如行軍布陣，必使前後左右，情文相生，文理層次，有條不紊。應繁者不可省，應省者不可繁。如何以聲音笑貌狀其人，如何以大關節目序其事，更如何刪除重複，比序事理，使之簡明扼要，綱擧目張，都需要以文學技巧作適當安排。至於撰史論以發抒意見，評論得失；序政典以標擧制度，明其沿革；言風俗以彰明禮教，呼出疾苦；若此種種，無不賴於高深的文學修養，因時因事而制其宜。自來史家人人行之，而無人言之，至章氏乃提出此理而強調之，並混一之。闡其理亦明其事。有喚醒文人如何讀史，史家必先習文之功。文學有助於歷史，史學有賴於文學。於史學本身又提出史德，以補劉氏所標才學識之不足。其論史德，歸根於心術；心術之表現，見於好善惡惡。倘於事不能得其平，於人不能當其論，則蔽於情，或騁於辭，而不得其正。今按：此眞史家之大忌，前人所未及論者也。章氏更深論之：「蓋欲爲良史者，當愼辨於天人之際，盡其天而不益以人也。……」（文史通義史德篇）所謂盡其天而不益以人者，純任天理，不雜人欲之私也。夫論史而通於哲學，重於修養，眞探本之論也。他不僅於劉氏補其闕，亦大有功於史業。今後之史學家眞當珍惜此項精神遺產而實踐之，力行之也。

强調地方誌之重要，亦爲章氏獨到之見解。今按：地方誌既足爲正史所資採，尤可明民生之實況。以國史與地方誌相輔而行，於史業本身可由點而面，由帝室而人民，由政治興革要端而社會風俗利弊。正可補救古代史籍偏重中央，忽略地方之缺點。顧炎武非史學家，然於郡國利病，民間疾苦獨能重視，引爲己責。遍遊各省，著爲天下郡國利病書，其着眼於民生，注重於地理，顯然可見。章氏倡導編纂地方誌，可謂與顧氏同一苦心。不僅於史學提出新見解，於政治、經濟、社會，亦有莫大之貢獻。

5. 黃宗羲（梨洲）萬斯同（季野）

黃梨洲生於明末，卒於清初，爲近代大思想家，尤精於史學，在史學方面之著作有明儒學案，宋元學案，爲斷代體學術思想史。按：史記不載學術，於思想家傳記亦多缺略。賴劉向歆父子藉整理內府藏書而撰爲七略別錄，是爲文化史之濫觴。班固繼之，始於正史備載藝文。自此正史多能因之。但於思想之流變，以及思想之內容仍未有專書記載。至梨洲始專以學術思想爲範圍，作專門之著述，自此而中國遂有學術專史。按：文化學術影響於民族生存，歷史升降者至鉅。無形中實有領導作用，未可忽視。黃氏獨能着眼於此，實彌補歷代史家之所缺，其卓識實有足多者。

萬斯同爲梨洲高弟，專力於史學，有獨到之見解，精深之造詣，於正史撰人有後來居上之槪。清廷羅致梨洲，使修明史，梨洲則以民族大義拒不受命。迫之再四，乃命弟子斯同代其役，而斯同則以布衣應召，誓不臣清。號稱「布衣萬季野」。明史出其手定。論者推崇明史，認爲正史中不可多得之作。及書成而張廷玉享其名，遂使一代史家淹沒而無聞。惜哉！

以上不過將中國史家擇其有重大貢獻者，略擧代表人物數人如上。以中國之大，歷史之久，民族之優秀，足稱爲史學家者，何止百數。惟篇幅所限，不能遍擧，讀者以類相推，不難得其全貌。

七　對歷史之觀感和歷史之應用

中國人對歷史的觀念極爲神聖，認爲歷史對人生有意想不到的作用，根據此項觀念而執筆修撰，遂覺對當時，對過去對將來，都負有重大責任。因爲它對個人行爲、國家政治經濟、倫理道德、社會風氣，無不發生重大影響。因此大家無形中將歷史看得非常尊嚴而神聖。修撰的人、講述的人、乃至言行足以影響後世的人，無形中有一項神聖的責任感。修的人不敢隨便修，講的人不敢隨便講，讀的人不敢隨便讀。甚至一般人爲了恐懼在歷史上留下汚點，千秋萬世受後人唾罵，因而事前檢點，不敢爲非作歹。這就是中華民族對歷史的看法與作法。具體些說，歷史對政治教育有影響，對倫理道德，對正義，對世道人心，都有極重大影響。因而對歷史就針對這些問題而予以應用。

從尙書起許多史書所記多爲古人嘉言懿行。由口吻間可以看出，其着眼點全在教育與政治。整個在說教，也在指導政治。指導的方法有正面說教，有反面儆惕。除此以外，還高懸一個標的，使大家一齊努力向前奔赴。此項標的即在歷史上。具體說，歷史上有典型盛世，有典型人物，永遠作我們的榜樣和政治標的。換句話說，後世政治家永遠要抬起頭向上看，抬起脚向上爬，不應該有滿足的一天。這樣，歷史就成爲催促後人上進的一種力量。堯舜是最高境界，他們的政治成爲最高政治標的。講的人、引述的人，都拿他們來教訓人，拿桀紂來警戒人。聽的人、讀的人，也都以嚴肅態度接受其教訓，該效法的效法，該警戒的警戒。所以歷史書也就成爲教育書。

其次講春秋。春秋是魯國的史書，孔子所修撰。孔子是當時以及後世大家公認的聖人。抱救世之誠，擅教人之道。惟有德而無位，亦不能得君而行其道。懷鬱鬱以終老，乃托史以見意，述事以明志。尊周室，攘夷狄，寓褒貶，別善惡，彰天下一統，明華夷之辨。孟子闡發孔子之旨說：「世衰道微，邪說暴行有作，臣弒其君者有之，子弒其父者有之。孔子懼，作春秋。春秋天子之事也。是故孔子曰：知我者其惟春秋乎！罪我者其惟春秋乎！」（孟子滕文公下）短短幾句話，實道盡孔子修史之動機，對史之態度，記事之準則，乃至運用歷史之方法與苦心。繼之而有公穀之明其義，左氏之述其事，使千年萬世後，引爲訓戒。庶乎孔子之道得行，世道人心得救，而歷史之作用乃得發揮無遺。不僅此也，即於當時，亦能發生極大效力，使奸人戒懼，而不敢爲非。所以孟子接着說：「孔子成春秋而亂臣賊子懼。」（同上）這就是歷史的效用。同時也反映出一般人對歷史的觀感。

晉靈公無道，趙盾使趙穿弒之而立成公。太史董狐當時即大書「趙盾弒其君」。盾曰：「弒君者趙穿也。」董狐曰：「子爲正卿，亡不越境，反不討賊，非子而誰？」後世稱董狐爲直筆，爲良太史。齊莊公無道，崔杼弒之而立景公。齊太史書曰：「崔杼弒其君！」崔杼殺之。其弟又書，崔杼又殺之。其弟又書而死。南史氏聞之，執簡而往，聞既書矣，乃返。今按：太史忠於職守，振筆直書，不畏强暴，人稱良史。其弟非史官、無職守，亦不畏勢力而代兄執筆，必使此一亂臣賊子無所逃於歷史公論。且一之已甚，而至於再，計爲崔杼而死者弟兄三人。此爲一種精神，即爲史職，亦爲正義，蓋欲以戒世人。南史氏又往，聞既書矣，乃返。其勢在必書，雖死不避，昭然可見。爲歷史、爲正義，不惜犧牲生命以與惡勢力抗。古人對歷史之觀感於此可見。崔杼之暴敢於弒君，於君無所畏；敢於殺史官，史官之弟，至再至三，於法無所畏。然其事雖暴，其心實怯。蓋怯於歷史也。怯於歷史也就是怯於公論，怯於正義。歷史代表公論、代表正義；史籍一載，立即傳遍天下，遺羞萬世。唾罵之名，永永逃脫不掉，一個不可一世的豪强，將活活被壓在歷史之下而無法翻身。大家都有此警惕，都極力躲避。所以雖然崔杼天不怕、地不怕，一不作、二不休，殺、殺、殺，但他對正義公論却無可奈何，也就是對歷史無可奈何。越殺越顯其膽怯。歷史的尊嚴與威力由此可見，歷史的功用也由此可見。這就是中華民族對歷史的觀感和應用。

秦趙澠池之會，秦王請趙王鼓瑟，而令御史書曰：「某年月日，秦王與趙王會飲，令趙王鼓瑟。」藺相如亦迫秦王擊缻，而使趙御史書曰：「某年月日，秦王爲趙王擊缻。」（史記廉頗藺相如列傳）我們由此一故事得知下列數事：

一　國君外出，史官隨行，隨時記事。

二　以歷史爲外交戰，以外交勝利增光國史。

三　以歷史汚點恐嚇敵國，表現彼此均重視歷史。足見歷史與政治相通。

秦始皇焚書，諸侯史記尤甚。以此知秦人痛恨歷史，所恨者人據歷史以非秦政，不得一意孤行。此其一。諸侯雖滅，有歷史在，即念念不忘於復國。是歷史與國家興亡有關。則民族國家欲進展、欲復興，必乞靈於歷史。則歷史爲民族國家之靈魂，二千餘年前已有此認識，行此毒辣手段。無怪今之滅人國者必先滅其歷史，而欲民族復興者必發展歷史教育也。

漢高祖定天下，數問羣臣漢所以勝秦滅項之故。並令陸賈歷叙秦所以失天下，吾所以得之者何？及古成敗之國。陸生廼粗述存亡之徵，凡奏十二篇。每奏一篇，高帝未嘗不稱善。左右呼萬歲！號其書曰新語。今按：高帝出身微賤，不識詩書。而獨於歷史饒有興趣，屢屢檢討得失，備述其成敗興壞之故。以此見歷史之魔力，有不可忽視者。

唐太宗是舉世共仰的聖君，人人知道；他何以能作到聖君，則未必能人人知道。袁樞的通鑑紀事本末，曾把唐太宗與羣臣講論治道的言語與事實輯爲「貞觀君臣論治」篇，備載其援古證今，苦心求治之言論。今讀其文，實十九以歷史爲鑒戒。如「與羣臣論周秦修短。蕭瑀對曰：紂爲無道，武王征之。周及六國無罪，始皇滅之。得天下雖同，人心則異。上曰：公知其一，未知其二。周得天下，增修仁義；秦得天下，益尙詐力，此修短之所以殊也。蓋取之或可以逆得，而守之不可以不順故也。瑀謝不及。」今按：此不僅在評歷朝得失，實以其得失爲鑒戒，蓋太宗修行仁義，節用愛民，即以周秦往事爲教也。又「謂公卿曰：昔禹鑿山治水，而民無謗讟者，與人同利故也。秦始皇營宮室而民怨叛者，病人以利己故也。夫靡麗珍奇，固人之所欲；若縱之不已，則危亡立至矣。朕欲營一殿，材用已具，鑒秦而止。王公已下宜體朕此意。由是二十年間風俗素樸，衣無錦繡，公私富給。」又「上謂房玄齡曰：爲政莫若至公。昔諸葛亮竄廖立李嚴於南夷，亮卒而立嚴皆悲泣有死者。非至公能如是乎？又高熲爲隋相，公平識治體，隋之興亡繫熲之存歿。朕既慕前世之明君，卿等不可不法前世之賢相也。」類此言論，不一而足。且時時稱引隋煬帝事以爲戒。太宗能取資於古人古事以自克制，以資效法，國焉得而不治？且勉勵羣臣，謂「朕既慕前世之明君，卿等不可不法前世之賢相。」虛懷若谷，勤求治理，完全師法古人。可謂最能運用歷史教育的聖君。因此吾人如謂貞觀之治爲歷史所促成，亦不爲過。則歷史之功用彰彰在人耳目，要在後人之能否虛心接受，善爲運用耳。太宗之爲聖君，唐之爲盛世，豈偶然哉？由太宗之事，吾人有深感焉！

司馬光撰資治通鑑，就書名即知其書撰著之動機，以及撰寫之體例。所謂「資治」即藉歷史而爲政。所謂「通鑑」即以歷史爲明鏡而師其成敗得失之教。朱熹更因通鑑而作「通鑑綱目」，效春秋之義以教後世也。明代袁了凡王鳳洲又因朱子通鑑綱目而撰「綱鑑」，則並綱目與史鑑而爲一，皆明標史意而爲書者也。由上種種事實綜合觀之，則中華民族於歷史之觀感與運用，可謂闡發無遺，視爲神聖，亦應用備至也。

我國歷史沿用紀傳體，二千年不廢。此可表現中華民族一種民族心理。蓋紀傳體者，以人爲主，反映中國文化之人文精神。亦即在歷史演進上以人爲中心，也就是認爲歷史是人創造的，人在歷史中是主角。盛衰興亡都是人的因素所造成。無形中對「人」給予一種責任感。這應該說是中國史學上一種內在的精神，富有教育作用。

八 結 語

人的生活猶如走路，路在前面，眼睛要向前看。歷史是往事，在後面。中國人重視歷史，頭腦中時時不忘歷史。猶如兩脚向前走，兩眼却時時向後看。表面看似乎前後顚倒，少前進之勇。實則不然。因爲人生的路其長無盡，前後相接。所謂人生，既不能前後斬斷，使上下不相接，更不能脫離人羣而各自獨立，孤懸在世界上。每一個人都是人羣中一份子，每個人就必須在大的人流中繼續向前生活下去。是權利，也是義務。未來的路在前面，要我們走；歷史是過去人走過的路。這一條大的人生道路，前後爲一，不能脫節。這樣，走路的人便必須既向前看，又須時時向後看。要看方向，看脚步，看路上的絆脚石，更要看崎嶇艱險的路前人如何走過？甚麼人跌倒？甚麼人陷於泥淖？甚麼人平安穩妥的走上康莊大路？人生的路不比街上的馬路公路，這條路甚爲難走。所以走這條路要受教育，要接受前人經驗。歷史就是教育，就是前人的經驗。我們重視歷史，便是接受教育，接受經驗。這樣可以避免跌倒或走錯方向，誤入歧途，因而身敗名裂，誤國誤民。只有師心自用的人才橫衝直撞，只看前而不看後。這種人最糊塗，也最可憐。只有肯虛心接受教育，接受經驗的人才是眞正的聰明人。唐太宗最聰明，最肯虛心接受教育，接受經驗，所以能作成最英明的聖君。不僅他一個人成功，天下蒼生皆受其賜。又不僅當時人受其賜，億萬世的後代都受其賜。因此我們說，只有聰明人才肯接受歷史教訓，中華民族最重視歷史，史學最發達，最能接受歷史教訓，所以中華民族是世界上最聰明的民族。

就人講是如此，就事情講，也離不開歷史。一件事的發生，看似偶然突發，實際有它深遠的根源。換句話說，世界上沒有無因的果，也沒無果的因。種瓜得瓜，種豆得豆。人事上的因果在歷史上結算得清清楚楚，一絲不爽。想結果必先種因，種了因必定結果。種好因結好果，種惡因結惡果。明眼人看見種因，便能預知其果。諸葛亮料事如神，便是在因果上着眼。也就是在歷史上由過去推知未來。江統見魏晉以來外族內移，而中原政教不修，料必爲亂，因著徙戎論，建議外徙夷狄。政府不能用，未十年而五胡亂華，人服其遠識。周初修德立教而祚永，强秦積暴而速亡。諸葛亮在隆中已料定天下三分。漢高祖得天下必檢討成敗得失之故。所以就事而論，欲把握事局，預防禍亂，爭取勝利，必取資於歷史。諫臣與帝王面折廷爭，也十九引古事以立言。取資史教貴乎在事前，在事前可以防患於未然。在事後僅能在得失上增加經驗，而無補於事局。司馬光爲資治通鑑，人譏其爲帝王課本，我則以爲其功勞即在爲帝王編課本。帝王而有課本，可得史教，而惠澤可普及於蒼生。其功效宏偉而深遠。今天的政治家仍有此項需要，理之在天下，無閒於古今也。

站在文化的立場，可以說文化與歷史是不能分開的。文化賴積累而有進步。積累靠歷史，歷史發達足以促進文化。捨歷史，文化將無所托而存，無所資以進。中國歷史隨文化而創始，中國文化隨歷史而繼進。有相輔相成之功，互相促進之力。所以講文化不能離歷史，講歷史也不能離文化。歷史與文化實中華民族自創的光輝燦爛精神績業。民族生存發展，就靠這些精神績業爲之支持促進。過去如此，今後仍然如此。這兩大力量實爲構成民族的內在條件。捨歷史與文化，則民族失其所以爲民族。煥發不出民族精神，也不能形成民族主義。所以爲救民族救世界，必發展歷史與文化。過去的責任在古人；今後的責任則在今人與後人。

我中華民族自遠古即開始搜集史事，先在口頭傳授，繼乃創造文字，更進一步撰著史籍。又不僅能記錄史事，且能研究發展，建立史學。又能發揮歷史效能，普遍養成對歷史之神聖觀感。用能至今留有四千年斑斑可考之歷史，銜接不斷，年月日記載詳明。就內容論，則由中央而地方；由政府而民間；由天文地理政經大端而至人民生活細微末節；巨細靡遺，無不具備。論史籍，代代相接，浩如煙海。論史家，繼踵而在，數不勝數。論史體，面面俱到，完備無缺。論史職，則政府設史官，而民間則史學大家自願以畢生之力從事於史業，用能恢宏其事業，推廣其效益。四千年來，不僅史蹟輝煌，歷史績效之著於國計民生、政治風俗者，彰彰在人耳目。似此民族，求之世界，未見其匹。民族前途之光明，命運之悠久，只此即爲可靠之保證。

民國以來，學術勃興，考古學、人類學、生物學，均極發達。都有助於古史之研究。史學本身亦因接受西學而進入新階段。史學研究與歷史教育之提倡推行不可謂不盛。惟如進一步追問，則有許多現象並不理想，似仍有待於認眞加强，切實努力，以求實效。即如各級學校雖均有歷史課程，但列爲副科，鐘點既少，又與世界史平等看待，無輕重主從之分，失去民族立場。其結果大學畢業生並不能對民族往蹟源源本本，如數家珍。於文化之本質尤缺乏認識。於古人古事古書，以及盛衰興亡之故，大率瞠目不能對。因而民族精神不能煥發，歷史文化不能繼長增高。有些人引述古事，解釋古史，亦不免浮淺或謬誤。此其一。自共產主義共產黨猖狂以來，一面歪曲事實，顚倒黑白，以遷就其理論，一面創造若干名詞妄爲比附。竟使國史在國人腦中蒙一煙霧，改變面目。此其二。歷代修史無不以勝朝修撰前史，其立場即以新朝爲立場。雖本爲寇盜，及至開國稱孤，掃平羣雄之後即爲眞命天子，成爲正統。入民國後，依例設國史館，並以豁達大度之精神，以清朝遺臣任清史之修撰，無如館長趙爾巽等竟昧於民族大義，反以寇盜稱　國父孫中山先生以及革命先烈。在中國史業上成爲奇恥！此其三。史學之研究雖盛，但革命成功，尚未見有像樣之革命史；抗日戰爭勝利，亦未見有像樣之抗戰史。中華民國開國五十餘年，既未修整清史，亦未着手撰著民國史。於史書體裁未有創新。地下遠古史料不斷出土，使國史不斷向上延伸，歷史知識不斷增加，但並未見有新史籍出現。此其四。史料隨地散失，未見有收集保管之處所。古蹟隨時遭受破壞，亦乏保護之道。目擊心傷，愛莫能助。此其五。凡此種種，均有待於今人之努力者也。

作者按，關於中國史學已本此基礎，加以擴充，撰成中國史學概論，臺北維新書局出版。可參看。

補錄　中國歷史之新境界

截至民國五十八年二月，本書付印時止，中國歷史上展現一新境界。不禁使人心境一廣。

第一，五十七年八月，黎東方先生新著「細說史前中國」出版。他在自序中說，「我們不應該再說，中國有五千年文化。中國人的文化從懂得用火的北京人算起，已經有了四五十萬年。四五十萬年以來，由於列祖列宗不斷地努力於創造及吸收，中國文化才達到今天的程度。史前的歷史比史後的歷史長，其重要性不亞於史後的歷史。」我非常同意他此項見解。我們分明已有五十萬年的歷史，何以自己必定自己把它縮短到五千年？又必定以有限的文字爲限？我們今後應該大膽的說，我中華民族已有五十萬年的歷史。在時限上要由五千年向上延伸，至少延到「北京人」時代。

第二，近年在臺灣省迭有遠古時期遺物由地下掘出。最近即在本文着筆時，臺灣大學教授宋文薰先生就正在臺東縣發掘，所得史前期遺物已很豐富。這還不算，據在台的歷史學家，考古學家考證，說在臺發現的遠古遺物，與在大陸上所得同屬一系。可證在遠古時期，臺灣與大陸本相連接，成一塊土地，中間並無海洋之隔。有海洋是滄桑之變的結果。由這一事證與這一推斷，又使我們心境爲之一廣。自此我們應該在地域上將大陸與臺灣島打成一片，合爲一體。這些土地，都是列祖列宗所經營開闢；這些人，都是我們一家。自此我們的歷史在地限上也爲之擴充加大。

第三，歷史知識的獲得，並不僅靠文字，也要靠實際文物。現在就憑近年由地下出土的遠古遺物，已可斷斷續續求得史前期文化發展之階段，以及遠祖生活的概況。此皆前人所未見，而今人得所憑藉者也。這又是使我們在資料限上加以擴展，不斤斤以能見的文字資料爲限，以致將遠古若干萬年歷史遺棄。

第五節　中國之文學

中國文學質優而量大，即由周朝算起，已浩如煙海，不可卒讀。就內容論，亦美不勝收。它是由中華民族血淚與歡欣熔鑄而成，是民族的精神遺產。在這裏表現了民族性格，民族精神，和文學上的能力。它供給了不少民族活力，對民族生存發展，文化進步，影響極大。不可等閒視之。本文僅能略述其梗概，標舉其特點，以見其一斑。不能詳也。

一　中國人心目中之文學

中華民族是愛好文學的民族，也是長於文學的民族。中華民族自有文化即有文學。文學的起源，先在口頭，後着文字。更後始有作品傳於後世。由原始文學完全有韻，可以推知先在口頭。由原始時期艱於書寫，易於散失，可以推知使用文字很久以後，始有作品傳於後世。換句話說，在我們今天所能看到最古的文學作品以前，老早就有文學了。確切年代無法知道，至少當在四千年以上。因此我們可以說，中華民族文學是世界上最早的文學。也就是說，我們老早就生活在文學藝術中了。

文學是人類生活的內心反映，是一種精神作用。出於自然，無所企求。生活上的情趣由內心的衝動，藉口頭或文字流出。流出之後，即心滿意足，躊躇滿志了。愈出於自然，愈表現純眞的本色。文學之所以可貴即在此。旣經表出之後，在口頭的，便會有人聽見；在文字的，便會有人看見。因爲凡屬同類即心有所同然，喜則同喜，憂則同憂，這樣就會發生一種感染作用，在心中起共鳴，在口頭即隨之歌咏誦讀，與作者心靈相應和。詩大序說：

詩者，志之所之也。在心爲志，發言爲詩，情動於中而形於言；言之不足，故嗟嘆之；嗟嘆之不足，故永歌之；永歌之不足，不知手之舞之，足之蹈之也。

這段話講文學的起源最眞切，形容盡了作者的心理。其實讀者的感應又何嘗不如此？讀到好的作品，也一樣要一唱三嘆，咏歌之，手舞足蹈之。這樣文學之於人，就有了兩種作用：一是發表，在作者；一是吸收，在讀者。發表是內心的傾吐，吸收是心田的滋潤。一由內而外，一由外而內。都成爲人生所不可少。就文學言，發表就是創作，吸收就是欣賞。在最初，創作者只求傾吐，並不要求有人欣賞。假如在精神上與人相交通，乃至相感應，猶如心聲之起共鳴。則不求償而得償，心靈上別是一番滋味。就生活言，精神上有發洩，也有吸收，情緒得到正常發展，不致鬱結於胸中，對精神生活是大大有益的。也正如生理上對空氣，有呼有吸，對飲食有食用也有排泄。如更就人格感染而言，純眞的文學就是精神上的滋養。因爲眞的必善，善的必美。吸收眞善美的滋養，對人生自然有益。中國人喜歡文學，就像多了一個吸收營養的胃口，對民族文化而言，是有無形力量的。

我們對於文學不僅愛好，能創作，能欣賞，也能由瞭解文學對人生的價值而創造文學理論。前引詩大序即其一例。孔子可以說是最早的文學理論家，同時也是實行文學教育的教育家。他力主人們必須學詩，不僅說明文學的性質，也說明其功用。所以孔子教人，有文學一科。雖然這裏所謂文學是廣義的，但包括詩歌等類純文學在內，則無可疑。總之，我們可以說，在中國人心目中，文學不僅在人類生活上爲不可少，與政治也相通，對教育也有極大作用。

基於以上種種因素，中華民族的文學特別發達；作品多，內容好，水準高。並且在體裁上變換無窮，常予讀者以新口味，予作者以新出路。這樣，就雖多而不厭。雖在極盛之後，仍有高峯可創。

二　從中國字說起

一個先天條件足以促成中國文學之發達，即中國文字最適合於文學上使用。中國字是單音單字，各個獨立，最便於文學上應用。一字兩字可以成句，一字兩字也可影響全篇。每一字有音形義之別，也有詞性之分，但這些字音字形字義，乃至於詞性，又並非固定不變，而可以變換使用。音可以變；平上去入即字音之變。音變義亦隨之而變。亦有時音雖變而義並不變，所謂諧韻讀即是。字形變，由字體演變以及加偏旁可以看出。字義變，可由上下文看出。古代字少，一字數用，即隨文義而作不同解釋。其中變化最多，又最富文學之美的莫過於字音。利用字音可以押韻，也可以利用平上去入四聲調諧文句音調之美，使它讀起來鏗鏘頓挫，高下疾徐，富有音樂價值。不僅可以朗朗上口，並且聽起來可起美感。如再在文句上加以諧調，或整齊劃一，如詩；或長短錯綜，如詞曲。則拉起調兒一念，已經成爲音樂。再加上優美的文句，豐富的內容，就成爲極美的文學藝術。短篇的詩詞，長篇的賦和四六排偶的駢驪文，這類文體，其價值首在音韻，其次才在內容。但必搖着頭，拉着調，慢慢咀嚼吟咏，才能得到它的妙處。假如再能配上樂器，隨聲伴奏（如詞曲），那就使讀者聽者如醉如癡，心領神會，一切俱忘，不知不覺隨聲而起，而興奮鼓舞，而哀惋垂淚。文字之功用，至此而入於化境。但恐只中國文學有之，西方文學未足語於此也。

說也奇怪，我們中國人不僅愛好文學，也愛好音樂。我們祖先重視音樂，深得音樂藝術的妙用。不僅在生活上利用音樂，在文學上也老早利用音樂了。詩經每首詩都是歌，歌就可以唱。有的是樂歌，有的是徒歌。樂歌就是有樂器伴奏的，徒歌就只在口頭，無樂器伴奏的是徒歌。國風如此，雅頌更如此。尤其頌是在典禮中歌唱用的，一定有莊肅的大樂隊伴奏。詩經如此，詩經以前是否也如此，雖不能確知，可能早已有了。詩經以後，則文學音樂有時分途，有時合流。漢朝的樂府詩，唐宋的詞，元的戲曲，明清的傳奇，都明明白白知道是文學與音樂凝為一體，二者凝合之後，文學的價值高了，音樂的價值也高了。文學得到音樂，猶如美人而着盛服。音樂得到文學，猶如軀殼得到靈魂。相輔相成，相得益彰。就文學而論，增加藝術價值不少。

三　是思想，是情感，也是生活

文學必須有內容。文學的內容就是思想，是情感，也是生活。文學的創作是為了發表思想，抒放情感，表現生活。雖不為表現作者個性而創作，但無意中却把它整個流露出來，使讀者讀其文如見其人，如見其笑貌，聞其謦欬。此外也有以文學講道或言事的，屬於應用，但也有文學價值。

這裏所謂思想是廣義的，指蘊蓄於內心的一切。這些蘊蓄於內心的一切，有的欲求人知，也有的只求傾吐。如骾在喉，吐出即快。應用文這裏不講，只講為文學而文學的作品。在中國文學史上有詩言志與文以載道兩種主張，也就是兩派作風。文以載道派是要藉文學以載道，以救世為懷抱。就載道救世而言，其動機善，其用心苦。就文學言，則屬於應用。因為它是為達成某種目的而寫作的，不是純文學。要講純文學，應以詩言志派為正宗。此所謂志，也是廣義的；內心的一切都屬於志。都自然而然要求傾吐。前引詩大序說是也。這樣文學就極其自由。文學愈自由就愈能眞，能深，能自然，也就愈美。詩詞就是這類作品。中國人文化程度高，生活內容豐富，並且有思想，有意見，更富有情感，所以文學最發達。而文學中又以詩爲最發達。因爲詩的體裁最適合需要，篇幅短，貴乎精純不貴乎鋪張，所以最能作到純眞、深厚、優美的地步。這樣就耐人尋味，使人一唱三嘆，手舞足蹈，並且百讀不厭。因此中國詩最多，最好，最受人歡迎，歷史也最悠久。

文以載道雖然有所爲而爲，不如詩言志的自然與純眞，但這道並不是任何人所能載。必須有深的瞭解，大的熱誠，再加以成熟的技巧方能成功。言之不文，行之不遠。也就是非有豐富的文學成份不易爲人接受。因此好的載道之文也一樣有文學價值。換句話說，沒有文學價值的文字雖欲載道而不受人欣賞。孟子爲載道之文，其文人人愛讀，久讀而不厭。其效益自宏。韓愈的文載道，其文亦受人歡迎。好的載道之文有文學價值，人爲讀其文而得其道。言之文，行之自遠。

又有一種文不載道而載事，史文是也，記叙文是也。這些文雖爲記事而作，但更需要文學條件。假如文學技巧不够高，則寫人成死人，寫事爲死事。即寫景也不能刻劃入微，引人入勝。同樣的史書，人願讀史記；同樣的傳記，人願讀項羽本紀。這完全由文學條件所造成。因此我認爲司馬遷不僅是第一流史學家，也是第一流文學家。大文學家能使死人不死，能使如煙的往事復現於讀者眼前。尤其是寫景，本是無生的靜物，但到了文學家手裏，它便有了生命，有了動作，也有了意態。使讀者歷歷如見，栩栩如生。從作品中得來的是一幅一幅的圖畫，美麗的景象，而不是靜止的文字。也就因此，寫景的文字不能滑口讀過，必閉起眼來想，想它的景象，想它的情態、色調……等等。想過之後，這景象便印入讀者心靈，盤旋想像，久久不能去。這就是文學家的本領。

四　所謂風格

文學講風格，一時代有一時代的風格，一個人有一個人的風格，一個地區又有一個地區的風格。詩經是詩經，楚辭是楚辭。詩經作品混不進楚辭；同樣，楚辭也冒充不了詩經。漢賦與駢驪文不同，唐詩與宋詩也有分別。即或同一時代，同一文體，每個作家也有他獨特的風格。李白就是李白，杜甫就是杜甫。王維孟浩然喜歡描述田園生活，白居易則與鄉下老太婆田舍翁打成一片。陶淵明和酒結了不解緣，謝靈運則放情於山水。寫邊塞詩的有岑參高適，最愛掉眼淚的應該算是李後主。至於把一腔熱血灌灑在憂國憂民上的則特別多。從屈原到杜甫，岳飛，陸游，黃遵憲，……幾乎數不勝數。又有一些人專以刻深隱晦，使人不解爲能事，唐朝詩人李商隱，清末民初文人章太炎都有此癖。這只能算是一種怪癖，不足爲訓，也不能作中國文學作風的代表。

詩經最純眞，最質樸，旣表現上古時代的民風，也富有黃河一帶的地方色彩。誠於中即形於外，不隱諱，不雕琢，自然而然，爲最具自然美的文學。因爲先在口頭，或本來只在口頭，不着文字，所以文句簡短，有韻，並且大部份迴環反復，往往一句重疊，至再至三。文句重，字亦重，其實內容意義也有很多重而又重，前後數章，僅小變其文，實際並無多大出入。押韻更隨便，不一定押在句尾。句中間也可以押。以見其只求口順，不拘形式。例如小雅巧言章就是，「奕奕寢廟，君子作之；秩秩大猷，聖人莫之。他人有心，予忖度之。躍躍毚兔，遇犬獲之。」

詩的內容以抒情爲最多，抒情中又以傷別爲最多。王風君子于役章可爲代表。「君子于役，不知其期。曷至哉？鷄棲于塒。日之夕矣，羊牛下來。君子于役，如之何勿思？君子于役，不日不月，曷其有佸？鷄棲于桀。日之夕矣，羊牛下括。君子于役，苟無饑渴？」這是對久出在外的家人一種思念之情。如對政治社會有不滿，也一樣赤裸裸說出，並無任何顧忌，例如，「不稼不穡，胡取禾三百廛兮？不狩不獵，胡瞻爾庭有縣貆兮？彼君子兮，不素餐兮。……」（魏風伐檀）這是認爲社會不平，對政治的一種反抗，或說是一種控訴。其坦率大膽可以想見。眞誠不隱諱亦可想見。

詩經是短篇，楚辭是長篇。短篇便於歌唱，長篇只合吟咏。詩經多重字重句，一唱三嘆，迴腸蕩氣。保留極濃厚的口語成份。楚辭則信筆直書，上下連貫，表現文學篇章成份多。雖亦有韻，但不嚴格，不明顯，接近散文和賦。他們抒情不像詩經的赤裸直率，喜歡設譬。往往以美人香草比君子，以雜草比小人。風格上顯然不同。

賦者鋪也，鋪就是鋪張，鋪張就是小題大作。分明一句話可以說完，偏要說上十句八句。作風上與詩恰恰相反。詩是要把長文縮短，鬆東西壓緊。不僅擷精取華，甚至滿腹牢騷，却只三言兩語給讀者一點消息，話則留在肚子裏，讓讀者自己回味，揣想，慢慢咀嚼，欣賞。賦所給人的是富麗，堂皇，熱鬧，誇張。表現的是想像力，採用的是譬喩，故典，和豐富的詞彙。張衡兩京賦，左思的三都賦，都要經過十年以上的構思，這就表示其辭藻的雕琢，故典的堆砌，非長時間的考究不爲功，絕非一朝一夕所能完成。這樣的作品顯然不是一般人所能作，也不是一般人所能讀。

講慢是張衡左思了，要講快，則西漢有枚乘東方朔都以快速聞名。但就快言快，任何人不能超過曹子建了。兇狠的哥哥曹丕，逼他七步之內成詩。當面出題，當場考驗，脫口而出，略不思索，即成佳章。這就是千古傳誦的七步詩：

煑豆持作羹，漉豉以爲汁，箕在釜中然，豆在釜中泣。本是同根生，相煎何太急？（一本作四句：

煑豆燃豆箕，豆在釜中泣。本是同根生，相煎何太急？）

詩不僅在七步之內作成了，且寓意深刻有力，使忌妬兇狠的哥哥不能不內流慚汗，外有愧容。就詩言詩，爲成功之作；就快言快，不能再快。與張衡左思恰成兩極端之對比。這是中國文學家的特色。

講到駢驪文，應該算是天下最美的作品了，它的美是多方面的。它是把中國文字中文學條件運用發揮到最高點的作品。單音單字的方塊字，音形義的變換假借，散文的篇幅，賦的技巧，詩的內容，音樂的韻律，繪畫的境界，乃至文人豐富奇妙的構思力量，各種優點，熔鑄於一爐。這樣作成的文章，美是美極了！我眞不相信，天底下再有那種文字，那種文學作品，能有這樣完備的條件。

駢文的字句整齊，或四四，或六六，或四六四六。聲調必須配合的好，讀起來才響亮，例如四四是平平仄仄，仄仄平平。六六是平平仄仄平平，仄仄平平仄仄。四六是平平仄仄，平平仄仄平平；仄仄平平，仄仄平平仄仄。也有時加一字成七字句，算是一個墊字。讀的時候墊字讀輕聲。如再接下去，也可以變換，成爲平仄平平，平仄平平仄仄；仄平仄仄，仄平仄仄平平。不要作文，只這平仄歌訣一念，已經是音樂了。其次是對仗。名詞對名詞，動詞對動詞；顏色對顏色，數字對數字。此外如人名，故典，譬喻，無一不對。這樣對好了，就不僅讀起來是音樂，看起來是圖畫，講起內容意義來，也無不前後對照，彼此切合，內外相映。就好像許多古人古事，乃至天地間萬事萬物，都是爲文人準備好的資料，專等作者拿來連貫配合，成爲文章。極盡其巧妙的能事。所謂「文章本天成，妙手偶得之」簡直道盡了中國文學的妙用。非富有經驗的成功文學家那裏說得出這樣妙的言語。

要擧代表作家，我認爲初唐的青年作家王勃，算是後來居上了。沒有人再超過他。要擧代表作，滕王閣序應該壓卷子。這篇文章把駢驪文的優點發揮到極致。序事、寫景、說理、抒情、都作到充份滿意。並且在衆賓客宴會席上逼着寫，這位青年作家却從容不迫，自由自在，把肚子裏的文章順着筆向外流。不加點竄，自成佳章。這樣的能手，簡直傲視古人，不讓曹子建專美於前了。只可惜他才高命短，二十九歲就死了！他這篇文中不乏千古名句，例如：

雲銷雨霽，彩徹區明。落霞與孤鶩齊飛，秋水共長天一色。

寫景寫到這種程度，還有甚麼話說？他不僅把活東西寫活了，死東西也寫活了。本無生命的靜物，也給他以生命，也給他情感。這樣，一片雲霞就和飛鳥作了朋友；上面的天，和下面的水，也打成一片。動的象，靜的景，美麗的畫面，秋日晚晴的清涼之感，都在這兩句話中表現給讀者。我們能不佩服這駢文能手！無怪古今文人都同聲讚美，認爲千古絕唱了！

下面一段把許多古人提示給我們。替他們惋惜，爲他們不平。感慨中有生機，敘述中有教訓。使我們讀了，既同情古人的遭遇，又鼓舞後人的生機，加强我們的意志，增進我們的信心，他說：

嗟呼！時運不齊，命途多舛，馮唐易老，李廣難封。屈賈誼於長沙，非無聖主；竄梁鴻於海曲，豈乏明時？所賴君子安貧，達人知命。老當益壯，寧移白首之心？窮且益堅，不墜青雲之志。酌貪泉而覺爽，處涸轍以猶歡。北海雖賒，扶搖可接。東隅已逝，桑榆非晚。孟嘗高潔，空懷報國之心；阮籍猖狂，豈效窮途之哭？

讀了這段文，不禁使貪夫廉，懦夫有立志。滿腹牢騷，却映出一片光明景象。他以四六對偶的文句把這複雜的情緒托出，嚴肅中有美感，枯燥中有趣味，失意中有教育，無怪乎古今傳誦，傳爲美談了。

五　甚麼叫意境

古風詩到了謝靈運陶潛，創造了高峯。謝的山水，雖稱頌於文壇，終不及陶之恬淡，得自然神韻。謝的最得意文句爲登池上樓詩「池塘生春草，園柳變鳴禽」。但此詩苦思竟日不能成。夢見其弟謝惠連，始於夢中得「池塘生春草」之句。靈運自謂得神助，非吾語也。可見好文章乃於無意中得之，苦思無益也。今人所謂靈感是也。

陶詩之美不在偶得一二佳句。而在意境之高遠。由恬淡中見神韻。他不用苦思雕琢字句，而等待詩自己來。來了再向下寫。要把覺睡醒，把酒喝足，詩才能來。他的詩表面上所見是自然，恬淡，閒適。透過表面看裏層，則有一種意境。這意境高遠，能把讀者領到另一世界。過着超脫，高尙，絕俗的生活。「結廬在人境，而無車馬喧。問君何能爾？心遠地自偏。」在人境結廬，不出世，不涉宗教也。車馬喧是俗務，世俗中人所追逐。雖人境中結廬而居，但無車馬之喧囂，雖不出世而絕於俗務，潔身自好也。這便是一種意境。如何方能達此意境呢？心遠地自偏。言身在塵俗，而心却在超俗之境，則雖身處凡俗亦如仙境，不出世亦如出世也。也就是自己在世俗中闢一超俗之境也。「采菊東籬下；悠然見南山」這兩句是大家公認爲最上乘作品，不僅可作陶詩代表，即在數千年中國詩壇上，也可傲然獨立而無愧色。這兩句詩的妙處在接上文描述人間仙境的生活，是這般安閑，恬淡而又自然。東籬下是沒有車馬喧的人境。采菊不是爭名奪利的擾攘。菊花又是不與羣芳爭盛的隱逸之花。在東籬下采菊，是一種無所求的生活，無所爲的生活。以無所求於世的人，過無所爲的生活，是一種超脫境界，是一種吾忘我的境界。忽一抬頭，却見南山即在眼前。有人問他，南山自古却有，何事此時才見？此一問在我覺得顯然不是陶公知己，是陶公知己不問這問題。假如要我替陶公回答，則我認爲他不是此時才見，而是忘。連自己都忘了，何有於身外之南山？今天猛抬頭看見南山，當可想起這是老朋友。不過今天之見是「悠然」，妙就妙在悠然。悠然就是無所爲而爲，不知不覺中看見，不是爲遊山玩水而去看山，他不是「看」，而是「見」。見與看不同。見可以悠然而見，看就不能悠然了。只這兩句詩，就把人提到另一世界中去，到這時，詩就不只是詩，而也是哲學，而是人生另一境界。詩裏面能寄托哲學思想，含蘊無窮的人生意義。這是中國文學的精神價值。

「山氣日夕佳，飛鳥相與還」，這是見山之後，就山講山。這座山不是唐朝的終南山，也不是歷代帝王封禪的泰山，文人墨客遊覽的廬山，而是人跡罕至的南山。與這僻靜的南山相往還的，只有飛鳥，而沒有遊客，更沒有行封禪的帝王。要找人，恐怕只有酒友陶淵明了。「此中有眞意，欲辨已忘言。」自己忘了，山也忘了，何有於言？但這無言之言却是說不盡，講不完的言。這又是哲學，又是人生，同時也就是詩。這才叫詩，這才叫好詩。說得盡，講得完的言不是好詩，好詩是無言詩，是以微言含大義的詩。亦如陶公彈琴彈無弦琴。無弦琴不能出聲，但這不出聲音的音樂，却是聲音最完全的音樂。此與其無言詩有一貫相通之處，所以就詩論詩，必定要有含蓄，有含蓄才耐人尋味。一覽無餘的詩不能抓住人，不能在詩壇立足。陶公這首飲酒詩不僅詩作的好，對中國文化，對人生哲學，也有極大功勞。

宋朝辛稼軒塡過一首詞，用醜奴兒牌子，原文是這樣的：

少年不識愁滋味，愛上層樓，愛上層樓，爲賦新詞强說愁。

而今識盡愁滋味，欲說還休，欲說還休，却道天涼好個秋。

這首詞最忠實，前半闋說明了爲作詞而作的詞，爲了作詞而無愁找愁，這愁當然是虛假，是無病呻吟。無賴的文人不乏此類人物，此類作品。這樣的詞既不眞，自然不深，更談不到美了。此詞下半闋則說盡了詩詞的眞正意義。他到這時已識盡愁的滋味，也就是歷盡了滄桑，受盡了折磨和苦難。無限的辛酸充滿於胸中。但從何說起呢？怎能說得盡呢？又對誰去說呢？想來想去，還是不說吧。於是搖着頭，拉着調，低聲唱着「好個淸涼的秋呀！」這一聲低唱無一個愁字，無一點內容，但却够人咀嚼若干時日了。這才叫文學，才叫好文學。這是過來人說的過來話，說的眞心話，內心深處話。唱戲的，作小說的有所謂「滿懷心腹事，盡在不言中」，就是此理。前述陶潛詩即其一例。所以他的詩大家愛讀，今天讀，明天還要讀。讀了一千多年還是在讀。這就是所謂韻味。

六　豪壯之杜甫

杜甫到底不愧為詩聖，他的優點多，造詣高。他具備所有詩人的條件：熱誠，眞實，工穩，學問豐富，想像力强。加以國難家仇，不安定的行蹤，使他的生活充滿了波瀾，顚困，艱難險阻。這都是幫助他文學成功的條件。我喜歡他的熱情，他的眞誠，但最為欣賞的則是他在詩中給我的意象，是那麼大，那麼高遠，足以開擴胸襟，使人開展，心境寬鬆，氣量宏闊。例如後出塞之二：

朝進東門營，暮上河陽橋。落日照大旗，馬鳴風蕭蕭。平沙列萬幕，部伍各見招。中天懸明月，令嚴夜寂寥。悲笳數聲動，壯士慘不驕。借問大將誰？恐是霍嫖姚。

這首詩描寫出塞遠征之軍中景象。時間似是在深秋夜晚。「落日照大旗，馬鳴風蕭蕭」兩句一寫所見，一寫所聞，都是軍中事物。讀這兩句詩，閉目一想，便遠遠望見落日的斜暉映射在營門外迎風招展的大旗之上。軍中戰馬引頸長嘶於秋風颯颯之中。氣象是如何之大！讀其詩宛如身臨其境，精神為之一振，心情也隨之而壯肅。「平沙列萬幕，部伍各見招」寫廣大的平原上排列着望不到頭的營幕，而部伍各有所屬，秩然有序，雖多而不亂。只有頭上明月高高懸掛在天空。本來一片營幕駐紮荒野，並沒有甚麼希奇，但他用「平沙列萬幕」一語說出，便給我們一幅偉大的景象。以「中天懸明月」襯托「令嚴夜寂寥」，便覺既靜肅又高遠，分外覺得大。又如旅夜書懷一首：

細草微風岸，危檣獨夜舟。
星隨平野闊，月湧大江流。
名豈文章著，官應老病休。
飄零何所似？天地一沙鷗。

一二兩句細微清靜，叙述事實。三四兩句便不同了。夜晚獨坐孤舟，抬頭望見一顆一顆星星，散佈在天空，寬闊無邊。本來與地面無關，但他却把上天與下地打成一片。硬說天上的星是隨着平曠的原野而散佈的那麼寬。寫地面的平遠用天空來襯托。恐怕只有老杜有此手法。「月湧大江流」氣魄就更大。天上的月，推着地下的大江，濤濤滾滾的流。這種想像不僅奇妙，也有了生意。好像月亮有意的推着大江不斷的流。月怎樣推水？這不能問。因爲這是作者故意拉關係。不過拉關係拉到如此程度，我們眞佩服作者的能力！我喜歡杜詩，於一般文學之美外，獨在這些地方覺得那麼舒適，暢快，對身心修養都得到益處。讀這樣詩，遠比「細雨魚兒出，微風燕子斜」大氣，有益。

豪壯也是杜詩特點之一。他的前出塞詩：

挽弓當挽强，　用箭當用長。
射人先射馬，　擒賊先擒王。
殺人亦有限，　立國自有疆。
苟能制侵陵，　豈在多殺傷？

這首詩不僅豪壯，且能在豪壯中表現仁德，也表現中華民族文化精神，只在制侵陵，並不在多所殺傷。

又後出塞詩：

男兒生世間，及壯當封侯。戰伐有功業，焉能守舊丘？召募赴薊門，軍動不可留。千金買馬鞍，百金裝刀頭。閭里送我行，親戚擁道周，斑白居上列，酒酣進庶饈。少年別有贈，含笑看吳鈎。

鼓勵青年從軍，爲國立功，像這樣詩最有功效。

熱誠，眞實，親切，讀其詩如見其人，都是老杜的特點。要哭就哭，人不厭其哭。要笑就笑，人不厭其笑。春望在哭，聞官軍收河南河北在笑，哭的詩好作，笑的詩不好作。但他能使讀者跟着他哭，也跟着他笑。這不僅是作者的成功，也是中國文學的神力。讀了他茅屋爲秋風所破歌，一個窮途潦倒的慈祥老者宛然如在目前。雖然作者並不想刻劃自己，但事實上却已刻劃盡致。甚至連聲音笑貌都表現出來了。能不使我們驚嘆詩的神力！「安得廣厦千萬間，庇盡天下寒士俱歡顏。」把一腔熾熱的心腸，仁慈廣大的思想整個托出了。這和白居易的心腸宛然無二。白公的新製布裘詩，由自己得到溫暖而想到農人，又由農人推想到天下所有人。因而說道「……安得萬里裘，蓋裹周四垠？溫暖皆如我，天下無寒人。」仁者居心，千古如一也。只這幾句詩，已足使天下人精神上得到溫暖。儘管在物質上毫無用處，但文學究竟是文學，是人類精神食糧，只能在精神上發生作用，不能解決物質問題。但就這精神作用已極可貴了。

七　從肺腑中嘔出

人有眞性情，文有眞文學。眞文學表現眞性情，眞性情構成眞文學。該哭的不眞哭，該笑的不眞笑，不從內心哭，不從內心笑，也就是沒有感情的哭和笑，都叫作假性情。無病呻吟的文章，表裏不如一的文章，言不由衷的文章，都叫假文學。只有至性過人的人，大忠大孝的人，把一腔熱血，肝膽肺腑一起嘔出在紙上的才算是眞文學。這樣文學有血有肉，一字一淚，凡有血氣，莫不同情，可以不脛而走，也可以千古不滅。這樣的作家，便永久生活在廣大人羣的心靈中。文學到此境界，才不愧爲好文學。

要作到此一地步，有兩個條件：第一、要有眞性情，不作虛假事，不說虛假話。有淚才哭，無淚不勉强哭。第二、要有足够的文學技巧。性情是內容，技巧是工具和方法。有內容而有技巧，或技巧不够高，那只有打折扣。十分內容只表現三兩分。或竟整個爛在胸中，無法發洩出來。有技巧而無內容，文章作好了，也不過如商店橱窗裏的美人，有軀殼而無靈魂。這樣作品經不起考驗，不能在文壇立足。陸宣公（贄）所擬的詔敕，能使驕兵悍將感動至於流涙。丘遲與陳伯之書，能使降敵的軍閥反正歸來。這都是人所共知的故事。精誠所至，金石為開，誰說這樣文章不能抵十萬雄兵？文學的力量眞不可思議！

究竟文學何以能有這樣的神力？此無他，人心有所同然；作者能抓住人心之所同然，因而能從內心發生作用耳。

李後主的詞，李易安的詞，何以受人歡迎，大家都願意讀？就是他們充份具備上述兩種條件。論其人，有眞性情，而又偏偏遭遇悲慘，使他們有訴不完的苦，流不盡的淚。論技巧，又都是那樣成功。不僅能表情達意，甚至能化，能超，能創，而不為成格所拘。所以能運用自如，講來不着痕跡，不落窠臼。自然中見眞誠，形式中見技巧。無怪乎使人愛不釋手，情願與作者一掬同情之淚。

後主的破陣子最足代表其人：

四十年來家國，三千里地山河，鳳闕龍樓連霄漢，玉樹瓊枝作煙蘿。幾曾識干戈？
一旦歸為臣虜，沈腰潘鬢消磨。最是倉皇辭廟日，教坊猶奏別離歌，揮淚對宮娥！

前半闋自述其為帝王時生活，只是享樂，何曾識得干戈？就是何曾為國家治理朝政，安撫百姓，整軍經武？肯這樣自己招供，是一種坦白。下半闋說明其投降北上，由一代帝王變為俘虜的經過。到這時倉皇辭別祖廟，不對祖宗神靈揮淚，也不對百姓揮淚，却對宮娥揮淚。足見其平日所重者聲色之好，而非國計民生，國防政治。就文學而言，忠實赤裸，誠中形外，極盡其眞誠之能事，是最成功的文學。若就政治立場言，則這荒淫誤國的國君實在不是一個好國君。因此有人批評他說，作一個翰林學士，是一個好翰林學士；作國君，則不是一個好國君。可算是一針見血之論。

李易安是文學史上絕代女詞人。但是遭遇不好。論國事，正值金兵大舉南侵，國家喪亂，百姓流離。論家事，則正在盛年，不幸失偶，亦失同心同德的知音。尤其痛心者，數十年與其夫典衣質產所收集之金石書畫，陸續散失。一至晚年，孤獨無依，窮愁潦倒。滿腔哀怨，無可告訴。乃一傾注於文學，而其作品乃臻於上乘。韓之悼柳，有云「文窮而後工」，於斯益驗。試看其聲聲慢一首：

尋尋覓覓，冷冷清清，淒淒慘慘戚戚！乍暖還寒時候，最難將息。三杯兩盞淡酒，怎敵他晚來風急？雁過也，正傷心，却是舊時相識。

滿地黃花堆積，憔悴損，如今有誰堪摘？守着窗兒，獨自怎生得黑？梧桐更兼細雨，到黃昏點點滴滴。這次第怎一個愁字了得？

這首詞在詞的格律中屬於創格，普通人不敢這樣嘗試。在內容上可謂極盡悽愴哀惋之至。道盡了內心痛苦。就氣概言，不似出於弱女子之口。哀惋中却有强勁蒼老之氣，非能手孰能得此？

諸葛亮的出師表，讀書識字人幾乎無人不讀。讀的人無不爲之嘆惜，也無不爲他的眞情、熱情所感動。沒有人說他有半點假意，或有一字一句不是出自肺腑。諸葛亮不是文學家，但他在文學上成功了。他文學的成功，不在技巧，而在一腔熱血由筆端傾瀉而出。道義與眞誠佔滿了全幅文章。除此以外，別無所有了。但只這一點丹誠，已足千古而不朽。在作者，人格完成了，文學也成功了。在讀者，由這裏受了他的感染與教訓，瞭解了他的內心和他的爲人。中國文字類此者多，姑以此爲代表。總之，我們不要忘記，人究竟是人，人就有精神生活。物質上固有所要求，精神上也一樣有所要求。政治家能爲人類解決物質生活上問題，文學家、哲學家、教育家則能爲人類解決精神生活問題。其造福於人羣，並不下於物質。其功也並不遜於政治家。此文學之所以爲文學，人類之所以爲人類。

八　野火燒不盡，春風吹又生

中國文學富有生意，能鼓舞生機，增加生命力。更能使意志薄弱的人打起精神，衝破難關，有聲有色的向前創造進取。又能使靜者動，死者生。文學能手往往只用一兩個字，就使全幅景象活起來；一兩句話，就把生機煥發出來，也把出路指出來。

北宋的宋祁填過一首玉樓春詞：

東城漸覺風光好，縠皺波紋迎客棹。綠楊煙外曉寒輕，紅杏枝頭春意鬧。
浮生長恨歡娛少，肯愛千金輕一笑。爲君持酒勸斜陽，且向花間留晚照。

這首詞一出，一時轟動文壇，公認爲傑出之作。其實這首詞精采只在「紅杏枝頭春意鬧」一句。更具體說，就只在一鬧字。這一鬧字用的好。這一鬧，便使春意整個活起來，動起來、也就是給了他生命。因而全篇文章都活起來。人家想不出這一鬧字，而宋祁想出。因此佩服他，稱他「鬧學士」，或「紅杏尚書」（宋仕至工部尚書，翰林學士）。此外如「春風又綠江南岸」（秦觀詞），一「綠」字又動起來。作者把靜的形容詞用作活的動詞，文章便有了生意。一個字點活了全篇。反過來說，「泉聲咽危石，日色冷青松」（王維詩），一個「咽」字把死物變成生物，一「冷」字又把生意鎖住。「可堪孤館閉春寒」（秦觀詞），一「閉」字也把生意關住。文人用字，眞有不可思議之妙。

白居易詠草詩有兩句名言，人人愛讀，人人喜歡引述。證明其深得人心之所同然。

離離原上草，一歲一枯榮。
野火燒不盡，春風吹又生。
遠芳侵古道，晴翠接荒城。
又送王孫去，萋萋滿別情。

大家所欣賞的是「野火燒不盡，春風吹又生」兩句。這兩句詩所給人的是一片光明，一片生機，蘊藏着無限生意，乃至於無窮希望。和「山窮水盡疑無路，柳暗花明又一村」同具起死回生作用。都能使人鼓勇直前，死中求生，不爲環境所困。

王之渙登鸛雀樓詩：「白日依山盡，黃河入海流，欲窮千里目，更上一層樓。」這「更上一層樓」好極了，它給我們無限前途，極富教育價值，合於人類要求，所以這兩句詩成了最最通行的口語，雅俗共賞，傳誦不絕。

朱子是哲學家、經學家。他也藉詩的力量給人以思想上的啓發。他說，「半畝方塘一鑑開，天光雲形共徘徊。問渠那得清如許？爲有源頭活水來。」他讓我們常常保持清新。也就是保持生命常有意趣、有生機。不要把生命作爲枯乾的沙漠。縱或有沙漠，也要在沙漠中培養綠洲。但這生機由那裏來？這沙漠中的綠洲如何培養？那便是源頭活水。有源的活水可以源源不斷的供給我們活力。誰能用這源頭活水時時澆灌這容易枯乾的生命，誰便能保持清新，生活得有聲有色，高高興興。若問這源頭活水從那裏來？那便是哲學和文學。

人生究竟免不了逆境，有的是艱難困苦擾亂我們的心靈。到艱困來時，又用着精神食糧解決精神饑荒了。消極的是解脫，積極便是超拔。上舉陶淵明飲酒詩即其一例。「結廬在人境，而無車馬喧，問君何能爾，心遠地自偏。」是一種解脫，「采菊東籬下，悠然見南山，山氣日夕佳，飛鳥相與還。」就是一種超拔。其歸田園居第一首末兩句「久在樊籬裏，復得返自然，」也是一種解脫。癸卯歲始春懷古田舍二首之二：「先師有遺訓，憂道不憂貧。瞻望邈難逮，轉欲志常勤。秉耒懽時務，解顏勸農人。」又是一種超拔。能解脫便無苦惱，無苦惱便有生機。能超拔便不止無苦惱，更能自創境界，自闢樂園了。

蘇東坡是中國文學史上一顆明星。他的才能高，優點多，造詣深。他從政多年，但官運不佳，屢遭貶謫，受讒謗。一生鬱鬱不得志。但他能解脫，也能超拔。所以他雖然命運不濟，心情始終是輕鬆愉快的，很少發牢騷，從不愁眉苦臉。我們由作品中隨處可以看見他以笑臉迎接苦難，以嘲弄解除憂煩。最顯著的莫過於雪堂夜飲，醉歸臨皋所作臨江仙詞一首：

夜飲東坡醒復醉，歸來彷彿三更。家僮鼻息已雷鳴，敲門都不應。倚杖聽江聲。

長恨此身非我有，何時忘却營營？夜闌風靜縠紋平，小舟從此逝，江海寄餘生。

在一般人，當敲門不應的時候，最可能有兩種反應：第一、是大發雷霆，叫開門把家僮大罵一頓。第二，是徘徊苦悶，無可奈何。而東坡並不走這兩條路，却掉轉頭倚着拐杖而欣賞夜景，細聽江聲。當下解脫，當下排除苦惱，自闢樂園。詞的下半闋則竟由此更進一步。由解脫而超拔了。「忘却營營」，把人世間煩惱擺脫得一乾二淨。然後「小舟從此逝，江海寄餘生」。再沒有任何拘束，任何苦惱了。這便是超脫出的境界。

九　這才叫戲曲

中國文學另一特點是不僅能創、能因，也能變化。文體上變化，表現方式上變化，內容也變化。由四言的詩經變成楚辭，再變成漢賦、樂府詩、五七言詩。乃至於汪洋浩瀚的散文。到了六朝，又變成駢驪文。自從沈約創出字的四聲，詩的八病，而演成近體詩。又漸變成詞。在音韻聲調上增加極大美感。自此中國文學的美，幾乎有一半是在口頭。到了唐宋，文學鼎盛，散文由駢文中解放而出。獨立發展，自創高峯。近體詩發展到了頂點，便在詞上找出路。但詞的妙用到宋末已被兩宋文人發揮盡致了。一到元朝，便峯廻路轉，由詞而曲，再創新格。於是一時文人才士集中精力於戲曲之創作。而戲曲文學竟在元朝短短八十年中造極登峯，不能不算是奇蹟。不但此也，在作者直覺，中國文學到了元曲已極盡其美。舉凡抒情，寫景，叙事，無不曲盡其妙。就中國人運用中國文字而言，到了元曲，無以復加了。何況戲曲除了文學之美外，還要加上音樂、舞蹈、歌唱、……種種藝術予以配合。可惜當時戲曲的演奏我們未能看到，又可惜今天一般人對保存元曲大部份面目的崑曲，竟不肯欣賞，這豈非大大怪事！難道非電影不是藝術？難道現在的電影藝術高過崑曲？難道外國月亮眞的比中國圓？我不信。

元曲作品多，作家也多。這裏舉家喻戶曉的西廂記，作爲舉隅。

西廂記的作者王實甫，幾乎竭其所有力量寫作此曲。他的意境高，技巧好，想像力强，又最能瞭解中國民族性，表現中國風俗人情，揣摩中國人心理，所以他最能得到讀者的同感。全劇緊湊，無懈可擊。而長亭送別一折，實爲全劇中最高峯。

碧雲天，黃花地，西風緊，北雁南飛。曉來誰染霜林醉？總是離人淚。

從天上到地下，從景候到感覺，在短短幾句話裏都交代明白。一切都與情緒相調和。調和的那麼好。離人的眼淚會把霜林染紅，這簡直是異想天開。在文學上叫移情作用。在這裏只講得情，說不得理。「倩疏林你與我掛住斜暉」，不知道疎林有沒有這項本領。儘管是廢話，但痴心人不管這些。作者也不管這些。「將來的酒共食，嘗着似土和泥。假若便是土和泥，也有些土氣息，泥滋味。」心不在焉，視而不見，聽而不聞，食而不知其味。古書上所說的大道理不期在這裏被作者用上。「我未飲，心先醉，眼中流血，心內成灰。」眼中流血是假，心內成灰是眞。雖然有假，在文學上却不認爲虛假。只覺得不這樣不够勁。這叫作增，也叫作溢。東漢王充最明此理，他說「譽人不增其美，則聞者不快其意；毀人不益其惡，則聽者不愜於心。聞一增以爲十，見百益以爲千。……」（論衡藝增篇）「青山隔送行，疎林不作美，淡煙暮靄相遮蔽，禾黍秋風聽馬嘶。」你們這些不懂事的東西。怎麼這樣搗蛋？不肯讓我盡情遠望，再目送一程？竟使我望穿了眼，而所望到的並不是意中人，聽到的却是馬兒叫。最後「四圍山色中，一鞭殘照裏」兩句，已不是文章，而是一幅活圖畫。也不是圖畫，而是含有無限哀傷的人間悲劇。這裏有寫不盡的心情，訴不盡的苦楚。然而這一切却只在十個字中含蓄盡了，形容完了。令讀者回味、咀嚼，欣賞，永遠也沒有窮、沒有盡。這才叫好文學。這是中國文學講不完的優點。

話又說回來，西廂記是戲曲，並不是千眞萬確的事實。作者王實甫不過根據會眞記所述的簡單故事加以改寫，而成此項劇本。許多細節都出於作者的想像、描述、誇張。既不是作者當身遭遇，又不是所親見親聞的實事，可以說是自己創造的故事，假想的情節。何以竟能寫出如此眞實而又深厚的文章？這完全是設身處地的想法與作法。當他執筆寫作此文時，已不是王實甫而是劇中人，是張生，是鶯鶯。王實甫流的是張生的淚，鶯鶯的淚。在文學上這叫作感情移入。也和戲劇演員在台上掉淚一樣。所以事情雖不是自己的事，感情不是自己的感情，但這時他已忘記自己是王實甫，而掉眞眼淚，動眞感情。我們一樣認爲是眞誠、實在。文學同樣是不朽之作。

十　小　說

小說又是一種形式，它把人間現實生活用文字整個托出。反映在讀者面前，可供欣賞，也可供人借鏡，供人神遊。詩詞都不便刻劃人物，描寫細節，而小說則能以細微的文字描寫細微動作，所有聲音笑貌，一舉一動，都可以表現出來。所以它更能感動人、影響人，也更能將每個人的個性分別表現出來。李逵是李逵，不是魯智深。林黛玉也絕不是王熙鳳。所以就刻劃人物而言，小說還比正史傳記來得有效。雖然小說是小說，對歷史不負責任，但忠實純正的作家，一樣規規矩矩照正史骨架加以穿插。一舉一動，聲音笑貌是作者依人物性格所增演，事實大體則不離規格。而讀者所得印象，則遠比正史清晰、深刻，容易受感染。一部三國演義教育了多少人，感染了多少人。三國中人物至今仍活在全國人民的心中，主要是靠小說，而不是靠正史。梁啓超說小說對人能發生四種作用：薰、浸、刺、提。薰就是薰染，浸是沈浸於其中，刺是刺激，提是提振。都是對讀者所生的影響。可見其關係之重大。中國文學到了元曲，在純文學方面已到達最高峯，因此到明朝又不得不轉向。於是接唐朝短篇小說和話本而作長篇小說。這樣就形成明清兩代小說之盛。只可惜小說作家未能全部在內容上作功夫，不免才子佳人，功名富貴，或神怪荒唐，不能勵人上進耳！

十一 修養，文氣

在文學領域中，散文最自由、最普及。也是最容易的文體。它可以記事，可以寫景抒情，也可以說理。用途比較大，形式上不受拘束，寫來比較方便。從古代到今天，沒有一天間斷；作家多，作品也多，到處都是。有長篇鉅製，也有短小精悍的小品。本來沒有一點規格，但有些文章宗匠偏要自尋苦惱，提出甚麼古文義法，講求神理氣味，格律聲色。使本極自然的散文反而弄得很不自在。作起來受拘束，讀起來也覺得形式呆板，缺乏生命。這是清代桐城派古文家的無聊作法。好在爲時甚暫，不久就過去，沒有人再講求了。

散文雖比詩歌自由，但無形中也有一些必備條件。尤以長篇爲甚。無論叙事、說理，或抒情，都必須有氣勢。所謂氣勢，是一種抽象東西，指不出、看不見。如果缺乏它，則猶如沒有靈魂的軀殼，沒有生命的長龍，擊首而尾不應，擊尾而首不應，擊中而首尾皆不應。這就形成死文學。有生命有氣勢的文學才是活文學。活文學才有人讀，也有功用。但這氣勢究竟是甚麼東西，怎樣得來，這確是一個非常難講的問題，亦猶孟子之講浩然之氣，曰難言也。文學上的氣勢也一樣難言。

先決問題是飽讀羣書，書讀多了，則內所蓄積者厚。蓄積厚，乃能滔滔不絕，暢所欲言，有氣可講。莊子逍遙遊說「水之積也不厚，則其負大舟也無力。……風之積也不厚，則其負大翼也無力。」就是此意。不讀書而空言氣勢，是沒有用的。

氣要養，養氣必先集義。集義則理直，理直則氣壯。這是就道德修養而言的。又必能多見多聞，多走路，多遊覽通都大邑，名山大川，多接見道德學問成熟的大人物。聞見多了，胸襟不狹隘，眼界開展，修養深厚，開口即不平凡。落筆即足驚人。不爲學習作文，而文章自然成熟。及其表現在文章上，自然氣勢浩瀚，如長江大河之波濤洶湧。又如神龍之前後連貫，首尾相應。讀起來能使人一氣到底。雖不能明白指出何者爲氣勢，而氣勢自在其中。讀者自然領會。此中國文學一種難以形容的作用。

最能瞭解此項妙用的。無過於小蘇（轍）。他在上韓太尉書中把此一道理發揮得痛快淋漓，功夫也用得切實周到。單就這一點而言，蘇子由可算最能知文的文學家。他在這篇文中說：

「轍生好爲文，思之至深。以爲文者氣之所形，然文不可以學而能，氣可以養而致。孟子曰，我善養吾浩然之氣。今觀其文章，寬厚宏博，充乎天地之間，稱其氣之小大。太史公行天下，周覽四海名山大川，與燕趙間豪俊交遊，故其文疎蕩，頗有奇氣。此二子者，豈嘗執筆學爲如此之文哉？其氣充乎其中而溢乎其貌；動乎其言，而見乎其文，而不自知也。轍生十有九年矣，其居家所與遊者，不過其鄰里鄉黨之人，所見不過數百里之間，無高山大野可登覽以自廣。百氏之書雖無所不讀，然皆古人之陳迹，不足以激發其志氣。恐遂汩沒，故決然捨去，求天下奇聞壯觀，以知天下之廣大。過秦漢之故都，恣觀終南嵩華之高，北顧黃河之奔流，慨然想見古之豪傑。至京師，仰觀天子宮闕之壯，與倉廩府庫，城池苑囿之富且大也，而後知天下之巨麗。見翰林歐陽公，聽其議論之宏辨，觀其容貌之秀偉。與其門人賢士大夫遊，而後知天下文章聚乎此也。……轍之來也，於山見終南嵩華之高，於水見黃河之大且深，於人見歐陽公，而猶以爲未見太尉也。故願得觀賢人之光耀，聞一言以自壯，然後盡天下之大觀而無憾矣。……」

十九歲的青年文人能有如此修養，作出這樣文章，眞使我們佩服！他不僅有此瞭解，也有此功夫，更能體認到古人在此方面的成就。他能把文章修養的功夫放廣，廣到書本以外，於「百氏之書無所不讀」之後，在養氣上作功夫。跑路，開眼，見人，聽高人議論，看高人儀表風度。這對於作文都有無形作用，無窮益處。他是四川省眉山縣人。由眉山跑到長安、洛陽，再到北宋都城汴京。周覽古人遺跡，與當時之奇聞壯觀。中國文人講「讀萬卷書，行萬里路。」當時他所行經雖不足萬里，已相差不遠。只這一種氣魄已够偉大。作出來文章，當不會小家子氣。自然有足够的氣勢蘊蓄於文字之中。這就是我們所謂氣勢。

孟子最重養氣功夫。他以大聖之資，秉浩然之氣，掬救世之誠，周遊列國，遍干諸侯。老而不遇，乃與萬章之徒著孟子七篇以教後世。以如此修養功夫，發爲文章，孰能及其萬一？宜乎孟子之書不脛而走，百讀不厭，天下文人無不奉爲圭臬也！

其次講司馬遷。講到司馬遷，使我們五體投地。前面說過，他是第一流史學家，也是第一流文學家。他的史學，兩千年來沒有人趕上；同樣，他的史文也沒有人趕上。史學此地不講，講文學。史記文章十九是長篇。長篇文章最需要氣勢，其次是佈局結構。氣勢要盛，必能貫注到底，一氣呵成。不容有敗筆。又必能前後呼應，連爲一體，不容有不接串、不連貫的毛病。史記中都無此病。其所以能在文學上成功，基本訓練自然必要，但主要是在他青年時代的周遊各地。他在自序傳中說：「遷生龍門，耕牧河山之陽。年十歲則誦古文。二十而南遊江淮，上會稽，探禹穴，闚九疑。浮於沅湘，北涉汶泗，講業齊魯之都，觀孔子之遺風。鄉射鄒嶧，阨困鄱薛彭城，過梁楚以歸。於是遷仕爲郎中。奉使西征巴蜀以南，南略邛筰昆明。還報命。」按現在地名講，他生在陝西，所到過的地方有河南、安徽、山東、江蘇、浙江、湖北、湖南、四川、貴州、雲南，計十二個省區，佔大半個中國。又在齊魯講業習射，觀孔子之遺風。年長後在朝作官，爲郎中，爲太史令，中書令。綜觀其一生，可謂見聞廣，閱歷多。又加家學淵源，居處廣大。這樣逐漸培養，其氣魄焉得而不大？發爲文章，又焉得而不大氣磅礡，洶湧變化，氣象萬千？文雖長而能貫注到底；不稍鬆懈。無怪蘇子由贊美不置也！

另外還有一個文學怪傑，就是莊周。他的文章奇怪，另成一種風格。他不注重遊覽名山大川，也不拜訪名人，也不肯作官。但他的文章自然具備一種說不出的氣勢。孟子文說理，司馬遷文記事；莊子的文既不說理，又不記事，而任意之所之發表感想。他不管文不文，也不管理不理，只顧拿起筆向下寫，也自然成爲妙文。文爲長篇，也自然具備一種氣勢在無形中支撐。他作文不受拘束，講的話不着邊際，說的理也不管人懂不懂。可是讀起來却有一種莫明其妙的感覺。使人痛快，百讀不厭，展卷不能自已。似有一種魔力。他這種氣勢不從修養來，而從性格和思想來。他的性格放縱不羈，不慕榮利，狂妄驕傲，玩世不恭。思想則極超脫。他不以現世界生活爲滿足，而神遊於超現實的境界。時時兩眼向上看，即透過現社會而向超現實看。這樣就形成一種超脫之氣，自然而然攏罩在文字之上。無以名之，只好也名之曰氣勢。不過這是極特殊的例，不足爲訓。絕不可仿效。但事實上古今文人無不讀莊子，也幾乎無不得力於莊子。文學家讀莊，並非研究其哲學，而是欣賞其文學。欣賞其文學也只能在文字之外的氣勢，而不在字句之間。雖然莊子不是文學家，也不是爲文學而寫作，但自然有很高的文學價値。這是中國文學上一種特例。

十二　作　家

文學家儘管爲文學而文學，爲自己呼出心聲而作爲文章，並無任何企圖，但有時却發生各種不同的後果。白居易的詩，本來說自己的話，可是當時人公認爲是大家共同的話，所呼出的不僅是作者一個人的心聲，而是大家共同心聲。因而大家都覺得白居易所說是我的話，好像他就坐在我的心坎上，不然何以能說我的心事呢？現在他替我呼了寃、訴了苦，使我心中頓覺無限輕鬆、痛快。詩經上所說的「他人有心，予忖度之」（詩小雅巧言章），眞是一點也不錯。無怪乎老百姓都把白居易看作萬家生佛，他的詩也不脛而走，他的人也得到永生。

白居易所以能如此？是因為他能站在大衆立場，以大衆之心為心。不僅想到自己，也想到大衆。自己受苦，也想到大衆的苦，自己享福，也想使大家都能享福。像這樣的人，怎能不受大衆擁護。文學史上稱他為平民詩人，我則認為與其稱為平民詩人，不如稱為君子詩人來得痛快。

曹操的文章好，曹丕的文章也好，但他們的心術不好，讀者厭其人因而鄙其文。陳琳罵曹操罵的好，因而治好了頭風。駱賓王罵武后，罵的更好，武后不但不怒，反而責備宰相不應使如此大才流落不遇。隋煬帝喜歡文學，看了薛道衡詩有「空庭落燕泥」之句，王冑詩有「庭草無人隨意綠」之句，極盡其空靈超脫之致。由欣賞而讚嘆、而羨慕。但自己作不出，於是由羨慕而忌妒，乃不惜藉政治權威設罪殺之，而盜取其詩句。就煬帝言，為暴虐，為氣量狹小。就文學言，其受人重視可以想見。

十三　雖小道必有可觀者焉

由散文推演而有小品，由詩歌推演而有獨立的對聯。對聯雖不成為正式文體，但已成為人生日用所不可少。到處用，天天用。並且裏面眞有好東西，不可以其為小道而忽之。小品文輕鬆、容易，也可以動人。它是由散文而來。對聯則由律絕詩而來。律詩必有四句是對仗，形成兩聯。聯句脫詩而獨立，即成對聯。對聯用途極廣：門楹用之，廳事用之，喜慶用之，哀輓用之，彼此贈答或嘲諷亦用之。好對聯可用幾個字表現極富內容，極高境界，極深意義。極美、極巧，也極有力量和氣魄。讀起來好聽，掛起來也好看，咀嚼起來有味道。與生活接觸面廣，家喻戶曉，用處最大，作起來也方便。唐宋以後的文人無不能之。因而無專家可言。好作品隨處皆是，舉不勝舉。這裏只舉一付譚延闓撰聯，作為示例：

革命先進譚延闓，湖南人，前清翰林，精於書法。清末革命運動中任湖南師範學堂監督（即今之校長）。學生因伙食不好煽動罷課，並上書監督，要求改善。風潮一起，全堂譁然，莫知所措。這位譚監督則不慌不忙，坐在辦公室，運思片刻，撰成一聯，立即取筆自書，命人張貼飯堂門口。文曰：

君試看世界如何乎？滄海橫流，突起大風波。山河帶礪屬誰家？願諸君嘗膽臥薪，每飯不忘天下事。

大多爲環境所累耳，菜根咬定，方是奇男子。公侯將相原無種，思古人斷齏畫粥，立身端在秀才時。

學生讀罷對聯，不覺天良發現，愧汗交流，一個個乖乖的走進飯堂吃飯，按時上課讀書。一場風波，自此平息。這就是文學中小道所發生的力量。

今天我們讀此聯語，益感惶恐。故願藉此貢獻給今天的青年朋友。

文學批評也是文學上一項功夫，也成爲一門學問。論詩的有詩品、詩話，講詞的有詞譜、詞話。講文學的有文心雕龍、文史通義……等等。文學上三項功夫：創作、欣賞、批評，有的人全能，有的能一種兩種。可以全作，也可以作到兩種。至於欣賞，人人能之，不必定文學家。就中國文學言，有理論、有方法、有作品，甚至幾乎可以說人人愛好。所以中國文學非常發達。

講到文法，則中國文學無形中自然有一種法度。亦猶中國政治無形中自有一種不成文法的一樣。但作家們又能在文法中靈活運用，不受拘束，而亦自然成一規格。此點　國父孫中山先生在其所著孫文學說中已曾論述，讀者可以覆按。

批評家我最佩服金聖嘆（喟）他極其大膽，也極能欣賞佳作。他能言人所不敢言，也能見人所不能見。講起話來是那麼放肆，那麼有力。使人跟着他鼓掌，跟着他拍案叫絕。他舉莊子、離騷、史記、杜詩、水滸傳、西廂記爲六才子書。後又加三國演義，目爲第一才子。他的見解我都同意，並覺這樣人不是平庸之輩，有膽有識，亦有魄力。

十四 文學道德

最後講文學道德。文學而言道德，並不是在文學中說教，而是要求作者要有一種內在道德心，責任感。要知道文學是全民族的精神食糧，影響民族的心理健康。當執筆寫作或發表時，要顧到可能發生的後果。要以嚴肅的態度仁者的心情，寫純眞高潔的作品。不作空洞文章，不迎合社會低級趣味，要在眞善美上作功夫。要在中國五千年歷史文化中找題材，在集部書中打深厚的基礎。爲民族道德用功，爲民族文學打開新出路，創造新高峯。

第四節 中國之藝術

前言

藝術是人類創造的精神文化，用以供給精神生活上的需要。人類生活之需要藝術，亦如其需要物質。物質供人身體之營養，藝術供人精神之需求。由於原始人類無不有其藝術，可證藝術對人生關係之密切。人類能創造藝術以供生活之需，回過頭來，藝術又能培育人類，陶熔其性格，鑄成其文化。久而久之，民族的盛衰，國家的興亡，都受其影響。按理，人類自創的藝術應該適於自己的生活，只有益而無害，但事實上却往往自己反受其害。其原因一則因人類總不免有向下的惰性，一則因人類生活總不免於競爭，不適於競爭，又不能促進自己向上的，即不免於衰亡的命運。就民族生存發展而言，藝術的影響極大。所以觀民風，覘國運的，常在藝術上着眼。春秋時吳季札北上觀樂以論政，即其一例。有遠見的政治家欲振奮圖强，亦常在藝術上着手。

國父孫中山先生，覩民族生存懸於一髮，首倡革命以推翻滿清，又創造三民主義以復興圖強。其主義析則爲三，合則爲一，曰民生而已。於民生不僅注重物質，同時亦注重精神。不僅研究其事實，亦探究其哲學。不僅求人民物質上精神上之幸福安樂，更求民族共同生存之堅强鞏固。觀其演講軍人精神教育時以精神與物質並重，知其在理論上有極深之瞭解與創見。又於其演講女子要明白三民主義，及社會主義之派別及批評，知其在事實上有具體明白之主張。獨惜民國十三年演講三民主義時，因主持北伐，於複雜繁難之民生主義未能講完。遂使精神生活方面許多問題未及從容論述，成爲立國寶典上重大遺憾！幸有　蔣總統本　國父意旨，綜觀其全部遺教，研精覃思，著爲「民生主義育樂兩篇補述」，於人民精神生活多所闡發。於藝術所論尤詳。作者不敏，深覺應再本此方向，將中華民族固有藝術創造，平時藝術生活作一研究叙述，以爲提倡發揚或改良進步之依據。因忘其固陋，試一探討如後。

壹、中國藝術之創始

司馬遷史記紀事自黃帝起，黃帝以前稱前史時期，或稱史前期。實際在黃帝以前，有許多史實已斑斑可考。這並不是我們比司馬遷更聰明，而是許多史前期的遺物不斷由地下出土。尤以民國以來爲甚。由這些地下出土的遠古遺物已把我們民族歷史向上延伸了若干年代，把我們的歷史知識擴展很大範圍。本文言藝術，即以藝術爲範圍，說明史前期的收穫。

民國十年春，瑞典籍的漢學家安特生博士，在河南澠池縣的仰韶村發現大量古物。其中有石器，骨器，和陶器。經考古學家研究，石器極精巧細緻，屬新石器時代後期遺物。骨器有日常生活用具。陶器則爲有彩色花紋的精美製品，史稱彩陶。與石器在同一地層，同時發現，屬石器時代遺物。由此可證，在石器時代，我們已有彩色鮮明，花紋美麗，堅固耐用的陶器。（出土時仍然精美而完整，可知在當時製作之美麗堅固）當時的祖先不僅能繪畫，也能雕刻，也能燒製陶器。這已經是複雜的藝術。其時距今若干年，不可確考，但新石器末期至少當在五千年至一萬年之間。則中國藝術創始之早，可想而知。換句話說，在五千年至一萬年前，中華民族已經生活在藝術中了。

音樂始於何時，也不可確知。惟據禮記明堂位，有「垂之和鍾，叔之離磬，女媧之笙簧」鄭玄注謂，「垂，堯共工也。女媧，三皇，承伏羲者。叔，未聞也。」又引世本曰，「世本作曰垂作鐘，無句作磬，女媧作笙簧。」孔穎達疏謂「垂、舜時共工。」又引帝王世紀曰「女媧氏風姓，承庖犧制度始作笙簧。」今按女媧氏為歷史上神話中人物，叔與無句不可考，垂、堯舜時人，俱作音樂。雖史事均不可確考，但可證中國音樂亦起源於史前時代。據此則有史以前，中華民族已有多種藝術創造，如繪畫，雕刻，音樂……等。則我民族藝術起源之早，以及民族之優秀，有不可忽視者。

繪畫雕刻既起之後，逐漸普遍，廣泛應用於生活日用之器物以及服飾。所謂「黼黻文章」就是畫文綵於衣服。是藝術用於服飾也。器物上雕鑄花紋尤為普遍，吾人今日所見古代器物，十九皆有花紋，是藝術用於生活器物也。足見其應用之普遍。尙書堯典有「二十有八載，帝乃殂落，百姓如喪考妣，三載四海遏密八音」之語。言人民思念於堯，四海之內，皆為之不舉樂以示哀悼也。據此，則堯時人民已普遍演奏音樂以為娛樂。下文又曰，「帝曰，夔，命汝典樂，教冑子，直而溫，寬而栗，剛而無虐，簡而無傲。詩言志，歌永言，聲依永，律和聲，八音克諧，無相奪倫，神人以和。夔曰，於，予擊石拊石，百獸率舞。」據此，則舜時已在政府設置典樂之官。自此音樂與政治合流，亦即政治與藝術合流。至周朝經周公制禮作樂，藝術乃不僅用於日常生活，用於政治，同時也用於教育。更由詩經可知，也用於文學。我中華民族對於藝術之重視，以及藝術修養之深，藝術興趣之高，創始之早，於此可見一斑。

茲將中華民族自創之藝術分類敘述於後。

貳、音樂

藝術在中國，使用最普遍，歷史最悠久，理論最精深的，無過於音樂。可以說音樂在中國最爲發達。其起源之早，早到前史時期，前已言之。其理論之精深，前有樂經，（有人謂樂經本無其書，惟無確證。）繼有荀子樂論，禮記樂記，呂氏春秋仲夏紀，季夏紀，以及史記樂書，漢書禮樂志……等。於世界各民族殆屬罕見。其深於樂理，明於藝術之功用，可以想見。古代大政治家，倫理教育家，對音樂藝術修養極深，所見略同，遂均重用音樂，與禮並重，用以治國安邦，亦用以推行教育，美化人生。

我們先祖對音樂理論，以人生爲出發點，與政治通，與倫理教育通，有哲學意味，亦有實際功用，視爲人類社會所不可少。理論以禮記樂記爲較完備。

自周公制禮作樂，而音樂在政治與教育上佔重要地位，可以說周公的兩大政治，就是一禮一樂；周公的教育，也是一禮一樂。禮的本身又不能離樂。無樂不能成禮。我們可以說，西周開國，周公所定政教規模，就是一禮一樂。其對音樂的重視可想，重用也可想。自此音樂不僅爲人生所不可少，經政府使用與提倡，音樂在政治與教育上遂成爲主流；社會上到處是禮，也到處是樂。在人民心理上受到感染，社會風氣爲之丕變，其效果顯然可見。又自孔子以私人設教，協助政府推行教育，尤重視音樂，讀書要配樂歌唱，所以稱書聲曰弦歌之聲。子聞人歌而善，必使復之，然後和之。子於是日哭則不歌。可知不哭之日自必歌。孔子彈琴，弟子也彈琴。孺悲欲見孔子，辭以疾，但彈琴使之聞之。其平居志於道，據於德，依於仁，游於藝。所謂游於藝，即生活於藝術中。可見孔子的生活不離音樂，他的教育也不離音樂，其作風與周公同。

在政治家心目中，政治是治人，是治理人羣，使之相安，使之有序，更進一步使之彼此互相合作，使人類社會蒸蒸日上。欲達到此目的，根本在於使人人都是好人，人人辦好事，社會自然安定。那就要重用教育。所以周公的政治就是教育。在教育家心目中，教育就是要教人作好人辦好事。以助成政治之郅治。但這是一種心理作用，精神問題，在內而不在外。對於心靈內部作教育功夫，無過於音樂。所以政治家要用音樂，教育家也用音樂。典禮用音樂，祭祀也用音樂。典禮中用音樂，可使空氣肅穆，行動齊一而莊嚴，心中排除雜念。祭祀用音樂，於追思先祖，愼終追遠的倫理意義之外，對天地神明多少有一點宗教意味。也要用音樂淨化心靈，引入另一境界。文學用音樂，可以增加文學藝術之美。甚至軍事用音樂，戰爭也用音樂。擊鼓進兵，鳴金收兵。三通戰鼓可使士兵勇氣百倍。古代用，現代仍然用。中國用，外國也用。另外一個作用，是用哀傷的音樂，消滅敵兵的戰志，使之由內心傷感而思前想後，萬念俱灰。因而使敵萬衆瓦解，不戰而敗。垓下之戰張良的洞簫便有此力量。可見他能利用音樂作心理戰。

至於日常生活耳中要聽，口中要哼，則是人人所需，日日所需，出於自然。無待贅述。總之，我中華民族對音樂的應用，可謂已極盡其妙。普遍滲入生活各方面。

次論樂器與樂音。

我們的樂器種類繁多，全國性的，地方性的都有。使用的器物原料，一般的說，有金石絲竹匏土革木。實際以絲竹爲主，絲就是現在所謂弦樂，竹是管樂。其次的是金屬。弦是利用它的彈力，加上竹木革所作空室，由振動而發生共鳴作用，音乃宏亮而悠遠。竹管上如何鑿孔乃成適當音程，此乃科學上知識，而我先祖早在史前時期已能運用。當時無此知識而能運用，就是不知而行。國父所創知難行易之理，於此又得一證。竹聲清脆，以橫笛爲最顯明。如以長管縱吹，亦有沉鬱悠長之致，以洞簫爲代表。笙則有一種柔和甜美的味道。總之，各種樂器各有不同韻味，表現不同情調。因爲樂器種類多，便於配合演奏，適於多人合奏。多人合奏除音樂本身價值之外，並有與民同樂，相互協調合作之美德。所以孟子說，「獨樂樂，與人樂樂，孰樂？曰不若與人。與少樂樂，與衆樂樂孰樂？曰不若與衆。」多種樂器合奏之時又無形中有一種組織。大都以鼓開始，而以橫笛領先，以鼓板擔任節拍。有時用金屬樂器最後結束。

中國對音樂的音，有詳細的分別，禮記樂記上有云，「凡音者生於人心者也。樂者通倫理者也。是故知聲而不知音者，禽獸是也，知音而不知樂者衆庶是也，唯君子爲能知樂。是故審聲以知音，審音以知樂，審樂以知政，而治道備矣。是故不知聲者不可與言音，不知音者不可與言樂。知樂則幾於禮矣。」這裏分聲，音，樂爲三。今人講音樂，言噪音，樂音，與音樂。實即古人所謂聲，音，樂。音又講音色；音色之於耳，亦猶圖畫之於目，悅於人者爲美。中國最古有八音，前引尚書「帝乃殂落，四海遏密八音」，以及「八音克諧」皆是。稍後有所謂五音六律。五音是宮商角徵羽。六律是黃鐘、太簇、姑洗、蕤賓、夷則、亡射。又有所謂陰律陽律。以上爲陽律。大呂、夾鐘、仲呂、林鐘、南呂、應鐘爲陰律，合稱十二律。律是竹管，十二律就是十二根竹管，發十二個音。最後由五音加變徵變宮二音而成七音。近代改用上一五六凡工尺，仍爲七音。七音中有二音爲變音，所謂變音即今之所謂半音程。此與西樂無形中適相吻合。西樂亦爲七音，七音中亦有二音爲半音程。就音階而論，中西暗合，而中國爲早。有板眼，有節拍，亦相合。有輕重高低，疾徐，也是一樣。

次論樂曲與與民族情調。

講到樂曲，才眞是音樂中最深，最複雜繁難的問題。口中所哼，樂器所演奏，變化萬端，可以造成無數種風格，無數種情調，不可枚舉。藝術價値之高低由此分，對於人類生活所發生之影響，由此辨別。不同的民族所自然表現的民族情調，也由此看出。藝術價値希望它高，愈高愈好，影響希望它好，愈有好影響，人類生活愈受其賜。惟有民族情調，它有團結民族，喚起團結精神的作用，不可不保持。保持民族情調可使人們不忘本。對民族生存是有益的。孔子不僅好音樂，並深於樂理，論語八佾中有云，「子語魯太師樂曰，樂其可知也。始作，翕如也；縱之，純如也，皦如也，繹如也，以成。」這就是說一支曲譜，開始時凝歛，繼而開展，精純，明朗；最後漸漸緩慢下去，而至於結束，與今之曲譜亦相吻合。

中華民族的音樂完全出於自己創造，有自然條件，也有人爲條件。有全國性的，也有地方性的。有古樂也有現代樂。有中國風格和民族情調。即使閉目一聽，亦可知爲中國風味。這中國風味有的可分好壞，有些無所謂好壞。如藝術價值有高下，影響有好壞，而民族情調則無所謂好壞。只知道它是「我們的」，就是了。「我們」之所以爲「我們」，不必改，也不可改，必須保持，以使「我們」始終是「我們」。要批評改革的是方法，內容，和影響。

用中國樂器演奏中國樂曲，自然表現一種雍容大度之風，和平之德，優美之感。耳中覺得甜，心中覺得寬鬆舒適。充份表現民族性格。亦能表現個人內心。在這裏作不得假。心裏有甚麼，聲音裏表現甚麼。聽者可以一聽而知。「由之瑟奚爲於丘之門？」（論語先進）朱註引孔子家語曰「子路鼓瑟有北鄙殺伐之聲」。俞伯牙鼓琴，樵夫鍾子期知道演奏者時而志在高山，又時而志在流水。道中演奏者內心，使士大夫俞伯牙爲之驚嘆，而引爲知音，也就是知心的知己。不惜以士大夫而與樵夫訂交。鍾子期死，俞伯牙竟至摔破了琴而不再演奏。傷知音之逝也。可見內心深處所思，所感，不藉口頭，不憑文字，却能由聲音傳出，使聽者瞭解。個人如此，民族亦然。就整個民族而言，甲民族與乙民族丙民族各有其個性，也就各有其風格。自然演成，不出於勉强。自然流露，也作不得假。中華民族的音樂由民族性與民族文化熔鑄而成。大家推崇中國文化思想，都知道中華民族行王道政治，講公理，尙和平，氣量大，態度雍容豁達，助人愛人，毫無侵略意味。殊不知這些文化精神都在音樂中表現。但現在只有外國音樂家贊美中國音樂，而許多本國人却並不感興趣，演奏的到處是西樂，講的是西樂，學校教的也是西樂，一般青年學習的是西樂，心中想的，口中哼的，無一不是西樂，對於自己的國樂既不提倡，亦不推行。要找中華民族的知音，只有到外國去。這一可恥的現象實有改革的必要。

人類有惰性，中國也不例外，所以音樂中不免有不能勵人上進的靡靡之音。古代就有，現在爲甚。鄭衛之音，當時公認爲淫靡墮落的亡國之音，吳季札由吳北上觀樂以觀政風民俗。他有修養，瞭解政治，也瞭解音樂。即一般論樂的，也無不以鄭衛爲戒。但說來奇怪，現代的歌曲在抗戰時期流行的還是抗戰歌曲，在反共抗俄，國命懸於一髮時期，流行的却是一片靡靡之音。淫靡墮落，不堪入耳，竟能公然演唱，風行一時，充耳不聞，恬不爲怪，此乃眞眞怪事！

中國的音樂在藝術本身上自然也有其缺點，但這缺點無不可以改正補救，使之進步，趨於完美。如記錄方法不好，樂曲不能行之遠，傳之久，主要靠口授與耳聽。遂致許多樂曲隨作隨失，不能全部流傳。此其一。樂曲變化少，音域幅度小，不能充份表現出多種不同情調，如緊張，驚訝，急促……等等。此其二。但這都可以採西方之長補我之所短，亦如　國父孫中山先生之創作三民主義，不能以其有所缺即菲薄之，批評之，乃至廢棄不顧，而對西樂無條件吸收，爲之演奏，爲之宣揚，爲之講習傳授。此既失民族立場，又有捨棄精華之失。長此以往，中國音樂將在我們這一代手中失傳，將何以上對祖先，下對後代？並使西方音樂家，爲之惋惜，爲之竊笑！站在反共救國立場，我們總不能以西方音樂喚起中國民族靈魂，以外國情調培養中國民族精神。因此我們覺得，在今日而欲喚起民族靈魂，振作民族精神，必須大力發展國樂。

叁、繪　畫

音樂是聽的，繪畫是看的。一爲耳，一爲目，都是感官所接而入於內心的藝術。對於人生也都有很大感染薰陶與提振作用。我們中國人喜歡音樂，同樣也喜歡繪畫。也都早在史前時期創作出輝煌的精神績

請看這唐朝留下的藝術作品

敦煌石室壁畫

姿態的美妙畫工的精細可嘆觀止

業。前述仰韶文化中的彩陶，便是顯著的例證。這都是我們本着自己的性格，運用自己的心靈和雙手創造中國風格的藝術。在時間上比西方早，在造詣上比西方高，在風格上則有獨立性，特殊性，表現中華民族的民族性，可以代表中國文化。我們用自己創造的繪畫藝術滋潤了我們自己的生活，供給了自己的精神食糧，也指引了自己的人生理想。

繪畫的應用在生活上多處表現，有機會即不放過。現在所見古代尋常日用的器物，幾乎件件都有花紋，極少例外。衣服上有黼黻文章，前已言之。黼黻文章便是圖畫，可能就是現代所謂圖案畫。先畫好再織造刺繡。器物上的圖案也是先畫好，再陶冶或雕刻鑄造。更多有形狀大小根本就象物而製。如象獅虎，象鐘鼎等等。不怕費工費料，乃至費時間，費心血。這是興趣，也是能力。由衣服器物而房屋上要雕畫若干花紋圖畫，俗語所說「雕梁畫棟」者是也。更進而畫牆壁，畫天花板，畫門扇，畫屏風照壁，……幾乎無處不畫。民居如此，至於辦公的官廨廳堂，宗教的廟宇寺院，就更畫得起勁了。

上古時期畫法不易流傳，因當時尙無紙筆。現在我們所能見的上古時期圖畫，只能藉器物與石刻得一概略，三代器物尙易看見，西漢武梁祠的石刻畫像，也有印品流傳。這些畫像題材，以教忠勸孝的人物畫爲主。與政治教育有關。在此時期繪畫尙未能作到獨立藝術的地位。佛教傳入中國以後，佛畫與雕刻隨着興起，畫風爲之一變。晉朝以後，始有獨立的繪畫藝術。由顧愷之、衛協、陸探微、戴逵……等先後創立畫風，繪畫在藝術上價值爲之陡增。至唐而山水畫興起，風氣又爲之一變。由王維起，以詩人而兼長繪畫，使繪畫與文學合流，也就是畫法加上詩意。詩人有了詩思，可以在畫面上表出。畫家有了畫意，可以用詩寫出。寫出來是詩，畫出來是畫，畫是詩的境，詩是畫的喉。王維的詩，是唐代一流大家；他的畫，也是唐代一流的上品。在詩上有獨創的風格，在畫上也成獨創的宗派。所以蘇東坡批評王維說，「觀摩詰之詩，詩中有畫；觀摩詰之畫，畫中有詩。」這話從兼擅詩與畫之長的蘇東坡口中說出，便覺得格外有重量。由此使我們瞭解，中國的畫不單純是畫，而是有甚深內容的高尙藝術。這裏面有豐富的生活經驗，高尙的生活意境，以及人生理想。包含了作者的思想，性格，乃至訴不盡的內心痛苦，說不完的弦外之音。這一切都在畫面上，留給知心人慢慢去欣賞，領會。一張畫掛在牆上，你看，我看，今天看，明天看，看了幾千年，總看不厭，這就是中國繪畫藝術的最高價值，最大特點。也是作者的最大成功。

就題材言，繪畫有許多種，如山水、花鳥、人物……等。許多種中以山水爲上品，大家尊重山水畫。就作家言，有文人畫，有畫工畫。大家尊重的是文人畫。就作風言，有寫意畫，有工筆畫。一般人都能欣賞的是工筆畫，文人雅士則重在寫意畫。

畫工的畫未嘗不像，畫甚麼像什麼。但這像是形似，不是神似。中國一流藝術家重神似不重形似。與作文寫字一理。都貴乎得其神髓而能脫化，並不看重外貌的逼眞。得其神髓者可以變化，可以在他人之長上加上自己的生命而推陳出新，繼長增高。寫意的畫三筆五筆，用生動的線條把輪廓勾出，東西已活生生的擺在面前了。有生命，有意態，不着痕迹，而神采栩栩。儘管是無生之物，也一樣富有生意。這是中國特有的畫風，爲西方所不能想像。藝術又要深要厚，要有內容，有生命，有意境。因此形似的畫，畫工的畫，並不爲人看重。工筆雖精細，雖工程浩大，毫髮無差，也只以工夫勝。蘇東坡說，「論畫以形似，見與兒童隣。」他硬說求其形似是小孩子的心理。這正道出文人畫家的心理，所以一流畫家以筆參造化爲工。或說「默契造化，與道同機」。這樣就只有學養深邃的文人才能作到，而畫工，形似的工筆，都不能入於高人眼。這在種類上只有山水能當此任，所以山水畫獨爲高人雅士所稱賞。山水的蘊藏厚，意境高，變化多，可以滌除人間俗氣，可以排除社會擾攘，也可以寄托深遠的理想，表現多種不同的性格與畫風。

這是南唐大畫家高僧巨然的作品我們用它代表山水畫

所以能把一首詩用畫面表現出來，也能把一幅畫的意境用詩表現出來。左右逢源，曲盡其妙。形而下的社會人生可以提高，與大自然融爲一體，而入於天人合一之境，使形而下的社會人生進至形而上的宇宙人生。這樣，人才能把一幅畫當詩來讀，而久讀不厭。我們說它是詩，還是着了形跡，實際不如說它是哲學，是人生，是政治社會理想，更爲切合實際。因此中國畫史上有名的一流畫家，都是能寫字，能作詩，有哲學修養，又能畫畫的高雅文人。畫上要題詩，要寫字。俗詩劣字會將一幅高雅的畫爲之減色。所以想作畫家先要讀夠了書，寫好了字，作好了詩，才能把畫勻稱的抬高而不致減色。這樣，作一個畫家就不簡單了。也就因此繪畫藝術就有深厚的根基而自然脫俗。這是中國繪畫藝術一種極大特色。

意境不僅要有，更要高。生活經驗不僅要有，又必須豐富。哲學修養，經驗閱歷，都要高深廣濶，才能作文不浮淺，作畫不庸俗。所以中國藝術家遂提出修養條件，來勉勵作畫的人。於是「讀萬卷書，行萬里路」，成了共同信條，公認爲必備的條件。只此一觀念已無形中將藝術價值提高。藝術家地位也隨之提高，庸俗之弊根本袪除，藝術造詣焉得不高。揆其用意，在於開擴襟懷，培養氣度，使之如光風霽月，讓水廉泉。所見者廣，作品自然高尚。

宋亡於元，有民族大義的文人思想家痛家國之淪亡，多寄慨於詩文繪畫。自此以後，遂又有以畫抒情的作風，最顯著的如鄭思肖（字所南）。他民族意識極爲强烈。國勢危急時上書言事，不報。國亡後隱居不仕，改名思肖。即思趙。字所南，元在北宋在南也。坐必南向。祭亦南向。誓不北向稱臣也。他能詩亦能畫，詩集稱心史，無傳本。盛以鐵函，崇禎末始得於井中。故稱鐵函心史，或井中心史。工畫蘭，國變後畫蘭不畫土，根露於外。人問之輒曰，土爲番人奪去，汝尙不知耶？此以繪畫寄慨也。自此繪畫中遂有抒情一派。蓋借題發揮也。元朝的倪瓚遂進而創爲「但寫胸中逸氣」的理論，而繪畫遂更脫於形似而入於縱情寫意，只求神似的境界。中國繪畫至此又得邁進一步。

表現的方式中國與西方不同。西方重在寫生，將題材擺在前面，照着畫。取自外面。中國人則重在事前準備，要畫竹，先看竹，畫山先看山。左看右看，今天看明天看，看熟了，竹的意態，山的形勢，熟習於胸中。畫的時候却坐在房裏將胸中的意態用筆端流出。落筆之前，胸中已有佈好的局勢，與作文一樣。所以稱會畫的能手說「胸有成竹」或「胸有丘壑」。這種作法是先取自外，然後融化於胸中，再加上自己的性靈，理想……加以組織創造，然後再由自己胸中嘔出，表現在畫面上。這樣，畫中就不僅有外面的物，也有自己的生命和性靈，這就比照竹畫竹，照山畫山的價值高了。另一個優點是這樣由外面吸進，再由胸中嘔出的作法可以創造出無窮的意境、加入作者的生命，並且可以千變萬化而不受外界的拘束。這又是西方寫生畫法所不能趕上的優點。

批評繪畫起於六朝謝赫。他提出論畫六法：曰氣韻生動，骨法用筆，應物寫形，隨類傅彩，經營位置，傳摹移寫。這六法中以氣韻生動爲最得論畫之要，爲歷代論畫作畫者所宗。所謂氣韻生動，即指形以上的神采。氣韻二字極抽象，以局外人作一般解釋，氣就是生命，是精神；韻是韻味，是藝術上的美。生動就是靈活不死板，不着痕迹。只這四個字，已道盡中國畫風之高尚。

我們的畫家可考的以顧愷之爲最早，他是晉朝人。以吳道子爲造詣最高，他是唐朝人。此外自晉以後每代都有許多大名家，以唐宋明淸爲盛。直到現代，仍然有人繼起。雖然近代洋化風氣極爲普遍，學畫的盛行西洋畫法，但仍有人從事國畫，不似音樂等等對本國文化之冷落，此則差堪自慰者也。惟望百尺竿頭更進一步耳。

肆、書　法

書法是中國特有的藝術，中國以外只有與我們同種同文的日本講書法藝術，此外都沒有。書法而成爲藝術，主要條件是寫字用的筆。外國用鋼筆在硬紙上寫字，無藝術之可言。中國用毛筆，在柔軟的紙上寫字，就能成爲藝術。一叢細細的禽獸毛裝在竹管上，便可宛轉自如，變化無窮，寫出多少式樣，表現多少不同的性格。由功力的深淺分別出造詣的高下，看出藝術價值的高低。寫字的藝術成爲中國人生活上一種享受。與繪畫音樂等等同爲生活上所不可少。不過這是比較高尚的藝術，需讀書識字人方能領受。讀書識字愈多，藝術修養愈高的人，才能領會這更高的書法藝術。也就是高人雅士才能欣賞上乘作品；既是高人雅士，又有多年寫字功夫，才能創作；既能欣賞，又能創作，更能見多識廣，能講理論，才能批評。所以書法藝術在中國是一種高尚而又深厚的學問，非如其他藝術一般人都可享受。也就是說，書法藝術境界比較高。

書聖王羲之書喪亂帖

出神入化超脫凡俗

中國文字由象形起源，所謂象形字就是象物之形而爲字。這種字如站在文字的立場看，它是字，如站在圖畫立場看，便可說是圖畫。這樣說，中國字由圖畫起，也就是先天上具有藝術條件。後來逐漸繁衍增加，而有指事，會意，形聲，假借，轉注。再繁衍而有複體字就是兼具兩體的複雜字。就造字的方法言，本身就有極濃厚的藝術價值。如雙字作雙，指一手持兩鳥，於字爲雙。雖字屬指事，實兼有象形與指事二義，蓋隹象鳥形，又象手形，三個象形字相合，顯出以一手持兩鳥之意而爲雙字。因此在上古時寫字就是繪畫。繪畫是藝術，造字也是藝術。後來由漆書竹木簡而進爲毛筆書於帛，書於紙，在運用工具上又演爲寫字的藝術。工具以筆爲主，次爲紙與墨硯，各種工具配合運用得宜，書法藝術的客觀條件齊備，再加上心靈與手腕，和功夫，藝術條件乃完備而書法臻於上乘。

造字方法由簡而繁，文字數量自然也由少而多，寫法構造也隨之變化，隨之增加。字體，也由大篆而小篆，而隸，而楷，而草書行書。就時代言，漢碑與魏碑字體不同，風格亦異。晉帖唐帖，下及宋元明清，每代都有不同的風格。就書家言，章草是一種風格，書聖王羲之鍾繇衛夫人，又各是一種風格，唐宋寫字大家最多，最盛，派別也最複雜。顏眞卿的雄壯，柳公權的瘦勁挺拔，歐陽詢的規矩，都一望而知，幾乎無人趕上。褚遂良的行草可以追踪王羲之。李北海的篆書，獨霸於藝壇。懷素張旭的草書，有如龍飛鳳舞，有飄然遺世獨立之感。蘇黃米蔡，雖各有千秋，但兼擅詩文書畫之長的蘇東坡，到底與衆不同。米南宮（芾）的草書，脫化，超逸，不平凡，與他的畫法同一風格，俱臻化境。黃庭堅的雄健，別具豐采，但不適宜後學取法，因易流於狂放。蔡襄則似乎稍遜一籌。趙孟頫瀟洒飄逸，書法精妙，但以宋之宗室而仕於元。在民族大義上遂不見重於士林。元無足稱，明清兩代名家輩出。尤以清代科擧取士，以書法爲主科，有字重於文之勢，遂使一般文人竭畢生之力從事於書法，而書法遂不僅名家輩出，亦成一般文人之共同習尙。水準高，規矩嚴，功夫純。科第中人固均有可觀，即略讀書識字人亦能提得起筆。成名的大家據包世臣藝舟雙楫，品評有清一代書家，以鄧石如爲神品，列清代第一。其餘如何紹基王夢樓戴醇士翁同龢成親王吳昌碩等均爲不朽之大家。有清一代在書法上極一時之盛，有後來居上之勢。

書法藝術雖然只用幾根毛，一張紙，寫出同樣幾個字，不像作詩繪畫能表現多種意境，但只這幾個字掛在牆上，就足供人欣賞幾千年幾百年而不厭倦。它有風神，有骨格，有意態，表現作者性格，有無限美感。它能使人高雅而不庸俗，使人看了覺得周身舒暢。由書法而想見其爲人，誰瀟洒飄逸，誰謹嚴規矩，誰豪放不羈，又有誰超塵脫俗，都對人發生一種潛移默化的作用。對着古人成功作品可以使我們精神一振，心理上不知不覺肅然起敬，心嚮往之；也可以使我們澄清俗念，心境純潔。其作用是無形的，在於平日薰陶。久而久之，自然獲益不淺。

文人雅士對於書法有修養，有愛好，固然對好作品愛不忍釋，朝於斯，夕於斯，臨摹欣賞，懸之廳事，懸之書齋，隨時神遊於其中，成爲生活中不可少的資料。就是一般人不精於此道，也願在廳堂中高懸幾幅名人字畫，供自己欣賞，供來客稱揚，藉以免除俗氣，抬高自己的文化程度。於是書法藝術在中國人民生活中成爲普及的藝術，影響大衆生活，加强一般人的文化觀念，大家以此爲榮，能寫的願意寫，不能寫的也願以高的代價求得名人一鱗半爪以爲榮。這樣遂使中國人藉書法藝術而提高文化程度，而滋潤生活。在世界上只有中國人有此能力，也有此雅興，有此享受，爲西方人所不能夢見，也不能瞭解。只可惜近世爲求便利，爲了洋化，大家習用鋼筆，學校不開寫字課，社會不提倡寫字藝術，政府則順水推舟，樂得遷就人類惰性而聽任青年學子不寫毛筆字，行見幾千年中國特有的優良書法藝術日趨消沉，三十年後毛筆恐將絕跡，古人書法精品亦無人能欣賞。言念及此，不寒而慄！

伍、建築與雕刻

中國人喜歡藝術，有機會就要表現。吃的，講口味，花樣多，既好吃，又好看。穿的，綾羅綢緞，織工細膩，色澤鮮艷，花紋精巧。即衣服式樣，穿法，配法，也都有藝術味道在內。住的房屋，也一樣要講究。蔽風雨，禦寒暑之外，也要點綴許多花樣，使他藝術化。住在裏面，既合用，又美觀。看着好看，住着舒服。就建築而言，是一種造型藝術。每一建築物本身，有藝術成份，多數建築物的配合佈置也有藝術成份。在住的方面，人要與大自然融合爲一，在生活環境上吸收自然美，也儘可能加以人工美。人工美之上再加以自然美。所以有時要利用一點山水花草樹木把人工美遮蓋。如只爲避風雨，禦寒暑，簡單的房屋已可應用。但我們必定要雕梁畫棟，油漆彩畫，屋簷上作飛簷，牆頭上加花牆，屋脊上也要加許多點綴。門，窗，屏風，都必須加以曲折美麗的佈置或圖畫。院內要養花木水草，牆面上都要它爬滿蔦蘿，藤葛之類，使自然美增加，人工意味減少。住室之外，要有配當的兩廂前廳，耳房，書房。略富有的，更有花園，有亭臺樓閣。走廊要廻廊，避免直線，直了不美。外國人講曲線美，我們又何嘗不喜歡曲線美。大門內外有照壁，廳堂內有屏風。用以隔內外，也用以遮蔽視線，避免直入內堂，由大門一直看到內室。有房必有院，主房面前有庭院，庭院中又必有庭除。除就是石階。庭院有石階，表示避免地面前後相平，平了也呆板，必定要後面主房高，兩廂和前廳比較低。這樣才錯落有致，有主有從。就是門，也有大門，二門，堂門，屋門，後門，角門之別。這些門各有適當位置，也各有不同式樣。八字門，一字門，月門，圓門，拱門，小門，種種不一，也都有藝術味道。一個普通中等家庭，居室內外佈置大致如此。

我們中國人對於居室建築，並不僅着眼於實用，同時也與人生哲學相配合，在房屋的建築和構造上，表現一種理想和規格。上與天地自然相融合，以求作到天人合一。下以內外，高下，方圓，表示人類社會的禮法與規矩。人生活在一所宅院中，無形中有一種感覺，也在無形中受一種教育。寬大，疏鬆，雖然處在有限的宅院中，但宅院中必有一天井，時時可以抬起頭望見自己頭上的天。方向必定要以北爲上，主房總是坐北朝南。朝南的意思何在，沒有人講過，在我想，朝南是面對太陽。中國在北半球，看太陽是向南看。太陽是光與熱的源泉，人的生活必定要朝向光明與溫暖，所以人民生活居處以坐北朝南爲正規。並且要正，即正南北向，筆直向前。象徵前程光明遠大，人的心理上，也自然有一種中正廣遠之感。作帝王的

美麗雄偉的牌坊

在北平頤和園清帝避暑處

這就是清廷移建設海軍費所建的遊觀之所

一定要南面而王，帝王宮殿也自然要面對太陽，高大廣遠。普通院宅，在構造上都有固定形式。一般說來，以四合房爲正規。大宅院不只一重，四合之後又有一進，二進，乃至三進四進，仍爲四合。由前而後，節節高起。方方正正，規規矩矩。雖不免呆板，但是有規矩，不亂，不小氣，每一四合都有寬大方正的天井。以接於天，以迎日月。住在裏面，心情上豁達舒暢，舉止氣量亦可受其影響。

一所宅院自成一個世界。人住在裏面，就是此一世界的主人。這一世界以人爲主，上有天地自然，外有社會人羣，內有家長，有兄弟姊妹，或更有男女傭工。彼此之間有尊卑，有長幼，有上下，靠建築的構造規格來區分。男女有別，也靠牆壁門戶屏風來間隔內外。

大家庭，官廨，花園，朝堂，廟宇，山居，水榭，乃至於樓船畫舫，又各有其規格和佈置技巧。但有幾個共同之點，第一是寬大，第二是高聳，第三是美麗。第四是曲折。第五是深邃。大家庭的宅院，尤其是官宦人家的宅院，既寬大而又富麗堂皇。院子講深宅大院。侯門深似海，是達官顯宦的宅院。「深院靜，小庭空，斷續寒砧斷續風，無奈夜長人不寐，數聲和月到簾櫳。」（李後主詞）是破落冷靜的宅院。院子深，就是宅院大。大了才有含蓄，有廻旋之地。官廨，朝堂，更要大自不待言。既要大又要高，要由外而內，逐層高起。高大了才雄壯威嚴，有氣魄。房屋的排列，有的要對稱，要整齊，也有的要曲折廻環，錯落有致。過於高大整齊不免笨重獃板。又有些地區不注重光線空氣，不合衛生，這是缺點。常爲一般人所詬病。其佈置構造，以及裝璜，有哲學意味，富有詩意，有藝術價值，這是優點，則往往爲一般人所忽略。

單就花園來講，北平的頤和園，過去的圓明園，都是帝王的別墅；北海，中南海，什剎海，都是帝王的花園。中央公園本是帝王祭祀社稷的社稷壇，後來開放爲公園。此外王爺的花園，達官貴人的花園，遍佈北京城內外。去過北平的都會看到。此外即或在京外各地，也有不少。規模大小不同，天然景色，人工佈置，自然也不會一樣。都是運用匠心，利用天然，佈成美景。此外在畫面上可以看到，在書本上也可以看到。紅樓夢的大觀園，儘管是虛構的，但這虛構不是憑空，而是依據事實想出來的。我們手此一卷，坐在書房，已可遊覽名勝了。我們不妨把書中所述畫成一幅畫，或作成一座模型。即或由書本加以想像，跟在衆賓客，賈政賈寶玉的後面，聽他們到處題字，看他口中的描述，已够過癮了。這簡直不是人間世，而是天堂，是月宮。唐明皇遊月宮，也不過如此。花園的佈置要有山，有水，有亭，臺，水榭，有曲曲折折的走廊，魚池，花圃，還要有太湖石。說起太湖石，又是只有中國人才懂得欣賞。天然的大石頭自然形成玲瓏剔透的形式，不平板，不單調，有自然美。花園裏點綴幾塊大的太湖石，爲之增色不少。兼精書畫的藝術大家米芾，（南宮）是太湖石的知己，每見佳石，必爲下拜。其愛重如此。有類顛狂，故人稱米顛。雖未免過火，但石之可愛由此可見。佈置上避免暴露，暴露了使人一覽無餘，沒有韻味，必使有餘不盡，方能引人入勝。所以講究「曲徑通幽」，講究「山窮水盡疑無路，柳暗花明又一村。」這是詩意，詩意講含蓄，重韻味。北平頤和園有橫額題字，上寫「畫中遊」，「山川映發，使人應接不暇」。這是畫意，畫意講美，講變化。使人有宛然身在畫圖中之感。詩情畫意融入建築中，也只有我們中國人有此能力和雅興。站在中國人藝術生活立場看西式洋房，只覺得單調庸俗，有銅臭氣而缺乏美感！

古代帝居以及帝王花園，我們已不能看見，但可由文人描述中得一梗概。司馬相如的上林賦，張衡的兩京賦，左思的三都賦，都是專門描寫帝王苑囿之盛的文學作品。並且兩三篇文章研思都達十年之久，想像，誇張，未嘗不費盡心思。但這些以古典堆砌的文章太不通俗，並不發生多大作用。到了唐朝杜牧用散文賦體寫的阿房宮賦，倒來得生動靈活，能引人入勝。雖然文中所述也大部出於想像，作者並未眼見實景，但這想像也是由事實作背景，而不是憑空的。由這篇文章，使我們回想到古代帝王生活的豪華奢侈，也看出建築的富麗，奇巧，以及構造之精細，氣魄之偉大。清代的圓明園我們未趕上看，頤和園

北京內城午門

文武百官至此下馬

雄偉高大莊嚴的北京太和殿

全國的政治中心

我們看見了，好像照阿房宮賦所描寫還有一段距離。

北京的天壇，又名圜丘，明嘉靖朝所建，是帝王祭天的所在。這座建築在工程學上已聞名世界，公認爲艱難奇特的偉大工程。它的基礎特別高大，周圍平曠寬敞，建築本身則雄偉高大，壇的本身是一座三層漢白玉所砌成，圓形。下層直徑二十一丈，中層十五丈，上層九丈。下大上小。登臨其上，有上與天接之感，莊嚴肅穆，雄偉壯觀。壇北起高臺，上面就是圓形的偉大建築，內供昊天上帝，外面上層有匾額曰祈

聞名世界的最早最科學的

中國古建築

北平天壇

皇帝年年在此祭天

古黃鶴樓

年殿。是祈求豐年的意思。內部構造，精巧玲瓏，可嘆觀止。外部是圓形亭式建築，上以綵琉璃瓦覆蓋。最上層則是圓形頂蓋，蓋上銅質圓錐，表示天圓地方，上通於天之意。至今歷五百年而不捐壞傾倒。此外如棧道，索橋，拱橋，都在建築工程上有很高價值，而在中國則早在兩千多年以前都已遍佈各地，普遍應用了。

塔在中國也是一種特殊的建築，普遍而高大奇巧，以開封的十三層鐵塔爲代表。

樓房在中國開始更早，三千年前已經有了。但中國人建築樓房和現代不同，也和西方不同，現代爲經濟使用地皮，向空中發展，可以節省地面，容納多人。古代不然，那時是爲了遊觀，爲了更上一層，可以見得更遠，眼界爲之開豁，心情爲之廣大，所之王之渙詩有所謂「欲窮千里目，更上一層樓」。辛稼軒的醜奴兒詞說，「少年不識愁滋味，愛上層樓，愛上層樓，爲賦新詞强說愁。……」這是說上樓是爲了極目遠望，爲了好玩，並無經濟作用。樓和臺，榭，亭，等作用相同，都是爲了遊觀之用。點綴風光，增加美感，高下建築錯落有致，再加上曲徑通幽，迴廊環繞，花圃樹木，配合得當，可以使居處自然入畫，富有藝術味道。

另外還有一些附帶建築物，如門外，街巷，閭里，祠堂，廟宇，官廨等處，常建有木質或石質牌坊。上面雕刻各種文字，標明使用意義，是一種榮典，或以示其歷史意義。望柱，大旗竿，鐘鼓樓，石獅，則是官廨與世家大族所用，藉以表示官署威嚴與榮譽，遠遠望去，有一種莊肅之感。

雕刻藝術開始也很早，夏禹勾婁碑，已近四千年。商朝的鐘鼎彝器，都足使我們驚訝先民藝術能力之高。至於商朝的甲骨文，近代出土，已任人皆知。這些文字刻在石頭，牛骨或龜甲上面。筆道極細極勻，可見當時雕刻藝術之精，以及刀鋒之銳利堅硬。到了周朝更爲進步，無論何種用具，必定有花紋或文字。或熔鑄，或雕刻，都有很高藝術價值。因爲是雕或鑄在金屬或石頭上面，所以能傳留久遠，我們生在三四千年後還能看見。熔鑄與雕刻本身就是藝術，所雕鑄的花紋與文字，又是藝術。由此我們欽佩古人藝術興趣既高，藝術能力又强，而我中華民族的藝術生活遂足傲視世界。如果有文字，除記載器物之來歷與意義之外，並多箴銘文字，勉勵後人，富教育價值。此又中國藝術上一大特點。不能僅以單純藝術眼光

宋十三層鐵塔
在河南開封
護國寺內

玲瓏塔塔玲瓏
玲瓏寶塔
十三層

視之。

兩漢的石刻最爲發達，或刻畫像，或刻碑碣。有很多我們還能看見。魏晉以後佛畫與石刻大盛，使我們的雕刻藝術邁進一大步。魏晉六朝人喜歡寫字，這時的字又另具一種風格，成一種特殊字體。魏碑的字，氣魄大、筆力强。佛像畫，佛像石刻，美妙到極點！作者親見山西大同的雲崗石刻，看了這些石刻，使我咋舌不能收！講高講大，大到不可思議。一個人站在露天坐像佛的臂上，遠遠望去，不過一只蚊蟲。看佛頭，要站遠仰要起頭才能看見。講精細美妙，看壁上的浮雕。無數的佛像，大大小小，各具形態，千變萬化，一無重複。姿態窈窕，線條曲折，意態柔和。神情姿勢，栩栩如生。有意想不到之美。我們眞懷疑現代人有無此項能力？

北宋菩薩像

在河北省正定龍興寺内

神采盎然栩栩如生

雕塑之精嘆為觀止

文人鐫刻印章，又另是一種高尚風雅的藝術。皇家的玉璽，官署的印信關防，個人的名號印章，都要雕刻，這是一種精細小巧而又需具備文字學與書法常識的才能作。自然也要具備藝術頭腦和巧妙的雙手。同是篆書，能由多處搜集到若干種式樣和筆法。同一壽字能搜集一百多式樣，作成百壽圖。大的方寸，小的不及蠅頭。在刻印上也能表現一部份作者的學問，技巧，以及藝術才華。應用價值既高，藝術欣賞意味亦濃。至於奇異精巧如核舟記所迹，則既無應用價值，亦因富有匠氣而藝術價值反爲減色。

陸、戲劇與舞蹈

中國戲劇事業極爲發達，有全國通行的國劇，也有富有地方色彩的地方戲。戲劇的歷史，遠自周朝已有優伶，近自唐明皇已有像樣的歌舞劇，職行中亦有以戲劇爲業的伶人。歌舞的形式，演出的方式，代有演變。觀者上自帝王皇室，下至市井小民，販夫走卒，無不欣賞。時間大體以農閑爲主，只有上流社會較有閑暇才能長年欣賞，不拘農閑。在中國，戲劇是一種雅俗共賞的普及藝術。戲劇最與人民生活接近，也最能影響人民生活，因爲它的內容就是人民生活。

人類生活就是藝術，再加以藝術家的編排潤色，就越顯得具有藝術之美。喜怒哀樂，悲歡離合，是戲劇；奮鬪進取，克服困難，大忠大孝，節義廉明，都是戲劇。如將這些有聲有色的人生表演在面前，便是很好的活藝術。平平無奇的單調生活，當然沒有藝術價值。

表演的方式有動作，有歌唱，有舞蹈。再加上用服裝辨別劇中人身份，用角色辨別人的類型。用臉譜辨別人的性格，用不同的曲調辨別人的情感以及劇中的情節。再用音樂配合動作與歌舞，潤飾喜怒哀樂的感情，透過演員的種種表情，則這戲劇生龍活虎般，明明白白表現在觀衆眼前了。觀衆面對這複雜動人的人生表演，一一滲入心脾，由內心深處發出一種共鳴作用。因而陪着他哭，跟着他笑，對忠孝節義欽敬，同情，對姦佞小人痛恨，切齒，整個感情跟着劇情變化。也可以說就是戲劇控制着觀衆心理。既有教育作用，又富藝術價值。無形中發生一種潛移默化作用。所以我們常常聽見說，移風易俗，莫善於戲劇。既或某些戲已經看過多次，對劇情已經熟習，也可在演員表演上得到一種再啓示，對歌唱，動作，對音樂舞蹈，乃至於劇詞，都可作無數次的欣賞。「好書不厭百回讀」，好戲還怕百回觀嗎？這是戲劇藝術的最大特點。現代人都認爲戲劇是一種綜合性藝術，這句話不僅切實中肯，也道盡了戲劇的藝術價值。也就是說，戲劇把許多種藝術都吸收來，融合爲一種活動綜合藝術。對人生影響甚大。

就表演技巧方面看，無處不是藝術。一舉手，一投足，正冠，端帶，投袖，都有一定規格，稱爲身段。都配合音樂，也都有節奏。即或是說白，也有韻律。雖然說白並無曲譜，無音樂伴奏，但念起來却輕重疾徐，鏗鏘頓挫，極富藝術價值。聽起來很過癮。至於武打戲，劇情緊張戲，動作說唱快，變化多，但仍然有節奏，一定與鑼鼓音樂密切配合。絲絲入扣，有條不紊。這才叫藝術。這都是現在的話劇所不能具備的條件。電影更不要說了。

西方有所謂心理戲，問題戲，寫實戲；中國不然。不重在寫實，不提出社會問題要求解答，也不重在心理變化描寫。我覺得中國戲劇有兩大作用，第一在戲劇中表現一境界，使之藝術化，供人欣賞，供人神遊，也使人品評或嚮往。第二就是在辨別忠奸順逆，是非曲直，如何突破艱難，創造前途，改變環境，如何堅定立場，百折不回，……把這些可資取法，或可資警惕的人物和事跡淸楚的擺在觀衆面前。供觀衆欣賞與採擇。這是與西方不同處。

在作風上可以一言以蔽之，曰誇大狂。所謂誇大就是誇張，增加，王充論衡有藝增篇，就是說明藝術美有賴於增益，誇張，不誇張人心理上不以爲足。藝術不是科學，在科學一是一，二是二，不容有絲毫增損，在藝術則非增加不能顯其美，十分已足，但言者必言十二分，十二萬分。戲劇上的誇張也是一理，高大的帽子，厚底靴，寬袍，大袖，大袖之外再加一大段白布叫作水袖。人老了長鬍子，充其量不過兩三寸長，半尺長。但在戲劇上則讓它長到一尺以上。性情剛强正直的人面孔比較黑，忠心耿耿的人面孔比較紅，奸詐的人面孔比較白，這不過在一般人比較而言，微有差異而已，並不顯著。但在戲劇上淨臉的老生靑衣都是正人君子，三花臉小丑總是壞蛋。黑的教他黑到黑墨，紅的紅到純粹硃紅，白的白到白粉。更豈有此理的，是臉上畫成各種樣的花紋。人不像人，鬼不像鬼。但我們却就在這花紋上表現劇中人不同的性格，觀衆都能明白。藍色綠色總是代表强盜，兇惡的，粗暴的，剛直的，粗魯而忠直的，都可在臉形上表出。各有定型，成爲臉譜。其實世界上那有這樣人。在情理和事實上都講不通，在藝術上則不如此心中不以爲足，同時也故意把人的性格人品由服裝和化裝上鮮明的告訴觀衆，使人一望而知，某個角色是正人君子，某個角色是奸詐小人，某者忠心耿耿，某者正直無私。令觀衆由表現出的是非順逆忠奸而爲之欽敬，同情，仿效，乃至於痛恨警惕。這又是在藝術之外對觀衆的要求。換句話說，也就是教育作用。中國戲劇之可貴在有此正義感，包含着無限教育意義。

在說白和唱詞上惟恐觀衆對劇情瞭解不清，對劇中人內心不能詳細知道，所以在說白上先把自己的身世，處境，事由，對觀衆一一報告明白。這種說白以觀衆爲對象。兩人對話，則以劇中人爲對象。在對話中又有時轉向觀衆把自己的心事，乃至於不可告人的心機向觀衆說明，聽話的劇中人反而作爲不知，這叫作背供。意思是教觀衆明白作好人作壞人是怎樣作成的。心理是怎樣變化的。好人的苦衷，壞人的奸詐，都由口頭告知觀衆。這又是正義感，有教育作用。至於有音樂伴奏的唱詞無非把言語音樂化，增加美感，避免全用說白，聽者乏味。唱的詞聽得懂也可，聽不懂也無關重要，因爲重要言語全用說白表明了。至於腔調的變換，音調的高低輕重，板眼節奏的快慢，除了藝術上美感之外，又有與劇情配合的作用。正常時用原板慢板，緊張時用快板，倒板，悲哀時用反二簧，二六，輕鬆時用流水板，四平調，……諸如此類，變化多端。聽者可由腔調知道劇情，配合喜怒，增加美感。這是戲劇之所以爲戲劇。

在作風上，直接了當，單刀直入，不繞彎，不迂曲。有象徵意味。如執馬鞭即表示騎馬，兩手向前開闔表示開門關門，低頭翹足表示上樓，打雨傘表示下雨……等等。因爲戲中可用象徵作法，可以因應無窮，不必把實物實事搬上舞臺，所以不受劇情限制。現在採西方話劇，在佈景與動作上，便受極大限制，事實上不能把眞的馬拉上舞臺，騎馬的戲便不能作？這是中國戲在技巧上的優點。

講到戲劇文學，大家都知道元曲文學價值高，實際說若干明淸人所作劇本也有極高文學價值。孔尙壬的桃花扇便是其一。崑曲的文學很多都可以當大學國文講讀，崑曲的唱腔和音樂，藝術水準也遠在皮簧之上。身段舞蹈，旣美，又規矩文雅，不那麼隨便。就全盤藝術眼光論，崑曲遠勝於皮簧。但因爲水準高，味道厚，藝術修養略差的觀衆不能領略它的味道，於是比較淺近通俗的皮簧遂取而代之。到了鄉間，又被些更淺薄庸俗的東西所取代。於是戲劇藝術有逐漸向下的趨勢。不久以後，優美的崑曲眼看就要斷絕，實在可惜！因此作者呼籲，這優良的國粹戲劇藝術，應該好好提倡，不可一味向下遷就低級趣味，而使國粹淪亡。也應該用高深的藝術把人的生活境界提高，欣賞能力加强，不能一味向下遷就。

舞蹈也是一種極早的平民藝術，在古時相當普及，後來逐漸衰落。唐朝戲劇發達，便把舞蹈藝術吸收在戲劇中。到現在有若干中國舞蹈得藉戲劇而保存。但現在的觀衆似乎對舞蹈並不太注意欣賞，注意力全集中於劇情，歌唱以及表情，忘記了可愛的舞蹈而不加以欣賞批評，乃至發展，流傳，和改良。這是非常可惜的。話劇沒有歌，沒有舞，也沒有音樂，只有說白。其文學價值也並不多。只因爲來自外國，便爲崇洋心理所歡迎，使人苦思不得其解。假如中國固有戲劇再不提倡，改良，整理，恐不久即將全趨沒落，爲肉麻的電影所取代。許多種藝術亦將隨之日趨於下，乃至於絕跡。舞蹈藝術即將首遭淘汰。

另有一種舞蹈屬於軍事，名曰武藝。所謂武藝即軍事技能而藝術化。在全世界，軍事而兼藝術，也只有中國才有。但是這件事却又很少人注意。現代軍事日趨於科學化，乃與藝術相隔日遠。我們如回想到古代，中國的軍事藝術眞有不可思議的美妙精深，在藝術造詣上，眞入於化境！用起來合用，舞起來好看。其變化無窮，境界高，意義深。經得起考驗，經得起研究習練。到現在已亡失其大半，但還有若干可以看到。上古時車戰，其術不傳。中古時期馬戰步戰兼用，而多種武藝乃應事實上需要而日趨於發達。最基本的是騎射，騎射能射飛鳥，射咽喉，射盔纓，惟意所欲。百步穿楊，百發百中。十八般兵器，各有用法，各有藝術意味。戰術中有攻有守，而戰爭上的攻守却在藝術中去求，即由藝術中運用攻守之妙。所以這種仗打起來，慘烈之中却有美妙之感，即非常好看。最基本的兵器是劍，劍舞起來即有極大軍事價值，同時也有極高藝術味道。更妙的是空手入白刄。敵人刀劍飛舞，當者徒手迎戰。不僅不受傷，更能在劣勢中取勝，反而傷敵。這就是由藝術中化出的戰術。

單就徒手戰術而言，藝術價值已經够高。大家都知道，中國有所謂拳術。拳術就是只用兩隻空拳却敵制勝。拳術有許多種，許多派，各有其妙用。據說最利害的却是最輭弱無力的太極拳。它能以靜制動，以弱勝强，以守爲攻，以柔克剛。表面上柔弱無力，實質上却能勝過兇猛的强敵。這更是藝術上的化境。這種太極拳以及太極劍，除了藝術價值之外，更富有哲學意味與體育價值。它以有無相生，動靜相制在輕重虛實上運用，能以敵人力量制勝敵人。從容不迫，不動聲色。此與孫子兵法有關，都富有極深的哲學意味。只可惜因爲它是中國固有的而非外來，始終不受人重視。無人提倡。粗野笨拙的拳擊，却一本正經的當作中國體育課。以與中國的國術相比，高下相差何可以道里計！

現在騎射戰術沒有了，十八般兵器無用武之地了，徒手戰術也找不到可打的對象了。世界上獨一無二的軍事藝術眼看失傳了。縱然在軍事上無用，儘可能傳流若干，保留一點武藝，給中國數千年文化留一顆種子，似乎應該，事實上也並不難。又何況基本防身技能多學幾手，總有益處，不見得毫無用處。

柒、日常生活

中國人的藝術興趣與造詣隨地都有表現，不僅上述各端。日常生活許多種事項都富有藝術意味。我們平常不覺得，試一分析，便可知我們實無時不生活在藝術中。即或是禮，也有極濃厚的藝術意味。禮不能離樂，以樂配禮，即以樂配合人的行動。行動之外又有歌唱舞蹈，讀祝讀詩。複雜的儀節，規律的動作，是規矩也是藝術。古代禮制以祭禮為最隆重複雜。次喪葬，婚嫁，朝聘會同，燕饗，飲酒，鄉射，均有像樣的禮節。周旋進退，揖讓升降，簡直就像在演戲。

所以用藝術的眼光看禮，就是藝術。即或是日常生活上的禮，也將人的行動安排的那麼有節奏，仍然可以看作藝術。

禮的本身能教人，藝術的本身能感人。現代的禮制雖已遠不如古代之隆重莊嚴，但當我們親身參加較為隆重的大典時，已覺在肅穆中受約制，在藝術中受感化。自然有一種教育作用。此外又如吃的講口味，講烹調。同是一條魚，便想出幾十種吃法。穿的講質料，講花紋，刺繡，也重衣着的配合。除蔽體禦寒之外，還講彰身。彰身就是求美，講藝術。住的更是要求美了。房屋的佈置，構造，式樣，都不僅為蔽風雨，禦寒暑，很多是為美觀。說已見前。房屋建築本身之外，還要在室內外佈置裝璜，養花草樹木，鑿魚池，作假山，建樓臺亭榭，廻廊甬路。在室內佈置客廳，必定要使它高貴，文雅，大方，富藝術之美。案上置古玩，玉器，磁器，壁上一定要掛字畫，山水人物畫，並以名人作品為上。還要按時輪換。即或是書架，也要雕出花樣，不使呆板。明窗淨几，整齊清潔。文人雅士三五知交，相與飲酒賦詩，對月長吟，行令而飲，唱和而歌。茶要品，酒則要淺斟低酌，一口一口的喝。興來了，彈琴為樂，或拔劍起舞。知音過訪，對奕遣懷。讀文章要高聲朗誦，雖無曲譜，亦自成調。讀詩則更要拉起調兒長吟。杜甫詩有所謂「新詩改罷自長吟」，即是此意。政治家亦以鳴琴而治相標榜。歐陽修自謂，「吾集古錄一千卷，藏書一萬卷，有琴一張，碁一局，而常置酒一壺，以吾一翁老於其間，是爲六一。」故自號曰六一居士。按此所謂琴碁書酒，全是藝術品。因而可以想見此一老翁眞是有情趣的雅士，最會過藝術生活。又中國社會上流行一首打油詩：

琴碁書畫詩酒花，　當年件件不離他。
而今七事都更變，　柴米油鹽醬醋茶。

這琴碁書畫詩酒花都是藝術，也都是中國人的生活方式。所以我說，我們中國人是最愛好藝術的民族，最高雅的民族。

講到棋藝又爲中國特有的藝術。以圍棋象棋爲最著。雖然是一種調劑生活的遊戲，却有很高藝術價值。圍棋又不僅有藝術價值，且有哲學意味，並與兵學相通。起源甚早，圍棋尤甚。據左傳襄公二十五年，有「今甯子視君不如弈棋，其何以免乎？弈者舉棋不定，不勝其耦，而況置君而弗定乎？必不免矣。九世之卿族一舉而滅之，可哀也哉！」杜預註，「弈，圍棋也。」孔穎達疏引揚雄方言云，「圍棋謂之弈；自關東齊魯之間，皆謂之弈。蓋此戲名之曰弈。……棋者所執之子。故云奕者舉棋不定，不勝其耦。謂舉子下之不定，則不勝其耦。是棋爲子也。以子圍而相殺，故謂之圍棋……」今按，據此則春秋時已盛此行戲，故論人之史家以之爲喻。孟子書中亦有弈秋誨二人弈之說，足證彼時流行之盛。雖僅以棋子在盤面上以相互圍堵爲競爭，並無文字，但有很深遠的道理，極費思索。往往考慮一二小時，方能落下一子。即證一子之落，連帶以下若干步。一着得手，可制機先，稱爲先手。一着錯，滿盤輸。此中有很深學問，高人雅士始能之。精於此道者，羣推爲國手。三千年來，傳衍不絕。至今仍極盛行。日本尤著。當代中國兩大國手吳清源林海峯，稱霸日本棋壇，蜚聲國際。形成中國文化另一枝派。

象棋後起，亦係一種遊戲，與圍棋均以戰鬪爲戲，與軍事相通。惟象棋不如圍棋意義之深，藝術價值之高耳，因較平易，遂較爲通行。

用藝術眼光看，中國人是文化程度極高的民族，也是最優秀的民族。世界大通以後，羣趨西化。但西方人生活方式與中國不同，他們是宗教，商業，金錢，緊張，擁擠，和物質享受。藝術味道甚爲淡薄。要過藝術生活必須輕鬆，舒適，雍容，大度，從容不迫。現在我們已跟着西方人亦步亦趨，本來面目已所剩無幾。固然爲了進步，爲了適應世界潮流，若干生活方式必須改革，但不妨害進步的則應該保留，以存民族本色。一味跟人跑，未必是我們的幸福。只有使我們日趨庸俗而已。

捌、結語

由上述我們可對中華民族的生活，以及民族性，民族文化各方面，得一概括的瞭解。一方面可作實施民族主義的依據，一方面亦可對中西民族得一比較的認識。欲改革文化，復興民族，或可資爲憑藉。

國父與　蔣總統既主張人民生活必須有閑暇遊樂，又主張恢復中國固有智能，(也就是固有文化)則對上述許多種民族自創的藝術均主加以選擇保留與發揚。必有碍於民族發展進步的方可揚棄，或予以改革。對西方文化亦只能作有條件的吸收與仿效，不能一味崇洋，求其西化。綜觀上述各種藝術創造，研究中華民族的藝術生活，實覺十之八九應該保留發揚，至於去取之間如何選擇決定，如何改革進步，讀者自能以民族國家爲前提而加以抉擇。何況　蔣總統於民生主義育樂兩篇補述，以及歷次發表有關教育文化之訓詞中，均有明確的指示，只求我們能即知即行，劍及履及已經够了。

站在歷史的立場，我們應將古代可貴的藝術繼長增高，使之更進步。站在民族主義立場，我們應以民族文化提高民族品質，並作適當的改革以求適應民族生存發展。所以無論從那方面講，許多種可貴的民族藝術必須保持發揚。

第七節　中國之典籍

壹　引　論

中華民族是世界公認文化程度極高的優秀民族。歷史悠久，文化開始早；文字的創始雖無確切年代可考，但可知至少已有五千年左右的歷史。到今天我們仍能看到三千年以前的典籍，如尙書中若干篇目都遠在三千年至四千年之前。此後逐漸發達，逐漸擴充，典籍之繁實爲世界之冠。假如不是歷代多次散亡遺佚，中華民族典籍的豐富不僅舉世無其匹敵，文化學術的完備充實，也將遠勝於現在。

人類所以能成爲高等動物，能創造文化，在先天的本質上是靠有一套會語言的機能。這樣纔能用口頭發表感情和意見。其次是身體由四肢着地而進化爲直立。身體直立之後，有兩種變化，第一是頭腦向上，比低頭清醒而靈活，因而能產生知識，運用思想。這是產生文化的基本源泉。第二是兩前肢懸起，變成雙手，不再伏地，可以用來作無數工作。我們要知道，多少物質文化以及謀生的活動，都是由雙手造成。假如人類只有能思想的頭腦而無能工作的雙手，相輔相成，配合應用，人類將靠甚麼進步？靠甚麼產生文化？幸而我們先天上有語言的機能，又由身體直立而得有一個清醒靈活的頭腦，和一雙能工作的手，而雙手又有靈巧的十指，這樣纔能得於心應於手，把心裏所想的既能用口腔說出，成爲言語；又能用手指寫出，成爲文字；進而爲文章，爲書本。這就是典籍的起源。

中華民族開化最早，使用文字，著作書本也最早，數量也最多。這是世界公認的事實。但如僅是早與多，並無甚希奇，必其內容有價值，能經得起歷史的考驗，那纔算難能可貴。時至今日，不僅中國人自己要讀這些古代典籍，認爲仍然有價值，即世界有識之士，也無不尊重中國古書，而加以研究。這就證明中國文化思想有它不可磨滅的價值，中華民族是世界上最優秀的民族。

書本是人類思想的結晶，一個人的著作是這個人的智慧和功夫的代表。但一個人的智慧是以社會人羣以及社會文化爲背景，所以一部書固然是一個人的代表，但同時也是這個民族的代表。如果這書本能在許多作家，許多著作中站得住，那麼這個人便有足稱。若再經歷若干年而仍然有人讀，受人重視，那麼其人其書，便在歷史上不朽。如果一個民族在世界許多民族中站得住，那麼這個民族便有足稱。如再經歷若干年而在世界上仍有其他民族的人讀，受人重視，那麼這個民族便在歷史上不朽。中華民族的典籍是中華民族精力之所萃，思想的結晶，已歷四五千年而仍有世界許多民族讀，仍受人重視。這就證明中華民族在世界許多民族中是最優秀的，在人類歷史上是不朽的。過去站得住。也在文化思想上有領導作用，將來也仍有領導作用。過去民族賴文化思想曾經創造燦爛輝煌的偉蹟，將來也必能賴文化思想而創造更燦爛更輝煌的偉蹟。

民族典籍足以代表民族文化；民族文化支配民族命運，因此可證典籍對民族的重要。中華民族文化崇高，大家常常講，也常常表彰，但文化所寄託的典籍，只有歷代目錄學家作結賬式的報導，而無各方面綜合的說明。作者不敏，願以此文作一嘗試。惟茲事體大，難期周密。資料不多，時間有限，學力又苦不足，當然不易作好，但終不能因此而擱置此一計劃。因大膽試爲之。其體例既與目錄學著作不同，與國學概論亦殊異，也不是文化史，所以在作法上也是一種創格。

貳　典籍之撰著

典籍之產生由於撰著，撰著的工作古今不同，彼此亦異。客觀條件也有許多限制。基本條件則在於中華民族是文明民族。這裏我們說文明民族不是空話，第一，我們民族喜歡文學，對歷史對政治都有興趣，尤其願意把自己的經驗傳達於人，這樣就無形中成爲教育，也成爲歷史。藉口頭傳達的爲言語，藉文字傳達的便成典籍。第二，大家尊重古人，信任古人的經驗，接受古人的教訓，因而對典籍特別重視；無論收藏，誦讀，引據，遵行，都惟力是視。所以典籍非常發達。從事於著作的人一天天增加。

最初自然是爲應用而爲文，非爲著述而著述，看的人尊重之，珍惜之，逐漸遞演而成爲典籍。時代愈後，愈尊重古人，珍視古書。也就無形中有一種鼓勵作用。站在思想家個人立場，以學問濟世，是一種願望；藉著作而不朽，也是一種願望；衆說紛亂中撥亂世反之正，也是一種願望。動機不同，著作之成爲著作也不一致。茲將我國典籍之撰著約略說明如下：

首先我們要說明古代著書之困難，以及作者的心理作用。先秦時代著書極爲困難，不似現在之簡便。即書本之携帶移動也不容易。當時寫字是用竹蘸漆寫在竹簡或木簡上。所以當時以簡，篇，策，等字稱擧書籍。字皆从「竹」。文長佔用許多簡策者，用韋條或絲連貫起來，所以書稱經，經就是絲。孔子讀易說韋編三絕。韋編是用以連貫竹簡的皮革。三絕是說常常斷絕，以言其讀書之勤，頻頻翻閱，所以韋條斷絕，至再至三也。一部書寫成，要用許多竹簡，體積重量都很大，用漆寫字也極困難，所以一部像樣的書由著作而傳播，而流傳至數千里之遠，數千年之久，是多麼困難的事！漆書未乾時容易汚損，寫錯了要用刀刮掉，多簡連貫時容易排錯次序，韋編斷絕時容易脫落遺失，費多少時間寫完了，也只有一部。要想傳播就要借抄。這都是當時的實際情況。現在我們用毛筆或鋼筆寫字，鉛字丁或照像印刷，字小紙薄，携帶便利。莊子書中所說「惠施多方，其書五車」，如用現代印刷，則此五車書一個人夾起來就跑了。這是古今著書情況不同，不能不瞭解者一。

古時著書，無名可享，無利可圖。目的不過是發表思想，或立訓垂教，以濟世救民。假如口頭上得到發表的機會，學問主張得到傳人，又或政治上能得君行道，澤及蒼生，則著書立說之事根本不需要。必定是處處行不通，而一腔抱負無由施展，一肚子學問無法發表，乃不得已而著書。孔子到晚年纔從事於筆削春秋，即其一例。此又著者心理因素不可不瞭解者二。

瞭解以上兩項事實，再進而研究典籍撰著之概況。據古書本身，以及古史事實，綜合加以考證與推論，約略可得以下七項。

第一，著作者授徒講學，思想學術已得藉口耳相傳，本無意於著述，但在受業者受之於耳，著之於心，受其益而有所感，乃思錄以備忘。如論語衞靈公，「孔子曰，言忠信，行篤敬，雖蠻貊之邦行矣。……子張書諸紳。」是也。書諸紳是寫在帶子上以備忘。是臨時應急的辦法。有了空當然要寫在竹簡上。積之既久，所得漸多，合而輯之，便成一書。論語、孟子、墨子等書，都屬於此類。

第二，爲著書而著書，爲立說垂後而著書。由春秋而戰國，此類事實逐漸流行，成爲風氣。前者如孔子之春秋，後者如莊子、荀子、韓非子等都屬於此類。

第三，某思想家或某政治家，嘉言懿行，彪炳功勳，爲後人所崇敬，代爲追述，記錄，纂輯而成書的亦有之。如晏子春秋是。

第四，原著者僅有零篇斷簡，未輯成書，後人仰慕之者代爲纂輯，附以自著，合而成書亦有之。如今本管子莊子等是。此等書之內容既非全出本人手，思想學說即難免駁雜不純，最易混淆思想系統，令讀者不可捉摸。

第五，官家設官修史、或記言、或記事、或記王室之起居、或爲朝政之實錄。是爲官家之史。

第六，史事繁多，非官書所能盡載；朝政之外，民間亦有足傳；本國之外，異國亦當記錄；拾遺補缺，以補官書之不足，而私人修史之風遂應運而起。左丘明之國語是也。

第七，官民合作，採獻兼施，貴族平民，廟堂鄉曲，不分疆界，只論文體，前後積累，蔚成壯觀。在典籍中獨放異彩，成為特例。詩經是也。

第八，搜集前人單篇文字按類纂集，合而成書者，所在多有，如戰國策是。

第九，集體著作書出衆手，主其事者一人享名，為賓客者多人執筆。呂氏春秋開其端，淮南子繼其後。

第十，託古以自重，為崇古右文一般心理所造成之風氣，作者有所見，恐不為時人所重，乃託之古人以取重。戰國西漢此風最盛。漢志中著錄此類著作極多，不勝枚舉，以託於黃帝者為最多。

就古代典籍著作之源起而言，可得而舉者大略如上。後世遞演，容有增加，不再備舉。

叁　典籍之整理與演進

春秋戰國文化進步既速，學風亦盛極一時，典籍之撰著與流傳亦蔚為一時風氣。雖限於事實上種種困難，然風尚所趨，以及需要所迫，終不能阻遏其進展。暴秦焚書，學風既煞，書籍亦有減無增，為中國文化第一次大厄運。散亡殘缺，種種不一。若干珍貴典籍，民族瓌寶，經秦火而絕跡。其不絕跡者亦大都殘缺散亂，非復昔日之舊。至漢惠帝始除挾書之律，文帝景帝纔開始搜求遺書。並用政治力量一面搜集，一面鼓勵民間獻書，提倡讀書風氣。武帝更立五經博士，興教育，中央設太學、地方廣設州學、郡學。自此教育發達，典籍之需要逐日漸普遍而迫切，典籍之復盛乃成水到渠成之果。

這些散亂的書本集中王室之後，反而成了急待解決的問題。漢元帝時起，纔着手加以整理。成帝哀帝繼之，先後命劉向劉歆父子任其役。劉向面對這一項艱鉅工作先作一全盤計劃，然後逐步實施。劉歆繼之，始底於成。經此一番整理，中國文化始得復興，典籍始得收拾殘餘，由散亂而集中，由集中而秩然有序。此後的班固作漢書藝文志乃有根據。到今天研究文化史，徵考典籍者，無不以劉氏班氏書為主要依據。則三氏之整理典籍，誠為中國文化史上之盛事，而三氏者實為中國文化之功臣。

及今推想，劉向歆父子整理典籍之工作，約略可分爲下列五步：

第一步，一書篇卷散在各處者，集中之；篇卷錯亂者連貫之。

第二步，一書篇卷儘搜求所得，爲之查點篇目，求其短缺，序其次第，删除重複，必要時抄錄補足之。

第三步，循序誦讀，校勘文字，是正訛謬，編纂成書。

第四步，一書編校既成，必爲之序錄，說明其編卷次第，以及殘缺之篇章，然後考證其著作之人與時代而奏上之。

第五步，按內容分類，依次排列，編成總目錄，名曰七略別錄，爲中國目錄書之祖。所謂七略即七類，其目爲輯略，六藝略，諸子略，詩賦略，兵書略，術數略，方技略。至此中國典籍第一次總整理纔算告終。此劉氏父子整理典籍工作之概要。其工作之繁重艱鉅，至今猶可想見。

典籍經此次整理之後，不僅散亂歸於整齊，殘缺或得補完，分類亦自此開始，目錄自此開始編定。一般人對浩如煙海的古代典籍，不再是攏統的一大堆，而是類別釐然，部居整齊，系統分明的思想結晶，學術總滙。這對思想界的影響是無形的，也是有益的。又加政府既主持整理，百般搜求，又設學官，設太學，州學，郡學，興考試，可以說是提倡學術教育不遺餘力。當然民間風氣亦有以應之。在文化工具上，大家知道，蒙恬造筆，蔡倫造紙，使工具便利，費用減輕，在經濟上減除一種障碍。字體由篆而隸，而草而楷，在寫字的工夫上也逐漸趨於簡易。這都是使典籍發達的有利條件。所以西漢以後，典籍數量隨之猛增，一面舊籍新抄，一面新書著作，而典籍之盛遂呈與日俱增之象。假如照此現象在安定與正常情況中發展下去，中國文化之突飛猛進，創造高峯，爲意中事。

不幸的很，一到東漢末年，王室衰微，海內騷亂。加以西凉入侵，羣雄並起，長安殘破於前，洛陽萘亂於後。兩京一失，文籍首遭浩刼。魏晉統一未久，喘息未定，又有五胡亂華之禍。王室播遷，百姓流離；收集未完之典籍，再遭摧殘散佚。歷六朝至隋唐，長期混亂之後，始得趨於安定。在此時期，雖有不少新著增加，但隨增隨減，又隨減隨增。由歷代目錄書參互校閱，可以瞭解此一現象。

唐代統一，基礎奠定，武功與文治並重，典籍乃得復盛。不過這時的書還都靠手鈔，所以我們由燉煌石室或他處所看到唐代的書，還都是寫本。

五代開始，發明印刷術，至宋而大盛。所以宋以後書全是刻本了。這對於典籍的傳衍與流行，都有極大作用。如站在典籍演進立場來看，這是一件極關重要的大事，可以說是一個進步的樞紐，轉變的開頭；對於一個民族文化的演進，有極大影響。所以印刷術的發明，獨受世界人士之重視。也就由此西方人對中國文化另眼相看，不敢低估。論年代，印刷術開始，是在今約一千年以前；普遍應用，則在今八百年以前。到今天我們仍然能看到宋朝的刻本書。就是唐朝寫本書，也存有一部份。

除印刷術以外，宋朝學風特盛；武功較差，文治發達。所以學人思想家相繼輩出。經學上捨考據訓詁而趨於義理。理學遂成爲宋代學術中心，此一風氣自北宋初年，一直貫徹到明末，甚至清初還有漢宋之爭。在這一方面的著作遂盛極一時。此外史學因有歐陽修、宋祁、司馬光、袁樞等等大史學家，不僅能因，並且能創。所以在史書體裁上除正史外至少有資治通鑑和通鑑綱目，通鑑記事本末等體制的擴充。又自唐朝的杜佑作通典以來，到宋朝又有鄭樵繼之作通志，馬端臨作文獻通考，與正史相輔相成，後人合稱「三通」。至此史體漸臻完備，這都不能不說是史學界的盛事。同時也爲典籍多開了幾條路。

文學在宋朝可以說是極盛，無論散文，史傳，詩、詞、歌、賦、應有盡有。並且無論在質與量上都有足稱。連帶的使文集詩集詞集等書在數量上大爲增加。

宋人筆記在著作界爲異軍突起的一枝生力軍。它介乎經學、史學、文學之間，非經學、非史學，也非文學，但與他們都有關係。對於作學問，習文，讀史，都有益處。在文體上輕鬆自由，不受任何拘束，也可以表現思想，助成學問。宋人能文，作家多，筆記之作多而且精。在典籍界又開了一條新路。

目錄學到宋朝也放一異彩。目錄學是以整理典籍爲主的學問。自漢朝的劉向歆父子開創以來，班固繼之，撰爲漢書藝文志。在目錄學本身，由班氏之繼起，使劉氏父子之績業得以繼續不墜，已爲一大功。在正史上加藝文志，爲後世史學界開一先例，亦爲一大功。可惜班氏以後繼起者少，後漢書三國志以下一直到六朝末之正史，都沒有人續作。到唐人撰隋書，纔賡續劉班之舊業而爲經籍志。目錄之學始得維持於不墜。此外私人著述有關典籍者，有荀勗之中經，阮孝緒之七錄，王儉之七志。惟其影響並不大。到了宋代，朝野人士對此都很注意。由官家主持修撰的有崇文總目，中興館閣書目，私人著述有晁公武的郡齋讀書志，陳振孫直齋書錄解題，加上馬端臨文獻通考，鄭樵通志，於文獻之整理，輯錄，分類編目，都有極大貢獻。這是在典籍上爲整理典籍而作之工夫與學問。在宋朝爲獨盛。成爲宋朝在文化史上一大特點。

在這裏要順便一提的是作學問必有目錄學常識，會利用目錄。某類問題，有某些著作；原料書，參考書，工具書，各在何處，如何利用，都要知道。自己要作某種研究，知道有某些書可以使用。遇到某些問題，要怎樣解決，查甚麼書。凡此種種是作學問的基本能力，必須練習培養。古人的績業是我們的指針，也是爲我們後人準備的現成飯，我們如不知道利用，是多麼寃枉的事？目錄入門書在從前有張之洞的書目答問，現在仍可利用。

叢書類書雖不自宋朝始，但自宋朝盛。如道藏，太平御覽，太平廣記……都是在典籍史上極爲有名的大書。尤以編纂叢書類書的風氣經此一提倡，至明清更爲發達。其最大作用在藉此使古代單行孤本書得以保存，於保存典籍有極大功勞。

宋人所編著的書對後來影響最大的是朱熹編的四書。由朱子直到民國，約八百年，不僅通行不衰，甚至家喻戶曉，無人不知。略讀書識字的無人不讀。無論山陬海澨，婦人孺子，無不知有四書。也就無不知有孔聖人孟聖人和朱夫子。讀者之多，世界上幾乎沒有那一部書能與之抗衡。在典籍中可以說是勢力最大，功效最普遍的一種。這裏所謂四書原名四子書。其中論語，屬孔子；孟子，屬孟軻；大學，歸之曾子；中庸，歸之子思。本來論孟都是單行，而大學中庸則爲小戴禮中二篇，朱子以論孟合輯，另由小戴禮中將大學中庸二篇提出，使與論孟相提並論，合稱四子書。論次序本應以論語居首，曾子的大學次之，子思的中庸又次之，而以孟子殿後。但因篇幅大小不相稱，刻書人乃改變次序而按篇幅以兩短文居首。編成之後，自爲章句或集註。自此之後，遂不脛而走。論其功績在特別賞識學庸二文。由今觀之，確有至理，實有遠識。此種編輯體例在典籍中爲創格。論效果，極成功。朱子之享名，亦半由於此。至今仍以四書爲國民必讀書，其影響於後世者可以想見。

明朝承宋代之後，印刷術與刻板技術均有進步，刻書風氣自然大行。我們今天仍可看到許多明板書。這是一方面隨時代進步，一方面應事實上之需要而來。

明朝的學風遠不如宋朝之盛，經學家文學家之多，也不够熱鬧。典籍之新增不如理想之多。永樂大典的編纂是明朝一大貢獻。這是一部類書，分量極大，徵引書籍亦多。可惜現已殘缺不全。

明朝在典籍發展上惟一的特點是藏書的風氣，自此大盛。海寧范氏天一閣，福建黃氏的千頃堂，都是近代有名的大書庫。此一風氣對於典籍的流傳，文化的存保，都有極大功績。雖然聚散靡常，難期久遠，但終不能不謂一大功績。並且風氣一經養成，便有人繼起，使已散之書得以復聚。且連帶必有目錄行世，可與史籍相表裏，得相輔相成之效。於目錄學亦不無補益。

刻書也在明朝成爲風氣。有些人喜歡刻書，爲應用而刻書，爲流傳典籍而刻書都有。但也有人爲享名而刻書。著書須靠深邃的學問，非有數十年功夫不能着筆。藏書須靠雄厚的財力，長久的時間，雖能享名但不大。刻書則較易。一書刻成，印刷流佈，動輒千百，遠近皆知，傳衍亦久。如能據善本精校精刻，則更可名噪士林，爭相購讀，爲學術界所推重。因此明清兩代從事者多，雖動機不免爲一己之虛名，但於典籍之保存傳佈，則不無貢獻。其著者如明朝的毛晉汲古閣刻本，震澤王氏刻本，都名重一時。這是明代無意中在典籍上所作的貢獻。

到了清朝，民族典籍可謂臻於極盛。無論在著作，編纂，收藏，編目，刋刻，印刷，流佈……各方面，都有極大進展，並且在技術上亦有若干進步。可惜滿清懷種族偏見，對漢人不能開誠相與，平等相待；不僅在政治上使用高壓政策，在文化學術上也用同一心理壓迫漢人，防制漢人。他們在思想上，學術上實行統制政策，肅清足以策勵反淸的民族思想。藉整理典籍之美名，行鎭壓統制乃至摧毀文化思想之手段。一面大興文字獄，以恐怖政策防止漢人反抗。一面大開攏絡之門，使文人學士思想鬪士畢生消耗其精力於書法以及咬文嚼字，埋頭於故紙堆中，作考證，抄錄，編纂工作。不能有所振拔。所以表面上大作其整理文化工作，實質上則不過肅淸反抗思想，鎭壓反抗力量。由今觀之，罪固不可赦，然由其績業言之，功亦有不可沒者。所以有淸一代文風雖盛，但是病態的而非正常的。此不可不首先說明者。

首先講著作編纂，與編目。

清代學風極盛，學者，經師，文學家，史學家輩出。著作方面以經學爲最盛，惟箋註考證之學特多，闡其義理者較少。有之，以戴震孟子字義疏證爲代表。爲章句訓詁者有之，以孫詒讓墨子閒詁爲代表；專講文字學，爲音形義之研究者有之，如段玉裁說文解字註。就某書集各家箋注而爲之集解者有之，如王先謙荀子集解。總輯羣經註解而合爲一書者有之，如經籍纂詁。而阮元獨能廣搜博採，擧各家箋註經傳之書合而輯之，名曰學海堂經解。又名皇淸經解，稍後王先謙又有續編。可謂集有清一代經學著作之大成，誠盛事也。史學方面，由政府主持編著者以繼三通之後而撰著之續通典，續通志，續通考；以及皇朝通典，皇朝通志，皇朝通考爲最重要。與前三通合稱九通。後再續撰淸續文獻通考，又合稱十通。乾隆詔定以史記、漢書、後漢書、三國志、晉書、宋書、齊書、梁書、陳書、北魏書、北齊書、北周書、南史、北史、隋書、唐書、新唐書、五代史、新五代史、宋史、遼史、金史、元史、明史、等合稱二十四史爲正史，與十通相輔而行。史籍至此大備。嗣後更有私家史學著述，如王鳴盛趙翼等，而以畢沅之續資治通鑑爲較著。治諸子者至後期始盛。有百子全書，三十二子，二十二子各本。爲箋註之學者以王先謙、郭松燾、俞樾、孫詒讓等爲最著。作校刊工夫的有張文虎、盧文弨、戴望等。文學方面，作家旣盛，著作亦多。總集，專集，別集；詩，詞，古文，無不具備。前代作品之選，集，刻，也極熱鬧，如全漢魏六朝文，漢魏百三名家集、全唐文、全唐詩、元曲選等，可謂盛極一時。

編纂叢書，類書，工具書，爲清代一大特色，亦爲一大貢獻。清政府基於上述種族偏見，高壓政策，對於利用文化事業桎梏文人思想，極盡其能事，不惜工本，不惜勞民傷財，特定大計劃，大方針，集合一代文人，集中精力，從事於此，所以能有極大成就。最偉大的是四庫全書的編纂，這是一部舉世聞名的大書，屬叢書類。所謂四庫，即指經史子集又稱甲乙丙丁四部。共收古今圖書三千四百七十五部，九萬九千零七十卷，全部楷書手鈔。共鈔十六萬八千餘册。氣魄之大，卷帙之巨，裝璜之精，舉世無其匹敵。共鈔同樣七部，分建七閣貯藏。二百年來，歷經戰亂散失，現保存在臺的僅餘原存北京文淵閣中一部。成爲碩果僅存的國寶。這是乾隆帝的傑作，他集文人學者一百五十人編纂，一千五百人手鈔，直隸獻縣人紀昀爲總纂官，實際主持其事。書成之後，並撰四庫全書總目提要，每書均詳加考訂，介紹其作者及內容概要。卷帙浩繁，成爲目錄學上空前巨著。惟因卷帙過重，又奉詔另撰簡本，稱爲四庫全書簡明目錄。其經審查未予收錄之書有兩種處理方法，第一種存目，原書發還收藏者。計共六千七百六十六部。第二種焚燬。數目不詳。這是一次典籍大整理。也是由中央政府主持的文化盛事。但不幸的是，這次整理動機不純。功過相抵，功不掩過。

類書的編纂也有一部空前巨著。這是雍正帝敕撰的古今圖書集成。全書一萬卷，分類編纂，徧引古籍，使各以類相從，也就是將古書內容按類集中。在體例上與四庫全書相爲輔翼，得縱橫融貫之妙。全書係用銅版印刷，與四庫全書由手鈔的不同。在卷帙上這一萬卷的巨著也足使人咋舌。在類書中應以此爲代表。

工具書也編了不少。最通行的是康熙字典，這是家喻戶曉，文人學子不可須臾離的一部字書。此書由康熙帝敕撰，集中古代所有字書，在音形義各方面作一綜合註釋，可謂爲字書總整理。按部首及筆劃編列，至今仍公認爲不可少的權威著作。另有佩文韻府，按音韻排列，字與辭並收，爲中國第一部辭典。以上二書可謂工具書之代表。在應用上開一先例，對於學人之撰文爲學有極大貢獻。

古書由傳鈔而訛脫，在所難免。因此許多古書由訛脫而不可卒讀，而發生若干疑問，惹起若干糾紛。浪費學人無數時間精力。所以從西漢時劉向歆父子起，已不能不作校勘。工作當時叫作校讎。他們說一人讀書，一人持本，如寃家相對。故曰校讎。不過當時是隨校隨改，未另印校勘專書。這樣容易發生校勘不精，反致錯誤；或校者限於學力，或宥於偏見，甲乙之間不免發生判斷錯誤之弊。到了清朝，遂將校勘所得另行刋印成書，原文不改，稱爲校勘記。以張文虎史記校勘記爲代表。這也是清人所創的辦法，在典籍中別成一種體例，態度謹嚴，精神可佩。

另有一種書是到清朝纔開始的就是輯佚書。所謂輯佚是把已經散佚的古書。由他書徵引文句摘鈔輯錄，彙集成書。雖不能得到全貌，但可見其梗概。這也是清人一項功勞。

其次講收藏，印刷與流佈。

收藏典籍由宋代開其端，明代大盛，至清代繼續不衰。天一閣、千頃堂之外，山東聊城楊氏也有此雅興，前後集有古今圖書數十萬卷之多，建海源閣以貯藏之。江蘇瞿氏也構恬裕堂收藏典籍，且不乏善本圖書。並編有鐵琴銅劍樓書目，與海源閣楊氏可以媲美，當時並稱海內兩大藏書家。其他不備舉。

以經商爲目的的書局也有不少像樣的貢獻，他們在收藏與編印，刊刻，各方面都很出力。其較爲著名的湖北的崇文書局，南京的金陵書局，杭洲的浙江書局，廣州的廣雅書局等是。就是北京琉璃廠的書肆，對典籍的保存流佈也有不少功勞。

印刷術在刻板方面自然有許多進步。且仍以木刻爲主。銅版始終未大通行。到後期鉛字排印法通行，印刷始較便利。到今天雖已有照像印刷術，但仍以鉛字排印爲主。木刻則幾已絕跡。

近年在臺灣翻印古書成爲風氣，使古籍重光，既免亡佚，又可藉此推廣，可稱文化界盛事。又大陸共匪也大量翻印古書。不過他們另有作用，非改頭換面，即步滿清後塵，以整理民族文化之美名，作摧毁民族思想的勾當。而最不可恕者乃用非驢非馬的簡體字印書，文不成文，字不成字。不僅讀的人不能認識，日久寫的人也不能認識。因爲他們是隨便以意爲之，並無一種共同一致的標準。中國典籍至此，可謂遭受一種新的災難。

隨着文化學術的推廣，以及西學之東來，著述界範圍推廣了，內容擴充了，體例也多了。翻譯的書忽然出現，陡然增加，在典籍性質上又開出一條新路。著作的風氣普及了，大家都喜歡作文章發表，作書出版。既可享名，又可圖利。不過有些人不免輕率從事，不再像前人著述之嚴肅謹愼，曠日持久，不肯輕於問世。在態度上未免失於草率耳。因此我們總括檢討民國以來出版界概況，可以說在數量上已經多得驚人，在質量上則未免不能盡如人意。總而言之，文藝性作品多，而其內容影響於讀者的則未盡理想。學術性的著作則闡述發揚古人者多，眞正有份量的創作少。今後的方向，旣應注重效果，又當向創作方面努力，求開新，求前進，求以文化領導民族。

在收藏方面固然有些公私機關團體以及藏書家頗能注意，但事實上入民國以來，內亂外患，相繼而來，兵禍連年，災荒遍地。典籍散亡，至再至三，截至今日，迄不得安定。收藏者搜集保存，視如珍寶；

一遇兵荒，踐踏焚燒如同糞土。誠如李易安所謂「自王涯、元載之禍，書畫與胡椒無異；長輿、元凱之病，錢癖與傳癖何殊？」（金石錄後序）有時甚至書畫並胡椒之不如。蓋自非個中人看，胡椒尚可供食用，書畫並此供食之用而無之也。所以在國家不安定時期眞談不到收藏。

印刷出版在技術上自有極大進步，紙張亦佳。但字太小，紙太薄，體積小而輕，携帶庋藏均較便利，惟年長人看小字書未免吃力耳。流佈方面亦較前大進，讀書得書極易，對文化傳播，典籍推廣均爲一大進步。此爲時代所賜，而現代人之幸福。

肆 典籍之分類

甲 按內容性質分

先秦時代書籍尙少，分類問題並不嚴重。到了西漢，東西多了，也亂了。無論爲庋藏，爲誦讀研究，都必須分別部居，以類相從。這是事實上所必需。劉向歆父子奉令行事，自然責有攸歸。但除此以外，他們在精神上也有此項熱誠，具有此項能力。所以他們的工作能使後人相當滿意。

關於分類，他們是按內容性質分爲七大類。前面已經說過。玆按類分別說明之如左：

一、輯略　所謂輯略即爲六篇之總最，故以輯略爲名。

二、六藝略　指易、書、詩、禮、樂、春秋。這些書我們後人歸之儒家，其實在當時就是大家共同必讀書，也就是正規教科書，不專屬儒家。本經之外，傳，記，等解經之作亦屬之。

三、諸子略　指經傳正規書以外之諸子百家書。班固依七略爲藝文志，又將諸子析爲九流十家。也是按內容性質把人物相近，主張相同的歸爲一家。其目爲：儒家、道家、陰陽家、法家、名家、墨家、縱橫家、雜家、農家、小說家。又說「諸子十家，可觀者九家而已。」（漢書藝文志諸子略序）指小說家不能獨立成家，故雖有其數，未成流派，不予計入。自此言諸子者仍照此分類，稱爲九流，甚少異議。惟作者認爲此種分類方法已不能適合今人需要，因不能完全由名稱窺知其內容。最好按現代學術類別重新爲之分類，如總類、哲學類政治類、經濟類、軍事類……等。（見拙著先秦諸子導讀十五頁）

四、詩賦略　指文學作品。

五、兵書略　指軍事類。

六、術數略　指天文、曆數、算學……等類。

七、方技略　指醫藥種樹等類。

此種分法雖尚完備，但無史籍部份，爲一缺點。

劉氏、班氏之後，在典籍分類上提出新方法、新主張者，有王儉七志，阮孝緒七錄。也都分爲七類，但分法不同，名稱各異，茲分述之如左：

王儉七志：

一、經典志，紀六藝，小學，史記，雜傳。

二、諸子志，記古今諸子。

三、文翰志，記詩賦。

四、軍事志，記兵書。

五、陰陽志，記陰陽、圖緯。

六、術藝志，記方技。

七、圖譜志，記地域及圖書。

另附道佛經錄。

此法已將內容擴充，惟亦有合併。視前當認爲一種進步。不過未受學術界重視，應用者少。

阮孝緒七錄：

一、經典錄，記六藝。

二、紀傳錄，記史傳。

三、子兵錄，記子書兵書。

四、文集錄，記詩賦。

五、技術錄，記術數。

六、佛錄。

七、道錄。

此法視王儉七志又有分有合，另將佛道由附庸蔚爲大國。無大出入。應用者亦不多。

以上三種均爲七分法。另有四分法，反較通行。茲亦略述如下：

荀勗四部：

一、甲部，記六藝小學等書。

二、乙部，有古諸子家，近世子家，兵書，術數。

三、丙部，有史記、舊事、皇覽簿、雜事。

四、丁部，有詩賦、圖讚、汲冢書。

由七分法而改爲四分法，類少了，包括的範圍大了。這裏所謂甲乙丙丁四部，實際就是經子史集。後來唐朝撰隋書，又照此小修改而明標經史子集之稱。其目如下：

隋書經籍志：

一、經部，子目有十：易、書、詩、禮、樂、春秋、孝經、論語、圖緯、小學。

二、史部，子目十有三：正史、古史、雜史、霸史、起居注、舊事、職官、儀注、刑法、雜傳、地理、譜系、簿錄。

三、子部，子目十有四：儒家、道家、法家、兵家、墨家、縱橫家、雜家、農家、小說家、兵法、天文、曆數、五行、醫方。

四、集部，子目有三：楚辭、別集、總集。

附道家經戒符錄，釋氏經律論疏。

唐代依隋書四分法部勒羣書，分貯四庫。後遂又稱四分法爲四庫。以經史子集爲序。自此至清，未有新說，而四分法遂通行，七分法廢。至清乾隆收天下圖書，合而輯之，纂成四庫全書，不僅以四庫分類，且以四庫名其書。四庫之名遂益通行，圖書四分法亦遂普及。至今仍多沿用者。

入民國後，學術繁複，已非七分四分古法所能盡其用。遂有所謂十分法。其目美人杜威十進分類法爲：零，總類；壹，哲學；貳，宗教；參，社會；肆，語文；伍，自然科學；陸，應用科學；柒，藝術；捌，文學；玖，史學。現頗有用之者。其實圖書分類不過爲求藏與應用之便利而設，方法上並無一定標準，亦無一定是非，儘可斟酌變通，不必拘泥成格。

乙　按書籍的編著情形分

古今典籍之成書，情況不同，效果亦異。我們對於古今各種書本不能一體看待，必以不同態度對待不同的書本。無論爲精讀，爲略讀，爲參考，都必先知道其成書概況，也就是書的性質，書的價值，以及書的用法。把這些事實研究清楚，纔能決定適當態度。也纔能知道如何利用。此所謂利用，一方面指遇到某書，知道他的用途，對於它作怎樣的安排使用。另一方面指作某種研究或著作時用到某種樣的書，知道有某些書可用，到那裏去找。進一步知道某書在某種用場上的價值如何？可以完全信據？完全不可信據？抑經參證後可以信據？或某些部份可信，而某些部份可疑？種種不一，不能一概而論，萬不可囫圇吞棗，皂白不分。因此我們每讀一書，必把它的撰著情形，內容性質，流傳概況，在典籍中的價值，一一考查明白，然後再決定態度，知道如何利用，乃至利用到如何程度。這樣既可以使書盡其用，用得其書。又不致把黃土當黃金，或黃金當黃土。

第一種是創作。

爲創作而創作，爲發表思想而創作，爲濟世救民，或立訓垂教而創作，都是著書立說，都「必有一節之足以自立」。（四庫全書總目子部總叙）雖在成書手續或技術上容有不同，要之，都能代表一個人的思想言論，都可視爲創作。如荀子，韓非子，書皆出於本人手著，屬於創作自無疑義。即論語，孟子，文不出於本人手，書不成於本人身，義則出於本人之口，同樣可以視爲個人創作。類此者多，在典籍上應屬於第一類。

第二類是引伸弘揚之作。

創作者立論於前，引伸者弘揚於後。如孔子成春秋，公羊高、穀梁赤弘其旨而作公羊傳、穀梁傳，以闡述其微言大義。左丘明述其事而作左氏傳，以足其意，詳其史。都屬於此類。即後世闡揚古學者，亦可併入。

第三類是訓詁箋註之作。

古書傳衍，容易失眞；文字演變，義有顯晦；後世讀者，誦讀遂感困難。於是訓詁之學出，箋註之功夫立。兩漢以後，儒者精力大都使用於此。十三經註疏成於前，學海堂經解殿其後。此皆總集前賢解經註傳之作，彙爲一集，乃成巨著。

第四類是考證。

作者，書名，內容，篇目，往往傳衍失眞，有意爲之，或無意中失之，均所不免。讀者極易陷於迷惘，學術思想極易陷於混淆。寃枉了古人，破壞了古書。黃金黃土，眞假難辨，最易誤事。因此考證之學興焉。或考其書，或考其人，其事。考證的功夫作好，有功於古人，亦有功於後世。東漢開其端，唐宋繼其後，明清光其業，至民國而大放異彩。此種學問，以懷疑爲起點，以假設爲方法，以實事求是爲精神，以本證旁證爲依據。頗合於科學。以與現代所謂科學較，所同者方法與態度，不同者材料而已。

第五類是批評。

後人讀古書，於古人、古事、古文、乃至書中義理，難免無不同意見，因而發爲文字；或論其事與文，或評其人與事。零篇斷簡，所在皆是。著爲專書者也不少。司空圖詩品，鍾嶸詩品，呂祖謙東萊博議，王夫之讀通鑑論，都是。其附入他書，附帶論述的都不能算。

第六類是編輯。

同類文字，散在各處，宜使集中；一人別有所見，自定標準，選集成文，編次成書，都叫作編輯。由尚書開其端，詩經，楚辭繼其後，體例遂由此通行。幾於歷代均有之。集史文者有戰國策，集詩詞古文者，固多不勝枚舉。應以昭明文選爲代表。不過在文學類中又有總集、專集、別集之分。輯多人之作品而成書者爲總集，以一人爲限者爲專集，自定體例，自立標準，選集多人或一人之作者曰別集，或別裁集。另有就成書而改其組織，變其體例，仍使用其資料者，今通稱爲改編。如袁樞就司馬光資治通鑑改編爲通鑑紀事本末是也。

第七類是搜編成書，或徵引成文，合纂爲書。

搜集衆書合編爲一巨著的，叫叢書。如四庫全書是。徵引衆書文字，分條集中，以類相從的，叫類書。如古今圖書集成是。叢書有保存典籍之功。許多古書賴此得免散佚。類書則便於使用檢查。學者稱便。

第八類是輯佚。

輯佚是已經散佚的古書，賴他書徵引而得存鱗爪。或長篇，或短句，散見各書。輯者惜其書之散亡而爲之搜輯鈔錄，使全部或一部份恢復原狀。名曰輯佚。清儒爲此者多，功不可沒。較重要的如馬國翰所輯「玉函山房輯佚書」是。

第九類是校勘記。

典籍因傳鈔而增衍訛奪，不可卒讀，自須校勘，以求得其眞象。古代校書，有的以校勘所得逕改原書。有的將校勘所得附註原書正文之後，或正文之下。到清代纔有人另本以校勘記刻書，使之單行。成爲典籍中另一體例。如前述之張文虎史記校勘記是。量雖不多，類則獨立。

第十類是筆記，遊記，日記……等類。

宋儒盛行以筆記編纂爲書。其內容有以考證爲主者，有以博聞爲主者，有以生活日用所經所見爲主者。隨時記錄，日久積稿漸多，經選擇編定而成書。以洪邁容齋隨筆等爲代表。

柳宗元雖長於遊記之文，但散入文集，未有專著。至明代而有徐霞客遊記，清代有老殘遊記。雖爲遊記，但因文筆生動，描寫入微，既可益智，又便習文，遂皆名重士林，並傳不朽。日記本屬個人私生活記錄，公開刋布者極少。惟曾國藩無論公私生活，有事無不可對人言之概，且其所經，所言，所行，多足感人，亦足取法，編纂全集者遂亦公之於世，至今爲人所重。

以上所述十類，大抵爲古人撰著刋印書本通行之方法與體例。但年代既久，作者亦多，流品容有不齊，動機或有不善，亦難免於萬一。如郭象之註莊子，人皆知爲向秀之書經郭攘竊而據爲己有者。此外則鈔襲成書，剽竊陳言，並無新義者，亦偶或見之。此則美中之不足，士林之玷辱。附筆及之，用爲鑒戒焉。

伍　典籍之功用和中國典籍之中心

著書是要給人看的，假如沒有人看，則書之撰著爲枉然。又必須有人看，纔會發生作用；假如沒有人看，則書不發生作用。古人著書，有的爲立訓垂教，膏澤斯民，完全以應用爲動機；有的爲發表思想，抒放情感，要求讀者同情，或起共鳴作用。雖不爲應用而著書，但實際有作用發生。不僅在人心靈上發生作用，也因爲讀者心靈上的變化而使品格風度有所轉移，因而影響到國家社會。也就是說，書籍的功用，有時是直接的，有時是間接的；有時是有形的，有時是無形的。無論好書壞書，都有影響；也就是都發生功用。自然是好書發生好作用，壞書發生壞作用。因此著作者在着手寫作時，要考慮一下可能發生的影響是甚麼？功用是甚麼？於人羣有益抑有害。這是動機問題，也是道德問題。於民族心理健康有極大關係。書的功用既有大小顯晦之不同，也有遲速的差別。就是說有時在眼前，有時要在若干年後。所以我們看某書的功用必須多方面研究，不能只就目前有形的功利眼光評論古書。書的價值要由讀者大衆來評論，也要經長時期考驗來決定。有用處的書，大家必不肯放手，沒用的書雖勉强也沒人讀。有價值的書，它自有無窮的生命。時間的考驗最公允。經長時間考驗而仍受人重視，保持其地位，自然是千古不磨之論。眞金不怕火，雖摧毁攻擊，終不能損其毫末。甚且有時反而益見光輝，愈加彰著。如其本身並無可資不朽的特點，就很難存在。久而久之，自會歸於淘汰。因此我們對古書評論可用此標準；選讀應用，也可用此標準。此今人對古書應具之常識，也是應持之態度。

古人著書，動機不同。屬意於當時，作用也見於當時的比較多。如孫子兵法，當時著成，當時見稱於世，見重於人，因而擢用其身，實行其學，立見其功。不僅當身見效，亦且傳之久遠，用之不止，三千年後仍能見重於世。就著書功用而論，當屬第一流成功之作，可謂不朽。另一種當時著書，當時見重於世，他人用其學，行其術，而流毒百姓，貽患後世，如韓非子是。其人死於其書，而其書則並未隨其人以俱滅。是其書雖於人羣有害，然亦不無一長可取。然此爲一特例，未可一概而論。孔子成春秋，立意要以歷史爲教育，以史教教後人。其效果見於當時，亦垂於後世。正如孟子所說，「孔子成春秋而亂臣賊子懼。」能使亂臣賊子懼，則不僅是有功用，而這功用又是至高無上的，與一般有形可見的事功不同。著書立說能達此境界，可謂無以復加。不過此乃非常事業，非大仁，大智，大勇不爲功。且寓意深遠，往往意在言外。而其力量則有不可思議之功。以微言大義寓褒貶，別善惡，尊中國，攘夷狄。一字之褒榮於華袞；一字之貶嚴於斧鉞。所以亂臣賊子懔其義而畏其威。不敢不以恐懼心理看此書。所以孟子代孔子呼出其心聲說「知我者其惟春秋乎，罪我者其惟春秋乎！」

再有兩部書是孔子的論語，和孟軻的「孟子」。這兩部書都不是孔孟親筆著作，而是弟子記錄其師之嘉言懿行，始而用以備忘，繼而編定成書，一以行之遠，一以傳之久。以宏其效。當時在孔孟本人本無意於著書，在衍述其學之弟子，也本未料到它的效果能有多大、多久，只覺得嚴師訓誨，有得於心，有益於人，如日月之經天，江河之行地。且也人之向善，心之所同，理應公之於世，使其效益得以恢宏，因而纂集成書，佈之四遠。到此，弟子輩職責已盡。至於書成之後能否立足，乃至能否恢宏效益，則是書籍本身的事，也就是兩位夫子本身的事。殊不料其得人之心，一如七十子。用能不脛而走，人手一編。日月所照，霜露所均，凡有血氣，莫不欽遲。並且歷時愈久，其信愈堅，其效愈顯，其行彌廣。無論山陬海澨，販夫走卒，婦人孺子，無不知有孔孟二聖，無不讀論語孟子。即至今反共時期，科學發展至於太空時代，仍要讀論語孟子，且不僅中國人讀，外國人也要讀；並非由強迫讀，而是自動讀。其效益之宏，功用之大，

殆非人想象所能及。此乃由孔孟能抓住人類心靈之所同，意志之所向。所以能鑽入每個人的心窩，而成爲

漢熹平石經殘石拓本
蔡邕所書

大家心中主宰。驅之不能出，撼之不能搖。這是在書的本身上成功。另一面也證明人性本善，人心向善，無間古今，不分中外，皆同此理。性善論由此得一證明，好善惡惡同一趨向，亦由此得一信心。這是由讀者方面反映出之眞理。中間雖迭經摧毀破壞，如五四運動，如目前之共產極權勢力都是。但眞金不怕火，愈受打擊，愈見光輝，並不能損其毫末。反而愈加彰著。由今天看來，這兩部書不僅是中華民族的精神文化遺產，實在也成爲中華民族思想行動的共同中心。在典籍史中這是最爲寶貴的兩顆明晶。

儒家的經傳易書詩禮春秋，及其附帶著作，在中國五千年浩如煙海的典籍史中實爲其中心，也就是中華民族的共同信仰，共同標準，與論孟同爲學子所必讀。經傳之所以有如此力量，是因爲它是人類所共同需要，也公認爲大家的共同典範。站在人民立場，精神生活上需要一種足爲大家共同嚮往的中心思想，乃至在學問各方面的共同瞭解實際生活上需要一種共同的指標，與生活上常識。而這些書對於精神生活上的需要，以及實際生活上的共同指標，都能適應需要，歷數千年而不改。只是在實際生活常識和種種技能上還不够理想，未能普遍供給。有待於積極的擴展，和面的補充。不過只此精神生活之供給，共同指標之提示，已足爲民族共同信守之中心。

這些書的內容並不相同，成書經過亦異，自然在功用上也就各有千秋。易經易傳是先民哲學思想所寄托，也就是對宇宙自然，天人關係，以及人類生活適應自然種種道理，種種瞭解和主張。這是民族文化的根本，它是支持我們民族文化的一根支柱。雖不免有涉虛玄，有涉誇大，但到今天讀起來仍覺大體不錯，仍有其不朽價值。

書經是史書，最早的史書，其內容則有濃厚的教育意味。大家把它作歷史讀，同時也作教條讀。可以說它是兼具歷史與教育兩種意義的典籍。由它的篇名已可看出一些消息，如典，謨，誓，訓，誥等，都是誥戒勉勵人的意思。數千年來，大家不約而同的吸收它的知識，接受它的教訓，徵引它的文句。甚至拿它來壓倒一切邪惡勢力，歪曲理論，和不正確思想。這是正義力量的根源，有不可思議的功用。

詩經是文學書，最早的文學總集。相傳爲孔子所編定。有貴族士大夫的著作，稱爲廟堂文學；有採自民間的歌謠，稱爲民間文學。編選刪除，合輯爲三百五篇。這一部文學作品如單以文學眼光來看，則其功用將只限於抽象的陶冶性靈，範圍便比較小。但事實並不如此簡單，它除了本身的文學價值外還有很多作用。先就編定人孔子而論，他對於此書看得非常之重。勉勵弟子們要學詩，他說，「小子何莫學夫詩？詩可以興，可以觀，可以羣，可以怨，邇之事父，遠之事君，多識於鳥獸草木之名。」（論語陽貨）興，觀，怨，屬於文學；羣，事父，事君，屬於倫理道德以及政治；多識草木鳥獸之名，屬生活常識。合而言之，就是說，詩經兼具文學，與教育和政治作用。另章又說，「誦詩三百，授之以政，不達；使於四方，不能專對，雖多亦奚以爲？」（論語子路）「鯉趨而過庭，曰，學詩乎？對曰未也。不學詩無以言；鯉退而學詩。……」（論語季氏）這又强調政治作用，乃至個人立身應事接物之用。綜括起來，詩經的功用，由個人性靈陶冶，品格培養起，到事父事君，處人羣之道，再到生活技能與常識之習練，最後到治國安邦的大道理，大事務，無所不包，無所不能。可惜後人並不能本此意旨，用此眼光去讀詩經耳！

禮包括三部書，儀禮，禮記，周禮。實際還應該再加一部大戴禮，而稱四禮。這三四部禮書，內容豐富，範圍極廣，並非一個「禮」字所能概括。大體說，人類行爲規範，社會制度，倫理精神，人情風俗，政治，經濟……乃至從起居飲食到治國種種大道理，都包括在裏面。可以說內容廣泛，無所不包。就小戴禮記而言，已成爲人人必讀，人人必行的經典。雖屬記而非經，但其勢力已超過經。儀禮是禮的經，其地位反落於小戴禮之後。周禮晚出，又僅言官制，迄未大行。儀禮、周禮、禮記合稱三禮，實際只是小戴禮的天下，有附庸蔚爲大國的局勢。至今未改。至於大戴禮，則不僅不與於三禮之數，即合編十三經的經傳總集，也把它屏諸門外了。

小戴禮中各文撰著人姓名，均已亡佚，無從知道。是成於衆手，抑出於一人，也不能斷定。只知道是西漢人戴聖纂戰國秦漢間人遺著而成書。內容精神上大體相同，爲儒家主張。二千年來，成爲中華民族思想言論以及行動的共同中心。對民族文化影響極大。

春秋是孔子據魯史而筆削刪定之書，是晚年的績業。因他一生呼號奔走，從政致仕，迄不得行其志。雖授徒講學，但並未著書立說，立訓垂教。論語的編定成書，孔子生前並不知道。到了晚年，必不得已，乃利用修史機會，將自己所認爲最重要的道理，藉褒貶善惡的史筆表現出來。但也只能限於忠奸之大節，夷夏之大防，不能及於生活日用之細微末節。又因爲言詞過於簡略，雖內蘊意義極深，但不易使人人領會。又其所述事僅舉綱要，不及備述細節，讀者亦不容易由事實中接受教訓。因此有賴於傳者爲之闡揚。於是有公羊高、穀梁赤發明其微言大義，成公羊穀梁二傳。左邱明述其事而爲左傳。三傳成而春秋大義明，事蹟顯。相得而益彰，相輔亦相成。至今爲學子所必讀。三者之中尤以左傳爲重要，公羊次之穀梁最差。

春秋最大的意義在明夷夏之分，標大一統之義。所謂大一統即尊重王室，擁護中央，團結一致，禁絕分裂。所謂夷夏之分即辨明敵我，堅定立場，維護文化，鞏固民族生存，鼓勵敵愾之情，樹立心理國防。歸納起來，用今天的術語說明之，就是民族主義的基本精神。

宋人尊重論語，自不待言，對孟子書也同樣尊重，認爲應從子書中提出，列入羣經。程朱又特別賞識小戴禮中的大學、中庸兩篇，認爲這兩篇發明聖道有極大功勞，極大效用。後來朱子索性把他們由小戴禮中提出，與孔子的論語，孟軻的孟子，合編爲一小型叢書，名曰「四書」。又自爲學庸章句，論孟集註。合稱四書集註。自此以後，大學中庸由附庸蔚爲大國，由兩文變爲兩書，且與論孟合編。不過大學原文則經朱子改編，略變其次序，且補作格物一章，以成今本。此四部古書經改編之後，大爲後人所贊賞，立即通行，至今歷七百年不衰，其勢力實壓倒一切古書。凡爲中國人，無不知有四書；凡入學識字，無不讀四書。明淸兩代且以四書取士，以朱註爲解釋標準。學子應試，不僅須熟讀四書，且須熟讀朱註。直到今天，民國五十三年，赤禍橫流遍全球，仍然在讀這部四書；世界越亂，人禍愈烈，越要起勁的讀。這一事實值得我們重視。

朱子尊崇大學中庸，特別標榜它，數百年未聞異議，可以說有眼光，有魄力，也有功勞。這兩篇文章應該表彰，尤其是中庸，太好，太重要，人人必讀，天天必讀。沒有比它更能勵人志氣，鼓人上進的了。我們的 國父孫中山先生也讀經，也讀小戴禮。他也賞識小戴禮中另一篇文章，那就是禮運。他把禮運篇中的首章大同提出來標榜，作爲他政治上最高理想。這理想是古人提出，惟境界太高。他替它搭了一架梯子，讓大家順這梯子向上爬，必可爬到最高理想境界？那就是三民主義。但他沒有把它編入四子書，使成爲五子書。可不可以這樣作？大家都可考慮。

由這三文的提出標榜，可證小戴禮有無限的寶藏。又由小戴禮可證中國古籍中有無限寶藏。只待我們發掘。

以上屬於經，以下講史與子集各部。

史書以二十五史爲正史，十通爲輔助。廿五史以司馬遷史記居首。這所謂居首，不僅在時代上爲然，在體例的制定，事業的開創，以及司馬遷的史才，史學，史識，也無不居首。就是歷史文學，二千年來史學界，文學界，還沒有人壓倒他。全書五十二萬六千言，成於一手。擺在他面前的資料，當遠過於此數。他面對着這漫無邊際的資料，要看，要鑒別，要決定去取，要剪裁，有時還要改寫。耳目所接文字以外的資料不算，只這一項工作，已夠我們駭怕了。論範圍，從遠古到漢武帝。是一部無限長的通史。論體裁，固然有若干成規可循，如偏重於記言的尙書，偏重於記行的春秋。編年的有春秋，國別的有國語國策，雜史有吳越春秋，越絕書，講地理的有山海經，講神怪的有穆天子傳……形形色色，種種不一。而最難處理的却是開筆第一人黃帝。黃帝以前的可以斷限，略而不談。黃帝本人則不可從略。只有他最重要，材料最多，但傳說最離奇，也就最難處理。他着筆之前的困難，我們可以想像得到。着筆之後的困難也可想見一二。至於事務上的困難則多爲我們所忽略。當時是用毛筆在帛上寫隸書字。不像現在用鋼筆在紙上寫行書，乃至簡筆字，頃刻千百的便捷。因此我們對這部空前史學巨著的完成，感到驚異和欽佩。

講到效用，第一個感覺是站在民族主義立場應該認司馬遷是中華民族第三位大功臣。第一位民族功臣是大禹，有平水土使民安居的功勞。第二位是管仲，有尊王攘夷之功。至於司馬遷，則有建立民族歷史之功。此一建立民族歷史的功勞實不可忽視，但兩千年來爲之表彰者少。吾人及今設想，假如沒有司馬遷著史記，把那些雜亂無章，五花八門，而又散在各處，各自爲政的歷史書加以總整理，總排比連貫，劃一體例，統一系統，則我們將到那裏去找民族偉績？又拿甚麼誇耀我們有悠久輝煌的歷史？縱有幾部歷史書，但我們怎樣在三四千年之後，將那些爛賬理出系統？因此我感覺在民族發展史上，司馬遷是一位不可忽視的大功臣。第二個感覺是此書氣魄之雄偉，胸襟之廣濶，正氣之磅礴，文筆之縱橫馳騁，而事實之叙述又密緻無間，都非常人所能及。無論站在史學立場，文學立場，以及政治教育立場，都不能離開它，無人超過它。這部書眞可稱爲民族瓌寶而無愧！

史部書以史記爲代表，其他不備擧。

諸子百家，各有專長，「各有一節足以自立」，也都能「持之有故，言之成理」（荀子非十二子）。雖與正統派經傳不無異論，但仁智所見，各有不同，未可以邪說異端一筆抹煞。其尤著者如管子墨子老子莊子荀子，都足不朽。作者另有專書「先秦諸子導讀」爲專門之論述，此不復贅。

集部書就是文學書，中國人長於文學，喜歡文學，有創作才的，竭其一生精力從事於此。能評論的以客觀立場，作公平的評判。一般人既不創作，又不批評，大都能欣賞。一卷在手，反復吟哦；樂此不疲，至廢寢食。因此在中國人生活圈中，文學佔一大部份。作者多，書也多，不便擧代表。要之，以忠誠態度寫出眞性情，呼出眞正心聲的，都能抓得住讀者，站得住地位；不怕歷史淘汰，不怕讀者批評，比較，乃至千次，萬次的誦讀。技巧在其次，內容纔是文學的主體。加以中國文單音單字，便於運用，可以由多方面表現技巧，發揮能力。尤其是音韻上有四聲，詩歌上忌八病，詩詞歌賦，樂府，戲曲，無不富音韻鏗鏘之美，甚至與音樂合流，與舞蹈相伴，益增其藝術價值。難怪讀者不忍釋手，不能與生活脫離。

浩如煙海的典籍，無法各方面都講得周到。上面概略的把古代典籍在中國人生活中發生作用最大的作一擧隅。讀者自可由此反三。不過最後要擧一部現代書爲國人生活所必不少的，那就是三民主義。這部書不僅內容豐富，兼具古今中外學問的精華，並且切合於現代國人的需要，內容固然嚴肅，但趣味却極豐富。總而言之，這是一部深入淺出，雅俗共賞，內容精深豐富的書，最有用的書，也是全國人民現階段必讀的書。我們應當用嚴肅態度看這部書，讀這部書。

總結起來，我們有世界上最大的書，那就是四庫全書。也有最小的書，應該說是四書中的大學中庸。最好的書是論語孟子，最艱深最難念的書，在古代有尙書和易經，在近代有章太炎的章氏叢書。最有用而又最淺近易解的是三民主義。文辭最美，文學價值最高的應該推元曲。含義深長，耐人尋味的是唐詩，聲韻鏗鏘，辭采華麗，無過於四六排偶的駢驪文。最吸引讀者，使人手不釋卷的那就是小說。讀莊子可以使我們神遊方外，異想天開。有超然絕俗之想。讀離騷使我們憤慨小人道長，君子道消。欽敬作者之忠貞不二，之死靡他。任何人讀了前後出師表無不肅然起敬，爲他肺腑之言所感動。正氣歌能使人感發興起，貪夫廉，懦夫有立志。金聖嘆批的才子書，比原書更有魔力，更有聲有色！讀的人那個不跟着他拊掌稱快，手舞足蹈，乃至於拍案叫絕？這纔叫力量，這纔叫好書。不疼不癢，使人無所動於中的不能算好作品。枯燥無味，使人昏昏欲睡的算是罔費了筆墨。我自己的經驗，逆境來臨，心中鬱悶不舒，或氣憤不能平時，便拿起王陽明傳習錄，讀上一小時，兩小時，頓時心平氣和，一天雲霧化爲烏有。誰說好書不能變干戈爲玉帛，化戾氣爲祥和？想立志自尊，我最喜勸人讀中庸，日讀中庸一通，我敢保證，社會上再沒有自暴自棄，損人利己的小人。因此我感覺，想勵志敦品，提高自己的文化程度，生活境界，莫過於讀書。想學習處世作人之道，或培養謀生技能，莫過於讀書。想追求理想，增加生活樂趣，鼓舞生機，也莫過於讀書。即或是爲了消遣，爲了娛樂，也只有讀書纔是最適當的途徑。凡此種種，我們中國的典籍都足以供給而有餘，且取之不盡，用之不竭。幸福就在眼前，只看我們肯不肯拾取了。

第八節　中國之科學

中國科學起源甚早，早到史前若干年已經開始。最明白可見的，應推陶器。近數十年由地下發現的遠古時期遺物中，幾乎無一處無陶器。這些陶器與石器，骨器等等雜在一起。即證石器時代已能製作陶器。最多而又最好的，以仰韶所獲爲著。陶器中又有彩陶，此外又有地方發現白陶和黑陶，都屬史前期遺物。作陶器是一種化學工業，利用高熱將土坯入窯燒煉，歷久冷却，才能取出。成爲粗笨的初期製品。再進步，要上釉，再燒，光滑而又美觀。又加花彩，仍要於畫好後再燒。此後才有白陶，黑陶，成爲進步精美的製品。但這仍然在史前期。論形狀，則作圓形要利用能轉動的輪軸，作方形要利用方正的規矩。此外取平，取直，平行，對稱，等等形狀，又需要數學，繪圖學的知識。否則這許多不同形，不同用途的器皿便作不起來。但事實上我們的先祖早已在遠古時期作成了，他們也普遍在生活上使用了。也埋藏在地下經若干萬年，使我們這後代子孫們看見了。雖然他們未必能明其理，但他們已能行其事。這一則證明我中華民族科學能力之强，在物質文化上領先，同時也替　國父孫中山的不知亦能行的學理得到有力的證明。我們眞不知世界上那個民族比我們的科學更早，更高明？

第一件科學上重大發明是黃帝作指南車以戰蚩尤。這是人人知道的。在原始階段文化萌芽時期能有電磁學上的發明，不是一件小事，但我們似乎對此並未予以重視。嫘祖發明蠶桑，以絲製衣，這又是一件複雜的科學工業。也是人人知道的。其實更早還有神農氏嘗百草製醫藥，也是科學。嘗百草就是化驗百草，不過這化驗是用人口，人身，而不是用試驗管，燒瓶。神農在黃帝之前，一至黃帝，醫學已經成立。因此我們應該說中國文化開始時即有科學。

其次，講大禹治水。這是一件艱鉅浩大而又複雜的工程，需要水利學的知識，測量學的知識，工程學的知識。水性就下，利於疏導而不利於堵截，在今天是人人皆知的常識，在四千年前是大難題。疏導又應如何疏導，地勢的高低，江河湖海的水平線，河床的高低，容納量，調劑量，都要知道。工程如何着手？從下游起，上游起？工人的安全，工人的管理，工具的製造，使用，那一樣不要高度的科學知識？讀歷史的人只知道「大禹治水，八年在外，導水入江河，三過其門而不入」，幾句話滑口讀過，誰曾把這事各方面詳細思考一番？開口就說中國沒有科學，這是攏統，不科學，不合於事實，也不公道。

更次講東周。春秋時期已有造詣極高深的科學家了。如墨子、公輸般、扁鵲，以及採鑛冶金方面的無名英雄。戰國時期有列子、惠施、以及算學、天文、曆法、農學、地理……等等，幾乎是應有盡有，燦然大備了。這些學問有的有書，有的無書；當時有書今已失傳者爲數極大。即就現在僅存的幾部古書中研究，已够我們驚歎了！不讀古書，不研究本國史，隨便開口便說中國無科學，是最誤事的。先說墨子，書中墨經六篇，因爲大家强調他的哲學，遂忽略了他的科學。其實裏面講科學的文字約佔三分之一。論內容，有總論，有光學，有力學，有熱學。備城門以下統統是軍事工業。有建築工程，有工業製造，有科學知識的利用。雖書中所述方法，尺寸，今已多不能實驗仿行，但這是文字傳衍易於失眞，制度容有改變的問題，不能因此而抹煞墨子的科學學問。與墨子同時的科學家有公輸般，精於製造，無書傳後。他曾與墨子在楚王面前作科學競賽。墨子勝公輸。事並見於墨子本書及戰國策，當可信。可惜後世工業界祖公輸而遺墨子，今之言科學者又並墨子與公輸之科學兩俱遺忘，一若中國並無科學足爲後人稱述者。此種態度豈中國學人所宜出？

「扁鵲春秋時人，過齊，齊桓侯客之，入朝見曰，君有疾在腠理，不治將深。桓侯曰，寡人無疾。扁鵲出，桓侯謂左右曰，醫之好利也，欲以不疾者爲功。後五日，扁鵲復見，曰君有疾在血脈，不治恐深。桓侯曰，寡人無疾。扁鵲出，桓侯不悅。後五日，扁鵲復見，曰君有疾在腸胃間，不治將深。桓侯不應。扁鵲出，桓侯不悅。後五日，扁鵲復見，望見桓侯而退走，桓侯使人問其故，扁鵲曰，疾之居腠理，湯熨之所及也；在血脈，鍼石之所及也；其在腸胃，酒醪之所及也；其在骨髓，雖司命無奈之何。今在骨髓，臣是以無請也。後五日，桓侯體病，使人召扁鵲，扁鵲已逃去。桓侯遂死。」（史記扁鵲倉公列傳）今按病未發而預知其兆，到今天科學發達時期尚不能作到，不期於三千年前我醫學家能之。這當非哲學玄學或迷信方法所能奏效，純屬科學方法。診斷是科學，醫療是科學，藥石也是科學。這些方法都是我們先祖由研究，實驗而得來。雖有時只能知其當然而不知其所以然，但無論如何不能說我們沒有科學，或不懂科學。無如今之習西醫者往往斥中醫爲不科學，此種態度似乎值得檢討。

天文學當時瞭解到何種程度，因爲所有天文學書籍全部失傳，我們已無法知道，但據漢書藝文志所著錄天文學書籍之多，已足使我們驚訝。

曆法是尋常日用不可少的科學，我國曆法自黃帝時已經開始使用，且有年月日時可計。以後迭有更改，至漢武帝太初元年改以建寅爲歲首，使用至今二千餘年未再更改。史稱「太初曆」。今人因其以月繞地球爲計算標準，月名太陰，故稱太陰曆。現在世界通行之曆法以地球繞日一周爲計算標準。日屬太陽，故稱太陽曆。無論陰曆陽曆，六十年綜計，兩相吻合，不差毫釐。其計算之精密出人意料。方法上以每月大小建及閏月調整奇零時日，使之與實際歲月時序相符合，數千年來，分秒不失。五年兩閏。閏在某月，各有定序。大小建月，也是一樣，不容紊亂。計算方法與陽曆不同，其精確細密則一。假如每年只差一分鐘，四千年將差多少？大家都可計算。那時每到十五，月亮是不是還能圓？單就每月十五月亮必圓一點而論，已可證明中國古代科學計算之精密。如再就一年中節候移轉而言，亦可證其與天地自然氣象變化乃至地球自轉公轉完全相合。例如春分秋分日夜平均，夏至日極長，多至日極短。數千年來何曾有分秒之差？「梧桐一葉落，天下盡知秋」，證明立秋的一天，必有梧桐一葉適時落地，由這些事實可知我們對於曆法的計算與制作實屬高度的科學發明。假如不是求與世界各國相一致，陰曆到今天仍然可用。

中國以甲子計算，六十而周。西方以百年爲一世紀。所謂甲子是以天干地支交互配合。甲乙丙丁戊己庚辛壬癸爲天干，其數十。子丑寅卯辰巳午未申酉戌亥爲地支，其數十二。相傳黃帝時大撓所創，用以記日。後更推廣，並以記年月。十與十二兩組數字相配，六十而周，最小公倍數也。其奇不在六十周而復始，而在歲時節候之移轉，閏月與大小建月之建置，亦恰符六十周而復始之數。即如今年甲子，某日立春立夏……；某月大，某月閏，六十年後又一甲子，必與此相同。因此保留六十年記錄，即可依序下推，毫釐不爽。故稱爲萬年曆。

曆法的應用，主要在於農事。農民耕作以節候爲依據，而不計月日。何時播種，何時耕耘，何時收割，全依節候。節候名稱亦配合農事。潮汐漲落，與月亮有關。浙江海寗錢塘江漲潮，蔚爲天下奇觀，日期一定在八月十七日。何以這樣準？甚麼人計算？我們不能一一知道，只覺得是一項奇蹟！是中國人自創的科學。這完完全全由中國人自定的曆法是不是科學，應請現代大科學家去解答。這科學精密不精密，確實不確實，也要請現代大科學家去解答。我們的曆法已有四千六百多年的歷史，陽曆的歷史有多久，恕我不知道，不能亂說。但我們這四千六百多年歷史的曆法已足使我們自豪。面對這一事實，我不敢說中國沒有科學。我更不敢閉着眼睛不讀古書，便妄論中國文化不科學。

講到數學，可說是基本科學，處處要使用。中國發明數學，始於何時？史無可考，不能知道。僅知曆法必依據數學才能創造，也就是必先有數學，然後才有曆法。黃帝時既已發明曆法，則數學必在黃帝以前即已發明。又不僅發明，且應已進至相當高的程度。因爲曆法所需要的數學並不簡單。僅就以甲子計算年月日時的方法而言，就非常高深而巧妙。靠了甲子計算年月日時的方法，不僅使我們能將歲時上推下推，也在日常生活上得到許多便利。到今天我們仍在使用。根據以上事實，我們可以斷言，至少在五千年以前，中國已有像樣的數學了。民國十九年，在甘肅居延所得漢簡中有算學。其中有歌訣，有算題，頗似童蒙學習時所用。

珠算始於何時？也不可考。其學理之高深，至今仍看作一門專門功課。並用「段」來判定珠算程度之高下。有如圍棋之依造詣分段者然。到今天不僅中國人使用，日本人也使用。記得有人以珠算與現代計算機比賽，竟能獲勝。其精巧便利可想。

此外如造紙、火藥、印刷術，三大發明，是人人皆知的，無須贅述了。

第九節　中國之器用

（一）　食

人類生活最基本的需要，莫過於食衣住行。在食衣住行之中，又以食爲第一。古今一理，中外皆然。因此人類活動，以求食爲最重要。求食而不得，即將不擇手段，而成爲社會亂源。

人類有智慧，有兩手兩足；爲了求食，不惜用盡所有智力與體力，以求滿足食的需要。由原始時期開始，即不斷努力。又因爲人類不僅有智慧，亦有希望，有理想；在求能得到之後，又求能改善，求多，求儲存。更進一步，就要求美味，可口，乃至於營養衛生。這種欲望永無休止。也可以說永遠沒有滿足的一天。因而就驅使着人類不斷向前追求，向前努力。這就促成人類對食的知識能力一天天進步，提高。

所謂文化，就是人類爲了適應生活上需要，而運用智力與體力，創造若干事物，想出若干方法，以供應用。在物質方面的，稱爲物質文化。如食衣住行所用……等等。在精神方面的，稱爲非物質生活，或精神文化。如人類需要秩序而有倫理，需要有人替大家辦事而有政治。本章即就中國物質方面文化作一簡單說明。不過範圍太大，事項太多，不容我們一一列舉。只能舉要，於要之中，又只能舉中國特有的；世界人類共同的，我們不講。優點加以强調，缺點亦不隱諱。

先講食的問題。

太古洪荒之世，茹毛飲血，飢則覓食，飽則棄餘，憑力量攫取。無所謂文化。後來發明取火的方法，進而熟食。取火方法的發明，就是文化。用的工具，最初只能用石器，如石刀石斧石錐……等等。經若干萬年，進步了，才能用銅器鐵器。這也是文化。再後來擴充食物的範圍，不僅吃動物，也吃植物。又不僅取現成動物與植物，進而畜牧，栽種，又是一重大進步，也是文化。視前即爲食的進步。中國歷史上燧人氏，神農氏，就是發明取火與種植方法的創始人。再後更進步，而吃的東西種類愈多，方法愈巧。並且講口味，能變化。同是一種東西，能想出多少種吃法。色，香，味，都要講究。夏朝時候就會作酒，這是高度的化學製造。作醬，作豆腐，醬油，醋，蒸饅頭，都是科學製造。我們先後發明許多可吃的東西，平常的，奇怪的，容易得的，不易得的，都有。暗合營養衛生之道，或具奇香異味。更能由食物中發現爲人治病，促進健康的食品或藥物。範圍擴充，技巧變換，提高食的文化，增加人類幸福，解除若干病痛。到現在有若干吃的東西與方法，外國人不知道。在食的文化方面，我們始終領先，我們征服了世界。中國餐館徧世界，中國菜受歡迎。這是顯而易見的事實。

吃的文化是高了，但有許多事只知其當然而不其所以然。許多化學製品我們吃了幾千年，還不知其中的道理。例如酒已有四千年的歷史。此外如饅頭，豆腐，……天天吃，人人吃，可是到今天，家庭的主婦，餐館的廚司，有許多還不明白它的道理。假如不是學習了西方來的科學，我們大家都還不能明白其所以然。由此可知，我們的知識是由經驗得來，或由試驗得來。說不定也許有偶然的機會所促成。知道之後，並未加以研究，追求其所以然。這只管吃不管研究的作風，應該說是我們的缺點。

事實同樣擺在大家面前，一般人仍然蒙在鼓裏，只管吃不管研究。只有 國父孫中山先生由此一事實中得到許多學問。首先，他把許多暗合於科學與衛生的道理指出來給我們看。中國在食的文化上領先，也是由他告訴我們才知道。其次，就更進一步，由吃的問題上悟出知難行易的道理，因而以此爲證，提出知難行易，和不知亦能行的哲學原理。在孫文學說中列舉十事以證成其說，第一個事證就擧的飲食。在這一方面講的最多，也最詳。從他這些話，才破除我們的迷蒙，點破我們的智慧之窗。他由日常生活上極小的事，悟出哲學上大道理，在歷史上我們還未見過。此其所以爲先知先覺歟？

在吃的方法和用具上，也有我們獨具的風格。由原始採集經濟起，到使用石器，再到陶器，銅器，鐵器，一步步進展，其程序可能與世界人類大同小異。論先後，則仍然是我們領先。由史前期地下史料的發現可以證明。各種烹調器，盛器，飲食器，由三千年前到現在，我們還都能看見。在故宮博物院都有保存。這裏面與其他民族不同的，主要是我們吃飯用碗筷，喝酒用小酒杯。西方人吃飯用刀叉和淺盤，喝酒用大杯。吃的東西是我們以米爲主，其次是麪粉和雜糧猪肉。西方人以麪粉牛肉爲主，吃米極少，不吃雜糧。喝的，我們講喝茶，喝茶講品；茶有清香，要慢慢含飲，品評，才能享受其清福。喝完之後，齒頰仍有餘香，精神爲之爽朗。西方人喝咖啡，加糖，有刺激而無韻味。用碗筷比較文雅，用刀叉將食物送入口中，似乎在心理上有些不太雅的感覺。我們重量，他們重質；我們講口味，他們重營養；我們求溫馨，他們願興奮。這是在吃的物質方面兩者的同異。

其次，由吃的物質，引伸到吃的精神方面。我們在吃的事情上，有許多條件，是不屬於物質的，與倫理道德有關，與政治社會也有關。就孝道而言，我們是「有酒食，先生饌」。「問有餘，必曰有。」「今之孝者，是謂能養。至於犬馬，皆能有養；不敬，何以別乎？」（均見論語）就悌道而言，則孔融四歲能讓梨，傳爲美談。就社會言，則飲食雖日常小事，亦必行之以禮。鄉飲酒有禮，燕饗有禮。即或是演武射箭，也要飲酒，也要行禮。子曰，「君子無所爭，必也射乎。揖讓而升，下而飲。」（論語八佾）下而飲就是射完下階，相與擧杯同飲，猶如今天在運動場上，比賽完畢，相互鞠躬握手。又中國有句成語說，「酒以合歡，酒以成禮」。結婚時行合巹禮，即同器而食，同杯而飲，以示珠聯璧合之意。日常生活，則尊賢敬長，席次有禮，出入進退有禮。吃時圍坐共食，菜肴共一器。尊者賢者居上席，餘者論長幼依次坐。長者退，然後退。相讓擧箸，互敬乾杯。旣親親而又尊尊。和洽雍容，一團和氣。有濃厚倫理意味。

更進一步講，飲食又入於藝術境界，通於心理，可以慰藉精神，亦能抒放情緒。興至時擧杯暢飲，憂鬱時借酒澆愁。情投意合，則淺斟低酌，相對談心。「酒逢知己千杯少，話不投機半句多」。雖屬諺語，實道盡飲食與情感相通之意。文人雅士更以酒與文學結緣。飲酒而後賦詩，必賦詩而後飲酒。重修舊好，藉杯酒以言歡；送別親朋，赴長亭而祖餞。慶功者必賞宴，登第者則賜御酒三杯。似此種種，直將飲食一端不僅由物質生活與精神生活相通，與倫理教育相配合，即與政治社會，亦皆融爲一體。易繫辭曰，「形而上者謂之道，形而下者謂之器。……」飲食之事本形而下，屬於器。中國人行之，用之，必使之上通於道，由形下晉於形上。噫！此中國文化之所以爲中國文化，中國人之所以爲中國人歟！

論語鄉黨篇有專章論述孔聖飲食之道，其文曰，「食不厭精，膾不厭細。食饐而餲。魚餒而肉敗，不食。色惡不食，臭惡不食，失飪不食，不時不食，割不正不食。肉雖多，不使勝食氣。唯酒無量，不及亂。沽酒市脯不食。不撤薑食。不多食。祭于公，不宿肉。祭肉不出三日；出三日，不食之矣。食不語，寢不言。雖蔬食菜羹，瓜祭，必齊（齋）如也。」由這裏看出，孔子對於飲食的態度，不僅包括了禮，也包括道德，也包括衛生。講了物質，也講了精神。可見我們的文化雖在物質，也不忘精神；雖屬形下，亦必使通於形上。

又有一種精神，爲外國所未備，即利用器物而附教育，傳史事，使用器之人由器物上雕鑄之文字與圖形而受到教育，得到歷史知識。就現在我們所能見的古代飲食用器而言，即可見到許多寶貴資料。如鼎，鼐，盤，尊，鬲，簠，簋，敦，俎，豆，斝，爵，觚，觥，彝，壺，罍……等，都是三代以前飲食上所用器具。或用於炊爨，或用於盛物，或用於飲食。這些器物上，大都雕鑄若干文字或圖案。如大學引湯之盤銘曰，「苟日新，日日新，又日新。」可知自商湯時代已有此制。文字全屬勉勵教育之詞。又如白魚敦有銘曰，「白魚乍（作）寶尊彝」。當係武王伐紂時，白魚躍入王舟中，因而作器，故有此銘。是記述器物和來歷，述其史事，與誌不忘之意。中敦銘白，「中乍（作）寶尊彝其萬年永用」。頌敦銘曰，「唯三年五月，既死霸，甲戌，王在周康邵宮……敢對揚天子丕顯魯休用乍……寶尊鼎……子子孫孫寶用。」此則既述來歷，又加戒勉之意。其圖形多用饕餮，按饕餮獸之兇狠貪食者，鑄於食器，用以戒勉，不可貪求。諸如此類，不可枚舉。似此皆富教育與政治意義，歷史意義。雖飲食之微，亦不肯怠忽，其重視教育可想。物質生活與精神生活相通，亦可知。當屬中國文化一大特色。

（二） 衣

國父說，原始人着天衣。羽毛皮膚就是天然生就的衣服無所謂文化。後來漸漸進步，乃穿獸皮，穿樹葉。這是史前的衣服。到有史期前後，我們便已知用蠶絲作衣料了。相傳黃帝元妃嫘祖，教民育蠶治絲，黃帝教民製衣裳。自此以後，人民不再着天衣或獸皮樹葉，而進入文化生活。

由育蠶治絲，我們可以想到，由絲製成衣，必經繅繭爲絲，識絲爲帛，然後縫帛而成衣。則可知彼時已有繅繭的技巧，織絲爲帛的簡單機器，乃至縫帛成衣所需的針，線，刀，剪。這是一貫相連，必不可少的工具。書上僅說養蠶與製衣，而未提這些有關的工具和方法。但我們由常理與事實可以推知，彼時已有能力製依由繅繭到製衣所需的工具與技巧。此爲必然之理，不然這衣即製不起來。這樣，我們就可斷言，四千六百年以前，中國已有製衣方面所需的技巧與工具。在此以前，就應該有，因爲文化是由積累而進步的，這些樣繁簡不同的物質文化，不是一朝一夕所能發明具備，普遍使用的。不過再早，早到甚麼時候，

再接下來，製衣的材料由絲而麻而棉，而皮革毛絨，逐漸擴充增加，其先後和時代，也因缺乏資料，先後進展的情況又如何，因爲沒有資料，都不能知道。不過道理是這樣，則可以斷言。不可確知。但知到周朝，不但一切完備，且有高度技巧，繁雜式樣，嚴格的規矩禮法了。周朝時代書本多，有關的資料隨處可見，即知衣的文化到此時已進入極高程度了。

衣服的用途，國父說有四種：即護體，彰身，等差，方便。這裏面的護體，實際兼有蔽體之意，就是說，護體爲禦寒，蔽體則爲遮羞。由穿樹葉必遮下體而知。以衣禦寒，屬純物質生活；以衣蔽體遮羞，即屬精神生活。可證我中華民族在遠古時期，草昧初開，已進文化範疇，營精神生活。男女有別，具羞恥之心。

嗣後文化進步，衣服的式樣，材料，等差，各方面都有擴充發展。規矩禮法，許多要在衣服冠履上分別表現。在風格上有一共同之點，即寬大雍容。頭戴高冠，足登厚履，上衣下裳，寬袍大袖。腰間繫大

帶。揖讓而升，拱手而立。家庭燕居有常服，入朝有朝服。由頭上的冠，到足下之履，時時刻刻，必穿帶整齊。以裸露爲羞恥，爲對人不敬。子路在衛，値衛亂，衛人攻之，斷其冠纓。子路曰，君子死而冠不免。遂結纓而死。由此可見，人雖死而冠不能免。禮法之嚴可想。此亦物質文化上通於精神之一證。

士大夫君子，衣冠制度，略如上述。勞動份子，貧賤百姓，則衣裋褐之衣。裋亦作短，短褐即粗布衣，爲勞役之衣。

士大夫知識份子高冠厚履，雍容而嚴肅，但行動不便，不能從事勞動生產。儒家主之，墨者非之。故墨子摩頂放踵，利天下爲之。除高冠，脫厚履，與勞動份子同事生產。形成學術上另一學派，社會上另一作風。在衣的文化上亦形成一種革命性的反對派。在當時固不能敵於正統派，但到近代，尤其是民國以後，則爲事實所需，自然改革，以方便爲原則，以利於勞動爲標準。此則古今社會之不同，非根本精神之弊病。

(三) 住

關於房屋建築，已在藝術篇講到，此處只略述住的演進概況，建築材料，以及室內外裝璜佈置，用具等等。

遠古時代穴居野處，稍後始知構木爲巢。再後以木處而顚，土處而病，始由黃帝教民築宮室。至此始居住室屋，進入文化階段。堯舜時所住還只是茅茨土階，采椽不刮。其簡陋可想。夏商時不可得而詳。至周則已大備，進至高度文化時期。建築的規格，材料的選用，工程的技巧，大體都已具備了。

就一般住屋而論，有兩種特色，即富於以家族爲本位的倫理意味。所謂倫理意味，應該說是一個家庭必須聚居一處，相愛相親，以房屋高下大小內外，以及正中兩旁，分別尊卑長幼。以門牆屏風，闥，簾幕等等，隔絕內外，劃分男女之界。此關於倫理者也。房屋的結構以四合爲正格。亦偶有三合房，爲四合之簡化。所謂四合，即四房分列四方，面面相對，整齊方正。以北爲上，坐北朝南，下奠高大臺基，寬敞高大，爲全宅之主，稱爲上房，尊長居之。東西兩廂，幼輩居之。前有二門，門內有屏風，遮蔽視線。中爲天井，下有庭除。二門外有前院，前爲大廳，兩旁爲書房客房，或傭僕住室。有旁院者，通以角門。四合主房之後有後院，周以院牆。這樣構造，全爲以倫理爲本位的家屬設計居住，天然表現互助合作，融洽和諧的意味。此又物質文化與精神相通之一事。

第二個特點是實在，堅固，笨重。建築材料以木材爲主，次磚瓦，石灰。平房，上面重量並不大，但木間架必粗，必大，且一層一層迭架上去，若負萬斤之重。用普通眼光看，實在不需要那麼粗大而又重的木料堆積上去。較寬大的房屋，又不僅四角有柱，前簷有柱，即室內也要加明柱。行動不便，視線受阻，在所不惜，惟恐其不够堅實。作者親見清故宮太和殿，乾清宮，圍在四周，與牆壁合一的不計，顯露在殿內的明柱，就有二十四根之多。並且够粗，够大。偌大一棟房子，一眼望去，盡是大柱頭。難看，笨重，工料浪費。但我們爲求堅實穩妥，不計較這些。講一有趣故事，則荆軻刺秦始皇，成敗即取決於明柱。荆軻追始皇，始皇繞柱走，兩人如作捉迷藏。終賴明柱之掩護，使始皇得脫，而荆軻事敗就擒。倘當時殿無明柱，始皇必難倖免。明柱雖不爲始皇而設，而始皇則因柱得以不死。如無柱而始皇死，則中國歷史另是一番面目，天下大勢未可預料。則一柱之微，繫於國脈民命者，如此之大！此豈建築人始料之所及哉？

一棟房屋不支持一百年二百年，就不成爲房子。那時無水泥鋼骨，僅用白灰，亦能堅實，歷數百年不壞。此一堅實厚重之作風，實代表民族性格，文化心理。事雖微而意義則極大。

室內外佈置，必中，必正，分上下，講對稱，不求舒適，不肯變化。硬木板高椅，直身危坐其中。規矩嚴肅是其長，呆板不便是其短。直到近年西化東來，始改變作風。住洋樓，用洋式傢俱，即辦公桌亦斜放不使居中。惟未免矯枉過正，求舒適，尚新奇，崇奢華而少嚴肅耳。

（四）行

帆船，牛車，騾馬車，自上古到現在，仍然在用。樓船，畫舫，富貴人遊玩所用。駟馬車既華貴又迅速，古代官宦所用。帝王用輦，官員乘轎，後世所增。作戰用馬，遠行用馬。民間則乘轎車，騎馬騎驢，隨其土俗。載重者用大車，涉瀚海用駱駝。販夫走卒，肩挑貿易，則只有靠兩條腿。講到材料，則我們的車是鐵輪，窄而堅硬。路是土路，鬆而又軟。車輪過處，兩路深溝，永遠平行，無窮無盡。遠遠望去，儼然鐵軌。既不能壓緊路面，又不肯改換車輪。道路便永無寬平舒展之一日。這還不算，土質既鬆而又黏，晴則塵土飛揚，雨則泥濘滿地。因有「無風三尺土，有雨一街泥」之諺。行人固然苦惱，車輛尤覺艱難。一經陷入泥淖，便有「行不得也哥哥」之嘆！數千年來，視爲當然，只有忍耐。西化東來，始見改善。此則保守習性所使然，亦輕物質，重精神之後果。謂爲民族文化之缺，當屬不爭之論。

行旅既感艱難，貨運亦難通暢。民生經濟受其影響，政治文化亦遭阻礙。交通既受限制，遠遊自視爲畏途。因而修橋補路遂爲第一等慈善事業。

政治上傳達命令，遞送文書，另有一套辦法，由政府負責。報告軍情舉烽火，傳遞公文設驛站。置郵傳命，已見孟子書中。烽火戲諸侯，則遠溯至周幽王。緊急公文上插羽毛，稱爲羽檄。驛站相傳，限於馬上飛遞。猶如今之接力賽跑。鴻雁可以傳書，鯉魚亦能帶信。密件縫於衣帶，小者封以蠟丸。至如慈母噬指，遊子心驚，則精誠之所感。（東漢蔡順事母至孝。順出采樵，急客至，母噬指，蔡順心驚，棄薪而歸。問之，母曰，吾試噬指以悟汝耳。）袁枚喪妹，夜夢不祥，則心電之相通。（按此非迷信，今之科學家謂爲心電相感。袁枚祭妹文，予先一日夢汝來訣，心知不祥，飛舟度江。果予以未時還家，而汝以辰時氣絕。）此雖非行路，亦屬兩心相通。附述於此，藉增趣味耳。

（五）文房四寶

文化賴思想而產生，賴手足而創造，藉工具以表現功能，亦藉工具而播散流傳。工具之效用最大最廣者，莫如筆墨紙硯。中國所謂文房四寶，現代所謂文具者是也。

文房四寶中又以筆爲最重要。用處最大。也使用最早。可以說，從有文字起，就要用筆。否則字即不能寫成。不過最初只知用手指，竹木棍。後來才知用竹籤蘸漆在竹木簡上寫字。竹籤堅硬，漆稠而黏，寫出字大頭小尾，形如蝌蚪，故稱其文曰蝌蚪文。何時改用毛筆，不可確考。據「華夏之光」載，「文房四寶中，筆的發明最早，遠在三千多年前，中國人已懂得用筆了。從殷墟出土的甲骨文中，有用筆寫了以後再刻的痕跡。傳說到了秦代，蒙恬將筆的製法加以改良，用竹管與兎毫製筆，那時才正式有筆的名稱。其實，據考古學家所得實物資料，在戰國時代的墓葬中，已有毛筆實物。筆桿用竹製，筆毛是用兎毫。毫長二點五公分。和現在所用的小楷毛筆大小相仿。」據此則在殷商時期已能用筆，戰國時期已經通行，與今制無異。蒙恬不過加以改良而已。除蒙恬外，不能考出創始人姓名，遂將此創始之功歸之蒙恬。亦如文字之始作，係經多人，經若干年代，前後積累而來，非一人之力，亦無人名可指。但後人必欲求得其人，乃歸之倉頡耳。按「華夏之光」係近日出版新書，係由中央日報編刊，爲集體創作。社長曹聖芬序云，「可以說，這本書乃是我國許多學者專家的集體創作。」由報社記者郎玉衡，胡有瑞二君執筆。所論當有確證，可以依據。這樣，我們就可以說，三千年前，我們已能製作毛筆，普遍使用了。這對於傳播文化，有極大關係，不可忽視。對於人生日用，更爲不可少。假如沒有筆的發明，或發明不够早，不够精，中國文化都將大大打一折扣。無法達到如此之高明與悠久的程度。

另有一種用鳥羽作的筆，惟恐不甚普及。鳥羽稱翰，以翰蘸墨，故稱字曰翰墨，寫字曰染翰，朝考得中曰翰林。

中國人作的筆，不僅可供使用，達成生活應用之目的，並且因爲它作的美妙，靈活，又可進入藝術範疇，由物質文化上達精神生活，創造出極其高明的書法藝術。妙用全在毫毛，具見匠心。關於書法藝術已詳本書藝術篇，此不多述。

作筆用的毫毛又不只一種。用兎毛的稱紫毫，用黃鼠狼毛的稱狼毫。羊毛作的稱羊毫，雞毛作的稱雞毫。紫毫狼毫堅硬，寫小楷用；羊毫雞毫柔軟，寫大字用。至於寫行書草書，普通寸楷，則要用軟硬適度的兼毫，即兩種毫毛攙合所作成。材料不同，用法不同，寫出字來自然也就不同。皆中國人巧思妙用，所獨創的物質文化。亦兼具物質精神兩用。爲世界所未有。

墨是用松樹桐樹枝幹，焚燒後取其臬（黑烟凝成烟屑），和以膠而製成。據華夏之光說，也在周朝就有了。漢時進步，唐墨尤佳。至五代已造極登峯。南唐李廷邽（音圭）作的墨幾乎成了無價之寶。

紙的發明，受世界人士的推崇重視。不僅對中國文化有功，對全世界亦有極大貢獻。最初我們寫字用竹木簡，後來用帛。簡重帛貴，都不能推廣。到東漢和帝時蔡倫始能造紙。倫字敬仲，爲中常侍，封龍亭侯。他用樹皮，破布，魚網，麻頭等類不値錢的廢物作成紙，人皆便之，稱蔡侯紙。這高度的化學工業，一千八百年前我們中國人已能創造而爲世界人士所仿行。以後續有改進，以安徽宣城所產爲最著名，稱爲宣紙。

硯是隨着筆墨而來的，有筆有墨即必須有硯。可考的以漢硯爲最早。用玉或用鐵。後來才用石。以廣東高要縣端溪所產石製硯爲最佳，世稱端硯。視爲上品。甘肅賀蘭山石所作稱賀蘭硯。

現在最有名的文房四寶是：湖筆，徽墨，宣紙，端硯。湖是浙江湖州府，今吳興縣。以賀蓮青所製爲最佳。徽是安徽省徽州府。所製墨稱徽墨，以曹素功所製爲最有名。宣是安徽省宣城縣。所出紙白，細，柔軟，潤墨，最能臺字。端硯細膩，堅硬；墨汁磨成，歷久不乾。

這些都是中國人爲寫中國字，所研究設計的精品，稱爲文房四寶，可以當之而無愧。

(六) 珍器玩好

次講珍器玩好。

首先講玉。因爲在這些玩好物品中最値得稱道的就是玉。

在古代，玉是重寶，上流社會所使用。上自帝王公侯貴族，下至士大夫，品格高尙的讀書人，都把玉看作高貴的寶物。中下層社會不大够資格使用和欣賞。物以希爲貴，因爲少，就越顯得可貴。至於用，最高尙的用法，是刻作玉璽，作爲傳國之寶。也就是傳國信物，皇帝的印信。文曰：「受命於天旣壽永昌」李斯所書，秦始皇所用。就是用擧世聞名的和氏璧所刻成。爲了這塊璧，秦昭王至以十五城與趙國相交換。藺相如完璧歸趙，就是這塊玉。使得寶人卞和失去雙足的，也就是這塊玉。直到始皇滅六國，統一天下，才從趙國將此寶物收回。於是命李斯寫小篆，玉工雕刻，即作傳國之寶。漢高祖先入關，秦王子嬰獻於高祖。自此歷代相傳，始終作傳國玉璽。現在已不知下落。

玉的一般用法，是雕琢成器，佩在身上，鑲鉗在衣服冠帶上，或拿在手上，置之案上。旣用爲高貴的裝飾，亦可表明身份。而更重要的，則是藉此以嚴明操守。身上佩了玉，便不能作下流事。古人以美玉比君子，所以佩玉以促進敦品勵行，使成爲君子。故俗有「守身如執玉」的諺語。也可以說是一句格言。

究竟古人何以如此重視玉器？在作者認爲，玉是石頭，但不直接暴露於外，而是包藏在粗石之內，稱為璞。非識者不能知璞之中有玉。猶如現在鑛物學家之識鑛藏。此其一。玉質堅，比君子之節操。潔白，比君子之淸高。溫潤細膩，比君子之態度：溫和有禮，藹然可親。玉有這些德性，可與君子相比，所以用來敦品勵行，以促成君子之德。此其二。這是玉最大最高的用處，又是以物質促進精神文化之一端。

此外大的典禮用玉，樂器用玉，即或是兵器，也有的用玉裝飾。甚至人死了，口中還要給他放一塊玉，稱爲含玉，簡稱曰含。貧者無玉，不得已，以食物代之。

古人所好者玉，今人所好者黃金美鈔，汽車洋樓。以今比古，雅俗不同，趨向亦異。以視古人，似有愧色！

其次講銅器。

銅器最大最高貴的是鼎。其次鐘，磬，盤，敦，……等等。鼎有兩用，上古用作傳國重器。在秦以前，未有玉璽，即以鼎爲傳國信物。楚子適周，問鼎之輕重。王孫滿知有篡奪之意，乃曰「周德雖衰，天命未改。鼎之輕重，未可問也。」這是一種用法。普通生活日用，以鼎作飲食器。又是一種用法。已詳前述。殷商的散氏盤，西周的毛公鼎，都是近年出土的上古文物，國人珍視，認爲國寶。現在仍完好如初，在故宮博物院保存。

象牙是高貴物品，現在中國不產象，但在古代好像在黃河一帶有象的出產。許多文件上有象字，講象的故事，也使用象牙。古時北方氣候熱，不像現在這樣冷，產熱帶動植物不少，植物如竹，動物如虎豹獅象，都有。這樣象牙就不是過於難得的東西。

象牙也是堅硬，細膩，美觀的東西。可以作成各種器皿，也可以刻成印章，作成文玩。

樂器是一個大項目，用的多而普遍。樂器種類多，使用的材料也多。金石絲竹，匏土革木，都是作樂器的原料。其中以絲（弦）與竹使用尤多。與西樂相比，使用之原料與樂器種類，都遠比西方爲多。就我們常見的樂器名稱舉例，就有琴，瑟，琵琶，箏，三弦，胡琴，南胡，月琴，揚琴，這是用絲作的，稱爲弦樂。笙，管，笛，簫，排簫，塤，篪，這是用竹作的，稱爲管樂。此外像鼓，板，梆，喇叭，鎖吶，海笛，雲羅，星堂，手鑼，大鑼，鈸，柷梧，缶，鉦，號角，編鐘，磬，鐘，編磬，……等等，數不盡的古今樂器，合起來不下四五十種。每種中又有小異，如琴即有五十弦，廿五弦，七弦，五弦等分別。鼓又有大鼓，小鼓，腰鼓等區別。舉不勝舉。如到聖廟祭孔時，所用樂器就更多，甚至有許多不知名，不會用的了。到現在西樂盛行，有取代國樂之勢，許多樂器既無人演奏，亦無人提倡了。

樂器的製作，非比尋常用具，要合音律，要出樂音，要有韻味。甚不簡單。有許多利用高度科學的道理，我們也多半講不出所以然。如作琴必用梧桐木，中間必有空室。鼓，更是完全利用空室出音。笛聲清脆，簫韻悠揚，大鐘則餘音嫋嫋，久久不絕。絲與竹均有大小粗細之分。音程高下，由小孔距離劃分。音程有全有半，樂調有高有低，絲竹配合，各得其妙。疾徐輕重，頓挫抑揚，均能藉樂器而表現。其運思之妙，製作之精，音韻之美，有出人意料者。

在古代，祭祀是一件大事。「國之大事，在祀與戎。」祭祀的處所，祭祀的禮品，器具，連帶成爲重要事物。我們祭天地神明，築壇，或設神位。祭祖，即必建廟宇祠堂。高大，莊嚴，不草率從事。祭品則太牢，少牢，三牲，菓蔬，香，燭，帛，茶，酒等等。祭器則籩，豆，俎，鐘磬，……等等。認眞，講究，不惜費用。

陶器，史前期若干年已經使用，陶器演變進步而有瓷器。中國瓷器之精美，舉世無匹，至今爲世界人士所稱道羨慕。有實際用處，也作爲藝術品陳列欣賞。瓷質既要求精，上釉更須潔白勻潤。最重要的還是在上面加文字或彩畫。好瓷器要請一流書畫名家擔任寫畫。名貴即一半靠書畫，中國人高雅，喜愛藝術，許多地方都有表現。此豈鄙俗之輩所能企及！

書本在文化中佔極重要地位，本書有專章論述中國典籍。此處只講書本的構造，印刷，裝訂等物質問題。

最古的書是竹簡書。以韋（皮革）或絲連貫成册。孔子讀易韋編三絕，即用韋編連而成。後用帛，即捲而藏。再後用紙，再有印刷，乃用線裝訂成現在形式的書本。

沒有紙張，書籍用簡帛，簡重帛貴，既不便携帶，更不易普及。沒有印刷術，書籍靠手寫，不能大量供應，無法推廣。造紙與印刷術的發明，對文化貢獻之大，世界人士都對中國推崇，不能忘懷。

四千年來，中國書本在世界上始終佔着第一位。無論在時間上，在數量上，在品質和內容上，都沒有任何民族可以和我們匹敵。

（七）其　他

家庭之上有街里鄉鎮，再上有城市，有國都。軍事，則守的方面有城有池，有邊塞，也有世界最大的萬里長城。攻的方面有兵器，遠程的是弓箭，近程的則有數不盡的各種兵器。

古代工商業不發達，交通不便，人口散在鄉村，從事農業。所以城市少，人口亦不集中。鄉村大小不同，民居大都排列整齊，宅院寬大。講到城市，每一城市必有城有池。城與池是兩道防線。以吊橋相通。有警時將吊橋吊起以拒敵。

講到萬里長城，則是震驚世界的大事。表現民族性格，文化精神。更象徵我們偉大的氣魄，和深沉的潛力，實幹苦幹的精神。

萬里長城是我們一道浩大的國防線。就物質言，它是一磚一石的積累，以防外敵之入侵。就精神言，它是民族求生存，求共同維護民族文化的心理結晶。雖屬消極的防守，亦具積極的意義。從戰國時起，就

萬里長城

這是用民族心力體力凝結成的一道國防線
這裏有若干的辛酸也表現了民族的魄力發揮過極大效力

對這防不勝防的北方邊患感覺問題嚴重。始而由秦趙魏燕四國，分別修築各自的防線。秦統一六國，才把它連貫爲一，並向東西兩面延伸，西起嘉峪關，東至山海關。全長五千五百餘里，號稱「萬里長城」。雖以秦之强，能併六國，一天下，威震四海，但對這無休止的北方邊患，不能一舉消除。因而不得不採一勞永逸的長期防守政策，以求長治久安。這無異於顯示一種民族心理：這是一道民族生存的界限，民族文化的護符；子子孫孫，必須確保。所以歷代不斷修築，至明更有增加。不惜人力物力，大家努力以赴。它爲我們貢獻過不少力量。一直到民國二十二年，中國對日抗戰，還得到它不少力量，發揮不少功效。錢師賓四（穆）曾說，「萬里長城是中國歷史，中國民族精神的一個最偉大，最有力的象徵；象徵着中國民族愛護邦土，愛護自己歷史文化，累積數千年，不斷的屹立在中國的國防線上。是用中國民族自古相傳的千萬億兆的血肉來堆垛，來凝固的一條民族界線。……萬里長城却是一份祖傳遺產，是一份中國民族精神上的無上產業。是中國歷史傳統裏最具體的一個結晶品。保留萬里長城，無異是保留中國史，無異是保留中國民族的精神武裝。無異是保留中國民族的文化遺產。」（中國共產黨與萬里長城，載民國三十九年三月二十三日香港華僑日報）這段話可以說深刻到極點。但是現在的共產黨却把它拆了。這就顯示共產黨對中國民族精神挑戰，他要毀滅中國歷史，消滅中國文化，更要解除中國的民族精神，心理國防，和精神武裝。錢師說到這裏，可以說沉痛到極點。

萬里長城可以說是以中華民族的精神力量鑄造成的物質文化。它象徵了中華民族的氣魄，也代表了中華民族的力量和作風。在物質文化方面，我們就拿它作一個結束。

第四章　由制度之演變看歷史文化之進展

第一節　政治制度之演變

中國政治制度應自史前期講起。雖然缺乏可資依據的資料，不能作肯定判斷，但據有史期資料所得，向上推溯，不難得一概略。且事有常理，人有常情；今古時代雖殊，道理則相一貫。傳說中的歷史，雖只是傳說，但即此傳說亦非全屬子虛，毫不可憑。總有若干近理可信的史事，不能一筆抹煞。假如把傳說中史事完全拋棄，則司馬遷史記也所賸無幾。這樣我們就可以謹愼態度對史前的政治制度，作一假定。

原始時期人類生活無所謂組織，也無所謂政治。迨後應事實上需要而有部落，部落中有首長，稱爲酋長。以聚居一地之一族爲自然界線。面積小，人數少；各部落彼此之間不相連屬，各自爲政。所以部落數量極多。大禹會諸侯，執玉帛者萬國。雖未免誇張，但其多可想。至商而餘三千，至周而餘八百。這都應視為原始部落的遺留。所謂「諸侯」之稱，應在封建制實行之後始有。公侯伯子男，爵分五等，實以侯為中心，數量亦最大。所以一般人心理上，口頭上都是說「封侯之位」。「諸侯」者，許多侯國也。在周時大家用慣了，說慣了，遂稱古時部落亦為諸侯。實在說周以前的諸侯不成其為諸侯，不能與周所封者相提並論。許多諸侯之上並無一統一組織，或共同政府。

黃帝建國，才在無數部落之上組織起統攝全局的中央政府。中央政府中首長，為無數酋長之首，稱為天子。即先有部落，後有統一的中央政府；先有酋長，後有天子。黃帝四出征討酋長中不服從者。尚書中所謂「協和萬邦」，即統治協調無數部落之意。自此以後，部落數目日漸減少，勢力亦日衰，而中央政府則自黃帝以後，始終不斷，且日益强大。至周武王滅殷，統一天下，大封同姓與功臣，受天子之命分疆而治。至此新諸侯佈滿天下，而舊部落遂為新諸侯所併。至秦則連新諸侯也統統消滅，眞正成為天下一統之局，政治組織只有一個中央政府，再沒有一個部落式的政府。劃分天下為若干郡縣，直接由中央指揮，行政首長由中央任免。至此過去的酋長制或封建制，完全絕跡。這是中國政治制度上一次極為重大的轉變。

此一轉變，實現了全民族的共同嚮往，即天下必須統一，政府只有一個，天子只有一人。四海一家，皆為兄弟。無此疆彼界。自此以後，不容許再有割據分裂現象發生。美中不足的，則是此次統一者非其人，遂致統一不久，又遭擾攘耳。

一種制度行之既久，不論好壞，總不免有追懷嚮往之心。因此六國滅後，大家思念六國，欲求恢復。封建制度已廢，而大家心中仍不免死灰復燃之念。因此西漢之初不得不使這已廢的封建制部份復活。但秦代直接由中央統治的一統之局，則終不能廢。遂形成雙軌制，兩法並行。最後結局則不能不使這過渡的不完善制度再度廢止。此後雖偶有發生，皆不旋踵而滅。此一現象，即充份證明中國求進步，不走回頭路的創造進取精神，值得表彰稱道。

就封建制而論，分疆而治，受封的諸侯代天子以統治天下，本未可厚非，問題只在職位的世襲。世襲制一立，即百病叢生。如封建而不世襲，即未嘗不是好制度。到西漢下半期，死灰復燃的封建諸侯逐漸歸於破滅以後，這世襲制即只賸皇帝一人。王侯沒有了，春秋以前，大夫也世襲，到此時大夫職位也不再世襲。地方官早已改為流官，直接由政府派遣；任免遷調，依法按時辦理。至此再沒有一個把持地方勢力的政權。這是中國政治上一項重大進步。

次論官制。

中國政治體制與官制，已詳本書政治篇。此處只講演變。

由監察官講起。據作者考證中國監察官制度至遲在春秋時齊國已經具備。見於管子書與呂氏春秋。（詳本書政治章）。當時稱為大諫臣。到西漢即擴為御史大夫，御史丞，御史中丞。御史大夫是副宰相，與宰相太尉合稱三公，其次才是九卿。視前地位加高，權限加重。就是將監察權予以强調。强調監察權，即減少帝王專制權，增加民主精神。再到唐朝，設御史台，獨立行使監察權，不屬於宰相。又分諫官為臺諫兩部份。諫官以帝王及皇室為對象，臺官以文武百官為對象。再到明朝。又改稱都察院設巡按使。範圍不僅在京城，也派人出外巡察，以免地方官違法失職。這就表明對監察權之重視；地位更提高，權限更加重，職守劃分也更細密了。這又是一項政治制度中重大進步。

次論宰相權。

漢朝設宰相一人，副宰相（即御史大夫）一人，實際行政權在宰相手，監察權亦受宰相統屬。等於行政監察兩權由一人獨任。權限極大。到了唐朝，先將宰相一職劃分為三，設三省以行使，即所謂尚書省，中書省，門下省。中書省設中書令，掌撰擬及發佈皇帝詔敕。門下省設侍中，掌副署及審核詔敕。如以為不便，可以封還皇帝，稱爲封駁。尙書省設尙書令，後改稱同中書門下平章事。掌執行詔敕。並將監察權分出，使之獨立。這樣便將漢朝的一人宰相分爲兩部份：一爲三省，共管行政；一爲御史臺。又分臺諫，共掌監察。詔敕發生之前有時要會商，發生之後又要審核，有時會封駁。這樣就不僅皇帝不能獨斷獨行，即宰相亦不能由一人大權獨攬。其反對與預防專制獨裁，加强民主精神，至爲顯然。更不能不謂爲一種重大進步。

明太祖因懲於宰相胡維庸之亂，而廢除宰相制。感情用事，是一種因噎廢食的作法。廢宰相後將行政權直接收歸皇帝，有弊而無利。在制度演變上成一股逆流，不足爲訓，亦不足以代表制度本身之缺陷。

更次講中央與地方權限之劃分。

中國政治上一大特點，即土地廣大，版圖遼濶，統治不易。像歐洲的小國，即無此項問題。在中國廣土衆民是我們得天獨厚的優點，但在政權的運用上，則成爲一大難題。交通不便，到抗戰勝利時止，雖有若干進步，有了近代設備及交通工具，但迄未能普遍，即問題並未能完全解決。在古代，如何困難，就可想而知了。因此直接影響到政治。加以天下一家的觀念，促使我們疆土日益擴張。版圖愈大，統治就愈困難。於是在政治制度的決定上構成中國久久困擾不決的難題。在周行封建，由中央間接統治法，至秦改爲郡縣制，完全廢除封建，改由中央直接統治天下。地方官全由中央任免，按時輪調，官吏成爲流官。封建勢力自此消除。在作法上全屬中央集權制。因秦享國日淺，未聞有何不便。似乎在事實上亦未嘗不可持久。

漢朝既懲於周之分裂，亦鑒於秦之孤立，加以功臣念念不忘於封侯之賞，遂使高祖將封建死灰復燃。但不久所封諸侯相繼破滅，終又歸於郡縣制，政權又歸中央。

漢以後，雖偶有王侯之封，但均旋起旋滅，亦並無如周朝同姓與功臣之封，漢晋王侯之勢。於政權之分配，地方之統治，未有若何影響。

唐朝以文治武功統一天下，擴土開疆，本由中央直接統轄，行中央集權之制。但中唐以後，終以藩鎮勢力擴張，地方權重，無形中演成地方分權。自此中央統治力衰，成尾大不掉之勢。雖非出於有意，而事實終於構成。寖假惡化，乃更演爲五代十國分裂擾攘之局。

宋朝懲於前失，一反唐朝舊制。力行中央集權，由太祖杯酒釋兵權起，將軍權，財政權，任免官員權完全收歸中央。以致地方陷於既貧且弱，不能紮一深根，成一堅穩定力。遂致平時已不能放手作事，使天下達成眞正太平之境；一有變亂，更不能應付。此皆由於矯枉過正，用力過猛所致。但由另一方面言，結果雖不理想，用意則在接受歷史教訓，力求進步。吾人如能略跡原心，亦未嘗無可稱道。

次論選舉與考試。

漢朝開始考試制，亦始行由地方察舉制。考試限於中央，未能普及全國。察舉則由地方官負責。既難免察訪不周，亦不免感情用事。制度好而辦法不太完善。魏晋始行九品中正制，由地方公推公正人士任大中正。下設小中正。負責調查人才。按才德分爲九等，製成表格：上上，上中，上下；中上，中中，中下；下上，下中，下下。比較客觀，普及，與公正。較漢制爲優。

唐朝則强調考試制。此項考試制係就漢朝舊制而擴充其範圍，普及全國，亦不透過地方官，由人民自動報考。又將九品中正制偏於門第，未能深入民間的缺點加以糾正。人自動報名，即可應禮部試。分進士明經兩科。中選後再應吏部曰試，始可爲官。雖宰相任職，亦不例外。因爲分科，所以稱其制爲「科擧」。中國之有科擧制自此始。

宋朝大體因仍唐制。

明清更將科擧制加强。普及全國各地域，各階層。有才有學之士，無論爲仕進，爲功名，爲抬高聲望和地位，非經科擧考試不可。成了知識份子必經之路。促進了教育，也提高了政治水準。只是可惜，以八股文取士，考題以四書爲範圍，解釋以朱註爲標準。意美而法不良，錮窒了性靈，埋沒了才情，結果有利亦有弊。但大體上說，强調考試制度，以公平合理而又普及的方式，培養和選拔人才，終應視爲一種好制度。

不過，上面曾說，任何一種好制度，行之旣久，難免不發生流弊。假使人謀而臧，隨時可以保持優良特點，預防發生流弊；萬一有弊發生，也能及時改革。則優良制度可以保持長久不衰。否則，制度再好，倘用不得其人，終難免於衰敝的命運。所以說爲政在人。人存政擧，人亡政息。所以荀子一再强調人治。他說，「有良法而亂者有之矣，有君子而亂者，自古及今，未嘗聞也。」（荀子王制篇）我們對於一切制度的演變，都應作此看法。

其次是求變，求新，更進一步是求改良進步。我們的文化精神是「窮則變，變則通，通則久。」（易繫辭傳）所以每有所窮，必求其變；變即能通，通即能久。這種求變求通的精神，就是文化無限進展的基本力量。由此力量在內心中推動，所以富於創造精神。不過這種創造與進展，大部份是在不知不覺中自然造成，多非有意作大規模革命式的改革。所以表面上看，我們民族性偏於保守，不肯輕易改弦更張。但如深進一層考察研究，則我們的改革進步，多已在無形中作到了。此不可不加之意者也。此種現象，尤以經濟方面爲多。玆略述如次。

下面講經濟。

遠的不講，先講周朝。

周初的經濟，主要在於井田制的推行。關於井田制的考證，未便詳述。此處只論井田制的推行。在我認爲井田制可以代表中國經濟思想基本精神，即求均與求足。一夫授田百畝，足敷仰事俯畜之需，足也。方里爲井，八家各私百畝，中爲公田；八家共耕之。公事畢然後敢治私事。均也。求足求均，又有公田以給國用。在當時地廣人稀，可以推行無阻，應視爲好制度。在觀念上以民生之均足爲第一，其基本精神足爲萬世法，無可非議。

迨後人口漸增，諸侯强大，侵奪擾攘，戰亂連年，社會秩序爲之破壞，民生爲之凋敝。加以國用不足，繼之以橫征暴歛，侵奪農時，人民不死於戰亂，亦死於轉徙流離，死於飢寒窮困。而原有之善良制度遂爲之崩潰。事實上井田制至戰國時已呈窮象。於是商鞅倡行阡陌制於秦。及併六國，遂普及於天下。此窮則變之第一例。

阡陌制至西漢又生流弊，即所謂兼併是也。井田制以土地爲國有，由政府「授田」。阡陌制雖不詳其細節，可知以土地爲民有。民有即可以買賣。可以買賣即不免大小相併，貧富相傾。行之旣久，遂造成富者田連阡陌，貧者無立錐之地的可怕現象。不得已而以政令實行裁抑，實行限田。這又是窮則變的一例。不過這次的變僅局部修正，並非根本改革。

到了王莽，乃大力推行根本改革，實行王田制，再將土地收歸國有，由政府分配。恢復授田辦法。不過因王莽一切舉措失當，用非其人，朝政紊亂，人民反對，此項王田政策用意雖佳，施行未能成功，不久即歸破滅。但吾人如不以成敗論人，則此項改革，着眼在改善民生，調整經濟，未失爲一種求變，求新，求進步的作法。

西晉又改行佔田制。對原有土地權不予承認，人民可以自由佔田，男子以七十畝，女子三十畝爲限。不僅可以買賣，且可自佔，完全放任。弊多利少，不足矜式。

到了北魏，再改行均田制，恢復由政府爲民制產，授田的制度。辦法更加細密，有露田、桑田、蔴田之分。一夫授露田四十畝，桑田二十畝，蔴田十畝。身歿還田。桑田則可繼承，稱爲代業田。此種作法與用意，更視前爲進步。

唐朝以租庸調稅法將土地分配與租稅制度合而爲一。租是地租。土地由政府按人口分配，有丁即有田。十八歲授田百畝，六十歲還田。人口增減異動，有詳密的調查登記。按年辦理。這樣連帶把戶籍也辦好了。田租四十稅一，較古制爲輕。庸是力役，調是徵布帛。合起來，租庸調是政府爲人民制產授田，使有恒產，足敷仰事俯畜，一家溫飽之需。經濟基礎既立，乃按田收租，按丁服力役，按戶納布帛土產。項目分明，輕而易舉，民生無傷而國用亦足。此爲一種最合情合理的進步作法。成爲歷史上最受重視的好制度。

事在人爲，制度雖好，但行之既久，又生流弊。租庸調三項均以詳密確實的戶籍爲依據，並且年年有增減異動。以天下之大，事務之繁，而當時各級政府人力物力容有不能適應需要之處。因而百密不免一疏。調查登記即不免有誤。戶籍一亂，百病隨之而生。於是此一制度推行上遂生阻滯。又到了窮則求變的時候。兩稅法遂應運而生。

晚唐由租庸調改爲兩稅法，是應事勢需要而改革。這一改革一直延續到清末，大體因仍唐制，只有小的變動，未再作大的改革。

兩稅法的大意是將租庸調三種租稅一律折合現金，一年分兩次繳納政府。這種辦法打破了古代爲民制產的基本精神，土地又歸私有，可以買賣了。可以買賣便會造成貧富不均的現象。此是其弊。其所以繼續實行至千年之久者，即爲事實所限；人口增加了，土地不敷分配，亦不便分配，所以不得不改爲折收現金制，而聽任土地由人民自由買賣。說到它的利益，則在於簡便，政府簡便，人民也簡便。人力物力均有若干節省。就政治上化繁爲簡的原則上來看，也未嘗不是一種進步。

工商業在中國始終不受重視，備受壓迫。事業發展上既有重重限制，從業人員亦遭賤視。但因民生之迫切需要，終不能阻止其進步。此可證需要爲事實之母，爲顚仆不破之眞理。民生需要工業，衣食住行無一不需要以心力體力就物質而製造若干事物，以濟其窮，而利民生。尙書大禹謨篇所謂正德，利用，厚生三事，此三事中實有兩事屬於生活所需之物質，賴工商業以供給者。因此雖在心理上與事實上備受阻碍，終不能遏止其發展。結果遂形成一種文化進展中暗流。既無人爲之表彰，亦不肯加以深思。雖有高度之成就，亦不能逃於埋沒之命運。試舉數例，即可證明。

日中爲市，交易而退，各得其所，是半原始時期經濟生活。其後漸覺這簡單的物物交換有所窮，乃發明使用貨幣以爲中準。最初所使用的中準是貝殼。後世稱爲貝幣。我們中華民族使用貝幣，在史前期已經開始了。河南仰韶村發掘所得新石器時代遺物中即有貝幣。可證我們在史前若干年即能利用物質以濟物物交換之窮，而供民生日用之需。到有史期造字，凡與財貨有關的字皆从貝，如財，貨，資，費，貧，……等是。可證在造這些字時，仍盛行貝幣。此項創造發明，是一種高度文化。其理由　國父孫中山先生在孫文學說中論之已詳。這是商業上的事例。

中國人使用陶器，也遠在石器時代即已開始。許多地方所得遠古遺物均有之。以仰韶的彩陶，與山東的龍山黑陶爲最著，最佳。陶器是供人飲食用的器物。在當時我們不但能製造，並且能加上彩畫，上釉，作成白陶黑陶。這又是一種高度工業製造品。另詳本書科學章。在這時我們要想，我們遠祖文化能力之高，科學知識之優。這些生活上用具他們早已在遠古時期作成了。他們自己使用了，也埋藏在地下使我們這後代子孫們看見了。雖然他們未必能明其理，但他們已能行其事。這一則足以證明我民族不僅在非物質文化上能力之强，即在物質文化上，也極高明，並在世界上領先。同時也替　國父孫中山先生不知亦能行的學理，得到有力的證明。

前面講大禹治水時，我們曾提出對於治水所需的學理，組織和指揮運用羣衆的能力，製造工具，着手施工的技巧，……等等，都應仔細去想，有一樣能力不够，洪水即無法治平。這一複雜艱難的大事，不僅需要三過其門而不入的道德，同時也需要創造物質文化的能力。

在本書物質文化章講嫘祖教民育蠶治絲以製衣裳的時候，我曾提出繅繭爲絲，織絲爲帛，縫帛成衣，這一連串的工作所需知識與技巧，乃至於工具。這樣一想，就可明白，我們先祖在四五千年以前，即有高度的工業製造了。

到了周朝，衣冠制度，嚴格而又複雜。在家有常服，上朝有朝服，各種禮儀有不同的禮服。成人有成人的衣冠制度，兒童有兒童的衣冠制度。喪服與喜慶不同，貧富貴賤也有等差。平民的裋褐，貴族的華袞簪纓，黼黻文章，更有顯著的區別。軍人有軍服，儒生有儒服。諸如此類，不可枚舉。這是在衣冠制度上一種隨倫理與社會而演成的現象。既可表現物質文化方面製作技巧與材料創作的高明優秀，也可看出由制度的演變，表現歷史文化的進展。

管子把人民分爲士農工商四民。並使子孫世繼，不得變更。即所謂士之子恒爲士，農之子恒爲農等是。至漢，貴士重農政策不變，而子孫世繼不得改業的禁令却無形中解除。官山海，以民生必需品鹽與鐵由政府專賣，以免商人操縱，影響民生，此爲一利國便民的善政，不僅漢代保持並加强，唐代又加以擴充。即至今日，仍然繼續保持不輟。不過鐵器因出產豐富，容易得到，近代已解除管制。食鹽則始終由政府專賣。

漢朝爲了經濟協調，貨物流通，平抑物價，採行平準均輸政策，既使物價得以調節，亦使貨物可以流通。深合於民生經濟之理。是改革，也是進步。又爲儲存食糧，保障民生，以備荒歉，創常平倉制度。爲一種創制，亦爲一種進步。此種制度，直至民初，仍繼續保持不輟。作者家鄉河北省遵化縣，在抗戰前尙有義倉，按時收發米穀。此作者所親見。當爲漢制之遺留。

我們很惋惜，宋朝的王安石變法未成功！本來在當時經濟上已到窮則變的時候，但由於阻力太大，加以用人不當，終遭失敗！假如變法成功，國富可以增加，民生可以改善，經濟制度亦可邁進一大步，並予後世以更進一步的階梯。此次失敗，不僅直接影響於經濟，亦間接影響於國運。蓋連年新舊黨爭，既使政局陷於不安，亦因反覆變革，使經濟更陷於混亂困窮。金人入侵，遂難以貧弱之局抵新興富强之力。從歷史興衰上看，實屬百般進步中一般逆流。成爲美中不足的缺點。

更次講教育。

教育制度由周朝起，周公制禮作樂，爲教育之質。官師合一，政教不分，爲教育之法。禮樂射御書數，爲教育之事。灑掃應對進退之節，詩書易禮之文，爲教育之材料。至孔子而私人設教，以輔公家之不足。分科教學，以各盡其才，各效其用。鼓勵從政，主學而優則仕，以收教育之效。孟荀因之，而益加强調。至周之末業，教育事業無論在理論與思想上俱臻上乘，制度上亦漸趨完備，成效亦極輝煌。

至秦乃橫遭破壞，西漢始漸恢復。武帝立太學，收太學生。文翁設郡學，自此州郡縣各有學，教育益見普及。至宋又增書院制，爲高深學術研究之所。明清因之，教育遂一面普及於鄉村，一面進入高深之研究。公私兼辦，並與考試相配合。在量的發展上，已極可觀。

缺點在於八股文取士，形式呆板，梏桎性靈，埋沒才士。此爲任人皆知之大弊。另一弊在教材過於單純貧乏。因爲科舉考試限用四書題，於四書之解釋又限於朱子註。於是青年學子皓首窮年，朝夕所誦習者，無非一部四書。四書當讀，必讀，自屬天經地義，但如以絕大精力僅限於一部四書，則未免太狹，太少。知識領域既不能擴充；先聖宗旨亦不能宏揚。尤有甚者，即一切學術之應用，無不取給於一部四書。四書材料有限，豈能因應無窮？但事實上政治用之，經濟用之，法律用之，此外如財政，軍事，甚至連治河，也不見得另有專科教材。算來算去，教材僅有只四書。最多加上五經。讀史者已不多，習律者尤少。但學成從政者，第一步就是作縣官，縣官雖小，而百政皆備。行政要作，司法也要兼管。理民詞訟，就不是一件容易事，教育是本務，保衛治安的軍事也應該懂得。這樣，作一個縣官所需要的知識學問就廣泛無涯，豈僅四書五經所能濟？但我們過去的教育，似乎並無人注意這些，只管念就是了。好像四書五經念熟了，甚麼事都會作了。這種含糊攏統的作風，實在不能算合理。其有待於改革明甚。

第二節　由國父之全面重大改革促成歷史文化之普遍進步

過去制度的演變，是由求變，求新，求進步的精神，不斷改革創造所促成。因此使我們的歷史文化能隨時逐步有新局面，新氣象產生。顯示我中華民族生命力强，能力大，永遠有前途。

假如我們更進一步，將過去的演變作一檢討，則未免覺得有許多美中不足之處。例如，進度上未免遲緩。遂使我們在世界民族文化上起步在先，而終點落後。此其一。過去的改革多屬枝枝節節，局部性的，缺乏全面性大規模的改革。使變化小而又不快，不顯著。此其二。又有許多當變，要變的時候，因阻力過大而未能成功。此種阻力主要在於人民心理上保守，又過於重視先王先聖的理論而輕忽實際，遂使若干有志有識之士，横遭阻撓，而不能有所作為。此其三。有此數因，遂使我國歷史文化在演進過程上，雖有若干優點，但距吾人理想尚有一段距離。也就是說，假如我們過去大刀濶斧，表現明快，則我們早已超越其他民族，有資格領導世界了。

差幸天佑中國，就在世界民族競爭劇烈，而我們已經落後的時機，中華民族罕見之偉人　國父孫中山先生誕生了。他的誕生，正當全世界一切都在劇變的時候。由西方文藝復興起，歐洲人有了人的自覺，即開始弱小民族爭生存，求獨立，打起自由平等的旗號，如火如荼的作民族革命，民權革命。同時因為近代科學即在此時突飛猛晉，發明了機器，促成工業革命。在經濟上掀起極大波瀾。於是以歐洲爲中心，民族向外擴張，民權思想不斷漲進，刺激所有受壓迫民族作政治改革；經濟上更積極向外侵略。三方面一起猛進，結果遂使歐洲許多國家成爲帝國主義，分頭向落後地區發展，而全世界爲之蠢蠢不安。發生極大變化。　國父所當，就是這樣一個時代。

就國內而言，從周公定下政治規模，三千年來，未有重大改革。此一規模支持了三千年。用歷史眼光看，遠古至周初爲一階段；由周初至清末爲一階段。在此一階段中用此一制度，不僅是可以，且可算是好制度。較同時期的歐洲，有過之無不及。再由文化演進的眼光看，在此一階段，實難超越此一程度。

到了清末，就一切不同了。由於滿清以東北部族入主中國，其本身旣無像樣的文化，拿不出一套辦法，統治這樣廣大而又有高深文化的中國。又由自私心理所驅使，用漢文化而變其質，用漢人而扼其吭。遂在制度上造成不正常的病態，在用人上造成極端偏狹自私的不合理現象。到了光宣時代，更變本加厲，一切離開軌道，倒行逆施，成爲混亂狀態，談不到制度，無所謂規模。眞正到了窮而又窮，岌岌不可終日的地步！就在此時，世界新潮流沖擊而來。中國歷史文化至此，已非僅「窮則變」三字所能盡其義。如再保守不變，或變而復返古代成規，皆非妥善辦法，不能措國基於永固，啓未來之新運。即或變而不作通盤計劃，僅枝枝節節改革，亦不能適應需要，而表現中華民族創造進取之精神。時代的運會擺在面前，文化改造的要求也擺在面前，此之謂歷史使命。

國父生當此時，他以大仁大智大勇之身，接受了此一歷史使命。高瞻遠矚，以民族爲立場，以五千年歷史文化爲深根，以當前國內外情勢爲依據，澈底檢討，當因者因，當革者革，作全面之計劃。於是將中國文化作大規模之創新，結束歷史上舊面目，開闢未來的新規制；吸收新血液，打開新局面。自此中華民族不僅過去有光輝，將來亦有美麗遠景。他以旋乾轉坤之手，作起死回生之計。此三民主義在文化上之價值， 國父對民族之大貢獻。

從政治講起，他首倡以一個民族，建立一個國家之說。無論在歷史上，地理上，人民心理上，乃至政治技術上，無不以統一爲最大前提。有人倡聯省自治之說，他則斥爲西方由歷史經驗唾棄之鄙政。此其一。

君主政治在今後無立足之地，他以革命領袖具此遠識，亦具此大公之懷。毅然以身作則，不帝制自爲，效前史之改朝換代。並以新制新規，永絕帝位之爭。此其二。

由國家元首，至各級官吏，本過去先勞無倦之精神，倡行公僕政治。不僅盡除封建殘餘，即由中央任免之流官，亦改爲由人民公選。此無異將前制更推進一步。此其三。

以前聖民本主義，民主思想，發展而爲民權主義政治。由不成文憲法，進爲成文憲法。加强考試監察之良規，革除任官選士之敗政。政權之行使，職掌之釐定，以及中央地方權限之劃分，均有妥善進步之安排。將古代困擾不決之難題，爲之豁然以解。此其四。

地方自治爲建國之礎石，尤爲民主憲政之第一急務。管子有此遠識，亦有此措施。(見管子立政篇)王安石有保甲，保馬之新政。直至 國父始將此項素少人注意之基層政治加以强調。並一再說明，歷學實行方法；不厭繁瑣，以資依據。此其五。

訓政爲中國古制，由伊尹訓太甲，到周公訓成王，均行之著效。現在廢除君主，人民成爲國家主人。數千年政治規模，至此根本改革，無論在心理上，行動上，都不能適應。事極顯然，至爲重要。因在革命方略中特置一訓政時期，以爲過渡。只可惜辛亥革命急於促成憲政，着眼於上層之中央政府，遂將此訓練廣大人民工作，忽略未行。以致始創之民國，基礎不固，造成二十年之擾攘。然其卓越識見已由事實予以證明。此其六。

建都問題關係國家內政外交，强弱存亡者至鉅。漢高祖起豐沛，欲建都洛陽，但卒從婁敬張良議，入關中，都長安。終成西漢之全盛。北宋都汴京，竟不能固守，而國本爲之動搖。國父孫中山先生於國都問題並不主久都南京，他說「統一十八省之後，可都南京。統一滿蒙回藏之後，可都蘭州。但要扶持亞洲各弱小民族獨立，則非都新疆疏勒不可。」（見張溥泉先生全集二二三頁建都問題）可證他的深識遠慮，是如何的宏偉。其氣魄之大，可以想見。此其七。

政治風度表現民族氣量。我國古代在政治上有極高遠宏濶之理想，可以禮運大同篇爲代表。其思想是以四海一家，天下一人爲規範。在作風上是天無二日，民無二王。必使凡有血氣者，莫不尊親。即使天下皆歸於我。但在政策上，歷代罕有明標此旨，以爲立國之根本精神，共同之嚮往者。國父在民族主義中，則明白說出，「……所以中國如果要强盛起來，我們不但要恢復民族的地位，還要對世界負一個大責任。……我們先要決定一種政策，要濟弱扶傾，才是盡我們民族的天職。我們對弱小民族要扶持他；對世界的列强要抵抗他。如果全國人都立定這個志願，中國民族才可以發達。……用固有的道德和平作基礎，去統一世界，成一個大同之治，這便是我們四萬萬人的大責任。」（民族主義第六講）讀了這段話，雖不屬於具體的制度，但在政策上明標此旨，即無異將古人的理想向前推進了一大步；由思想落實爲政策，也就是作爲施政方針。這樣就使思想成爲行動。較之過去便覺更具體，更確實有效了。此其八。

以上所舉，是政治方面的實例。次論經濟。

國父在經濟上對古代經濟思想與制度，有承襲，亦有改革。承襲者原則與理想，改革者方法與制度。方法上有擴充加强，亦有相反而相成。有古人欲爲而不敢爲，當作而不肯作。有古人行之無效而今則有效。前者改革不過枝枝節節，今則根本作全面之策劃。推陳出新，適應國內外之情勢，促進生產之進步，開發富源，提高生活水準。更由地方經濟進爲全國性經濟，世界性經濟。整個將中國經濟由過去半原始狀態，促成現代化之科學經濟。單就經濟一端而言，國父對國家民族之貢獻，已足不朽。茲撮舉數要端於後。

第一，是遠承古代民本主義之思想，以民生為首要；以為民制產為先務；以王道精神，行富民政治為基本。此以固有文化為根基而加以宏揚者也。

第二，是繼承古代以精神領導物質，使人類生活始終以精神生活控制物質生活。必使人類生命價值遠超單純物質生活，而使之無限提高，加重。絕不將物質生活加在精神之上而把生活境界壓低。此種思想與作風，為中國文化中極高深優秀之點，為共產主義派標榜物質至上者所不能夢見。中國文化之最高價值在此。國父深領此旨，亦深深受此薰陶，所以他一再强調道德，强調教育。以道德與教育將人類生活領向一種高尚境界：所志者大，所懷者遠；有崇高理想，有可貴精神。不斤斤於物質之追求，以致將生活自限於淺狹的功利境界。所以在政治上特別提出公僕政治，在人生觀上提出服務的人生觀，在社會上力主以道德的情懷，補救先天才智之不平，而倡平等之精義。此又視先聖先賢，邁進一步，以實際方法為繼長增高之計者也。

第三，他以平均地權的辦法為民制產。他說「井田之法既板滯而不可復用，惟有師其意而已。」（著作本三民主義）這種師其意而改其法的作法，才眞是現代人對固有文化的合理態度。我們可以公認，由井田到王田，均田，再到租庸調制；意思都是一樣，都要為民制產。但方法都未臻理想，所以不能著大效，也未能持久。

第四，他以節制資本的辦法均貧富。古代從管子起，次論、孟、學、庸，荀子，……都有均貧富的思想。漢朝的裁抑兼併，歷代的抑制工商，重農抑末，不許官吏經營工商業，都是均貧富的措施。因此中國不產生大資本家，無大富大貧。不過今後不能再不發展工商業；發展工商業即可能造成大資本家。國父在此兩難的情狀下，採用節制資本的辦法，預防財富集中，以遠見卓識為未雨綢繆之計。此不僅宏揚固有思想，更能見微知著防患於未然。其思想之細密，方法之周備，目光之深遠，令吾人嘆服！

第五，他以國家社會主義奠定國家經濟基礎，保障人民基本生活，使貧富生活差距縮小。按中國古代在經濟上有一種一貫政策，即主張藏富於民，認爲民富而國自富。因此極力反對聚歛，反對重稅，不使財富集中於政府。此意至深且美，眞王者之仁政。一至 國父，則一反此種作風，而必欲以國家社會主義，使政府發財。想盡方法，使財富集中國家。表面看，似與古代原意相反，但如深進一層看，則相反者其方法；相合者其精神。蓋 國父尤着重於使人民富足，得享幸福生活也。其差異在於財富之取法與用法。**古時財聚中央，取之於民；用之於消耗：如用於貴族之奢侈，浪費；用於養兵作戰；用於大興土木，……等。皆是吸人民膏血而來，損人民利益而去。有去無回，有弊無利。故爲政府與人民一致反對。至 國父之集中財富，則取之不由民手，用之則爲民生。其法係以舉辦公營事業**，開發天然富源，以求富。以籌設公用事業，社會福利事業，乃至免費教育事業，爲人民共享以求平均。不分貧富，不論男女老幼，職行，……等等，一視同仁。如水電可以免費，醫藥可以免費，交通亦可以免費。是無異於爲人民解決基本生活。則其集中財富，乃代人民管家，代人民理財。與古代只以輕徭薄賦之消極的作法，顯然不同。其愛民富民之精神，則相一貫。此與師井田之意而改良其方法同一意義。

第六，他以計劃經濟改革古代之統制經濟，糾正西方之自由經濟。中國古代對工商業始終不受重視，只見種種管制之措施，殊少獎勵人民發展之道。雖非完全之統制經濟，亦殊少自由意味。至於西方民主國家，則又太偏於人民自由，政府疏於管制。共產國家則以極權政治行極端統制，毫無自由之可言。此皆有目共睹之事。揆之 國父所主張，則應謂爲計劃經濟。在他的民生主義中，有統制，亦有自由。平均地權，節制資本，就是統制。不統制不能使地權平均；不節制則資本集中，造成大資本家。是皆統制之作法。有全國一致性之實業，或足以壟斷經濟，操縱民生之實業，不許人民經營。則與此無關者，可由人民自由擧辦，至爲顯然。可證其政策有統制亦有自由。此外又如在地域上，經濟項目上，先後次序上，乃至與政治，社會，人口，國防，對外貿易，……種種問題上，都合併起來，作通盤打算；不枝枝節節，不偏枯，不顧此失彼。所以我們稱之爲計劃經濟。一部實業計劃，已將以上所述要點包括無遺，即爲實證。

第七，他以新的賦稅制度使人民負擔趨於公平合理，並適應時代，既防患於未然，又爲國興利於將來。蓋古代土地政策既未臻理想，租稅制度亦隨之而偏頗。說已詳三民主義，此不復述。他以平均地權政策，將土地分配問題解決，田賦制度亦以照價收稅使歸於公平合理。人民稅負亦以累進稅率向富者多要錢。此皆古人所想到而未能作到的事，而　國父作到了。

更次言社會風俗。

關於社會，本書另有專篇論述。　國父本人對中國社會的變遷，也有專章予以介紹。此處僅擇要作一概括說明。

在過去，中國社會未與世界相通，數千年來，始終是個純農業社會。經濟基礎固然在農村；即文化基礎，也同樣植根於農村。農村社會以土地爲生命線，以倫理道德爲固結力，以家族宗族，鄉黨鄰里，爲組織。以禮教，倫理，與深植人心的公是公非爲約制。實際日常生活，人民與政府並無多大關係。平時以克勤克儉爲生活態度，吃苦耐勞爲生活態度，守望相助敦親睦族，爲安全保障與彼此相處之道。是整齊的，靜止的，溫暖敦厚的，也是保守的遲鈍的。到清末民初，隨着政治文化教育種種改變，使我們數千年靜止無波的社會，無法不作大規模的改革。　國父身當此大改革之衝，一切事都由他計劃安排，主持決定。政治經濟方面已詳前述，社會方面也有準備。由政治制度，到人民日常生活，衣食住行，風俗習慣，乃至人民心理，都有新的規制。最重要的應該說是惡習之革除，如男子的髮辮，女子的纒足，官僚的習氣，迷信的糊塗，不衛生的愚蠢，無組織的散漫，行動的顢頇，……種種惡風，都爲我們一一指陳，一一改革。這無異把我們由愚昧的環境，領進光明的世界，使我們在世界民族角逐的場合上不致再落後。由縱剖面看歷史，再由橫截面看社會，民元前後，簡眞是兩個世界。其細節具詳社會篇。

又不僅在當時細節上作若干改革，尤其可貴的，是對中國社會的將來，提示出一個美麗的遠景，高尙的境界，使我們向上奔赴。又在理論上，思想上，提示若干原理原則，社會哲學，使我們有所遵循。其思想之細密，識見之遠大，考慮之周詳，有如是者！其詳亦見社會篇。

第三節　總　結

綜觀前述，可使吾人對中國歷史文化之進展，得一概括之認識。即其進展情況頗爲複雜。各時代既有不同，各項目亦不一致。有多有少，有遲有速，有的一往直前，有的廻旋頓蕩。要之，其有進步則一。大體言之，可劃分三大段落：

第一段落，由遠古期至殷商末年，爲一段落。時間最長，進展亦最慢。吾人對此時期，所能知者甚少。但不能忽略。研究材料不能以文字爲限，當擴及地下發現之遠古遺物。這是近時人的幸運，能看到近數十年由地下獲得之史前史後許多寶貴資料。這樣，我們既可將中華民族歷史向上延伸若干萬年，又可在此若干萬年之中，看到我先祖以心力體力所創造發明之許多文化。在這漫長一大段落中又可劃分爲若干小段落。雖云遲緩，但較並世其他民族却始終領先。這是我們首先要知道的。

第二段落，是由周初到淸末，這一段恰好三千年。（武王十一年庚寅，伐紂，殷亡。下至淸宣統三年辛亥，三千零二十二年）在此一段時期，政治，教育，經濟，社會……等等，都由周初定下規模。三千年中未有重大變動。社會面相與文化實質未有更易。

第三段落，是民元以後。從這一年起，中國歷史轉變，文化擴充，社會變遷。最重大者爲政治制度。

次經濟，教育，社會等等。文化方面，則改變者細枝末節，不變者基本精神。

合併觀察以上三大段落，不禁使我們得一信念，亦生一感慨。

遠古時期我們雖然所知甚少，但即此甚少之知識中，已足使我們自豪。第二段落所知較詳，以周朝一朝最爲光彩。秦漢唐宋明，各有特殊貢獻，均有足稱。若干事項在默默中有極大之進展。不僅在民族生存上求生，求强，亦能在制度上以創造精神求變，求通。只有淸朝一段，以部族政權，變態心理，淺狹愚昧之身，作自私之計。所以一切表現不正常，不能代表中華民族。可惜就只這一段距我們最近，所知最多，而其所表現則又最壞！因此，使外國人即以滿淸代表中國，遂最看不起我們，極盡其輕侮謾罵之能事。本國人自己，也因耳所聞目所睹的直接觀感，認爲我中華民族也不過如此，遂致將自己過去之光榮歷史，優良文化，連帶抹煞。因而作出許多自暴自棄，自毀長城的勾當。此皆由於不肯讀古書，不明歷史，但憑直覺，或以耳食之過。設非　國父孫中山先生之革命救國，推翻滿淸，表現中華民族之能力，則不僅國亡種滅，即此一不正常之觀感，亦即對我民族之誤解，將永無獲得糾正之日。今天我們大家都略讀些古書，也略知些歷史，因而大家都有一種覺悟，知道過去對自己民族的誤解是錯了，作風也錯了，於是跟着先後兩位先知先覺，民族導師　國父與蔣總統，作恢復固有道德，智能，復興中國文化的工作。及今回想，至足欣慰。更由歷史上得來的些許知識中，獲知我民族歷史文化有形無形確已得到極大進步。由此進步中證明民族力量之不可輕侮。因而信念加强，勇氣倍增。

縱觀上述三大段落，應以民初一時期變化爲最劇烈而又廣泛。也就是由第二至第三段落，變化之大，爲前古所未有。可以說，民元的改革，整個將三千年政治，經濟，社會，各方面，作了全盤改革，無異將三千年的局面作總一結束，另創一新規制。這兩大段落顯然有其不同處。此一改革，將中國歷史文化大大向前推進若干步。中國的一切，至淸末而俱窮，窮到無可再窮，非變不可。　國父當此運會，作了這前所未有的變的工作。變了以後就能通。通於古今，通於中外，通於思想，也通於事實。在各種學術，各種現實問題上，也無一不能通。他上而扭轉危局，下而開啓新機；宏揚了文化，擴大了基礎；爲過去的歷史打開了出路，也爲無窮的未來，開闢了無限的前程。以隻手挽狂瀾，大力轉乾坤。承先啓後，繼往開來。我們這一輩身在事中，目睹此變。始而恍惚迷離，如在五里霧中。及今凝神注目，以冷眼觀此變，始悉其底蘊而明其意義。不禁使信念愈堅，衷懷愈樂；爲民族慶，爲國家慶。而對 國父之欽崇，乃非筆墨所可形容！嗚呼！偉矣！

前者每有改革，必遭阻力。積累愈久，其根愈深，阻力即愈大。三千年之久，根不能說不深。阻力不能說不大。但 國父把這積重難反之局反過來了。此非尋常可比。蓋有非常之人，乃能成非常之功。但這一深根重勢終將對新局發動一種反抗。因爲他的力量太雄厚了，時間太久了，人們的心理也太覺得驟然了，於是以戀舊心情促成惰性心理，而反抗力量終於發作了。這猶如廻光之返照，殘燈之復明。所以有民初二十年的政治擾攘。至於社會風俗，生活習慣，更難改易，因之其戀舊之心更爲深厚。雖不能蔚成如政治軍事之反抗暴亂，但其舊勢力之殘餘，却久久不散。曆法之改變即其顯例。所以至今改用陽曆已五十七年，而人民仍按陰曆過年過節。用社會心理眼光看，此皆不能避免之現象。現在政治上反抗暴亂已成過去，社會心理也只賸微弱的餘波。都不足爲慮了。

另一可慮現象令人感慨的，則是中國一切制度，經此次大改革之後，舊規已去，新制則尚未完全建立。政治上雖已建立新規，但基礎尚未牢固，仍有待於我們繼續努力，培養新規，使日趨牢固。須知在中國而言，去五千年之舊制，建億萬世之新規，此豈一朝一夕所可奏效，一手一足之烈所可收功？其有待於繼續培養擁護，至爲顯然。若夫社會風俗，生活習慣，則大半屬於心理上的精神生活，更有賴於新精神，新思想，新作風之繼續不斷的培育，亦不待言。不過在此當特別提出者，有下列三事：

第一，雖欲求新，求變，但所變者枝葉，所除者腐朽。其基本精神，民族立場，文化精華，則當緊守勿失，牢牢把握。並非連根拔起，別立新株。應深體 國父之思想與所持之主義，乃在固有歷史文化中深深植其根基，然後吸收新知，創造新制。並非拋棄固有一切而另起爐灶。因此在行新規時必須注意此點，不可自毀立場，自傷根本。

第二，雖在新規中必須吸收世界新制，採行外國若干事物，但自主精神不可忽略，自尊心不可放棄，必優於我者始能吸收，必我所缺者然後採納。中國舊制無傷於立國，無碍於進步者，必極力予以保持發揚，不可輕於放棄。

第三，社會變遷必須採取主動，不可放任，聽其自然演變。國父所領導的變遷，可說是史無前例的大規模社會變遷，他却是主動掌握在手，事前有計劃，進行有步驟。即對未來，亦有深遠之策劃。絕不是隨波逐流，任其移轉。因爲他知道，放任的作法，是被動的，對民族生存，社會進展是非常危險的，其後果將不堪想像！

但是不幸的很，數十年來，我們生在這劇變中的一代，並未能依照 國父計劃，按其作風，在求新中不忘保持根本；在吸收世界新規時，不忘自主精神；在社會變遷中不忘採取主動。因此，這數十年演進的效果，並不理想。這是不能使我們自己滿意，不免發生無限感慨的。然而亡羊補牢，猶未爲晚；及今挽救，猶可扭轉危局，杜絕頹風。願與同志同胞共勉之。

第四節 華人洋化考

(一) 初期的洋化

最近一百年可以說是中國有史以來最大一次變局。這次的變，普遍而又深入，影響非常之大。到今天爲止，仍在繼續變化中，變的方向，並不是我們自己事前有計劃，決定一個全國一致的總方向。而是聽其自然。後果如何，對民族生存發展的影響如何，似乎並沒有人管，也不見有人研究討論。只是隨它變去就是了。變的實質，概括的說，就是「洋化」。中國人洋化，自一百年前開始，逐漸普遍，逐漸深入。到現在，除了黃皮膚無法改變以外，在生活各方面已和外國人相差無幾了。且在日趨接近中。求洋化已成中國流行的風氣。自己主動在求其變，所以變的非常之快。這一現象是不是好？我們應該先把事實研究清楚然後站在民族立場，以世界眼光，平心靜氣的加以研討，因爲這事的影響太大了。

遠的不講，如僅就近六十年，作者親眼所見，親身所經，一一加以叙述。不隱蔽，也不誇張，只忠實的把事實說明。

前清光緒末年，作者童蒙時期，大家不刷牙，忽然看見牙刷，牙粉。最早的還是日本製的獅子牌牙粉，這該算是我初記事時看到第一種外國貨。從此大家開始刷牙，用牙粉。慢慢普及，現在無人不刷牙了。接着是香煙。中國人吸煙本用長桿煙袋，或水煙袋。忽然看見紙煙，當時叫作「煙捲」，或叫洋煙。最早的是鷄牌，五支一小包。以後有品海牌，孔雀牌，十支一包。比鷄牌略好。這時吸的人已逐漸多起來。再後有單刀牌，十支裝，雙刀牌二十支裝，是上等煙。出品的是英美煙公司。過去我們洗臉，用豬胰子，搗碎，加鹼，團後圓球。也能去垢，但無任何氣味。洗衣服用灰水。就是以柴灰泡水，或濾水。忽然來了「洋胰子」。比較方便好用。接着又有洗臉的香皂，於是乎代替了豬胰子和灰水。點燈，我們用蘇子油，棉花條，一燈如豆。忽然來了洋燈，洋油，也就是煤油燈。大的有保險燈。比從前亮了。擦臉本用粗白布，後來改用毛巾。因其形如羊肚，叫作「羊肚手巾」。這是最初期在生活上開始普及於平民的事項。

用銀元好像比較早些。本來我們的經濟往來是用銀子，金元寶，銅元和制錢。後來有了銀元。最早的是鷹洋，以飛鷹爲圖案，站人洋，是以一洋人手執長槍爲圖案，都來自墨西哥，叫作「洋錢」。重七錢二分。西藥，在民元前已經有了。我最早見的是補血劑人造自來血。頗風行一時。

五歲起，父親教我認字，念史鑑節要，地球韻言。通俗歷史書該以「史鑑節要」爲最早。地理書是「地球韻言」。都是四字句，該算是步入洋式教育的過渡階段。七歲入塾。當時科擧剛廢，學校初辦，尚未普及。開明的父親清孝廉瑞徵公，爲了興辦地方教育，爲了自家子姪上學，獨力首創遵化州第一所新學堂，設在自家廳房，叫作「民立初等小學堂」。自家子姪之外，也收鄰近學生附讀。請一位志同道合的飽學之士劉蔭軒先生作老師。採用新教法，新課程，拿黑漆布釘在牆上，老師用粉筆教。學生用石板石筆演「筆算數學」。這是中國用阿拉伯數字演習數學的開始。國文是採用商務印書館出版的第一部「最新國文教科書。」第一册第一課是「天地日月，山水土木」八個字。第二課，「父母子女，井戶田宅。」五年畢業，每期一本，共十本書。第五六册以後已是很像樣的文章了。但同時也念些老書，如四書五經戰國策，古文釋義等等。百家姓千字文的階段。我算跳過去了。這是我親身受的最早新式教育。在中國教育史上，該算是開始洋化了。這年是光緒三十二年。

民間普遍採用時辰鐘，和隨身攜帶的時錶，也在這個時候開始。不過因爲價錢貴，還不十分普及。

講到國家大事，辛丑和約以後，李鴻章、張之洞等人倡行新政，擧辦政治經濟軍事教育交通上種種新措施，當時叫作「洋務運動」。例如修鐵路，造輪船，開鑛，鍊鐵鍊鋼，改革軍事，用鎗炮，設兵工廠。在教育文化上設同文館，譯西書，派遣留學生出國，停止科擧，興辦學堂，廢八股，改爲策論……諸如此類，都是在清末所擧辦。都是向外國學習，自動有意求其洋化。

民國成立，國父孫中山先生有計劃的領導洋化。政治上改爲民主共和立憲，自然是採自外國。改用陽曆，也是洋化。革除官僚習氣，實行民主，提倡平等，也不能不算是洋化，廢除老爺大人，小的，奴才等等稱呼，改爲先生，或稱職銜。不過在當時老爺與太太並稱，少爺與小姐並稱。非官宦家婦女不能稱太太小姐，普通人家稱奶奶，姑娘。太太小姐之稱與老爺少爺同具官僚習氣，但現在老爺少爺的稱呼廢除了「太太」「小姐」之稱反而大行，並且普遍應用。細想起來似乎有些不公道。禮節則由作揖，請安，跪拜，改爲握手，鞠躬。是採自外國。裝束男子去辮子，改爲光頭，平頭或分頭，是外國式。女子廢纏足，則是革除陋習，與洋化無關。

(二) 文化之洋化

接着是五四運動。這一次運動雖爲政治問題而起，但結果却轉到文化問題上去。稱爲新文化動運。這所謂新文化，實質上就是要拋却中國的舊文化，學習西方的新文化。因爲我們不僅在政治軍事上打了敗仗，在文化上也打了敗仗。因此要從根本上改革中國文化，以求趕上西方。當時大家提出「科學與民主」兩大口號，爲改革的目標。我們的科學不如人，民主政治也不如人，要向人學習。這本無可厚非，但作來未免過火，遂認爲中國的一切都不好，都應該除掉，一律向人家學習。走到極端，遂有人提出「全盤西化」的口號。這樣一來，問題嚴重起來了。思想比較偏激的於是在新文化口號之下拚命攻擊中國舊文化，打倒舊禮教，廢棄線裝書，痛駡孔家店。諸如此類，不勝枚舉。好像必欲舉中國舊文化一舉毁滅之而後快，然後再從頭向西方學習，澈底改造一番。好像要將中國人一槓打死，只留軀殼，然後借屍還魂。洋化至此程度，那是無以復加了。這就是當時一部份偏激份子所倡導而影響一般青年心理的作風。

這種作法顯然是太過火了，自然要遭到極大反抗，事實上也作不到。但這一陣狂風影響實在不小。至少，在人們心理上都傾向於外國，大家以學西洋爲光榮，爲前進，不肯念中國古書，講中國古事，也不肯照中國老規矩老禮法作事。說赤裸一些，就是心理上洋化了。作者本人正當其衝，身受其苦。所以知之最深。當時我就不敢念中國古書，作古文，唯恐被人家罵腦子臭了，力求其時髦，求其洋化。好像這樣纔能不落伍。後來這一陣風稍稍減輕。一進了大學，一看仍然是經史百家，這時方知道是上當。就在這時。整理國故運動開始了，於是又埋頭故紙堆中，以新頭腦，新方法研究中國古代文化了。就全部洋化的進程看，這是大潮流中一個小頓蕩。

科學來了，民主政治也來了，文化各部門，學術各科，應有盡有，都來了。我們對外國的東西，來者不拒，都感覺興趣。於是文化學術全部，或一部份洋化了。自此中國的文化學術基礎擴大了，內容豐富了，也接近時代了。但相對的國人對自己固有文化却大大輕忽了，我們的缺點固然得到若干補救，我們的優點則隨之而冲淡，大家不理會了。儘管　國父孫中山先生和許多憂時之士大聲疾呼的喊恢復固有道德，固有智能，但似乎並不能鼓起大家的興趣，恢復大家的信心。好像對自己的一切終不免懷疑和輕視。

西文書的翻譯，並不太熱鬧，比較的翻譯過來的是文學書多，學術著作比較少。這並不表示對學術著作不太需要，而是要直接讀原文。這和日本的作風不同，他們是拚命作翻譯的工作，使全國人都可用自己的文字吸收西方學術，減少文字上的障礙，節省每個人學習外國文的精力和時間。我們則不然，不重視翻譯，必定要直接讀外文書。這就發生一個問題，即如何使全國每個青年都能讀外文書？我們的答案是，大家讀外文，用教育法令迫使全國每一個青年學生從初中起，即讀外國文，到高中畢業，入大學乃至大學畢業，便可直接閱讀外文書，直接聽外語講學了。這六年至十年的外文功夫用的苦，勞力大，但不計較。因此普遍把讀中文，寫作中文的時間精力擠掉，中文書讀不懂，中國文章寫不通，把中文程度迅速而普遍的降低，也在所不惜。只聽見不斷有人慨嘆本國文字程度日趨於下，但始終不見到有任何補救的辦法，或政策上有任何改變。到今天爲止，中文程度降低，再降低，似乎仍沒有挽救之道。雖然有人認爲這是可怕的隱憂，民族的危機，但又有甚麼用？一個國家全部學生本國文程度不如外國文，這可恥的現象恐怕只有我們中國人有。

在文學上因爲讀了翻譯的作品，發生兩種現象：第一是句子歐化，冗長，讀起來費力而又拗口。但不這樣不時髦，於是乎中國文學洋化。讀起來雖與中國文學格格不入，不合於中國習慣和文法，但大家肯咬着牙去念，沒有人批評。第二是章法與內容洋化。尤以散文和小說爲最顯著。

標點符號是由外國學來的，代替了中國古代文章斷句的老方法。使讀的人容易讀，容易瞭解，不致發生句讀上的疑問或糾紛。雖然洋化，但只聽大家稱便，不聞反對之聲。像這樣的洋化，我們唯恐其少。

(三) 生活

生活上接着民前的初步洋化繼續發展，沒有人提倡，自然而然的不脛而走。隨着洋貨的輸入，一天天深入內地，普及民間。衣食住行之所需，乃至用的，看的，聽的……無一不變。記得是衣着洋化較早，衣着中又以襪子爲最早。本來我們穿白布作的襪子，裏面打包脚布。厚，重，經久。自家買布作，省錢。外國襪子來了，輕便，不經久，要花錢買。稱爲洋襪子。很快就通行了。西裝偶爾有人穿，很少，大衣却老早通行了。最初中國人穿大衣有兩種：穿西裝，套西裝短大衣；要穿皮鞋，戴氈帽。通身洋化了。再一種是穿中裝長袍，外套一件長大衣，中式布鞋，頭戴瓜皮帽。這應該算是中西合璧的穿法。由民初到抗戰，繼續很長一段時間。但中國長袍左右開叉，套在一起，兩條腿邁不開步，好難走路。棉袍加大衣，重量大，兩個肩頭都壓得酸痛，這是我親身嘗過的滋味。到了臺灣，長袍幾乎絕跡了，從頭上到脚下，從內衣到外套，澈底洋化了。不過有些人例外，不願穿西裝，而穿　國父孫中山先生爲中國人設計的一套中山裝。作者本人就是其一。我喜歡中山裝，不願穿西裝。我覺得一個國家應該有自己的一套，不必樣樣跟人跑。中山先生便是這樣。他洋化最早，領導中國人洋化也最力，但他所領導的洋化十九並不是完全照抄，而是斟酌損益，採其精華而棄其糟粕，並為自己保留一種獨立的立場。中山裝即其一例。長袍不便，改短褂。大體採用西裝式樣而加以修改，有一種創造性在內，他覺得西裝敞胸開扣不够嚴肅，冬天冷。打領帶，麻繁。於是改為高領，扣齊，去領帶，加領鈎，上下四個口袋。穿起來挺直，簡單，護胸，不冷，既嚴肅又大方。口袋多，方便，優點非常之多。但大家不感興趣，必定要穿西裝，我苦思不得其解。中山先生在國外，穿西裝，在國內，穿中山裝，或長袍。有獨立自主的意味，也有入境問俗的精神。這種作風我覺得值得效法。

吃的比較洋化少。西餐貴，中國人窮，吃不起。此其一。西餐講營養，不講口味，重質不重量。中國人吃飯既重質又重量，吃的花樣多，口味好，價廉物美，西餐自然不易通行。否則也一定像衣服一樣，全盤洋化了。但重營養，講衛生的知識，逐漸普遍了。糖菓餅乾，西點，罐頭則已到處都是了。

住的房子講洋房，陳設牀舖，有錢的一一照樣學習，沙發，彈簧牀，等等應有盡有了。沒錢的則在忍耐，等待，和羨慕。最熱門的還是汽車。汽車快，也能任重致遠。在交通上是一種進步，當然要學習，也要普遍使用。我們在這方面不但儘可能的利用了，並且興趣特別濃厚，拚命的競賽，不但要有，又要新，要好，要豪華，超過了為交通而交通的目的，不是找代步，而是講奢侈了。吸紙煙本已洋化，本國能自製，但吸國貨煙似乎不够闊綽，還是由外國進口的煙像個樣子。中國人講究喝酒，作的好，味道醇。我們講陳年老酒，作好了封存十年二十年，打開罈，香氣四射，滿室生春。好酒店眞可使過客聞香下馬。但現代人喝酒好像不大在乎這些，酒雖好但不是外來的，終究要遜人一籌。還是用外國酒覺得够局面。不但此也，就連喝酒的喝法也改了。中國人喝酒是淺斟低酌，一口一口的喝，慢慢的喝。要有佳肴佐酒。或與二三知己談心話舊，或彼此相對吟詩論畫。是一種富有詩意的喝法。外國不然，他們用大杯，或索性打開酒瓶，仰起頭，咕咚咕咚，一飲而盡。但這要一點本領，酒量小氣力差的人是不能勉强的。論樣子，有欠文雅。所以雖然有些人仿效，還未十分普遍。

（四）風俗習慣

中國有中國的社會生活，中國的風俗習慣。這由幾千年傳衍下來的風俗習慣是以中國社會爲背景的。外國人來到中國，中國人也去到外國，我們看到人家的風俗習慣，薰陶漸染，便也不知不覺的改變起來。

由婚喪禮講起。中國舊婚禮由古演變至淸末民初，已有許多改變。大體說是已經簡化了。但不免雜有迷信成份在內。由訂婚起到婚禮完成止，有濃厚的倫理意味。父母之命，媒妁之言，是必然的規矩。洋化以後，改爲自由結婚，即由男女雙方當事人自己作主，並用法律爲之保障，强調本人自主權，冲淡倫理意味。父母之命可以不遵，孝道爲之掃地。結婚的典禮由拜天地等等改爲現行證婚主婚等等儀式。喪禮不見有重大改變，惟禮節日趨淡薄了。服喪年限無形中縮短了，在家守制的規矩幾乎不見了。就娛樂言，中國戲沒落了，話劇是由西方來的，雖然風行一時，但好像不大起勁。娛樂的興趣統統轉到電影了。現在是瘋狂一般的看電影，不論國語片外語片，好的壞的，武打的，淫靡的，傷風敗俗的，一切不問，只要是電影，就要看。中國戲劇，尤其是崑曲，藝術價值再高，也沒人看。國語片雖然以中國人中國故事編排演出，一切動作，穿插，也無不洋化。這完完全全是由西方電影學來的。無形中有引導人民捨己從人的作用。請客也有的採西洋鷄尾酒會方式。似吃不吃，似飽不飽。回到家吃也不好，不吃也不好。過生日吃蛋糕，糕上要點小臘蠋。繪畫要學油畫，講甚麼印象派，浪漫派。音樂要演西樂。這都是外國風俗。雖然不斷聽到外國人贊美中國音樂價值高，但無論如何鼓不起中國人的興趣。就文化方面講，音樂洋化的最厲害。雖然　國父孫中山先生喚醒我們要恢復固有智能，要以中國民族情調喚起中國民族精神。希望我們大家深思之，亦力行之。

外國人忌諱十三的數字，據說是耶穌與其門徒十二人同席，（共十三人）其中一人背叛耶穌，將其出賣，自此耶穌遂上十字架而死。因此西人忌十三人同席，認爲十三人中必有一人過不了年。按此事與中國無涉，但我們看見人家忌諱十三，便也無病呻吟，每遇十三數字便認爲不祥，避之唯恐不及。實在莫明其妙。

每年四月一日西方定爲愚人節，又稱萬愚節。在這一天可以任意嘲弄，互相欺騙。被騙的人稱爲四月之魚，或四月之愚人。這是歐洲的陋俗，有害無益。在我國本無此俗，偶有行之者，被騙人無不大起反感。無聊之極！

美國大學裏流行一種習俗，名曰拖屍。即新生入學，必遭舊生嘲弄，種種惡作劇，甚至將人投入水中，觀其自行掙扎游泳上岸。今年的新生吃了苦頭，便在明年的新生身上求報復。抗戰前大陸上許多學校頗有此雅興，丟下人家的長處不學，偏要學人家的短處。這算是我們的進步了嗎？好在到臺灣後不大聽到這種怪風氣了。

說到寫字，外國人寫字只講應用，不講書法藝術。中國字則不然，有很高的藝術價值。寫字與繪畫，音樂，雕刻……等同樣作爲藝術品欣賞。其妙用全在毛筆。外國人寫字用鋼筆，無藝術可言。現在爲了方便，大家寫外國字用鋼筆，寫中國字也用鋼筆，已普及到各部門，大家用鋼筆，毛筆逐漸由減少即將趨於絕蹟。中國書法藝術也將隨之而成爲歷史陳跡。這一項洋化迅速而普遍，想起來可怕。

講到家庭，連帶到社會組織與倫理道德。中國過去是大家庭制，外國人是小家庭制。現在我們也跟着趨向於小家庭了。大與小的分別主要在於成年的子女與父母同居或分居的問題。姐妹要出嫁，不算。兄弟可以分別自立，都不要緊。要緊的是成年的兒子與老年的父母。在中國社會所有文化精神和倫理道德，全在這種情況下表現。父母在壯年，不需要兒子，年老氣衰，在物質上需要兒子奉養，在精神上需要孝順的兒子和兒媳以菽水而承歡。這是人情，也是事理，也是孝德之所由表現。中國之所以爲中國在此，東方文化精神的可貴也在此。但現在我們趨向洋化了，有些人爲了小家庭，把年老氣衰的父母拋棄不管了。始終奉養父母，雖顚沛流離而不捨者乃如鳳麟角了。我們近年頗聽到美國人羨慕中國的家庭倫理道德，這是由老年人孤獨無依，精神苦痛所發生的感覺，但我們却反而羨慕人家自己厭惡了的風俗制度。我們又有何說！

諸如此類，擧不勝擧。近數十年華人洋化迅速而普遍。逐一檢查，觸目皆是。究竟此種現象，爲是爲非，爲福爲禍，實當一一加以研究考慮，以其對民族生存發展有極大影響也。玆謹於次節論述之。

(五) 檢 討

檢討華人洋化有一先決問題，即不失民族立場。民族立場一失，即一無是處。欲論其是非得失，先提出五原則：

第一，中華民族自己有文化，且有優良的文化；對於外國文化必優於中國，且合於中國之需者，乃能捨己從人，不厭其洋化。否則不可。

第二，中華民族不僅要生存，且有獨立的性格，特有的風格。西方文化必合於我們生存，又不妨害我們獨立自主的方可吸收，否則不可。

第三，中華民族不僅要自主，且要進步，必合於進步的要求，方可改弦易轍，不厭其洋化。

第四，中國文化，中國的風俗習慣不妨害民族生存發展，不阻礙進步的，應該保留，不可漫不經心，隨意拋棄，致失去民族之所以爲民族，使國人不能在國內受民族精神的陶鑄，民族情調的滋潤，民族靈魂的呼喚。

第五，現在世界趨向於大通，大通即大同。有許多方面大家求其一致。但大通之中自己要不放棄民族立場。大同之中也不妨有小異。我們的三民主義是由民族主義逐漸趨向於世界大同。如捨民族主義而逕趨於大同，即將流入世界主義。對中華民族而言，是萬萬不可的。

根據以上五項原則，檢討華人洋化的得失利弊，我們就有客觀標準了。依此標準逐一檢討研究，可得下列四項結論：

第一，**為求中國進步，在某些方面必力求其洋化**。有些事項足以使民族進步，為了使民族進步，我們惟恐其不洋化，也唯恐洋化的不澈底。例如衛生方法可以挽救過去的愚蠢和疾病，乃至不必要的死亡。在促進民族健康上，對由外國學來的衛生方法必須急起直追，力求其進步。政治上廢除君主專制，實行民主立憲，大部份採自外國。文化學術上發展科學，補救中國過去的缺點，也學自西方。類此者多，都是促使中國進步自強的必要條件，惟恐其不洋化，必急起直追，全國上下努力以赴。雖事屬洋化，但不厭其洋化。

第二，可行可止，無益於民族，亦無害於國家的。可聽其自然。但必以理智加以權衡抉擇。**有些事洋化亦可，不洋化亦可，無關重要**。例如衣食住行方面有許多事項，西人的花樣多，方法新，會享福，自然我們不必要穿布鞋布襪，戴瓜皮帽，也不必定要捨沙發而定要坐硬木板。但也不必定要捨中山裝而穿西服，中國式房屋雖有些呆板，但前後有空間的深宅大院到底比洋樓集中於一堆一塊的要寬敞舒鬆，開豁。中國菜固然價廉味美，但營養問題却不能不注意。牛馬車帆船的時代已經過去，現代化的交通工具又如何能拒絕使用？為交通而交通則可，為交通而奢侈浪費則不可。權衡輕重，比較得失，中國的歷史文化，民情風俗，如何斟酌去取，決定態度，全在一己的抉擇了。

第三，**為保持民族立場，提倡民族精神，在某些方面反對洋化**。中國文化，中國風俗習慣有利有弊，有得有失，未可含糊攏統，必分別優劣，注意效果。其優者固必須發揚，不可捨己之長，取人之短，即凡不妨害民族生存發展與進步的，均不當輕棄。我們要知道，中國有中國立國精神，民族情調，社會背景。發達進步以後，仍是中國民族，中國社會，我們獨特的精神，獨具的風格必須始終保持，否則中國失其所以爲中國，中華民族失其所以爲中華民族。大而化之，與世界無異，即無形中流入世界主義，自己解除精神武裝。撤除心理防線，毀棄民族立場。到那時讓我們到那裏去找民族精神，如何保障民族生存？現在不經心，將來悔之不及。所以作者認爲凡是無礙於中國進步的，都必須保留。以民族情調喚起民族精神，以民族特徵保持民族立場。必如此，中國方有前途而無危險。國父孫中山先生的民族主義，就是爲此而作，我們應以此爲準繩。

第四，**要有一種榮辱感。我們是中國人，中國有優良的文化。在外國人面前保持中國的優良傳統，才是我們的光榮。此其一。把中國的優良文化向國外宣傳擴展，使中國文化世界化，才是我們的光榮，此其二。吸收外國文化必能迎頭趕上，後來居上，並且能自製，能創新，不以追隨仿效爲滿足，才是我們的光榮**。此其三。國父孫中山先生創造三民主義的作風就是現成的榜樣。其則不遠，盍興乎來。

總之，我們每作一事，必先自問，這樣作對不對？好不好？有沒有更好的辦法？考慮周詳，再決定態度。這樣，國家民族自受其益。

第五篇　社會篇

第一章　前　言

欲瞭解中華民族應從多方面着眼，最基本是民族性。民族性創成民族文化，民族文化結晶爲民族社會，民族社會陶鑄民族生活。民族性與民族文化已有專章論述，本章論民族社會，也就是中國社會。

社會學是近代新興的學問，由西方傳入中國。法國的孔德所首創。對中國社會作社會學的研究，也是近年的事。古人對古代社會未有專門研究。偶有涉及，多屬枝枝節節，並無系統說明。至於新名詞，新術語，自然更談不上。這些新名詞，新術語，由西方傳來。是人家爲研究西方社會所使用，有些則是人家研究西方社會所得的結論。因爲中國原無此項學問，所以近代研究中國社會的人，或用人家的名詞與術語來用在中國社會研究上。但是中國社會有中國的特徵，與西方多不相同，這些名詞與術語有的適用，也有的不適用。因爲中國沒有現成的一套，遂不知不覺使用人家的一套。這樣一來，就不免發生毛病。於是甚麼甚麼封建社會，資本主義社會，奴隸社會等等名詞就加在中國歷代社會上，認爲某一時代是封建社會，某一時代是奴隸社會……等等。事實上對與不對，似乎值得研究。有些人也並不從中國歷史文化以及民族性上研究體認，中國究竟是甚麼樣的社會，只是把人家的名詞拿來用就是了，以中國社會和人家相比就是了。於是乎現代中國人心目中裝滿了一套外國社會的形態和名詞。頗多與事實不符，影響國人心理，歪曲中國歷史文化，實在有澄清的必要。

作者主張研究中國社會，於古代，必藉書本與文物等實際資料由歷史文化中去求眞象。於現代，即以現社會爲實際標本，而以古代資料爲參考。以古今連貫會通，方能求得中國社會眞正面目。西方名詞術語不能不用，但在作判斷時，不以現成名詞爲限，而依據眞確事實，於必要時另立新詞。不出奇立異，亦不因襲成規。着眼點放在廣大地區實際民間生活上，不以政治經濟爲限。共產主義派專重物質，着眼於經濟，所以他們慣用的名詞無非是原始共產社會，漁獵社會，資本主義社會，共產主義社會……等等。其偏枯武斷，至爲顯然。我們研究社會，應該多方面着眼，不以偏概全，不歪曲是非，不抹煞事實。於地方，顧到廣大地區，不限中央。於事項，顧到政治經濟，也顧到眞正民間生活各方面。注重物質，更注意控制物質的精神。不望風捕影，不人云亦云。知之爲知之，不知爲不知。本章所論，以此爲原則。

第二章　中國社會之性質

講中國社會，最流行的是說中國社會是封建社會。其次是說奴隸社會。事實上用這兩個名詞解釋中國社會，一點也不對。

首先我們要記住，講社會要從「社會」上着眼，必定是普遍的地區，廣大的民間生活，都能概括，那才是「社會」。「封建」二字只是古代某一時期政治制度中一部份。與「社會」無關。我們只能說，在周朝統一天下之後，以中央統治天下的一種政治措施。也就是政治方法。天下太大，當時的中央不能直接統治這樣廣大的地區，於是就同姓與功臣中選派若干人，代表中央，分赴各地，治理人民。是分疆而治。受中央指揮命令，按時朝貢述職。依受封人身份及地域大小，分爲公侯伯子男五等爵位。死而傳子，子又傳孫。繼續代表中央統治人民。是政治制度中一種，與人民生活無直接關係。只能說政治中有封建，尚不能以「封建」二字概括全部政治。因爲政治中不只此一端。周公所行有禮樂政治，井田政治，等等。則「封建」二字之使用，範圍極狹，何可妄稱中國「社會」爲「封建社會」？此乃犯極大攏統病所致。科學時代最忌攏統，不料愈是講科學的時代，却愈犯此重大攏統病而不自知，豈不可怪！

奴隸社會的名稱在中國來說，尤爲望風捕影，不着邊際。我們稱一個甚麼社會，必其事普遍瀰漫於整個民間，方能以命名代表其社會。我們中國無論任何時代，絕無以奴隸制度爲代表之社會。夏商不能詳，周代雖不免有奴隸，但並不普遍，亦不成爲重大問題，不足以代表時代意義。漢朝雖有奴隸買賣制度，也並不普遍，至王莽時代已下令禁止。不構成時代病症。都不能稱爲奴隸社會。除此以外，數千年來都有富人僱傭男女傭工的事實，但這事是主僕僱傭關係，隨時可以僱用，也隨時可以解僱。不成爲奴隸。就生產而言，必私人蓄養大批奴隸，從事生產、普及整個民間，並繼續相當時間，乃成奴隸社會。但周朝田制是井田，井田是八家各私百畝，中爲公田。八家共耕公田，公事畢然後敢治私事。既是八家各私百畝，則農民全屬自耕農，並無農奴。詩經「雨我公田，遂及我私」可爲確證。孟子書亦屬確證。中國經濟始終是農業經濟，農業生產以自耕農爲主，佃農次之，並無大量農奴，根本沒有奴工制度。何得稱中國社會爲奴隸社會。此奴隸社會之稱不能用於中國，其事甚明。

又有人因爲殷商王位相傳，有兄終弟及制，因而認爲商朝還是母系社會。在此我們首先要知道，文化進展的順序是母系社會在前，父系在後。婚姻制度未固定時，可能有以母爲中心的社會。因爲在其時知有母而不知有父。母之於子，只有長幼相繼。可是我們又要知道，在我們所能見的古籍裏，都是某某者，某某之子也。黃帝者，少典之子也。堯之子丹朱，舜之子商均，禹之子啓，都明白說出父子關係。夏之世系爲父傳子而不言兄傳弟。此爲人人皆知之事實。殷商之兄終弟及爲一種特殊風氣，且事係偶然而非常規。即傳子多於傳弟。史記殷本紀具載其父子世系，明白可見。則非母系社會明矣。豈可妄誣古人？

究竟中國社會是一種甚麼社會，中國社會的性質是甚麼？在作者認爲必定爲中國社會命名，應名爲

「倫理社會」「禮樂社會」「耕讀社會」。請申其義：

中國自周公制禮作樂，實行以禮樂教民，亦以禮樂治民。他的政治方法就是倫理，教育。他認爲把人民教好了，政治就辦好了。大家可以消極的相安無事，積極的互助合作，相親相愛。所以他以全力推行倫理教育。倫理教育的工具就是一禮一樂。禮以治外，樂以治內。自此朝野上下生活於禮樂中，亦即生活於倫理教育中。普遍而深入。用能造成成康之治：路不拾遺，夜不閉戶，刑措四十年不用。在這時無論士大夫和人民，也無論中央或地方，無不生活於禮樂中。禮樂瀰漫於天下，無所往而不在，無時而不存。所以這時的社會，眞眞是禮樂社會，也就是倫理社會。人民演禮，習禮，行禮；政府也以禮爲政，以禮繩諸侯士大夫。對天地鬼神，有對天地鬼神的禮；對君上有對君上的禮，對父兄尊長，有對父兄尊長的禮。朝廷是禮，宗廟是禮，學宮是禮，鄉黨是禮，家庭內外，無處不是禮。樂以配禮，樂以讀書弦歌鼓舞，樂亦用爲日常生活。唱歌，彈琴，吟詩……無處不是音樂。地無分中央地方，人無分貴族平民，無人無禮，亦無人不樂。這才眞眞叫作禮樂社會。

此一以倫理教育爲實質的禮樂社會，繼續了八百年，至秦而遭破壞。至西漢而又恢復，至東漢而發展到最高峯。不過。在此時期道德之實質重於禮樂之形式。魏晉又遭破壞，唐宋再圖恢復。元室衰而明又復興。清雖以滿族入主中國，對固有文化却提倡保持，不遺餘力。樂雖就衰，禮則不廢。大體仍能以禮維繫社會。一至民國，經五四運動之衝激，禮始蕩然耳。總之，廻觀三千年歷史，吾人應能承認，維繫社會，啓導人心，作廣大人民生活之規範者，無非就是倫理，教育，也就是禮樂。因此我們如說中國社會是「禮樂社會」，「倫理社會」，應不爲過。

其次講耕讀社會。

耕是經濟，讀是教育文化。耕以供給物質生活，讀以提高並促進精神生活。耕讀並重，物質生活與精神生活遂得均衡發展。周公以井田政治與禮樂政治並行，管仲以禮義廉恥爲立國之四維，同時也主張倉廩實而知禮節，衣食足而知榮辱。孔子更講富而後教。都是以精神物質並重。我們以農業立國，國家民族經濟根基在農業，人民生活在農業。無論土地制度田賦制度如何改革，人民視土地爲生命線；無論國家如何亂，耕的生活一天不能放棄。沒有時空的限制。賴此我們民族生存發展的基本始終不動搖。國民經濟始終不崩潰。形成國家一種定力。直接從事農業的人口，不必統計，無論何時，應不少於百分之八十。地區自然包括廣大的全國鄉村。在全部版圖上看，幾個城市，不過是廣漠無垠的面上幾個小點。這幾個小點托在大的面上，經濟方面受着面的供養；政治方面，它作發號施令的中心。沒有面，點不能生存。沒有點，面沒有頭腦，沒有中心。就經濟言，國基穩固靠農業；人民生活有保障，靠耕種。論地域，普及全天下；論人口數量，至少百分之八十人民直接從事於耕種。農耕生活構成農業社會形態與實質。這樣我們如果說中國社會是農耕社會，當無疑義。

讀是讀書，求知識，受教育。如只耕而不讀，則成「飽食終日，無所用心」的蠢貨。雖能飽食而不可貴。人類之可貴，即在不僅能飽食暖衣，亦能讀書明理，受教育，有知識。也就是不僅營物質生活，也有極豐富高尚的精神生活。換句話說，人類之所以爲萬物之靈，即因人類有靈性，有智慧，也有理想。但這些精神條件必待教育爲之調整，指導促進，乃能使人類向上，文化進步。假如性靈智慧不用功夫加以調整，反足爲人類之害。此所以人類生活不能離教育。我中華民族之所以優秀，其道固不只一端，而自始即重視教育，發展教育事業，却爲最難能可貴之端。中國文化學術內容豐富，能向多方面發展，固爲其長，但其中心却在教育。由這裏，即可證我中華民族能把握人類特點，緊緊不放，一定要求其進步幸福。由尚書開始，可以說，沒有那一部書沒有教育意義。也沒有任何聖君賢相，有德君子不着重教育。這些古人首先自律，也就是以自我教育成德達才，進一步以自己的經驗，自己所見，教育大衆。尙書是最古的書，內容十之八九都是教育。孔子是大聖，他的言語行動，無一不是教育。他的書本，春秋是教育，論語更是教育。孔門弟子，以及儒門大師，無一不是教育家。即此可證中華民族最重視教育。

由周初起，政教合一，官師不分。以政府力量全部用於教育。仍不足，乃又加以私人設教。自孔子而私人設教之風起。此後教育事業普及於民間，無處無教育。經暴秦之破壞，至西漢而迅速恢復。武帝立博士官，設博士弟子。中央立太學。同時文翁化蜀，而教育又迅速普及於民間。郡有郡學，縣有縣學。更後甚至逐漸發展而至鄉鎮，三家村，無處無教育了。更加以考試制度，選舉制度盛行之後，人民爲求仕進，政府爲求由教育中選拔人才，上下一體，自然而然，集中力量於教育。於是乎讀書受教育與耕作力田，同爲中國人心中必不可少的兩項生活。人人自動去求。教育事業焉得而不發展？在廣大的鄉村，人人要讀書識字，長而耕作。一家中擇較優秀子弟繼續讀書深造，以求仕進，光耀門庭。每一村，每一鎮，總有幾家讀書成名的學子。仕進之後，衣錦榮歸，爲一方所仰望。告老退休，便成一方人望。又有些人，不求仕進，而以教讀爲生。也有的雖不教讀而仍然力田，但由讀書而明理，常於農隙或暇時講古論今，言詩習禮，教忠勸孝。往往講來有聲有色，無形中成爲鄉村中共同嚮往之中心。也無形中提倡了教育，提高了人民知識。在鄉村，政府的力量未必敵得過這些人。這是一種基層社會的定力。根基深厚，不易搖動。所以五胡雖然亂華，而社會不紊亂。儘管胡人以武力征服華人，而華人恒能以文化定力同化胡人。這就是中國社會之所以爲中國社會。廣大的基層社會能有深厚的根基，就靠這既耕且讀的風氣。民間自謂，非曰耕讀傳家，即曰半耕半讀。這半耕半讀的風氣自周漢迄今，未有移易。因此我認爲中國社會徹頭徹尾是耕讀社會。

就立國而言，耕讀社會是穩紮穩打的作法。既於經濟與教育兩不偏廢，亦上合孔子富而後教之精神，下合　國父孫中山先生民生史觀，精神物質並重之原則。即在今日，仍不可廢，亦仍有其存在價值。解釋中國社會，應首標此義，並大書而特書之。

第三章　中國之社會組織

講社會組織，首先就會想到家庭。家庭是社會組織的基本，中外皆然。小而言之，家庭本身就是小型社會，大而言之，社會就是由許多家庭所組成。人類生活不能無家庭，只有家庭而無大的社會，家庭亦不能存在。就社會言，不能離家庭；就家庭言，亦不能離社會。中國人重視家庭，家庭的組織極爲健全。所以社會基本組成份子非常可靠。

家庭之上是宗族。一家一姓發達了，就成爲宗族。人口衆多，分爨聚居，共立祠堂，祭祀祖先。每屆祭祀或年節，闔族聚於祠堂，由族長領導行禮。族中有事由族長主持會商。不肖子弟，父母不能教，即令其跪在祠堂，由族長教訓，約束。同族人以血統爲因緣，結爲一體。這是在家庭之上的一種組織。

此外就是政治組織了。上之有中央政府，次之地方政府，再次鄉黨鄰里有鄉鎮保甲長。我們從管子書中即見有極爲嚴密的基層組織。他說，「分國以爲五鄉，鄉爲之師；分鄉以爲五州，州爲之長；分州以爲十里，里爲之尉；分里以爲十游，游爲之宗。十家爲什，五家爲伍，什伍皆有長焉。」(管子立政篇第四)管仲治齊在春秋初，已有這樣的組織。在此以前，即在西周，有沒有，不知道。齊國以外各諸侯國，有沒有，也不知道。因爲沒有資料。至少春秋初齊國是有了。這些階層又都作些甚麼事？在書中也有所說明：「築障塞匿，一道路，博出入，審閭閈(音翰，門也。)，愼筦鍵。筦藏于里尉，置閭有司，以時開閉。閭有司觀出入者以復于里尉。凡出入不時，衣服不中，圈屬羣徒不順於常者，閭有司見之，復無時。若有長家子弟臣妾屬役賓客，則里尉譙于游宗。游宗以譙于什伍。什伍以譙于長家。譙敬而勿復，一再則宥，三則不赦。凡孝悌忠信，賢良儁才，若在長家弟子臣妾屬役賓客，則什伍以復于游宗，游宗以復于里尉，里尉以復于州長，州長以計於鄉師，鄉師以著于士師。……三月一復，六月一計，十二月一著。凡上賢不過等，使能不兼官，罰有罪不獨及，賞有功不專與。……」（見同上篇）按此關於地方行政，社會組織，計劃極爲周密，書中敍述亦極詳細。舉凡治安，倫理，教育，風俗，以及人才之推選任用，功過之賞罰，都有詳細辦法，完備制度。及今推想，三千年前管仲治齊，能着眼基層政治，社會組織，有如此詳密辦法，不能不令人驚嘆！按「國家之治亂繫於社會之隆汚；社會之隆汚，繫於人心振靡。」 國父孫中山先生能知之行之。三千年前之管子亦能知之，行之。理之所在，無間古今也。惟管子能於上古時期知之行之，尤覺難能可貴耳。

除此以外，在儀禮，禮記，商君書，……等書中，均有類似記載。雖詳略不同，組織各異，要之，於社會組織均有敍述。即證上古時期我中華民族社會組織已臻完密，社會思想已極發達。此後雖然代有不同，但社會有組織則一。

家庭是以血統爲本位的組織。「君子之道造端乎夫婦。」（中庸）「有夫婦然後有父子。有父子然後有君臣，有君臣然後有上下。有上下然後禮義有所錯。夫婦之道，不可不久也。故受之以恒。」(易序卦)這是中國社會思想的理論，也可以說是中國的社會哲學。從夫婦起，發展到父子，兄弟，君臣，上下。上下就是人類的次序。安排人類成爲有次序的人羣，使成爲社會，這就是我們社會思想的起源。也就是指出中國社會是以夫婦爲起點，以分別上下長幼尊卑的次序爲中心思想，基本精神。更具體說，即以定倫理，排次序爲目的，以血緣關係發展爲道德組織。以推愛及人爲情懷，以定次序，遏亂源爲作法。這是我們中國社會的特點。必須特別指出。在作者認爲，欲瞭解中國社會，必從倫理道德，先後次序上着眼，才能得到要領。

因爲中國社會以倫理爲出發點，倫理似仁愛爲實質，所以社會組織是由近而遠，由親而疏，逐漸推廣到天下。我們視天下爲一家，四海爲一人。整個宇宙爲一個大家庭。連萬物都看作朋友。國家的界限只有在禦外侮，爲民族爭生存時才用得着。或者說，國是社會一階層。齊家，治國，平天下。家是最小的社會，國在中間，天下才是最大的社會。甚至不僅限於人類，連萬物都包括在內，看作朋友。這是我們有關社會組織的思想，表現我們的氣量，也表現我們的文化精神。

家族宗族的維繫，實質上自然是血統，形式上則靠姓氏。我們家族宗族觀念深，所以姓氏制度極爲嚴格，認眞。靠了姓氏之保持，加强了倫理的觀念，宗脈之綿延，乃至祖宗遺風之保持，先德之發揚。家有家譜，族有族譜。世代必須分明，宗支不容紊亂。以立嫡立長爲宗祀綿延的共同規矩，雖帝王傳國亦不例外。宗法制度由此演成。靠了這種規矩，孔子嫡傳後裔至今明明白白，一系相承，現已傳至七十六代。用世界眼光看，不可不謂爲奇蹟。清以前，例封孔子嫡孫爲衍聖公。至民國改制，稱爲至聖先師孔子奉祀官。國家命官，使奉祀先聖，萬世不絕。這是中國社會重大特徵，亦可謂重大優點。孔孟無二家，大家都知道，全國各地擧凡姓孔姓孟的，都是孔孟二聖之後。作者姓徐，系出東海，徐偃王之後。地望以江蘇徐州爲中心。亦有「天下無二徐」之說。姓徐的遍天下，即證徐姓宗支繁衍，盛大繁昌。並且名賢輩出。徐姓如此，他姓亦然。推而至於民族，亦可看出繁衍蹟象。

自管子起，分人民爲士農工商四民。「士之子恒爲士，農之子恒爲農，工之子恒爲工，商之子恒爲商。」（管子小匡篇）自此人民的職業，身份，都固定不變。貧富也隨之有相當固定性。以知識份子爲社會中心，有領導作用，應居四民之首。農爲人民生活之根本，立國的物質基礎，地位僅次於士。工商最下。此與管子四維政治，孔子去食留信，一脈相通。即以精神條件爲立國之基，民生之首，而物質次之。與馬克思共產派以物質爲至上，抹煞精神者恰成尖銳之對比。在社會組織上表現民族文化精神。由此亦可使吾人領悟，欲瞭解社會，不能僅從經濟方面着眼，尤當着重於文化。因此吾人深感近年若干國人爲共產派所誤，不從中國歷史文化上研究中國社會，專從經濟上着眼，其結果，所論遂未盡妥適。因爲中國社會中心另有所在，並不在於經濟。支持中國社會的中心力量是文化，而不是經濟。經濟在中國社會中並不佔重要地位。社會變遷乃視文化與政治爲轉移，而不在於經濟。到了管子以後，雖然解除了四民不能改業的限制，但事實上有子承父業的便利。雖有改業，數不太大。不過限制解除，優秀子弟可以挺身而起，改換門庭，不致埋沒人才了。

就職業言，三千年的中國社會太簡單，幾乎談不到職業，也就無所謂失業。百分之八九十人口都從事農耕，其餘的讀書仕進，教讀爲師，作商人，工人，或受僱爲奴僕。人民可就之業，大都如此而已。清末辦新政，才於仕宦之外，有若干事可作。近年工商鑛業發達，文化進步，政治也複雜，教育改制後，所需人員亦多。又加與外國接觸頻繁以後，更有許多行外之行，業外之業，數不勝數了。這在過去是沒有的。

就社會組成份子而論，人們因知識與職業的不同，而無形中分爲若干流品。所謂流品，有的指道德品行，有的指行業。行業低的，社會地位低；人家看不起。職業高尚的，永遠在社會上層，受人尊敬。中國有句諺語，充份反映社會心理：即「萬般皆下品，惟有讀書高。」此即證明讀書人最光榮。有功名而不作官的，是第一等人。進士，翰林，舉人，到處受人尊敬。其次是作官的，現任官，退休官，都吃的開。這些人，在地方都稱爲紳士。新地方官到任，要先拜訪紳士。地方上有疑難大事，或在亂世，地方官缺位或離職，不能執行職權，即由公正年老紳士出來維持地方秩序，大家服從。推而至於國家，中央政府有了問題，也要公推年高德碩的紳士臨時維持政局。民國初年，北京軍閥政府常常鬧到混亂無主，即公推退休的陸軍總長王士珍出來。亂局穩定，政權立即交出。因此我們說，讀書人，無論是否作官，都是社會的中心，地方的定力。自然年齡，道德，學問都好的，聲望更高，力量更大。即或本人過世，只要子孫能守成，仍能以舊家風支撐門戶，聲望可以維持於不墜。提起來某某家，某某府，仕宦之家；某某人，某某公之後，即能繼續享有祖宗餘蔭。爲一方所仰望。這些人家大都有些標識，如牌坊，匾額，大門外的石獅，旗竿，望柱；大門裏面的廳堂，匾額，聯對，高貴的古玩，陳設，名人的書畫，……都足以表現其家世。這些東西常能保持若干代。鄉下窮人進了門，一如劉老老進了大觀園。這就是中國社會之所以爲中國社會。至於農人，雖然對讀書仕進人望塵莫及，知識淺陋，但他們無形中有一種自尊心，即認爲你們無論如何濶綽，但要靠我們農人吃飯。農人不種田，不賣米，你們都將餓死。商人地位到唐宋以後，好像逐漸抬高了些，不像漢朝那樣受壓迫。大富商以及開店舖的中級商人，也可以穿起長袍，與一般人並立。肩挑小販不能比數。工人始終無地位，不能穿長袍，在大廳廣衆中與人同起坐。更差的還有，像斗，秤，牙行，（即商場經紀人）旅店侍生，剃頭的，修脚的，唱戲的，車夫，都是社會下層。在清朝，這些人都不許下考場應科考。不能與一般人比數。這是由社會地位影響政治的一端。至於道德人品的高低，則在社會上並無顯著的差別。只心裏有數，鄙夷其人，不與接近而已。

次論階級。

我認爲中國社會並無階級存在。必定要說，只有周朝春秋以前，封建政治未壞之時，有階級。戰國即已變質，原來的階級被遊士所打破。按所謂階級的定義，應該說是上下階層有固定性，不能相踰越；下者不能上，上者不肯下，那才叫階級。可以變動的，即下可以上，上亦可以下，就不叫階級。像印度的社會，才眞正有階級。最上婆羅門，次武士，次平民，最下賤民。生活上一切都有固定界限，絕對不能踰越。中國則在周朝有管子，定人民爲士農工商四民，並規定不能改業。同時諸侯王公士大夫，世襲相傳，也有固定性，人民不可以爲士大夫。這是階級。戰國時期，布衣可以爲卿相，階級制度即打破。秦滅六國，諸侯王公等等，一律降爲平民。秦以後，帝王一族佔特殊地位，不許百姓問鼎，有固定性，但僅一家一姓，不成爲「社會」階層。至於公卿官吏，由人民中選拔培養，由教育與考試出身，優秀者入仕爲官，無身份限制。漢朝商人不得爲官，但商人可以改業，也可以教子弟由讀書而仕進，以改換門庭。奴隸有時很多很盛，但並無一種法律或制度，限制某些人世代爲奴隸。論財產貧富，也沒有那一朝限制人民發財。我們只看到在經濟上，田制上若干制度偶有改革，都是在平均財富上着眼。意在均貧富，消弭階級，而非製造或保障階級。平常我們所見，乃至近年若干人士口頭或書面所稱某某階級，大都是職行，身份，社會地位，政治地位等等的差別，實際研究起來，並不成爲階級，階級一詞在中國流行，由共產派所製造，强調，與宣傳。他們强調了階級，才好挑起階級鬪爭，是有野心的。很多人不理會，便跟着他們喊甚麼統治階級，資產階級，小資產階級，好襯出無產階級，而提倡所謂「無產階級革命」。試想在中國，資產上是不是有階級？即貧人是否不許致富？我只見無數貧民由勤儉而致富，也常見富人由奢侈墮落而成爲赤貧，並不見有限制貧人致富的規矩。尤其可笑的，是所謂「知識階級」。知識也成爲階級，實在是可笑的事，歷代以考試仕進鼓勵人民讀書受教育，唯恐人民無知識，何來知識階級？暴秦焚書，行愚民政策，普遍施行，並未分等。不數年而亡，自不能以之代表中國社會。由此可見，大家口頭所常說的甚麼甚麼階級，多由習慣養成爲口頭禪，並未加以深思。仔細想起來，豈不啞然失笑？

關於社會組織，有些地方宗族大，宗族觀念特別强。在宗族之內團結力頗大，可惜有時對外姓，外宗，不免有所隔膜，因而形成界限。其甚者遂有時發生因細故而釀成兩姓械鬪的事。所以　國父說，我們中國人的團結力及於宗族而止。今後實應擴充到國族。這是中國社會組織上美中不足之點。

第四章　中國之社會關係

中國社會關係大別之有四種：一是血統的，二是政治的，三是教育的，四是一般的，或說是社會的。

血統的關係又分兩支系：一以父爲中心，向上下左右擴展，爲同姓親屬。一以母爲中心，也向上下左右擴展，爲異姓親屬。同姓的爲家族，異姓的爲親戚。宗支大的人口多；年限久了上下輩份多。中國社會重視倫理關係，對親屬名份分別規定，細密而繁多。父之父曰祖父，祖父之父稱曾祖，再上稱高祖，始祖，乃至若干世祖，以數字無限向上推。子之子爲孫，孫之子爲曾孫，次玄孫，耳孫，雲孫，乃至若干世孫。兄弟則由胞兄弟，從兄弟，再從兄弟，推到族兄弟。無論遠近，縱橫，都有規定，有名份。異姓親戚由近而遠向外推，也推到無限遠。親戚套親戚，親戚再套親戚。愈套愈多愈遠。稱謂無法逐一備舉，以一「表」字概之。於是表伯叔，表兄弟，表姑表姨……表來表去，大家都成了親戚，就都成爲表伯叔表兄弟……等等。五百年前不都是一家嗎？江西省人最聰明，索性把所有人都稱「老表」，這樣就把所有人都概括在內，成爲我的異姓親屬了。這就是四海之內皆兄弟的一種具體表現。這種作風，在西方是沒有的。他們於直系親屬習慣上推到祖父，稱爲 grandfather 向下則推到孫，稱 grandson。旁推則上有 uncle 下則只有兄弟姊妹，概括稱爲 brother, sister 異姓親屬只有岳父母，稱 father-in-law, mother-in-law 此外沒有了。簡單攏統，不求備，不認眞。即表示他們對血親關係比較冷淡，對倫理不重視。東西方文化的不同，由社會關係上就大大表現出來。在我們覺得這樣關係套關係，惟恐和任何人拉不上關係，於是盡量拉。關係拉多了，人與人密切了，生活上有溫暖，事業上有互助，不是很好嗎？所以我覺得生活在中國的社會中是一種極大幸福。只可惜時間久了，大家不理會。假如拿來和外國人一比，就覺得我們的社會可貴了。如再向大陸共匪看一看，就恐怕要怒髮衝冠，認爲非人的世界了。作者爲文至此，無限感慨！人同此心，想讀者必心有所同然。則起而維護固有文化，保持固有社會關係，亦當引爲共同責任。

政治關係比較簡單，上有君，中有臣，下有百姓。是上下關係。其別爲尊卑，其事爲命令與服從。彼此相接，只有禮，且極嚴格。臣見君，小官見大官，人民見官，各有其禮。不容忽略。好君主，好官吏，愛民如子，民亦戴之如天，如父。去有去思；來有口碑載於道路。親民之官稱爲父母官；暴君酷吏，則願與之偕亡。君主政治中人民痛苦，自非民主政治所可比。由孟子所謂「君之視臣如手足，則臣視君如腹心。君之視臣如犬馬，則臣視君如國人。君之視臣如土芥，則臣視君如寇讎。」則知君臣之間雖僅政治關係，但亦以感情爲其核心，亦即以道德爲主。

教育關係爲師生。師之地位超過政治，僅次於嚴親。此又非西方人所能想象。「天地君親師」爲中國人每一家庭共同尊奉之五種對象。無集團名稱，姑名之曰「五尊」。五尊之中天地抽象，屬於神明。君與民爲政治關係。只尊而不親。親指父母，爲身之所從出，旣尊且親，關係最密切，亦最重要。師爲異姓，其關係爲後天的。君有一，親有二，師則多少無定數。父母生我，師長教我。師長之恩，僅次於父母，所以五尊之中以師次於親，殿其後。師又有受知師與受業師之分。受業師重於受知師。弟子敬師超過君臣，禮法崇隆嚴格，不稍假借。由從師而有共學之友，於是有同學。又因科舉考試，同榜登第者又皆引爲同年登科之友，互稱同年，或同寅。此則由教育引伸發生之社會關係。

社會關係，亦一般關係。社會關係應由鄰里鄉黨講起。所謂鄰里鄉黨爲居住之近鄰。孔子講里仁爲美，孟母爲教孟子而選擇鄰居。皆着重於道德習染，避免爲惡風所染，以求進德修業，與人爲善。另一義則着重在生活。諺語有云，「遠親不如近鄰」，遠水不解近渴也。於是敦親睦族，和睦鄉里，遂成爲人民生活必備之道德條件。一鄉之中，利害相同，求生禦害行動遂須一致。因而有守望相助，有無相通，疾病相扶的敦厚風氣。一鄉人彼此親愛如一家人。許多活動採取共同行動。如鄉飲酒禮，鄉射禮，以及種種民間習俗，政治性活動等等，無不結爲一體，共同合作。公推年高德碩，著有聲望的前輩主持領導。雖無固定規格或法律，但不約而同，自然而然，成爲定制。尤以鄉村爲甚。平時在家，朝夕聚首，溫暖和諧。一旦離家遠遊，偶遇鄉黨鄰里，更倍覺親切。因而有同鄉，成爲相與連繫合作，交朋友的媒介。

除此以外，在中國社會上，人與人相遇，總是以親切的態度懇談。談話的內容，則是彼此探詢，求增加相互的瞭解。並尋找彼此相同之點，作爲接近緣由。例如同鄉，同學。同姓的稱同宗，同朝爲官的稱同僚，同一職行的稱同業，或同行，研究同一學問的稱同道，同榜登第的稱同年，或同寅，同歲的稱同庚。同軍的稱同袍。……諸如此類，數不勝數，實在無可同了，甚至連病症，也要求同。同病的要相憐。原因是由於自己的感覺知道對方的痛苦。因而有同情之心，相憐之意。失眠的人如遇有同樣失眠的人，必湊到一起，大大訴一番痛苦。講一套失眠的痛苦經。越說越起勁，兩人就越接近。因而成了好朋友。作者就有此病，亦有此感，因而深知個中況味。

兩個人性格上有同好，經驗上有同感，更是接近的好機會。文學家碰到文學家，音樂家碰到音樂家，自然而然以文會友，以友輔仁。士大夫俞伯牙遇見樵夫鍾子期，忘記了兩人身份的懸殊而訂爲忘年友，忘形交，結爲知音知心的好朋友。最有力量的還是心有同感，義有同然，趣向有共同目標的人，由於志同道合而結爲好朋友的，是更爲有力。古人稱同心，今人稱同志。廉藺同心，爲刎頸交，自古傳爲佳話。三國的劉關張，唐初的風塵三俠：李靖、紅拂、虬髯客，都是人人皆知的實例。 國父革命，對共同起義的朋友稱同志。總之，中國人在社會上，人羣中，到處求同，即藉同點與之相交往，相接近。此有二因：一爲人性善， 極力找機會與人相交， 接受我的仁愛。二爲人之心有所同然。極願在同然點上尋找與我同然之人。兩情相感，兩心相通，心花爲之怒放，引爲心中無上快慰。所以交朋友要找知心朋友，彼此知心即兩心相同。這樣一生就不孤獨，精神有寄托，因而願意爲他奔走犧牲，乃至爲他効命。基於此種心情，我們中國人便在人與人的關係上極力尋找相同之點，也放大相同的範圍。最後大到同胞。就無可再大了。張載西銘索性以天爲大家共同的父，以地爲大家共同的母，以所有人類都稱作同胞。所謂民吾同胞，就是所有人類都是我們的同胞兄弟。因爲大家都是天之子，地之子。所以人類都是同一家人，如同胞兄弟一樣。求同求到如此之極，大到不能再大，高到不能再高。到這時就索性把所有凡是同類的都在此一的觀念上成爲一體了。這就是中國社會思想，社會哲學。近年美國詹森總統提倡所謂大社會，不知他的大社會有沒有我們中國的社會這樣大？

次論處社會之道，也就是如何對待各種關係。

我們中國人處社會之道，主要就是倫理。倫理的意義就是次序。倫者次也。理者條理也。合而言之，倫理就是將人類按次序安排出條理。也按次序對待社會所有人。分次序就是分先後，分先後即尊敬先的。因此中國社會始終以敬長、敬老爲規矩。這是始終不變的基本精神。一切理論，一切禮法，都以此爲最高原則。普通稱人稱「先生」，甚麼叫「先生？」「先生」就是先出生的。自稱後生，晚生，就表示我是後出生的，晚出生的。後的晚的要尊敬先的前的。這是天經地義。由這一日常公用稱呼，即表現出重倫理次序的精神。

倫理的實質就是仁。以仁之心依次序分別對待他人。親的、近的、尊的、居先；疏的；遠的、卑的居後。尊其所當尊，親其所當親。尊尊親親。「老吾老以及人之老，幼吾幼以及人之幼」。就是別親疏定尊卑之意。對待人的道理，本於人之天性，非逆天悖人而强人接受。人性善，人愛人，人愛所有人，人最愛其最親最近的人。這是人之情，天之理。所以孝親爲人對人最基本的道理。逐漸向外，依次減煞。「老吾老」即孝我之親。「以及人之老」即推而至於人之親。先己之親而後及人之親。厚於己之親而薄於人之親。厚薄雖殊，其爲愛敬則一。所以說，「弟子入則孝，出則悌，謹而信，汎愛衆而親仁。」這就是說，由父母起，向外推，雖推到最疏、最遠，其禮漸減而愛敬人之本心則始終不變。不過對象廣汎，不能專一，故曰汎愛。汎愛於衆人就是於人無不愛。以此愛心對人，雖素不相識的陌生人，亦仍不變。今舉一小事以證。人見人都自然而然相對有一微笑。同時心中亦自然有一喜悅之感。親人、熟人，較重；疏人，生人較輕。總會有一笑。此一微笑純出自然，本於天性，無半點勉强。即禮亦無此規定。但我們行之已久，絕無例外。不過大家習慣成自然，不理會而已。由此一小事可證出大道理。即人之對人，皆相親愛，厚薄有差耳。禮，即本此愛人之本質，親煞之情而自然演成，順人之性，合天之理，並非聖人逆人之心强人以就範。我們中國社會最重禮，人皆知我們爲禮義之邦，即證我民族之性善，心仁，社會溫暖而有序。

因此我們的人情味特別厚，道德心特別强，互助，俠義之風特別濃。不僅我們自己說，外國人也這樣說。到今天，雖然禮差了，但人情味不滅，道德心不滅，俠義，互助之風也仍然保持。中國人究竟是中國人。中國人始終是中國人。中國社會也應該始終保持中國社會的優點，和特色。時代病不難一藥而癒。我覺得中國社會始終是溫暖的，熱騰騰的。住在中國社會雖久而仍聞其香。看看大陸共匪就更覺其香。作者始終愛中國，愛中國社會，對中國社會有信心，也抱極大樂觀，認爲目前社會上不良現象不久必會改觀。只要大家醒覺，注意，決心挽救，立可見效。

禮的事爲謙，爲敬，爲別先後，定尊卑。是在行動上消極的有所限制，積極的有所促進。能止爭定亂，也能提高民族文化，增加人類福祉。禮之於社會，有百利無一弊。最初起源於敬天地神明。次及於人，次及於鬼。祭天，祭神，乃因天地神明不可確知，不可思議；畏之，敬之，於是以時祭之。祭鬼則有許多意義。人死爲鬼；祖先父母，年老以壽終而爲鬼。人雖死仍不失其爲祖先父母。於祖先父母之關係繼續存在，愛敬之心仍然不滅，於是以愼終追遠之心依時祭祀，以達其愛敬之誠。盡其孝慕之意。古時祭鬼必有尸，後改爲畫像或神主。所謂尸，是在祭的時候，以家中最小的兒童坐在受祭的上位，象徵已死的祖先父母，作爲假定對象。意思就是對祖先父母念念不忘，孝思不匱，雖死不變。亦顯示祖先雖死而爲鬼，必仍有靈，可來享受祭禮，接受子孫的愛敬。其事應由愛敬生前的祖先父母而延伸至於其死後。如此則旣可使子孫孝思綿延，得有發洩的機會，亦可證其事死如事生，事亡如事存。則於生時之愛敬當在前，並更隆重，所以說禮敬人鬼的事由禮敬生人而來。

禮敬生人之意在於愛，亦在於敬。皆出於自然。愛者愛其親於我，敬者敬其長於我，而尤重者則生養撫育教誨之恩，必求其有以報。因而有孝慕之心，晨昏定省之儀。出於自然，合於天理，順乎人情。此禮之所由起。父母以外的家屬，家屬以外的親戚朋友，以及社會一般人，均各本愛敬之誠演爲適當禮節，以求內安於心，外悅於人，對人羣遂演爲彬彬有禮，秩然有序之社會。

禮本於愛人，愛人者人恒愛之，故愛人亦所以自愛。禮之意在於尊人，尊人者人亦尊之，故尊人亦所以自尊。敬人者於人並無所增，於己則有所益。人類於原始時期未有禮也。寖假進化，感於禮之不可少，因而約定俗成，共同演爲定制。文化由此起，原始野人不能也。則有禮者文明，無禮者粗野；守禮行禮者君子，傲慢無禮者小人。此顯然可見之理也。我有禮，我爲君子；我尊人愛人，人亦尊我愛我。則又何樂而不爲禮。今日雖禮節廢弛，但見有禮之青年，人皆愛之，重之，譽爲有禮之君子。獨惜夫不肯以禮遇人者，心理之反常也！

人對尊親屬於生時固重孝重禮，亦重養生送死之事。於人之生死則視死尤重於生。所以孟子說，「養生者不足以當大事，惟送死足以當大事。」（孟子離婁下）慶生辰不如辦喪葬。喪葬祭祀之禮，實隆於慶生養生。惜其人之死也。於婚禮亦極重視。「君子之道，造端乎夫婦」也。「親親之殺（讀去聲，遞減也）尊賢之等，禮所生也。」（中庸）此外冠有禮，入學有禮，鄉飲酒有禮，鄉射有禮。軍有軍禮，賓有賓禮，婚喪喜慶，無不有禮。凡有集會，無不有禮。而最細微曲折者，則為日常生活揖讓進退之曲禮。甚至入門，登階，無不有禮。總之，中國重禮，無處無禮。即證中國文化高，人民行動有節制，社會整齊有秩序，嚴肅中有親愛，歡愉中有節度。蓋禮以節人，亦以教人。人類社會不能離禮也。

人與人相往來，是在互相愛敬的精神中，以禮貌相尊敬，以言語表達情誼，以禮物相贈答，以訪問聯絡感情，以書信相候問。有喜事相慶賀，有喪事相弔唁，有苦難相慰藉，有疾病相扶持。守望相助，患難相依。逢年拜年，過節賀節。吃春酒，會年茶，敘齒入座，唱籌而飲，杯酒言歡，盡歡而散。城市中人口衆，事情多，關係複雜，場面偉大，禮節講究。鄉村中人口稀，事情少，關係簡單，場面，禮節都不如城市講究，但彼此的情誼則極密切，相愛敬之心生於肺腑，熱誠相待。幫助人不求代價，不望報酬。一家建屋，全村出力，不受工資，只供飲食。叫作幫工。一家的女壻全村都稱姑老爺，一家的外甥，也就成了全村的外甥。愈到鄉村，愈感覺人情厚，風俗淳。愈到城市就比較淡薄。到了上海，就薄得令人可怕了。禮失而後求諸野，人情敦厚也一樣要求諸野。此與農業有關，亦由中國民族性陶鑄而成。論社會溫暖，無過於中國，更無過於鄉村，無過於古代。此中國社會之特色，中國文化之所以可貴。

第五章　中國之社會約制

中國的社會約制有下列各項：

教育——倫理道德——禮

政治——中央——地方：政令法律

地方人望——輿論——宗族

中華民族約制社會人心的作法很多，也很有力量。最根本的作法是教育。我們從很遠的上古已開始教育事業。於本書另章論政治與教育各篇均有敍述。嗣後歷代無不重視教育，而以周朝爲最。同時也就在周朝打下深厚的基礎。他們强調教育，以教育爲政治。發生極大作用。現在我們如站在社會的立場看，教育就是最基本而又最有效的社會約制。同時也是可貴的約制方法。因爲教育乃助人向善的事業，以尊重人類先天地位，發展其人格爲精神。對人類而言，最能保持人類自尊心，所以最使人樂於接受，也最能使人自發自動的約束自己。所以我們看歷史上教育最發達的時代，即社會最清明的時代。周朝最重教育，用能有成康之治，且奠下八百年基礎。漢朝重教育，尤以東漢爲甚，所以漢朝道德昌明，民風淳厚，爲歷史上盛世。唐朝重教育，唐朝政治社會創歷史上顚峯。宋明兩朝亦重教育，亦有效果，均有足稱。只有教育最衰落時期歷史才走下坡路。教育之於社會人心，影響之重大，眞不可忽視。

教育的內容，固然千頭萬緒，不可縷指，但如歸納言之，可以說就是倫理。倫理的內容是次序，和道德。表現次序和道德的就是禮。已詳前述。所以約而言之，可以一歸之於禮。禮之於人有消極積極兩種作用。積極的是將存在內心的愛與敬藉禮的行動表現發洩，因而助成其道德。也就是將孟子所謂四端，藉禮的行動引伸發揮，使成爲四德。消極的是以禮的規範防人越軌，阻人爲惡。所以欲促進民族道德，使社會向上，生活溫暖，必須用禮。欲約制人心防範社會混亂，也必須用禮。現在講社會約制，當然不能不用禮。不過在社會約制上講禮，僅僅是禮的消極作用，殊不知在其積極作用上意義更深更大。實不容我們忽視。

「景公飲酒酣，曰今日願與諸大夫爲樂飲，請無爲禮。晏子蹴然改容曰，君之言過矣。羣臣固欲君之無禮也。力多足以勝其長，勇多足以弒其君，而禮不使也。禽獸以力爲政，彊者犯弱，故日易主。今君去禮，則是禽獸也。羣臣以力爲政，彊者犯弱，而日易主，君將安立矣？凡人之所以貴於禽獸者，以有禮也。故詩曰，人而無禮，胡不遄死？禮不可無也。」（晏子春秋內篇諫上第一）這一段話把禮的意義發揮的透徹，可謂一針見血，一語中的。這就是社會約制的最高意義。不僅在於一般社會，更應用到政治上了。漢高祖定天下，羣臣爭功，至拔劍擊柱，高祖不能制。不得已，命叔孫通定朝儀，起禮樂。這都是事實的證明。由上舉兩例，可證禮於社會約制功效之大，意義之深。中國重禮，不僅在於約制，同時亦在於爲人類培養自尊心，留廉恥。所以孔子主張導之以德，齊之以禮也。

崇禮的社會到處是禮，習慣成自然，大家視爲當然，無形中在心理上已成爲一種約制力量。兒童在小時即在祭禮的環境中受教育，受訓練，久久自成習慣，當不踰越。「顏淵問仁，孔子曰，克己復禮。請問其目。曰，非禮勿視，非禮勿聽，非禮勿言，非禮勿動。」（論語顏淵）這裏說出禮所約束的事項在於視，聽，言，動，也告訴我們禮的實質就是仁。問仁而答禮，即證禮就是仁。仁在內禮在外。在外曰禮，在內曰仁，表裏爲一。論其目則曰視，聽，言，動。就人類活動而言，一切包括在其內了。試想除了視聽言動之外，還有何活動？這樣一來，等於把人類一切活動統統納入禮的範疇了。這種作法，可謂根本而澈底。

就人類尊嚴而論，受禮的規範比任何約束都光榮，因即樂於接受，易於推行。也易收效果。站在社會立場，既能約束人心，規範行動，而又不傷人類自尊心的作法，實無過於禮了。所以無論站在任何立場，强調禮以約制社會，都是最好的作法。有百利無一弊。時無古今，地無中外，理有同然。以古之道，救今之病，爲今日復國建國，復興文化唯一的途徑。想大家必有同感。

次論政治。

政治的作用是政令與法律。官吏軍警執行政令與法律。此皆爲治國所不可少。效力亦大。不過眞正講到廣大的社會，甚難周備。以中國領土之廣，人口之衆，幾乎不可能僅憑政令與法律作有效的控制。天高皇帝遠，在邊野鄉村的匹夫匹婦，對於政府，皇帝，不過只是想象中的事。不要說見，就是聞，也僅是傳聞再傳聞，想象再想象。官吏，軍警，也幾乎無可奈何於他。最多也不過是事後的處罰而已。而這處罰實百不得一。漏網之魚總不在少。至於事前的防範，靠政令與法律，是靠不住的。「子帥以正，孰敢不正」，「聽訟吾猶人也，必也使無訟乎」。這種道德的作法却是根本的，也是有效的。所以孔子不主張「導之以政，齊之以刑」。因爲這樣將使民免而無恥。這就是孔子的作風，中國的精神。我們對於社會約制重視道德，重用禮，不重政治刑罰。這一方面是以刑措不用爲目標，一方面是以教育爲基本精神。站在尊重人格的立場，予人以自尊之心，自新之路，自我教育之機。工業的社會，繁華的大都市，我們看到了；重用政刑的作風，我們也看到了，其效果之微弱，事實正擺在我們面前。道德教育，禮教，究竟是治國安邦的大道理。不容我們不相信。

地方人望，是社會中堅，是民間的公證人；他的力量是社會力量，在人民心中。人民尊敬他，他就有力量。他的一句話，可能成爲一方的聖旨。久久糾紛不決的事，可能由他一言而決。誰是誰非，也可能由他判斷之後，衆無異言。天高皇帝遠的地方，政治力量微弱的可憐。這些人物實可補政治之不足。

輿論是一種力量，這力量也是社會力量，與政治無關。但可能比政治力量更大。所謂輿論，是存在於人人心中的是非之心，發爲正義感，更演成公是公非。這公是公非由口頭或文字表現出來，人多了就成一股大的力量。此事有賴於道德教育之培養與促成。也要靠富有民主風度的政治容許其推行，否則敢怒而不敢言，道路以目，則輿論無法發生力量。春秋時代我們已注意此事。召公諫周厲王止謗，即最好例證。召公說，「防民之口，甚於防川，川壅而潰，傷人必多。民亦如之。是故爲川者決之使導，爲民者宣之使言。」（國語周語）召公的見解，就重視宣導民意，使得正常發洩，旣可爲政治之資鑑，又可作爲社會約制的力量。秦始皇反其道而行，偶語者棄市，以古非今者罪。後果却正如召公所言，川壅而潰，終於被徒手民衆將强秦推翻。東漢尙教育，倡倫理道德，養成淳厚之民風，培成强烈的正義感，因而發展成爲人民批評時政，品題人物的風氣。公議是非，決定甲乙，按月公佈張貼。後世稱爲月旦評。就古代而言，輿論之盛，以此時爲最。至民國行民主政治，始發展成爲近代輿論作風。尤以議會制度起後，民意常可左右政局，轉移風氣。如善爲利用，當可發生更大力量。惟輿論界必先健全本身，立論公正，乃足以服人耳。

宗族的力量只能對內，不能對外。族中有事由族長決定。是非不明，由族長明之；糾紛不決，由族長決之。不肖子弟，父母不能教，由族長教之。族人尊重族長，由倫理教育而來。倫理不昌，教育不興，雖有族長亦不能發生力量。族長力量雖只限於宗族，然不肖子弟旣得教，糾紛得決，是非得明，即是社會上一種約制力量。雖與政治無關，亦有輔助政治之功。

以上所述各種社會約制力量，除宗族外，在五十年前，中國社會都還普遍存在。其宗族力量，則或具或缺。輿論則在口頭者多，書面者少。像倫理教育，政治法律，以及輿論，人望，對控制青年，確有極大效力。此爲作者前所親見，親聞，同時也是親受。在那時只覺得自己周圍所受的壓力太大，根本不敢蒙惡念，打歪主意。不敢絲毫放肆。也許是我所受家庭教育過多過嚴，以致造成我過於膽小，拘謹的習性。不過除我以外，也除去家庭教育以外，單就社會環境而言，確能約束多少氣質不佳的青年不敢爲非作歹。假如沒有這些力量，社會現象早已不堪想象了。

第六章　中國之社會風氣

中國社會風氣有若干優點，自然也不免有若干缺點。無論優點與缺點，都與民族性及民族文化有關。從根本上講，社會風氣源於文化。就個人論，是人的性格。就社會觀點論，必成爲一般人共同趨向，乃成爲社會風氣。中國社會風氣自古代遞演至清末，爲一階段，民元以後，爲一階段。茲先言古代，先論優點。

重倫理，尚道德，是第一項優點。我們的文化精神，在倫理道德，農業生活需要倫理道德，民族性格富於熱情，本質善良，天然合於倫理道德。有此數因，重倫理，尚道德遂自然演成社會風氣。前述倫理關係之細密周詳，認眞不苟，即足證明重倫理爲一般人共同風氣。倫理的實質爲道德，重倫理自然就尚道德。道德項目雖多，掛在人們口頭，則約爲「忠孝」二字。忠以對人羣，對國家，孝以對父母。其他項目，都可由此引伸，包括在內。我們的諺語，「萬惡淫爲首，百善孝當先」。「求忠臣必於孝子之門。」此即孔門以孝爲入德之門之義。人同此心，心同此理。大家認爲當然。現在普通所稱擧之孝，標準太低，這在古代多視爲當然，是起碼條件。必卓然有所殊異，乃爲人稱擧，標榜爲孝子。這就成爲一種社會約制的力量。同理，普通的忠，也視爲當然，必卓然有所殊異，乃被稱擧。風氣久已演成，大家不敢違逆。眞正的「不孝」之子，即很少見。幾乎少到沒有。作人的基本條件既備，社會風氣，民族道德，即可保持不墜。

勤儉樸實，是我們第二優點。在我們耕讀社會中，除了勉勵人讀書上進之外，對一般人的教條，就是「勤儉」二字。我們拿「儉以養廉，勤能補拙」作諺語，也用作春聯。無形中大家以此爲治家與立身之基本道德。用經濟眼光看，勤可以增加生產，儉則節約消費。一人勤儉，一家可以致富；一國勤儉，一國可以致富。社會勤儉成風，便不僅經濟上可以富裕，更可使百廢俱興，道德增進，罪惡消滅。我們要知道，社會罪惡大部份是由奢侈浪費所造成。奢侈成習，必感不足，不足即要設法去求。正當辦法不能濟，必致違法亂紀，破壞道德。假如大家平日量入爲出，不奢侈，不浪費，節儉成習，將永久足用，不患不足。縱有不足，亦能以節儉養成君子安貧樂道之德。操守不失，道德藩籬不破，社會風氣自然不致敗壞。一淫一奢，實社會罪惡兩大根源。因此以禮制淫，以儉制奢，乃促進民族道德，培養社會優良風氣的最重要，最基本的措施。我中華民族數千年勤勞節儉之美德，一直保持到抗戰勝利。假如我們要能繼續保持此德不衰，民族道德，社會風氣必不致衰敗，國力必可充實。孔子說，「禮與其奢也寧儉。」「夫子溫良恭儉讓以得之。」禮尙應從儉，何況不必要的生活享受？老子說，「不貴難得之貨，使民不爲盜。不見可欲，使民心不亂。」這些道理，在今天看來，仍然是顚仆不破的眞理。

作者兒時所過的生活，所見的社會風氣，是一件大布之衣要穿十年八年。非仕宦有功名或富室不能穿綢緞。非過節不能吃鷄鴨魚肉。只有宴客或奉養老年尊長，才有葷菜。商店包貨用粗紙，還要經學徒練過字的，才算是合乎要求。舉此可概其餘。鄉下小地主，十之八九由勤儉起家致富。對於生活享受，向不注意，非一般人所求。

對人親厚，爲我們第三項優點。因爲中國人性特別善，特別好，所以對待人非常親熱，也太重感情。巴不得把自己的心掏給人家。親戚朋友來了，寒暄問候，問到無可再問，甚至連貓狗都要問到。留飯留宿，必竭其誠，竭其力。沒有錢買菜，賣頭髮變錢，也要待客。彼此餽贈，自古演爲禮節定制，隆重恭敬。在量上一定要厚往而薄來。實際應該說是薄來而厚往。來一必報以十。好像非此不足以表其意。人對我有恩，更要沒齒不忘，十以報一。請客吃飯，幾十樣菜，山珍海味，吃不勝吃，主人還是要說沒有菜，或菜不好。讓客，一讓，再讓，分明已經酒足飯飽，還說怕吃不飽，仍要讓。中國社會就是這樣親，厚，敬，溫暖，和眞誠。

忍讓耐勞，是第四種優點。吃虧讓人是我們一般家庭對子弟的教育。吃虧讓人的反面是佔尖取巧。尖只有一個，一個人得到，落後的就要爭，爭而不得必怨。其後果是爭奪與怨恨。假如自己肯吃虧，大家也都肯吃虧，社會自然向上。「爭着不够，讓則有餘」，是慣用的諺語。上面說孔子溫良恭儉讓，都是對人謙退的道德。老子講謙，下，柔，後，也是處社會的主張。「寃死不入公門」，就是我們的戒條。分明吃了虧，可以告到當官去伸寃，但我們不肯。非必不得已不告狀。有了苦，不叫苦。生活單調，枯燥，辛勞，安之若素，不打壞主意，也不躲懶。中國社會積極的有親厚之德，消極的有忍讓之風，其可貴可愛有難筆述者。

上面曾說，「禮失而後求諸野」。此所謂禮，是廣義的，包括文化各方面。就是說，愈到鄉村田野，愈能保持民族文化。尤其是倫理道德。所有倫理道德，可用一禮字概括之。古代如此，現代仍然如此。這句話的意義是說，愈到鄉村愈能保存原來淳朴的善良性格，善良風俗。繁華的都市阻力大，誘惑多，性雖相近，習則相遠，因而不免良莠不齊。而羣衆心理又往往使人發生敢於為非之膽，怯於向善之心。於是繁華都市便成為罪惡淵藪。此並非謂都市人不善，而是說在都市易染於惡而已。到今天仍然是鄉下人情厚，風俗淳。此即顯示人性之善，文化之優。為善之質在人本身，能保之勿失即為善，習於不善即為惡。孟子所謂「求則得之，捨則失之」此之謂也。現在隨工商業之進展，都市日趨發達。補救之道，積極的只有加强教育與政治，消極的則只有乞靈於刑罰耳。

次論社會風氣中缺點：

保守是第一項缺點。因為偏於保守，遂不肯改革。因而若干事項雖明知其不善，亦艱於改革。此由於本身的惰性和兩種社會心理所促成。第一是，由來已久就是這樣了。第二是，大家都這樣，所以我也應該這樣。於是你不肯改，我不肯改，老脾氣，老毛病就只好由他去了。藥方子，製藥法，一定要遵古炮製。這無異於告訴人，這是多年前的老方，我並未加以研究，使之改良進步。現在看起來很好笑，但多年來我們的社會就是這樣傳下來的。守家在地，安土重遷，與此有連帶關係，與農業生活也有先天關係。這一風氣阻碍進步與開創，影響不少。

迷信是第二項缺項。所謂迷信，由思想攏統所造成。因為思想太攏統，不認眞，對任何事遂不肯追究其所以然，只是人云亦云，隨着作就是了。往往陷於矛盾而不自知。也有的雖明知之亦不肯改。一個人讀儒書，拜孔聖，儒服儒冠，但同時也拜佛燒香。玉皇大帝是道教所尊奉，也一樣崇拜。最明顯是辦喪事時，既依儒學禮法服喪致祭舉哀，又請和尚念佛經。和尚之外還要再請一羣道士也念道教經。到今天還是這樣。到底是信儒，是信佛，抑信道教？自己也不知道。按理儒釋道本不相容，但我們老百姓却大而化之，大度包容之。若問他思想的立場，信仰的中心，到底是甚麼？恐怕即瞠目不能答。說也奇怪，大家這樣，大家也就安之若素，不以爲怪了。若進一步問，一個人作一件事，必知其所以然；有沒有意義？有沒有道理？有沒有效果？都應該事前知道。假如沒有效果或意義，則這事何以要作？我們似乎也不大理會。陰陽五行是中國老東西，演變到後來，幾乎任何事都講陰陽，講五行了。對不對？有沒有道理，似乎我們也並不深問。趕廟會，祭菩薩，吃拜拜，看風水，擇吉日，批八字，算命，種種行動，到現在仍然莫明其妙的在作。眞使人有莫明其妙之感。

低頭認命，是第三種缺點。這裏所謂命，有兩種意義：第一是生前註定的，由批八字算命預先知道，命好的有勵人上進的功用。不好的就使人垂頭喪氣，認爲命裏註定雖努力無益。有阻人進取之害。第二是未可知的遭遇，常以命該如此自慰。如遇大的刼難，多人同命，則又以「天塌大家死」自認運氣不好，而不求解脫。事實上有許多事可以擺脫而不求擺脫，以致作不必要的犧牲。爲命運所誤。在我常想，「天塌大家死，但是我不死。」我奮鬬可以不死；我躲避，也可以不死。並不必定隨大家同死。「打人簷下過，焉敢不低頭？」就是在此種心理下演成的諺語。許多人受苦，受無理虐待，可以反抗，應該反抗，但自己低頭認命而不肯反抗的多的很。像這樣的忍耐，雖能忍而不可貴；低頭，看是如何低法，倘爲忍小忿而就大謀，則這低頭有價值。爲服從上官，尊敬長者，也有意義。萬一損及自己的人格，傷了自尊心，則這低頭就是懦弱。事實上，在中國社會，忍辱負重，謙退爲懷的很多很多，强項公也不少，但懦弱之夫也在所不免。

若講中國社會風氣，非一言可盡，可作成若干專書。古代有應劭的「風俗通義」，宗懍的「荊楚歲時記」等書。本文不過就一般風俗中優點缺點各舉較要者數端，以為例。亦以供留心時政者移風易俗之資鑑云爾。

社會風氣由民族性與民族文化所演成，前已言之。本書另有文化篇與民性篇，可參看。

第七章　中國之社會變遷

人類時時在活動，文化時時在進步，社會自然也隨之時時在變動。社會變動有出於主動，也有的出於自然。有意的改革，是主動的變遷；社會自然的演變，是被動的變遷。被動的變遷，是社會不知不覺的在變，人類處於被動地位而不自知。雖然同是變動，其效果則不同。變動的方向有進步，也有逆轉。人民在社會中或受其益，或蒙其害。種種不一。就中國三千年歷史看，由周至民國，不僅變動頻繁，也有時極為劇烈。經常則是在不知不覺中變動了，也進步了。研究評論的人着眼於劇變的多，指責疵病的多，對於溫和而有進步的變，稱舉者較少。中國歷史輝煌燦爛，波瀾壯濶，是大家共同觀念。根據此種共同觀念，即當共同承認中國社會變動大，進步也多。否則歷史不能輝煌，波瀾也不能壯濶，即民族文化，也不能謂為優秀。這是邏輯問題，也就是思想法則的問題。陷於矛盾而不自知者，當啞然失笑也。

西周的社會單純而淳厚，禮樂普及於民間，封建為政治上一種制度。與人民生活社會制度無直接關係。到了東周，諸侯強大，王室衰微，政治社會重心由中央轉入地方。在諸侯國中各國風氣不同，大小強弱，尙文尙武，各國又自不同。社會情形難免差異。但在小差異中仍有其大共同，即王室雖衰，禮樂未廢。田制未改，生計不艱。耕讀社會仍然貫澈。就人物而言，春秋時代，政由大夫出。時代中心在士大夫。一至戰國，情況即大變。王室益微，諸侯益大；戰亂紛爭，迄無寧日。禮樂漸衰，田制亦壞。人民既無恒產，又失禮教，所受者無非戰禍。輕者轉徙流離，重者肝腦塗地。農時奪而衣食無着，弦歌輟而義利不明。野心諸侯爲統一而黷武，軍學遂盛，軍事家亦應運而起。爲爭取與國，聯合作戰，而外交學縱橫術成爲新興學術，而政治家與政客遂如雨後春筍，勃然而興，至於大聖大賢，藹然仁者，以斯文廢墜爲憂，百姓流離爲苦，不惜苦口婆心，顚連奔走，欲以聖道仁心拯斯民於水火。而思想家則又各逞其思力，作眞理之追求，新說之建立。因之，在戰國時期，實可謂爲聖賢君子，政治家，政客，以及兵學家的世界，也就是人才世界。是非不一，白黑莫辨。亦各以其智力以求逞耳。所以此一時期應謂爲混亂時期。發展者人才與學術，角逐爭雄者，諸侯與將相；奔走呼號以求拯斯民於飢溺者，聖賢君子；而最痛苦無告者，則百姓耳。

秦滅六國，統一天下。熄百家之說，一天下之論。廢封建爲郡縣，統一律度量衡。焚書坑儒，偶語詩書者棄市。以古非今者罪。徙天下豪富聚之咸陽，收天下兵器。使天下人民既貧，且弱，且愚。因而人民怨嗟，道路以目。既無自由之可言，亦無幸福之可享。只能耕而不能讀，只有衣食而無禮樂。人民爲待制之羔羊，政治上無地位。絕情去恩，不能親其親而長其長。所以在暴秦統一時期，應視爲中國社會黑暗時期。幸而爲期不久，轉眼即成過去，亦可謂爲過渡時期。

西漢開國，首先除秦苛法，與民約法三章。人民驟得自由。又定朝儀，起禮樂。繼而搜求遺書，廣開獻書之路。更設博士官，博士弟子。又立太學，郡學，州學，縣學。整理圖書，開始立考試制度，使人民得由考試而進身，參加政治之機會。經濟上重農抑末，裁抑兼倂，設平準均輸官，官鹽鐵，以裕民生。自此民困始蘇而禮樂文化亦得復興。教育與考試制度立，人民有讀書仕進之心。由抑制工商而農民地位得以提高。自此耕以維生，讀以求進，而普及民間的純粹耕讀社會得以恢復，且更有進於周初。因周初教在官府，孔子後，始逐漸擴及民間，私人可以設教。一至西漢，由考試之促進，教育乃得普及。人民亦為求仕進之榮，自動求教，其效果乃益弘。又選舉制度從西漢起，歷朝演進，成為定制。西漢制有賢良，以對策而入仕。太學生由考試而為郎為吏。孝廉則又由郡太守自地方察舉而來。茂才異等則以特殊能力自動應徵而來。諸如此類，人民仕進機會極多，大半由讀書應考出身。則考試實有促進教育之功。藉此可以普遍提高人民知識水準，加强讀書風氣。由察舉孝廉又將倫理道德從根本上推進，與教育相配合。以教育力量在前面導引，以察舉孝廉制度在後推動。風俗焉得而不厚，道德焉得而不高。這樣就形成以政治推進道德，加强教育，又由道德與教育提高了政治。互為因果，善性循環。其結果當然是政成於上，教溥於下。而民族道德，社會風氣遂蒸蒸而日上。此漢史之極高價值，最燦爛輝煌的一面。平時言漢史者，舉其文治武功者多，而稱頌其以政治促進道德與教育者少。予則以為漢史之可貴在此而不在彼。蓋此制度一立，時間上影響久遠，空間上普及天下。實實在在將中國社會建築在道德，教育，與經濟之上。既耕且讀，亦讀亦仕。仕榮於農，農榮於工商末業。社會風氣上，既重農而賤商，人民心理上則以站在農業基礎上以讀書上進為最高嚮往。這樣的社會實可謂為理想的社會。也是穩妥的社實。就中心人物而言，此一時期應謂以郎吏，孝廉為中心的社會，也就是由讀書有德人領導的社會。

用歷史眼光看，由西周之盛，至晚周而衰，而亂。至秦而入於黑暗時期，遭受重大破壞。以暴秦强大之逆流，將二周優良之傳統社會根本摧毀。一至西漢，先將逆流衝走，再將禮樂，文教，逐漸恢復，使不絕如縷之中華文化得以復蘇。更進而以重農抑末，教育，考試，選舉種種優良制度扶植，發揚，且與政治相配合。不僅恢復古代，且有進步，有發揚。並為後世奠下深厚基礎。所以在歷史上，兩漢極為輝煌，不可漠視。

東漢承西漢遺風，繼續向前推進。光武帝尤重道德，尙氣節。其提倡教育更不遺餘力。因為光武帝本人即太學生出身，嘗從許子威受尚書，通大義。即位後重太學，興教育，勵氣節，遂培成一代風尚。觀東漢一朝，民風之厚，道德之高，實由太學植其根基。又按東漢太學又與西漢太學微有不同。在西漢由太學生應考試，其優者可入而爲郎，次者出而爲吏。太學生爲一種出身，來學者大都以求學仕進爲榮。東漢則不然。太學生自視頗高，可批評時政而不入仕途。往往長期爲學，以學術地位抬高身價。以提供意見，批評時政爲對國家之貢獻。人數既多，力量自大，於是逐漸蔚成清議，彰公理而明是非。頗能左右政局，發生效力。其影響於社會人心者至深且鉅。隱然成爲一股監督政府，領導社會的無形力量。一時碩彥以道德名節爲習尚，以清流相標榜。而一代輝煌史蹟因以造成。發展輿論成爲風氣。加以地方有郡學縣學，私人亦設學立教，與官學相輔翼，而教育事業遂臻極盛。在政治上既收以教育領導政治之功，在社會更養成敦品勵學之風尚。上下呼應，相激相盪，而東漢清流一派在歷史上遂發生極大之光輝。這些清流君子所秉持者正義，所憑恃者大無畏精神。不惜犧牲一切以與惡勢力相抗衡。外戚也，宦官也，在清流派視之，國家之姦慝，必除之而後快。雖禁錮不懼也。於是黨錮之禍以成。其身雖死，事雖敗，而正氣賴以匡扶，社會人心爲之振奮，民族文化精神得以放一異彩。此東漢之所以爲東漢。東漢社會之所以爲東漢社會也。

前面說西漢是以郎，吏，孝廉，爲中心的社會，這裏我們可以說，東漢是以太學生等清流派君子爲中心的社會。論其基礎，自然都在廣大的農民身上，以耕讀爲實在的本務。由秦而西漢，再由西漢而東漢，大體看，應該說是逐步前進，逐步向上，至東漢而走上顚峯。兩漢四百年，對中國歷史貢獻以此爲大，功勞以此爲重。這是我們讀漢史不能不領會的大事。東漢末，內有黃巾，外有西凉；朝有權奸，野有忠義。紛紜鼎沸，擾攘不安。人民轉徙流離，痛苦無告；王室衰微無力，號令不行。野心家乘亂以濟其奸，忠義士攘臂而明其義。此仆彼起，是非紛然。最不可恕者，曹操挾天子以號令諸侯，明令廢道德而任才能，凡受金盜嫂，不齒於鄉里，而有才能者，皆得而用之。自此舉兩漢四百年所築道德藩籬，一擧而潰決之。於是淳厚之民風，優良之社會，爲之一瀉千里。其結果遂不僅造成三國之混亂，實促成魏晉歷史之下降。然即在此時，雖有野心之權奸以大力摧毀優良傳統於上，但是非公道自在人心，忠貞爲國，懷瑾握瑜之士不懈於下。因而有蜀漢集團以正義爲結合，以除奸爲職志，以定亂安民爲懷抱。雖明知力不能敵，而努力不懈。鞠躬盡瘁，死而後已。此其大者也。社會上有奸詐小人之華歆，亦有清操自守之管寧。有治亦進，亂亦進之孔融，亦有治則進，亂則退之禰衡。有喪心病狂之大盜黃巾，亦有以講學論道安撫一郡的鄭玄。有司馬懿之以奸濟奸，亦有諸葛亮之忠事忠。諸如此類，擧不勝擧。兩相對照，成尖銳之對比。可謂混亂中有定力，紛紜中亦有是非。溯厥原由，皆兩漢深植道德基礎於中下層社會之力。雖在政治軍事上敗於惡勢力，但是非終在人心，正義亦終不滅絕。司馬昭之心非路人皆知乎？此即一種社會力量。

兩晉南北朝，在政治軍事上混亂更迭，擾攘時多，平靖時多。前有八王之作亂，後有五胡之入侵。中央政府上承曹魏與司馬懿，司馬昭等反道德勢力之後，宮廷污穢，百姓離心。政治上不能整頓綱維，號召天下；武力上對內憂外患亦無戡亂禦侮之力量。遂聽任國事之壞而不能救。知識份子上懲東漢清流之犧牲，下對時局之失望，加以老莊之學興，清靜無爲之思想起而代忠貞爲國之熱誠。於是清談之風盛，仕進之心減，即東漢之清議亦不復見於兩晉。及五胡亂華，晉室東渡，大河兩岸，長江以北，委而棄之。億萬生靈頓失保障。人心惶惶，朝不保夕。狼奔豕突，不知所出。當此之時，社會之混亂，人民之痛苦，實史無前例。田園廬舍，委棄不顧，扶老携幼，避敵兇鋒。擧家隨政府南渡者，比比皆是，形成浩大之流亡潮。狀之悽慘，不難想像。賴有漢末逐漸演成之大家門第，力量雄厚，大者蔭庇一方，小者亦護持若干貧戶。因此而免於飢寒凍餒者爲數頗鉅。此爲混亂時期一種社會力量。也可以說是一種無形的社會組織。

自東漢末年，政府失勢，中原鼎沸，地方上陷於分裂，人民生活無保障，許多貧戶遂依附近大家，作爲蔭戶。大戶大都是仕宦之家，有錢有勢，也有聲望。力能維護其蔭戶，使免流離與飢寒之苦。此由於中央政治衰落，無力維護人民而地方又遭靡爛所引起。成爲地方上勢力，隱然爲社會核心。在亂世，這些門第的確發生不少功用，爲人民減少若干痛苦。對外族亦有一種抵禦力量。論文化，更能以堅定立場，根深蒂固的習慣，保衛中國固有文化。更進一步，也能用夏變夷，以文化征服外族。外族勢力雖大，但他們優於中國者武力，遜於中國者文化。雖然他們對固有文化，或迎或拒，態度不一，而其結果則不求漢化亦自然漢化。此所謂漢化，一部份賴於政府以政令推行，一部份則賴人民在日常生活上以堅定之立場薰陶漸染。這樣才能在胡人漢化方面得到面的發展，深的感染，根本的變化。而這些事項也有賴於門第的支撐。因此我們覺得，在魏晉南北朝一大階段，門第在社會中頗有大的貢獻，爲國家立了不少功勞。假如我們說，此一時期是以門第爲中心的社會，亦不爲過。隨政府南渡的王謝，就是最大的門第，可以作爲代表。

佛教由漢代傳入中國，至南北朝而大盛。發展迅速，深入民間。對中國社會發生極大影響。上自知識份子思想家，下至平民，乃至政治上的帝王，都不乏虔誠的信徒。高僧修道，出海訪問，翻譯佛經，自創宗派，建築寺院，雕刻佛像，爲信仰而出家，種種佛教上活動，都在此時作到，並創立高峯。使中國社會起一重大波瀾。因前此人民信仰，只有儒教，偶爾旁及老莊，實以正統文化爲支持社會的中心思想。一至六朝，幾乎被佛學所取代。自此中國社會不免在質上發生不少變化。幸賴正統文化根基深厚，自有其顚仆不破之眞理，不可須臾離之道，用能繼續支持，不爲外道所奪。眞金不怕火，至茲而益信。

隋朝社會以富足稱。倉儲堆積，到處患有餘而不患不足。人民衣食無憂。惟煬帝暴虐，不恤民隱，以致怨聲載道，不久天下大亂，羣雄又起。而隋運以終。

唐朝是中國盛世。文治武功均有足稱。於社會方面，與政治有關的有四大項：一，是經濟制度；二，是教育與考試；三，是兵役制度；四，是儒釋道之並行。玆依次述之。

經濟上最重要的是租庸調制。此制為歷史上豔稱之善政。其內容已見前述。此一制度，以為民制產為基本精神。人民皆有恒產，且分配平均。其制度實介乎井田與民生主義耕者有其田之間。在經濟生活上人民得有保障，社會基礎自然穩定。

教育與考試有關，前已言之。唐代考試制度視前認真加强，頗收實效。考試分進士明經兩科。錄取者可以仕進為官。人民為求仕進，自然努力讀書，教育自然發達。加以政府不斷以政令推行提倡，學術著作大量編纂，頗多巨著。如史學，經學，皆有輝煌之成就。而最普及者則為文學。文學中又有駢驪文，古文，詩，詞，賦，等等。可謂盛極一時，並且深入鄉村。而鄉村中既不斷有人才養成，亦賴此提高與加强農村中文化。於是耕讀社會至此又得到一次加深與鼓勵。因而半耕半讀，既耕且讀，成為中國社會牢不可破之制度。

兵役制度在唐朝行府兵制。所謂府兵是寓農於兵。兵由農村中來，雖當兵仍然耕種，以農時為農，以農隙入府當兵，受訓練。是兵必農，而非農為兵。中上等農家始有資格當兵，下三等農戶雖欲為兵而不得。為兵後豁免一切租庸調。但兵無餉，糧餉以及武器裝備由兵自備。集中於若干軍區，稱之為府。所以叫作府兵。此一制度，國家省了兵餉，軍隊素質提高，而在人民則以當兵為光榮。在社會風氣與人民心理上，都有很大益處。

最後講儒釋道三家思想與社會之關係。

儒學為中國文化正統，政府一切立國施政，皆以此為準繩。歷漢至唐，未有改變。唐太宗好古右文，提倡儒學，不遺餘力。前已言之。在社會心理上，以及朝野所嚮往追求者，無非正統學術。但因唐帝姓李，遂尊李耳為先祖，因而加封號為「太上老君」。自此老子之學在政治上得有地位。老莊為一路，嗣又尊莊子為「南華眞人」，以莊子書為「南華眞經」。於是道家之學興。道教本託始於老子；老子得勢，道

北宋清明上河圖

（張擇端原作清乾隆時陳枚等五人摹本）

這就是宋朝人民生活的寫眞最現實的歷史

教遂有精神。但同時佛教承六朝極盛之後，仍有其勢力。加以唐帝中不乏釋迦信徒。高僧輩起，更多以佛學地位而入朝爲官，轉入仕途。玄奘取經，精研佛理，在思想內容上加深，提高其學術地位不少。於是上自王公士大夫，下至販夫走卒，禮佛誦經，入山修道，成爲一時風氣。普及天下，廟宇林立。背父母，棄妻子，出家爲僧爲尼者，比比皆是。由韓愈原道，及諫迎佛骨表二文，可以想見其一斑。於是「古之爲民者四，今之爲民者六。」士農工商之外，又加僧道二民，即老佛二氏也。而唐室思想不能折衷於一，社會現象遂難免混亂。就度量言，固可顯示氣量寬宏，聽學術思想，人民信仰自由發展，但站在社會立場，則未免使是非混淆，思想混亂，使人民莫衷一是，未免爲有唐一代盛德之累耳。

五代爲歷史上低潮，政局混亂，命運短促，社會現象甚不理想，無足稱述。

宋朝重文輕武，理學昌明。思想家，政治家，教育家，文學家，藝術家，接踵而起，人才輩出，極一時之盛。尤以北宋爲著。出將入相之才，經文緯武之略，屢見不鮮。學貫天人之士，教學不倦之師，比比皆是。足以光照百世，啓廸後昆。販夫走卒輩，皆蒙其教澤。因之薰陶漸染，化洽羣黎。而一代社會風氣遂蒸蒸日上。加以印刷術大行，刻板書流傳廣遠，人民得書極易，教育更易於普及。中央有太學，地方有州縣學，而書院制亦自宋始創。學者講學之風盛。流風所被，無間遐邇。人民習尙，感染自深。終北宋之世，社會大有起色。不過就經濟而言，由王安石之變法，反映人民經濟生活未臻理想，社會問題依然存在耳。

元朝以蒙古人入主中國，習於游牧弓馬，不重禮儀文教。武人得勢，文士蒙羞；儒生反居社會下層。一反傳統慣例。社會組織，人民心理，風俗習尙，是非利害，一切反常。用歷史眼光看，元朝一朝，在中國社會上呈反動之勢，爲一股逆流。使中國冠帶之族，禮義之邦，挫折頓盪，未能順利發展，爲可惜耳！

據顧炎武原抄本日知錄胡服條（按，顧炎武日知錄通行本係經清人改竄之稿。民國二十二年，張薄泉（繼）先生在北平購得顧氏原抄本日知錄。以與通行本對勘，多出素夷狄行乎夷狄，心學，胡服……等數條，皆措詞嚴厲，觸清帝忌諱，遭人刪削之篇章。到臺後張夫人以此項原抄本全部整理付印，由作者任點校之役，本條所引即據此本。）云，「太祖實錄，初，元世祖起自朔漠，以有天下。悉以胡俗變易中國之制。士庶咸辮髮椎髻，深簷胡帽。衣服則爲袴褶窄袖，及辮線腰褶。婦女衣窄袖衣，下服裙裳。無復中國衣冠之舊。甚者易其姓字爲胡名，習胡語。俗化旣久，恬不爲怪。」由此可見元人入主中國，對中國社會影響之大。由衣冠服制，到姓名制度，以及語言風俗，一切變易，幾乎將三千年文化禮儀，根本革除。昔時孔子以華人披髮左衽爲憂，因而推崇管仲攘夷之功。不料孔子所憂，竟見於二千年之後。設非明太祖之民族革命，以中原華夏之族驅除元人，恢復漢化，將使數千年文化毀於一旦。文化與民族關係之大，由此可見。

明朝一開國，就遇到這一社會問題。此項社會問題，由表面看，無甚嚴重。由實質看，則是民族文化的根本問題。又事之大小在人之觀點。認爲這不過是民情風俗的細微末節，也就無關重要。假如是有深心的人，爲民族生存的過去，現在，與未來，作一深入研究，則其嚴重性不亞於洪水猛獸。此事雖小，影響則極大。還好，我民族有幸，明太祖丁此時會，獨能對此細微末節認爲民族危機。他以華夏冠帶之族，身受元人統治，對其胡化政策，目擊身受，始則隱忍待時，繼則大刀濶斧，以斬釘截鐵手段，爲澈底之改革。他剛一即位，立即下令，舉凡一切胡服，胡姓，胡俗，一切禁止，概復盛唐之舊。上擧顧炎武原抄本日知錄胡服條，接着就講，「俗化既久，恬不爲怪。上久厭之。洪武元年二月壬子，詔復衣冠如唐制。士民皆束髮於頂，官則烏紗帽，圓領袍，束帶黑靴。士庶則服四帶巾，（後改四方平定巾）雜色盤領衣，不得用玄黃。樂工冠青卍字頂巾，繫紅綠帛帶。士庶妻首飾，許用銀鍍金，耳珠用金珠，釧鐲用銀。服淺色團衫，用紵絲綾羅紬絹。其樂妓則戴明角冠，皁褙子，不許與庶民妻同。不得服兩截胡服。其辮髮椎髻，胡服，胡語，胡姓，一切禁止。斟酌損益，皆斷自聖心。於是百餘年胡俗，悉復中國之舊矣。」吾人今日讀此，於明太祖之深謀遠慮，識見卓越，以及其即知即行，劍及履及，深致欽敬。對顧氏之着眼民族文化，堅定民族立場，尤具無限之敬意。按太祖以平民起兵，並非鴻儒博學，獨能於此細節察知民族危機，表現民族大義，且以明快之手段，爲澈底之改革。解孔子左袵之憂，挽民族衰亡之運。其功不在管仲下。至於顧炎武，則學深養到，海內同欽。以孔子之心爲心，以管仲之志爲志。其於民風土俗，洞察入微，語重心長，沁人肺腑。現代學人，誠當引爲師表，以堅定之民族立場，挽救民族衰運也。

又按，日知錄全書三十二卷，幾有半數所講皆社會風俗，民間生活。舉凡官常，仕宦，經濟，交通，婚喪，服制，禮節，稱謂，居室，奴僕，薄俸，杖擊……種種微末小事，無不加以研究檢討，評論得失。所論除害重於興利。所以對於薄俸制及杖擊制兩大弊端，言之痛切，認爲明代兩大敗政，影響人民生活社會風氣極巨。因官俸薄不足以養廉，故不得不貪。貪即搜括民財，使人民痛苦。此猶其小者，破壞吏治，敗落政風，影響人民心理，問題則極重大。在顧氏認爲薄俸制爲百病之源，不可不根本改革。至於杖擊，則損毀士人顏面，傷其自尊心，爲害甚大。蓋士節不可勵也。明制，大臣有過，應受廷杖。解衣伏地，皮破血流，重者昏厥。尊嚴掃地，顏面盡失。上無以對長上，下無以對百姓。更無以爲民父母，處理民事。王陽明即因爲言官辯寃而受杖四十。猶不足，復貶謫龍場驛丞。此明朝重大失政。

總之，由日知錄可見顧氏之用心深遠，關心民瘼。不僅注意政治經濟大經大法，尤留心社會萬象。日知錄一書半數可作社會史看。在他眼中，認爲明朝社會已大不如前。於許多不良現象無不深致慨嘆。入清以後，中國又遭胡化。衣冠服制，朝章國典，風俗人情，更不如明末。其痛心疾首，可以想見。惜在暴政淫威之下，敢怒而不敢言，更不能形之筆墨。然吾知其怒髮衝冠。欲哭無淚也！

明代以科擧取士，考試與教育制度相沿不廢。至以農立國，重視農業，亦事實所需，相沿不變。因此在廣大農村中依然以耕讀傳家，經濟與教育並重。立國根本始終穩定不搖。不過歷代國變，多由荒歉而起。明代末年，亦不免因饑荒而致流寇四起，遂以亡國耳。此中國農業經濟完全靠天吃飯，所不能免之厄運也。

次言清朝。由明而清，一切都起了大變化。中國政權又被邊疆少數民族所奪。在過去，認爲就是華夏亡於夷狄。由文化上講，就是衣服冠帶之族變爲披髮左衽。正孔子之所憂，管仲之所救。而顧炎武所痛心疾首者也。此次變化，由皇帝到平民，由政治到民生日用，無不起重大變化。首先是種族問題，本來民族平等，毫無差別。不料滿清政權懷種族偏見，以強烈之優越感對待漢蒙回藏，而滿人遂皆成天之驕子，漢人陷於痛苦深淵。生活一切皆不平等。敢怒而不敢言。社會頓成黑暗不平之社會。滿人驕奢淫逸，放縱恣肆，仗勢欺人。游手好閑，不事生產。漢人則只有隱忍苟活，勤苦奔波，在滿人高壓之下，過痛苦生活，受不平等待遇。

在政治經濟上，前期閉關自守，猶得無拘無束，爲所欲爲，不受任何干涉。經濟上依然以半原始式農業，過窮日子，也能自給自足。嘉道以後，局勢乃大變。外力入侵；政治，經濟，文化學術，同時襲來。滿人政權至此，朝氣既消，武力已失，政治上之低能，暴露無遺。種種挫敗之後，黔驢技窮，無法應付。於是手忙脚亂，倒行逆施。政權既不肯開放，暴政則變本加厲。國權日損，疆土日消，自尊心喪失，由排外而崇洋。人民心理受極深之創痛。經濟上則由外力之入侵，陷於不能自保。其岌岌可危之狀，國父孫中山先生著三民主義時言之極詳。自此中國社會衰落，混亂，動搖，貧困，呈朝不保夕之狀。

時局所迫，垂死的清廷至此採取兩種措施：第一，創辦洋務。例如，設造船廠，製造局（兵工廠）同文館，修鐵路，開鑛，停科擧興學校，辦郵電……等等。統名之曰洋務。時稱爲自强運動。第二，爲籌款而賣官鬻爵。爲鎭壓革命而練新軍，而加强種族仇恨，屠殺漢人。這樣一來，社會上又另現一種面目。由新政的擧辦，使舊社會開始轉變，邁向新方向。有若干進步，對民生自有若干益處，可以減少若干敗政，增加若干便利。而最普遍深入的影響則爲停科擧興學校。過去以八股取士，梏桎學子性靈，爲害之深，任人皆知。但自明初相沿至清末，五百年習俗一旦改變；而新學驟興，基礎未立，其不能適應需要，自屬難免。因此三千年來的耕讀社會，至此乃起一極大波瀾。心理上無中心，作法上無標準。過去的基礎打破了，新的基礎未建立。教育場所不能再擺在家庭裏，教材不能再限於四書，朱註，和八股文試帖詩。教師不能再由家庭或學東擇優禮聘，學生也不能再擇師而從。教法也變了，制度也變了。總之，半耕半讀的老社會至此大大改變了。連帶着由耕讀而科考，而取得功名，而由功名仕進爲官的路，也斷了。更連帶着由功名仕進而光耀門庭，誇耀鄉里的榮譽也幻滅了。心中的嚮往沒有了。此一改變，對中國社會影響太大了。在自强運動中所興辦的洋務，以此爲最關重大。

至於第二種措施，則是只堪咒詛，只堪痛罵，有百弊而無一利的荒謬措施。那就是賣官鬻爵。有錢的可以花錢買官作。小則知縣，知州，知府，大則道臺。各有行情，大小有差。實缺不符，先行候補。資格取得，已可頂翎袍褂，出入官場。候補人多，地域廣大，由抽籤決定。花錢買得官位，到任當然要收回成本。於是貪污舞弊，搜刮民財，成爲公開的秘密，稱爲「刮地皮」。在上的閉着一隻眼，在下的則苦了老百姓。吏治官風，就不問可知了。政治能力，知識水準，更不堪問。有一次張之洞以湖廣總督身份召見一批捐班知縣，寫出三個字教他們認：錫茶壺。這些縣太爺便異口同聲答道錫茶壺。可憐這些目不識丁的縣太爺偏偏遇到這位淘氣的總督，於是錫茶壺知縣一時傳爲笑柄。全國基層政治交給這些人，其後果可想而知了。講到練新軍鎮壓與撲滅革命黨，屠殺漢人，就社會言則其倒行逆施只有增加種族仇恨，加强與加深社會上滿漢的不平等。到了最後，垂死而不哀鳴，反而說出「寧可贈與友邦，不可給與家奴。」這是端方所說，國父孫中山先生引爲深恨的話。反映出滿人的心理，始終認漢人爲家奴。不知他們何以對「家奴」仇恨如此之深，反而認賊作父，以侵略我們的外國爲友邦？可憐他的政權終於先交與「家奴」袁世凱，繼而終被「家奴」孫中山先生所推翻。這一朝痛心史害苦了我中華民族，也破壞了我三千年優良社會傳統。設非國父孫中山先生之革命救國，則中華民族已在此時亡國滅種，中國社會早已連根拔起，不成其爲中國社會。

作者生於清末，長於民初。清末時期一般人民生活，風俗習慣，乃至官場中一部份實況，尚能記憶一二。略述梗概，作爲本章結語。民國開國以後，至於政府遷臺，大陸陷匪，變化劇烈，影響深遠，關係重大，當另以專章敍述之。

就一般社會而言，自然仍爲耕讀社會。耕永遠不能放棄。讀，始而是四書，八股文，繼而是策論，最後到宣統年，才立學堂，停科舉。學堂初辦，數量少，人民不瞭解，也不贊成，不肯送子弟進學堂。大學，恐怕只有北京上海才有。中學好像在清末還未普遍設立，數量甚少。有的只有小學。小學分初等小學堂，高等小學堂。在外縣，進了高等小學堂已可誇耀鄉里了。不進學堂的，仍然念四書五經。不過從前的縣學沒有了，只有家塾，自家請老師，教自家子弟和鄰近子弟附讀。也有的老師自己設館招生。辦法，教法仍舊。只是八股文不作了，改為策論。剛一改，教的教不來，學的作不來，因而怨聲載道，牢騷滿腹。批評慨嘆，到處可聞。這是動盪時期不能免的現象。作者有幸，有開明的家長，在家設館，禮聘開明的老師，將家塾自動改為全州（直隸省遵化州）第一所「民立初等小學堂」。用最新教法，教新功課，同時也不放棄四書五經，並擴及史書。也收鄰近學生附讀。逐漸影響地方，風氣漸開，才擴充到全州，有了幾所「官立初等小學堂」，一所「官立高等小學堂」。又因地方是個直隸州，所以設有燕山書院。後來即以燕山書院改為「遵化中學堂」。民國元年以後，才逐漸擴充到各鄉鎮，設立初高等小學，而將名稱改為學校。人民心理也隨着逐漸改變，肯於送子弟入學了。舊日的教育制度，只賸餘波，雖然依戀，但因沒有出路，慢慢由盛而衰，由衰而滅，直至抗戰軍興，餘波猶未淨盡。

此一轉變，在歷史全程上，自然是一種適時的進步。但如進一步就民族文化實質上講，不免因所學科目增多，以及初級教育進度過慢而有若干低降。原來的耕讀社會在讀的方面不能與過去相比。就社會中堅份子說，過去讀書人讀的是四書五經，頭腦裏完全是聖經賢傳，倫理道德。儘管有些人並未將古書讀通，但為一般人所尊重嚮往的，究竟是秀才，舉人，進士，翰林；應該說是飽學之士。皆誦法孔子，受聖門洗禮，由古書中出身。在三千年社會上讀與耕足為兩大支柱。改制後的新教育，在實上不再能撐起這以中國文化為精神的支柱，至為顯然。所以我們說中國三千年耕讀社會，至此乃起一極大波瀾。

第八章　中國舊社會之解組與新社會之建立

第一節　舊社會之解組

中國社會在周以前，不可得而詳。周初開國，到今天民國五十六年，可分爲兩大段落。計周初至清末爲一段，民元開國以後爲一段。本文着筆，在民國五十六年十月，即以此時爲敘述時限。第一階段三千年，第二階段截至着筆時止，僅五十六年，年代長短頗不勻稱。但舊社會的解組，新社會的建立，交替即在此時。段落不能不自此劃分。第一段舊社會的概況，已詳前述。本章所述爲第二階段。但若干事項，則不能不上溯一段時期。

社會情況與民族文化，民族性有關，前已言之。與政治有關，與世界潮流有關，前未及論。舊社會之解組由於政治，與世界潮流。民族文化具在也，民族性亦猶是也，而社會前後不同，其關鍵在外而不在內明甚。近三百年左右，整個世界都在變動，不過中國始而閉關自守，不與世界相往來，還能保持社會面相不變。鴉片戰爭以後，大門被外人打開，再不能不與世界相往來。於是以世界劇變的兇鋒衝向中國，適值滿清政府昏瞶無能，政治腐敗，遂使中國處處落後，整個社會不能不變，於是乎被動的變，也主動的變。表面上變，實質上也不得不變。因爲東西方文化型不同，又恰巧以我之所短，遇彼之所長；以我之低潮衰運，遇彼之高潮盛運。以內蘊之優點，遇外露之優點。遂使人擧目所見者，皆彼之長，所感者皆我之短。因而信心喪失，弱點畢露。侵略兇鋒遂竭其力以求逞。政治，經濟，文化，宗教，隨武力以俱來。深入鄉村，直接侵入我社會基層，無孔不入，無一人不受其影響。於是我三千年優良社會根本動搖，理想幻滅，不復能繼續支持我民族，以自身文化精神，促進自己社會，提高自己文化，追求自己的理想。而舊社會解組，遂成爲不可避免之命運。

上坡路費力，走的慢；下坡路省力，走的快。歷史上盛運進行遲緩，下降的衰運則往往一瀉千里，不可遏止。單純的力量小，內外夾攻的力量就格外大。清末的局勢，就是以內外夾攻的雙重力量，推着我們的歷史急遽下降，以一瀉千里之勢向下飛奔。兩脚收不住，兩眼無目標。比「盲人騎瞎馬，夜半臨深池」更危險。這時的危機，不僅是社會的變遷，或社會的解組，而是整個民族生死存亡的關鍵。由五千年歷史看，民族衰運未有如此之甚，危機未有如此之深。舉國上下皇皇不可終日。有識之士，憂國憂民，不知所出。昏沉懵懂之人則只有等候命運之神來擺佈。國家之不亡，民族之不滅，其間不能容髮！

舊社會敦厚，樸實，穩妥，熱誠，純粹以中國文化精神爲中心，是它的優點。但同時它又太保守，顢頇，缺乏物質文明，日常生活上不免有許多落伍的陋習，是它的缺點。優點使人留戀，缺點則又使人憎惡，思有以改革之。在這大動盪時期，熱衷於固有優點之保持發揚的，不肯把中國社會大力改革。另一方面，熱衷於改革缺點以求進步者，則又不肯保守，巴不得將中國舊社會推翻，另起爐灶。雖都出於愛國，但在態度上未免過火，作法上未免偏激。顯然都不是妥當辦法。一般人則在此時茫無所措。思想上遂陷於混亂。迷惘中找不到出路。

第二節　新社會之建立

用世界史的眼光看，在古代，無疑的，是我們中國領先。在近代，則是西方領先了。這是無疑問的。在古代我們領先的，是精神方面的倫理道德，政治上的民主精神與高遠理想，以及若干優良制度。在物質方面，許多科學上的發明創造，也遠在西方之前。在近代西方所領先的，則是民主政治，民族革命，和自然科學。過去的已經過去，雖曾領先，但到後來，却被人家趕過去了。到今天結算起來，還是我們落後。猶如賽跑，前半程領先，但後半程則落了後。就現階段看，是我們落後。可是賽跑是有終點的，歷史途程，民族生存，則是永遠沒有終點的。現在雖落後，如急起直追，勇猛前進，仍然可以領先。何況我們先天秉賦雄厚，一時得失不難一躍而起，猶如病症，不難一藥而愈。在這大變動的時候，最要緊是要自信心不失，頭腦冷靜，意志堅決，不放過機運。這樣我們就能在狂風駭浪中站穩脚步，煙霧迷濛中對準方向，把中華民族從根救起，把中國社會適當改造。不可遲疑却步，不可徘徊瞻顧。我們只有這一條路，別無他途可循。

民族有幸，天佑中華，即在此千鈞一髮之時，危疑震撼之秋，　國父孫中山先生挺生於粵海。他以天縱之資，先知之見，負起歷史使命，首先推倒滿清，建立民國，拯民族於危亡。繼即高瞻遠矚，站在民族立場，以中國之立國精神吸收西方文化，將中國歷史由最低潮，最衰運，抬頭領起，走向高潮盛運；將中國社會捨短取長，迎合世界潮流，作全盤之改革。既不失民族立場，亦不放棄西方之長。站在時代尖端，率先倡導。登高一呼，羣山響應。而中國歷史爲之轉運，中國社會亦爲之改觀。中華民族自此步入新階段，開始新生命。就社會而言，則自此展現一新面目。

新社會之建立，其事可得而言者，以政治制度的改革爲最重要。中國五千年歷史，都是君主政治。君主政治下所養成的風俗習慣，以及禮節，稱呼，人民心理，都是以君爲主的作風。政權在君主之手，君主爲至尊，至高無上。相對的，人民就處在下層，在政治上無權利，只有盡義務，受統治。這樣自然要形成政治地位上的不平等。也就是　國父孫中山先生講民權主義時所畫的第一圖，以帝王公侯伯子男民爲等差的不平等現象。其實子男之下，還要加上大小官吏，因爲他們都在平民之上。就是大官與小官之間，也有極大差別。不僅事權大小不一，地位高下不同，相互間禮節有異，連帶的心理，習俗，官場中風氣，都受重大影響。直接了當的說，就是官僚習氣太重。尤其是滿清政治腐敗，主奴觀念始終不改，以致官吏與人民地位相差甚大，也就是階級觀念，官僚習氣，太多，太重。於是諂上傲下，成爲風氣。而人民遂只有受氣。但是世界潮流已由神權演進到君權，又由君權演進到民權。君主改爲民主，人民才是國家主人。君主推翻，而國家元首以及大小公務員都是爲人民服務的公僕。兩相對照，在這大潮流中顯然我們是落後了。國父孫中山先生於革命之初，即以大公之懷，卓越之識，首先決定，中國革命必行民主，又必立憲。革命以「國民革命」爲名，國家以「中華民國」爲名。革命成功之後，由人民選擧大總統，自己不作大皇帝，任何人也不許再作大皇帝。大總統是人民的公僕，不是人民的主人。自此整個把政治局勢翻轉過來，人民成了國家的主人，總統倒成了人民的公僕。這樣就把五千年的社會從根本上作一改革。連帶着人民心理，社會風氣，官場習慣，一切都改了。上沒有至高無上的皇帝，中間沒有壓迫人民的父母官，而下面的百姓倒抬起頭，挺起胸，成爲天之驕子。從此在政治上迎合了世界潮流。就全世界言，雖落西方之後，在亞非各洲，則中國確已領先。因爲中華民國是亞非各洲的第一個民主共和國，而中華民國人民也成爲亞非各洲的先進民族。中國社會自此也結束了舊局面，進入新階段。滿清政府在清末把舊社會破壞了，民國元年却由 國父孫中山先生把中國新社會建立了。此一大轉捩點，實爲中國有史以來最大，也最根本的一次改革。而掌握機運，率先倡導主持的，則是 國父孫中山先生。由歷史上看，由社會改革看， 國父不僅是中國歷史上不可磨滅的偉人，也是世界偉人。

民國元年元旦日， 國父就任臨時大總統，第一件事便是宣佈定國號爲中華民國，第二件便是改用陽曆，即日起改元爲中華民國元年元旦日。接着就發表宣言，定國體爲民主共和國。革除一切官僚作風，落伍習俗，如廢除大人，老爺，小的，奴才等等稱呼。改跪拜禮爲鞠躬握手。男子剪辮髮，女子禁纒足。官吏名稱，機關名稱，一律改過。接着就將社會風俗禮節，人民心理與習慣，以及服裝等等，都逐漸改過。

學堂改學校；堂長，監督，提調的老名稱改爲校長。大量設立，擴充，使它普及鄉村。自此中國社會整個換了一付新面目。

社會以人民爲主，欲使社會進步穩定，首先要使人民生活改善，這是自古以來的政治社會思想。 國父改革社會，不僅着重表面，尤注重實質。所以他在革命之初，即一眼看到民生問題。創造三民主義，雖然以民族民權民生並擧，但三個主義中實以民生爲核心。所以一切建設以民生爲首要。他爲了改善民生，解決社會問題，煞費苦心，在世界各地研究考察，讀人家的書，訪問人家的專家政治家，察看人家社會的過去與現在的狀況。更把所有社會學經濟學各種派別學說一一研究比較，並針對中國自己的狀況依據中國固有經濟思想和制度，打自己的主意，想自己的辦法。經過若干年的苦心焦思，才決定了原則，創造了民生主義。整個民生主義，就是解決民生經濟，建立新社會的根本辦法。

此項辦法內容，繁複多端，具詳民生主義中。這裏只標擧兩項基本精神：即求富，與求均。 國父的意思，必使全國人民均能豐衣足食，在平等原則下，普遍提高生活水準，達到需要程度以上。

民生主義的另一特點，在於經濟生活之外，並重精神生活。這是 國父思想與識見超越過人處。他一再强調，國家富了，就要辦教育。要小孩子自出世以後，自小長成人，國家都有教有養。不要小孩子的父母擔憂。總之， 國父的主張是，必使每一個國民都有教有養，並且由國家負責，這是他的基本思想。既教且養，教養並重。由國家負責，就是由社會負責。社會負責教養國民，國民自然提高社會。社會在安定中發展進步，國民在安定幸福中促進社會再進步。互爲因果，善性循環。這就是 國父的社會思想。周公行井田政治，禮樂政治，是一養一教。管子講「衣食足而後知榮辱，倉廩實而後知禮節」。是一養一教。孔子講富而後教，也是一養一教。孟子講「樂歲終身飽，凶年免於死亡」，然後驅而之善」。更是一養一教。三千年後的 國父，仍然是一養一教。即證中華民族基本立國精神，社會政策，始終不變。也就是耕讀社會的本質仍然保持。可見 國父的思想是繼承固有文化，而發揚光大的。我們站在二十世紀，回看三千年歷史，認爲此一基本態度非常可貴。

在民族主義中， 國父又强調恢復固有道德，與恢復固有智能。又主張要能知與合羣。知道民族的過去輝煌歷史，與現在所處的地位。合羣是大家合力將民族從根救起。固有道德與智能是我們民族自己創造的精神績業，是民族生存發展所必不可少。這些都是大家所必須知道與作到的事。都要靠教育來達成。就是說，人民生活在精神活動上，必靠教育來導引與控制。與物質生活必賴經濟的供應同其重要。站在社會的立場，二者不可缺一。所以他以二者並重，主張教養兼施，精神物質並重。這是世界社會學家所不能及，而爲中國古代文化精神之所重。此中國文化之可貴，中國社會思想之優越，亦 國父思想之所以過人。

新社會在政治上，社會上，革除官僚習氣了，這是使中國舊社會形態隨世界潮流而進步的作法。自此由落後而變爲領先。這風氣自西方來。但 國父並不順水推舟，把整個社會完全西化。前述强調恢復固有道德，固有智能，即堅定民族立場的作法。不僅此也，對於家庭制度，他也極力提倡，加以强調。他認爲縱然社會發達，養老恤貧都可作到，但老年人得不到家庭溫暖，子女孝順，精神上是不能得到快樂的。所以他堅決主張要保持中國的家庭制度，使父慈子孝，兄友弟恭的道德，表現於家庭之內，大家可以享受精神上的快樂。尤其是老年人，即或是一杯菽水，一碗淡飯，面前有孝順的兒孫繞膝承歡，心中自有無窮樂趣。這種精神上的天倫之樂，絕非物質可比。此西方社會所無，而中國社會所獨具。在此社會轉捩關頭，雖在若干方面不能不效法西方，但我們的優點，一定要保持，不能自我菲薄，隨人俯仰。此 國父思想態度足爲典範之處，不容忽視。

社會改革必須求進步。 國父在改革中國社會時，特別注意此點，把握進步的機運。他要我們修身，講公德。他說，「普通外國人總說中國人沒有教化，是很野蠻的。推求這個原因，就是大家對於修身功夫太缺乏。大者勿論，即一舉一動，極尋常的功夫都不講究。……像吐痰，放屁，留長指甲，不洗牙齒，都是修身上尋常的功夫，中國人都不檢點。所以我們雖然有修身，齊家，治國，平天下的大知識，外國人一遇見了，便以為很野蠻，便不情願過細來考察我們的知識。」（民族主義第六講）他讓我們講公德，重衛生，養成清潔的習慣，注意不妨害他人。因為現代社會複雜了，人口衆多，人與人往來頻繁，關係密切了，非古時可比，所以動輒影響他人，妨害公共利益。所以一切言語行動，必須檢點，以求進步。至於清潔，衛生等等習慣，則既關大衆，亦能促使個人生活進步，減少疾病，促進健康。這就表示，現代的社會已非僅過去耕讀勤儉所能適應了。倘不求進步，我們民族即將落伍。以今比古，顯得我們太愚蠢，也太不注意公德。現在社會變了，人事繁複了，往來密切了，不能再不注意公德。文化進步了，已懂得講衛生，求便利，增加生活幸福，不能再如前愚蠢。這就是社會改革之所必求進步的道理。

第三節　社會哲學之創建

各科學術都有其哲學，社會學亦然。所謂社會哲學，即對社會的看法。也就是對社會演進原理原則的瞭解。哲學觀點影響學術，支配行動。社會哲學影響社會學術，更支配社會政策，直接影響人民生活，為人民禍福所攸關。其關係之重大，有非言語所可形容。　國父有見及此，緊緊把握此點，作深入之研究，精闢之闡發。予吾人以深刻之瞭解，正確之途徑，使吾人有所遵循，不致為邪說所誤。其功不可沒。

國父主張民生史觀，大家都知道。所謂民生史觀，是用歷史眼光看社會發展所得之結論。如站在社會立場來看，則民生史觀也就是社會史觀。歷史與社會是一體兩面：由縱剖面看，是歷史；由橫截面來看，便是社會。社會的演變就是歷史。將歷史上某一時代作一平面分析研究，就是某一時期的社會現象。某一種社會現象繼續演變發展，便是歷史。所以我說，民生史觀就是社會史觀。　國父說，「民生為社會進化的重心，社會進化又爲歷史的重心，歸結到歷史的重心是民生，不是物質。」（民生主義第一講）意思是說，「人類求解決生存問題，才是社會進化的定律。」這就明白說出「社會」的進化，是以人民求生存爲中心力量。人類是有組織，能羣居的社會性動物，所以人羣能成爲社會，獸羣即不能成爲社會。人類繼續活動，共同求生存，就是歷史。這是　國父所提出社會哲學的第一點。

其次，他又進一步說，「社會之所以有進化，是由於社會上大多數利益相調和，不是由於社會上大多數的經濟利益有衝突。社會上大多數的經濟利益相調和，就是爲大多數謀利益。大多數有利益，社會才有進步。……人類因爲要有不間斷的生存，所以社會才有不停止的進化。所以社會進化的定律，是人類求生存，才是社會進化的原因。階級戰爭不是社會進化的原因。」（見同上）因爲大家的利益相調和，大家才都能得到好的生活，社會才能相安。大家相安，才是社會正常現象，合於人類共同要求，所以大家無不努力以求，自然社會能進化。這是　國父所提社會哲學的第二點。

國父又說，「純用革命手段，不能完全解決經濟問題。」（民生主義第二講）所以他主張用和平方法解決社會問題。在第一講裏，舉美國福特汽車廠的事實，證明社會問題可以用和平方法解決。在和平方法中，自然要以互助合作的精神來求問題之解決，與社會之進步。這和平，互助，合作，又是　國父所提社會哲學的第三點。

此外論點尚多，擧要如上。這些寶貴的道理，本已存在，只是始終無人提出。對社會哲學，大家都不注意。直到近世，才有馬克思提出若干社會哲學的論點。但是不提還好，一經他提出，却害苦了天下蒼生。造成今天這樣的人禍！原因是他所得的結論，不是「與事實剛剛相反」，便是「大錯特錯」，因爲他只重物質，不重精神；以偏概全，大膽武斷。以片面所見，概括全體。進而以荒謬觀點構成共產主義邪說。以科學口號迷蒙世界學人。於是由唯物論唯物史觀，構成共產主義，挑起階級鬬爭，而漫天人禍因以造成！擒賊先擒王，吾人生當大禍之衝，倘欲息邪說，救人禍，必先從根本上對馬克思荒謬社會哲學摧陷擴清，而將　國父之觀點予以弘揚，以正人心而明眞理。此本文述作之最要宗旨，亦作者之最大蘄求。

第四節　新社會之遠景

講到新社會的遠景，要將　國父與　蔣總統的思想合起來研究。這就見出一種思想或學術之完成，有時不能只靠一個人，而有待於後人之補充，繼續。即或已經完成，也有賴於繼起者之弘揚，乃得益見光輝。孔子之學如不得顏曾思孟之弘揚，必無今日之光輝。同理，　國父之思想學術如不得　蔣總統之繼承與弘揚，亦多不能就其深，成其大。單就社會思想而言，已顯然可見。茲略述如次。

國父於思想與學術之外，並精書法，所以常爲人題字。所題的詞句雖然有許多不同，但有一共同風格。綜合起來看，即可見出他的思想。簡短的詞句，總不出下列文字：「博愛」，「自由」，「天下爲公」，「繼往開來」，……等。長的詞句，則最常見的是禮運大同篇。此外就是富有教育意義的短文。如「人生不如意事固十常八九，要在堅忍耐煩，勞怨不避，乃能期於有成。」諸如此類，不可備舉。其中使用最多的，則是「博愛」二字，「天下爲公」次之。由這裏，我們就看出他的思想是以博愛精神促成自由幸福，天下爲公的社會。以大同篇所述之理想爲理想，境界爲境界。至於達成此理想的途徑，則是三民主義。此古人所未及提出，而　國父所提出。亦爲往聖繼絕學之事也。蓋就學術言，貴乎能繼長增高，不貴乎僅說明詮釋。若　國父者，斯眞能由整舊而創新者也。

在原則上　國父首先提出社會進化必循道德途徑，反對優勝劣敗，天演淘汰之公例。他說，「達爾文之主張，謂世界有強權而無公理。……我人訴諸良知，自覺未敢贊同。誠以強權雖合於天演之進化，而公理實難泯於天賦之良知。故天演淘汰，爲野蠻物質之進化；公理良知，實道德文明之進化也。社會組織之不善，雖限於天演，而改良社會之組織，或者人爲之力尙可及乎。」（社會主義之派別及批評）又說，「人類初生之時，亦與禽獸無異。再經幾許萬年，而始長成人性；而人類之進化於是乎起源。此期之進化原則，與物種之進化原則不同。物種以競爭爲原則，人類則以互助爲原則。社會國家者，互助之體也；道德仁義者，互助之用也。人類順此原則則昌，不順此原則則亡。」（孫文學說第四章）由此看出，在他心目中；社會根本就是人類相與互助之體。所以進一步，他心目中的社會遠景是一個只有公理良知的道德世界；沒有强權，沒有侵奪，不是靠競爭獲勝，才能生存。在這裏所見到的只有互助，提攜，所受到的只有溫暖，幸福。因爲這是「人類」的社會，而人類是有「人性」的，以人性的社會進步發展，應該只有愛，無有恨；只有互助，沒有爭奪的。他的看法如此，想法如此，所以作法也是如此。對人羣大衆所勉勵追求的也是如此。假如我們說，禮運大同篇的社會，就是這樣一個社會，也就是　國父所嚮往的社會遠景，亦不爲過。他爲人題字，常寫博愛，常寫天下爲公，和禮運大同篇，即最好證明。

國父在「社會主義之派別及批評」末段，曾將他理想的社會具體明白的寫出。他說，「社會主義之國家，一眞自由平等博愛之境域也。國家有鐵路、鑛業、森林、航路之收入，及人民地租，地稅之完納。府庫之充，有取之不竭，用之不盡之勢。社會主義學者，遂可進爲經理，以供國家經費之餘，以謀社會種種之幸福。

（一）教育　圓顱方趾，同爲社會之人；生於富貴之家即能受教育，生於貧賤之家即不能受教育，此不平之甚也。社會主義學者，主張教育平等。……

（二）養老　社會之人，爲社會勞心勞力，辛苦數十年，而至衰老，筋力殘弱不能事事。……社會當有供養之責。……

（三）病院　人類之盡忠社會，不愼而偶染疾病……社會主義學者遂主張設公共醫院，以醫治之，不收醫治之費用。……

其他如聾啞殘廢院，以濟大造之窮。如公共花園，以供暇時之戲。人民平等，雖有勞心勞力之不同，然其爲勞動則同也。……農以生之，工以成之，商以通之，士以治之。各盡其事，各執其業。幸福不平而自平，權利不等而自等。自此演進，不難致大同之世。」

這就是他的社會遠景。其細密周詳，高深遠大，可以概見。

蔣總統繼承　國父遺志，繼續革命，人人知道。他弘揚　國父思想，從事於新社會的建立，新社會遠景之提出，則知者較少。我們用社會的眼光看，如狹義的說，則其所言所行，都直接間接與社會有關；如狹義的只就直接有關者而言，也非常豐富。玆僅擇其尤要者略述之。

第一步，　蔣總統於民國二十三年二月十九日，在南昌倡導新生活運動。此一運動可以說就是新社會建設的第一步。不僅有言論，並且以實際行動開始倡導推行。其內容係以禮義廉恥的精神，表現於現代生活上。以「實行新生活，提倡舊道德」爲口號。要迅速，確實，簡單，樸素。更要以公德心處社會，以新精神作人處世。也可以說是以中國古代優良文化精神，鎔鑄於二十世紀的社會中。使全體國民既能隨時代進步，亦不失民族立場。不放棄民族文化精神。

第二步，　總統於民國二十四年九月，在峨嵋訓練團講「社會建設的要義」，特別強調組織的重要。以民權初步爲階梯，要訓練國民加强組織的力量，過有組織的生活。因爲今後的社會生存是要靠組織的。有組織才有力量。他說，「現在我們中國社會沒有組織，國民不能團結，四萬萬同胞都是散散漫漫如同一盤散沙，所以不但不能發生絕大的力量，建設出富强文明的國家，而且反被人口比我們少，土地比我們小的國家來侵侮壓迫，甚至弄到現在這種危岌存亡的地步。」(社會建設的要義）這裏是緊緊抓住組織的意義予以致力。　總統深知現代社會與古代不同；在現代，沒有組織的民族是不能在國際社會上立足的。這就確確實實把握住新社會的主要特徵，提示國人，作為大家致力的目標。

第三步，是具體明白的說出　國父對社會建設的理想，是一個自由安全的社會。同時也就是中國古代社會建設的理想。這一自由安全的社會，實質上就是禮運大同篇的社會。不過把自由與安全兩義標出，意義就更覺顯豁了。　總統說，「我們要建設中國社會為合作的基礎之上的自由幸福的社會。總理手訂的建國大綱，就是達到政治民主的步驟。實業計劃就是建設經濟民主的藍圖。」（民生主義育樂兩篇補述）這無異於將　國父的理想進一步予以具體說明。這樣就更容易使我們瞭解，也容易抓住致力的重點。

在這中間又具體指出新舊社會轉變的關鍵，在於由農業社會轉入工業社會。在此一轉變的關鍵上，總統指示我們注意以下三點：

一、轉變的起點：「我們中國人的衣食住行日用的需要品，都能由工業來供給，那就是中國社會從農業社會進到工業社會的起點。這一轉變，却是實行民生主義必需而先決的條件。」

二、社會組織不能適應：「工業革命要把農業社會變做工業社會。在這一過程中，舊社會組織不能適應這一大轉變。……舊社會組織既不能適應工業革命，就要流於瓦解。我們中國近三十年的趨勢，最主要的就是農業社會已趨凋敝，工業未能順利發達。舊社會組織瓦解，新社會組織還沒有形成。……」

三、主動的掌握機運，不採放任主義：這是最後一點，也可以說是最重要的一點。就是警告我們，社會變遷，在目前是必然的；但必掌握此一機運，採取主動，不採放任主義。換句話，也就是說，不能聽任社會自然演變，因為這樣，我們便成為被動，對演變的結果，我們不能控制，不能預料，這是非常危險的事。　總統深明此理，所以備引　國父遺教，對我們予以嚴重的警告。　總統說，「……我們從這兩段話，就可看出，總理對於社會組織的演變，不取放任主義，而主張盡人類之能力，來挽救自然演變的缺憾。這就是說，我們要有計劃的改革社會為自由安全的社會。我們不能放任社會的自然發展。」（以上所引均見民生主義育樂兩篇補述）這些話，可以說是語重心長，切中肯要。足爲國人致力建設中國新社會的準繩。

綜觀上述 國父與 蔣總統對於中國新社會的建立，可說是有計劃，有步驟的，也是有高遠理想的。從五千年歷史看，目前的社會變遷，是史無前例的，關係重大，波瀾壯濶，影響深遠。民族的存亡，文化的絕續，社會的光明與黑暗，都在此一擧。機會在手，稍縱即逝。不容我們蹉跎，不容我們因循觀望。必定要站在時代尖端，領導此一動盪的社會。必定要爭取主動，萬萬不可聽任其自然演變。更不可推波助瀾，任其下降。今天的社會現象，正足使吾人憂懼。大力挽回，責任在我們這一輩身上，憂國憂時之士，想必同感。至於改革或建設的事項，自然是千頭萬緒，多不勝擧，要在各部門負責同仁各自站在自己崗位上爲適當的措施。眼光要遠，氣量要大，着手則必從小處近處作起。

第六篇　民族性篇

第一章　中華民族性之優點

人有人性，物有物性。人數衆多，類別則一。就個體看，自然數目多，多了就不免在性格上有差異，是爲小差異。就總體看，數目雖多，但同爲人類，即有其共同的性格，是爲大共同。就地區與種族而言，又各有其與他種族不同，而本種族相同的性格，是爲小共同。再分開來，每個人的性格又各有同有不同。即同胞兄弟姊妹，在性格上也有同有異。自其同者言，人類爲一家，四海爲一人。自其異者言，肝膽可成燕越。人類生活賴於能羣；其所以能羣，即靠人類有相同的性格。大家發展相同的性格，自然羣體鞏固，而生活賴以安全幸福。如着眼相異之點而各自分途發展，則人類根本不能結成羣體，也就根本不能生存。這是一種自然現象。不過世界人類爲了地域的隔絕，羣體的結合以國家民族爲限。這也是自然現象。在大同的理想實現以前，生存只有靠國家民族。許多國家民族之間，不免於競爭，競爭即由不同民族性所造成。競爭的結果即有勝有敗，有存有亡。一個國家民族之內，爲了生存，自然團結，也需要團結。其能團結即靠相同之點。欲加强團結，即必須强調相同之點，而泯除其小異。如果一民族中大家心目中只有彼此相同的觀念，則大家自然成爲一體，全國家全民族爲一人。我們中國是由一個民族建設一個國家，在歷史上成爲一系，在地域上又自然成爲一體，所以我們民族的性格自然爲一，就是同點極多而異點極少。因此在羣體結合上問題簡單而團結極易。爲求生存，求發展，求在民族競爭中獲勝，我們必須加强團結。欲加强團結，就必須强調相同的性格，使大家朝一個方向努力邁進。習之既久，自然而然，在心理上就只有同而忘其異。現在是民族競爭最劇烈之時代，我們今天又處在危急狀態，則強調民族性格的大同，泯除其小異，使大家精神契合，加强團結，自爲當務之急。

人之性善，是大共同點。中華民族最能保持人類善性而發揮之，所以中華民族之性亦善。是小共同點。但我們民族大，人數多，歷史久，性格中不免有優點亦有缺點。就個人論，只有優點而毫無缺點的，萬不得一。何況偌大一個民族？優點能使我們生存發展，有進步，有幸福，缺點則足爲生存發展之累。那麼發揮優點，補救缺點，以求進步，亦爲當務之急。因此，擧中華民族的民族性加以分析，研究，强調其同點，發揚優點，指出缺點，使大家都能在一共同目標之下努力邁進，促進中華民族爲世界最優秀民族，乃爲我們不可旁貸的責任。作者不敏，願試爲之。用有本文之作。

第一節　仁愛和平

我中華民族愛好和平，不僅爲中國人所公認，亦爲世界人士所公認。和平的反面是爭奪、欺壓與戰爭。這都是我們所堅決反對的。我們反對爭奪、欺壓與戰爭，是因爲它不人道。不人道就是不仁愛，我們以熱誠待人，以人道待人，所以反對不人道。以熱誠待人，以人道待人，便是仁愛。因此我們可以說仁愛之心就是愛好和平的基礎。未有不仁的人而愛好和平的，所以我們把仁愛與和平合起來講，說中華民族是以仁愛待人，愛好和平的民族，亦應爲人人所公認。

仁愛與性善有關，因人之性善，所以仁愛。善惡是後天的社會名詞，在先天的本質上無所謂善惡，只能稱作純潔。由此先天的純潔之性發爲言語行動，在人羣中發生影響，得到反應，乃有所謂善惡。即爲人所喜悅者爲善，憎惡者爲惡。如在人羣中不發生喜悅或憎惡之情者，即無善惡之分，也就是非道德的。非道德不是反道德或不道德，而是與道德無關。也就是對人不發生利害關係，無從發生愛憎之感。假如言語行動與人之利害有關，而爲人所喜悅，人就稱之爲善，反之則爲惡。這善惡之詞是由外面得來，所以說是社會名詞。我們說人之性善，是就效果而言的。也就是說，由天然純潔本性所發出的言語行動，都自然而然爲人所喜悅。這就是人與人相愛的表現。如性惡，彼此必相憎，進而相爭。其事雖小，意義則大。我們中國人仁慈，所以特別强調性善。荀子雖然反對性善論，主張性惡，但我認爲荀子雖口說性惡，其心實亦爲善。他主張化性起僞，興聖王，起禮義，以止爭定亂，以變化氣質。又大講勸學，脩身，勉人爲君子，爲聖人。又言政治，求富國，純然一片救人救世之熱誠，宛然一慈航普渡之菩薩心腸，豈性惡之人所能道出。其言性惡，亦欲救之使趨於善也。然則荀子之性亦善也。倡性惡論者其性既善，則一般人皆善也。人性皆善，中國人尤甚，所以中國人特別愛好和平，也特別强調仁愛之德。又因先天的善性易爲後天習染所移易，所以又特別重視倫理道德教育，以培養善性，發展仁愛之心，以宏揚人類德能而安天下、安萬物、安宇宙。這一貫相連的文化思想、民族精神，實由仁心善性所促成。具體些說，這就是我們民族性所造成。

因爲我們性善心仁，愛好和平，所以我們始終對外無侵略意味，只求內向，大家同爲一體，不問其內政，更不滅其族、亡其國。不僅不滅人之族，不亡人之國，甚至以存亡國繼絕世爲懷抱。即自亡之國，自滅之族，我們還要幫助他恢復和繼續。這就不僅是愛好和平所能賅其義，且更超過了。

侵略我們民族，威脅我們生存的國內宗支或外敵，我們爲了自身生存，必定抵抗，以圖恢復。恢復之後，不採報復主義，只求其還我河山，停止侵略，於願已足。歷史上對外用兵，都以此爲界限。侵略者只要放下武器，與我們和平相處，我們即視爲兄弟，提攜之惟恐不及，且在文化上政治上與之同化，與之合同爲一。明之於元，民國之於清，中華民國之於日本，都是一種作風，只求侵略者放下武器，還我河山，與我們和平相處，過去種種仇恨，一切忘懷，絕不尋仇報復。我們認爲報復主義，將使民族之間寃寃相報，循環不已，始終擾攘不安，即始終彼此都不能得安定的生活，正常的發展。所以我們於侵略者一概不念舊惡，不咎既往。我們要知道，必這樣才能得到眞正而永久的和平。假如世界上各民族都這樣，則世界上將永無戰亂，永享和平自由幸福。我們過去如此，今後更將如此。因爲這是我們的民族性，並且是極優良的民族性，不僅要保持，並且要發揮。我們認爲中國民族性宏揚於世界之日，即世界人類幸福之時。不僅拭目以待之，尤當努力以赴之。

第二節　富正義感

孟子主性善。不僅空言，亦有論據。其論據即所謂四端論。「惻隱之心，仁之端也；羞惡之心，義之端也；辭讓之心，禮之端也；是非之心，智之端也。人之有是四端也，猶其有四體也。」（孟子公孫丑）他說人類先天即有仁義禮智四端。率性而行，引四端而伸之，發爲行動，即成仁義禮智四德。此之謂性善。前已言之。這裏提出一個是非之心，加以說明。所謂是非之心，即指人類有辨別是非善惡之本能。見了強陵弱，衆暴寡，人皆知爲非；見了仁人君子愛人助人，皆知其爲是，不待教而明，孟子稱爲智之端。此所謂端，今人稱之爲本能。這四種本能人人有之，本於先天，只待引伸發揮，無須學習。仁義禮智四種本能既同時具備於一身，即能同時發生作用，或相因而生作用。即如見強陵弱，衆暴寡，便由惻隱之心而同情弱者，由於是非之心而判斷曲直，因而發生一種不平之感。此種不平之感基於仁義禮智四端而發，今人稱之爲正義感。正義就是是非，正義感就是擁護正義，是是非非之心。我們中華民族富於此種是是非非之心，即同情弱者，痛惡強暴之心。

中華民族既富於是是非非的正義感，隨之即將發生兩種作用，第一：消極的因對非的起反感，而自己不爲非。第二：積極的因同情弱者，痛惡強暴而發爲抑強扶弱的行動。說俗話就是打抱不平；說高深話就是俠義。所以路見不平，拔刀相助的義擧時有所聞，捨身爲人的俠士時有所見。即不爲人而只爲抽象的是非，也寧肯犧牲一己生命而使正義伸張，强暴俯首，絕不肯助强權以摧毀正義。齊太史爲直書崔杼弒其君莊公而身死；其弟又書，又死；再書，再死；凡死於强暴者太史兄弟三人。終於大書崔杼弒其君於史乘而後已。這不是抑强扶弱，而是爲扶持正義而不惜以生命殉於强暴。在齊太史是以兄弟三人生命換取正義之伸張。在崔杼，則能以强權殺太史兄弟之身，而不能滅正義，不能殺人心中之正義感。在正義之前，太史勝了，崔杼屈服了，這就是是非之心發生的作用。也可以說這是正義感高度發揮的結果。鉏麑觸槐而死，與此亦有同樣意義。晉靈公無道，趙盾數諫，公惡之，使鉏麑夜入其宅刺殺之。天未明而趙盾已盛服將朝，時尚早，坐而假寐。鉏麑見而嘆曰：不忘恭敬，民之主也。賊民之主，不仁；棄君之命，不忠。乃觸槐而死。此事示晉靈公爲暴君，而趙盾爲忠臣。鉏麑奉暴君之命害忠臣，其事爲正義所不容。他以正義感同情於趙盾，痛惡於靈公。但靈公爲君不可抗，只有犧牲自己而伸張正義，所以鉏麑之死乃死於正義。爲正義而死，這又是一個極明顯的例。

正義感意義在於講公理，明是非。公理、是非，既爲大家所共同公認的，即應大家共同遵守奉行。有人破壞，人人有擁護的責任。必使公理彰，是非明，人類社會乃得安定，而能得到合理發展。萬一是非泯滅而無人擁護扶持，人類社會將呈現一片黑暗，而人不能一日安。因此民族的盛衰，國家的强弱，社會的進退，視公理是非之隱顯興廢而定。這樣說，人類社會必須有此項正義感在默默中維繫。一民族一國家如此，全世界亦無不如此。就一民族一國家而言，培養人類正義感，以彰公理是非的，靠教育與法律，也靠社會輿論。就全世界言，靠國際正義與國際公法。國際正義與公法被人破壞，便只有靠力量。力之所在，即理之所在。近代的國際聯盟和現在的聯合國，就是這樣的組織。這就證明公理之需要擁護，是非之需要彰明，爲世界人類所同感。不過第一次世界大戰後，始有國際聯盟，第二次世界大戰後始有聯合國。而此兩組織均尚未能達成其任務。則强調正義感，加强此項組織，乃爲人類所急需。曠觀世界民族，最富正義感的，無過於我中華民族，則宏揚我中華民族性於世界，以彰公理，明是非，救人類，自爲今日當務之急。

和平，和平，平了才能和。不平的和平是假和平，平的和平乃爲眞和平。幫助强權壓制弱小使不得反抗的，是不平的和平。幫助弱小戰勝强權的才是眞和平。因此抑强扶弱爲人類社會高尙的行徑。在國內稱爲義俠，義俠之士受人民愛戴。在國際稱爲公理正義，擁護公理正義的，受世界人士之支持與歡迎。我中華民族愛好和平，即講公理，明是非。我們所倡導的和平才是眞正的和平。所以抑强扶弱爲我中華民族共同的民族精神。在國內如此，所以歷代豪俠之士史不絕書。在國際亦如此，所以在組織聯合國，起草憲章時，我國代表提出維護和平必基於公理與正義的條款。結果爲大家所公認，已訂入聯合國憲章。這就是我中華民族對世界人類的貢獻。而此一貢獻實以正義感爲始基。將來我們如能更進一步宏揚此項美德於世界，使之發生更大力量，則造福於人類者實未可限量。　國父孫中山先生創造三民主義，於民族主義中特別强調此義，他說：「中國古時常講濟弱扶傾，因爲中國有了這個好政策，所以强了幾千年，安南緬甸高麗暹羅那些小國還能保持獨立。……我們中國如果强盛起來，我們不但要恢復民族的地位，還要對世界負一個大責任。……所以我們要先決定一種政策，要濟弱扶傾，才是盡我們的天職。……」（民族主義第六講）由此表現濟弱扶傾是我們中華民族的民族性，而　國父的三民主義就是宏揚此項民族性的主義。此中華民族之所以可貴，亦即　國父之所以偉大過人。

第三節　堅毅沉潛

人的秉性有許多不同形態，有的活潑，有的老成。有的輕浮，有的穩重。也有的好動，好表現，情感盡量向外發洩；而另一種人則比較好靜，有事悶在心裏，有情感盡量壓在心頭，不喜歡向外發洩。我們中國人就屬於以上所舉的後一類型。所以在民族共同性格上便形成堅毅與沉潛的特色。

堅毅與沉潛的性格，從好的一面講，是厚、重，持久。有含蓄，堅强有韌性。從壞的一面講，是沉悶，不活潑，不機警。我們中華民族自古即具此性，所以我們不浮躁，不淺薄，民族中有一種極爲深厚的潛力，平時不表現，到必要時，或歷若干時日之後，才能發作。因此我們能忍辱負重，也能於忍耐若干時日之後，奮發爲雄，光復舊物，雪恥復國。我們肯作不求人知的事，肯用笨功夫，用苦功夫，而又能不間斷，不叫苦，必底於成而後已。我們能埋頭苦幹，所以能成大功，就大業，氣魄雄偉，堅實有力。就有形的事務而言，萬里長城就是在這種性格之上作出的成績。論笨、重、難，是無以復加了，但爲了完成這一維護民族生存所必需的防線，我們不怕難，不怕苦，大家埋頭苦幹，前後繼續。一天不成，兩天；一年不成，兩年；總有成功的一天。結果終於作成了，也發生效用了。完成之後，我們登上去，遠遠的望過去，前後，左右，瞭望，懷想，再打開地圖看，心中所發生的感覺不知是甚麼味道，只覺得所有豪壯，雄偉，艱難，……等類字眼都不足以形容其萬一。只覺得中華民族的氣魄，藉以表現了一部分。此一民族生存的國防線爲我們効力二千多年，直到近二三十年，戰爭由平面變成立體，才漸漸失去效力。此外，每一城鎭也有城、有池，工程也極浩大，作風也相類似。北平的宮殿、天壇，我們都見過，從地基起，已經够使我們驚嘆，高、厚、大，看上去够氣派。再抬起頭看，一道道的門，一層層的宮殿，向上、再向上，要一直向上。一國的國都，應該這樣雄偉，也應該這樣壯麗。這不是奢華，而是表現氣魄，予人以豪壯高大的觀感。因爲它是國家的象徵，尤其是中國這樣大國，必須把國都建設的豪壯、雄偉，不能顯出小家子氣。雖然笨，亦不爲病。就無形的事物而言，在作人的精神上，也由這種堅毅沉潛的性格自然養成一種深沉久遠的氣量；在事功上要求普及蒼生，在時效上要求久遠，在道德修養上要求深厚沉靜。不求近功，不求速效，大器晚成。曾子說：「士不可以不宏毅；任重而道遠，仁以爲己任，不亦重乎？死而後已，不亦遠乎？」（論語泰伯）這是一種抱負，也是一種氣量，由堅毅與沉潛的性格所養成。在情感的發洩上，力求內斂，求含蓄，不輕易向外表露。我們要有泰山崩於前而色不變的鎭定功夫。這是一種修養，謝安能作到，所以苻秦以八十萬之衆大舉南侵而謝安能從容佈署而不慌張。及至淝水一戰而勝，應該說是中華民族的大事，與泰山之崩事相反而意相同，但他也能繼續奕棋而不動聲色。諸葛亮也能作到，所以他能安居而平五路敵兵。曾國藩亦能作到，用能以一書生練鄉勇而平定太平天國。 國父孫中山能之，用能十次失敗而不灰心喪志；並能推倒滿淸，建立民國，身爲總統而不色喜。蓋得一金而不知所措者，畢竟是匹夫匹婦。成大功立大業者非有極深修養不能作到。我們認爲君子立身要求三不朽：立德，立功，立言。此既非一朝一夕所可就，亦非三年五載所可滅。成之難，滅之亦不易。根旣深，拔之亦不易。成功不必自我，立言不爲一時。著出書也不一定立刻要求人知，可以藏之名山，傳之其人。功業雖不一定及身而成，努力則一息尚存不能稍懈。孔孟在當時都不得行其道，也都著書立說，以垂教久遠。由於他們著書立說，嘉惠於民族國家者乃非言語所能道其萬一。 國父孫中山先生致力國民革命，曾說：「自革命同盟會成立之後，予之希望則爲之開一新紀元。蓋前此雖身當百難之衝，爲擧世所非笑唾罵，一敗再敗，而猶冒險猛進者，仍未敢望革命排滿事業能及吾身而成者也。其所以百折不回者，不過欲以振起旣死之人心，昭蘇將盡之國魂，期有繼我而起者成之耳。及乙巳之秋，集合全國之英俊而成立革命同盟會於東京之日，吾始信革命大業可及身而成矣。……」（孫文學說第八章）由這一段話，可以充分表現中華民族的性格，也可證明 國父孫中山先生爲中華民族之代表人物。可以說中華民族所有美德都在他身上表現了。就這一點而論，我中華民族的潛力是雄厚的，前途是無限的。一時的成敗得失不能作最後論定。

愚公移山是寓言故事，有其說，未有其事。但即此一寓言故事即表現中國民族性，有甚深之意義。多少事業都是用愚公精神所促成。玄奘赴印度取經、達摩面壁，乃至於武訓行乞而興學，皆出於同一精神，都是明證。讀書人以十載寒窗，鐵杵磨穿爲教訓。「只要功夫深，鐵杵磨成針」，出於天才橫溢的李白之口。中國自創的佛教宗派禪宗，獨以苦修頓悟爲法門，不立文字，不重言說，只求在內心上自己領悟。一日不能，兩日；一年不能，兩年、三年……終有領悟之一日。抗戰時期成都機場之修築，中印公路之鋪設，都是在此種毅力支持之下所完成。這種傻瓜式的作風只有中國人用。禪宗之建立，充份表現中國風度，中華民族的性格，西方人夢都夢不到。這是中國人的特色。

吃得苦中苦，方爲人上人。苦盡方有甘來。我們爲了讓人，肯於自己吃苦。爲了享受苦後之甘，也肯於事前受苦。並且苦死不出聲，寃死不入公門，不願與人爭長鬬短。因爲我們能忍苦耐勞，所以能白手成家，創造事業。華僑遍世界，無論何處，都是自力開創，以忍苦耐勞習性在任何地區都能立足和發展。並且與人無忤，與世無爭。只憑此點，即證中華民族永遠有前途。

堅毅沉潛之性養成的民族道德，是堅忍和百折不撓的毅力。張良的成功靠圯上老人的訓練。圯上老人的訓練張良在於忍耐。要他忍小忿而就大謀。張良在當時正少年氣盛，缺少的正是堅忍的德性。他受了老人的訓練，應用之於佐高祖定天下。不僅他應用，也教高祖應用。韓信要求爲假齊王，高祖怒形於色。張良躡其足，高祖會其意，即順水推舟，封信爲眞齊王。假如高祖怒斥之，韓信叛漢自立無疑。高祖不僅力不能制，反多樹敵，而天下誰屬正未可知。成敗關鍵在於能忍不能忍。宰相肚子撐下船，是大度包容，也是堅忍。政治上以此爲訓，也以此成功。因爲我們有大度包容之德，用能懷異國，柔遠人，使大家相安共處於一家之內。四夷的宗支或以武力入侵，或逐漸內移，只要放下武器，停止侵略，我們都與之和平相處。用能不斷與各民族相融合而成中國之大。治家的也以忍耐爲訓。張公以百忍傳家，歷史上傳爲美談。由此證明堅忍是中國普遍的民族性。百折不撓，屢仆屢起，愈挫愈奮，　國父所領導的國民革命，便是極明顯的例證。換句話說，多少大事業是由此種堅毅沉潛之性所促成。這是我們中華民族可貴的德性，目前的反共復國，將來的復興圖强，由救中國進而救世界，都將靠此德性。

第四節　崇本務實

中華民族崇本務實的習性，可能與所居之地以及農業生活有關。我們自始即住在東亞大陸上，這塊大陸既極廣大，又是肥沃的黃土層平原，天然是一個完整富厚的大家庭。只需要坐下來耕種，過安定日子，不需要外出經商與冒險。生活豐足，够吃够穿。氣候也極溫和，無祁寒盛暑之苦。國內沒有海洋的障礙阻隔。我們的遠祖住在這塊土地上有得天獨厚的條件。也有優越的生活能力，遠在有史以前已經開始農業生活。農業所需的條件就是安定，實實在在的作，不利遷徙，不利於見異思遷。一分耕耘一分收穫。無不收穫的耕耘，亦無不耕耘的收穫。脚踏實地，一點一滴，今天如此，明天亦如此。世世代代相傳，無不如此。大家以土地爲生命線，以勤苦耕耘爲生活條件。久而久之，自然演成習慣。這樣就不僅使全民族共同性格趨於務本崇實，亦將民族文化鑄成溫柔敦厚，不尙巧詐的文化。這是由自然條件所演成的民族習性。

就實際日常生活而言，極大多數的人民分散在農村，各自過着農村生活，簡單樸素，看不見奢華，也不需要奢華，想不到奢華。話，說一句算一句，聽不到花言巧語，也用不到花言巧語。到今天我們中華民族講信義，仍爲世界人士所推重。即或吃了虧，但我們寧願打落牙關和血呑，也不肯失信於人。大家的利害是相同的，需要也是相同的，命運也有其共同一致性。張家有了災難，王家李家也都息息相關。一個人生了病，大家心裏不舒服。基於人類善性，加上生活上的需要，當然會演成守望相助，疾病相扶持的美德。感情自此加深，人情味乃日趨濃厚。一家蓋房，全村都去幫工；只管吃飯，不要工錢。房屋，衣服，用具，只求合用，不怕笨重呆板。日常生活以勤儉相勉勵。大家認爲勤能補拙，儉以養廉。數千年來，我們的平民生活都在此一目標之下過着勤儉生活。習以爲常，視爲當然，不以爲苦。久而久之，從根本上養成崇本務實的風氣。在這種風氣之下，把多少社會問題不知不覺在無形中消滅掉。換句話說，假如不是這樣，大家競尙奢華享受，則將釀成許多流弊，社會必將不安，民族道德必將日益敗壞。靠了這崇本務實的民族習性，在勤儉中生活了數千年，培養了國本，育成了民族道德，維護了社會風氣。殊不料到了民族生存極端危險的今天，大家口中喊着毋忘在莒的口號，實際過着從來所未有的奢侈淫靡的墮落生活。一擲萬金，若不甚惜。民族道德日趨於下，社會風俗也日益敗壞。但大家似乎不大理會，雖有挽救之道，但效果不大。實在使我們憂懼。

講學問，講教育，要從實際生活中去求，也向實際生活中去用。小孩子入學，先從灑掃應對學起，在家要入則孝，出則悌，長大了才講對人處世謹而信的道理。再向上，才談到學文。由格物致知一步一步作，最後才到治國平天下。由卑而高，由近而遠，下學而上達。一點一滴的向上積累。學問不怕少，只怕不實在。所以講教育重在博學，審問，愼思，明辨，篤行。這所謂博、審、愼、明、篤，已經表現出確實不虛的意思。仍恐不足，接着再加重，「有弗學，學之弗能，弗措也；有弗問，問之弗知，弗措也；有弗思，思之弗得，弗措也；有弗辨，辨之弗明，弗措也；有弗行，行之弗篤，弗措也。人一能之，己百之；人十能之，己千之。果能此道矣，雖愚必明，雖柔必强。」(中庸哀公問政章）實在更實在，認眞更認眞。唯恐知之不深，行之不力。此種教育理論充分表明了崇本務實的民族性。

講到對人，我們是以實心實力出自內心的責任感對待人。不重在彼此間的權利義務。不是說不肯盡義務，而是不以應盡的義務爲限，而自動的願多負責任，多盡義務。西方人重權利義務，享多少權利，盡多少義務；兩相對待，不肯少，也不大肯多。我們中國人寧可多不肯少。投桃報李，厚往而薄來。「投我以木桃，報之以瓊瑤；投我以木李，報之以瓊琚。匪報也，永以爲好也。」（詩經衛風）桃李賤而瓊瑤貴，我們不計較。必定要厚報。所以四夷入貢，中國必給以更重的賞賜。士爲知己者死，報之重也。僕人爲主人傭工，是以工作換取工資。權利是工資，義務僅限於工作。但義僕忠於主人，往往超過應盡的義務，而自願急主人之急，當主人之難，甚至以身爲殉，代主捐軀。此種義人，史不絕書，民間尤多有之。這不是義務，而是道德，這種道德由實心對人發展而來。在中國社會上放射無限光輝，爲中國歷史上造成無窮影響。民族精神之可貴實在於此。

第五節 尙道德、重氣節

道德是一種內在的力量，是一種自發的責任感。以性善爲基礎，以決心與勇氣爲促成力量。其對象由近而遠，由親而疏，由少而多；逐漸擴充，效果即逐漸擴展。以之對父母曰孝，對兄弟曰悌，對朋友等等曰義、曰信……。以之對事，即表現自己立場，和作人的責任與風骨。雖有時並無一確定人物作對象，但自己作人風骨必須保持，立場必須分明。雖云對事，實際亦對人羣。即如上擧齊太史對正義負責，實際所謂正義即在人心，捨人心何來正義。歷史上無數殺身成仁的仁人義士，即不惜以生命表現自己立場與作人風骨。對正義，對是非負責，亦即對人人心中的正義感負責。又不僅爲當時人，亦爲後世無數人。這樣，所發生的影響就非常之大，不僅在當時，也在後世。凡有血氣，莫不欽遲，因而有感發興起，前仆後繼之人物，繼續不斷爲正義而奮鬬犧牲。亦足成爲人人心中共同景仰之對象，自然演爲一種人間楷模。就對人而言稱爲道德，就對事而言稱爲氣節。這是我們中國人內心的責任感，自然表現在行動上，就成爲民族共同習性。

人類社會之所以有溫暖，靠道德心。有互助，有排難解紛，有以友情幫助人解除困難，成就事功，也靠道德心。就是整個社會的進步，活躍，熱烈，也無不由人類道德心所促成。只講權利義務的社會，以半斤對八兩，不是理想的社會。不計代價，乃至作了好事不求人知的社會才眞是可貴的社會。我們中國人就是這樣的性格，隨時隨地自然表現多少道德行爲而不計代價，不求人知，所以我們的社會是熱烈的、溫暖的。無數陷於災難困苦的人得到同情，也得到幫助，渡過困難或完成事功。假如社會上沒有道德，則不僅人類生活感到冷酷，缺乏溫暖，人類社會之進步亦將大大減少。我們日常生活在道德中，不感覺它的重要，是因爲如入芝蘭之室，久而不聞其香。一旦進入沒有友情的社會，將使人不能一日安。溫暖消失，進步停滯，其後果不堪想像。人生的苦惱將甚於物質的缺乏。所以飢寒可忍，而精神上冷酷不能忍。鐵幕內人民大量向外逃亡，不能逃亡的不斷奮起反抗暴政，即其明證。

我中華民族天然富於熱情，對人親熱，好客。人情味特別濃厚，到現在還是一樣。尤其爲外國人士所豔稱。所有國際人士到中國來的無不感到溫暖，走了必定推崇我們說我們好客，富於人情味，招待客人是那麼親切，周到，使人不能忘懷。平時在國內，對親友，也是一樣。尤其是在鄉間，更爲熱烈濃厚。過年過節，彼此有定時酬應往還。婚喪喜慶，餽贈禮物，都非常認眞，唯恐其薄，薄了對不起人，不够味。這種熱情就是道德行爲的動力，是人類社會可貴的因素，應該輔導、發揚，不應該限制。近年每屆年節春節，必有節約寄發賀年卡片，以及相互拜年的呼籲，使我們這可貴的人間溫暖，彼此間的禮節受到限制，而日趨敗壞的風氣却任其流行發展。此種作法似有遏阻道德心的傾向。區區之心，認爲非明智之舉，期期以爲不可。似有改進的必要。

所謂氣節是表現在國家民族方面的，必與國家民族有關的大事，才用得着氣節。大而言之，是一身繫國家之安危，則在此時個人之一身實不能與國家比其重量。必將個人生死置之度外，而爭取國家之安全與榮譽。這樣便可由一人之犧牲換取國家之獨立自由，或立國的精神。小而言之，是個人的國家立場不容搖動或放棄。我們作人要堂堂的作一個人，要有一兩根硬骨頭，頭可斷膝不可屈。必不得已時能權衡輕重將生死處理得有聲有色。如當死而不死，則所得者一人生命之苟延，所失者國家之命運與尊嚴。在這時能識大體，顧大局的，便堅決而明快的表現立場，不惜犧牲一己而維護國家。雖利誘於前，威迫於後而不移其節，不變其志者，謂之氣節。有氣節的人，雖死猶生，為人人所尊敬，其精神將永遠活在後人的心靈上，支撐着國運，呼喚着民族靈魂。默默中成為國家民族生存發展的無形力量。我中華民族對這一問題看得極為重要。成為大家心目中的公是公非，共同立場。賢明的慈母，常能勉勵愛子殺身成仁，為國盡忠。甚至不惜先以身殉，以促成其子之志，完成一家、一軍、乃至一郡的忠烈，表現其氣節。所以一門忠烈之事史不絕書。這不僅是中華民族的民族性，實在也就是黃帝子孫的可貴精神。

第六節　尚道義、重感情

我們中國人太重感情。因為重感情，所以待人厚，對人熱誠。上面所說人情味，就由重感情而來。外國人都知道我們中國人的人情味厚，說我們對人客氣。也就是認為我們重感情。自古以來，我們就由此自然形成一種厚往而薄來的對人風度。人與人彼此之間是如此，即在政治上國與國之間也是如此。人來一，我必報之以十。不這樣心有未安，情有未盡。上舉詩經，桃李投報，瓜與桃李極輕，瓊瑤瓊琚瓊玖，是美玉，極重，不能相比，所以說匪報也永以為好也。論報不至如此之重也。屬邦進貢，本所當然，無須答禮，朝廷亦必厚賞以財物，即此心理之表現。

親屬之間相待，只在感情，不在物質。父母愛子，可以哭而喪明。子女哭父母，必至哀毀骨立，杖而後能行。都是因感情太重，因而失去理智。所以行慈孝之道，不免過重，以致有時超乎理所應為的限度。

生離死別，人生所難免。我們這過於重感情的民族對此則成為一種十分沉重的精神負擔。離鄉背井的，既重於別，又傷於羈旅不能歸。即久別重逢，骨肉團聚，也要思前想後，哭成淚人，然後恢復歡笑。

月夜思鄉，久已成爲詩料。征人遠出，惟有夢裏追尋。哭則往往一哭而絕；愁則深鎖雙眉。經年累月，精神苦痛，皆由熱情而來。人而不仁，必無此苦。則中華民族之仁風即此可見矣。

親屬以外的人，相待以情，自屬必然，情以愛敬爲基礎。除此之外，又有一種道義之感，成爲對人精神上的負擔。走到極端，士可以爲知己者死，女必爲悅己者容。報恩報德，亦必以十報一。這就是在感情之外，又加上道義了。爲國、爲君，可以犧牲生命；即爲朋友，爲恩人，也可以犧牲寶貴的生命。僕人爲主人，本無義務，但有時也自願犧牲自己生命以抒主人之難。像這樣人，所在多有。他們將中國社會提高，爲中國歷史生色、增光，構成所謂輝煌燦爛之另一面。更有些人只爲扶正義，爲明是非，並沒有人的對象，也寧願不惜一切犧牲以赴之。如上舉之齊太史和鉏麑都是。這些人只能說爲正義，爲是非而以身殉。諸葛亮鞠躬盡瘁，死而後已，是爲先主，爲後主，也是爲漢除賊，爲扶正義而除奸雄。使他稍爲自愛，不至以五十四歲的英年即因勞瘁而卒於軍中。類此者多，不可枚擧。就民族生存發展而言，成爲一種潛在力量。就民族文化，與民族性而言，成爲一種光輝。講到此處，就覺中華民族不僅可貴，也極可愛了。

因爲太重感情，太重道義，使我們精神上負擔太重，生活太苦，甚至於傷身，殺身，犧牲太大。但我們好像不大注意這些，雖明知之而仍願無條件以赴，絕不爲自己設想而減少對人的情誼。這是我們內心的要求，不期然而然，自然更談不到有甚麼企圖了。

第二章　中華民族性之缺點

以上所述，爲我民族之優良習性。但以中國之大，人口之衆，歷史之久，豈能人人盡同，歷久不變。

一家兄弟性格尙有不同，何況一國一族？資質優劣旣難盡同，後天習染更難一致。所受教育多少有異，領悟遵行亦有差別。自其同者觀之，天下莫不同；自其異者觀之，天下莫不異。以上所論，就其大體觀其所同，同之中又擇其優者舉而出之，彰而明之，又從而闡發之，强調之。俾全國同胞就其同者更求其同，就其優者從而保持之，宏揚之。尤要者，在憬然有所悟於心，因而自尊、自重，旣能獨善其身，亦能兼善天下。亦即盡性修德，以其成人格，更能爲國家民族盡其應盡的義務。因此於上舉諸端不惜多費筆墨，旣述其長，亦闡其義。不過人非聖賢，孰能無過？以偌大民族，歷悠久年代，又豈能完備無缺，無疵可指？加以近年世界大通，民族競爭日趨劇烈，正民族遭受考驗與鍛鍊之時會。則發揮優點，改良缺點爲刻不容緩之急務。因此虛心檢討，不諱疾忌醫，必爲全民族共同一致之要求。以下所論，即本此旨，略舉犖犖大端，期與同志同胞共同勉勵。至其細節，固可得而略也。

第一節　保　守

中國人喜歡保守，重於改革，是人人知道的。大事大到治國安邦的大政方針；小事小到日常生活一言一動的小動作，小用具，無不因仍舊制，不肯輕易改革。在中國人心目中「習慣」就是眞理。要使我們打破習慣，另立新章，即非常之難。所持的理由便是：很久就是這樣了，大家都是這樣。仔細想來，這是不成理由的。行之已久的未必對，大家都一樣的未必好，假如有更好的辦法爲甚麼不可以改呢？我們作事只當問這樣作對不對？好不好？有沒有更好的辦法可用？但我們却很少有改革以求進步的興趣。有人提議作何改革，似乎不大願意考慮。甚至要引經據典的搬出聖人來壓倒改革論者。所以政治上每有人提倡改革，必遭反對。商鞅變法，趙武靈王胡服騎射，王安石實行新政，無不遭極大阻力。即桑弘羊實行新經濟政策以求富國裕民，亦受儒生强烈反對。賣藥的作招牌，一定要說「遵古炮製」。口頭宣傳，亦必說這是用古人成方作成。站在科學時代聽了這話，無異於自己招供，我的藥是用多少年前的老方法作成，並沒有絲毫改良進步。細細想來，這不是很好笑的事嗎？作者於抗戰時期在江西，在四川，看見鄉間人民住的房子，進門要低頭。房裏黑暗得看不見東西，更看不見字。空氣沒有，風進不來，因爲他們不肯開窗。一間屋只留一尺半見方的洞口，算是光線空氣僅有的一點出路。無異於自己作一小監牢把自己關在裏面。何以不肯開大一點窗？只因爲很久都這樣，大家都這樣，所以雖然黑暗而又悶氣，也不能改。保守至此程度！可謂愚蠢到極點。諸如此類，舉不勝舉。這一保守習性對民族進步無形中構成極大阻力。

第二節　顢頇、遲鈍、攏統

農業社會所陶鑄成的性格是老實，忠厚，務本崇實，不慕虛榮，不好奢侈。都是它的長處。但稍一過火，便流於顢頇遲鈍，行動不够迅速，思想不够敏捷，頭腦不够靈活機警。這便形成一種缺點。在完全過農業生活的社會，還不大感覺不便，到現在趨向於工商業社會，一切生活趨於現代化，就顯得我們的老脾氣不能適應現社會了。今天的社會是一天比一天繁華、熱鬧、緊張、忙碌，恰好與我們的老脾氣相反。於是感覺到落後，追不上時代了。就數字而言，純農業時代不需要怎樣精細確實；大體不差，也就够了。科學時代就不然了。不僅計及錙銖，甚至小數以下要算到多少位。太空科學就是數學科學，一絲一毫不容差錯。就時間而言，所謂不違農時，也不過春種秋收的工作不容遲誤，時間是以天數計。現在的社會，時間是以分秒計了。這又使我們多年的老習慣無法適應現社會了。就交通而言，陸上，水上，空中，都有重大進步，方法多，工具多，最主要的是速度快。你快，我快，大家快，不快的當然就要落後。不僅交通工具快，頭腦也要快，行動也要快。慢騰騰的邁四方步，又不能適應了。現在的社會複雜，人事往還密，在應付社會關係上，也需要高度的機警。文化的進步，科學的發展，乃至政治、經濟、國防，……無一不在競賽。進步快的勝利，慢的又只有落後、失敗。科學時代要精細，也要確實。思想細密，行動也要細密，一絲忽略不得。偏偏我們思想行動又是那麼攏統，不够精細。總而言之，今天的社會與過去大大不同了。老脾氣不能適應了。我們幾千年在農業社會中養成的老習慣，遂成爲我們處現社會的弱點。

第三節 自私、不重公德

前面說我們有道德心，有道德心即爲人，不爲己。這裏又說自私，不講公德，好像前後牴觸，其實不然。前面所說是我們先天的「性」，本性無不善，故無不具備道德心。這裏所說是後天變質的「習」，習即有善有惡。人心惟危，道心惟微。先天的是道心，後天的是人心。生活習慣，社會風氣，都屬後天的習。無庸諱言，在這幾方面，古代均優於近代。所以時代愈後，風氣愈壞。因而大家都有在道德上今不如古之感。讚美人的必說古道熱腸，感慨風氣不好的必說世風不古。我們這裏也是指近世而言。古代人口未繁，人事未密，社會關係比較少，不大發生公德問題。現代則人口日繁，人事日密，社會關係一天複雜一天，動輒影響他人，牽涉整個社會。偏偏近代教育過於偏枯，只重知識的灌輸，不重道德的培養，遂使人類善性不能得到正常培養與發揮，而後天習染却使我們的生活習慣隨社會風氣而日趨於下。道德問題漸漸被大家所遺忘。加以貧窮太甚，須知這長久的貧窮，普遍的貧窮，雖然是士，也難長久而普遍的保持應有的操守。如果政治有力量，教育有效果，當然可以補救。只可惜從元明以來就未能振作，政治教育都不能負起應負的責任。從士大夫起，風氣既不能保持敦厚淳良。也不能以一種定力退而清操自守，進而表率羣倫。其甚者，即由士大夫領導風氣日下。此由明朝的薄俸制所釀成，顧炎武日知錄已慨乎言之。到清末更因民窮財盡，政府賣官鬻爵，而政風吏治更不堪問。到今天我們追尋風俗日壞之根源，仍當歸本於薄俸制。官俸不能餬口，不能仰事俯畜，又要維持身份，保持體面，欲求廉潔，豈不甚難。到今天的公教人員仍能大體安貧，不肯越軌，已屬難能可貴了。這就靠人類善性，和自尊自重，乃至自我教育的力量，用能維持此社會於不墜。如就目前的物質待遇，生活指數，社會風氣而講權利義務，則這社會早已不能維持安定。自私的心理又如何能免？

假如教育有力量，大家都能明廉知恥，富道德觀念，雖然窮，我們也能窮出一個樣兒，因爲君子固窮。可惜教育教我們作君子的話太少，教X加Y，和ABC太多。今天的社會仍能維持大體於不墜，實在就只靠人類本然的善性，和公教人員的自我教育。又假如我們定一規矩，創一風氣，大家過窮日子，也不要緊。但我們的生活却因西風東漸，一直追蹤資本主義社會的現代生活。只有變本加厲，不見挽回補救。不肯以儉養廉，以勤補拙。風氣焉得而不日下？老子所說：「五色令人目盲，五音令人耳聾，五味令人口爽，馳騁田獵令人心發狂。……不見可欲，使民心不亂。」究竟這是推不翻的道理。我們爲何反其道而行呢？於是自私，講現實，不顧大衆，成爲一時的習性。須知這是一時的習氣，偶然的病態，不是根本不可救的病，不難一藥而愈。只要拿出魄力，改革教育，改革薄俸制，提倡儉樸的風氣，社會可以立刻改觀。

不講公德的行動往往於不經心中出之。不一定有意的破壞公共利益。這是由教育偏枯所養成的習慣。假如從幼年即從家庭教育着手，進而至於學校教育，社會教育，各處配合得好，逐漸養成習慣，自然而然，每一行動必能考慮到是否妨害他人。另外一個因素是，由於缺乏道德教育，有些人心理上有一種反常的榮辱感。即以榮爲辱，以辱爲榮。守公共秩序本屬光榮，但有些人却必定要把自己作成例外，以示身份地位高人一等，與衆不同。這是一種不正常的心理，也有待於道德教育以及社會輿論爲之挽救。

第四節 散漫、無組織

前面說過，我們本有善良的本性，有相愛互助的合羣之德。按理，大家應能具備一種組織能力。但因農業社會人民居處隨土地而分散，成一個一個的小鄉村，而平時又生活單調平板，不需要組織任何團體。所以素來散漫，缺乏一種組織力。加以政治上極爲自由，政府對人民非常放任，除納稅當兵之外，幾乎和政府不發生甚麼關係，人民可以自由自在的生活，各幹各的，用不着甚麼組織，甚麼團體。所以　國父孫中山先生說，我們的自由太多。自由太多便是太散漫無組織。所以像一盤散沙。

古時社會單純，人民生活也極簡單樸素，此項缺點受不到考驗，不感覺有甚麼不便。現在的社會變了，國內，國外，人民對人民，民族對民族，國家對國家，關係既密切，競爭又激烈，處處需要組織。組織就是力量，有組織才有力量。組織强大，力量也强大，反之即成爲弱小。現在是組織競賽的世界，尤以國際競爭爲甚。所以在民族競爭的大場合中，大家都拉朋友，組織各種各樣的團體。以團體對團體，組織對組織。單槍匹馬，或僅憑公理正義是不够的。國際如此，國內也是一理。大家都已感到組織的重要，所以自然而然的組織也發展起來。工有工會，商有商會，打漁的有漁會，……各行各業無不有其組織。但是由於我們的老脾氣散漫慣了，自由慣了，對於組織生活尚未熟習，所以有些地方表現不太理想。大家不能以組織爲重，使團體向前，個人退後。所以組織的力量尚未發展到理想地步。

就民主精神而言，不僅政治上需要民主，社會生活也需要民主。所謂民主是大家作主人，主人無大小，彼此不能相壓制，或必定强人以就我。組織決定一切，個人必須服從組織。義務要爭先，權利則要退後。少數必須服從多數。這要一點雅量，在政治上就稱爲政治風度。必這樣，組織才能鞏固，力量才能强大。在這方面，我們的修養好像還不够，所以表現的現象也還不大好。

就自由而言，本是相對的，不是絕對的。自由太多便生許多毛病。自由與民主即有一種相反相成的作用。個人自由太多，民主便打了折扣。所以　國父一再强調團體要有自由，個人不可有自由。又說自由與專制要兩力平衡，這就是限制個人自由的意思。我們在過去自由太多，現在又有些人强調個人自由，對組織生活，民主精神便形成一種阻力。在這中間，我們就要放大眼光，向大處遠處看，個人自由不能不有所犧牲。

第五節　對政治無興趣

在君主時代，人民在政治上無權利之可言。無權力也就無責任。所以幾千年來，人民對政治採取觀望態度，一方面期待得到一個好政府，一方面只有被動的受統治，奉公守法，作個好百姓。對政治不能表示意見，更不能參與政治行動。久而久之，人民對政治成爲漠不關心的樣子，自然談不到興趣。在古代還無所謂，不算是甚麼缺點。入民國後就不然了。君主政治改爲民主政治，人民就由奴隸地位一變而爲主人，不再只是受統治的羔羊。主人就對政治有權利，有權利也就有義務。權利既要享，義務更要盡。這就不能再像過去對政治漠不關心，不聞不問了。但是多年的老脾氣已成爲民族共同習性，一時驟難改易，這樣就成爲在民主政治中的弱點了。今後的政治將日趨繁雜，需要人民共同負起責任，共策進行。既可表示意見，亦當對政府當局採取監督策勵的態度，不容我們再漠不關心。尤其是　國父的民權主義，許多事要待人民去作。例如地方自治，就須每一個老百姓拿出主人的身份主動的過問，去處理。學者思想家，以及一般知識份子也不能再像過去，以不談政治自鳴清高了。

第六節　其他

有許多事只是隨聲附和，或隨波逐流，並不認眞追究其所以然。例如前面所說，出喪的既請和尚超度，也請道士念經。和尚是佛教，道士是道教，本不可兩得。但我們有些人則並不在乎，好像心中並未意識到思想立場問題。又如既想出人頭地，講「吃得苦中苦，方爲人上人」，又說「打人簷下過，焉敢不低頭？」既說「見死不救是小人」，又說「不關己莫閑管。」路見不平拔刀相助的是我們，個人自掃門前雪，莫管他人瓦上霜的也是我們。像這些自相牴觸的事，在一般人心目中並不以爲意，這是心理上一種惰性，思想上攏統，不認眞，不求甚解的毛病。在現代都不能適應，非根本改革不可了。

第七篇　人物篇

第一章　概述

中華民族人口衆多，土地廣大，歷史悠久；自遠古發展至今，繁衍孳息，遞演遞進，已成爲世界上數量最大，品質最優秀的民族。其所以致此之由，固因民族品質之優秀，但在此廣大之人羣中，實賴有超羣傑出之人物爲之領導促進，實際上成爲民族之中心。以中國歷史之久，人口之衆，傑出之才士比肩繼踵而在，成爲民族史上一盞盞明燈，煥發無限光芒，創造無數燦爛輝煌之績業。加以人之賦性不同，才識功夫亦各有異，自然而然，向多方面分頭發展，而各抒其特長，造成多種類型，顯示我民族品質之優越，能力之超卓，以及才藝之豐富。前史時期無論矣。即就有史時期而言，已不勝縷指，不能一一列舉。加以本書篇幅所限，作者聞見亦有所窮，事實上難於求備。玆編所述，僅就人物類型，各舉一二代表，其餘固可得而略也。觸類引伸，則在讀者。

論其用意，則區區之心，認爲中華民族之所以爲中華民族，自然條件少，人爲因素多。欲瞭解中華民族，必自人爲因素中去求；欲挽救民族命運，發展民族前途，亦必自人爲因素中去求。總之，無論爲一己作人立身，或爲復興國家民族，無不當於五千年民族精英中尋求榜樣，煥發志氣，以促進生機，增加信心與勇氣。捨歷史，捨取法古人，而欲求復興民族之道，實緣木而求魚。目前救國，問題在人。人的問題必在人上求解決。欲起死回生，必先救心；欲救心只有用人心。蓋人爲靈性動物，靈性在人心。人心有同然，人心可以相交通，可以在知覺上交感互應，可以在作用上感發興起。今日民族大病在人心，救人心必用人心；救今人必藉古人。則藉古人以喚醒今人，爲救民族不可緩之急務。此茲編之所爲作，亦作者嘔心瀝血之愚誠。人心有同然，深信讀者於此耿耿愚衷必有同感焉。

本書非歷史書，雖述古人而非史家傳記。不能備述其生平事蹟。惟於其特徵略述梗概，加以强調，並闡明其意義，以供景仰攀慕，感發興起而已。不能以史例繩之。讀者欲求其生平，則史傳俱在也。倘欲瞭然於此民族精英在民族發展史上所佔之地位，所作之貢獻，以及其可供標榜之不朽德業，則本書存焉。惟茲事體大，非作者淺學所能道其萬一。然心嚮往之。難於周備，自屬事實。要在讀者原其心會其意而已。

人物中有兼備衆長，均足不朽者，亦不厭重出，以免碩德懿行有所淹沒。

中國人物中有若干類型，由個人性格及客觀條件中養成。約略言之，有道德型，思想家學者型，事業家型，英雄型，豪傑型。乃至救世主型。

所謂道德型，是以道德自勵，修養湛深，脫然有得，因而成聖成賢。一已爲善，與人爲善；成一己之美，亦樂於成人之美。德被於當時，光耀於千古。居其所而衆星拱之。千秋萬世，仰止無窮！文周孔孟，七十子之流，以及漢唐宋明諸大儒，均足以當之而無愧。

所謂思想家學者型，是以傑出之頭腦，於宇宙，於人生，作深入之探討。有得於心，有見於理。以窮年累月之功，作畢生鑽研之學。啓導人心，解除憂慮。人羣所不可少，民族所不可缺。先秦諸子，歷代學人，踵趾相接，不可勝數。

所謂事業家型者，着眼在於人羣，致力在求實效。手腦並用，捨己爲人。飢溺爲懷，痌瘝在抱。大處着眼，小處着手。前途得以創造，禍患賴以排除。民生之所利賴，國家之所倚重。不僅坐而言，亦能起而行。功業昭於史乘，遺愛著於民心。民族生存，於焉是賴。擧其著者，則大禹居於前，管仲繼其後。而歷代文治武功之昭昭於史乘者，殆不可縷指焉。

所謂英雄型者，以過人之才，行過人之事，喑嗚則山岳崩頹，叱咤則風雲變色。創造時勢，領導羣倫。功業成於時，英名垂於後。出乎其類，拔乎其萃。鶴立鷄羣，迥然有所殊異。歷史上局勢之轉移，偉蹟之開創，多賴於英雄。漢高祖、漢光武皆開國英雄。項羽尤爲不世之英雄。文臣如蕭何，寇準，亦爲英雄。總之，民族中有英雄，人倫中有表率，績業上有光輝。民族之不朽，潛力之發皇，皆於焉是賴。

所謂豪傑型者，與英雄相似而實不同。外露者爲英雄。內蘊者爲豪傑。挺拔者爲英雄，堅卓者爲豪傑。才氣橫溢者爲英雄，毅力過人者爲豪傑。爲英雄固難，爲豪傑更難。爲英雄易受人知，爲豪傑則往往爲英雄所淹蓋，爲人羣所遺忘。史學家文學家稱頌表揚，亦多着重於英雄，而豪傑則易遭埋沒。衡情而論，不得謂平。蓋此種堅毅不拔，不求人知之精神，旣屬民族可貴之潛力，尤爲成大功，就大業，立大德之根基。其有功於民族不在英雄之下，且有時而過之。又豈可長此沉埋，使潛德幽光不得顯現，以激勵後人？作者重有此感，因於本文不惜破往例而啓新機，對豪傑多所表彰。區區微意，必有同情。舉其例證，則墨子爲思想家，亦爲豪傑。以自苦爲極，以救世爲懷，堅苦卓絕，不求人知。斯眞豪傑之精神。蘇武北海牧羊，十九年如一日，已絕生還之望，仍能持節不失。此所謂慷慨就死易，從容赴義難者也。即唐之玄奘，淸之武訓，皆豪傑中之矯矯者。舉玆數人，餘可概見。

民族之所以爲民族，中華民族之所以爲中華民族，皆賴有不世出之賢豪，爲之中心，爲之支柱。人物中有有名英雄有無名英雄。孟子說，「五百年必有王者興。」又說，「待文王而後興者凡民也；若夫豪傑之士，雖無文王猶興。」我們有的是無名英雄，也有無數的無名豪傑，在有形與無形之中支持促進我民族命運，創造民族前途。今天是我民族生死存亡的大時代，必有更多更偉大的英雄豪傑，有文王亦興，無文王亦興。今天我們有文王， 國父孫中山先生 蔣總統，都是今天的文王，新的英雄豪傑，新的民族精英，必能繼起，爲民族除患難，創新局。玆編所述，倘能有助於玆業，則此絜絜者爲不虛也。

第一節 中華民族之共同始祖

黃帝軒轅氏

慎終追遠，民德歸厚矣。

司馬遷史記載人物，自黃帝始。在歷史上黃帝雖仍屬傳說中人物，於其事不可一一確考，但自遠古遞演至於黃帝，己由渺遠而趨於切近，由恍惚迷離而趨實在。有世系可求，有居里姓氏可明。於其性格既有所知，其所創造之績業亦斑斑可考。不似前此人物之虛無縹渺，不可窮究。太史公着筆記述民族歷史，以實事求是精神，去其渺遠，斷自軒轅，實具卓識。於其傳說，則毅然於離奇混亂中去其荒誕，斬斷神話，完完全全還以人的身份，將民族來源交代得明明白白。而全民族遂在黃帝領導，開創，與組織之下，進入有史時代，開始文化生活。五千年歷史文化遂自此開始。而黃帝軒轅氏遂成爲中華民族公認之始祖。

黃帝領導民族，爲求生存而四出征戰，排除生存障害。計戰炎帝，殺蚩尤，逐葷粥（音薰育），而民族始得定居於中土。設官分職，以治天下，而民族始有政府，過政治生活。制婚姻，定嫁娶，而民族始脫血族羣婚而入於倫理世系之社會。制衣裳，作宮室舟車，發明指南車，而民族始由原始而入於文化生活。創曆法，製甲子，定年月日時，而民生始有歲時可紀。創文字以代結繩，倡音樂以娛耳目，民生始有藝術生活，物質之外亦有精神文明。總之，中華民族至於黃帝，一切文化始得大備，脫離原始而入於文明社會。則黃帝於中華民族影響之重大，遂非想像所能及。奉爲民族始祖，實屬當然，亦極自然之事。今日而欲推行民族主義，加强民族團結，煥發民族精神，共同强調黃帝爲民族始祖，實爲加强向心力之有力措施。大家同爲黃帝子孫；在黃帝面前，大家是一祖之孫。在血統上，在歷史上，政治上，大家都是一家人。強調了民族始祖，大家在心理上驅除了隔膜，泯除了小異，精神上相接近，行動上相團結，有百利而無一弊。北伐成功後，國民政府定每年清明節爲民族掃墓節；中央政府必於是日選派大員，代表全民族，赴西安橋陵恭祭始祖黃帝。意義至爲深遠重大，不失爲推行民族主義根本之圖。近年雖在臺灣，不能到達西安橋陵，但仍假忠烈祠設黃帝神位，舉行遙祭禮。本書紀載歷史上人物，自黃帝始，亦不無微義焉。

第二節　政治典型、人倫規範

堯、舜、禹，湯、文、武、周公

人心惟危，道心惟微。惟精惟一，允執厥中。

由黃帝數傳而至堯，由堯而舜，而禹，歷夏四百餘年而至湯，歷商六百餘年而至周文王，武王，周公。千年一系，聖聖相傳，成爲中國歷史上共同尊崇信仰的典型人物。其仁如天，其智如神，其大公無私之精神，昭昭如日月之明。在政治上多所創制，在道德上多足垂範。他們以爲人民服務的眼光看天子的職位，而不肯自己作威作福。以天子位擇賢而讓。讓位之前，又必試用，果賢也，乃肯以天下之重任相付託。君臣相勗，必以道德相勉勵，以經驗相警惕，以心法相傳授。其教人也，必以身先之；故大舜先孝其親，而後教天下以孝。禹必先疏儀狄，絕旨酒，而後教世人勿以酒亡其國。諸如此類，一切以人民爲先，因人民之所利而利之，因人民之所惡而去之。戒愼恐懼，惟日不足。於是而人民如坐春風，如霑化雨。以堯天舜日相歌頌，以聖君賢相相期許。而堯舜禹湯文武周公，遂成五千年歷史之黃金時代，爲政治上之典型，爲人倫中之規範。而中華民族遂得有共同嚮往之標的，始終爲君臣百官相與勗勉之理想境界。有此一理想境界，共同標的，而中華民族遂時時在向上，時時在進步，亦即時時不敢自滿，不敢懈怠。無形中成爲促進民族進步一種力量。此中國歷史之所以可貴，中國文化之所以能不斷進步。我中華民族精神上之所以能有所憑依，亦賴有此精神上之遺產也。

第三節　中華民族之文化中心

至聖孔子，亞聖孟子，及儒家聖哲

〰放諸四海而皆準，百世以俟聖人而不惑。〰

中華民族歷史悠久，文化優秀，爲世界公認之事實。悠久之歷史，在二十五史；優秀之文化，果何在乎？曰在孔子，在儒家聖哲。捨孔子與儒家，中國文化無可稱之代表。微孔子與儒家，中國文化不能造極登峯。吾故曰，中國文化在儒家，儒家代表爲孔子。奉孔子爲中國文化之中心，應爲天下之公論。

孔子生於周靈王二十一年，卒於周敬王四十一年。（公元前五五一——四七九年）七十二歲。生在周公所封的魯國。上承周公禮樂之教，禮樂之政。上距周公約四百餘年，其時爲春秋後期，王室已微，諸侯漸大，學術思想亦漸非王室所能統振。異端並起，思想紛歧，漸成百家爭鳴之勢。又因王綱不振，諸侯力征，戰亂時起，百姓流離。因而思想上不免迷惘困惑。狡黠者遂乘機而倡異說，以迎合人民厭故喜新之心理。孔子生於其時，旣欲在政治上拯生民於水火，又欲在思想上出百姓於迷津。於是毅然以匡濟時艱，垂教後世爲己任，而其學遂立。

孔子之學析而言之，曰教育，曰政治。合而言之，則教育而已。蓋其時政教不分，官師合一。析言教與政者，後世之言也。無論教育與政治，皆以人爲中心。教者教人，政者治人。教者助人，政者安人。教以政爲歸宿，政以教爲手段。孔子爲中國歷史上曠代之教育家，其教育思想高遠而且宏深偉大，而又平易近人。他只講現實界不講超現實。如必欲瞭解超現實，應由現實界之瞭解起。現實界爲人人所欲知，所應知，也是人人所能知。超現實非人人所欲知，所應知，更不是人人所能知。所以他的學問是人人所願學，也是人人所急需的學問。用一分力量必有一分收穫。因此，他的學問爲人人所歡迎，亦爲人人所不可少。

孔子的教育以性善論爲出發點。講性善即有兩點應注意：第一，人性既善，即可以爲聖人，即人人是好人，人人應受尊敬。第二，人性既善，先天上即人人平等，無等差。在此兩觀念之上，教育便是幫助人人成聖賢君子的事業。這樣，在事業本身上尤其受人人歡迎。並爲促進人類社會無限量進步的一種事業。孔子的教育便成爲人類社會一種光明幸福的象徵。

另一要點，爲孔子既重現實，現實爲人的世界，人的世界即羣的世界，因而處人羣之道遂成爲教育的主要課題。人羣問題消極的是如何使彼此相安，羣而不亂；積極的便是如何促進人羣幸福，爲人羣追求一理想境界，使人人都在和平正義，自由幸福中過天堂的生活。無此疆彼界，四海一家，天下爲一人。爲達成此目的，他提出一個「仁」字，作爲最高最大的典範。不過仁之道大，必以孝爲起點。逐漸擴充，由近而遠，由親而疏，由父母推而至於人人。又因仁之道抽象而不具體，必由禮入手。禮就是一種行動規範，也就是處人羣之道。由外面講是禮，由內容意義講就是仁，未有禮而不仁，亦未有仁而無禮者也。至於爲人羣追求理想，謀求幸福，則有賴於政治。政治上有一目標，即老安少懷，或說是禮運大同。奔向此一目標，以言政治，是仁政；以言教育，便是仁德。在此處教育與政治相通。即本仁心，成仁德，施仁政，最後達到理想社會，幸福人生，即爲教育與政治之共同目標。

中國有一孔子，人人心中有一榜樣，面前有一燈塔，行動上有一共同規範，是非善惡上有一共同標準。民族生存賴此而有一支持促進之力量。在民族生存發展史上，始終成爲一股精神力量，指導着方向，煥發着生機；造次必於是，顚沛必於是。雖久不滅，闇而復彰。人禍愈亟，其理愈顯，其力亦愈强。過去如此，今後仍然如此。不僅中國如此，世界亦然。世界有一孔子，世界人類心中有一共同嚮往，面前有一燈塔。人禍愈亟，愈覺人類救星就是孔子。所以孔子不僅爲中華民族之文化中心，民族靈魂，實亦爲世界文化中心，人類靈魂。此孔子之所以爲孔子，中華民族之所以爲中華民族。

儒家聖哲——顏曾思孟

孔子之學，遠紹堯、舜、禹、湯、文、武聖聖相傳之道統，上承周公之禮樂，爲其學之本源。下有顏、曾、思、孟、荀……等徒屬爲之宏揚光大，爲其學之後勁。可謂上有深遠之本源，下有得力之承續。加以其學問本身爲應天順人，合情合理之坦濶大道。既非如異軍之突起，亦不似曇花之一現。不孤立，亦不怪誕。正理平直，顯而易見。用能在百家爭鳴，異端紛亂之中，始終爲思想之準繩，民族文化之中心。而後學諸儒率皆學有專精，各有其精深之造詣。其所言多爲前聖所未發。合而觀之，足以輔翼聖學，恢宏孔道。獨惜其書未能盡傳耳！

顏　淵

〰不遷怒，不二過〰

孔子於門徒中推崇最力者爲顏回；於其早逝傷痛最深者，爲顏回；對社會擧弟子之好學者，亦爲顏回。孔子所奬譽於顏回者，據論語可得三要端：不遷怒，不貳過，一也。於師教皆足以發，亦即足以在生活上實踐力行，二也。能安貧樂道，三也。只可惜以三十二歲英年逝世，未能造極登峯！設天假以年，亦能如孔子之享七十二壽，則其所就或將不亞於其師。又因年壽不永，無書以傳於後。吾人於今所能知顏回之德，不過上擧諸端而已。惜哉！

曾子

〔可以託六尺之孤，可以寄百里之命，臨大節而不可奪也。君子人歟？君子人也。〕

曾子與顏子均爲孔門中年最少而造詣最深的弟子。顏子早世而曾子則老而死。在論語中所見，僅次於顏子。其德重孝，重仁，重實踐力行。其自勉也以仁爲己任，臨大節而不可奪。其志節大，其氣量宏。大學一書據朱熹考訂，認爲其經一章孔子之言而曾子述之；傳十章爲曾子之意而門人記之。朱子之論雖無確據以證其必然，但亦無確據以證其必不然。則依朱子之言，以大學歸之曾子，亦未爲不可。果爾則曾子之嘉惠於後學實未可忽視。按其文本列小戴記中，程朱表而出之。 國父孫中山先生與 蔣總統中正標榜推崇，不遺餘力，認爲中國文化中不可多得之瓌寶。則曾子之功有不可沒者。

子思

〔唯天下至誠爲能盡其性；能盡其性則能盡人之性；能盡人之性則能盡物之性；能盡物之性則可以贊天地之化育，能贊天地之化育，則可與天地參矣。〕

子思爲孔子孫，不及與七十子並列，其言論與行事不見於論語。後世所傳者，僅孟子受業於子思之門人。惟中庸一書，不載作者，亦列於小戴記中。程朱表而出之。程子並謂，「此篇（指中庸）乃孔門傳授心法，子思恐其久而差也，故筆之於書，以授孟子。……」吾人於中庸之作者亦可如大學，依程子之意歸之於子思。蓋大學中庸二文平易中有高深，理論中有實踐，宏深豐富，非凡庸輩所能道出。歸之曾子、子思，恰如其分。果爾，則子思之有功於聖道，尤過於太學。蓋大學所言者爲學之方法，中庸所言者爲仁之極致。其境界高，其思想超越，其效果切實而廣遠。至今太空時代，仍有其不可磨滅之價值。

孟　子

〰亦有仁義而已矣，何必曰利？〰

孟子有功於聖門者五，光儒學，斥楊墨，排許行，一也。倡義攘利，尊王賤霸，反戰弭兵，二也。主性善，明四端，言養氣，三也。出處進退，取與辭受，光明磊落，一絲不苟，四也。尊重民意，注意民生，提倡民主，五也。孟子生於戰國前期，其時是非混淆，思想紛亂，戰伐連年，趨利忘義，民生凋敝。丁此時會，孟子獨能挺身而出，扶持聖道，指示迷津，拯民水火，終能於紛亂中具定力，黑暗中作燈塔，苦難中備慈航。不能不謂爲中流砥柱，孔學之功臣。吾人由今觀之，微孟子，則孔學爲雜學所奪，其說既不得行，其學亦不得昌，後世無所遵循，民族文化亦無中心。儒學得孟子，理論始得大備。蓋孟子所言多孔子所未言，所發多孔子所未發。尤以性善論之標擧爲孟子極大之貢獻。

亞聖孟子像

後世尊爲亞聖，以孔孟並稱，有以也夫！

第四節　民族功臣

大　禹

〰十三年在外，三過其門而不入。導水入江河，民乃得平土而居之。〰

大禹像

中華民族第一大功臣他是以過門不入的大公精神為全民平水土的聖人他是世界最早的科學家工程家政治家

關於大禹治水，一般人所傳，大率不出下列數語：「當堯之時，洪水橫流，泛濫於天下，舜命禹治水，禹十三年在外，三過其門而不入。導水入江河，民乃得平土而居之。」幾句話滑口講過，如此而已。實際對於此事作一分析，加以解說的，恐怕不多。這樣就把有史以來第一件大事輕描淡寫滑過去了。我覺得這樣實在對不起我們的先祖。因此我要根據尙書，孟子，史記等有關記載，加以研究推想，以見此一大事役的眞象。

中國地勢，西北高而東南下，所有水流皆自西而東，注入大海。當時所謂洪水泛濫，自然是水流受阻，不得入海，乃成為全國性的大水患。鯀治水九年，用防堵辦法，久而無功。舜殛鯀於羽山，而命禹繼之。當時禹面對此一漫無邊際的水患，所需要的條件很多。在我們推想，第一個要項，必須知道水性。水性就下，只可疏導，不可堵截，一定要給水找出路。第二個要項是要查看地形，瞭解水勢。第三個要項是如何疏導？由上游着手，抑由下游？方向，路線，遠近，……都要知道。第四個要項是施工的技巧，先後的次序，工人的安全，都要瞭解。第五是工具。在堯舜時候恐尙未進入鐵器時代，如以銅質工具開山，擊石，濬河，築路，當然十分困難。第六是人工。這一全國性水患，當然需要大量人工，要全民動員。自然他可以政治力量徵集。但大量人工集合之後，便要有高度的管理，指揮，運用的能力。要有規矩，又要公平。第七才是身親其事，不辭勞苦。大公無私，三過家門而不入的精神。和十三年繼續不懈的毅力。約略想來，大禹治水所需條件大致如此。假定事在今天，仍然不是一件小事易事。四千年以前，這問題就大大不同了！現在我們要平心靜氣，把這事的各方面仔細想想：事情是如何大，如何難，問題的嚴重性又如何大？假如禹治水再不成，後果將造成如何局面？我中華民族是不是完全喂了魚蝦？這件事是有史以來民族所遭遇自然界災害最大的一次，我中華民族能不能克服此一災難而繼續生存，是一重大考驗。因此，我覺得由大禹治水一事，至少得到三種啓示：

第一，中華民族爲了求生存，有合力排除危害的精神。大家能在一個領袖領導之下，發揮最大力量以求生存。由這一次治水的成功，民族才得到生存與繁衍。又由這一次全民合作，排除危害，證明歷史是由人民求生存的力量所創造，也就是中華民族五千年歷史，是以民族求生存的力量所寫成。由這一事實，我們瞭解了　國父孫中山先生所說民生史觀的眞實意義。

第二，今天文化進步，科學發達，我們懂得水利學，工程學，地理學……等等學問了。但這僅是最近三百年的事。三百年以前，大家還不知道。但是四千年以前，我們的老祖宗已經把水患平了，事情作了。難道他們比我們更聰明，更有學問嗎？這當然不可能。可是事實却擺在我們面前了。由這一事實，我又瞭解了　國父的知難行易學說。他說知之必能行，不知亦能行，行之必能成。這就是不知亦能行的最有力證明。因此我對　國父的思想與學說又得到進一步瞭解，也由衷欽佩其人其學。

第三，大禹平了水患，人民方得平土而居，民族才得生存繁衍下來。他在四千年前，能領導人民完成這樣一件浩大工程，對民族的貢獻，豈是數字可計，筆墨所可形容？因此我認爲大禹是中華民族第一位最大的功臣。沒有他，說不定五千年歷史根本寫不出了。講民族主義，講民族歷史，沒有這種認識，埋沒了古人，枉讀了書本。

管仲

倉廩實則知禮節，衣食足則知榮辱。禮義廉恥，國之四維。四維張而君令行；四維不張，國乃滅亡。

世界最早的政治家
兼經濟家
民族功臣管仲像

微管仲吾其被髮左衽矣

中華民族第二位大功臣是管仲。大家都知道，在管仲的時候，也就是東周前期，所謂春秋時代，有一個大家共同口號是「尊王攘夷」。用現在的術語說，尊王就是擁護中央，服從中央。攘夷就是抵禦外侮。喊尊王，即證王已不尊，即諸侯已不服從中央，否則不會有尊王的呼聲。喊攘夷，即證夷狄之患已深，即外患已很嚴重。否則不會有攘夷的口號。當時既喊尊王，又喊攘夷，同時喊出，即證二者有連帶關係。即欲攘夷必先尊王。欲尊王亦必攘夷。王室爲一，中央只有一個。大家尊王，就是大家守禮，服從元首，這是諸侯的本分。在一位元首面前大家見面，就是一君之臣；聽一王命令，行動即必一致。這樣就是要求大家在一位元首，一個政府領導之下，共同合作。夷狄是外患，非華夏民族，即非文化之族，他們羡慕中原華夏民族的生活，要由四面八方以武力內侵，這就形成華夏之族的共同威脅。在敵人勢力侵略之下，大家的命運是一致的，再不容我們此疆彼界的鬧意見，分彼此。所以擁護一個中央，抵禦共同外患，成了大家一致的要求。這又是民族爲求生存而合作對外的事。不過響應此項要求，領導諸侯開始行動，還是需要一位智仁勇的領袖，挺身而出，率先實行，不惜犧牲，方能奏效。否則遲疑觀望，要求成爲落空。外敵一至，可能造成各個擊破的局勢。因爲當時王室既已失勢，諸侯互相爭長，彼此不能指揮，欲發動一項集體行動，事實上很難。

管仲相齊桓，以禮義廉恥爲立國之四維，以富民裕國爲急務；根本既立，齊國遂呈蒸蒸日上之勢。於諸侯中成爲既大且强之國。於是管仲以大仁大智大勇之精神，振臂一呼，外攘夷狄，內會諸侯，尊王室，齊桓遂為諸侯之長而成霸業。九合諸侯，一匡天下。華夏自此而安，夷狄自此而弱。由孔子之稱許，知當時夷患之烈，華夏衣冠文化之族危機之深！孔子說，「微管仲吾其被髮左衽矣！」所謂被髮左衽，夷狄之俗，非衣冠之族，為文化問題。要不是管仲攘夷之功，吾輩華夏文明之族將盡為夷狄俘虜，文化自此斷絕，民族自此滅亡！則管仲之功，其可忽乎哉？

司馬遷

〰**究天人之際，通古今之變，成一家之言。**〰

為中華民族整理保存輝煌歷史的功臣

太史公司馬遷

沒有他我們就無從知道中國五千年輝煌歷史

中華民族第三位大功臣，應該說是司馬遷。司馬遷的功勞不在武力與政治，也不是治水除災，而是編著一部民族歷史。他一生就作了這一件事，也就是著作了一部書。就這一部書，便給中華民族建立了不可磨滅的大功。大家都知道就是史記。關於司馬遷與史記，另詳本書史學章，可參看。

兩千年來，扶植民族生存，挽救民族危機，發展民族文化者不可勝數，都是民族功臣。準此而推，在於讀者。本書舉例，至此而止。

漢武帝　衞青　霍去病

〰**匈奴未滅，何以家為？**〰

漢武帝雖以髫齡即皇帝位，但他却有英銳剛強之氣。對於北邊的匈奴，不能再像前者的忍耐。中國百般的厚待，百般委曲求全，而他們却得寸進尺，不但屢屢入寇，屢屢掠奪，使邊境不寧，人民不得安生，甚至侮辱中國帝后，出言不遜。以堂堂上國萬乘之尊，豈容夷狄如此猖狂侮辱？在文景時代與民休息，培養國力，對外不得不暫時忍耐。但這忍耐是應該有限度的。到了武帝，休息已久，國力已足，而匈奴則猖狂益甚，侵略益亟。少年有爲的武帝，當然不能再忍耐，於是他在御前會議上提出此項問題，徵求羣臣的意見。大行王恢毅然提議說「宜擊」。合於武帝意旨。於是這屈辱忍耐近一百年的大問題，到這時才得合理的解決方案，中華民族才在忍辱負重到最高點時運用潛力，發揚神武，以雪奇恥，以衛國保民，爭取民族生存。所以我們對武帝之對外用兵，認爲是被動的抵抗外侮，求取生存，而不是窮兵黷武，好大喜功。通西域，是斷匈奴右臂。通東越，南越是求天下一統。並且在作法上，只求其內附，並不一定要滅人之國。同時他注意民族的內外交流，作了許多次移民工作，對民族融合上收到不少效果。在他當時，移民的着眼點，可能在於政治上求一致，以消除反抗。一方面依夷人志願，讓他們向內地移動，既可使內外融洽，也可提高夷人的生活與文化程度。對北邊的匈奴，有內移，也有外移。這種移民工作，於政治，經濟，文化，乃至民族融合，都有益處。由於武帝的作法，使中華民族得到多方面的發展。他所採取的作法是：用兵，運用外交，移民，發展經濟，發展教育。在地域上向北伐匈奴，用武力。向西，通西域，用外交。向東，向南，既用兵，也用外交。至於移民，除了西域以外，北方南方東方都有。他的作法靈活，氣派大，方面廣。所以效果也大。由他這數十年的經營，對匈奴近百年的屈辱忍耐，得以雪恥奮發，爲民族吐氣。進一步命衛青霍去病等大將遠征絕漠，使單于遠遁，不敢南侵，得到重大的勝利。邊境自此得安，外患自此得平。對西域，西南夷，東越，南越，不僅民族威力伸張，國家疆土也由此擴充，爲後世奠下基礎。使大漢聲威遠播，漢人文化傳揚，武功顯赫。二千餘年來，言民族歷史者，擧盛世必推漢唐。自此以後，稱民族必曰漢族，（古稱華夏）稱人曰漢人，文曰漢文，語曰漢語，……一切皆以「漢」字爲代表，擧華夏之稱而代之，此皆武帝之功，不容我們忽視。

如講缺點，自然武帝缺點不少，如對待功臣太刻，宰相不能久任，爲求長生不老誤信方士神仙之說，使巫蠱猖狂，以致釀成重大流血慘案，甚至逼死自己的兒子戾太子等等。此皆足爲盛德之累，美中之不足。然以功過相權，終不能以小疵掩大德。我們對漢武帝應該如此看法。

衛青霍去病，以貴戚領兵，在武帝指揮之下，揮兵北指，深入漠北。發揮極大力量，對匈奴取攻勢，贏得重大勝利，使匈奴不敢南下，爲中國發展神威，奠定疆土。主持雖在武帝，衝鋒打仗却靠衛霍。他們雖身爲貴戚，但頗識大體，以國事爲重。武帝爲去病起造宅第，去病却說，「匈奴未滅，何以家爲？」一句話表現出公而忘私的精神；坦白，豪壯，的氣魄。這樣的軍人，眞足爲今人典範。

第五節　發憤圖强、雪恥復國

越王勾踐

〰臥薪嘗膽，十年生聚，十年教訓，卒報强吳。〰

越王勾踐的故事，人人知道，在此即不細述。這裏所要提出的，是幾個重要特點，足以表現民族優點，並足資後人取法的事實。

在越國戰敗，吳兵未退的時候，越王勾踐，先以五千精甲退保於會稽山，作爲最後決鬬的武力，以及向吳國求和的資本。即所謂能戰才能和，不能戰即不能和。果然就藉這點兵力，使文種在求和時有所憑藉，還敢說兩句硬話，因而和議可成。這是勾踐第一項明智的措施。

戰事既敗，便要保存國命，以作復興之地步，不能逞一時意氣，作孤注之一擲。則深謀遠慮，忍辱求和，卑躬屈節，乃爲當務之急。但這事非有極大魄力，極深修養不能作到。越王於局勢險惡之際，毅然作此決定，已爲難能可貴。於求和中利用太宰嚭，利用西施，加以自己躬親入吳，並率王后與范蠡，執賤役。忍人所不能忍，爲人所不肯爲，終於能得吳王歡心而返回越國。此其以過人之節成非常之功第二項成就。

臥薪嘗膽，吃苦耐勞。十年生聚，十年教訓。上行自然下效。節約事小，養成全國實幹苦幹風氣事大。發展人口，獎勵生育，以儲備國力，這要一點遠見。教訓是要先明恥，明恥教戰，知恥才能有勇。戰術的訓練事小，精神訓練事大。過二十年的苦日子，他們不叫苦。埋頭苦幹，不使人知，他們不鬆懈。這是越王躬親領導全國上下埋頭苦幹，毅力過人的第三項成就。

越王有這三種精神，充份表現了忍辱負重的精神，證明了忍小忿以就大謀的格言。遠大的眼光，堅強的毅力，鋼鐵的決心，高遠的志氣，細密的心思，具備於一身，一國。終於成就了非常之功。發揮了中華民族特有的潛力，超越的能幹。也給我們留下了永永不可磨滅的榜樣。

越王后范蠡，文種，乃至於美女西施，都能在越王勾踐領導之下，負責任，共甘苦，盡才智，完成使命。都不是平凡人，都能識大體，顧大局，爲國家不惜犧牲自己，以共成大事。即或是越國軍民，也能服從王命，上下一體，勇往直前，義無反顧。這樣才能使越王大功可成，不負其苦心。昔人有聯詠其事，文曰：

有志者事竟成；破釜沉舟，百二秦關終屬楚。
苦心人天不負；臥薪嘗膽，三千越甲可吞吳。

田　單

〰毋忘在莒〰

田單復國的故事也人人知道。同樣，在這裏不講故事，只說明其意義和特點。

燕昭王用樂毅，率燕軍南下突襲，連下齊七十餘城。只賸即墨與莒二城未下。齊王保莒，田單守即墨。齊之不亡者，如縷。田單守孤城，與樂毅相持，不能有所展布。他觀察局勢，認爲樂毅不去，齊國將一籌莫展。於是他第一步運用政治方法，外交手腕，施反間計，使燕惠王以騎刼代樂毅。第一步成功。接着第二步利用燕俘散佈流言，以驕敵之心，懈敵之氣。果然騎刼中計而驕而懈。第二步成功，再施第三步。借敵之暴以勵齊國軍民敵愾之心，雪恥之情。又成功。集中人力物力，乘敵不備，以火牛夜襲燕軍，以奇兵得大勝。是爲第四步。乘勝追擊，盡復齊七十餘城。而雪恥復國大功告成。

田單的特點是愛國，意志堅强，有政治才，亦有軍事才。能忍辱負重，不忘在莒，上下一心，誓復齊國。用能挽狂瀾於既倒，支大廈於將傾。爲國家撐危局，爲後世留典範。到今天我們不忘田單，也效法田單，其有功於民族者可想。

第六節　定邊威遠、振大漢聲威

〰溥天之下，莫非王土；率土之濱，莫非王臣。〰

中國的外患大部份是由北來；從西周起，中國始終爲北方的邊患所困擾。周宣王薄伐玁狁，至于太原，是在山西省。管仲攘夷，首伐山戎，是在今河北省。東北部燕趙築長城，是爲了邊患防不勝防。不得已在北方作了一道笨重偉大的國防線。强盛威武的秦始皇，對匈奴也只能取守勢。一方面使蒙恬統三十萬大軍駐屯北邊，長期防守；一方面把燕趙所築的長城連接起來，再加以延伸，成為舉世無雙的最大防禦工事。他能統一六國，能征服南方的百粵，而不能征服北方的匈奴。漢高祖能打敗楚霸王項羽，能掃平羣雄，平定叛將，但對於北邊的匈奴却也無可奈何。他雖然不服氣，敢於親率大軍與內侵的敵兵決戰，但以帝王之尊，戰勝之餘威，不僅不能取勝，反而被圍於白登。若不是陳平以計解圍，勝敗之數正未可知。所以由漢高祖一直到文帝景帝，只能採取柔弱的和親政策。足見北方邊患之烈，非尋常可比。

馬援

〰男兒當死於邊野，以馬革裹屍還葬，安能在牀上死兒女子手中耶？窮當益堅，老當益壯〰

馬援是東漢開國功臣，有學問，有膽識，與光武帝深相投契。在東漢開國，掃平羣雄時已立大功。但他並不以此自足，仍要為國家多立功。更不願倚老賣老，告老退休。反而越老越賣力氣。又能經營，善貨殖，因而發財鉅萬。但他並不視財如命，貪得無厭。也不甘坐享清福。他竟把得來的財產待賓客，濟困窮，分與親戚故舊。自己却仍舊過着平淡樸實的生活。他為人豪俠，疎財仗義。好讀書，只求大義，不拘章句。年少時便有大志，有膽有識，豪氣過人。王莽末年，羣雄並起。他本與隗囂友善，囂據隴西，圖大舉。公孫述據成都，僭號稱帝；都以高爵延攬馬援。但援見二人都不足以成大事，拒之。晤光武，才認為眞天下之主也，即委身事之，不復去。並勸隗囂投光武。囂攜貳心，降而復叛，援為光武討平之。

馬援的特點不僅在開國立功，因開國立功的名將頗多，不可枚舉。他的特點是在邊功。尤其是在老年。並且南征，北討，西伐，前後若干年，都得到勝利。最難能可貴的，是出於自己請求。他曾說，「大丈夫為志，窮當意堅，老當益壯。」又於匈奴烏桓入寇時說，「方今匈奴烏桓，尚擾北邊，欲自請擊之。男兒當死於邊野，以馬革裹屍還葬耳，何能臥床上，在兒女子手中耶？」這幾句話是如何的豪壯？至今二千年仍膾炙人口，成爲千古格言。尤其可貴的是，每一句話都說到作到，並不是空話，在青年時代，他的家貧，感於家用不足，自往邊郡，從事耕田畜牧。竟至鉅富。

光武中興，天下初定，西羌叛亂。光武拜馬援爲隴西太守，使平羌亂。馬援至，先以步騎三千人破先零羌，斬獲甚多，餘衆或降，或潰，先零羌自此平定。數年後武都內外羌人多種聯合入侵，聲勢浩大。據山爲營，得居高臨下之勢。馬援據平原，斷其水草，取守勢，不與戰。久之，羌人不得水草，大困，率衆北走，援乘勢追擊，大破之，降者萬餘人。其平羌兩役，都是以少勝衆。並且反對朝臣放棄西陲之議，加强邊塞防禦。又移降羌入陝，使受漢人文化，提高其經濟生活，並得與漢人融合之效。對於塞外殘餘，亦可藉此隔離，以防復叛。種種措施，均得其宜。

西羌甫定，南方的交趾又叛。馬援以伏波將軍請命南征。按交趾即今越南，地處熱帶，武帝時已由路博德平定，設爲郡縣。光武時叛變。馬援以內地軍隊遠征熱帶，天時地利都不適宜。但他以迅速手段，求速戰速決。結果數月之間即得兩次勝利，並將賊酋二人擒殺，傳首京師。接着又蕩平餘寇，撫輯人民。又爲長治久安計，分設縣治，繕治城郭，開鑿河渠，灌溉田畝。一面申明約束，懲治不法。又將一部份豪强人民內移於零陵一帶，以求民族融合，調和文化經濟。由這種種措施，可以看出他不僅是卓越的軍事家，也是卓越的政治家。

南方平定了，北邊又內侵，匈奴烏桓大擧入寇。這時馬援年已六十，仍自請北擊匈奴。所謂馬革裹屍還葬的話，就是這次自請北征時所說。光武許之。援僅以三千騎驅敵北遁。隨即巡行北邊障塞，加强防務而歸。北方以安。

過了兩年，南方的五谿蠻又造反了，好像造物有意作弄這立志定邊威遠的老將。偏偏武威將軍劉尙往征，吃了敗仗。這老當益壯的馬援不服氣，還是自請南征。光武因其年老，不肯再派他去。他一定要去，故意在光武面前披甲上馬，以示可用。光武笑曰，「矍鑠哉！是翁也！」不得已，才許可他出征。這次出征，他決心以死報國，並實踐他馬革裹屍的壯語。臨行與送行人訣別，說「平日常恐不得死於國事，今得所願，可以甘心瞑目了」。果然在這次出征得勝，完成任務後，因中暑卒於軍中，終於達成了他死國事的願望，實踐了他的諾言。給後人留下好的榜樣，同時也爲中華民族歷史創造了無上的光輝！像這樣的人物，誠爲民族精英，萬世楷模！後人讀史至此，眞當有所警覺，更當由讀史而感發興起。不然，雖熟讀史籍，熟知史事，亦枉然而已。

班超

〰不入虎穴，焉得虎子？水太清無大魚。寬小過總大綱而已。〰

投筆從戎

以三十六人平定西域五十餘國的定遠侯班超

大丈夫當立功異域以取封侯

安能久事筆硯間乎

東漢初年，扶風班氏，可說是模範家庭。一門四傑，各有千秋，俱足不朽，而以班超爲最。在講班超以前，先將其父彪，兄固，妹昭，作一簡單介紹。

班彪，學有本源，識略過人。留心史事。世但知其子固爲史學家，不知彪亦史學家，其子固實繼父志，承父業而爲史者。彪慨司馬遷史記之後繼無人，乃搜採資料，繼遷史撰太初以來名人傳記數十篇。未竟而逝。教子女皆成名。班固，博學能文。得家學，繼父志撰漢書，由太初上推至高祖，開斷代爲史之體。明帝時仕至蘭臺令史。因得內府書以成其史。後世重其書，並稱其人曰馬班，並稱其書曰史漢。班固賦亦有名。又能用兵，嘗從竇憲征匈奴。深入至燕然山；固為燕然山銘，勒石紀功而還。後遭讒繫獄，死於獄中。

班昭，承家學，亦博通經史，學問淹貫。適曹世叔。世叔死，和帝召入宮，在內廷講學，命皇后貴人皆師事之，稱為「曹大家」（讀如姑）而不名。作女誡，至今傳誦。兄固死，漢書未成，和帝命昭續成之。兄超使西域三十一年，老而思歸，昭為上書請，帝許之，超始得歸。歷史上罕見之女傑也！

班超，少有大志，不拘細節，然事母至孝。家貧，為官傭書以養老母。久之，投筆嘆曰，「大丈夫無他志略，亦當效傅介子、張騫，立功異域，以取封侯；安能久事筆硯間乎？」聞者笑之。超曰，「小子安知壯士之志哉！」

竇固擊匈奴，明帝以超為假司馬，從固出征。超別將擊伊吾，斬獲甚多，有大功。竇固以為能，薦超與從事郭恂俱使西域。西域道遠，慮糧運不濟，班超只帶吏士三十六人便出發了。

第一站先到鄯善國。國王見漢使至，禮敬甚備，決定內附。過了幾天，忽然禮敬疏廢，改變了態度。班超料必有匈奴使來，國王狐疑未有所定，所以對漢使冷淡下來。因詐問國王派來的侍者，「匈奴使者來幾天了？住在甚麼地方？何以不向我報告？」侍者見事已洩，乃一一以實告之。班超把他關閉一個小室中，召集同來吏士商議說，「今匈奴使來才數日，國王禮敬即廢，假如鄯善國王把我們縛送匈奴，我們的骸骨將為豺狼食矣。為之奈何？」吏士們說，「今在危亡之地，死生從司馬。」班超說，「不入虎穴，不得虎子。當今之計，惟有乘夜以火攻虜使，彼不知我多少，必大震恐，可殺盡也。滅此虜，鄯善破膽，功成事立矣。」吏士欲與從事郭恂商議，超說，「從事文俗吏，聞此必恐而謀泄。死無所名，非壯士也。」眾以為然，乃乘夜因風，襲匈奴營。超令十人持鼓，伏虜營之後；以火起為號，即鳴鼓大呼。餘眾持兵弩伏於營門外。超親自於上風縱火，喊殺聲與鼓聲震動天地。匈奴使者驚亂，不知敵眾多少。被殺者三十餘人，百餘人皆焚死。一夜混戰，虜使全滅。天明之後，郭恂始知，驚疑不定。班超安慰他說，「掾雖不行，班超豈能獨居此功？」郭恂意解，乃悅。因共持虜使頭往見國王。因事出其意料，一國爲之震驚。班超一面宣諭大漢聲威德意，一面撫慰，使之心安。國王乃決心降漢，命王子入漢爲質。班超回來報告竇固，固大喜，具上其功，並請另遣使續往。明帝說，「有吏如班超，何故不遣而更選乎？」乃除超爲軍司馬，令遂前功。竇固欲爲超增兵，班超說，「願仍將原所從往三十六人足矣；如有不虞，多了反足爲累。」於是班超帶領原來的三十六人再度西征。

這次西行，先至于窴。于窴是西域南道的大國，雄霸一方，勢力頗爲雄厚。附近小國都來歸附。不過這個大國已降匈奴，並且匈奴已經派有使者駐在國中。班超到了，于窴國王廣德有所恃而無恐，所以對漢使禮遇甚疏。又其國俗信奉巫者。匈奴使聞超至，又聞超有良馬，乃與巫者聯絡，欲窘辱於超。於是巫者故意作態，說，「神怒，何故欲向漢？」又說，「漢使有騧馬，（淡灰色，良馬）趕快拿來供奉於我。」國王廣德便派人向班超求馬。班超探知其意，便滿口答應了，不過要請巫者自己來取。巫者得意而往，班超乘其不備，立斬之，以其首持示國王，並怒責其無禮。國王久聞超在鄯善的威名，至此乃大惶恐。於是自行攻殺匈奴使者而降超。超厚賜之，並加以安撫。結果，不費吹灰之力，用以夷制夷之策，把一個大國于窴征服了。

下一個目標是疏勒。疏勒本西域另一大國龜茲（讀如丘慈）的屬國。國王兜題，龜茲人，爲龜茲所立。而龜茲已降匈奴，其國王爲匈奴所立。班超先遣田慮從間道往疏勒，告以國王兜題本非疏勒種，國人必不奉命。如有不從，可乘機執之。田慮至，果執之。班超至，與疏勒人民共議，更立忠爲王。國人大悅。龜茲怨疏勒，舉兵攻之，超率疏勒拒守，歲餘不能決。會明帝崩，章帝立，恐超孤立，召之還。疏勒聞之，舉國震恐，都尉黎弇不忍見超去而自殺。超以朝廷命不可違，不能不走。經過于窴，見超去，自王侯以下都號泣如喪考妣。說，「我們依靠漢使有如父母，實在不能回去。」大家抱住班超的馬脚，死不肯放。班超無法，只好留下。再回疏勒，已有兩城降於龜茲。於是超捕斬謀反人，疏勒復安。超見西域之功可成，遂上書請暫留並增兵，以完成他的初志而竟全功。章帝許之，即遣徐幹率兵馳往增援。班超聲勢爲之一振。

班超得援兵，乃更定計劃，謀進取。仍採以夷制夷政策。連數國兵以攻龜茲，破之。最後龜茲，焉耆、莎車，大月氏諸大國先後平定，斬匈奴使而降漢。自是西域五十餘國皆內附。大漢聲威遠播，達葱嶺以西。去洛都萬里。中國通西域，斷匈奴右臂之大功告成。章帝嘉其功，下詔獎勵，封超爲定遠侯，邑千戶。

班超在西域所用的策略是：一，以少勝多；二，以夷制夷；三，以智不以力。而他成功的條件則是既勇敢又機智，不爭功，氣量大，而對事能分析的清楚，所以能料事如神，又能處置得宜。因而能着着勝利。以三十六個人成這樣大功！應該說是罕見的奇蹟。若論他對作人的態度，多足取法。對郭恂，不爭功。李邑因膽小，說他的壞話，徐幹勸班超留李邑在西域。而班超反而派他回朝。他說，「以邑毀超，故遣之。內省不疚，何恤人言？快意而留之，非忠臣也。」這樣豁達的態度，才眞是成大功的氣量，够的上稱爲君子。前後留西域三十一年，老而思鄉，賴其妹昭上書請，始得歸。歸一月而以壽終於家，年七十一歲。任尙代爲都護，請於超，「君侯在外國三十餘年，小人猥承君後，任重慮淺，宜有以誨之。」超曰，「超年老失智，君數當大位，豈超所能及哉？必不得已，願進愚言：塞外吏士本非孝子順孫，皆以罪徙補邊屯。而蠻夷懷鳥獸之心，難養易敗。今君性嚴急；水清無大魚，察政不得下和；宜蕩佚簡易，寬小過總大綱而已。」任尙以爲平平無奇，不之顧。數年，西域復叛。

左　宗　棠

「重新疆所以保蒙古，重蒙古所以衛京師。」
「手栽楊柳三千里，引得春風渡玉關。」

左宗棠是清末一位書生，有才氣，知兵法，熟地形，是一個能文能武的幹才。早期鬱鬱不得志。洪楊軍起，破壞孔聖廟，以上帝教推翻中國正統文化。左宗棠不能忍，乃與曾國藩等同以書生起而衛道。佐曾國藩平定太平天國，有大功。授淅閩總督。

新疆亂起，內情複雜，牽涉對俄對英外交，而民族宗支紛歧，民性強悍。加以道路遼遠，缺乏水草，不利行軍。清廷對此頗感棘手。又在太平天國與捻匪大亂之後，所以朝議頗有人主張放棄新疆。左宗棠獨持異議，主張用兵。他兩次上書，痛論放棄新疆之非計。書中有云，「……中國邊患，西北恒劇於東南。以大海爲界，形格勢禁，尙易爲功。西北廣漠無垠，專恃兵力爲強弱。兵少固啓戎心，兵多又耗國用。以言防，無天險可限戎馬之足；以言戰，無舟楫可省轉運之煩。非若東南，險阻可憑，集事較易也。周秦至今，惟漢唐爲得中策。及其衰也，舉邊要而捐之，國勢以弱。往代陳蹟，可覆案矣。……我朝定鼎燕京，蒙部環衛北方，百數十年無烽燧之警。不特前代所謂九邊皆成腹地，即由科布多，烏里雅蘇台以達張家口，亦皆分屯列戍，斥堠遙通，而後畿甸晏然。蓋祖宗朝剷平準部，兼定回部，開新疆，立軍府之所貽。是故重新疆者，所以保蒙古；重蒙古者，所以衛京師。西北臂指相聯，形勢完整，自無隙可乘。若新疆不固，蒙古不安，匪特陜甘山西各邊，時虞侵軼，防不勝防，即直北關山，亦將無晏眠之日。況今俄人拓境日廣，由西而東萬餘里，與我北境相連，僅中部有蒙部遮閡。徙薪宜遠，曲突宜先。不可不預爲綢繆者，此也。……」（見歷代名賢錄十九頁）我們由這段話中可以看出，他的論點是完全以國防爲出發點，以禦外侮，衛京師固疆圉爲目的。既非爲清室效忠，亦非爲自身謀昇賞。純出一片謀國赤誠。至其論據，則歷史，地理，政略，軍略，無所不包；細密周詳，無懈可擊。終於戰勝朝臣，變更朝議，清廷遂畀以平定新疆的重任，而宗棠亦終於完成任務，使大亂弭平，國防鞏固。

軍事平定了，但他認爲這是暫時性的安定，欲求長治久安，必須在政治上有一種根本措施，才能眞正使問題澈底解決。於是他斟酌時宜，建議清廷以新疆改建行省。清廷採納了，政治組織改革，與內地一致了。這還不算，他認爲地方荒凉，交通不便，應該從事建設。他有軍隊，可以利用軍工修路種樹，以暢交通。從潼關起，到甘肅嘉峪關止，三千七百里，路修通了，交通便利了。種樹造林，夾道而西。事前定好了計劃，規定大路以四輛大車能對開爲原則，寬八丈至十六丈。兩旁種柳樹三排至八排不等。小路以大車二輛能對開爲原則，寬四丈到八丈。兩旁種柳一排至三排不等。自此由陝西到河西走廊，不僅道路暢通，同時也因夾道綠柳成陰，氣候調和了，不再像過去的枯燥。對於農業經濟也大大有了幫助。只可惜無人繼起，更向西方伸展，更向兩旁擴充！後人爲了紀念這一能幹肯幹的書生軍人兼政治家，把這些柳樹稱爲「左公柳」。又按，這一地帶自古以荒寒著稱，唐朝詩人王之渙有詩咏其地：「黃河遠上白雲間，一片孤城萬仭山。羌笛何須怨楊柳，春風不渡玉門關。」春風都吹不到，其荒寒可想。經左宗棠建設之後，沙漠變爲綠洲了。於是當時的詩人楊昌濬也作詩贈左，詠其事曰，「**大將西征人未還，湖湘子弟滿天山。手栽楊柳三千里，引得春風渡玉關。**」春風都要受人的指揮，不渡玉門關也要渡。可見事在人爲。只要我們肯幹，就一定有成績。假如每一地方官，或軍政首長都能採取同樣作風，全國建設事業早已發達起來，人民富了，國家也强了。事並不難，我們又何樂而不爲呢？

第七節　身繫天下安危之重臣

謝　安

安石不出，如蒼生何！

晉室東渡，偏安江左，五胡亂華，勢力互爲消長。苻秦據關中，用王猛，整軍經武，勢力最強，野心亦最大。苻堅持強而驕，於王猛死後不用其言，以八十萬衆整策而南，欲傾晉室而一天下。人謂長江之險，如何飛渡？苻堅竟謂「吾投鞭足以斷流，何懼長江不能飛渡？」兵遂發。

謝安，字安石，少聰慧，有膽識，氣宇瀟灑，度量宏濶。國家喪亂，政府偏安，而北方擾攘，百姓流離。未出時，放情山水。然識者知其才略，皆曰，安石不出如蒼生何？可見其抱負之遠大。後謝安爲相，以一身繫天下安危，然居恒寧靜自持，深沉穩健。苻堅大兵至，舉國震恐，謝安則從容佈署，不動聲色。指揮將帥，各當其任。有諸葛安居平五路之概。以兄子謝玄爲前鋒都督，統領江北諸軍事。苻堅以八十萬衆至，謝玄以精銳八千迎擊之。兩軍夾淝水而陣。均不得渡。玄要苻堅略退，使晉兵得渡，然後決戰。苻堅恃衆，令秦前鋒稍退。晉兵得渡，乘勢要擊之。秦兵一退即不可復止。後隊不明眞象，以爲敗。會聞陣後大呼「秦兵敗矣」！益奔潰，自相踐踏。謝玄乘勝追擊，秦兵大潰，望見八公山上草木，皆以爲晉兵。聞風聲，聞鶴唳，都以爲晉兵追至。相率奔逃不敢返顧。不數日，大河以南所攻佔城邑皆反正。陣後大呼秦敗者，襄陽守朱序也。城陷被俘，待機而反正立功者也。捷書至，謝安正與客奕棋。安閱書畢，奕如故，了無喜色。客問之，則曰，小兒輩遂破賊耳。其鎭靜沉着有如此者。有泰山崩於前而色不變之概。擔當大事固當有此風度也。

按淝水之戰影響重大，此戰如敗，中原華夏之族不堪問矣！

寇　準

陛下今日只可進尺，不可退寸。陛下一退，則萬衆瓦解，不可遏止。

北宋開國，即因中央集權，疆吏不能應付邊患。又值北方宗支，更迭崛起，對中國構成重大邊患。終有宋一代，始終未過一天安定日子。北宋初期，北方的契丹，勢力正强，屢屢南犯。太宗皇帝還有豪氣，他要以攻為守，主動向北用兵。不僅阻敵南侵，且欲收復失土。以大量軍隊，四路出師。但是出乎意料的，四路兵都打了敗仗。結果國勢益衰，敵燄更張。太宗以下是眞宗。眞宗是個膽小的皇帝；既膽小，又怕事，一點魄力都沒有。恰巧遇到契丹正在囂張，節節南侵中國，屢屢喪師失地。大河以北，局勢日漸緊張。景德元年，契丹大擧南下。北方告警，一夕數至。宋都汴京，逼河而都，緊張危險的局勢使宋室君臣都感惶恐，等於給這膽小皇帝一個重大考驗。

寇準生於宋太祖朝，仕於太宗朝。以直言敢諫著稱。有時太宗集羣臣議事，寇準必痛陳利害，堅決主張，無所避忌。往往觸怒太宗，發怒而起，寇準竟敢拉住皇帝的衣裳，請他坐下，必待事情解決，才算了事。雖然他這樣直率大膽，但因為他一向赤心為國，忠於事君，所論皆合機宜，所以太宗並不討厭他，甚至說，「朕得寇準，猶文皇（指唐太宗）之得魏徵。」其推重可想。但也因此，得罪了不少人。

契丹大擧南侵，威脅京師時，寇準以集賢殿大學士參知政事，為宰相。這時契丹先以少數遊擊騎兵，作試探性的刼掠。寇準料知其必將大擧入侵，便調派兵將，預先佈署。及敵大至，連陷城邑，告急文書，一夕數至，寇準並不驚惶。朝臣見事急，紛紛議論，眞宗皇帝驚惶無主，不知所措。於是遷都避禍之議以起。王欽若提議遷金陵，陳堯叟提議遷四川成都。只有寇準，主迎戰不主退避。他首先要舌戰羣臣，以利害與正義，民心士氣，說服羣臣。他的主要理由是，國都一動，人心崩潰，賊乘勢深入，後果不堪設想。又說，「我能往寇亦能往」。則遷都只有弊而無益。所以堅決反對。認為提議遷都的人罪不容誅。對於眞宗皇帝，則堅主必須御駕親征。他說，「大駕親征，賊自當遁去。不然，出奇以撓其謀，堅守以老其師，勞逸之勢，我得勝算矣。奈何棄廟社欲幸楚蜀遠地；所在人心崩潰，賊乘勢深入，天下可復保乎？」事勢雖然如此，但這膽小皇帝，豈肯以萬乘之尊，冒親征之險。寇準在此時孤掌難鳴，無人附和。尤其是說服羣臣易，使眞宗親征難。千鈞一髮，危險萬分。天下安危，在此一擧。此一成敗機運稍縱即逝。寇準以一身當大任，不避艱難，不顧危險，抵死力爭。不肯放鬆一步。因爲他義正詞嚴，理由充足，利害分明，眞宗雖膽小，也無可奈何，無詞拒絕。欲回宮考慮後再行決定，但寇準知道，一回宮即一切都將化爲烏有。寧可得罪皇帝，一定要立逼他當時決定。逼得眞宗無法，只好答應他親自出征。一場緊張局勢，這才得到適當解決。寇準勝利了，國家大局有救了。這一場朝廷上的舌戰，較之戰場上衝鋒陷陣更爲艱難，更爲危險。因爲機運在此，稍縱即逝。而人們心理上的敵人比戰場上的敵人，更難制勝。寇準不放過機會，是他的識見高。能戰勝朝臣，與眞宗皇帝，是他的魄力，也是他的口才。事情至此，已經成功了一半。

宋眞宗勉强被寇準拖出京城了，目的地是奔澶州，因爲這時契丹軍已由北方直撲澶州而來。寇準爲表示中央衛國禦侮的決心，並振作士氣，一定要請皇帝駕臨澶州，以對敵威嚇。但是剛到了南城，眞宗便懾於敵勢，不敢前進，竟想回去了。寇準再下說詞，他說皇帝到此不進，人心更爲恐懼。不但於大局無益，反而有害。並且軍事上已經有萬全佈署，不必害怕。眞宗仍然不肯前進。這位宰相見事機迫切，不得已逼着皇帝，不容他回去，他說「**陛下今日只可進尺，不可退寸。陛下一退，則萬衆瓦解，不可遏止。那時敵乘其後，大局即將不可收拾。**」眞宗無奈，只好硬着頭皮，進至澶州，親登城上。遠近望見皇帝旌旗，軍心民氣爲之大振，踴躍歡呼，聲聞數十里。契丹見宋天子親征到此，宋兵士氣歡騰，便爲之氣餒。試以數千騎攻城，被宋伏兵擊潰，統兵大將也被伏弩射殺。於是契丹再不敢冒險，只有遣使來求和了。

和議的條件，在寇準主張，要使契丹稱臣，並索還幽燕一帶已失的土地。但是眞宗只求敵人肯退兵，不必在條件上多所爭執。就是犧牲百萬歲幣，也在所不惜。他說「三十年後，必有能禦之者。」寇準認爲過於懦弱，但不便再與皇帝當面爭執，便私自召見議和使臣曹利用，警告他說，「雖有皇帝敕旨，但汝許過三十萬，吾斬汝矣！」結果曹利用力爭，在雙方地位和稱呼上，將石敬瑭以父禮事契丹，自稱兒皇帝者，改爲兄弟相稱，契丹以兄禮事宋。歲幣方面則許以歲贈銀十萬，絹二十萬匹。這樣算是把和議告成。眞宗聞報，喜出望外。自此，中國挽回了體面，洗雪了恥辱，也爭得數十年的安定。假如依朝議遷都，則不待徽欽北狩，北宋便即此滅亡了。可見事在人爲。設非寇準如此堅持，一步不肯放鬆，則大局急轉直下，欲求苟安而不可得。則寇準之功有不可沒者。後人讀歷史，眞當於此等處留意也。

第八節　政治道德

晏　嬰

「古之善爲人臣者，禍災歸之身，聲名歸之君；入則切磋其君之不善，出則高譽其君之德義。」

「管仲以其君霸，晏子以其君顯。」這是孟子書上的名言。管仲有功於齊，亦有功於華夏，已見前述。晏子在管子後，亦齊人。有功於齊，亦有功於民族。惟其有功於民族者，別有其所在。即不在於以其君顯，而在於道德之修養，在於其政治風範。此皆足以垂教後世，表率羣倫，爲中華民族歷史，立不朽之典則。玆擇要述之於後。

晏子字平仲，與孔子同時而年稍長。歷事齊靈公，莊公，景公三朝。「崔杼果弒莊公，晏子立崔杼之門。從者曰，死乎？晏子曰，獨吾君也乎哉？吾死也？曰，行乎？曰獨吾罪也乎哉？吾亡也？曰，歸乎？曰，吾君死安歸？**君民者豈以陵民？社稷是主。臣君者豈爲其口實？社稷是養。故君爲社稷死則死之，爲社稷亡則亡之。若君爲己死而爲己亡，非其私暱，孰能任之？**且人有君而弒之，吾焉得死之？而焉得亡之？將庸何歸？門啓而入。崔子曰，子何不死？子何不死？晏子曰，禍始吾不在也，禍終吾不知也，吾何爲死？且吾聞之，以亡爲行者不足以存君；以死爲義者不足以立功。嬰豈婢妾也哉，其縊而從之也？遂袒免坐，枕君尸而哭。興，三踊而出。人謂崔子必殺之。崔子曰，民之望也，舍之得民。」（晏子春秋內篇雜上五第二章）就此一事而言，晏子不死君難，不僅非其罪，且有其功。其功在闡明君與臣之職分，臣對君之責任，在社稷不在君身，爲公而不爲私。必君爲國死則臣死之，此爲政治上之大義。彼拘拘小儒，苦守君臣之名分而不明政治大義者，皆晏子之罪人。晏子不畏強暴，爲後人垂典範，爲政治彰大義，功不僅在當時，亦在後世也。

「崔杼既弒莊公而立景公，杼與慶封相之。刼諸將軍大夫及顯士庶人于太宮之坎上，令無得不盟者。爲壇三仞，坎其下，以甲千列環其內外。盟者皆脫劍而入。惟晏子不肯，崔杼許不之。有敢盟者，戟鉤其頸，劍承其心，令自盟曰，不與崔慶而與公室者，受其不祥。言不疾，指不及血者死。殺所七人，次及晏子。晏子奉桮血仰天嘆曰，嗚呼！崔子爲無道而弒其君，不與公室而與崔慶者，受此不祥。俛而飲血。崔杼謂晏子曰，子變子言，則齊國吾與子共之。子不變子言，戟既在脰，劍既在心，維子圖之也。晏子曰，刼吾以刄而失其志，非勇也。回吾以利而倍其君，非義也。崔子，子獨不爲夫詩乎？詩云莫莫葛藟，施于條枚。愷悌君子，求福不回。今嬰且可以回而求福乎？曲刄鉤之，直兵推之，嬰不革矣！崔杼將殺之。或曰不可，子以子之君無道而殺之，今其臣有道之士也，又從而殺之，不可以爲教矣。崔子遂舍之。」（晏子春秋內篇雜上五第三）就此事而論，晏子實作到孟子所謂「富貴不能淫，貧賤不能移，威武不能屈」三句話。戟已在頸，劍已在心，兇惡無道的崔杼已在面前，生命決於俄頃之間，而晏子不屈服，不低頭。這可以說是威武不能屈了。「子變子言，則齊國吾與子共之」，可以算是大利了，富貴亦可得於俄頃之間，而晏子不動心，不羨慕。自身貧且儉，而不移易。甘於貧與儉，亦安於貧與儉，不因貧與儉而易其節操。這三件事說來容易，作到很難。**尤其是前面不屈而死者，已有七人，輪到晏子，而晏子從容不迫，表明自己的態度，以待決之囚與惡勢力決鬬。他的武器只有正義，只有大無畏精神。最多還有一點自己過去的聲望，和在人民心理上的敬畏之感**。以崔杼之暴，當時殺一晏嬰，不過殺一雞犬耳，但他沒有殺。他敢殺前面七人，而不敢殺晏子，晏子手無寸鐵，家無一兵，而崔杼不敢殺他，他所怕的應該說是正義，和人民心理上的敬畏之心，是非之論。**由此可見正義的力量勝於强權**。晏子以正義與惡勢力鬬，能戰勝惡勢力，是他的成功，也是正義的成功。自此正義伸張，正義抬頭，人類社會中還有是非。晏子之功在於扶持正義，以正義壓倒强權。使以後的人知道正義的力量是不可輕侮的。是君子，要主張正義，扶持正義；是小人，要恐懼於正義，懾服於正義。晏子的功勞即在於扶持正義上。

西周開國，周公定開國規模，以禮樂爲政，亦以禮樂爲教。管仲治齊，首揭四維之政，四維之教。四維是禮義廉恥，以禮居首。到了晏子，仍然强調禮的重要，主張治國必以禮爲首要。晏子之倡禮，不僅有言論，有行動，並以無禮之事實反證禮之不可廢。「景公飲酒酣，曰，今日願與諸大夫爲樂飲，請無爲禮。晏子蹴然改容曰，君之言過矣。羣臣固欲君之無禮也。力多足以勝其長，勇多足以弑其君，而禮不使也。禽獸以力爲政，彊者犯弱，故日易主。今君去禮，則是禽獸也。羣臣以力爲政，彊者犯弱，而日易主，君將安立矣？人之所以貴於禽獸者，以有禮也。故詩曰，人而無禮，胡不遄死。禮不可無也。公湎而不聽。少間，公出，晏子不起。交舉則先飲。公怒，色變。抑手疾視曰，嚮者夫子之教寡人無禮之不可也，寡人出入不起，交舉則先飲，禮也？晏子避席再拜稽首而請曰，嬰敢與君言而忘之乎？臣以致無禮之實也。君若欲無禮，此是已。公曰，若是，孤之罪也。夫子就席，寡人聞命矣。觴三行遂罷酒。蓋是後也，飭法修禮，以治國政，而百姓肅也。」（晏子春秋內篇卷一）今按，臣之諫君，有直諫，有諷諫。若晏子者，可謂以事實諫。晏子先論其理，陳其利害，景公不省。示之以事實，乃悟。其諫君之苦心可見，其重禮之功尤不可忽視。

晏子儉，儉於自奉，而以餘俸濟困窮。「景公使者至其家，晏子方食，分食食之。使者不飽，晏子亦不飽。使者反，言之公。公曰，嘻！晏子家若是其貧也！寡人不知，是寡人之過也。使吏致千金與市租，以奉賓客。晏子辭。三致之。晏子終再拜而辭曰，嬰之家不貧。以君之賜，澤覆三族，延及交游，以振百姓。君之賜也厚矣，嬰之家不貧。……」（晏子春秋內篇雜下六）又「晏子相齊，衣十升之布，食脫粟之食，五卵苔菜而已。左右以告公，公爲之封邑，使田無宇致臺與無鹽。晏子對曰……遂不受。」又景公欲廣其居，晏子辭；賜之輅車乘馬，晏子亦辭。其自奉之儉可想。其不肯要譽以欺君，亦可知。爲相若此，上行下效，蔚成風氣，可以推知。不但此也，景公見晏子妻老而惡，欲以愛女妻之，而晏子亦辭。他的理由是，「乃此則老且惡，嬰與之居故矣。固及其少而姣也。且人固以壯託乎老，姣託乎惡，彼嘗託而嬰受之矣，君雖有賜，可以使嬰倍其託乎？再拜而辭。」（同上）今按，辭財產易，辭姣妻難。在常人視之，將求之不得也，而晏子亦辭之。其不求晏安可見，其不肯負老妻，亦可見。此爲道德問題。晏子以道德倡於上，民風自然厚於下。此其道德修養之難能可貴者也。

晏子既重道德，則有德歸己，非無德而要虛譽者比。而晏子亦願辭其德以歸之君，而自居其過。使百姓德於君而怨於己。此又視辭姣妻爲更難！古今賢聖，中外歷史，絕無僅有者歟？「晏子使於魯，比其返也，景公使國人起大臺之役。歲寒不已，凍餒者鄉有焉。國人望晏子。晏子至，已復事，公延坐，飲酒樂。晏子曰，君若賜臣，臣請歌之。歌曰，庶民之言曰，凍水洗我若之何？太上靡散我若之何？歌終，喟然嘆而流涕。公就止之，曰，夫子曷爲至此？殆爲大臺之役夫？寡人將速罷之。晏子再拜，出而不言，遂如大臺。執朴，鞭其不務者。……國人皆曰，晏子助天爲虐。晏子歸，未至而君出令，趣罷役。車馳而人驅。仲尼聞之，喟然嘆曰，古之善爲人臣者，聲名歸之君，禍災歸之身。入則切磋其君之不善，出則高譽其君之德義。是以雖事惰君，能使垂衣裳，朝諸侯，不敢伐其功。當此道者，其晏子是耶！」（晏子春秋內篇諫下二）今按，此乃道德精神最高表現。任勞易，任怨難。以功歸人易，以德歸人難。晏子事君，不僅匡其失，且能以德歸君而身任其怨。其仁有如此者！無怪孔子稱之也。

景公驕奢殘暴，往往以細故而殺人。不恤民隱，用費尤豪奢無度。晏子一一匡之以禮，導之以仁。或用直言，或由諷諫，必歸之於正而後已。微晏子，則景公爲桀紂而已矣。以桀紂之君而晏子輔之，能以其君顯，致齊富强，此較之管仲之於桓公爲尤難。因此吾於晏子取其能者少，重其德者多。蓋君子樂於成人之美，於常人已然，若於國君，則君之美與惡繫一國之脈，百姓之命。君而惡，則萬民陷於塗炭倒懸而無告；君而美，則萬姓昭蘇，坐於堯天舜日而不覺。我國史界論管仲者多，推晏嬰者少。講功業者多，重道德者少。我以爲與其講功業，不如重道德。因爲道德力的影響大，而歷史上多少有才能的人物，能在功業上有所就，而不能在道德上立住脚。甚至因道德修養不足而累及功業，乃至毀滅了功業。强調政治道德，尤爲今日當務之急。因此，我願强調道德，推崇道德崇高的人，尤其是政治家。像晏子這様道德極高的政治家，必須加以介紹，强調，與提倡。

晏子的道德與才能尚多，不只於上述各端。限於篇幅，擇要縷述如上。欲知其詳，請讀晏子春秋。

諸葛亮

「鞠躬盡瘁，死而後已。」
「出師未捷身先死，常使英雄淚滿襟！」

諸葛亮在中國，是婦孺皆知的人物。不過一般人知道諸葛亮，大都是由三國演義小說書和戲劇中所得來。在這裏所得到的印象，是用兵的才能居多。有修養的歷史學家由大處着眼，由正史上瞭解，所得到的

道德學問政治經濟俱足
不朽的完人諸葛亮

印象是大政治家。與其說他是軍事家，不如說他是政治家。在作者的心目中，則認爲說他是軍事家，政治家，都對，但他除了軍事與政治之外，還有更崇高，更偉大的造詣，遠在軍事與政治之上的，那就是道德。如果僅以軍事與政治的才能推崇他，實在對不起諸葛亮。因此本文對於他，只講道德，不講才能，因爲大家對他的才能已經知之甚悉了，對他的道德，則似乎論者尚少也。

在三國的紛爭擾攘中，他是正義派的代表，人心所歸向，是非的標準。他以犀利的目光看準了劉先主。認爲在這亂世中是值得輔佐的人物。論力量，劉備遠非曹操可比。以諸葛之才能，投曹，投孫，都受歡迎，都可成功。但他都不去，却偏偏要跟着一個貧無立錐之地，纍纍如喪家之狗的劉備去窮跑。「成敗利鈍，非臣之明所能逆睹。」但他不管，他只知道，應該跑，跑就是了。應該站在正義一邊，站就是了。「苟全性命於亂世，不求聞達於諸侯」的初志，被先主的知遇之隆奪去了，只好犧牲。他能舌戰羣儒，他能罵死王朗，就是憑正義的力量，拿正義作武器。他輔佐先主，最大的資本，就在這一點上。他不怕苦，不怕艱難，只怕正義不得伸張。這立場的堅定，目標的鮮明，就是他最大的道德。

諸葛之死，也是死於道德。他既以身許先主，即爲正義而奔馳，以興復漢室，爲國除奸爲職志，則國奸一日不除，漢室一日不興，奮鬭既一日不能懈怠。報先主知遇之隆，委任之專，是私德。匡扶正義，是公義。先主在世，報答有對象，苦心有人知，先主不幸中道崩殂，仍要報，不報不安於心。心既許先主，既必求心之安，不報即爲欺心。所謂道德，可貴即在此。**道德發於自己的內心。不管對象在與不在，必求己**

心之安，這是道德之所以爲道德。所以先主雖死，其心不改，其努力不懈。最後眞正作到「鞠躬盡瘁，死而後已。」終於在五十四歲的盛年，食少事繁中鞠躬盡瘁而死。他死的心安，但死的心不甘。心安者，對得起自己的內心，對得起先主，也對得起後主，更對得起正義，和天下。心不甘者，功未成，奸未除而漢室未復，一生的力量和苦心白費了。但這責任不在他而在後主。後主之庸與懦，有史以來所未有。無用的出奇，誤事誤在他一人。他對不起先主，對不起諸葛，也對不起正義和天下。按理，先主臨終有遺言，「此子可輔則輔之，不可則先生自爲之。」諸葛可以自爲之而他不肯，更是他的道德。寧肯犧牲事業，不犧牲道德。

自奉節約，操守堅定，也是道德心鑄成的效果。對後主說，「臣在成都有薄田十五頃，桑八百株，子孫衣食，自有餘饒。不別治生，以長尺寸。若臣死之日，不使內有餘帛，外有餘財。以負陛下。」磊落光明，公而忘私。這樣的態度，眞可垂範後世。

諸葛的才能，道德，不可縷指，本文僅能撮述數大端如上。餘爲衆所周知，固可得而略也。總之，三國衰世中有一諸葛，宇宙中有中心，歷史上有光彩，中華民族有支大廈之柱石。他雖在功業上失敗，但在道德上成功。諸葛的功勞在道德，在後世，而不在功業。我們後人對古人不可以事業的成敗論人。

中華民族五千年歷史，是由全民族前後不斷，用精神力量所創造，用道德力量所提高與充實，也就是靠道德力量增加光彩，煥發精神。每個時代都有道德崇高的君子支撐着危局，站在正義的立場，爲國家民族留正氣。我們不能遍舉，僅舉晏子與諸葛亮兩人，作爲代表。我相信，**必定有人不斷繼起，燃燒自己，照亮了中華民族歷史，照亮了世界。**

第九節　不辱君命之外交家

奉命出使，自古有之。孔子論學，曾說「誦詩三百，授之以政，不達；使於四方，不能專對，雖多亦奚以爲？」（論語子路）又曾贊美蘧伯玉派來的使者，說「使乎！使乎！」可見作使臣是一件重要職務，也是不易作好的職務。在春秋戰國時期，諸侯國之間，彼此往來的事頗爲繁密，外交家輩出。最早的有子貢，最聰明能幹的有晏嬰，若蘇秦張儀之流，爲縱橫之術，雖亦屬外交，因別有企圖，又當別論。一般人物，不勝枚擧，本章所論，擇其技巧上成功，精神上亦足不朽，較爲難能可貴者述之如次。

藺相如

「强秦所以不敢加兵於趙者，徒以吾兩人在耳。今兩虎相鬭，必有一傷。吾所以避廉將軍者，先公誼而後私仇耳。」

藺相如完璧歸趙的故事，人都知道。這裏爲節省篇幅，省略其事實，而說明其意義。

秦强趙弱，而秦昭王又是恃强而專橫的暴君。實欲欺趙留璧而不予十五城。是一個既不講理，又不守信的騙局。藺相如證實了騙局，璧已入於人手。勢將失璧而不得城，兩面落空。此時需要急智，而相如果以急智將璧索回。次一步是如何將璧脫出虎口。這事情就難了。藺相如敢於在秦昭王面前辱罵秦之不守信義，又敢於持璧睨柱，欲以自己的生命與璧同殉，這是威脅，也是冒險。他知道在此時示弱，以和平手段商量，交涉，等於是與虎謀皮。採强硬手段，而以理與禮爲藉口，是唯一的辦法。但必以機智，口辯，與勇氣爲基本條件。結果他竟在虎狼之秦，橫暴之主手中，將璧收回，帶至自己行館。這是外交的重大勝利。現代人常說，弱國無外交，誰說趙對秦不是弱國？又誰說弱國外交不能勝？這還不算，因爲更難的題目，更危險的局勢還在後面。

相如既知秦無誠意，雖齋五日亦不能得城，只有以璧偸送回趙。便立刻派人暗暗將璧送走。剩下來的問題，就是如何應付秦王，自己脫身了。在前次秦王為恐壞璧，不敢迫相如，現在沒有璧了，他又何所愛於相如？這時殺一相如，不過殺一螻蟻耳。但相如一席話，有剛有柔；是非利害，剖析明白，秦王雖暴，亦不致無理取鬧，為快意殺來使而絕於趙。終於赦相如，畢禮而歸之。結果藺相如外交勝利，大搖大擺回到趙國。

澠池之會，是秦趙二王之好會，也是藺相如輔趙王與會。秦王使趙王鼓琴，而使史官書之，以辱趙。相如亦請秦王擊缶，秦王不肯。相如強之，至以頸血相威脅。秦王不得已，為一擊缶。相如亦命趙史官書之。秦命趙以十五城為秦王壽，相如亦請秦以咸陽為趙王壽。終好會秦不能加勝於趙。此又相如外交一大勝利。仍是以弱勝強。

綜觀藺相如之所以能在外交上以弱勝強者，第一是把握正義，忠於國家。第二是秦趙雖強弱不同，地位則對等。第三是個人生死置之度外。第四才是他的機智與口辯。許多條件綜合起來，才能得到勝利。國家的外交官都能達到這一地步，可以斷言無不可勝的外交。

除了外交才能以外，藺相如還有一種識大體，先公後私的雅量。澠池會後，以功陞首相，位在廉頗上。廉頗不平，尋釁辱之。藺相如退避不與較。人問之，則曰，強秦所以不敢加兵於趙者，徒以吾兩人在也。今兩虎相鬪，必有一傷。吾所以避之者，先公誼而後私仇耳。這幾句話表現出一個寬宏大量的政治家風度。廉頗聽見，感愧交集，立即負荆請罪，兩人竟成生死之交。由此一事，可證廉藺二人都有君子風。

蘇　武

〰渴飲雪，飢吞氈，持節牧羊十九年，節旄盡脫。〰

蘇武奉漢武帝命使於匈奴，值匈奴內亂，副使張勝假吏常惠等與其謀。事敗，張勝以告蘇武。武曰，如此，事必及我。見犯乃死，重負國。欲自殺，勝與惠共止之。匈奴單于怒，使漢降將衛律召武等訊之。武曰，「吾爲漢使，使匈奴，屈節受辱，重負國家，何面目以歸漢？」引佩刀自刺。衛律驚，自抱持之，急召醫，救之，武氣絕半日復蘇。單于聞之，壯其節，欲說之使降。朝夕遣人候問，優遇之。及武病愈，衛律謂副有罪，宜連坐。武曰，本無謀，又非親屬，何以相坐？律舉劍擬之，武不動。又勸降，立可富貴。不然，徒以身膏草野，無益也。君因我而降，與君爲兄弟，不然，雖欲復見我，豈可得乎？武罵曰，「汝爲人臣子，不顧恩義，畔主背親，爲降虜於蠻夷，何以汝爲見？且單于信汝，使決人死生，不平心持正，反欲鬪兩主，觀禍敗。南越殺漢使者，屠爲九郡。宛王殺漢使者，頭懸北闕。朝鮮殺漢使者，即時誅滅。獨匈奴未耳。若知我不降已明，乃欲令兩國相攻；匈奴之禍，自我始矣。」一席話堂堂正正，使衛律慚愧無以應。報告單于，單于見武不肯降，越發尊重他，反而必欲使之降。困窘之百端，幽之大窖中，絕不與飲食。天雨雪，武取旃毛與雪呑嚥之，數日不死。匈奴以爲神，徙置之北海上無人處，使牧羝，謂羝羊乳，乃得歸。羝爲公羊，不生乳，蓋以絕其生還之望耳。蘇武手持漢節牧羊，臥起操持不稍疏。節旄盡脫。五六年，單于弟於靬王弋射至北海，給其衣食，賜以牛羊穹廬。於靬王死，人盜其牛羊。武又陷於窮厄。然終無降意。單于又使李陵勸慰之，亦不爲動。數年後，漢別遣使至，詭稱漢天子得雁足書，蘇武尚在。單于驚，不得已，乃送武歸。始武來時，與張勝常惠等百餘人往，及武還，求得九人而已，非降即死也。

蘇武以武帝天漢元年奉使，以昭帝始元六年春還至京師，留匈奴凡十九年。歸時鬚髮皆白。昭帝詔武以太牢謁武帝廟，拜爲典屬國，秩中二千石，賜錢二百萬，公田二頃，宅一區。圖其像於麒麟閣，以昭後世。至今二千年，國人崇敬不衰。

蘇武與藺相如不同，藺的成功在機智與勇敢，不怕死。國家使命重於個人生命，故不惜犧牲個人生命以爭取國家使命之完成。蘇武已經完成出使的任命，在候期回國時因副使參加出使國的內亂而受牽累。因受牽累而須受審訊，以堂堂大漢使者而受審對簿，有辱國體，因而不惜一死以避免受審。一次不成兩次。自殺而獲救，得以復甦，已經對得起國家。因爲他出使不辱君命，有風骨，爲匈奴單于所崇敬，本欲殺之，反欲降之。降之不得，困之；困之不得，難之以絕其望。其愛之敬之，必欲得之，實反映蘇武之道德與操守。此與元人之於文天祥相近。**蘇武於絕望中仍持節不失，堅定不移；忍人所不能忍，受人所不能受；一年，二年，三年，……至於十九年。這是一種精神！這種精神生出無窮力量，這力量支持他不死，這力量震撼着天地，喚醒了人心，戰勝了邪惡，扶持了正義。到最後，他所受的煎熬已超過生死，也就是說，與其受如此煎熬，實在不如一死了事。他不怕死，已有事實表現。在此時不死而受比死更可怕的罪，這是一種更高的精神。他要忍受比死更苦的罪，以明其不降的志節早已超過死的階段。**實已可以絕單于招降之望。到這時我瞭解了甚麼叫驚天地而泣鬼神。蘇武的成功，實在有不可思議的精神力量，所以評論蘇武，不能以平常生死論之。

第十節　犧牲生命、伸張正義

齊太史

〰在齊太史簡，在晉董狐筆。〰

崔杼弑其君莊公，橫暴無所顧忌，齊太史書曰，「崔杼弑其君」。據事直書，史官之職也。崔杼殺之，惡留惡名於史乘也。史官盡職，忠於職也。崔杼既弑君，又殺太史，暴於人懼於正義也，暴於今懼於後也。太史既死，史不得書，其弟往書之。杼又殺之。其弟又書，又死。凡死太史弟兄三人。南史氏聞之，執簡而往，仍欲書之。聞旣書矣，乃還。

今按，太史是史官，有責任，肯爲盡職而犧牲，已十分可貴。兩弟非史官，無責任，可以不管。並且有兄爲盡職而犧牲，兄弟亦與有榮焉。但他們因爲史不得書，目的未達成，心有未甘，必欲代已死的哥哥達成其目的，必使弒君的叛臣無所逃於正義與歷史。必使正義伸張，使權奸屈於正義，使人心稱快，才算達到目的，才安於心。他們一個接着一個，不怕死，非書不可，結果以兄弟三人的生命，換得歷史一條記載。這是一種精神，是忠於正義的精神。爲了扶持正義，以正義壓服邪惡，他們不惜生命，以與惡勢力決鬬。他們成功了，正義戰勝，權奸俯首了，弟兄三人地下瞑目了，是非彰著後世知所炯戒了。在這裏我們要特別加以標榜的是太史的兩弟，和南史氏。因爲他們明知必死，但他們不因怕死又沒有職責而放棄正義和歷史。他們的武器只是一枝筆，要與崔杼的刀劍抗，而結果竟得到勝利。只可惜他們都沒有留下芳香的姓名！

晉董狐

〰**在齊太史簡，在晉董狐筆。**〰

董狐的事與齊太史相似而微有不同。晉靈公無道，晉大夫趙盾爲救國救民而誅暴君，應視爲孟子所說誅一夫。但晉的太史也一定要照事實直書「趙盾弒其君。」趙盾問董狐，弒君者趙穿，何以書趙盾？董狐的理由是，「子爲正卿，亡不出境，返不討賊，非子而誰？」董狐的話對，可以書。他也秉筆直書，不避權貴，也是一種精神。不過我們同情趙盾，爲救國救民而負弒君之惡名。此外，我們還欽佩他，欽佩他有權而不濫用，對董狐不責難，更不恃强而殺史官，寧使自己在歷史上負惡名，而不殺人。犧牲了自己，成全了史官。因此我認爲董狐可貴，趙盾更可貴。在表彰董狐時，不可忽略了表彰君子權貴趙盾。

第十一節　感恩知己、義薄雲天

中國人尙友情，朋友之交列爲五倫之一。君臣，父子，夫婦，兄弟，朋友。中庸講五達道，也同樣以朋友之交列爲五達道之一。其重視可想。朋友相交之道，則曰信義。信是消極的道德，說到作到，不食言背信。義比較廣泛，也比較深進了一層。即彼此相對待，必以恕道；求自己心安，求對方諒解。實際還有一種更高尙的道德，超過信義。第一，是厚往而薄來。「投我以木桃」，必定要「報之以瓊瑤。」第二，彼此相知，能相知心，可以心心相印，成爲心交，超過一般形式上往來。必要時可以生命相期許，或相酬報。由這一股道德精神促發一種精神力量，這力量無形中促成歷史上無限光輝，造成歷史上無數高峯。這是中國民族特別着重的道德精神，非常可貴。

豫讓

〰士爲知己者死，女爲悅己者容。〰

豫讓受知於智伯，以國士待之。智伯死於趙襄子，豫讓必欲報智伯，懷匕首僞爲塗者，如厠以刺趙襄子。襄子覺之，執豫讓。詢之，則爲智伯報仇。襄子義之，釋之。豫讓呑炭爲啞，以變其聲；漆身爲癩，以變其形，藏襄子所過橋下。襄子至而馬驚，視之，則豫讓也。襄子嘆曰，子爲智伯，名旣成矣，而寡人赦子亦已足矣。子其自爲計。豫讓曰，臣聞明主不掩人之美，而忠臣有死名之義。前君已寬赦臣，天下莫不稱君之賢。今日之事，臣固伏誅，然願請君之衣而擊之，以致報讎之義，則雖死不恨。襄子以爲義，與之衣。豫讓拔劍三躍而擊之，曰，吾可以下報智伯矣。伏劍自殺而死。

今按，豫讓以智伯知己，待之厚，因而銘於心，刻於骨，必欲有以報之。智伯死於趙襄子，乃欲殺襄子以報智伯。人已死而必欲報之，義在於心也。不惜毀形變聲而爲之，不求人知也。「士爲知己者死，女爲悅己者容。」豫讓自言之，亦躬行之。其義於友有如此者！

程嬰 公孫杵臼

「死與撫孤孰難？曰死易耳，撫孤難。曰，趙氏遇子厚，子爲其難，我爲其易。」

屠岸賈以私怨殺忠臣後趙朔，趙同，趙括，趙嬰齊，皆族其家。朔遺腹子趙武生，屠岸賈必欲殺之以絕後患。朔客公孫杵臼，程嬰相與謀，欲存趙孤以續趙後。議取他人子代之，杵臼曰，死與立孤孰難？程嬰曰，死易，立孤難。杵臼曰，趙氏先君遇子厚，子彊爲其難，我爲其易者，請先死以報趙氏。於是請嬰往告密而屠岸賈殺杵臼與孤兒。不知趙氏眞孤尚在也。嬰乃奉之入山。十五年後，趙朔故人韓厥與景公謀，欲復立趙氏後。嬰乃奉武入宮，景公以韓厥之衆脅諸將，出趙孤而攻屠岸賈，殺之。立趙武爲趙氏後，復其位而賜以田邑如故。至是權奸伏誅而趙氏之仇報。久積於人心的正義，至此也才得到伸張。

數年後，趙武成年了，程嬰辭別諸大夫和趙武，說昔下宮之難，皆能死，我非不能死，我思應爲趙氏立後。今趙武既已立，復舊位，且已成人，現在我可以下報趙宣孟（盾）與公孫杵臼了。趙武啼哭頓首，固請曰，武願苦筋骨以報子至死，而子忍去我死乎？程嬰曰不可。彼以我爲能成事，故先我而死，今我不報，是以我事爲不成。終自殺而死。

今按，程嬰、公孫杵臼受知於趙盾、趙朔父子，感其德而寃其死，遂相與約共死其難。按朋友之道，本無以死相報之義。在受者出於本心，願爲之死，此爲中國道德特有之精神。公孫杵臼以暮年死於非命，已屬難能可貴。程嬰撫孤，至於成立，雖得報而位得復，其事難，其功大。就趙氏而言，撫孤勝於死難。換言之，程嬰之功過於公孫杵臼。功既已成，可以不死。而程氏必死者，以報公孫也。不報公孫有歉於心也。此其義又勝於撫孤成功。道德精神又高一層表現。

劉備 關羽 張飛

〰「不願同年同月同日生，但願同年同月同日死。」〰

劉關張桃園結義，以異姓兄弟誓共生死。其情過於骨肉，其義高於秋雲。終三人一生，無一時或忘。世稱三義。其事流傳民間，婦孺皆知。爲之建廟立祠，稱三義廟。三國前期之歷史，賴三義以友情而撐持，而創造，而放射光芒。換言之，微三義則西蜀不成爲西蜀，而三國歷史亦爲之闇然失色。蓋三國時期爲正義派的道德集團與惡勢力角逐時期。整個西蜀即正義集團，完全賴道德力量鞏固自身，爭取同情，對抗惡勢力。除了道德以外，西蜀即空無所有了。在立場上他們代表普遍存在於人民心中的正義，在作風上前期是異姓兄弟友情的創造。後期是諸葛亮的道德創造。前後輝映，全是道德的活動。這樣便把三國歷史照亮，有聲有色的活現於人們心中，歷二千年而不衰。

在最初，劉關張三個光棍以情誼相投而結拜。接着在正義大前提之下，到處流亡，奮鬪。歷盡了艱難，困苦，和危險。但是三個人始終不離開，絕不因窮困而移其志，變其節。好像越是困難，就越加深一層團結；艱難困苦反而成了加强友誼的條件。就關羽言，到了掛印封金，過關斬將，辭別曹操，萬里尋兄而友情表現到最高點。就張飛言，在古城得罪了關羽，陪情求恕，在他的性格上，友情表現到頂點。就劉備言，到了爲關張報仇而討伐東吳，因而打了敗仗，死於白帝城。算是仁至義盡了。因爲這事完全出於友情，與政治無關。犧牲了國力，犧牲了若干將士的生命，也犧牲了自己的生命。甚至影響整個事業的成敗。假如不爲關張報仇，不打敗仗，劉備不死，大功一定可成。諸葛亮明白，事前已經料到，因而竭力諫阻。劉備也非不知，但他必定要報關張之仇。諸葛之諫阻，是爲大局，諫的對。不諫即失其所以爲諸葛。

劉備不聽，必定要報仇，是爲友情，也對。不報仇即不安於心，亦不安於對友之義。爲了友情，即爲了道德，寧可犧牲事業，乃至於自己的生命。在事業上是失敗了，在道德上則成功了。此劉關張之所以爲劉關張。

第十二節 孝悌

孝悌爲仁之本，孔門教弟子，首孝悌，次謹信，以孝爲入德之門也。爲人子而不孝於父母，不悌於兄弟，不如禽獸。以其悖於自然之理也。按慈孝之情出於愛。父母無不愛於其子也，子無不愛於其父母也。老牛舐犢，慈也；烏鴉反哺，孝也。禽獸所同然，故曰孝悌之道，天地萬物自然之理也。聖人設教，因其自然而益培成之，加以若干節文而已，非悖於性，逆於情而多事也。故人之孝不待教而已然者也。由此而往，悌於兄也，敬於長也，義於友也，泛愛衆而親仁也，一以貫之而已。由近而遠，由小而大而已。故曰孝悌爲仁之本。人而不孝，不悌，禽獸之不如，無所容於天地之間。

爲父者慈，爲子者易孝；父而不慈，子而益孝，事較難。

口體之養其事小，能敬能順者，事較難。

晨昏定省不違禮，其事小；能養志，能顯揚，能繼志述事，事較難。

子女未成年，朝夕不離於親者，其事易；年既長，受室成家，其孝久而不衰，老而彌篤者，其事難。

本書言孝，擇其難能而可貴者。

緹縈

〰「願入身爲官婢，以贖父刑罪。」〰

西漢時淳于意（歷史上名醫別號倉公）年老，生五女，無子。嘗得罪，當刑。歸而自嘆，生女不生男，緩急無可使者！少女緹縈，十四歲，傷父罪，乃挺身而出，隨父入京。上書請沒身爲官婢，以贖父罪。其文曰，「妾父爲吏，齊中稱其廉平。今坐法當刑，妾切痛死者不可復生，刑者不可復續，雖欲改過自新，其道莫由，終不可得。妾願入身爲官婢，以贖父刑罪，使得改過自新也。」書上，漢文帝感其孝而悲其意，並赦其父女，且爲之除肉刑焉。

崇明老人四孝子

〰善體親心，曲盡孝道。〰

崇明老人記，是一篇燴炙人口的文章。陸隴其所作。文中記載江蘇長江口崇明島上一位吳姓老人。雖然以老人爲主題，實際是以他的四個兒子的孝道爲主要內容。事實的輪廓是這樣：崇明老人早年家貧，以其四子分別質押於富室。四子長，各自努力積貲以贖身。又各娶婦。厮乃合議築室，迎養老父老母。四子各營一肆，列居左右，中爲高堂，以奉父母。四子每月奉餐，周而復始，率以爲常。繼而諸媳相與謀曰，翁姑老矣，以月奉養，則數月始得進甘旨，太疏，乃改一日。仍以爲疏，改以一餐爲率，即早餐伯，午餐仲，以次至季，亦周而復始。又於堂中備一櫥，四子各置錢，供父母自由取用。父喜弈或樗蒲，四子探知其賭所，密以錢予主人，僞令老人勝。老人得錢歸，大喜悅，不知其子所爲也。崇明總兵劉兆撰聯以表其門曰：「百齡夫婦齊眉，五世兒孫繞膝」。

今按，家富而子孝，事較易；家貧而子孝，事較難。讀書受教育盡孝易，不讀書未受教盡孝難。子女盡孝易，子媳盡孝難。崇明老人四子家貧，貧至不能自存而爲人奴。不僅一子孝，四子皆孝。不僅四子孝，四媳亦皆孝。不僅以順爲孝，更能先其意承其志而不使之知。可謂曲盡孝道。一門孝悌，鄉黨豔稱，而史籍亦爲之生色！斯眞民族文化精神之自然流露，可貴無過於此！

第十三節　偉大之女性

中國古代重男輕女，政治上社會上，女子全無地位。不受教育，亦無自主權。無數女中英傑淹沒無聞，默默無所表現。然其秉天地間正氣，具民族精神，富文武才能，固與鬚眉無二也。惟必有非常之才，過人之節，方能有所表現。是以其卓然有所樹立，彪炳於史乘者，萬不得一。因此之故，擇其尤者，表而出之，爲今人不可旁貸之責任。

孟母

〰斷機織布，三遷其居，以教子。〰

孟母像

世界最偉大的女性教育家

孟子的母親仉氏，是一位偉大的教育家。她不授徒講學，只教自己的兒子孟子。對兒子的教育，在方法上，表現出她的卓越識見，深合教育學原理。學其要者二事，以概其餘。

孟子幼時，爲學而中輟。母方織，乃引刀割布，斷之。因誡之曰，汝之輟學，猶母之斷機織布也。孟子驚悟，力學不復輟。

孟母居近墳墓，常有人葬埋哭泣。孟子年幼，富模仿性，亦常仿效其葬埋哭泣。母見之，認爲環境惡劣，不利於兒童教育。於是覓室遷居。居近市肆，多交易叫賣之聲。孟子見之，亦效其交易叫賣。孟母又以爲環境不佳，不足以勵其志氣，不可以久居。再搬家。這次搬到學宮附近。在學宮所聞，無非弦歌鼓舞的書聲；所見，無非揖讓進退的禮節。孟子亦彷行之。母曰，此眞吾所也。遂居之，不再遷。而孟子終成大聖。換言之，孟子之爲聖，母教成之也。不圖二千餘年前女子如此深於教育也！

岳　母

～精忠報國，教子成名。～

岳飛早年喪父，由母親教養成人。湯陰水災，岳母抱着岳飛，坐在缸裏逃難，得不死。年長後，令其從名師周同求學。這位周同先生才兼文武，並且道德高尙。他非常賞識岳飛這個學生，盡其所知以教之，並且教之以正。岳母的家教尤其森嚴，她對岳飛自幼管教，一切認眞，雖小過，必糾正，不稍放鬆。其認眞不苟，教之以正，不肯姑息的作風，不像是一個母親，倒像是嚴父或良師。所以岳飛自小就受了好的家庭教育，又得到良師周同的優良訓誨，所以他一生爲人持正，待人寬厚，而志趣遠大，不自私，不貪戀權勢和祿位。不僅在功業上有成就，學問上既能文又能武，尤其難能可貴的，是作人上成功爲更有意義。

岳飛學旣成，年旣長，國家正在喪亂不寧，他應該出去爲國家効力了，這位氣量大，眼光遠的母親便在這時教他爲國家社會効力的大道理了。口頭說了還不算，惟恐其忘記，特地親手在她愛子的背上刺字，破皮，出血，染墨，「精忠報國」四個大字，刻骨銘心，永永不能磨滅了，永永不能忘懷了。可憐這旣忠且孝的岳飛，一生就在這四字母教中爲國犧牲了！他的寃，天下人，萬萬世以後的人，都知道。但他心地坦白，心安理得的去了。

如果我們說，岳飛的一切成就，是得之於母教；應不爲過。他的成就在國家，也在後世。「岳飛」照亮了民族歷史，而這照亮歷史的光，却來自母教。可惜像這樣的母親太少了！我們表彰岳母，是希望爲母的全如岳母，則國家將受無窮之賜。

沈雲英

～～「我爲父死，諸公爲鄉里死，孰與乞命狂賊之手，坐視妻若子爲虜乎！」～～

明末流寇作亂，張獻忠竄擾各省，勢力兇猛，所到之處，多以城降。到了湖南道州，守備沈至緒認爲守土衛民，責無旁貸。奮勇出戰，不幸陣亡。沈雲英是他的女兒，這時剛十七歲。雖然是個年幼女子，但有膽有識，具男子氣。她見賊勢兇猛，而父親出戰陣亡，道州城岌岌可危，眼看就將陷落。她不甘心投降，並痛父之死，決心要爲父報仇。於是她挺身而出，約集地方父老，說，「賊寇雖然勢盛，但都是烏合之衆，並不是久經訓練的軍隊。並不可怕。我雖然是個女子，但與賊誓不兩立。我爲父死，諸公爲鄉里死，孰與乞命狂賊之手，坐視妻若子爲虜乎？」大家聽了，很受感動，便跟着這位小姑娘突然打出城去。雲英爲報父仇格外奮勇，全身披甲一馬當先。賊兵出乎意料，卒不及防，慌亂中被城兵打退，解圍而去。雲英尋到父屍，奉之入城，一城人都爲這忠勇守土的守備官縞素祭奠，幫助雲英辦理喪事。郡守向政府報功，崇禎皇帝特別下詔，贈沈至緒副總兵，命沈雲英爲游擊將軍，就坐在她父親的衙門，守道州。這位十七歲的小姑娘爲國盡了忠，爲父盡了孝，爲地方父老打退了强盜，居然作了朝廷的命官。守土有責的大將軍，鬚眉男子，望風而逃，或投降賊寇的能不愧死！

第十四節　堅毅沉潛之豪傑

我們中國人有一種傻幹勁，不求人知，不怕苦，不叫苦，要幹就幹。苦幹，硬幹，傻幹。一天不達到目的，一天不停止奮鬥。有時候很傻，但是肯幹。只這股傻幹勁，成就了無數大功。爲己的，像苦學成名的學問家；爲人的，像叫花子辦學堂；爲學術，爲信仰，像法顯，像玄奘。這些人努力的方向不同，其堅毅沉潛的毅力則一。這種毅力是我們中華民族所特有，爲我們民族歷史創造了不少奇蹟。沒有人表彰，本書則要爲之表彰，因爲這是一種可貴的精神。

墨　子

〰「**摩頂放踵，利天下爲之**」〰

說起墨子，我認爲他是一位最聰明的傻瓜。這話好像很不合邏輯，實際是這樣。論思想，論知識，墨子是中國歷史上不可多得的大思想家；他通哲學，通科學，政治，社會，……幾乎無所不通。所以說他最聰明。爲了人羣，爲社會，他肯幹，就是不爲自己幸福設想。人家要封他土地，他不要，他說他量腹而食，量身而衣，用不着那麼多錢。爲了止楚攻宋，親身由宋至楚，兩條腿跑，跑了十天十夜，到了郢都。兩脚都走出了泡，不肯坐車。所以說他是傻瓜。授徒講學，只求義於人，不避死亡和危險。形成後來的俠義。所以人家說他摩頂放踵，利天下爲之。又說他以自苦爲極。這種爲了利人而使自己受苦的作風，到底是可貴的。我們中華民族不怕吃苦，勤勞肯幹的性格，也到底是我們民族生存的極大潛力。所以我覺得像墨子這樣人應該表彰，尤其是在今天的社會。

玄　奘

〰「**寧可西進一步而死，不可東退一步而生。**」〰

玄奘可以說是一個極其偉大的豪傑，他發揮盡了中華民族的潛在力量。他有堅決的意志，忍苦的耐力，成功的信心，好學的精神。不畏難，不怕苦，和百折不回的毅力。他一人具備了這許多長處，可以算是一個非常的人，所以能建立非常之功。他從十三歲即出家學佛。按佛學本極精深，初學頗難領會，但他

世界第一高僧玄奘

他以超人的智慧精通佛學又以超人的毅力達成赴印度取經的志願

資質聰慧，又善追求，所以一聽就懂。教他覆講，却講得透澈圓通。他不以一寺一師所學爲滿足，遂遍遊國內各地，遍訪名寺名僧，各就其長，深研各經。仍不滿足，他要出國，一定要索性跑到印度，去看個究竟，學個究竟。但時値唐初，封鎖邊界，不許出入。他必定要去，想各種方法，偸渡，明渡，碰到許多阻碍，也得到許多好心人的幫助，國境算是過去了。漫長的路，荒凉，乾燥，找不到水草，找不到村落，看到的只是沙石。他於貞觀三年八月，由長安出發，只是一人一馬。孤單，冷靜，不認識路，只能照西方向走，眞是上無飛鳥，下無走獸。白天所見，白茫茫一片。夜間則上有繁星，下有鬼火燐光。就這樣曉行夜宿。所有的困難都不怕，沒有水草，人馬都不能生活，不能前進。這是他一路遭遇的最大困難。他帶有皮囊，裝水。喝完了，只有渴着。有一次，接連五天，無一滴水入口，人馬都不能走了，看看就要渴死，躺在沙石上，毫無辦法。第五天夜晚，忽然天起凉風，似有霜露，精神爲之一振，掙扎起來再走。大約十里多路，忽然見到芳草一區，清水一池。這玉液瓊漿應該說是天賜的。人和馬都在絕處逢生。盡量享受，不肯離去。足足休息了一天，喝飽了，帶足了，再走。一國一國的邊境，不同樣的困難，危險，數不完，說不盡。有時講佛法，講通了，放他過去。有時碰好心人，救了他，也幫了他。到了高昌國，國王禮佛，聽玄奘講學，由衷欽佩，堅決留他不走，頂禮膜拜，尊敬備至。天天請他昇座講經。國王跪伏階下，請玄奘踏履而上。禮教到此程度，只是苦苦留他不走。但是不到印度，玄奘那裏肯止步。他早已立誓，不到印度，終不東退一步。**寧可西進一步而死，不可東退一步而生**。這時兩人一個必定要走，一個必定要留，好意翻成厄運。玄奘無法，絕食，一天，兩天，到了四天。國王才許可他走。臨行贈送許多財物，以及人役，馬匹，等等。並寫信給沿路二十四國的國王，請求保護。從此，才得順利的到了印度。不料已到印度之後，又出了岔子。在恒河上坐船，遇見一羣大强盜。他們信奉另一種妖神，每年秋天必殺一個像貌端正的人去祭神。這天偏偏選中了玄奘。拉出去到森林裏，便要殺。無論怎樣央求，非殺不可。玄奘自度不得脫難，不得已只求略略寬恕一些時間，讓他靜坐誦經祈禱，再轉世時好教化惡人，不再殺人。過了一陣，忽然狂風驟起，飛沙拔樹。强盜害怕，以爲天怒。不敢再殺，反而請他寬恕。玄奘就勢給他們講論佛法，戒殺戒盜。强盜們很受感動，從此改邪歸正，都作了好人。玄奘自此也就愈加聲名遠播。

到了印度，學習梵文，訪問名寺名僧，一面學習，一面講說。不久便名聲大噪，幾乎壓倒一切了。他遍遊附近各國，許多國王，高僧，無不欽敬備至，優禮有加。一次，五印度十八國國王，召集各國各地各派高僧，婆羅門及各外道，共數千人，集會於曲女城，獨請玄奘上座爲論主，主講大乘教義。事前聲明，如有一字無理，有人能難破者，當斬首謝罪。第一天，第二天，一直講了十八天，始終無一人提出異議，敢於問難。最後，戒日王派人將玄奘的袈婆脫下，高高擧起，當衆高聲宣佈：「普告大衆：支那國法師，立大乘義，破諸邪見，十八日來無敢難者。」大衆聽了，歡呼踴躍，燒香，散花而散。一場十八國，十八天的會，始終由玄奘一人主講至此盡歡而散。玄奘之名，震撼了全印度，提高了佛教聖地的教義，也就是提高了印度的文化水準。而支那國也自此無人不知，無人不欽仰佩服了。

最後，玄奘的造詣在印度已至無敵之境。所有的經，都學通了；靈蹟，也都訪問了。目的已圓滿達成，他要回國了。國王，高僧，苦苦相留，那裏留得住。去時他要走，無論怎樣艱難困苦危險，或挽留，留不下，阻不住。回時他要走，一樣，任何力量留他不下。來時用二十四馬，馱着六百五十七部佛經，回到中國。他於唐太宗貞觀三年八月由長安出發，於貞觀十九年三月回到長安。歷時十五年七月，行經數萬里，走遍數十國。讀遍了所有的佛經，提高了教義，爲中國揚眉吐氣，作了文化交流的工作。回國後在弘福寺翻譯佛經，前後十九年如一日，未嘗中輟。共譯成佛經七十三部。高宗麟德元年二月圓寂，享壽六十三歲。高宗極爲哀傷，認爲玄奘之死，如失國寶。四方聞之，遠來送葬的百餘萬人，可謂盛況空前了。

像玄奘這樣人，立志之遠大，毅力之堅强，智力之卓越，心性之仁慈，造詣之深遠，舉世實罕其匹。中華民族的優點幾乎具備於一身。以此種精神，無論作何事業，求何學問，焉有不成功的道理。

武訓

〰燃燒自己，照亮別人。孝丐武七，叫花子辦學堂。〰

武訓是一個怪人。他是山東堂邑縣人，生於前清道光十八年，是一個叫花子。並且作了一輩子叫花子。他三歲喪父，家貧，靠行乞度日。他雖是個窮孩子，但事母則能曲盡孝道。大家都叫他「孝丐武七」。又極好學。念不起書，常跟小學生們問字。人家看他窮，又嫌他常跟人問字，很討厭。不願告訴他，並且嘲笑，侮辱，拿他來開玩笑。這窮叫花子武訓受盡了不識字的苦楚，也受盡了人家的奚落，心裏難過極了！他家雖然窮，但是個有血性的男子。這惡劣的環境，逐漸激成他的志氣。不料他這頗爲奇怪的志氣，竟創造出頗爲奇怪的偉蹟。

母親死了，盡孝的對象沒有了。一個人白天行乞，夜晚紡麻，每天僅僅維持着最低的生活，有了餘還要儲蓄起來。年紀大了，有時爲人家傭工。不認識字，不方便，挨欺負，受奚落，這種種刺激使他不能忍受。但自己年紀已經大了，他想天底下不是有千千萬萬的窮孩子沒書讀嗎？我要救他們，使他們有書讀，不再受我這樣苦。於是他立志儲蓄錢，預備辦學堂，請老師，教窮家子弟，讓他們識字。前後三十多年錢積多了，應該生息。他跑到本地有聲望的富戶家裏，要見主人。人家當他乞討，給錢，他不要，說明了來意，拿六千貫錢面交主人。主人答應了，從此母金生子息，子息再生子息，本利相生，只存不取。有了積蓄，再送來。最後積到一萬多貫。於是乎買地，造房子，請老師，招學生。請地方紳士出面主辦。學堂居然辦起來了。開學時以盛筵款待老師，自己不作主人，請本地紳士來作陪。人家不來，他給人下跪。學堂開了，他仍然乞討。老師有時午睡，或懶惰，他跪下請老師勤苦些。學生淘氣，不好好念書，他也跪下叫他用功。這樣師生都不好意思躲懶了。

這還不算，一所學堂太少，再辦；堂邑，臨清，館陶，各縣，前後設立了四所，都辦起來了。於是乎武訓之名大噪於鄉里，人改呼爲「武善人」而不名。爲地方造就不少人才。自己始終不進甘旨，不安逸樂，也不娶妻。完全靠行乞辦四所學堂。到五十多歲時病死。邑人爲之立祠，以爲紀念。

武訓，是個叫花子，但我們在這不平凡的叫花子身上得到多少教訓。不讀書，不識字，是何等的痛苦？此其一。一個窮叫花子，不讀書，而知道孝母，見稱於鄉里，愧煞讀書人！此其二。以乞丐而儲蓄，且至巨萬，能持久不懈，便可積少成多。這是一種毅力。此其三。自己受到不讀書識字的痛苦，也想到旁人，同情心使他犧牲自己而拯救他人。人家得救了，自己却仍然作着叫花子。這是菩薩心腸，慈善事業。眞眞是燃燒自己，照亮了別人的事業。此其四。以非常人的非常行徑而創立非常之功，這是中國精神的另一表現。我們不可不爲之表揚。

吳　鳳

〰**殺人是壞事，不可枉殺一人。你們必定要人頭，只有一個穿紅衣戴紅帽的人可殺。**〰

吳鳳是清朝人，在臺灣作通事。是個親民的小官。工作地點是在阿里山，管理山地同胞。在當時因爲時常有漢人欺侮番人的事，所以漢番之間感情頗不融洽。尤其是官吏與番人之間，感情更不好。吳鳳來了之後，極力調和雙方情感，主張公道。並且替番人解決問題，排除困難。又教他們生活上的知識，排解官民間

殺身成仁的仁聖吳鳳

先賢吳鳳之像

的糾紛。自己站在人民的立場，不作威作福，好像是大家的朋友，成了漢與番，官與民之間的橋樑。用公正的立場，和藹的態度解決紛爭，勤懇親切的態度爲人民服務。不久就把一個混亂落後的局面矯正得有條有理了。無論漢人番人，對吳鳳無不尊敬和親愛。眞正作到懷德畏威的程度。

當時番人有一種迷信，每年秋祭穀神，必用人頭上供。到時年力精壯的便武裝起來下山找過路人，把他殺掉，割下人頭，回來上供。叫作「出草」。這事當然很不好。吳鳳來了，他知道這深入人心的迷信，一時驟難更改，不能操之過急。於是他想一個方法，到時召集番人首領來吃喝。並當衆宣佈，殺人是最不好的事，犯法，要償命。祭神不能殺人。眼前如一定要用人頭，還有四十幾個現成的人頭，是在康熙六十年朱一貴之亂，所殺的人。一年用一個，用完了再說。誰要不先報告，隨便殺人，一定按法治罪。番人答應了，這樣，四十多年沒有爲祭神而殺人。

到了乾隆三十四年八月，人頭用完了，祭神沒的用了，於是一羣番人跑來找吳通事。要人頭，要人頭，高聲大喊着要人頭。吳通事出來了，從容不迫的坐在堂上。番人看見吳通事，態度雖然溫和有禮了，但人頭是必定要的。吳鳳哭了，番人也哭了。勸說，開解，沒有效。最後這仁慈的吳通事含着淚說了，殺人是壞事，不可以枉殺一個人。你們必定要人頭，只有一個人可殺。明天在這房子左近，有一個穿紅衣，戴紅帽的人，可以殺，別人都不可以。番人聽見准許他們殺人，都高興的走了。次日中午時分，許多番人帶着刀箭等武器，蜂擁而來。少時果然看見一個紅衣紅帽人，慢慢的走來。上前，打倒，割下人頭。大家高興了。仔細看時，原來殺的就是我們最敬愛的吳通事。哎呀！天哪！像一聲霹靂，大家驚呼！亂跑，亂跳，搶地呼天，躺在地下打滾，自己打自己的嘴。後悔，悲傷，害怕，不知如何是好。哭，番人哭，漢人也哭。哭完了大家商量，怎麼辦？考慮，研究，結果決定：第一件事，便是天大的旱災水災，也不再殺人。從此廢止「出草」，不再拿人頭祭神。第二件事，便是爲吳通事建祠立廟，按時祭祀。第三件事，是大家從此照吳通事的規矩作事，不打架，不鬧事，相親相愛，和平相處。

吳鳳拿自己的生命作犧牲，教育了人民，也救了人民。他一聲不響，深沉，堅定，仁慈。他把人民當作自己的子女，自己的朋友。不分番漢，一體愛護。自己下了地獄，把所有的漢人番人送上天堂。這樣的人，這樣的事，全世界沒有，只有我們中華民族才有。

第十五節　典型商人

商人重利，計及錙銖。披星戴月，貿遷有無，辛苦經營，以謀生計。因而易陷於爲利而忘義，因小而失大，爲一己而忽人羣。但深明大義，爲人羣而不惜自己犧牲的商人，仍所在多有。玆舉其尤著者二例，以概其餘。

弦　高

〰犧牲十二頭牛，救了一個國。〰

春秋時秦國出兵遠征，欲襲鄭而滅其國，有其地。鄭國不知。兵至洛陽，鄭國商人弦高經商至周。見秦師東征，所當者只有鄭國。心知鄭國無備，必遭覆滅。國亡家破，無可幸免。於是情急智生，放棄經商計劃，一面趕緊派人回國送信，一面冒充鄭君派來的使者，遠來迎勞秦軍，以明國家有備，偸襲必至無功。按照當時禮節，先以四張皮革作爲引禮，然後拿自己的商品十二條牛送給秦兵主帥孟明視，作爲犒軍之用。並照慣例講些外交詞令，很像那麼回事。孟明視信以爲眞，知鄭有備，攻之不克，圍之不繼，必無功。於是改變計劃，滅滑而還。鄭國得免於難。鄭君欲厚賞弦高，弦高則認爲救國乃國民天職，固辭不受，並舉家遷往東夷以避之。

卜式

「賢者當死節於邊，有財者宜輸之於邊，則匈奴可滅也。」

漢武帝時連年對外用兵，文景時代的積貲用罄，國庫空虛。卜式河南人，以牧羊致鉅富。見國用不足，自動上書，願輸家財之半以助邊。武帝怪之，使人問卜式，欲爲官乎？他說，臣自少耕牧，不習仕宦，不願爲官。又問有寃乎？式曰，臣與人無爭，貧者貸之，不善者教之，人皆從我，又有何寃？然則究何所爲乎？式曰，天子誅匈奴，臣愚以爲賢者當死節於邊，有財者宜輸之於邊，如此則匈奴可滅也。帝問丞相公孫宏，宏曰，卜式之慷慨不近人情，必有不軌之圖，不可許也。這位糊塗丞相一句話杜絕了忠貞，卜式只好掃興回家。過了幾年，歲饑。又值匈奴渾邪王率衆來降，降民饑民麕集於河南，官府不能供應。卜式持錢二十萬，獻與河南太守。解救了困難。太守上功，武帝看見是卜式，記得是前欲輸家財之半以助邊的商人。這時富戶們正在藏匿財產，獨卜式則以家財自動獻於政府，這才放心，認爲他是忠於國家的商人。於是拜他爲中郎，賜爵，免役，賜田十頃，布告天下，以示百姓。不久又先後拜爲緱氏，成皋縣令。作官的成績優良，再陞，陞至御史大夫，位爲三公。呂嘉反，式上書請率子弟死君難以盡臣節。武帝嘉之，布告天下，賜爵關內侯。

卜式以商人而明大義，不僅輕財，亦能死君難，盡臣節。若卜式者，可謂典型商人。視財如命者可以醒矣。

第十六節　救國革命之仁人烈士

民族生存發展，有盛衰興亡，非一成不變。每當衰亡之運，輒有志士仁人起而爲救國救民而犧牲奮鬬，於歷史上創造高峯，激起波浪。也爲民族開闢生機，延續生命。有成功的英雄，有成仁的烈士，也有旣成功又成仁的民族精英。史不絕書，事有顯晦，爲中華民族起死回生，啓新機，創盛運，更爲我民族放射萬丈光芒，打開無限前途。此種精神繼續不已，潛藏於民族生命之中，實爲我民族發皇之有力保證。玆編所擧，僅限特例；其彰彰在人耳目者，不勝擧。

汪　踦

「能執干戈以衛社稷，雖欲勿殤也，不亦可乎？」

魯哀公時，齊伐魯，戰於郎。魯童子汪踦，十四歲，自請從軍，戰死。魯人哀之，欲以成人之禮葬之，以其雖未成年爲童子而能爲成人所難能之事也。問於孔子，孔子曰，「能執干戈以衛社稷，雖欲勿殤也，不亦可乎！」

岳　飛

「文官不愛錢，武官不惜死，天下太平矣。」

岳飛的名字，在中國婦孺皆知。其事蹟亦普及於民間，無待縷述。此處僅擧其一生行事之特點，以見其偉大。

岳飛幼秉母訓，又得力於師教，說已見前。他一生秉此教育爲國家効忠，始終不懈。不怕死，不貪財，也不貪戀祿位。他幾次交出兵權，以避嫌怨。其功蹟，既平水寇楊么等，又抗金以禦外侮。他戰無不勝，攻無不取。已指日渡河，即將直搗敵巢。在他的功業上是成功的。戰勝而求和，且喪權辱國，是旁人的事。最後冤死獄中，口無怨言。在他，比作戰陣亡更偉大。因此我們應該認爲他是既成功又成仁的偉大民族英雄。又有一次，高宗問他，天下何時可以太平？他說，文官不愛錢，武官不惜死！天下太平矣。高宗曰善。這兩句話道中政治肯要，但蹈之者仍比比是也。惜哉！他又能詩，能詞，能文，能寫好字。他所留下的，無一字一句不表現赤膽忠肝，滲人心脾。這樣人物，居然有人罵他是軍閥，不知是何心肝？

鄭成功

〔「昔爲孺子，今爲孤臣，向背居留，各行其是。謹謝儒衣，乞先師昭鑒。」〕

到過臺灣的人，無不知有鄭成功。讀明清史的，亦無不知有鄭成功。鄭成功的事蹟，也不容在此介紹，他的功績與精神，則不能不加以說明。

用歷史眼光看，在近三百年中，上自明朝，歷清而啓革命，創民國，再到以臺澎金馬爲基地的反共抗俄，裏面有一中心人物，那就是鄭成功。鄭成功受明封，爲明臣，誓死爲明室延宗脈，爲明遺民抗敵作戰，爭取自由幸福的生活。明室雖亡，仍誓不臣清。收復臺澎，創立洪門會，爲漢人播復興種籽。使國民革命排滿復漢運動，得所憑藉。今天反共抗俄，更幸而有臺灣、澎湖、金門、馬祖，作我們光復大陸僅有的基地。由今天回溯至明末，鄭成功實在是我中華民族盛衰興亡，精神與物質的中心。微鄭氏，中華民族正不知伊於胡底。身爲中國人而忘鄭氏之功，是爲忘本。

鄭成功是孝子，也是忠臣。在他父親鄭芝龍喪心病狂，以明室重臣而叛明降清時，他苦諫，哭諫，但利令智昏的父親始終不肯回心轉意。成功如於此時隨父親降清，是濟父之惡，重父之罪，使鄭氏子子孫孫在世界上不能抬頭，即爲大不孝。他於必不得已中權衡輕重，結果與父分道揚鑣了。他不隨父降淸，是以忠爲孝，是以大義幹父之蠱。於父是大孝，於國爲大忠，於民族爲大義，也是一件大功。一舉而數善備。在道德上爲完人，在功業上爲民族大功臣。我們看他離父從君（唐王）時的言語行動，知道他當時內心是如何的沉痛。也想見此一忠孝兼備，大義凜凜的青年，在決定從違取捨時的態度又是如何的堅決，明斷！他父親走了，他跑到孔聖廟，焚香叩首，說，「**昔爲孺子，今爲孤臣。向背居留，各行其是。謹謝儒衣，乞先師昭鑒！**」說罷便在聖廟焚燬儒衣，穿上戎裝，轉身出來，便號召志士作反淸復明的運動了。轟轟烈烈的偉蹟，便自此創成了。到今天（民國五十五年），我們仍然站在他爲我們收復，開發的臺灣、澎湖，作僅有的反攻基地。沒有他，我們的國民革命，還不知何時可以成功。反共抗俄，也沒有一塊適當的基地。還不知艱苦至何程度。

陸皓東等開國烈士

——革命第一烈士。——

國民革命運動，自民前十八年（光緒二十年）開始，到現在已是七十多年。滿淸雖已推倒，全功仍未完成。革命烈士前仆後繼，數不勝數。他們都爲國家民族的生存，貢獻了寶貴的生命。我們後死者均受其賜，均感其德。其革命史蹟，有待專史。本書於此僅舉革命第一烈士陸皓東，作爲代表。

陸皓東廣東香山縣人，是　國父孫中山先生的同鄉，也是自幼的小朋友。兩人志同道合，遂一同致力於國民革命。在當時風氣未開，革命的叫造反，要抄家滅門。大家都不敢接近。但他不管這些，該作的就去作就是了。光緒甲午年，與　國父北上，考察各地情況。　國父出國，他留在上海。次年九月，在廣州第一次起義。他首先創製靑天白日旗，接着作革命活動。運軍火。風聲洩露了，淸吏要抓人。大家只好躲避。他本已脫身，但為掩護同志，回去取名册，不幸被捕了。審訊時他侃侃而談，並不否認。但要他招供同黨，施以酷刑，死而復甦，可是他死也不肯。清吏佩服他，稱他鐵漢。以二十八歲的英年，就為革命犧牲了！現在我們每天懸掛青天白日旗，應該睹物思人，莫忘民國第一烈士陸皓東。也應該就以青天白日旗作繼續革命救國的精神堡壘，以上慰陸皓東以來所有革命烈士在天之靈。

革命先烈紀念歌

徐文珊作詞

雲山蒼蒼　江水茫茫
偉哉先烈　中華國殤
有清失政兮　中原板蕩
先覺一呼兮　其應如響
聲罪致討　正義堂堂
前仆後繼　撻伐用張
民國肇造兮月重光
英雄含笑兮黃花岡
浩然正氣　至大至剛
感發興起　當仁不讓

炎黃胄裔　攜手同行

黃花岡紀念歌

徐文珊作詞

黃花岡　黃花黃
黃花岡上有國殤！
七十二烈士埋忠骨
四萬萬同胞齊頌揚
碧血黃花相映照
青天白日永飄揚
創成民國千秋業
英雄含笑黃花岡
青年神　悲且壯
後死者　有榜樣
英雄地下應瞑目
留有黃花晚節香

註：此作曾得教育部徵選歌詞獎

第十七節　民族文學家

好文學有內容，有技巧，有性靈，也有生命。單就文學而講文學，這就够了。但本書立場是以復興民族爲中心。因此我們在文學上就主張在上面這些條件之外，還要有豐富的民族意識，旺盛的情感，足以感人，使讀者能感發興起，因而對民族國家有所裨益。這樣，就使文學成爲民族的文學，於一般文學價值之外，兼具復興民族的作用。我們中華民族，文學特別發達，作家多至不可勝數。但我們理想的作品是既能優美動人，光彩照人，而又能熱情洋溢。本編所舉，以此爲中心。

杜　甫

〜「安得廣廈千萬間？庇盡天下寒士俱歡顏。」〜

民族詩人詩聖杜甫

杜甫是個熱腸人，忠於君，愛於國，親於所有的親屬與朋友。即或是素不相識的人羣大衆，也無不痌瘝在抱，關懷其生活，而以人民大衆之痛苦爲痛苦。因此不知不覺便把這蘊蓄在胸中的心事由筆端流出。自然而然成爲大衆的喉舌，而其作品乃如炙手可熱的使人感動，同情，就像作者由自己肺腑擠出的一樣。杜甫的成功，技巧在其次，熱情却佔首位。石壕吏、兵車行是站在人民立場說出的話。茅屋爲秋風所破歌是站在自己的立場，由自己的痛苦而想到人民的痛苦。「月夜憶舍弟」，與「月夜」是懷憶親屬的作品。「春望」是憂國，「蜀相」是悼痛古人，「詠懷古蹟」則是面對古蹟而懷想古人古事，慨然發思古之幽情。他把生命與人羣大衆都融合爲一了。無論從那一個角度看，都可看見杜甫就在我的面前，在我的心中。這才叫民族文學家。早於杜甫的古人地下有靈，當知有一杜甫在懷念我；當時的人，無不知有一杜甫是在關懷於我；後世的人，認得字，讀了詩，就會知道有一個杜甫坐在我的心中。這才叫好的民族文學家。

戰國時的屈原，有熱情，但他的作品太不通俗，一般人不能欣賞。這是受時代和地域的影響，使他不能與讀者大衆相接近，這是很可惋惜的事！

晉朝的陶淵明，是另外一種「型」。表面上看，他是個恬淡，自然的田園詩人。實際這個人並不是冷淡，消極，不關心世務的人。讀他的作品，要瞭解他的爲人，要從背面去看。生活上也不能只看他喝酒。在詩酒的後頭蘊藏着的，才是他的眞性格。

唐朝的白居易，就有這樣感覺，因此他極力想法使他的作品與讀者大衆相接近，乃至於打成一片。所以他的熱情能藉通俗的字句傳達給人人。

全能的文學兼藝術家

蘇　軾

宋朝的辛稼軒、陸放翁，眷懷君國，熱情奔放，表現在字裏行間。漢朝的司馬遷，則把一腔熱血深深的埋藏在作品裏。表面上看不見，一篇兩篇覺不出；讀多了，讀久了，仔細體會，才能瞭解這是一位有深心的民族文學家，兼史學家。

蘇軾，在中國文學史上是一位傑出的明星。他的才能多，不僅能文，能詩詞，也能寫字畫畫，且俱臻上乘。飄灑自然，熱情愛國，足爲文學家代表。

第十八節　卓越之思想家學者

就思想而言思想，我中華民族有的是卓越思想家，這些思想家或以細密精微見長，或以超脫高遠著稱，或以現實世界實際問題爲着眼點，或以人生哲學爲範圍，或以宇宙奧祕探討對象。種種不一，各有千秋，俱足不朽。其直接間接影響於民族生存，促進民族文化則一。玆編所述，僅擇其尤，不能備擧。

孔子　子思　孟子　荀子

孔子應視爲中國思想家總代表，他的思想兼具衆長。惟不在宇宙奧祕上作功夫。他的方向，方法，態度，造詣，效果，無一不足爲後世典範。其內容已詳前述。子思的思想在於宏揚人生哲學，其貢獻在把人類本質彰明，而把人格提高，放大，人生充實。孟子的特點在將孔子與中庸的思想引伸發揮，在教育上有重大貢獻。荀子則在哲學，政治，經濟，倫理教育……各方面發展。與前賢小異而大同。其方面之廣，成就之多，有的確有過之而無不及。以上所擧，爲思想上之正軌，足爲典範者。次論思想上傑士。

老子

「人法地，地法天，天法道，道法自然。」「五色令人目盲，五音令人耳聾，五味令人口爽，馳騁田獵令人心發狂，難得之貨令人行妨。」

老子是第一位思想革命家。他的功蹟在首先提出無神論，以解除神權統治。他以「自然」解釋天道，代替了神。自此我們不僅在政治上擺除神權，在思想上也解脫了天神的束縛。對於人事，他主張謙，下，柔，後，以水爲法，虛其心實其腹。不貴難得之貨，使民不爲盜。其學說另詳學術章。

莊　子

「**方生方死，方死方生。方可方不可，方不可方可。惡乎然？然於然。惡乎不然？不然於不然。**」

單就思想而論，莊子應該說是一個思想怪傑。他的思想不平凡。他有一桀鰲不馴的性格，絕頂聰明的智慧，超逸絕俗的野心，不滿現狀的牢騷，於是他毫無顧忌的放開他的思力，盡情馳騁。忽而上了天，忽而又上了天外之天。忽而下了凡，忽而又平凡得一錢不值。講到大，大到一隻鵬鳥之翼若垂天之雲。講小，小到蝸牛角上兩國相爭。人世間的紛爭，是非的擾攘，利害的爭奪，生死的恐懼，這許許多多煩惱，在他看來，都是庸人自擾，統統不必要。他身雖離不開這現世界，但他的精神却常神遊於方之外。分析事理，能辨析入微。辯論是非，常能想入非非。言人所不能言，想人所想不到。作文章不循常軌，講理論，常藉寓言。但二千年來，言哲學者必讀莊子，攻文學者必讀莊子。我們講思想，更無理由將這思想上怪傑拋開。儘管他的主張不足爲訓；他的作風玩世不恭，不能取法，但他在思想上給我們開闢的領域我們却不能不利用，也不能不享受。因此我們以他代表我們的思想能力。

王　充

「**知今而不知古謂之蒙瞽；知古而不知今謂之陸沉。**」

「**論衡篇以十數，一言曰疾虛妄。**」

王充爲中國思想史上偉大革命家，其說多破除傳統觀念與迷信，堅主疾虛妄。有出人迷津之功。著有論衡八十篇，爲不朽名著。

張 載

程子說，「西銘擴前聖所未發，與孟子同功。」

「言有敎，動有法，宵有爲，晝有得，息有養，瞬有存。」

「爲天地立心，爲生民立命，爲往聖繼絕學，爲萬世開太平」

張載的功勞在恢宏吾人氣宇，擴充人格，將中國人文精神發揮到極致。只這一篇西銘，四句名言，即夠吾人享受一生，力行萬世了！

朱 熹

「半畝方塘一鑑開，天光雲影共徘徊。問渠那得淸如許？爲有源頭活水來。」

朱子在宋朝理學家爲成就最大之後勁。其學以兩程夫子爲宗，主即物窮理。著述之富，冠絕古今，以近思錄及語類爲最著。在思想上有啓人智慧，以源頭活水煥發生機，勵人以實學致實用之功。

王 守 仁

假如聖人處此，又將如何？

中國學人思想家多的很，宋以後，民國以前，我們單擧一位陽明先生。因爲他的造詣是在顚連困苦中，用自己的決心和毅力追求磨練出來的。是困於心衡於慮而後作，非全得於書本。與其他爲學問而學問的不同。玄奘以其毅力主動的追求磨練，而在佛學上有重大成就。陽明則以其毅力被動的追求磨練，而在正統思想上有重大成就。玄奘不是平凡人，陽明也不是平凡人。既表彰了玄奘，就更該表彰陽明。

陽明乃奇人，其一生行事多不可勝紀，非本文所能盡舉，僅舉其困而知之者。

陽明幼聰慧，不善詞章帖括，獨好經史諸子之學。舉科名，不第。人問之，則願讀書學爲聖賢。十五歲時隨父居京師，嘗獨騎至居庸關外，習騎射，察關山形勢。胡兒不敢犯。慨然有四方之志。因而又學兵法，留心武事，精讀兵書。他又曾旁及神仙，行導引術，有離世遠引之心。也曾學佛。不久皆覺其非，遂一概屏絕，復歸於儒學。決志爲聖人之學。對當時詞章科第之學大不以爲然，認爲學者因溺於詞章記誦，遂不復知有身心之學。

明武宗初立，宦官劉瑾用事，專權跋扈，殘害忠良。言官戴銑等上疏劾之。武宗大怒，下之獄。陽明上疏救之，亦忤旨，廷杖四十，死而復甦。劉瑾仍銜之，貶爲貴州龍場驛驛丞。這還不算，並暗使人尾隨，要在途中殺他。陽明發覺了，僞爲投水死，乃得解。

龍場驛在貴州修文縣，是個小鎮，在萬山叢棘中。不僅地方閉塞，交通不便，在那時候，還是煙嵐瘴氣，毒蛇虫害等等，不適中土人居住之所。土居皆夷人，無房舍，無教化，言語亦不通。中土來人非亡命即遭譴責。水土氣候不能適應，來者大半非病即死。陽明既至龍場，教土人架木爲屋，始有居所。不久從者皆病。陽明親自爲他們析薪取水，作粥飼之。又爲他們歌詩，唱越曲，以解其憂鬱。陽明雖未死，也還未病，但到此時，處此境，不自求生路，如何能久？於是他想，他設想，假如聖人處此，又當如何？想來想去，實也不過如此，更無他道。這樣一想，心境立刻寬鬆了。於是自己時時以聖人相假定，假如聖人處此，也並無更好辦法，那我已經是聖人了，只有繼續照聖人辦法去處理。於是乎心情更寬鬆，更舒適了。高高興興的生活得很有味道。索性他不但不死，連病也不病了。眼看着旁人一個個憂傷，悲戚，咒詛，愁眉不展。接着一個個病了，死了。同來的人一天天少了。原來這心情的憂傷，悲戚，足以致人於病，也足以致人於死。現在的科學家知道，那時候沒有科學，但他這哲學家却也知道。他是怎樣能知道的？這就是在實際生活中體驗出來的。

這還不算，僅只在心情上自己解除苦惱，還只是消極的，他更進一步，要追求聖人之道究竟是怎樣？是怎樣得來？始而想不通，忽然在一天的夜晚想通了，就好像有人點透了他。不覺躍起大呼，好像發了神經病。從者驚醒，不知他出了甚麼事？於是他約集衆人，告以心中忽有所悟，原來聖人之道吾性自足，不必外求。從前向外面事物去求的，都錯了，並舉默記經傳之言以證其理。自此他的學問大爲猛進。附近人受他感染，再加以他苦口婆心的提倡，於是這偏僻的荒陬居然學風大盛起來。即土住夷人，也都有所感悟，自來親近他，供給他的食住等等。於是他藉此大興文教，設立龍岡書院，爲大家講學。遠近聞之，都來聽講。兩年功夫，教化大行。地方官向政府報告，因而得到赦免調回他到江浙一帶作地方官了。而他的學問就在這龍場二年中由困悟而大進了。

宸濠之亂起，他以書生官吏奉命負起平亂的責任，直接用兵，討平之。在此前後，江西，福建、湖南、廣西等地寇盜作亂，騷擾地方，人民不得安生，他以剿撫兼施，恩威並用的辦法，也先後把他們平定。在前後多年大小戰亂中，遇見無數困難和危險。被宸濠困，被寇盜困，被無兵無餉困。又有人說他的壞話，破壞他的計劃和工作。這種種困難都給他嚴重的考驗，他也同樣以「假如聖人處此，又當如何？」的方法，假定出聖人也不過如此的辦法把他一一克服了。作地方官，必先求民隱，爲人民解決問題。又必與辦教育，勸諭人民。又經二十年的磨練，學問，思想，又得極大進益。所有知行合一之理，致良知之教，都在這不斷的磨練中成熟了，定型了。總之，他一生遭遇，順境少而逆境多。始終在艱難困苦中奮鬪，也就在艱苦中磨練，追求，和修養。所有的思想學問，陽明學說，也就在艱難困苦的逆境中磨練成了。好像一把利刄，愈磨愈亮，愈鋒利。孟子所說「天將降大任於是人也，必先苦其心志，勞其筋骨，餓其體膚，空乏其身，行拂亂其所爲，所以動心忍性，增益其所不能。……」在陽明身上完完全全證實了，也完完全全被陽明所利用與發揚了。普通學人思想家大都是在書本上，書齋中研究出來的。以視陽明，似有遜色。

顧炎武　黃宗羲　王夫之　顏　元

明末王學由於迂儒之曲解發生流弊，束書不觀，空言性理；只坐而論道，不起而力行。更由格致誠正功夫所用太多太重，遂致偏重於個人內心修養，而對修齊治平上所用功夫太輕太少，結果忽略了民生實務。顯然非大道之全，更失先聖初旨。而實際國計民生問題，則相逼而至，迫在目前。所以到了明末清初；事實上已逼入踏實之路。首先應之而起的便是顧炎武，黃宗羲。接着就是王夫之，顏元。合稱明末清初四大儒。顧炎武長於經學，他說捨經學無理學。反對捨四海困窮，天祿永終不言，而終日言危微精一。其一生學問結晶於日知錄與天下郡國利病書。

黃宗羲重史學，他主民生實務必求教於史，以歷史為民生根本。

王夫之重於哲學，亦講史事，作史論。

顏元尤重實學，主力行實踐，自號習齋。兼通經史諸子政治經濟，以及兵學工農等等實學，打破以書本為限的學風。

最後講到思想家，則只有　國父孫中山先生。滿清一代可以說只有經師而無思想家。所謂救世主型，也以　國父為代表。對於　國父，另闢專章講述，此不贅。

第二章　華　僑

第一節　華僑之外移

〈身在異域，心懷祖國，愛國思鄉，保存文化〉

一

中華民族有一重大特點，即華僑普遍分佈在世界各地，有人烟處即有華僑。據僑委會統計報告，截至民國五十一年六月底止，海外僑民總數已達約一千三百萬之數（港澳三百多萬除外）。並且出於自然，由來已久，非有計劃之行動。由人民自動外移，與政府並無關係。據華僑志總志考訂，遠自殷商時期已有外移之事。其確實可考者，當以秦代徐福爲最早。自此以後，歷代皆有外移之事。唐朝爲多，明清始盛。至近代更爲發達。就民族發展而言，爲一種潛力之發揮，創造進取之偉蹟，文化之傳播，應視爲民族史蹟之一部份，民族性格與能力之另一方面表現。從事於民族研究，不可不取資於華僑。過去注意者少，未免失於偏枯遺漏。基於此種認識，本書特闢專章，略加論述。惟因資料搜採困難，又加篇幅所限，只能撮舉其大端，不能詳也。

前僑務委員會委員長鄭彥棻氏華僑志總志序說，「我僑移居海外，稽諸史載，遠自殷商，爲時悠久。迄於今日，僑胞足跡遍天下。分佈之廣，人數之衆，並世民族無可匹敵。其艱苦奮鬪之精神，優良傳統之德性，爲世人所共仰。而對祖國及世界之貢獻，事蹟昭然，厥功尤偉。竊謂華僑之事業，即中華民族之海外事業。華僑之貢獻，即中華民族對人類社會之貢獻。華僑之歷史，即中華民族歷史之一部份，亦即世界歷史光榮之一頁。」今按此實允當而深刻之至論。鄭氏有此卓越識見，求之於今，實不多遘。主持編纂華僑志，厥功尤偉。由政府主持編纂記述華僑之專著，當自此始。

二

茲就華僑之本籍，及移殖地區之分佈，先作一概括之說明。

就華僑的本籍而言，自然以沿海各省爲多，此乃事實所必然。一則交通便利，消息靈通，機會較多。二則沿海各省人口比較稠密，生活上欲謀發展，只有向外疏散，另謀出路。沿海各省之中，河北省山東省有東北廣大地區可資開發，可以容納許多人口。遠出海外的較少。江浙人口雖密，土地肥沃，出產豐富，雖有遠行，爲數並不太多。惟有福建廣東兩省，土地磽瘠，非崇山峻嶺，即鹽滷沙磧。人民謀生不易，又近海洋，所以外出人數最多，幾居僑民總數之大半。廣西次之，其他內地各省即甚少。

僑居地區則以南洋爲第一位，據民國五十三年出版之高級中學地理教科書，「南洋各地的華僑，約得一千二百三十萬，占僑民總人口百分之七十五。」遂成爲華僑主要移殖地區。在南洋之中，又以馬來西亞，新加坡爲最多，次泰國，印度尼西亞，再次菲律賓，緬甸，越南，柬埔寨，寮國。南洋之外，在亞州，有日本，韓國，印度，及中東各國。在北美，則以美國爲最多，次加拿大。中美則墨西哥，古巴，牙買加……等國。南美則有秘魯，智利，千里達，圭亞那……等國。澳洲和紐西蘭也不太少。歐洲方面較少，大部份分佈在英法德義西班牙等較大國家。即或是非洲內地，也都有華僑踪跡。分佈之普遍廣遠，擧世無其匹敵。

三

華僑出國的動機，頗爲單純。主要是謀生，其次是在事業上求開創發展，更次才是好奇心的趨使，與機會的促成。此外無任何企圖。絕無政治野心，不作任何政治活動。對於僑居地人民毫無所爭，並不想在任何方面將人壓倒，只求自己生存，自己發展。有些人在事業上成功，經濟上成功，勝過土人，是自己勤奮努力的自然結果，並非出於有意，要奪取某種勢力，予人以威脅。所以華僑所到之處，大都與土人相處融洽。偶有齟齬，出於土人忌妬，或由誤會，而非由挑動。

講到出國的憑藉，完全靠人民自己的力量，既無政治軍事的後盾，又無團體組織的力量，經濟上無支援，行動上無指引。只憑個人力量，單槍匹馬，海角天涯，投入陌生環境，別創一番天下。最多不過三五人，數十人結伴同行，投奔同鄉親友，作爲引路而已。亦有外人招募華工，負責接運，只能以賤價作勞工，不須自己愁衣食，謀事業。此與西方之移民海外者不同。他們有的由政府以政治軍事力量向外殖民，自有政府作後盾。有的由某種組織支持遣送，以達成某種企圖。最低限度，亦有教會派遣或支持，以傳教爲目的。經商的居多，勞力的極少。他們大都有後盾，既非由人民自動外出，亦不聽任外出人以孤軍而奮鬪。兩相比較，難易不同，苦樂殊異。以此視彼，我僑胞能力之强，勇氣之大，顯然可見。

四

在態度上，華僑所表現的尤爲可貴。基本問題是以入境問俗的態度，效大禹之解衣而入裸國。進一步，就以言忠信，行篤敬的作風立身處世。對待任何人都是那麼謙和退讓。尊敬人，幫助人；寗願自己吃虧，絕不佔尖取巧。就作人的基本態度而言，完全實踐古先聖哲的明訓。平時在國內，大家不理會，但偶爾不免有時放肆。一到國外，自然起一種戒愼恐懼之心，以客籍人投入新環境，不能不在態度與行動上格外小心，自加檢點。因而自律，自尊，遂充份表現中國人生哲學。所以越是在遠托異國的華僑身上，越能表現中國的民族風度，文化精神。至於遵守住在國的政令法律，更不待言。簡言之，就是與人無忤，與世無爭，完全表現善良的本質。用能在任何地域生存發展，融洽和諧。

在事業上，我們有農業社會孕育而成的特性，那就是崇本務實，吃苦耐勞，勤儉持家。在國內已然，國外尤甚。這就是在事業上成功，經濟上發展的基本因素，非常重要。我們自然具備此項條件，用能消極的自力生存，積極的發展致富。往往在事業上勝過土人。因而招惹忌妬，不免相爭，甚至發生不愉快事件。旅菲律賓的華僑所受，最爲嚴重而明顯。

華僑離了祖國，仍是中國人。雖然要入境問俗，但祖國的生活習慣，規矩禮法，仍然要儘可能的保留。衣冠不能不隨俗，飲食起居則與人無涉。語言文字，對土人不得不用人家的，在自己家中則用自己的。到時候過節，過年，團圓，祭祖，行孝，……都照祖國老規矩。總之，開開大門，是外國，素夷狄行乎夷狄。關起大門，是中國；便可以我行我素。在外國隨外國，在中國仍保持中國。這是所有出國華僑共同一致的作風，出於自然，不約而同。這樣就無形中造成兩種效果：一是繼續保持固有民族性，民族文化，不因出國而放棄或泯沒。表現中國人，中國文化有一種獨立性，與永久性。二是中國人，中國文化隨華僑而輸出世界各地，使各民族各國家都能或多或少的受中國文化的薰陶感染。一旦中華民族復興强大，中國文化宏揚於世界，這就是很好的基礎，可作爲憑藉。換句話說，就是華僑對中國文化的傳播，無形中有很大的功勞。

據我們直接間接所獲悉，華僑在外共同感到的苦惱有兩件事：第一是國籍的問題。華僑是中國人，當然要永久保留中國國籍，作中國人。但時間久了，住在國有的要强迫華僑加入住在國的國籍。爲了繼續居留，爲了表示與住在國合作，不能不接受。這樣就不免一人具備雙重國籍。在雙重國籍之中，中國的國籍不能公開强調，精神上不免受極大壓迫。此其一。第二是華僑在外，雖非由政府支持遣送，並無政治作用，但國際上是講現實的。本國强大了，發達了，僑民在外便受人尊重，否則遭人鄙視，乃至欺侮壓迫。不幸而國家多難，近百年來，處於衰運。歷史上盛運，由前世僑胞享受了；今天的僑胞，則只有暫時忍耐，受不當受的鄙視壓迫。以待反共之勝利，民族之復興，國勢之重振。我政府素本王道精神，和平態度，睦鄰政策，不採强硬外交。華僑在外，遂乏支援力量，不能以公理正義勝彼强暴，只有低頭退讓忍受。此其二。這兩件事，當是所有華僑所共同感到困擾的問題。

不過我們要在此補充說明兩義：

古代對外移民數量不大，以唐代爲較多。唐代勢盛，各方面平均發展：政治，軍事，文化，經濟，俱臻極盛。四方嚮風慕義來歸者，不絕於途。與華人外出者形成內外交流之勢。因此外國對中國，對唐朝，仰望企慕，無遠不至。中國聲威達於極盛。於是以唐人稱華僑，華僑聚居之所稱「唐人街」。至今英美若干大城市均有此稱。可證歷史餘威，至今尚震於殊俗。今人仍受其賜。此屬於民族精神遺產者，一也。

清末國勢陷於最低潮， 國父稱之爲次殖民地。入民國後，雖得稍振，仍不能在國際上處於平等地位。華僑在外，備受虐待凌辱，始終不能抬起頭來。到對日抗戰，以自力求生存，奮戰不屈，有聲有色，國際人士對中國已刮目相看。遂有在華特權之放棄，平等新約之訂立。自此不平等條約先後廢除，國際聲威大振。及至民國三十四年（公元一九四五年）中國與英美蘇聯共同發起，組織聯合國，以發起人身份邀請世界各國共同會商。事實上成爲領導份子。繼之以抗戰勝利，日本無條件投降，至此中國國際地位遂到達最高峯。國際人士遂以敬畏心理，仰起頭看中國人。聲威之盛，幾爲前史所未有！當此時也，華僑在外，事實上成爲天之驕子，若干年屈辱爲之一伸。這才揚眉吐氣，不再受任何欺侮凌辱。這是由全民族以自力奮鬪得來的成果。華僑在外所處地位，以此爲最高峯！倘非共匪禍國，國勢繼續强盛，華僑在外地位只有日漸增高，無人敢予輕侮。現在事實上已一落千丈，再陷於低潮衰運。只有爭取反共勝利以求重振聲威了。此近年國勢突盛而又衰者，二也。

第二節　華僑之貢獻

華僑在外，因感受靈敏，所以對祖國期望最殷。愛國也就更切。雖然身在異域，心中却時時懷念祖國。祖國所需者予之，祖國所欲者爲之。所以解囊捐款，以抒國難，最爲踴躍。組織團體，贊助革命，最爲熱心。甚至回國從軍，捨生報國。出錢出力，至再至三；攘利不先，赴義恐後。國民革命之成功，華僑之貢獻最大。所以 國父說「華僑爲革命之母」。此外如以僑資投入祖國，以發展工商業，組織團體回國勞軍，或參加慶典，學人回國講學等等，不一而足。具見其愛國之殷，嚮往之切。其對祖國之貢獻，有如是者。

對居留地的貢獻亦不在少。主要在於經濟之開發。如荒地之開墾，畜牧之舉辦，工業之發展，運輸製造，以及各種工商事業之經營，幾乎應有盡有，無不勤勤懇懇，實心實力以赴之。用能規模具備，事業成功。於己身固有利益，對地方經濟則貢獻尤大。許多地區，賴華僑之經營，經濟財政上得到繁榮盛大。所以有很多國家歡迎華僑，或來招募華工，或願與華僑合作，從事經濟之開發，或共同從事各種事業之興辦。即此可見華僑對世界貢獻之一斑。

一

華僑最大困難，也是他們對祖國文化最大熱心的事，就是僑民教育的問題。他們初出國的成年人，受過中國文化的薰陶，中國正規教育的鎔鑄。在國外出生的下一代，即無此項基礎。他們必定要把祖國的一切傳下去，使中國人永遠是中國人。這是他們共同一致的立場，也可以說是一種願望，並引爲己責。但在國外受不到中國教育，於是他們一方面送較大子弟回祖國直接受教，另一方面大家合力，以自資創辦華僑學校，使子弟有入學修習中國文化教育的機會。華僑較多的地區，都有僑校之設。但住在國政府對華僑的政策不同，有的可以長期設置，公開舉辦，不受干涉。有的就不免受干涉，受限制，乃至勒令關閉，或根本不容設置。僑胞保存祖國文化的一腔熱誠，無法達到目的，成爲他們的最大痛苦。就國家民族而言，也成爲一種危機，一種隱憂。假如不設法補救，若干年後，華僑對祖國的關係便將日趨淡薄。民國五十六年十月二十一日，華僑節，錢師賓四（穆）在臺北僑政學會演講時說，「我認爲文化最重要的結晶是在人生。它不是用語言文字思想就可代表。而是實實在在的表現在每一個人的身上。顯現在生活的各方面。而人生最顯著的表現，就是人情風俗，和處事接物。人情是人與人之間的關係，而存在華僑社會的祭祖，祠堂，就是風俗。我們的人生是多方面的，而中國人的人生是出自極高深文化的精義中。……僑居地既不准普設僑校，但是僑教的方法可以改變，不一定要靠僑校的設立。譬如小孩教育，可以在家中教孩子說國語，寫中文。只要老一輩的人不忘中國話，孩子自然也就會了。在海外不一定要辦中學，而應普設成人教育。用私塾和講學的方法教中文。……」（五十六年十月廿二日中央日報）讀此，我們可以知道，中國的人生，是從極高深文化精義中孕育出來。換句話說，也就是中國的高深文化融合在中國人的生活中，透過言語行動，風俗習慣表現出來。這樣我們就可以相信，中國文化是永久打不倒的，也是不會消滅的。只要有中國人，就有中國文化。中國人所到之處就是中國文化所到之處。此其一。只要華僑信心堅定，立場深穩，儘可由種種方式表現與保存祖國文化。中國語文不能放棄，中國人生活方式必須保持。這樣就可以隨處生根；一有機會，便又發榮滋長起來。不過話說回來，政府或人民團體，也應該儘可能運用各種方法，予僑胞以有力支援，不使他們在外孤軍奮鬪，受人壓迫。不僅教育文化，即政治經濟等等，也是一樣。我們應認爲國籍與文化教育等等問題，實爲一種隱憂，或說是危機，不容忽視。

二

總結以上所述，我們可得如下的認識：

第一，華僑即中國文化的縮影，許多中國精神，在華僑身上表現。華僑投入外國新環境，無形中，成爲中國人的代表。許多中國人的特徵，也在華僑身上表現。他們自願在自己身上，以及自己的後代身上，將中國人，中國文化，無窮的保存延續下去，這就是中國人之所以爲中國人，中國文化之所以爲中國文化。

第二，在作者認爲，華僑在外所表現的民族性與民族文化，分析起來，含有下列三種精神：最主要的是正統文化，儒家精神。他們以善良的本性，仁愛的情懷，崇高倫理道德，講公理，守正義的作風，處所在地的社會。以王道精神，和平的理想，表現對政治的態度。這都是在華僑身上所表現的儒家思想。

其次是墨家精神。墨子的基本精神是堅忍耐勞，克勤克儉，實幹苦幹，以自苦爲極，爲人羣服務。這些都是墨學的精華，可貴的長處。像這些優點，都默默的在華僑身上表現。他們雖不見得個個讀過墨子書，研究過墨子學說，但墨子的眞正內涵，好像他們已經先天的具備。到了海外，就有機會表現。反而比留在國內的一般人表現良好。自然也有一種孤身處於異域，不得不然的局勢。就這樣他們能創造了前途，建立了事業，表現了中華民族以自力求生存發展的潛力。

張繼說，「人有恒言，三大偏世界：一曰英國之國旗偏世界，二曰日本之娼妓偏世界，三曰中國之苦力偏世界。前二者今暫不說。中國苦力偏世界，乃中國之本諸人類開天闢地的遺傳美德。其意志之堅强，姿態之勇敢，世無比倫。換一句話說，中國人不以强盜之武力侵略世界，而以血汗的勞力爲人類盡義務。此種至聖至賢的美德，應如何受世界的尊重與讚美！然適得其反。偏受世界的虐待與侮辱。今後整理世界新秩序新國際者，當引爲一大問題。數百年來，中國苦力所到之地，如南洋，如西部美洲，如南非，如澳洲，一切長林豐草沙磧不毛之地，皆藉中國之神聖勞力一變爲黃金樂土。……」（張溥泉先生全集，禹墨之苦行任俠應爲團員之一致精神）這段話把華僑所表現墨家精神，以及其對世界之貢獻，發揮得詳盡而透澈，深刻而有力。尤其是講　中國人不以武力侵略世界，而以勞力爲人類盡義務，更　中華民族可貴的精神，由內裏托出。讀者眞當三復之。

更次是道家精神。這裏所說道家精神，可貴的是作人的態度。如老子主張謙，下，柔，後；與人無忤，與世無爭；知足知止，謙退爲懷。這些作人的好道理，也無形中被華僑一一實踐。以這樣的作人態度，投入任何環境，當無不融洽的道理。許多人是以華工的身份出去，到外國便老老實實作工，實心實力，誠實篤厚，只求以勞力換取工資，無任何野心。藉此爭取外人的信仰。不怕地位低，不怕生活苦。這就是老子的人生哲學。這些華工雖也不曾讀過老子書，但老子的主張和他理想中優點，也不知不覺的被華僑行出來了。

就謙下柔後而言，可以證明中國人在世界上不能被人打倒。因爲會倒塌的，是高的，上的。在下面的便無處可倒。因爲它根本就在下面，當然無可倒塌。試看國旗偏世界的英國，他是以武力侵略得來，居人之上的。但曾幾何時，大英帝國的黃金時代不是已經過去嗎？而中國却仍然是中國，華僑仍然是華僑。誰能相信素居人下的華僑會被人打倒？深深植根於世界各地的基本力量會被人推翻？這就是中華民族永不磨滅的根本道理。由中國的人生哲學，老子的學說，也就是儒家的思想，爲其無形的基礎。

說到柔，則又是儒道相通的人生哲學。易經講謙謙君子，也講以柔克剛。所謂謙謙君子，就是處下而不居上，在後而不爭先的道理。以柔克剛，在易經，在老子，都是同一看法，同一主張。我們有一種深刻的瞭解，剛的固然表面上堅强，可以得逞於一時。但柔的却將力量蘊藏在裏面，可以支持於永久。剛的可以將力量消失，由强變爲弱。柔的力量則永久保存在裏面，不發作則已，一發即足驚人。中國人尙和平，講道德，不與人爭；但這不與人爭的，力量便永久保持。所以中國人生哲學中有一韌性，說句俗話，就是像牛皮糖的性格。這種性格隱藏在每個中國人的身上，心中，支持着整個民族，在世界上與强的剛的競爭圖存。我相信，最後勝利一定是屬於謙下的，柔弱的，不與人爭先的中國人。我也相信，此一看法終必爲全體同胞所接受。

第三，是若干年來，始終是在很自然的情況下普遍發展到全世界每一角落。旣無政治背景，亦無經濟支援，社會團體後盾。而所有出去的人，都能生存，能適應，同時也能在不競爭中獲勝。並不落任何土住民族之後。這一種看不見的力量，恐怕只有我們中華民族才有。這就是中華民族不可輕侮的所在，同時也就是民族永永不能磨滅的保證。不僅不能磨滅，更將成爲世界上最有前途的民族。甚至我們敢說，中華民族終將成爲領導世界的民族，拯救世界的民族。中華民族的可貴在此，可愛也在此。國際上有遠識的人，不輕視中國人，認爲中國人最有前途，一部份觀點即從華僑得來。

第八篇　中華民國國父與現代政治篇

第一章　中華民國　國父孫中山先生

第一節　前　言

中華民國　國父孫中山先生，是中國五千年歷史上樞紐人物。他轉變了中國歷史命運，他將中國歷史一手劃分爲兩大段落。在他以前五千年爲一段落，他以後一百年爲一段落。**就民族命運言，他挽救了民族生命於千鈞一髮之危；就文化言，他將中國固有文化去蕪存精發揚光大，吸收新血液，擴大基礎，造成新體制，呈現一副新面目。就政治言，他將過去優良的政治思想與制度與西方新民主政治溶鑄而成一種新的中國型民主政治。無異將過去歷史作一結束，另起一個新端緒，創造一種新制度。從他以後，中國以一種新姿態，新精神，邁向新階段，打開新局面。使中華民族由中國而世界，由民族而人類。顯然是一個承先啓後，轉變歷史命運的樞紐人物。**

政治制度雖然改變，但中國文化精神則始終不變，不僅不變，且更加發揚進步，**他創新是在固有文化基礎之上求改革進步，而非拋却固有，另起爐灶**。中國文化以孔子爲中心，孔子的思想是上承歷聖正統，下啓萬世基業的一貫思想。澈上澈下，猶如一盞明燈，將整個宇宙照得透澈通明。內外一致，天人合一，無時空之限，無彼此之分。國父深領此旨，用能於思想混亂，世界動盪中，抓住此點，緊緊把握，盡力發揮，以求其實現。**因此他雖大力改革中國政治，但不失根本，不爲求新而忘舊，不爲從人而捨己，**

不學步邯鄲而忘其故步。此　國父在轉變歷史命運中最難能可貴的一點。賴此，我們能在今天縱觀上下古今之變，仍是中國的，完全一片中國精神。面目雖新，精神則係固有；制度雖改，立場始終不變。更進一步，他不僅要以中國文化精神救中國，亦救世界人類。噫！中國偉人，世界偉人！中國救星，世界人類救星！像　國父這樣人，全國每一國民，都應有所瞭解。對現代的政治，亦應有所瞭解。欲瞭解　國父，不能不從現代政治上着眼；欲瞭解現代政治，不能不從　國父一生行事與思想上着眼。國父與現代政治，互為因果，不可分割。因此另立專篇，以　國父與現代政治為範疇，合併叙述研究，以明其關係。

第一節　國父傳略

國父一生豐功碩德，罄竹難書。欲得其詳，應另為專著，非此短文所能道其萬一。茲編所述，僅能就其犖犖大端與現代政治有關者，撮擧其一二，作為發凡。以云傳記，則吾豈敢。

欲瞭解　國父，應從其時代背景講起。

國父生於清同治五年（丙寅），公元一八六六年，民國紀元前四十六年，十月十六日。推算陽曆為十一月十二日。家在廣東省香山縣翠亨村。他的出生，上距鴉片戰爭二十七年，距英法聯軍入北京五年，距太平天國之亡二年。出生後十九歲中法戰爭，中國以戰勝國求和，割地賠款。二十九歲中日戰爭。三十五歲由義和團之亂，惹起八國聯軍入北京。次年訂辛丑和約。三十八歲日俄在中國境內交戰，而中國政府宣布中立。四十六歲因鐵路國有案，各省反抗。四十七歲就任中華民國第一任臨時大總統。四十八歲袁世凱背叛民國。五十二歲，北洋軍閥破壞約法。五十八歲曹錕賄選總統。五十九歲北京政府執政段祺瑞食言背信，反對廢除不平等條約與國民會議。六十歲逝世。綜觀他出生前後約一百年，中華民族由高峯陷入低潮，由盛運陷入衰運；內憂外患，紛至迭乘。民族之不亡者；其間不能容髮。再曠觀世界，則歐美各邦正軍事，政治，經濟突飛猛進，以一日千里之勢向外擴張。而我中國適在此時委靡不振，一瀉千里。兩相接觸，遂首當侵略之衝，成爲列強擴展之尾閭。國勢遂岌岌不可終日。

就政治言，滿清的政府，已將君主專制作到極端，也把君主專制的弊病表露到極點。他們本身的無能，又其餘事。這時西方的新民主政治方在抬頭，表現優點。大勢所趨，正如　國父所說，「民權漲進，君權退縮」。其勢不可遏抑。兩兩相較，高下立見。則中國三千年之君主政治，勢不能不在此時改弦更張，以求適應與進步。

再就全部文化而言，則又正如本書導論篇所說，「乃民族不幸，適以民族低潮衰運，巧遇西方之高潮盛運。又以我之所短，遇人之所長。……我之所長在精神不在物質，在內而不在外；張目不能見，擧手不能得。人之長在物質不在精神，在外而不在內；張目可見，擧手可得。於是我所見所感者，皆我之短，人之長。國人不深察，遂主動將自尊心放棄，自信心推出。其甚者幫助外人，打擊自己。」這就是中國近百年的情況。也就是　國父生前，以及其一生所遭遇的現象。

由五千年歷史全程看，這是前所未有的低潮衰運，也就是民族生存最爲危險的時代。與歷史上任何時代不同。過去的興衰混亂，不出中國本土；過去盛衰的實質，僅限於軍事與政治，而不涉及文化。現在不同了，地域上由中國本土而擴展到全世界；實質上由軍事政治而深入到文化。因此，我們應該瞭解，此一階段爲民族生存危機最爲嚴重的階段。　國父孫中山先生，就出生在這一時代。

由橫截面看，以中國之大，人口之衆，危機之嚴重，感者非一人；生死禍福，受者非一地。**環顧宇宙內，衆皆默然，攘臂奮起者惟　國父一人**。此　國父之所以爲　國父者一也。

救亡圖存，自爲當務之急。能在此千鈞一髮之時救了亡，圖了存，已屬難能可貴，對歷史有交代，對民族有貢獻。再能於救亡圖存之外，爲長治久安之計，在政治上爲根本之改革，使國人有所遵循；又不僅在國內爲進步，在世界政治上亦能作到後來居上，則非僅「難能可貴」所能道其萬一。仍不足，更要在大家將自尊自信心喪失無餘的環境中，將中國固有文化去蕪存精，發揚光大，吸收新血，擴大基礎，使成爲世界上最優良之文化，內而救中國，外而救世界。此無異於將中國文化精神延伸到世界，使成爲世界上最優良的文化。在思想方法上成爲最完備，最靈活，也最新穎的；在思想態度上，成爲最光明磊落的，在思想氣量上成爲最宏濶偉大的，在效果上成爲最理想的。這就是他的全部思想的價值。綜括言之，**第一步救亡圖存，第二步創造後來居上的政治規模，第三步創造以中國文化爲核心的世界最優良文化**。這三步事功，他一個人作到了。六十年的生命，四億五千萬人民的代表，五千年歷史文化的結晶。這是　國父之所以爲　國父者二也。

國父是學醫出身，獲醫學博士，爲科學家。他所致力的是國民革命。此一國民革命非僅軍事的政治的活動，而是牽涉到多方面，需要多種學問配合應用的。又不僅在革命運動中要用，尤其重要的是在創造政治規模，擴大中國文化，革新文化精神上，要用極深的學問，廣泛的知識。這些學問知識，他不僅能運用自如，更能由形而下的應用學問，深入到形而上的哲學思想。他知道應用學科是末流，只有哲學，才是一切學問的根本。所以他不僅研究政治經濟……種種實際學問，也深究抽象的哲學思想。又不僅自己研究，並能創造學說，提出具體主張。喚醒國人改變觀念。**他認爲必從根本上着手，以哲學理論糾正一般人的思想，才能使革命事業日起有功，一切問題得到澈底解決。頭痛醫頭，脚痛醫脚，不是好辦法**。就這一點而論，歷史上革命家趕不上，思想家學術家也趕不上。因爲他們知其一不知其二，或能其一不能其二。**求既知其一，又知其二，既能其一，又能其二的，只有　國父孫中山先生**。此又國父之所以爲　國父者三也。

就他一生事業而言，最初他是與衆無異的常人，只因他對時代有所感受，因而立志，下決心，要以他的一生奉獻給國家民族，自此他便挺然站起，照此目標奮鬥。**在這時他空無所有，赤手空拳，有的只是決**

心與志氣。但他就在這無中生有，憑空創造，結果竟自白手成家。以一匹夫而推倒滿清，建立中華民國，創造一番天下。論其挫折艱困，則罄竹難書，指不勝屈。但他能忍常人所不能忍，爲常人所不能爲，四十年如一日。用能就常人所不能就。他就在工作中學習，艱困中磨練。把古聖所講爲學作人的大道理一一實踐力行，也就一一得到證驗。窮則獨善其身，達則兼善天下。在他則雖窮亦要兼善天下。大丈夫富貴不能淫，貧賤不能移，威武不能屈，他都經歷了，也力行了。總統位可以讓，是富貴不能淫；革命無餉無械，甚至大家衣食不能自給，但他不因此而懈志。是貧賤不能移。清廷的高壓，强大的政治力兵力撲滅鎭壓革命黨，他不畏懼，不屈服。便是威武不能屈。這不淫不移不屈的大丈夫，他作到了。天將降大任於是人也，必先苦其心志，勞其筋骨，空乏其身，行拂亂其所爲。這些苦頭他一一嘗到了，就藉此而動其心，忍其性，增益其所不能，他都一一作到了。中國古代教育精神他表現了，也享受了。在他六十年生命史上，用了不間斷的功夫，學習了無限的學問知識；吃盡了苦頭，卻磨練成了超人的道德品性。由平凡中逐漸上昇，逐漸超拔，遂造成平凡中的偉大。此　國父之所以爲　國父者四也。

自晚清中西文化接觸以後，中國文化在種種方面都相形見絀。國人逐漸失去自信心。至義和團扶清滅洋，以仇外心理作孤注一擲的奮鬪，而結果却澈底失敗。自此將自尊自信之心根本喪失，再也打不起精神，抬不起頭。於是由仇外排外而媚外，一切是外國的好。由上至下，由內而外，由物質到精神，全部投降。此種心理至五四運動而達到極點。在此時期，好像已失去理智，放棄立場，純粹以感情作用作自我毀棄的工作。盲目媚外，對中國固有文化摧毀痛罵，無所不用其極。瘋狂的一般。認爲凡是中國的都是陳舊的，不好的。拖累中國不能進步的，就是中國固有文化。因此欲使中國進步，必先拋棄固有文化，而學習西方的科學與民主。充其極遂竟提出「全盤西化」這駭人聽聞的口號。這一陣狂風由民國八年持續到民國十四五年之間。有人爲固有文化說句公道話，便要受到痛罵，認爲腐敗落伍。於是敢怒而不敢言，沒有人再敢爲本國文化說半句話。

國父就在這陣狂風中表現了他的眞知灼見，與無比的魄力。他就在此時演講三民主義。他不僅將自己的學術思想，三民主義深深的植根於固有文化，並且大聲疾呼，要我們能知與合羣，要我們恢復固有道德，固有智能。並極力强調道德，贊美中國的政治哲學。甚至說，「我們現在要學歐洲，是要學中國沒有的東西。中國沒有的東西是科學，不是政治哲學。至於講到政治哲學的眞諦，歐洲人還要求之於中國。」(民族主義第四講)像這樣的話，在當時無人敢說，而　國父說出。這不是空谷足音，而是對當時病態痛下鍼砭，是醒世晨鐘，也是挑戰，也可說是嚴厲的教訓。我們在今天看起來，好像無甚希奇，但在當時，則意義重大。**在思想界動搖，破產，慌惑的時候，獨能提出此論，不僅表示他有深刻透澈的識力，明快的判斷力，尤其具有過人的魄力。他認爲欲救中國非用固有文化不可**。因而大聲疾呼，大力提倡，以喚醒國人，要迷途知返；理智要清醒，頭腦要明白，不可徒逞意氣，爲求新而全捨其固有，爲學習外國而全捨棄自己寶貴的文化遺產，欲救國反而自己破壞，使國本爲之動搖。我們既要科學，就要有科學頭腦。科學家頭腦最要清楚明白，將是非利害得失分析得清清楚楚，絕對不許可攏統，攏統就是反科學。求科學，學科學不可以反科學。他把固有文化中長處短處，一一列舉，教我們發揮長處改革短處。既不盲目護短，也不一味的媚外。孰優孰劣，孰得孰失，給我們分析得淸淸楚楚。這就是思想教育，這就是國人對本國文化應持的態度。也就是民國以來第一次文化復興運動。他現身說法，身體力行，剴切示諭。充份表現先知先覺的本色，大思想家的態度，苦口婆心的精神，愛國家救民族的魄力。此　國父之所以爲　國父者五也。

就思想與學術而言，　國父自有其獨到的特點。不僅足資稱道，並足效法，垂爲典範。

立場明朗而堅定，是第一項特點。在過去，不發生立場問題，因爲中國不與世界相往來，在思想與學術上，始終是中國領先，沒有中外的比較，彼此優劣的分別，更不發生民族競爭圖存的問題。到了清末民初，局勢不同了。民族生存既已朝不保夕，東西文化接觸，又在許多方面相形見絀。因而喪失信心，對自己一切鄙棄不信任，自尊心變爲自卑感。到五四運動而至其極。此時乃發生嚴重的立場問題。前述全盤西化等等，即表現民族立場完全喪失。喪失立場對思想本身弊害小，對民族生存影響大。一般人或出於不自覺，或雖自覺亦在所不惜，且視爲當然。問題即極嚴重。長此以往，如不挽回，不須外力，民族即可滅亡。**國父在一般人喪失立場的狂風中獨能立定脚跟，堅定不移，始終以固有文化爲根基，以民族生存發展爲前提，以改良進步爲目標，以是非利害爲抉擇標準。合者留，不合者去。不以中外爲取捨，不以新舊爲判分。完全以這種立場對待中外思想學術。又因爲他的學問淵博，識見卓越，更能鞭闢入裏，批評糾正，補救缺失，以應中國之需，以救外國之弊。不撫循成規，不抄襲沿用。是是非非，得失利害，取捨判斷，一切折衷於民族之需要。更不僅留心於目前，尤着意於永久。雖博觀約取於世界，終不失中國學人本色。**此關於思想立場者也。

虛心，無成見，是思想家必具之條件。國父在思想上無成見，即在革命事業上，也同樣虛心，不懷成見。**他在思想上必經研究思考，然後判斷，不望風捕影，不抹煞事實，不溢美溢惡。說話有分寸，負責任，用能立於不敗之地。其所立說或評判，歷數十年無人非難，即證其因虛心而立說穩妥可靠。**這是他在思想學術上第二項特點。

思想學術貴乎能創新，不貴乎僅能整舊。中國固有文化固然有許多優點，但並不是十全十美。即使十全十美，也不應故步自封。**思想家學人之可貴，在於繼踵前賢，向前邁進，不貴乎說老話，抄陳飯，或僅以作訓詁箋註爲能事。假如大家都這樣廻旋跌蕩，兜圈子，走老路，則固有文化之優，久久必成落伍，不能促使民族發展進步。**尤其是到了清末民初，國內外局勢動盪不安，中西文化交流互競，僅憑固有文化已不能因應時需，至爲顯然。對內而言，應該是窮則變；對外而言，應該是急起直追，競爭圖存。**如 全部**

文化史言，更非求進步，求創新不可。能進步創新，才能促進民族生存發展。古人講「為往聖繼絕學」，今天我們則該說「**為舊學創新局，為文化開新運。**」 國父在思想上之能創新，為有目共睹之事。用歷史眼光看，古人在歷代雖時有創新，未有如 國父成就之大，規模之廣，事功之顯赫，影響之深遠者。此當為人人首肯之公論。

國父之創造學術，於中外無畛域，於學科無壁壘，是化合而非混合，一切折衷於至當。化除其分際，融會而貫通。如天衣之無縫，密而無間；如羚羊之掛角，無跡可求。邵元冲問 國父，所治究為何種學問， 國父則曰予之於學無所謂專也。必欲為之名，則應名為革命之學。凡有助於予之革命者，皆予之所求。又自謂「予之謀中國革命，其所持主義，有因襲吾國固有思想者，有規撫歐洲學說事蹟者，有吾所獨見而創獲者。」（國父自著，中國革命史）迨其創為學說，成為主義，則混然一體，無復遺痕。是其出於心裁，熔中外古今學術，加以獨見創獲，合為一爐而冶之，另行鑄造而成為一種新思想，新學術。這是他在創造學術時的超越前賢的一種新作風。

又其創造新學術，並非出奇立異，別立徽幟，乃就固有文化精華，發揮而光大之。**將古人理想架一梯，構一橋，使人由此邁進，直達天堂。梯之上，橋之前，常明白標舉理想之目標，天堂之美景；路非遙遠，即在目前；事並不難，為之即得。**不僅以博愛，大同，天下為公之字樣隨地標舉，且創造孫文學說，以知難行易之理袪其疑慮；列舉事證，以鼓其勇氣。無異往聖出了題， 國父作了答案；去者迷了路， 國父指以迷津，鋪平道路，且以菩薩心腸招徠指引，而自己則披荊斬棘，首當其衝。**以思想家而兼革命領袖，求之於古今中外，未見其偶。**此 國父在思想學術上所獨具之第三項特點。

以上略述 國父之時代背景，以及其重大特點，在思想學術上之貢獻，撮舉數端，作為舉隅。至其一生豐功偉業，嘉言懿行，自難縷指。讀者欲知其詳，可參閱 國父傳記諸書。本書重點，在於說明其在歷史上地位與影響，以及其所創造之政治。生平事蹟，不能詳也。

次述現代政治。

第二章　三民主義

中國古代政治思想與制度，已於另章詳述。本篇所論，係中國現行政治思想與制度。此項政治，以中國固有思想爲體，西方優良制度爲用，再以自己的創見，針對國內外情勢而造成。不是中國的舊形態，也不是西方的新形態，這是世界上所沒有的一種新政治形態。無以名之，名之曰「中國型的新民主政治」。

第一節　三民主義之思想淵源與風度

三民主義不是突如其來的思想，也不是由國外抄來的一套思想，而是有它極深遠的淵源。這所謂思想淵源，也不是輕易可得，必須用很大功夫，經很久時間，讀許多古書，才能得到。　國父把中國古書讀通了，吃透了，所以他無論演講或作文，開口便引經據典，源源本本，滔滔不絕。民國十二年，國際共產黨代表馬林，到中國訪問他，問他革命思想的基礎是甚麼？他說，「我的思想基礎，就是我們中國堯舜禹湯文武周公孔子一貫相傳的道統。」又問他三民主義的革命是爲甚麼？他說，「我們是爲愛人而革命。」少時，張溥泉先生（繼）問馬林，「你們共產黨革命是爲甚麼？」馬林說，「我們是爲恨人而革命。」（張溥泉先生全集，在西安勞動營紀念週訓詞）一愛人，一恨人，即現在兩個世界的分水嶺。這愛人的思想和精神，就是中國精神。也就是堯舜禹湯文武周公孔子一貫相傳的道統精神。　國父由中國古書上瞭解了此項精神，也接受了，並且發揚光大之，用以創造三民主義，作爲三民主義思想的基本精神。所以他一貫的作風，都是爲愛人而設想。開口就講生，講生就講民生。對於歷史的演進，也認爲是以人民求生存爲歷史演進的中心力量。三民主義，雖以民族，民權，民生並擧，但實際說民族民權都是手段，民生才是目的。三個主義以民生主義爲中心。他撰著「中國革命史」時說，「余之謀中國革命，其所持主義，有因襲吾國固有思想者，有規撫歐洲學說事蹟者，有吾所獨見而創獲者。」這就明白說出，他的思想淵源是中國固有思想。必中國思想，才能造成這樣一套制度。假如不是以中國思想爲淵源，將使整個面貌全非，作風改變，實質也不是這樣一回事了。不過他說「因襲」，未免過於謙遜，實際應該說是「發揚」。

分開來講，民族主義之思想不僅以中國思想爲淵源，簡直可以說就是中國所固有的一套。中國革命史中說，「蓋民族思想，實吾先民所遺留，初無待於外鑠者也。余之民族主義，特就先民所遺留，發揮而光大之，且改良其缺點。」民族主義如此。其民權主義，實際也淵源於中國固有思想。如「天下爲公」爲　國父口頭禪，實出於禮運篇。堯舜禪讓，公天下之精神以及許多片段之民主思想，爲　國父所豔稱。又中國古代政治制度中若干富有民主精神之言論與措施，實表現我國政治上思想多暗合於現代民主政治。考試與監察兩項制度即其明證。　國父對此亦極力推崇亦加强採用。人人皆知，無待縷指。其民生主義，則富民政治，與教民政治爲古代政治家一貫作風。如周公行井田政治、禮樂政治，兩者並擧，即爲顯例。井田以均與足之精神求解決物質生活，禮樂政治以教育提高人民知識與道德。管子旣重四維教育，又主倉廩實而後知禮節，衣食足而後知榮辱。孔子主先富後教。皆是同樣立場。與民生主義以精神與物質並重之思想相吻合。至於井田制，則因「方法過於板滯」，於是「師其意」而別創爲平均地權之辦法。此正所謂「就先民所遺留發揮而光大之，且改良其缺點。」與民族主義如出一轍。

據上述，已可略知三民主義之思想，實以中國固有思想爲淵源。

就時代言，西方民族主義之眞正形成演爲行動，乃起自十九世紀，至二十世紀乃大盛。在中國，春秋初年管仲時已由思想促成行動。彼時中央政府開始衰落，諸侯逐漸强大，四夷內侵，華夏民族生存，岌岌可危。遂由形勢逼出「尊王攘夷」之口號。尊王即對內求團結，擁護中央。攘夷自然就是抵禦外侮。合起來講，便是大家團結一致，在一個中央政府領導之下集中力量，以禦侮圖存。這不是民族主義是甚麼？在此共同要求之下，管仲首先響應，將齊國治理富强，隨即親率大軍，四出征討。外患既平，即會諸侯，朝天子。九合諸侯，一匡天下。成爲歷史上盛事。此即民族主義之行動。晉文公繼之，中原賴以底定。孔子則一面推崇管仲攘夷之功，一面倡春秋大一統之義，嚴夷夏之防。則民族主義之正式形成，即在此時。以視西方，約早二千多年。 國父自謂，其民族主義乃就先民所遺留者，發揮而光大之，當即以此爲主。可見其思想淵源之深遠。旣來自中國，又出於自然。

就民權主義而言，我們的民主思想早在四千年前堯舜時代已經以公天下爲天下所公認的制度，公定的是非標準。民主思想在戰國已經普及，亦頗有詳備有力之言論。在歷代政治制度中，也斷斷續續的富有若干民主精神的官制和行政。所差的只是現代式的民主制度而已。西方在中古時期，還在暴君政治與宗教雙重勢力壓迫之下，過着愚昧的生活，忍受着不當受的痛苦。到了十四世紀文藝復興，才開始有了人的自覺，人民才有自我意識。再接下來宗教改革，才又將人的地位由宗教中解脫，也才感覺到人類自有其人的價值。因而有人的發現，人的意識。自此以後，才有所謂自由的意識。到了十七世紀，才爭得宗教與政治自由的原則。而人民在政治上社會上的地位，才得到普遍公開的承認。更進一步，到了十八世紀，先後有孟德斯鳩、盧梭等大政治思想家出，才大聲疾呼，把民主，自由，以及憲法，天賦人權……等等思想提出，這才普遍喚醒了西方人，作政治性運動。以視我國民主思想之起源，已遲了二千多年。**反觀我們在周初，已經由殷商之每事必卜，進爲禮樂教育，把神的羈絆擺脫得乾淨。又大倡性善論，人格主義教育，要把人提高到上與天齊，也就是認人與神同高，同大，同地位。因而人可以作神的事。於是乎贊天地之化**

育，與天地參。**天地人並舉，合稱爲三才**。至於政治上民貴君輕等說，已詳前述。**所以我認爲言性善，講人格主義，就是尊重人類先天地位，也就是尊重人類在宇宙中地位與價值。這就不僅是人的自覺，而是人的自尊了。講民主，民貴君輕，就是尊重人民在政治上地位。有此兩種尊重人類或人民的思想，人的價值與地位便已普遍被人承認**。換句話說，也就是我們中國人早已有此自覺。較之西方，豈可相提並論？我認爲講政治思想，尤其是講三民主義的思想淵源，必須將此義明白指出。

就民生主義而言，可以說，自有史以來，我們的政治家無不以民生問題爲首要。且不僅求其物質生活之豐足平均，亦求其精神生活之向上。如井田制度之求均，求足，重農貴粟政策之重視民生，以安國本，都是偉績彰著的事實。至於求富民，求均產，求教育普及，更是大家一致的企求。也不僅有此思想，亦早**有此行動**。所差者，方法未臻精密，不免因生流弊而廢止或改革耳。再回看歐洲，則科學發達以後，才**有**實業革命。有了實業革命，才有社會問題。社會問題發生以後，才有若干經濟學家，社會主義等等學說與學人出現。這就證明他們注意民生問題，也是近代的事。實業革命起自十七世紀之末，成於十八世紀。經濟社會種種思想都是求解決民生問題而發生的思想與學說。眞正成爲實際運動，不過是最近兩世紀的事。以視我國，更是瞠乎其後。

次論三民主義之風度。

開門見山，可以說三民主義的風度，就是中華民族的風度，也就是中國文化的風度。換句話，也可以說，三民主義的風度就是中國固有文化風度的宏揚。不失去根本，亦不因吸收西方文化而變質。只有將固有文化精神加强，只有由理想而進入實踐。這是三民主義思想之重大特徵。

假如要用人的類型比喻民族風度，則我中華民族是一位溫柔敦厚，豁達大度的藹然仁者，而三民主義就是這樣一位仁者的思想，和所要作的事情。出於自然，毫不勉强。

民族主義雖然强調民族自身的强大與復興，但對內主張國內民族一律平等，對滿族不採報復主義。對外主張國際上民族一律平等。既無民族優越感，更無絲毫侵略意味。不僅不侵略，更進一步，且要扶助弱小，抑制强權，消弭侵略行動，以維持世界眞正的，永久的和平。在　國父手著「中國革命史」中，明白的說出，「……對於滿洲，不以復仇爲事，而務與之平等共處於中國之內。此爲以民族主義對國內諸民族者也。」又在民元前六年民報紀元節講「三民主義與中華民族前途」時說，「兄弟曾聽見人說，民族革命是要盡滅滿洲民族。這話大錯。民族革命的原故，是不甘心滿洲人滅我們的國，主我們的政，定要撲滅他的政府，光復我們民族的國家。這樣看來，我們並不恨滿洲人，是恨害漢人的滿洲人。假如我們實行革命的時候，那滿洲人不來阻害我們，我們決無尋仇之理。他們當初滅漢族的時候，城攻破了，還要大殺十日，纔肯封刀。這不是人類所爲。我們決不如此。……」我們讀　國父遺教，要在這些地方注意，這才叫風度。民族主義就是這樣的作風。大家試想，這是何等襟懷？何等氣量？在清初，滿人殺漢人，是那樣兇狠，這兩百多年的血仇，要報，也在人情之中，但我們不肯。「這不是人類所爲」，「我們不尋仇」，「不採報復主義，而務與之平等共處於中國之內。」這不是小事，其意義重大。這幾句話非尋常人所能說出。我們不可滑口讀過。要仔細想，想這幾句話裏面所包含的意義，所表現的氣量。想透了，才能瞭解　國父孫中山先生。也才能明白三民主義的風度。

對外，也有明確的表白。他說，「對于世界諸民族，務保持吾民族之獨立地位，發揚吾固有之文化，且吸收世界之文化而光大之。以期與諸民族並驅於世界，以馴致於大同。此爲以民族主義對世界之諸民族也。」（中國革命史）這裏只說我們要與世界諸民族平等相處，不再受侵略，處次殖民地位，還是消極的最低限度。到了民族主義第六講，就更進一步，要自動對世界人類負責任了。他說，「中國古時常講濟弱扶傾。因爲中國有了這個好政策，所以强了幾千年，安南，緬甸，高麗，暹羅那些小國還能夠保持獨立。

現在歐風東漸，安南便被法國滅了，緬甸被英國滅了，高麗被日本滅了。」這樣一對照，就顯出中華民族的風度了。也可看出中國人對外的態度，是如何的寬厚和平，不主侵略。但還不够，還認爲僅僅作到這一步，仍不能盡其在我。所以接着再進一步，要替人家負責任了。「所以中國如果强盛起來，我們不但是要恢復民族的地位，還要對世界負一個大責任。……所以我們要先決定一種政策，要濟弱扶傾。才是盡我們民族的天職。我們對於弱小民族要扶持他，對於世界的列强要抵抗他。……我們要把那些帝國主義來消滅，那才算是治國平天下。……用固有的道德和平作基礎，去統一世界，成一個大同之治。這便是我們四萬萬人的大責任。……這便是我們民族主義的眞精神。」（同前）又於民國元年九月，在北京講「五族協力以謀全世界人類之利益」時說，「**但願五大民族相愛相親，如兄如弟，以同赴國家之事。主張和平，主張大同，使地球上人類最大之幸福，由中國人保障之；最光榮之偉蹟，由中國人建樹之。不止一國一族之利益，並維持全世界，全人類之利益焉。此則鄙人所欲與五大民族之同胞共勉者也。**」我們讀了這兩段話，眞覺得豪壯，偉大，有說不盡的感想。我中華民族自古以來，即以此種精神立國。許多古書中都有此類言論，但未見有如此明白透澈的言論。讀了這段話，不禁使自己也偉大起來。因而覺得自尊，自重，也自豪。這就是我們民族的風度，也是　國父孫中山先生的風度，三民主義的風度。

國父把話說了，　蔣總統把這話作了。在對日抗戰期中，中、美、英三國擧行開羅會議。會商抗戰勝利後，世界局勢的安排。歐美的事，我們尊重英美的意見，亞洲的事，他們尊重我們的意見。這時我們的蔣主席便以中國文化精神，三民主義風度，提出明朗而堅定的主張。日本必須無條件投降。天皇制度存廢問題，由日本人民自行決定。臺灣澎湖爲中國領土，由中國收回。韓國應使獨立。越南，泰國，緬甸，印度，也都應使之獨立。會議決定，勝利後照案執行。到今天，這些國都獨立了。受降，接收，越南北部（北緯十六度以北）由中國負責；韓國北部（北緯三十八以北）由蘇俄負責。接收以後，　序恢復，我們撤兵，越南北部交越南政府接管。韓國北部蘇俄接收之後不肯撤兵。輿論不容，不得已，一手組成傀儡共黨政府。雖撤兵但已赤化。兩相對照，就顯出兩國立國精神的懸殊。也充份表　三民主義政府，與共產主義政府的風度了。事實俱在，人所共知。這就是中國民族文化精神，　國父思想，三民主義的風度。主義是　國父所創，事情則是　蔣總統所作。這是關於扶助弱小，抵抗强權的事。

民國三十四年，抗戰末期，中、美、英三國領袖發起組織聯合國，以代替國際聯盟。爲了控制蘇俄，使他就範，也邀他參加。時稱世界四大强國。起草聯合國憲章，大家會商。但中國代表提出公理必須彰明，正義必須伸張，和平必須是基於道德合於公理正義的和平。經會議通過，制定條款。至今聯合國憲章中遂有以道德爲基本，求合於公理正義的和平條款。這是我們中國於擁護公理正義的行動，對世界人類負責任的績效。也是　國父三民主義的思想，　蔣總統所實行。

政治上的作風，是認準了世界大勢，政治的歷史潮流，趨向於民主立憲，再無君主立足之地，便毫不遲疑，堅決而明快，決定了民主立憲的制度。既不徘徊觀望，更不依戀自私，也不許任何人再作皇帝夢。他在民報紀元節講「三民主義與中國民族前途」（民前六年）時說，「我們推倒滿洲政府，從驅除滿人那一面說，是民族革命。從顛覆君主政體那一面說，是政治革命。並不是把來分兩次去作。講到那政治革命的結果，是建立民主立憲政體。照現在這樣的政治論起來，就是漢人爲君主，也不能不革命。」由此可見，在開始革命時，即已決定剷除君主政治，一定要民主，並且要立憲。此既表示他的遠識，亦表示他的大公，決不想走歷史上老路，「打來江山自己坐」。後來又在民國十二年撰著「中國革命史」時說，「余之從事革命，以中國非民主不可。其理有三：既知民爲邦本，一國之內人人平等，君主何復有存在之餘地。此爲自學理言之者也。滿洲之入據中國，使中國民族處於被征服之地位，國民之痛，二百六十餘年如一日。故君主立憲在他國君民無甚深之惡感者，猶或可暫安於一時。在中國則必不能行。此自歷史事實而言之者也。中國歷史上之革命，其混亂時期所以延長者，皆由人各欲帝制自爲，遂相爭相奪而不已。行民主之制，則爭自絕。此自將來建設而言之者也。有此三者，故余之民權主義，第一決定者爲民主，而第二之決定，則以爲民主專制必不可行，必立憲而後可以圖治。……」我們讀了這段話，能不佩服他思想之周密，眼光之遠大，學問之淵博，乃至風度之宏濶？

從另一面看，這種作法就是 國父所謂迎頭趕上的作法。按權利演進的順序，是君主專制，君主立憲，民主專制，民主立憲。凡四階段。縱然認爲民主專制爲偶然的特例，至少也有三階段。如一步步作，便要經過君主立憲一段。可是 國父認爲既知將來趨勢無君主存在之餘地，何必留戀於此一引人覬覦的君主，拖住手脚不能進步？所以他堅決主張，必須超過此一階段，直奔民主立憲，免得形成在先進國之後，一步步追趕。這叫作迎頭趕上。所以在亞洲而言，我們在事實上已成爲民主政治先進國家，這又是民權主義政治作風的另一義。

態度公正，立場鮮明，是他在政治風度中第二特點。以中國人倡國民革命，是爲救中國。自然一切爲中國。中國立國以採用中國文化，中國制度爲天經地義。但中國文化與制度並不盡善盡美，有優點亦有缺點。西方文化不能不吸收，但西方文化中也有優有劣，未盡完善。即使完善，也未必適合中國之用。則對雙方之優點劣點分別標明，優者採用發揚，劣者揚棄，或加以改正補救。爲必不可少的功夫。在這一點上，他所表現的，可以說立場鮮明而堅定，牢牢的站在中國立場上。對是非好醜的辨別，清晰而深入。對雙方優劣的批評判斷，公正，詳明，無一不足以服人。不懷成見，不護短，不偏私，是是非非，分析判斷，無不切中肯要。就這一種有立場而又能超然，出於公正的態度，即足爲今人師表。

三民主義講平等，西方也講平等。同是講平等，但講法不同。西方講平等，只着眼在政治，是由權利的立場看。 國父講平等，也着眼於政治，但他不僅在政治上求平等，也不僅由權利的立場看。他有更深一層的看法，由道德的立場看，也在道德上求根本上之解決。他認爲政治是末，道德才是本。由根本上着眼着手，則所解決的不僅是政治上的平等，同時也包括經濟上，乃至教育上的平等。也就是社會的平等。所以他大聲疾呼，要先知先覺，後知後覺與不知不覺的三系人合作，以道德的情懷，服務的作法，求人民生活上以及政治上的眞正平等。並以服務的人生觀闡發平等的精義。這對中國人而言，是言前人所未言；對西方而言，是更進一步，超人一等。就革命而言，這樣的革命，充滿着悲天憫人的情懷，實爲古今中外所未有！

西方人講自由， 國父也講自由。同是講自由，但講法也不一樣。他們喊自由是由於政治的宗教的壓迫太厲害，個人的身體和精神太不自由，所以要求自由，以解除其不自由的痛苦。我們是個人原有極充份的自由，自由已經太多，本不應該再喊自由。但是我們的國家即已失去了自由。自鴨片戰爭以來，一次一次的不平等條約訂立起來，重重枷鎖把我們的國家捆住。我們所需要的，是國家的自由。所以 國父一再强調，民族主義爭得來自由，應用於國家，不可再用於個人。這就表現 國父不人云亦云，隨聲附和；又能高瞻遠矚，大處着眼。較之斤斤計較，向自己政府爭個人自由的，相去何可以道里計！

在政治主張上，另有兩大特點，最足表現他的思想綿密，識見卓越者。第一項是革命方略中，定有訓政時期，爲過渡階段。他認爲民主政治雖好，但在中國君主政治已有數千年歷史，積重難返，未可一蹴而幾。因此堅決主張在軍事底定後，必施行訓政，以訓練人民由奴隸變爲主人，行使政權。此項措施，意義重大，必不可少。但在民初，一般人忽略了，急於實施憲政，大家着眼於憲法之體制，急於組織政府，選舉國會，實施憲政。因而未按革命方略實行訓政。因此造成民初之國內混亂。從另一面講，實施憲政，亦非咄嗟可辦。必有訓政時期爲之準備，乃可從事。如戶口之調查，土地之丈量，教育，交通，治安……等等之建設，都必須辦好，憲施憲政才有基礎。這又非有遠大眼光，宏濶氣度不能辦。第二項是地方自治。

按地方自治，是一般人看不起的事，但他却要從這人家看不起的小事一點一滴的作起。他深明行遠必自邇，登高必自卑的道理。他不高談濶論，好高騖遠。一定要從低處，小處作起。他認爲地方自治是建國的礎石，礎不堅則國不固。以建屋爲喻，擧西方之長，教我們先打地基。把地基打好，再豎柱上樑，建高樓大廈。但當時人却偏偏兩眼向上看，急着先豎柱上樑，把地方自治擱置不顧。結果也使　國父不幸而言中，果然礎不堅國不固。近二十年的糜爛，都是不行訓政，不顧地方自治之過。在著作本三民主義中，　國父已慨乎言之。就這兩點而論，事實已證明　國父識見之過人。

從民生主義方面看，最顯著的是表現他博愛的精神。民生主義第四講說，「我們現在要解決的民生問題，並不是要解決安適問題，也不是要解決奢侈問題。祇要解決需要問題。就是要全國四萬萬人都可以得衣食的需要，要四萬萬人都是豐衣足食。」這是說，要使全國每個人都能得到豐衣足食，才是民生主義的目的。這還不算，他不僅要解決中國人的生活，更進一步，要解決全世界人類的生活。不然怎能達到世界大同的目的呢？這就是博愛精神的實際表現。

國父又說，「我們的三民主義，應該一貫作去，掃除一切不平等的事。如民族主義，即是掃除種族的不平；民權主義掃除政治之不平；民生主義即是掃除社會之不平。這種種的不平，既然都在眼前，所以我們同時就要解決。免得枝枝節節。」（民國九年在上海講修改章程之說明）再加上民權主義中所示平等的精義，要人人以服務的作法彌補天生才智的不同。這就不是政治問題，而是道德問題。所要解決的是生活問題，必定要求人人都能生活在一平等線上。這平等的背後，就有一種博愛精神在支持着。否則只從表面講平等，講不到這樣深。所以我覺得他强調平等，就是以博愛精神爲基礎。這是一項一般人不易看見的偉大精神，和超越的氣度。主張自由經濟，强調個人自由的人士，似乎就忽視了自由背後的平等問題。殊不知過份强調自由，口號未嘗不好聽，但自由無限發展的結果，是一個可怕的不平等現象。只有遠識的人，富有博愛精神的人，才能深謀遠慮，在求自由的時候，不忘平等。甚至不惜以服務，犧牲來彌補這先天的不平等。也預防將來可能發生的不平等。由這裏講，自由，平等，博愛，一貫相連，不可分割，不能斷章取義。也可以說是一件事，不是三件事；是一種精神。不是三種精神。這中間最重要的應該說是博愛。**假如缺乏博愛精神，則這自由將是可怕的自由，平等也不是眞正的全面的平等。用這樣眼光看　國父，才能瞭解他的仁愛情懷，超卓器識，宏博風度。三民主義，就是在這種情懷之下所造成。此三民主義之所以爲三民主義。**

一般人講民生，是爲民生而講民生，也就是就經濟講民生。**國父講民生，不僅就經濟上講，也從教育以及藝術上講。這已非一般人所能及。這還不算，他更深進一層，從社會上講，從歷史上講。還不夠，更要從哲學上講。講到哲學，算是把問題講到最後，理論講到最高深了。**此既顯示哲學的重要，亦見　國父對於問題之解決，必溯本窮源，從根本上探討，也從根本上解決。只就表面而講表面，抓不住問題的核心，即使解決，也不是長期永久的解決，合情合理的解決。由這裏又見出他認眞不苟的精神，實事求是的作法。也見他對學問和事業的作風。他爲了民生問題之永久合理解決，不惜苦心焦思，作哲學上探討研究，結果發明創造，成爲民生哲學，民生史觀，社會哲學，人生哲學，孫文學說等哲學道理。這是大家都知道，也都讀到的。假如我們不把它滑口讀過，而加以深思，當知此事意義之重大，以及其用力之深，用心之苦！

對問題的着眼點他也與一般人不同。每一件事，他必定要放開眼界，向全國每一角落都看到，越是邊遠荒涼的地區他越注意。越是落後的少數民族，他越關心。在時間上，他不只看目前，也看過去，現在，和未來。他把前因，後果，與現狀合起來看，也合起來研究，設想。每一理論之提出，計劃之決定，必考慮到若干年後。舉例言之，在空間方面舉實業計劃中第一計劃爲例。此一計劃係於青河灤河兩入海口之間，興築北方大港。以此港為起點，用鐵路向內地延伸，直達西北極端，再轉向新疆于闐。另築若干分支線以達黑龍江與外蒙古極北邊境。全長約七千餘英里。以開發中國北部為目標。兼治黃河，開運河，開發煤鐵鑛等等。國父說，「以國民需要之原則言之，此為第一需要之鐵路。蓋所經地方，較諸本部十八行省尤為廣濶。」（實業計劃第一計劃）今按，此一地區，荒無人烟，貧瘠落後，不僅無人經營，即披閱地圖，亦少人注目。但我們試將全國地圖由南北畫一中線，即可見這一計劃實包括北半個中國的大計劃。這半個中國，現在大半是荒凉，落後，可是我們能聽任這半個中國使它長期荒凉，落後嗎？並且事在人為，動動腦筋，動動手脚，它就不荒凉了。假如我們把這半個荒凉的中國開發起來，不是可以立刻富起來嗎？許多人不理會這一問題，國父却以此列為六大計劃中第一計劃。且謂為國民第一需要之鐵路。此即其不平凡處。在時間方面，舉人口問題為例。在民族主義第一講中他說，「我們現在把世界人口增加率，拿來比較一比較：近百年之內，在美國增加十倍，英國增加三倍，日本也是三倍，俄國是四倍，法國是四分之一。……用各國人口的增加數，和中國的人口來比較，我覺得毛骨聳然……諸君知道中國四萬萬人，是什麼時候調查得來的呢？是滿淸時調查得來的。乾隆以後未再調查。自乾隆到現在，將及二百年，還是四萬萬人。百年之前是四萬萬人，百年之後當然也是四萬萬。……一百年之後，全世界人口，一定要增加好幾倍。……到了那個時候，中國不但是失去主權，要亡國，中國人並且要被他們民族所消化，還要滅種。」在這裏我們要强調的是「毛骨聳然」四個字。因為這四個字的背後，包括了無限的憂懼，和惶恐。所憂懼的事，並不在目前，而是在一百年以後。即或一百年不致滅種，兩百年，三百年……如不在今天急起直追，圖謀補救，則總有一天我們會被「他們用多數來服征少數，一定要吞併中國。」（見同上）這深謀遠慮，使我們敬佩。這叫作氣派。他的氣派大，度量宏，所以作法穩妥而可靠。**我們眞希望，大家奉行三民主義，都能深謀遠慮，想到百年千年以後的事，不只顧目前，不只從經濟上着眼，不只看在一時的困**

忽難，而略若干年後的隱憂。也拿出大的氣派，大的度量，採取穩妥的作法。深謀遠慮，設想周到。對於空間，也不僅看到繁華地區，更注意到邊遠荒凉地區。這樣才不愧爲　國父孫中山先生的信徒。

另有一事，具對內對外雙重意義，尤能表現其風度之宏濶。即國家建都問題。在辛亥革命時，讓總統位給袁世凱。當時　國父堅持國都必須離開北京，要袁世凱赴南京就職。但這件事並不表示　國父主張國都一定要永久定於南京。在當時，他的理由是由於辛丑和約的關係，大沽口砲臺撤除，由大沽口到北京的鐵路，可由外國自由運兵，北京使館界外國可以駐兵設防。北京已不成其爲國都。在不平等條約未撤廢前，只有暫時遷去。當時是爲離開北京而去南京，並非爲去南京而離開北京。至於永久計劃如何，則在國父遺教中未見有此項問題提出。但在「張溥泉先生全集」中則曾詳述此事。張先生於民國三十五年十二月九日，在南京曾以建都問題作專題演講。他說，「蓋本人記憶，及參考各種文獻，深知總理實未嘗主張國都永遠在南京。民元前六年，本人在新加坡，親聞總理云，統一十八省之後，可都南京；統一滿蒙回藏之後，可都蘭州；但要扶持亞洲各弱小民族獨立，則非都新疆疏勒不可。日前河南代表張善與同志（國民大會代表）與我言及建都問題，彼謂亦曾親聞總理於民國十年一月某日，在廣州講及建都，亦如上述。自民元前六年，至民元後十年，總理對於建都之意見並未改變。以後不數年，總理即逝世。我相信，總理在民十以後之幾年，對於建都意見，不致有何變更。是則謂建都北平爲違反總理遺教，殊不正確。……」（張溥泉先生全集二二三頁，建都問題）這段話雖不直接見於　國父全書，但張先生與　國父共同革命多年，相知甚深，所言當然可信。即此可見　國父對於建都問題實有偉大抱負，宏濶氣量。建都能建到新疆疏勒，用淺狹的眼光看，簡直是不可思議的事。在一般人，新疆疏勒，看地圖，都不見得能看上一眼。但　國父却要在此建都。這就見出他的不平凡處。在空間上，他注意到全國每一角落，尤其特別注意落後的邊遠地區。因爲愈落後愈要加倍努力。他不僅看東南沿海繁華富庶地區，這是他特別過人的特點。在立國精神上，不僅要自救，也要救世界弱小民族。亞洲弱小民族較多，距中國又較近，所以他在建都問題上連帶考慮到此一問題。此與其所講大亞洲主義可以合看。

又有一事，國父雖未在口頭或書面上强調，但由他的行動上，我們則已領會到。那就是組織的重要。他一開始革命，第一件事便是組織革命團體興中會。此後屢有擴充與加强，也屢有改革制度，變換名稱，而組織則始終不廢。由此一事實，使我們深切體會到組織力之大，以及人羣生活組織之重要。此雖屬於行動，但這行動是由思想所促成。假如國民革命而無此組織，必不能成功。這又是國父思想之卓越處。

以上所述種種，不過略擧　國父風度之犖犖大端。也就是三民主義思想的風度。掛一漏萬，當然不免。推擴引伸，在於讀者。步武前賢，亦在讀者。

第二節　三民主義之方法與制度

三民主義所用方法最完備，也最靈活。有採自中國古代的，有採自西方的，也有　國父自出心裁，所謂獨見創獲的。無論是中國的外國的，一成不變的抄襲沿用的，幾乎是沒有；都經過他修正，變通，或補充。就方法本身而論，有哲學方法，史學方法，科學方法，教育方法，政治方法等。這中間有的抽象，屬於精神方面；有的具體，屬於事實方面。就方法之構成而言，大都接受歷史經驗，針對現實，依據學理，再加以深思熟慮，顧到可能發生的後果所創造。可以說是最新的，也是最妥善的。其運用則因事制宜，不拘守成格，無固定形式，各隨其宜而定。玆擧例說明如左：

哲學方法：　孫文學說，是大家都知道的。　國父在這一方面用力最久，亦用心最苦。其次是民生哲學，和民生史觀，人生觀，社會觀等等。他從事革命，創造三民主義，必定要在哲學上用功夫，即證一切行動與學理，都不能離哲學，必從哲學上着手。這就是哲學方法。例如他爲喚起同志們革命精神，力行勇氣，乃創造孫文學說，即以孫文學說的方法，也就是哲學方法，從事心理建設。在他認為，必須以哲學思想糾正錯誤觀念，革命事業乃能日起有功。更進一步，就學術本身言，他用哲學上方法以證明學理。如以歸納法以證知難行易，演繹法以證行之必能成，直觀法以證心物一體論等皆是。

史學方法：所謂史學方法，不外由歷史事實中尋繹理則，鑒往知來，窮源溯流等等。例如知行之發展蹟象是：由不知而行到行而後知，再到知而後行。便是窮源溯流。又如歷史演進之重心是人民求生存而不是物質。便是尋繹理則。權利發展之蹟象是由神權而君權，由君權而民權。今後民權發展必無君主立足之地。便是鑒往知來。這都是由歷史事實中得來的眞理。也就是把研究歷史的方法用在政治上，哲學上，乃至社會經濟上。

科學方法：所謂科學方法，不外觀察，實驗，分析，綜合，計算，比較……等等。國父是醫學家，受過嚴格的科學訓練。所有科學方法都曾使用。不僅用於自然界事物，研究自然科學，也用於社會萬象，研究社會科學。更能進一步用科學方法以證成哲學上道理。也就是在哲學上用科學方法。孫文學說知難行易之十證，所用就十九是自然科學方法。尤以第一章以飲食為證最為明顯。以見其方法運用之靈活。可謂得心應手，左右逢源。古今中外學者，能這樣運用方法的，尙未見其偶。

對於民族主義，他主張恢復民族精神。具體辦法則提出能知與合羣，以及擴充宗族主義為國族主義，恢復固有道德與固有智能。統統是心理作用，屬於精神方面的事。其途徑只有利用教育。也可以說唯一方法就是教育。因為民族問題根本就是一種抽象的精神作用。對症下藥，解決這精神問題，只有運用抽象的教育方法，從心理上着手。歸結起來，實施民族主義的方法，只有教育。

民權主義，第一是訓政時期之設置。其次就是地方自治的實施。訓政就是以政治訓練人民。地方自治也是政治。此外還有民權初步的習練，仍然是政治。可以說民權主義所用的方法，就是政治方法。其作用是以政治教育人民，以政治爲教育。所以歸結起來也可以說，仍是教育。

民生主義就比較複雜，也比較困難了。首先他要重用哲學，以哲學糾正人的觀念。由觀念的糾正而奠定解決問題的心理基礎。此其一。

採用中西方歷史上方法。如對中國古代的井田制，師其意而改良其法。對西方採用國家社會主義，並擧德國鐵血宰相俾斯麥爲例。是酌量採用歷史上方法之證。

對國家經濟，社會問題，用社會科學方法解決。主要精神在於求均。對增加生產問題則用自然科學與應用科學方法解決。主要精神在於求富。其着手先後，則由平均地權入手。次及節制資本。也可以說，以平均地權爲根本，以節制資本爲調節。

對於人民精神生活，則又强調教育。他屢屢提到發展教育，必使教育普及。以普及的教育提高人民的知識與道德，使全部民生得到合情合理的解決。

綜上所述，可以說，三民主義的方法整個在於教育。因爲哲學觀念的糾正賴於教育，社會科學自然科學方法的使用，也賴於教育。然則總括起來說，三民主義的方法可一晐之於教育。教育要負全責。教育辦好了，一切問題都可迎刃而解。

次論制度。

三民主義政治所以稱爲中國型的民主政治，是因爲三民主義的政治作用，政府組織，政府行政，既與中國過去不同，亦與西方民主制度不同。可以說，沒有任何時代，任何國家的政治可以和我們相比。所以只能稱之爲「中國型的民主政治」。

先講政治作用。我們三民主義的政治作用主要在於權與能的明白劃分。權在人民，稱爲政權；能在政府，稱爲治權。人民的政權有四個：選擧，罷免，創制，複決。前兩個屬於治人，後兩個屬於治法。

立國的事無非治人與治法兩項。而這兩項都已確確實實掌握在人民手中，自始至終，能放能收。爲西方所不能及。政府的治權也比他們完備而周密；立法監察兩權分開，考試監察兩權提高加重，獨立行使。以視西方，都是後來居上的作法，也是領先的作法，超過迎頭趕上。

就政治體制言，不是西方的總統制，也不是內閣制，而是介乎二者之間的五院制。根據中華民國憲法，總統有軍權，有提名行政院長權，有任命文武官員權，核可權，……等等，就不是虛君制。政策由行政院院長提出，立法院通過，就不是內閣制，也不是總統制。既富民主精神，也有實際負責的元首。很像中國古代將君權分散，行政權交與宰相；監察權交與諫官；考試權交與考試官；即或是掌司法權的廷尉，也有相當超然的權力。說已詳前古代政治篇。

國民大會，爲西方政治中所沒有。它不是政府機關，不屬於治權，而是代表人民在中央行使政權的機關。我們國家領土廣大，直接民權只能在地方行使；在中央就只有以民選代表組成的國民大會行使，成爲間接民權。是政府之上的人民權力機關。等於是，全部政府民主政治之上，再加一監督機關。民主而又民主，成爲雙重民主的政治。這是三民主義政治體制中的重大特點，爲世界所未有。

西方民主政治，國會有立法與監察兩權。在我們三民主義政治中，則立法與監察兩權分開，由立法院監察院分別行使。而另外又有國民大會，也有最初制憲，與以後修憲權，以及創制複決權，選舉罷免總統副總統權。三個機關都有關於立法與監察兩權。換句話說，就是外國國會一機關所掌職權，在中國分由三機關任之。組織不同，職權不同，人數多寡更大相懸殊。（因僅國民大會即有三千多個代表。）所以與西方的國會不同，不能相比。此又政治體制上中西方不同之一點，也就是三民主義政治上另一特點。假如必定要與西方比照，則一個政府要向三個機關報告，接受質詢等等。事實上爲不可能，法理上爲不合理。非三民主義政治的精神與體制。所以在這裏，我們必須把握三民主義政治的特點，與西方當比照者比照，不當比照者不勉强比照。

第三節　三民主義之政治理想與達成理想之途徑

學術思想，政治社會，都必須有理想，有理想才能促成進步。中國文化之可貴，即在自始即有極高遠的理想。堯天舜日，是我們所標擧事實上的理想。禮運大同，老安少懷，是我們思想上的理想。理想不怕高，愈高愈能促成不斷的進步。其實，照中國的文化精神，民族性，以及古代政治作風，達成理想一點都不難。孔子爲魯司寇，攝行相事，三月而魯大治：路不拾遺，夜不閉戶，男女行者別於途。就已經達到了。只是爲時太短，地域太小，其效未宏，爲可惜耳！

國父創造三民主義，一開始就標出最高理想。按禮運本小戴禮記中一篇，素少人注意。只大學中庸兩篇由程子標榜，張載宏揚，朱子錄出，與論孟合刻，稱爲四子書。禮運則由　國父首先標榜，把大同章錄出，到處題字，講解，這就是他的理想，也是他的抱負。由此證明他的思想與識見之超卓。標榜學庸，是程、張、朱的功勞；標榜禮運，應該說是　國父的功勞。此不僅爲往聖繼絕學，實宏揚固有文化之盛事。同時也反映出中國固有文化思想有無盡的寶藏，永遠發掘不完。

在講民族主義的時候，他特別標榜大學的政治哲學。他說，「我們今日在沒有發達之先，立定濟弱扶傾的志願，將來到了强盛時候，想到今日身受過了列强政治經濟壓迫的痛苦，將來弱小民族如果也受這種痛苦，我們便要把那些帝國主義消滅，那才算是治國平天下。我們要將來能够治國平天下，便先要恢復民族主義和民族地位，用固有的道德和平作基礎，去統一世界，成一個大同之治。這便是我們四萬萬人的大責任。」（民族主義第六講）由這段話，我們便可明白，他所謂「平天下」，就是大同之治。其途徑則必先恢復民族主義和民族地位。也就是說，就民族主義而言，是用民族作階梯，國家爲過渡，終至於大同。

到那時，民族國家之界乃自然消逝。

從民權主義講，他既標榜禮運大同篇，就要選賢與能，以天下爲公有。彼時旣已達到謀閉而不興，盜竊亂賊而不作，外戶而不閉的地步，則法律無所用，政府無所爲了，到這時候法律與政府既無所用，則民權主義一套政治制度，也已成爲過去，歸於無用了。因此我們可以說，民權主義的政治是一種過渡政治。因爲在民權主義之上，還有一更高理想，更高境界，超過民權主義的階段了。

張溥泉先生（繼）曾說，「總理到處寫字，都是寫博愛兩個字。**總理常說，革命成功後，廢止死刑**。**犯罪的人，敎他去作工**。……那句話現在雖然沒有作到，將來總有一天可以作到。」（張溥泉先生全集，在西安勞動營紀念週訓詞）這句話是他生前與同志們談話所說出，不見於國父全集，所以引述闡揚的很少。張溥泉先生是黨國元老，與　國父共同致力革命，時常會面，其所言當然可信。**我覺得像這樣的話，意義太深遠了，價值太重大了！實在應該爲之發揮**，闡揚。**我認爲這是先聖所未言，但確有此精神，有此主張**。例如，孔子說，「善人爲邦百年，可以勝殘去殺。」（論語子路）「季康子問政於孔子曰，如殺無道以就**有**道，何如？孔子對曰，子爲政，焉用殺？」（論語顏淵）孟子也說「不嗜殺人者能一之。」君子以仁存心，焉用殺？此種不嗜殺人之心，非僅孔孟大聖爲然，中國人皆然。只是無人提出，作爲政治上具體主張，高遠理想。　國父承往聖遺續，恢宏其志業，提出廢止死刑之具體主張，並想出以勞役代死刑的實際辦法。可謂仁心仁術，宏揚固有文化精神之盛事。**回憶中國歷史，文武成康刑措不用。到漢文帝廢除肉刑。再到　國父，廢除死刑。將來大同世界實現，更進一步，廢除法律。逐步升高，逐步前進，人世天堂豈難致哉！**

用歷史眼光看，思想之進步與發展，其跡象顯然可見。由先聖到　國父，一脈相承；繼踵前賢，發揚光大，亦顯然可見。則三民主義在思想上之價值，有不可忽視者。

理想是有了，如何達成？却成了問題。概括的說，三民主義，就是達成理想的途徑。整個三民主義的道理實行出來，就是理想的天堂。可以說，三民主義就是上天堂的梯子。古人只提出理想，未搭梯子。國父不僅提出理想，也搭了一架梯子。等於是古人出了題， 國父作了答案。但如更進一步問，具體方法到底是甚麼？則我們可以簡單說，就是民生經濟的解決，教育的普及，民主的政治，和法治精神的發揮。

在臺灣，經濟的進步，已接近理想程度。政治的民主，也相當使人滿意。剩下的問題，就是法治與教育了。教育是根本，在前面。法律在後面，作防堵。假如教育作的好，法律可以不用。兩相比較，與其使用法律作消極性的防堵與懲罰，不如使用教育作積極性的導引。所以孔子說，「導之以政，齊之以刑，民免而無恥。導之以德，齊之以禮，有恥且格。」（論語爲政）又說，「聽訟吾猶人也，必也使無訟乎。」（論語顏淵）這樣看起來，教育的價值，千萬倍於法律。因此，我們用力之重點，亦應放在教育上。法律不過在後面作必不得已的防堵與懲治。中國文化思想，政治作風，始終重視教育，也重用教育，實具甚深意義，與極高價值。 國父屢屢强調教育。他主張國家富了，便要辦教育。在廣州講「女子要明白三民主義」的時候說，「到那個時候，國家究竟作一些甚麼事呢？就是要辦教育。國家有了多錢，便移作教育經費。」可見他的思想，實能緊緊抓住固有思想中可貴的優點，加以發揚光大。這就是王道政治，賢人政治的特點。刑罰雖然不能不用，但我們是以教育領刑罰。孔子說，「名不正，則言不順；言不順，則事不成；事不成則禮樂不興；禮樂不興，則刑罰不中；刑罰不中，則民無所措手足。」（論語子路）由此可見必先興禮樂，禮樂興而後刑罰才能得中。即用得其當，事得其平，罰得其效。必先教後罰，不能不教而罰。再退一步說，我們用刑，亦非爲用刑而用刑。在用刑時心中有一種更高的目的。這目的是甚麼呢？尙書大禹謨曾說過，**「刑期於無刑。」就是說用刑的目的，乃在達到無刑的地步。也就是以刑止刑**。並不是以用刑爲最後手段。對犯法的人殺之而後快。這不是仁者所爲，不是中國文化精神。我們用刑是必不得已時才用。在用刑時也並不快意，而是是以一沉痛心情去用。韓非子五蠹篇說的好「**司寇行刑，君爲之不舉樂，聞死刑之報，君爲之流涕。**」這句話說透了仁者情懷，中國精神，政治要領。乃至於 國父思想。

用刑既不能免，既要重，用重刑才能止刑。輕刑不但不能止刑，反而可以增加罪犯，使犯者有恃而無恐，法律失去尊嚴，失去效力，反不如無法。因此歷代政治家法家都主張不用刑則已，如必不得已而一用，必用重刑，民使畏而生效，可以達成無刑的目的。輕賞輕罰，不如不賞不罰。爲求實現我們的政治理想，就要用九十九分力量辦教育，一分力量用法律，用法律即必重。重賞，重罰。表面看，重罰看似不人道，實際深進一層想，用重刑才眞正是人道。輕刑，姑息，雖曰愛之，其實害之。懲一警百，未犯者不以身試法，已犯者不敢再犯。嚴厲的罰則高高懸起，根本可以不用。這就是古聖以刑止刑之道，刑期於無刑的作法。現代法學家以人道減輕刑罰，立意未嘗不善。無如輕刑之結果，是一犯再犯，至於累犯達數十次。一人犯罪，多人以其罰輕而相率效尤。於是囹圄日滿，法官，法院，日不暇給，不得不擴充發展。站在人道立場，是愛人抑是害人？效果具在，不難分辨。**古人行刑，君爲之不舉樂，甚至爲之流涕，今人擴充監獄，擴充法院，我想當局諸公亦必爲之揮涕也！**

站在 國父思想的立場，欲奔赴最高理想，政治經濟之外，**只有大力推行教育，以教育提高人民道德，爲根本措施，使亂源消滅。是爲正本清源之道。法不能不用，用必加重賞罰，使法有尊嚴，而人民不敢輕犯。** 國父只講到民主，講到守法，未及對此問題多所引伸。但我深信，國父復生，必不主輕刑薄罰，使人易陷於罪，而國家社會日趨混亂也。

第四節　三民主義之道德精神

三民主義是 國父所創造， 國父的精神就是三民主義的精神。他創造三民主義，是以優良的中國固有文化精神為立場。固有文化充滿了道德成份，尤其是教育與政治，百分之百，是站在道德立場發展出來的。教育以性善論為出發點；以保持人性，發揮人性的功夫。以扶植每個人都成聖成賢為目標。政治以治國安民為出發點；以民主與服務為作風；以修己以安人為步驟；以治國平天下為最後目標。都是為人而非為己，是服務與犧牲，而非自作威福。這是古代教育與政治思想與作法。完完全全是道德的。也就是犧牲自己，造福人羣的精神。所以我說是充滿道德精神的。可惜後世逐漸演變，轉為權利的爭奪，威福的享受。但若干聖君賢相思想家，仍能保持古代道德精神而不失。至 國父孫中山先生，則一掃自私自利的念頭與作風，完完全全以古代道德精神，致力於革命，亦以道德精神熔鑄於思想學術，而造成道德的三民主義。以實際行動並發揮先聖遺徽，以基本觀念創造政治理論。**其人之生，為革命救國而生；其人之死，為革命救國而死。六十年生命史，四十年致力革命。在革命途中，未享一天幸福，未過一天安定舒服日子。假如他略微替自己設想，有的是福可享，也斷不致以盛壯有為之年而中道殂落。噫！ 國父亦偉矣！**

就革命而言，為出民族於危難；就主義而言，為救民族於永久。前者屬於消極的救亡，後者屬於積極的發展。合起來看，既顯示其革命救國，不僅不自私，不作大皇帝，純為救國救民；即救國救民，亦不以苟延殘喘為滿足，更要發展強大。不僅於必不得已時使用武力，尤重在使用學問，求全民族之生存發展。他深知人類生存，問題繁複，必有高深豐富的學問，才能使生活安適而美滿。一個人生活，已經需要有好的學問，因而有人生哲學，有教育。人生哲學與教育就是指導個人生活的學問。一個國家民族的生活，千萬倍於個人，自更需要高深豐富的學問，為之指引安排。今後世界大通，民族競爭劇烈，格外需要學問。他深明此理，所以說，「革命事業在於高深的學問。」也就因此，**他一生到老，不斷讀書，研究學問。他研究學問並不是為自己，而是為革命，為救國救民，乃至救世界人類。換句話說，他把他的一生幸福，自由，功力，乃至於生命，整個貢獻給國家民族了。且出於自動，主動，一天不懈怠。革命，救國，研究學**

問，創造三民主義；受苦，受氣，受病魔纏繞，一直到最後一口氣。就是臨終，還不肯放下心，放下手，還要對革命同志叮嚀囑咐，必定依他的志願，照他的作風，把革命事業作到底，一定要讓它完成。**這是一種精神，無以名之，名之曰道德精神**。

就三民主義思想與作法而言，也是以道德精神爲基本出發點，明白可見。最顯著的就是博愛，自由，和平等三種精神。而這三種精神中又以博愛爲其根基。因爲博愛才求平等。使人人受同等待遇，盡同等義務。在作人的立場上，大家一致，不許可有不以人道待人的不平待遇。他講平等，不僅求政治上平等，亦求經濟上平等，教育上平等，乃至種族上平等，道德精神上的平等。任何人不許可有優越感。以優越感虐待旁人，在道德上是不能容許的。過去的不平就是由這種優越感所造成。世界之不安，也是由此優越感所造成。因爲認爲自己優越，旁人即低微，應受自己的虐待，壓迫或統治。這就是亂源，也就是不平等。在不平等的社會中，即有一小部份高高在上，一大部份受痛苦。其不公平，不合理明甚。在仁者心中，不能容忍，所以他必定求其平等。他求平等的動機，是爲受壓迫的人爭地位，意在救人，使免於不公平的待遇，受不當受的痛苦。所以我說他講平等與西方人和一部份人只就政治而講平等的不同。**他是充滿着仁者救人的心腸來講平等的。所以我說　國父求平等是以博愛爲基本**。一般人求平等，不過用革命手段，在政治社會上去求。　國父求平等，則於政治社會之外，更加上道德的手段。他說「人生以服務爲目的，不以奪取爲目的。聰明才力愈大的，當盡其能力以服千萬人之務，造千萬人之福。聰明才力略小者，當盡其能力以服十百人之務，造十百人之福。所謂巧者拙之奴，就是這個道理。……照這樣作去，雖天生人之聰明才力有不平等，而人之服務道德心發達，必可使之成爲平等了。這就是平等的精義。」（民權主義第三講）他說平等的精義是在道德心，這種標榜道德心以求平等的精神，才眞正是偉大的道德心。

自由是人類的幸福。求自由即爲人類求幸福。爲人類求幸福，也基於道德心。在中國講自由，主張用於國家，不用於個人。是一種大眼光，大識見，大手法。國家無自由，人民即根本不能生存，何來自由？求國家自由，即以保障個人自由。此理甚明，也甚淺顯，但仍有人跟西方人之後，急於强調個人自由，因而妨害了國家。這顯然是眼光短淺，氣量狹小的作法。為 國父之罪人。

責任感，忠心，是中國政治思想的淵源。古人言之已詳，隨處可見。己飢己溺之懷，修己以安天下之志，都是明顯的例證。堯舜之禪讓，示民以大公。大禹之治水，出生民於水火。湯武之革命，解人民於倒懸。孔孟之奔走，救人民之痛苦。皆以責任感獻身於政治。 國父以一平民致力革命，其出於責任感，尤為彰著。有責任感即要盡，盡責任即是忠。這是自己將責任扛在肩上，要以自己一生貢獻於人羣，以求責任之能盡，己心之能安。主動而非被動，自願而非强迫。此之謂道德。自廣義言之，天下興亡，匹夫有責。自狹義言之，以天下之大，人數之衆，人人有責，即責不專在於我。我儘可退縮，等待，和觀望。**但大仁，大智，大勇之君子，不退縮，不等待，更不觀望。慨然有捨我其誰之概。我不入地獄，誰入地獄？國父即以此種心情，挺身而出，以一身肩負革命救國之大任。人家樂得輕鬆，他則自討苦吃。他知道，大家輕鬆，只有大家同歸於盡。所以他毅然起而擔負這一付重擔。非大仁，大智，大勇之先知先覺，其孰能任之？**

謙退，不居功，不爭權位，也是道德。用於作人，也用於政治。推翻滿淸，建立民國，是 國父的功勞。但從來沒有一個人見他恃功而有絲毫驕矜之色。臨時大總統，是人民所選擧，但他肯為顧全大局而讓給袁世凱。在總統任上，單身步入總統府，竟阻於閽人而不得入。證明他是以平民裝束，平民身份，自然本色來作總統。所以弄到守衛的人竟至誤認為閑雜人闖入總統府。這不僅是謙退，也表現民主風度，節約態度。在三民主義書中，一再强調公僕政治，由總統下至文武百官，都是為人民服務的奴僕。他創此理論，也有此行動。說到作到，以身作則。自孔子提出先勞無倦理論之後，只明末黃宗羲有類似的言論，至國父始發揮成爲一套政治學說。並身體力行之，以爲典範。民權主義政治加强人民權利，將元首權力分散，既表示民主，亦表示謙退。即使人民居先，公僕退後之意。

總結起來，民族主義强調恢復固有道德。主張以倫理精神加强團結互助之力。以歷史文化喚起民族精神，因而能奮起爲國効力。民權主義以民主與守法精神，教育人民義務相爭，權利相讓。以服務人生觀求眞正之平等。民生主義則更以博愛情懷，求人人在物質生活上達到需要程度以上，既均且足，公平合理而有幸福。在精神生活上提高人民知識與民族道德。使內而能父慈子孝，兄友弟恭，人人得享天倫之樂，家庭溫暖。外而團結奮鬪，公而忘私，爲國家社會不惜任何犧牲。進而改善生活，革新習慣，促進民族文化，發揮民族潛力，使國家社會蒸蒸日上。徹始徹終，全屬以道德精神，道德作法，以臻於民族發皇，世界大同之盛世。懿歟盛哉！

第五節　三民主義之學術性與　國父之好學精神

一開頭我們就可以說，三民主義是用學術一點一滴堆起來的寶塔，熔鑄起來各種學術的結晶體。我們細讀三民主義，文字固然很淺近易解，但如進一步，看看每一句話的背後，便可知都有豐富的內容，實在的學問和識見。所謂深入淺出，確實作到了。無一句無來歷，絕無望風捕影，信口開河的事。由我們自己的經驗，領會到，十年功夫，讀書，研究，思考，所得的結果，寫出來也不過三言兩語。換句話說，不要輕忽人家所提出三言兩語的見解或主張，那都是經過十年八年好學深思，所得的結果。尤其是三民主義，絕無半句空話。每一論點的背後，都有豐富的學問作背景。

茲綜述其要義於後。

更進一步，再將三民主義的內容，用學術眼光加以分析，則又可見其所涉範圍之廣，基礎之大，門類之多。恐怕世界再無任何學術思想內容如此之豐富。又不僅豐富，且極精深。我們看他所稱引，所批評，以及所使用，都不是浮淺之言，而是經過深刻研究之後，乃能提出的見解。以批評馬克思思想爲最顯著。他在民國十三年提出這些批評之後，至今歷四十三年，未聞有反駁之論。即證其所論切中肯要，公平恰當，否則早已議論沸騰，不復能立足。這就不是簡單容易的事。論其廣，則從極抽象的哲學，到極具體的科學，社會，政治，經濟，人生日用，言語動止之細，無不論列，無不利用。而使用最多的學問，則爲歷史。中國史，世界史，史前期，有史期，無不稱引。史事，史觀，史論，也都有所發揮，運用，乃至於創造。尤以得史教爲重要。假如他不在史學上有如此精深的修養，豐富的學問，則將無從作出這樣左右逢源的有本之學。由三民主義，使我領略到，一種學術之構成，創見之提出，甚不簡單。既需要充份的常識，又要有精深的造詣。必這樣，才能有精闢的見解提出。說出話來，才不致浮淺，荒謬，貽笑大方。也才眞能在學術上立住脚。而這種造詣之獲得，則並無倖致，而是要一點一滴，一部書，一部書的向下讀。一天天，一年年，繼續不斷的追求研究，才能得到。說到這裏，便又想到　國父一生向學之勤，可以說他一生到老，手不釋卷。眞是「活到老，學到老，躺在棺材學不了。」他一生奔走呼號的革命，一天也不得安寧，不得靜下心，不可能作成一個道貌岸然，學養深邃的學者。因爲事實上不許可他十年寒窗苦，從容不迫的讀書。但事實告訴我們，他却是一個古今中外少見的學者。許多革命前輩述及　國父生平，或口頭，或書面，無不交口稱道他的好學。按讀書好學，是平常事，在他旣革命又讀書，則難能可貴。但　國父却就在平凡中成其偉大。就學問而論，又是　國父之所以不平凡的重大特點。

三民主義內容豐富，義理精深，非此短文所能道其萬一。但爲說明中國現代政治，以與中國古代，以及世界政治相對照，而求對中國文化之進展，創造改革之能力，有所瞭解，不能不約略介紹說明如上。旨在闡發其意義，標擧其特點，謹就淺學所能知者擧要如上。至其細節，則　國父遺教原書具在，隨處可得，本文不復縷述。

第六節　綜述

綜觀以上所述，雖然　國父自己說，「其所持主義，有因襲吾國固有思想者，有規撫歐洲學說事蹟者，有吾所獨見而創獲者。」但於固有思想乃整理發揚，而非因襲；於歐洲學說事蹟，乃批評糾正，選擇吸收，而非規撫。這些材料，他一一加以研究，選擇，捨短取長，針對中國當前，以及今後立國所需，而予以吸收，消化於胸中，然後構成一套大思想體系。猶如蠶吃桑葉，吐絲，但又過之。因蠶絲的原料，僅限於桑葉，而三民主義，則不僅限於中西學術，一大部份由　國父自己構思，研究，創造，乃能構成如此完備偉大的學術。

用中國的眼光看，它不是完全中國舊書的翻版。用西方的眼光看，它又不是西方任何一國的成規原樣。用應用的眼光看，它無一不適合於中國之用。一切爲中國；但又本中國精神，於中國之外，同時亦爲世界人類。無論古今中外，還沒有看到任何一種思想，具備這些條件。所以這種學術是世界所未曾見的新學術。充滿了中國精神，但也適合世界人類共同生存之需要。無以名之，名之曰「中國型的政治思想。」

中國型的政治思想，由　國父創造出來了。如何使之實施，收效，在我們中國人。又如何使之亦能宏揚於世界，使之達成救中國，亦救世界的宏願，則又在於世界明眼人士之接納。更進一步，如何能使世界人士由瞭解而接納，而與我們合力推行，則又責在我們中國人。同志同胞，想必共領斯言，願合力以赴之，無多讓焉。

中國政治制度，商以前已不可得而詳。我們所能約略知道的，只有從周朝起。對於周朝，也只能簡單的知道個大概，也不能詳細。周禮所載，雖託之周朝，但可信程度太小，不能引以爲據。周朝的政治，爲武王與周公所定。武王伐紂滅殷，統一天下，事在民國紀元前三千零二十二年。當公元前一千一百一十一年。從此時起，中國政治規模大體定立。中央政府與較大諸侯國政府，大致相同。自此以後，直至民國元年，三千零二十二年，政治制度只有小的改革，未有重大變更。有若干進步，但也不免有若干遜於古制之處。只能說是君主政治，而不能說完全是君主專制。因爲歷代制度中，富有若干民主意味，乃至於富於民主精神的制度。君主之中，也不乏開明的君主。三千年的政治，大同小異。換句話說，就是周朝所定的政治規模，繼續使用了三千年。一直到　國父孫中山先生，才根本改革，由君主改爲民主。俗語說積重難返，三千年的制度，不能說不重。但　國父一手把它改革了。他對於政治之改革，是一種偉大的抱負，引爲自己的責任。此種抱負與責任感，也是由歷史上得來。他說，「……然而如何能使國民知民權之無上光榮乎？僕試以歷史上之事實喻之。昔漢高祖初得天下，諸將叫號不寧。自叔孫通定禮儀，乃始識天子之尊嚴。國民者，民國之天子也。吾儕當以叔孫通自任，制定一切。使國民即於尊嚴之地位，則國民知所愛，而視民權如性命矣。」（民國五年講「中華民國」之意義）按歷代開國，必改正朔，易服色，定制度，以示與民更始。是改革，也是創造。叔孫通起禮義，定朝儀，效果宏偉，意義尤爲重大。　國父以叔孫通自任，即見其能把握機運，不放棄責任。不過此次之改革，又遠非漢初時代可比。任務之艱鉅，亦遠非叔孫通可比也。民族之有前途，歷史之有進展，文化之有創造，全靠叔孫通精神。　國父有此識量，中國歷史文化得有重大進展。此又其對民族歷史之貢獻。

用歷史眼光看，袁世凱的帝制自爲，張勳擁宣統復辟，乃至於北洋軍閥政客的爭奪擾攘，只能說是三千年君主政治迴光返照，餘波盪漾。此項餘波，前後已被　國父及　蔣總統所掃平。到民國十七年北伐成功，才算是將帝制餘毒掃除淨盡。民國二十年召開國民會議，開始訓政，制定約法，才眞正開始按照三民主義，**實施民主共和政治**。如從此時算起，則眞正中華民國的眞正年齡，到今年民國五十六年，也不過三**十六歲**。這三十六年中刼又充滿着內憂外患，且一波未平，一波又起。日甚一日，危機日深。致使　國父思想，三民主義政治，不能容我們在安定中放手作去。遂有今日之局。痛定思痛，我們今天在臺灣仍能有這樣**實施**主義的成果，有若干績效，已經應該感謝我們的政府，我們的領袖了。

由政治制度本身看，再用世界歷史看，我們的舊政治制度，無論如何，也不能不變了。三千年的制度到了清末，已經窮而又窮。窮了就要變，變了才能通，通了才能久。清末是我們窮則變的運會，假如此時不能變，單是政治制度，已可使我們亡國，斷無在今天的世界立足之地。**國父生當此大變之衝，承當此一運會，以絕大魄力，絕大手法把中國政治適時而變。這是隻手轉乾坤的大事。也是整個民族五千年歷史上一大轉捩點。而他却作了這轉捩點的主人。是民族起死回生的功臣，也是承先啓後，開闢新機的巨人。**中華民族而無　國父，早已萬刼不復！講到此處，我感謝　國父的功勞，欽佩他的識力與魄力。

再就改革的內容講，他所改革的是制度，是技術上的問題，至其基本精神，則仍保留了中國的優良傳統。不僅保留，且有發揚。就此點而言，我們又不能不佩服的他的態度與作法。

以　國父這樣一個人，生在此時，值得我們慶幸。他生在中國，值得我們驕傲。他又爲我們創造三民主義，值得我們效法推行。　國父已經爲國貢獻其一生，心安理得的去了，賸下的任務，就看我們能不能繼起了。

第九篇　地理篇

第一章　自然地理

第一節　位置與地勢

這裏所謂地理，就是我們民族生長食息的家園。有民族就必須有土地，有土地就必有生產；有生產才能供養人民生存。所以說，「有人此有土，有土此有財，有財此有用。」中華民國的領土，就是我中華民族自遠古以來，繼續不斷，生長食息的家園。**這是我們所賴以生長的基本條件。是我們，自力所開闢。更是我們自己所耕種，培養，與經營。我們的家園就是我們的生命線；朝於斯，夕於斯，生長死葬，世代相傳，若干萬年，不曾離開過。每一寸土地，都和我們有濃厚的感情，密切的關係。不僅是我們的生命線，也是我們的好朋友。有中華民族就必有中華民國的土地。有中華民國的土地，就必有中華民族。民族與土地緊緊黏結在一起，誰也不能分開。**

我們的家在亞洲大陸。北邊是寒冷不毛的西伯利亞，在北寒帶。南邊是炎熱的東南亞各國以及印度，南洋羣島；在赤道之下。我們的家就在這極寒極熱兩地帶的中間。不太冷，也不太熱。整整齊齊，平平坦坦，一大塊黃土層平原。有山脈，有河流；山河交錯着由西北向東南奔向那漫無邊際的大海。是一塊肥沃的良田，也是一幅美麗的圖畫。我們黃帝的子孫，就在這良田上食毛踐土，在這美麗的圖畫中欣賞着大自然的美景。整個地球，找不到這樣一塊好土地。全世界的民族，沒有這樣一個好家園。天賜給我們中華民族這樣一塊好土地，這樣美麗的家園。這是我們得天獨厚的自然條件，眞是天大的幸福！

按照地理位置講，我國的極北，從外蒙古的唐努鳥梁海薩彥嶺起，到極南的南沙羣島曾母暗沙止，佔緯度五十度略弱（北自北緯五十三度五十七分，南至北緯四度）。極西，從帕米爾高原的噴赤河，到極東的烏蘇里江與黑龍江交會口，東西佔經度六十四度强（西起東經七十一度，東至東經一百三十五度四分）。論里程，南北約三千五百多公里，東西約四千多公里。全國總面積，約共一千一百四十餘萬方公里。約佔亞洲總面積四分之一，全世界陸地總面積十二分之一。比歐洲全洲面積，還要多一百三十多萬方公里。若和世界各大國的本土面積相比，美國只合我們的百分之七十五。英國只有我們百分之二，法國百分之五，德國百分之四，義大利百分之二十五，日本則只有百分之三點五。說到俄國，歐洲本土部份也不過當我之半。若和比利時相比，則一個中國抵三百六十個比利時。其他的小國不必說了。

就地形而論，中國的土地又有一項特點，即天然有一完整性，整個集中在一起，既不像英國屬地的零星散亂，也不像蘇俄的渺遠荒寒，不適人居。全部中國地圖，看起來像一秋海棠葉。極西帕米爾高原爲葉尖，東部勃海灣爲葉柄，東北東南爲葉的兩側。中間山河交錯，自西而東，又像葉脈。天成一幅美麗的圖畫。

地勢是西北高而東南下。水，永遠是由西向東流。「人生常恨水常東」，詩人都把它當作詩料。我們有世界最高的山，喜馬拉雅山；第四長的水，長江；大塊的黃土層平原。尤其難得的是海岸線之長，世界上沒有那一國可以比得上。由北邊的鴨綠江口，到南邊的北崙河口，綿延達一萬一千一百三十餘公里。若再加島嶼周圍的海岸線，共爲二萬零七百餘公里。若干國家爲了爭取海岸線，不惜動外交，用兵打仗。又有若干國家在大陸中心，四面被鄰國包圍，得不到一點海岸，自己沒有出海口，等於沒有大門，完全受制於人。較之我國，實如天壤之隔。他們夢寐以求的，我們却得之天賜。據地理家政治家研究，海岸線對於

敕勒川陰山下天賜穹廬蓋四野天蒼蒼野茫茫
風吹草低見牛羊

這是我國北部塞外風光

文化和民生有密切關係。即海岸線長的文化高，民族優秀，短的較差。又不但要長，還要曲折；不曲折也不可貴。而我們的海岸線則不僅長，而又曲折，不平直呆板。因爲曲折了利用價值高，太平直即不好利用。沿岸水深，也有關係；愈深愈好。至於軍港商港漁港，對國防與民生的關係，則是人人知道的事。這些條件，我們不僅完全具備，且極優越。天底下再也找不到這樣一塊好地方。

平原之外，有山地，有高原，有盆地，有縱橫交錯的川澤地。自然也有沙漠。論生活，當然是平原最好，但山地給我們蘊藏了無窮無盡的各種鑛產，也供給了我們森林，也可以供給水力。高原可作高原農業，也可選一部份作牧場。川澤地則經濟價值更高。至於沿海，則漁業，鹽業，航海交通，都可發展。惟一缺點，只有蒙古的沙漠，和新疆的戈壁耳。

上面所說，是用經濟眼光講的。拋開經濟問題，用全部人類生活眼光來看，則高的山，深的

美麗如花的北平頤和園昆明湖映照着萬壽山

不要忘了這是滿清移建設海軍
經費所建的遊觀之所

谷，滔滔不絕的河川，蜿蜒錯雜，縱橫曲折，到處都是美景，到處都是花園。整個一個中國合起來就是一個大花園。處處都可供人欣賞。山西的恒山，河南的嵩山，山東的泰山，陝西的華山，湖南的衡山，合稱五嶽，自古成爲大家豔稱的大山。其實像江西的廬山，安徽的黃山，浙江的天台山，雁蕩山，四川的峨嵋山，不是更高大，更美麗嗎？廣西山水甲天下，全省就像山水點綴着的一朵花。論到水，則浙江的西子湖，沒有人不知道。這不是人間，而是天堂。讀了范仲淹的岳陽樓記，就知道洞庭湖的風光是多麼浩大雄偉而多變化。北平的玉泉山，昆明湖，中南海，北海，雖不免人工點綴，究竟人力不然勝過天然。像這樣的美景，誰能數的過來？這還不算，若更進一步，論山水對於人生修養，就更有不可思議的效果。孔子「登東山而小魯，登泰山而小天下」。言其所見者遠，大，因而恢宏其氣魄。孔子觀於東流之水，曰「逝者如斯夫，不捨晝夜」。滔滔不絕的水流，也啓示了孔子的哲學思想。洙水，泗水，沂水，滄浪之水，乃至東邊的大海，都對孔子發生極大影響。水之於人，關係之大，豈淺鮮哉？但此非淺見者流所能瞭解。孟子離婁章，「徐子曰，仲尼亟稱於水，曰，水哉！水哉！何取於水也？孟子曰，原原混混，不舍晝夜，盈科而後進，放乎四海。有本者如是，是之取耳。苟爲無本，七八月之間雨集，溝澮皆盈，其涸也可立而待也。故聲聞過情，君子恥之。」孔子常稱於水，徐子不解，孟子解之。他知道孔子於水取其有本，取其原原本本，繼續不絕。孟子以悟爲學作人之理。則山水之於人，豈僅物質之所需；胸襟，氣量，哲學修養，學問之培成，皆有賴於此自然界事物以成之。所以孔子又說，「仁者樂山，智者樂水」。假使天不予中國以高山大川，悉爲一片平原，吾人擧目所見，無非平直呆板，無起伏，無變化的黃土，豈能孕育成偉大氣量，超越思想，高深造詣的偉人？孔子而不登高山，不見大川，大海，吾決其必不能成其大。由他所說「登東山而小魯，登泰山而小天下」可以想見其影響，也可推知他對於個人修養，不能不登高山的主張。司馬遷不遍遊宇內，登覽以自廣，吾決其必不能有雄奇萬變之巨著史記也。蘇子由於飽讀羣書之後，必定要離開家鄉，以「求天下奇聞壯觀，以知天地之廣大。」於是「過秦漢之故都，恣觀終南，嵩，華之高，北顧黃河之奔流，慨然想見古之豪傑。」所以他主張，「人之學也，不志其大，雖多而何爲？轍之來也，於山見終南，嵩，華之高；於水見黃河之大且深；於人見歐陽公，而猶以爲未見太尉也。故願得觀賢人之光耀，聞一言以自壯，然後可以盡天下之大觀而無憾也。」（上樞密韓太尉書）我們眞佩服這十九歲的青年，能說出這樣豪壯的言語，體察透爲學作人修養的道理！足見登覽高山大川，爲修養必備之條件。蓋欲養成偉大人物，必藉高山大川以培養其氣度，恢宏其志量，以孕育其器識也。歷史上一代一代的聖哲賢豪，思想家，政治家，文學家，接連不斷，由這些高山大川培育而出。不平凡的土地山川，才能培育出不平凡的人物。這又是天賜給我中華民族的優越條件。

黃河，長江，珠江，是中國三條大動脈。崑崙山延伸出的三大山系，是中國的骨骼。葱嶺是我們的頭，東南沿海是我們的脚。骨骼支持人身，血脈貫通人體。其中尤以三大河流對民族生存的關係更爲密切。玆先言黃河。

說起黃河話長了。黃河對我中華民族有極深厚的恩澤，但也不免給我們不少的災害。飲水思源，我們應該承認，黃河兩岸就是我中華民族的發祥地。人類生活離不開水，沒有水就沒有人。這不僅是說飲用需水，生活環境，動植物的生長，氣候的調節，無一而不需水。假如沒有這條偉大的黃河及其支流，恐怕這一地帶根本就沒有人類。固然長江與黃河同爲中國心臟地區兩條大水，但據近百來所得史前期有史期若干次地下史料及文字史料綜合觀察研究，中華民族發祥於黃河流域，實爲千眞萬確的事實。我們的遠祖在此發祥，接着在此生存發展，進步，壯大。若干萬年，這黃河兩岸成爲我們生存棲息之所；蓽露藍縷，開闢創造之區，乃至奮鬪圖存之基地。在這裏我們創造過有聲有色的史蹟，留下了不可以數計的精神績業與物質文明。這黃河對我們民族先天上結下不解之緣，關係極爲密切。它給我們的恩惠太大了！

不平凡的黃河固然已經給予我民族不平凡的貢獻，但畢竟因爲它太不平凡，遂也同時給我們帶來不少災禍。黃河不自平地來，而是由天上來。李白詩不是說嗎？「君不見黃河之水天上來，奔流到海不復回？」（將進酒）王之渙也說，「黃河遠上白雲間，一片孤城萬仭山。羌笛何須怨楊柳？春風不渡玉門關。」（出塞）都明明說是黃河是由天上下來，由白雲天上經萬仭高山奔流而下。極言其由高高的山上奔流而下至平地。形勢是如何的險峻！水流是如何的洶湧！蔚成的景色，又該是如何的奇險！可惜作者遊覽，向北，只到包頭，向南，經平漢，平浦兩黃河鐵橋，看見的黃河已是平綏的部份，看不到驚險的畫面。河套特產的黃河鯉魚是吃到了，像風陵渡之險，中流砥柱之奇，龍門之壯，只能在書本上看到記載，由朋友們口中聽到他們親見親聞的實景，尙未能以一睹爲快。

景是奇了，但禍害也就由此發生了。因爲上游地勢高，水由萬山叢中傾瀉而下，急湍洶湧，勢不可當。至晉陝豫交界地帶，受涇，渭，汾，伊，洛諸大河，水量驟增，而地勢則自此平坦，上游所挾泥沙，至此因水流緩慢而沉澱淤積。河面狹而河床則由淤積逐漸加高。兩岸惟恃堤防保護。一有潰決，即成水患。所以黃河災害，史不絕書。而航運艱難，交通上亦未受其益。只有河套一帶，旣無水患，又得灌溉之利，所以地方富庶。因有「黃河百害，惟富一套」之諺。不過話說回來，事在人爲，如能針對病源，求解決之方，則興利除害，立可改觀。西門豹能於二千多年以前治鄴，先除鄙俗，然後開十二渠以分水勢而利灌溉，結果水患平而民富庶。至今稱之。今後如能善盡人事，利用科學方法，新興學術，爲根本治療，則轉禍爲福，害源變爲利藪，可立而待也。

長江三峽風光之一夔門

奇　險　美

蜀道難蜀道難難於上青天

次論長江。長江與黃河不同。雖然它與黃河同發源於靑海巴顏喀拉山，也自高原傾瀉而下，但它並未造成水患。論水流所經，則更造成比黃河更美的奇景，那就是由四川到湖北的三峽。這千里長的水路由兩山夾縫中流出，而兩面的山則高插入雲，兩旁壁立，如刀削。鬼斧神工不足喻其巧。其狹處非中午夜分不見日月。巫山雲籠罩着巫山十二峰，却遮不住猿猴哀鳴之聲。其景色之奇絕，酈道元水經注曾以生花之筆，狀之入微，引人入勝。以論交通，則因水道狹而多灘，遂使水勢湍急，舟行艱險。水經注引袁山松宜都記，謂「自蜀至此（指宜昌）

五千餘里，下水五日，上水百日也。」順逆之間，相差如此之大，可見其水勢之險也。「朝發黃牛，暮宿黃牛；三朝三暮，黃牛如故。」由此諺亦可見其一斑。李白出入川，身歷其境，他形容入川逆水行舟之難，說，「噫！吁！嚱！危乎高哉！蜀道之難，難於上青天！……」（蜀道難）又形容出川順水行舟之易，說「朝辭白帝彩雲間，千里江陵一日還。兩岸猿聲啼不住，輕舟已過萬重山。」（下江陵）難的難於上青天，易的易到日行千里。雖然文人之筆未免形容過份，但其難易懸殊，則是事實。作者入川，親見其景；奇絕，美麗，艱險，又非僅不平凡三字所能道其萬一。舟過宜昌而東，一路平穩，順流而下，暢行無阻。論利害，舟行雖險，僅在人力帆船；輪舟航行，則無論上水下水，均可暢通。淺水輪船上達宜賓，下至上海，客貨運輸，往來不絕。就交通而言，長江對國家之貢獻，遠非黃河所能比。又因三峽以西，兩岸陡峭，無泛濫之憂。宜昌以東，則江面較寬，又有洞庭鄱陽二湖調節水量，亦不見水患。水勢平穩，民生利賴者多，爲人禍害者少。兩兩相較，長江勝於黃河。惟就民族發祥而言，黃河之功實不可沒耳。

珠江造福於兩廣；遼河，松花江富饒了大東北；黑龍江鴨綠江替我們作了國界。河北的白河貫通了全省。蒙古新疆青海一帶的內陸河成了高原地帶僅有的生命線。全國水系唯一的缺點，蒙古的沙漠，新疆的大戈壁，缺乏河道，得水艱難耳。設使天假機緣，赤禍消滅，善盡人事，使全國上下同心協力，從容建設，則水患盡除，水利大興，灌溉農田，全成沃壤。大量造林，防水，防旱，防沙漠南移。既可生產木材，又可保持水土。再用科學方法發展森林利用，森林經濟價值可以提高。長江三峽水力發電工程抗戰勝利後已經動工，因共匪禍國而中輟。光復大陸後，繼續建設完成，則長江水道之造福於民族者將不可以數計！

第二節　氣　候

氣候與緯度高低有關。我國南自南沙羣島起，爲北緯四度。北至唐努烏梁海之薩彥嶺，當北緯五十三度五十七分。南端在熱帶，北端到寒帶，因土地廣大，南北距離太遠，也就是緯度相差五十度弱，東西則又地勢高低懸殊太大，所以境內溫度相差極大。但極冷極熱地帶居極少數，絕大多數土地均居於無祁寒盛暑之溫帶。不過緯度較高的北部氣候較寒，南部氣候較暖，乃自然現象。像臺灣省處於亞熱帶，當北回歸線上，跨溫熱兩帶，一歲三熟，四季如春，常常滿地青苗，眞是全國最幸福的地帶。即在全世界，也是不易得的好地方。只有最北部的吉林黑龍江等省，才是嚴寒凛冽的地帶。比較起來，沿海各地多海洋性氣候，無劇烈變化。大陸內部缺水地區，變化較大。雨量則東部南部較多，北部西部較少。但是氣候與雨量，雖都屬自然現象，也非不可用人力改變。擧例言之，甘肅新疆等地氣候乾燥荒凉。前引王之渙詩，「春風不渡玉門關」，但左宗棠却不服氣，他硬要和大自然奮鬥。他運用他的軍隊，以兵工修路造林。由陝西潼關一直修到甘肅嘉峪關。夾路造林，把楊柳樹挨着種過去，三千七百里綠柳成陰，結果交通暢達了，氣候調和了，春風也來了，雨量也來了。眞正是「手栽楊柳三千里，引得春風渡玉關。」已詳本書人物篇左宗棠章。可見事在人爲。人力可以勝過天工。左宗棠能作，我們當然也能作；西北能作，東北，西南，到處也應該能作。我們假想，全國山地，丘陵地，田邊，水邊，隙地，全部造林，沿鐵路公路夾道造林，則全國水旱災解除，林業發達，生產增加，而全國綠化，風景也美麗了。只此造林一項，即不僅使氣候好轉，一切都可爲之改觀。

第三節　物　產

論物產，自然與土質有關，與氣候有關。就此兩項而論，先天上已具優越條件。前面已經講過。照理講，農產品應居世界之冠，自己用不完，有的是餘糧可以大量輸出。但事實上在過去我們還要買外國米。

這應該說是人謀不臧，地力未盡。森林，主要在東北。其實東北的森林是天然林，原始林。除此之外，更應以人力造林。既使天然林可以新陳代謝，繼續生產，更當推廣面積。既可直接得森林之益，也可間接得防水，防旱，乃至防風，防沙的作用。早已有人建議，應在熱察綏寧一帶造防沙林，以免沙漠被北風吹送，向南移動。同時北部風多雨少，森林養起，立可改善。高原畜牧，牛羊駱駝，出產多。羊毛駝絨，紡織價值高。可惜過去未能自織，只賣原料，利潤被外人奪去。絲茶桐油，大量生產，但都未加工。說到地下鑛產，更是無美不備。品種既多，數量又大。也可惜我們過去大都尚未開採。海產以魚鹽為大宗。我國鹽業發達，自古已然。漁業亦佳，不過前在大陸漁業尚未能現代化，船隻少，產量亦不大。臺灣省四面環海，漁鹽之業大興，又已現代化，數量遂大可觀。以中國海岸線之長，漁鹽之業實應大大推廣擴充。論工業，過去的家庭手工業早被外國的經濟侵略所摧毀。新興的機器工業，剛剛萌芽，又被抗戰所破壞。而經濟侵略國家索性更進一步，以侵略刀鋒插入中國內臟，即在中國設廠，利用中國原料，與賤價人工，在中國製造。造成之後，即在中國出賣。一往一返的運費省了，四道關稅省了，工資也省了一大部份。他們更肥了，我們更瘦了。猶如吸血虫寄生在我們體內，天天吸血，慢慢吸乾，人就可無疾而終。這是人的問題，不是地理問題。天已經賜給我們最好的條件，應該享福，自己享不完，還應該分給大家共享。但我們不但未享到福，反而天天受苦，受窮，受不必要的窮。這罪過首先應歸之滿清政府，其次就要怪我們自己同胞了。現在局勢已變，病根已除，又有　國父孫中山先生大聲疾呼喚醒國人注意，情況應當改觀了。目前在臺灣，由於　蔣總統領導北伐抗戰於前，推行三民主義於後，已大大進步，遠非昔比了。依此方向於光復大陸後上下努力，則中國之進步，未可以道里計。

物產固然不能免於天然條件的限制，但人力實居其大半。只有地下的鑛產，有無多少我們無可奈何之外，大都可以人力改變自然。而鑛產埋藏在地，能不能調查知道，要靠人力。能不能開採，也靠人力。土地，山脈，河流，老天都已給我們準備好。能不能利用，靠人力。用而能不能盡，也靠人力。即如土地，任何農作物都可耕種。肯不肯種，種甚麼，是否適時，又是否想盡方法使之增產，使之改善品質，都是人的事情。 國父所說，「人盡其才，地盡其利，物盡其用，貨暢其流，」都可在物產上應用。這就是說，假如我們把人事用盡，使地利能發揮到頂點，則我們這塊土地供給全亞洲人享用，也許差不了多少。例如可耕而未耕的土地，尚有若干未經開墾利用；單位產量照可能發展的飽和點相差尚遠。也就是種籽尚未改良，肥料未改良，水患未盡除，水利未盡興，天然災害未盡去，科學方法未盡利用，土壤的改變與利用更未能作到。此外像加工，貯藏，運輸，種種問題，都應以人力求改良進步。山地，丘陵地，川澤地，沿海鹽滷地，高原，盆地，各有其利用之道，全在人力之善爲運用。地下鑛藏之開發，工業製造之發展，更全屬於人事。人事一到，產業立可改觀。如坐待其成，則雖有天然條件，亦將成爲枉費。抱金碗要飯吃，是過去的事了，今後不應再有，也不會再有了。

總之，所謂物產，非一成不變。人謀不臧，可使天然條件化爲烏有。人力一到，可使少者多，劣者優，無中可以生有。我們可以富甲天下，要在吾人好自爲之耳。

第二章 人文地理

第一節 政治區劃

所謂政治區劃，是政治家爲了治國安邦，爲民服務，求行政事務上之便利，把全國劃分爲若干區域，然後設官分職，秉承中央政令，治理地方。分區的大小，多少，上下若干層級，乃至依甚麼分界，都無一定準則，可以因地置宜。古代如何劃分，今天如何劃分，也並沒有一成不變的法則。又可因時制宜。小國問題簡單，大國問題就比較嚴重。我們中國土地廣大，是我們的優點。在政治統治上就比較困難，所以政治區劃問題重重，連帶的行政制度，國防設施，都有相互牽扯的影響。所以此一問題在中國就比較重要。

原始時期只有部落，隨地域而分散，各不相謀。部落中有酋長，各自爲政，也彼此不相統屬。自黃帝建國，才有了統一的共同政府。逐漸演進，部落改稱爲國，酋長稱爲諸侯中央有了統攝的能力。所以大禹會諸侯，執玉帛者萬國。防風氏後至。周行封建，乃將原有諸侯國打破，分封同姓及功臣爲諸侯。史稱爲封建制度。諸侯受命於天子，依時入貢述職，翟衛中央。此爲以天下土地人民分疆而治，以同姓功臣代天子統治人民之始。爵分五等，曰公侯伯子男。依疆土大小分。據孟子萬章下，「天子之制，地方千里；公侯皆方百里；伯七十里；子男五十里。凡四等。不能五十里，不達於天子，附於諸侯，曰附庸。」這是孟子所述周時封建制度中諸侯國大小之制。

秦滅六國，統一天下，盡廢封建，改行郡縣。封建世襲，郡縣則爲流官。分天下爲三十六郡，每郡又分若干縣，並中央爲三級制。即中央，郡，縣。皆直轄於天子。此爲中央集權制之始。漢初又以封建與郡縣並行。不久廢封建，全改爲郡縣。此後歷代區域劃分，不盡相同。而最低層之縣，則自秦以來，始終不變。所變者中間層。最難處理者亦爲中間層。縣爲基本政治單位，依地域分佈於全國，爲必不可少之政治單位。雖縣之大小不等，要之，視現行之縣制無大差異。最上層中央，只有一個。最下層縣，數量最多，面積最小。中間層則有的多，有的少。秦漢只有郡，最少。清則有行省，省下有道，道下有廳，府，府下有州，州下才是縣。州之中又有直隸州與普通州之分。直隸州屬省，普通州則屬於府。層次最多，最複雜。衙門多，上下行文層層轉折，層層統轄，叠床架屋，調動呼應，均感不靈，而徒增耗費。民國成立，盡廢其重叠機關，中間只設省級一層。近年都市發達，於省之外設行政院直轄市，與省級同。於省內設省轄市，與縣級同。此則應事實上需要所增設者。

我中央政府於抗日戰爭勝利後，將全國土地劃分為下列各政區：

省：三十五　計江蘇、浙江、福建、安徽、江西、湖南、湖北、廣東、廣西、貴州、雲南、四川、西康、陝西、山西、山東、河南、河北、遼寧、安東、遼北、吉林、松江、合江、黑龍江、嫩江、興安、熱河、察哈爾、綏遠、寧夏、甘肅、青海、新疆、臺灣。

院轄市：十三　計南京、上海、重慶、青島、天津、北平、大連、哈爾濱、瀋陽、廣州、西安、漢口。原為十二市。最近（五十六年）又由政府明令，以臺北升格為院轄市。合為十三。

地方：二　計蒙古，西藏。

特別行政區：一　海南島。

每一省內設若干縣。最多者四川省，一百四十一縣。最少者興安省，七縣，另十一蒙旗。

就行政區劃言，主要中間層為省。在清末，中部十八省，稱為本部十八省。加東北三省：奉天（後改稱遼寧省）、吉林、黑龍江；再加新設之新疆，合為二十二省。入民國後，擴充省制，將內蒙改設為熱河、察哈爾、綏遠、寧夏四省。嗣又將青海，川邊改為青海省，西康省。抗戰勝利後，將東北三省縮小省區，改為九省二院轄市。計遼寧省改為遼寧、遼北、安東三省，吉林省改為吉林、松江、合江三省；黑龍江省改為黑龍江、興安、嫩江三省。臺灣光復，重入版圖，以臺灣澎湖，及附近島嶼設臺灣省。前後合計，共為三十五省。此三十五省之中，就土地面積言，以新疆為最大，計一百七十一萬餘方公里。臺灣省為最小，計三萬五千餘方公里。就人口言，則新疆雖大，僅有四百零六萬餘人。（民國三十六年）臺灣省雖小，則截至五十五年底，已達一千三百萬弱。就貧富言，以沿海沿江各省為較富，邊遠各省為較貧。臺灣省經光復後努力建設開發，經濟上突飛猛進，實際上已成全國最富庶之區。

省的名稱由元朝起，他們在官制上設有行中書省，意思當然是以中央官外放，故稱行中書省。後遂以其區稱爲行省。至清仍稱行省。民國始逕稱爲省。省之外有兩地方：一爲蒙古，一爲西藏。前曾一度稱爲特別區。這兩處土地面積大，人口稀出產少。因爲生活習慣特殊，宗教勢力極大，與內地各省情形不同。就目前而論，不能在行政制度上設省。雖然在原則上全國政區，政制，應力求其一致，但格於人事，未便操之過急，以免激起反抗，有傷民族情感，妨礙團結統一。當逐漸以政治教育提高其思想知識，改善其生活，待其阻力減少，再求劃一。至於海南特別行政區，則孤懸海上，地面較小而又多山，與廣東陸地一水相隔，不相連接。地理上自成一區，過去與廣東合爲一省，許多不便，遂有另行設省之議。但地方貧瘠，一切建設有待努力，遂暫設特別行政區。其屬暫時性質，自屬顯然。將來繁榮發展，建設完成，獨立設省，自無問題。

從前本無所謂市。近年工商業發達，交通亦便，人口遂向城市集中，形成都市。政治經濟，教育文化，都有可觀，人才亦盛。較大都市，遂不亞於一省。納入省區，即成畸形。例如上海，即其顯例。南京與北平，或爲古都，或爲現在首都，政治地位較高，歷史條件深厚，不便納入省區，遂使獨立。始而稱特別市，後改稱院轄市。政治地位與省相同。不過省是面，市則是點。就大小言，雖點不及面，但就人口，政治經濟，文化教育而言，則點有過於面。以後逐漸擴充，遂由京滬北平擴充至十二。最近始增至十三。其較小之市，足抵一縣者，屬於省，稱普通市，或省轄市。簡稱即曰市。政治地位同於縣。其在縣以下足抵一鄉鎮者稱縣轄市。政治地位同於鄉鎮，無足比數。近年在臺始設。

省區大小，省界劃分，應依兩原則：第一，就行政上便利劃分。可大則大，可小則小。以地方貧富，人口多少爲準。第二，就地理條件劃分。地形地勢上，天然疆界上，依自然條件決定。也就是利用天然地形，天然疆界，爲自然的區分。在原則上大小不宜過於懸殊。不過像新疆，情形特殊，若不是左宗堂的遠識與魄力，根本不能設省，劃分兩省，更不可能。面積大，也只好隨他去。像臺灣，受地理限制，無法再大，自然沒有辦法增加。其他各省，或受地理限制，或有歷史因緣，現行界限無法更易。可以更易的，自當斟酌情形，以行政便利爲原則，量爲調整。東北三省改爲九省，即其一例。將來光復大陸，自可依此原則辦理。但非必不得已，亦不可輕於改革，以免引起人民反感。抗戰勝利後，曾有人提出縮小省區之議，政府自可依此原則，酌予考慮。

第二節　歷史之沿革

遠古時期我們這塊土地是甚麼情況，不得而知。只能知道，在農業開始以前是一片荒原，到處森林，草木，荒野，河流。人獸雜居。能取火之後，始舉火焚燒過多的森林草木，使禽獸不能隱藏，人民才可以略得安居。嗣又經若干年代，人類生活由漁獵而進至農業，也就是由吃動物進而吃植物。又由採集而入於耕種。至此遂開始利用土地栽培植物，供給食用。農業遂自此開始。我們的先祖遂使用自己的心力體力，對着這原始的荒野，一點一滴的開闢。於是荒原變爲沃壤，土地不僅供人居住，也供給人類生活所需的物質。逐漸發達擴展，面積一天天加大，利用方法一天天加多。培養植物的種類也一天天加多。又拿耕種的收穫豢養家畜，供人食用。養蠶之外，也種棉麻，供人製衣禦寒蔽體。再在土地上留出若干隙地，供人走路，以利交通。更以餘糧供給政府，使爲人民辦事。至此，人類生活所需，如衣食住行，以及政治、一切都仰賴於土地。土地遂成人類的生命線。但這生命線之造成，是我們先祖一代接一代，運用心力體力，一尺一寸的開闢創造而來。所以我說，中國每一寸土地，都和我們有深厚的感情，因爲土地上都有無數的血汗。由另一面講，每一寸土地也都對我們有無限恩惠。因爲我們一代一代，都仰賴它生活，一直到今天。

人口的繁衍，愈來愈多。活動的範圍，也愈來愈廣。不斷積累的創造，也愈來愈深厚，愈進步。於是像水中投石般的向四圍擴充發展。活動地域愈廣，可耕地開闢愈多，方法愈巧，而土地利用價值也隨之日益提高。再加以政治，經濟，文化，武力，繼續不斷，有意無意的發展擴充，中國的疆域，遂有周秦漢唐之廣。民族繁衍進步，亦遂有周秦漢唐之盛。

大體說，我們最早活動繁衍的中心，在黃河流域。在周朝還罵楚國爲南蠻鴂舌之人，還是「戎狄是膺，荆舒是懲」。浙江一帶還是斷髮文身。秦統一天下，始置桂林象郡，政治勢力到達廣西。漢朝才征東越，服南越，更南到達珠崖。也就是海南島。東漢征交趾，再向南到達越南。其逐步由北向南擴展之蹟，昭然可見。自然有時也向西，通西域；向東，則早已到達高麗。北邊則由周時的玁狁，到秦漢時的匈奴，勢力一天比一天强大。漢武帝征匈奴，追奔逐北，漠南無王庭，所有的匈奴人都趕到沙漠以北。用另一副眼光看，則應該說是民族擴展，向北到外蒙古了。這樣我們就可以說，中華民族生存發展的地域，是以黃河流域爲中心，逐漸向四方擴展，才造成周秦漢唐之廣。元朝的西征，是畸形發展，越超民族生存的自然界限，不正常的現象，應視爲例外的特殊情況。

就氣候言，古今變化頗大。上古時代，黃河流域產象，產猛獸，都是熱帶動物。盛產竹，由用竹簡寫字可證其產量之大，到處都是。「薊邱之植，植於汶篁」。(樂毅報燕惠王書)是以山東汶水的小竹移植於河北薊縣之邱。可見當時河北山東一帶都適於植竹。竹爲熱帶性植物。此皆可證，古時黃河一帶氣候熱。但是後來逐漸氣溫變化，北部漸寒，南方漸適人居。象與猛獸，北方不再見。竹，北方不再生長。到現在，北部日漸寒冷。南部則日漸繁衍發達，文化經濟都呈進步之象。足見氣溫由北向南移動，古今相較，差別極大。此乃自然界現象。近年與中國北部同緯度的北歐、北美，也常有大風雪，大寒流發生。足見此乃全地球自然變化，非僅中國現象。即僅就臺灣省而論，民國三十七八年，大陸人初移入臺時，各不御大衣，五十年以後，不過二十年光景，大家都感寒冷了。此亦寒氣南侵之證。

近代科學發達，人力頗能勝過天工，此項地球氣候變化，能否以人力轉移，現在尚未可知。不知我中華民族能創造此項奇蹟否？

在中國這塊土地上，中華民族表現過卓越的能力，堅苦卓絕的精神，創造過輝煌的史蹟，優良的文化。表演過有聲有色的戲劇；有血，有淚，有感情，有意義。波瀾壯濶，可歌可泣。所有不平凡的往蹟，都在這不平凡的土地上演出。所以每一地區，都足供我們憑弔，嚮往，和懷念。每一古蹟名勝，都足使我們撫今思昔，悠然神往，慨然發思古之幽情。凡有心人，必具同感。

中國的土地是我們中國人生長食息的家園。我們國人對我們自己的家園，能不能瞭如指掌，一塊一塊的土地如何如何？一條一條的山脈河流又如何如何？那裏富，那裏貧？那裏應該如何開發？如何利用？我們自己能不能知道的清清楚楚？這都是值得我們注意的問題。 蔣總統每講到教育，必强調本國歷史與地理的重要。這種深謀遠慮的指示，實在值得我們警惕與實踐奉行。

第三節　地理與國防

國防就是保持民族所賴以生存的土地，使不喪失。現在講國防，就不僅防守領土；領土之外有領海，上有領空。領土是基本，領海領空是外圍保障。都要確保其安全。不過要使國防鞏固，領土無虞，先要從精神國防建設起。所謂精神國防是全國人民對自己的歷史文化有深刻的瞭解，對自己的家園有濃厚的感情。這樣才能激發其愛國之情，與衛護疆土之勇。外侮來時，才能以精神力量運用物質條件作禦侮衛國的奮鬭。本此原則，便要首先發展教育，以本國歷史、地理課程喚起民族精神，從事心理建設，樹立精神國防，然後物質國防才能發生效用。

物質國防自然以軍事爲第一。陸海空軍必須强大。國防界限必須確定。天然憑藉可以利用，人爲疆界即比較困難。海洋，山脈，河流，都是最好的天然疆界。就現在疆域言，我國東北由額爾吉納河，黑龍江起，到廣西的北崙河，都有天然疆界可資憑藉。中緬，中印，便常有邊界糾紛。西部北部，都無可憑藉。所以在滿清時代便常有俄人私以界碑南移以竊據我國領土的事發生。最難保守的，即此種地帶。偏偏俄國人野心最大，而手段又最卑鄙，所以有清以來失於俄國的土地最大，也最使人憤怒，痛心。自古以來，中國邊患以北方爲最烈，到今天仍然以北方爲最烈。再不容我們忽略這大北方的邊患。

就物質國防建設而言，第一個問題就是移民實邊。過去大北方荒凉，人烟稀少，國防空虛，自難守住此一漫長國界。　國父作實業計劃，其第一計劃即提出移民問題，以修鐵路暢交通爲先決問題；以移民實邊，開發邊疆經濟爲第二步工作。總之，欲充實邊防，修路，移民，開發經濟，爲基本措施，軍事不過是第三步工夫。此一遠見卓識，實屬獨具隻眼，未可忽視。再按人口分佈而言，我國東南各省密度過高，西部北部則過於稀少。在西方各强國爲了殖民，到處尋找殖民地，不惜以武力爭取，我們自己有的是空地，而自己却不知利用，只喊東南人口太多，實有負　國父之遠見卓識，以及建國遺教。

民族生存要靠土地。要繼續永久生存，就要繼續永久保持土地。中國領土是中華民族自己生長自己開闢的土地，當然要自己珍惜，愛護，永久保持勿失。我們的版圖，在過去雖有時擴張，有時減縮，但大體說來，是逐漸擴展的。愈擴愈大。縱有時不免因國勢衰落而縮小，最後終必奮起圖强，光復故業。一至清朝，則初時勢盛，尙能大體保持不失。中葉以後，即因清廷昏瞶無能，遂致疆土日消。由東北到北方，再到西北，一個半圓形，一次又一次，損失土地不計其數！統統被俄國巧取豪奪以去。此外像雲南的南邊有的未定界，有的已喪失。香港九龍、澳門，已經割讓。上海、天津、漢口等大都市的租界，租借地，幸賴我抗戰勝利，以及運用外交，已先後收回。膠洲灣、威海衛的主權，也已恢復。所謂列强劃分的勢力範圍，都隨抗戰勝利而無形消滅。這許多滿清失去的領土與主權，大部份已由　國父孫中山先生及　蔣總統所領導的國民革命所光復。只可惜這些革命果實，以及全民族若干萬年所辛苦經營開闢的土地，都被共產匪黨所竊據，只賸下臺灣、澎湖、金門、馬祖各島保持未失。這一震撼天地的大變，自當全民奮起，振百世之餘烈，發民族之神威；誓翦兇仇，滅此醜類。必使河山光復，萬姓昭蘇，以雪奇恥。上以告慰列祖列宗在天之靈。下為未來後代留供生存發展之地。

第十篇　人口篇

第一章　數量方面

民族之生長繁衍，與人口數量有關。民族之歷史文化，與品質有關。經濟之榮枯，地區之貧富，國防之强弱，與人口之分佈有關。因此欲研究民族問題，必須對人口之數量，品質，與分佈種種事項，加以探究。不過本書非論人口專著，只能約略述其梗概，藉以瞭解過去民族生長發展之概況，觀察今後發展之趨勢，尋得其成敗得失之故，作爲致力復興之目標。其詳細情形，以及各種調查統計資料，則另有人口問題專家多人，撰爲專著。可供參考，本文不能詳也。

中華民族起源於中國本土，亦生長食息於中國本土。其事實例證已詳本書歷史篇。中國本土天然是一個適合人類居住的所在。氣候溫和，山川交錯，地勢爲廣大黃土層平原，物產豐富。種種自然現象，無不適合人民生活。中華民族有幸，生長在這樣一塊土地上，可以說是得天獨厚的優越條件。按理，應該發達爲世界第一最强最大的民族，無論在質與量上，都應該在世界上居於首位。較之今天的現狀應該超過。換句話說，就是，按自然條件和常理，中華民族應該比現在的狀況更好，不應該落到今天的地步。這樣，就值得我們愼重其事的加以研究。自然條件既優於他族，過去我們的歷史文化，又是那麼燦爛輝煌，我們的民族，不是不優秀，何以過去能在世界上領先，現在我們則反落人之後？我們一定要找出病源，加以治療，恢復過去的光榮，超過其他各族，仍要在今後的世界上領先。

在人口問題上，數量比較重要，尤以今後民族競爭劇烈時代爲甚。品質居次。在品質上又分智力與體力兩項。分佈又次之。因此本文所論，詳略重點，以此爲原則。

第一節　初期之人口概況

上古時代，只知道我中華民族生長繁衍，以黃河兩岸爲中心。在黃河兩岸中，又以北岸爲較多。在數量上，自然是由繁衍而增加。但無數字可考。黃帝時建國定居，却要四出征討。戰蚩尤，戰炎帝，征諸侯。連年戰爭，傷人必多。舜禹時洪水爲患，人民死於水患者，爲數亦必巨。殷商八次遷都，多因水患。殷墟出土遺物，由地層與遺物證明，必爲水沒民居。則當時水患之重可知。一至周朝，數百年安定繁榮，文化昌明，諸侯國星羅棋佈，經濟、政治，日趨發達。此時人口繁衍增加，必有飛越之進步。可惜東周而後，戰伐連年，生靈塗炭。尤以戰國時期爲甚。長平一戰，殺傷至四十萬人。則東周四百年中，直接間接死於戰亂者，殆不可以數計！對民族之繁衍，形成極大之創傷。此後歷代相傳，戰亂終不能免，不過輕重有差耳。若五胡之亂華，淝水之大戰，人民死於戰亂，死於轉徙，死於饑餓，死於疾病；損傷之巨，殆不忍想像。「大兵之後，必有凶年」。（老子）吾謂大兵之後，亦必有癘疫。則戰爭一端，即足爲吾民族繁衍一極大剋星。檢點歷代戰爭，出於爭奪皇帝位者，實十居八九。誠如黃宗羲原君所謂，「……是以其未得之也，屠毒天下之肝腦，離散天下之子女，以博我一人之產業，曾不慘然，曰我固爲子孫創業也。」國父孫中山先生以仁者心腸痛惡戰爭，因而杜絕亂源，廢除皇帝。不僅救一時，亦救後世，救無數蒼生。由民族繁衍之立場觀之，不啻爲民族生機根絕一極大剋星。非大仁大智大勇之君子，其孰能致之？

水災，饑饉，屬於天災，但非絕對不可以人力挽救。黃河爲最大水患禍源，歷代有之，史不絕書。治河之道，非無能手，苦於人謀不臧，又無人繼起，至今未能根絕。饑饉則因農業生產靠天吃飯，天不雨即人無食。一年歉收，猶可支持；兩年，三年，即不能免於餓殍載道。此外如癘疫，爲傳染性疾病。一有發生，死亡即衆。蓋古時醫藥未能進步，不能於事前預防傳染，於事後治療，隔離，消毒。因之癘疫一生，猶如煞星降臨。災禍往往延及一方。此外又因衛生醫藥不發達，以致疾病叢生，死亡率遂高，尤以初生嬰兒爲甚。凡此種種，影響人口繁殖，十分嚴重。不僅在上古，即在中古，近世，亦仍未能以人力挽救天然災害。對民族繁殖之障害，遂致束手無策，聽其自然。亦以在過去並無與世界民族競爭生存之事，遂少人注意人口繁殖問題，亦因此即統計數字亦不易求其十分精確也。

第二節　中古以至近世之人口概況

我國對於人口數字在正史，以及歷代政書中，以班固漢書的最早。在地理志中，備載各郡國人民戶數口數。並於地理志下篇爲之綜計土地戶口數字如下：

「本秦京師爲內史，分天下作三十六郡。漢興，以其郡太大。稍復開置。又立諸侯王國。武帝開廣三邊。故自高祖增二十六，文景各六，武帝二十八。昭帝一。迄於孝平，凡郡國一百三；縣邑千三百一十四；道三十二；侯國二百四十一。地東西九千三百二里。南北萬三千三百六十八里。提封田一萬萬四千五百一十三萬六千四百五頃。（顏師古註，提封者，大舉其封疆也。今按，一萬萬疑爲一萬；下萬字誤衍。合下萬字綜計，應爲一億四千五百十三萬六千四百五頃。若加一萬字，則成爲一萬億之數，不近理也。）共一萬萬二百五十二萬八千八百八十九頃。邑居道路山川林澤羣不可墾。其三千二百二十九萬九百四十七頃可墾。不可墾，定墾田（宋祁註，越本無「不可墾」三字。今按，疑衍文。）八百二十七萬五百三十六頃。民戶千二百二十三萬三千六十二。口五千九百五十九萬四千九百七十八。漢極盛矣！」

按此項統計極爲細密，足見西漢時政治之進步，對國家疆域，墾地，以及人民戶數口數，均有詳密之調查統計。在二千年前有此績效，不能不令人嘆服。實可作歷史文化輝煌燦爛之另一證據，另一面相。而班固以史家能注意此一問題，搜集資料，備載史乘，不厭求詳，（按，各郡國另有分別統計數字合計如上數）亦不愧爲偉大史家！以其於國計民生實際問題極爲關切也。

後漢書郡國志第二十三，（按後漢書志八篇，梁劉昭補，非出范曄手）云：「至於孝順，凡郡國百五，縣邑道侯國，千一百八十。民戶九百六十九萬八千六百三十；口四千九百一十五萬二百二十。」（按劉昭自註，由光武至質帝，歷朝皆有戶口統計數字。可見政治上注重此事。）

按前後漢相較，計減二百五十三萬四千四百三十二戶。一千零四十四萬四千七百五十八口。又按劉昭注引皇甫謐帝王世紀，及應劭漢官儀，冲帝永嘉與順帝永和所載戶口數字不同。不應捨多取少。則此項低減數字應視爲調查統計之出入，不足爲人口降低之證。

西晉武帝時，承三國紛亂之後，戶口又減。太康元年統計，僅得二百四十五萬九千八百零四戶，一千六百一十六萬三千八百六十三口。視漢順帝計減七百二十三萬八千八百二十六戶，三千二百九十八萬六千三百五十七口。（見晉書地理志）

隋煬帝時，戶口大增，達八百九十萬七千五百四十六戶，四千六百零一萬九千九百五十六口。（據隋書地理志）

唐太宗時，歷經戰亂，戶口又減。據文獻通考，不滿三百萬戶。至玄宗開元二十八年，始回升至八百四十一萬二千八百七十一戶，四千八百一十四萬零六百零九口。（據新唐書地理志）一至唐末，穆宗時又降至二百三十七萬五千八百零五戶，一千五百七十六萬二千四百三十二口。

宋初漸見好轉，至徽宗時已增至二千八百一十八萬二千二百五十八戶，四千六百七十三萬四千七百八十四口。

元世祖至元二十八年，天下戶口總計，一千三百四十三萬零三百二十二戶，五千九百八十四萬八千九

百六十四口。（據新元史食貨志）

明初微增，中葉再增，至神宗萬曆六年，達一千零六十二萬一千四百三十六戶，六千零六十九萬二千八百五十六口。爲清以前歷朝最高數。（據明史食貨志）

清代戶口大增，至高宗乾隆六年，始突破一億大關，達一億四千三百四十一萬零五百五十九口。乾隆六十年再增，達二億九千六百九十六萬八千九百六十八口。（據東華續錄）宣宗道光十五年，開始達到四億零一百七十六萬七千零五十三口。文宗咸豐十年，又回跌，至二億六千零九十二萬四千六百七十五口。宣統三年再回升至四億一千零九十六萬二千零七十一口。

最後講到民國。

民國十七年，四億七千四百七十八萬七千三百八十六口。（國民政府內政部公佈）

民國二十五年，四億六千六百七十八萬八千五百六十七口。（國民政府內政部公佈）

民國三十七年，四億六千二百七十九萬八千零九十三口。（據民國三十七年中華年鑑）按此數爲中國政府於抗戰勝利後，由內政部專設之人口局，竭三十六年全年之力調查公佈之官方數字。惟因彼時允許外蒙古獨立，外蒙人口遂未計算在內。西藏則係內政部估計數。三十八年因共匪叛亂，政府撤退來臺。此後未再調查。我們現在惟一所當信賴的，也只有這一數字。

綜合以上所述，計自西漢末平帝時一千二百二十三萬餘戶，五千九百五十九萬餘口，直至元世祖至元二十八年，一千三百四十三萬餘戶，五千九百八十四萬餘口，歷一千三百零九年，並未增加。中間有增有減，趨勢有升有降。但經過一千三百年竟無增加！此一事實使我們看了毛骨悚然！我們應該正視這一嚴重問題。應該找到所以然的原故。因爲這是世界上未有的奇例。照這樣下去，我們民族的危機太大了！不要外力壓迫，單是我們自己內在的條件，已够使我們恐懼了！

元朝以後，始逐漸上升。直到清朝，才突破一億大關。又二百年左右，才達到四億之數，只有明清一段時間，算是差强人意，比較趨向於合理發展現象。但由清到現在，將近一百年間，又呈停頓狀態。到民國三十七年，還只是四億六千二百萬。我們的人口繁殖率如果老是這樣，長長停停，一停就是幾百年；甚至一千三百年間，廻旋動盪，長不上去。這現象應該說是世界罕有的怪現象。這已不是隱憂，而是明顯可怕的危機了。

按正常情況，一家一姓人口繁殖，應爲三十年至四十年一倍，六十年至八十年再倍。即三十年至四十年兩夫婦生四子女。六十年至八十年四子女又生八子女。計祖輩二人，父輩四人，孫輩八人，合爲十四人。又三四十年，祖輩以壽終，曾孫輩又增出十六人。合計爲二十八人。則一百年間，由二人繁衍爲二十八人。計一百年增至十四倍。即或有若干障碍，災害，不能如此順利發展，最低限度減百分之五十計算，亦應增至七倍。一家一姓如此，一民族，一國家亦應如此。即一百年間應增至七倍。即或不能達到此數，最低三倍或兩倍，爲必不可少之數。如不能達到此數，即大大不正常。應急謀挽救之道。我中華民族生長於得天獨厚的溫暖肥沃地帶，理應繁衍迅速。即按最低，百年加倍，二百年再倍之最小限度計算，依漢書所載西漢末人口五千九百五十九萬餘，約六千萬之譜。二千年間，應增至若干萬億，接近天文數字。但事實上到今天，還只是四億六千二百萬。不足十倍。此一事實使我們恐懼，也使我們疑惑。不知癥結究在何處？即或是戰亂，災害，貧窮，以及醫藥不發達，也不應遲滯至此程度！如照西漢末六千萬起算，百年增一倍，爲一億二千萬。又百年再倍，應二億四千萬。三百年即至四億八千萬。則在西晉，已應達到四億八千萬。準此而論，則由西晉到現在，一千七百年，未曾增加。這是我們民族生存一極大問題，不容我們不憂懼，我們應爲民族前途設想，不能得過且過，只顧目前。因此我認爲，我們每一國民，應把我們民族人口繁衍數字略有所知，也應爲我們民族未來命運，作一打算。癥結究竟在何處？辦法究應如何想？大家要將眼光放遠，加强責任感，爲歷史作一交代。

再補充一句，西漢末的疆土，並不是五千年史上最大疆土，民族聚居，繁衍，是由黃河長江兩大流域，逐漸向四面擴充。珠江一帶，新疆蒙古，東北各地，在兩漢還都是半開化地帶，大都未入版圖。漢書上所載數字，也並未包括這些地區在內。後來邊地發達，歸入中國版圖，數字理應計入，則人口數量又當由土地擴大而有增加。可是在清朝極盛時代，一切計入，還不過四億五千萬，民國三十六年，政府全力調查，也不過四億六千二百萬。這又使我們增加一種疑惑與恐懼。也就是土地小時與土地大時一樣，並未因土地擴充而使人口增加。事實上幾乎是在減少了。

在過去，世界未通，未有民族競爭之事，中國民族在中國本土上繼續生存，並無眞正外族與我們競爭。也就是說，我民族雖然繁衍不盛，但只有自身內在的危機，並無外在的威脅。今後則不然了。世界既已大通，生存競爭又日趨劇烈，在民族競爭中欲爭取勝利，第一個條件就是人口數量要大，第二個條件是民族意識要堅强，其次才是品質必須優秀。再次是歷史與文化必須能適應生存，最後還有土地要廣大。這許多條件完全具備，無論局勢如何險惡，必可立於不敗之地。因此世界各民族無不力求其數量之擴張。國父孫中山先生之調查統計，並對國人提出警告，實具深厚意義。遠大目光，宏偉氣量。

越王勾踐既敗於吳，退保於會稽。忍辱行成。十年生聚，十年教訓。卒以報吳。所謂生聚，獎勵生育以培養國本。所謂教訓，明恥以教戰。越王勾踐獎勵生育的政策是，「勾踐……乃致其父母昆弟而誓之曰，寡人聞古之賢君，四方之民歸之，若水之歸下也。今寡人不能，將率二三子夫婦以蕃。令壯者無取老婦，令老者無取壯妻。女子十七不嫁，其父母有罪；丈夫二十不取，其父母有罪。將免者以告，公醫守之。生丈夫，二壺酒，一犬；生女子，二壺酒，一豚。生三人，公與之母；生二人，公與之餼。……當室者死，三年釋其政；支子死，三月釋其政，必哭泣葬埋之如其子。令孤子寡婦疾疹貧病者，納官其子。其達士，絜其居，美其服，飽其食，而摩厲之於義。四方之士來者，必廟禮之。勾踐載稻與脂於舟以行。國之孺子之遊者，無不餔也，無不歠也。必問其名。非其身之所種則不食，非其夫人之所織則不衣。十年不收於國。民俱有三年之食。……」（國語越語上）越國兵敗，失土，失民。矢志報吳，首須蓄息人口，以培國本，裕兵源。其獎勵之道，具見上述。其深謀遠慮，既有足多，而在政策上，又不僅着眼於人口之繁衍，並及於禮賢，恤孤寡，明禮義，裕經濟，乃至出入境人口之管制。可謂細密周詳，無微不至。三千年前有此精神，亦有此政治，不能不令吾人嘆服！

我們今天敗於共匪，失土，失民，亦矢志報仇，誓必光復故土，拯救同胞。其事與越同，惟人口政策尚待定耳。

再放眼看世界，與其他各大民族作一比較，實爲今日當務之急。國父孫中山先生於民國十三年演講三民主義時，已注意及此。他歷擧當時事實以警國人。他說，「我們現在把世界人口的增加率，拿來比較一比較。近百年之內，在美國增加十倍，英國增加三倍，日本也是三倍，俄國是四倍，德國是兩倍半，法國是四分一。這百年之內，人口增加許多的原故，是科學昌明，醫學發達，衛生的設備一年比一年完全，所以減少死亡、增加生育。」（民族主義第一講）

事實如比，對中國有何影響？國父接着又說，「一百年之後，全世界人口，一定要增加好幾倍。像德國法國，因爲經過此次大戰之後，死亡太多，想恢復戰前狀態，獎勵人口生育，一定要增加兩三倍。……到一百年以後，如果我們的人口不增加，他們的人口增加到很多，他們便用多數來征服少數。一定要併吞中國。到了那個時候，中國不但是失去主權，要亡國，中國人並且要被他們民族所消化，還要滅種。」（見同上）這是一種遠見，單就自然力看，已經如此嚴重。如再加上競爭，侵略，武力，經濟力，政治力，以及邪惡思想，毒辣政策，則其嚴重性將十倍於自然力。單是自然力，危機在一百年，乃至二百年，三百年之後；加上人爲力，危機即在目前。我們今天的局勢，就是危機迫於目前的險惡局勢。總之，　國父研究此一人口問題，在空間上是着眼在全中國，乃至全世界；在時間上，是着眼在三百年五百年之後。這是他的風度，他的氣量。我們今天退一萬步講對臺灣省人口問題，在空間上，應着眼在全中國，而不僅在臺灣一省；在時間上，應着眼在光復大陸之後，乃至三百年，五百年之後，而不僅在偏安一省的短暫局勢。我想這應該是人人首肯的原則。

話說到此，心中無限慨感！我嚮往越王勾踐的作風，也嚮往　國父孫中山先生的思想。

以上略述歷代人口演進概況，次將政府遷臺後，大陸人口數字問題，附帶加以說明。

前面說過，民國三十七年一月十五日，內政部公佈全國人口數字是四億六千二百七十九萬八千零九十三口。這是惟一可資依據的最後數字。三十八年撤退，共匪於三十九年五月，僞內務部公佈全國人口爲四億八千三百八十六萬九千六百八十七口。到四十三年六月，又公佈其所謂人口普查的結果爲六億零一百九十一萬二千二百七十一口。照此計算，則中國人口於六年內突然增加一億四千萬之譜。近又有七億之說。其荒謬不問可知。「今日世界」第五十八期「中共誇大人口數字的陰謀」一文已斥其非。按常理與前後事實推斷，三十八年以後，大陸人口只有減少，斷無增加之理。暴政的屠殺，迫害；經常的飢餓，荒歉的飢餓，無衣無食再加寒凍，向外遣送等等，都是使人口減少的因素。再加以駭人聽聞的減少人口政策，多方面打擊，無絲毫可使人口增加的條件。所以我堅決認爲三十八年以後，大陸人口斷無增加之理。共匪以欺騙起家，此項人口數字之誇張，仍是一種瞞天過海的大欺騙。

他們誇大人口數字的動機，上擧今日世界一文中指出四項：計①對外顯示國力雄厚，②推卸造成饑荒的責任，③減低死亡率百分比，④藉口擴軍。除此以外，我認爲主要動機還在爲其減少人口政策找藉口。

第二章　品質與分佈

第一節　人口之品質

民族品質分體力與智力兩大部份。體力又分體質强弱與身材大小兩項。智力又分知識與道德兩項。茲分別說明如次。

古代人體質强，身材也高大。好像都比近代爲優。大力士時有所聞。不過因醫藥衛生不發達，疾病多，死亡率高，平均壽命太低。死亡率和平均壽命，都受嬰兒影響。因育嬰知識不發達，以至嬰兒死亡率過高，遂致影響整個人口繁衍，與整個民族的生存發展。此外於養生之道不注意講求，也使我們民族在體質上吃不少虧。即如飲食重量不重質，重口味不重營養，以致食量雖多，口味雖佳，營養則未必充足。又不重清潔，不喜運動，都使健康受損。除此以外，我們民族在體力的本質上並不差。由近年醫藥衛生之發達，使疾病大大減少，死亡率大大降低，平均壽命大大提高，即可證明。不過就一般情況而論，較之白人仍有遜色。身材不够高大，筋肉不够發達，體格不够强壯。和人家站在一起，不免相形見絀，在世界民族競爭的場合上，不能佔優勢，爲可慮，亦可恥之現象。有待大家猛醒，急起直追，以求能在世界上立於不敗之地。

在社會心理的因素上，因爲我們敬長，敬老，有些人竟以衰老自詡。首先在精神上衰頹下來，因老就老，未老先衰，甚至倚老賣老。像王勃在滕王閣序中所說，「窮且益堅，老當益壯」的壯語太少，不能成爲風氣。遂致嘆老嗟貧，老態龍鍾，不能挺胸抬頭，以少年精神克服老邁。此與健康長壽大有關係。尤以文人爲甚，近古衰世爲多。亟宜挽救頹風，改革習性，先在精神上堅强起來，心理上振作起來，身體自然健康，壽命自然延長。近年在臺，頗見喜象。年雖老而體態不龍鍾，工作不停止。健步如飛，童顏鶴髮。甚至有「人生七十方開始」之壯語，（張羣，字岳軍，七十壽時所說）此正可代「人生七十古來稀」之諺語。惟感政府爲求新陳代謝，奬掖後進，六十歲强迫退休制度，影響老年人心理與生理至鉅，未免與促進民族健康之精神相背馳，爲美中不足耳！如更就工作效果言，則老年人學養較深，經驗較富，皆勝於青年，其甚者一可敵十，敵百。必使退休，實爲國家之無形損失。於個人學問事業之成就，亦有人不能盡其才之感。須知若干老年人雖老不衰，一旦退休，乃就衰耳。甚望政府再加以考慮。如必使之退休，除給予退休金之外，在學問上，事業上另謀繼續發展之道，使老年人心理與生理上，都不因退休而受打擊，加速衰退。在學問事業上亦能繼續展布，使才能得盡情發展，以已有之高深造詣，得百尺竿頭更進一步，創造高峯，爲國家民族作更多之貢獻。較之投閑置散，不聞不問，勝之萬萬也。

就疾病而言，作者深感我民族疾病太多，表示體質太弱。病者喜言病以求人之同情，聽者亦樂以己病慰人之病。於是病病相求，而不能以健康强壯相競賽。此種心理習尙亦大有改進之必要。蓋若干疾病往往由心理衰弱而來。倘能健全心理，加强鍛鍊，謹愼預防，則疾病自然減少，民族健康自然促進。作者於抗戰前因事赴天津，乘電車行經鬧市，偶爾將沿街店舖作一約略統計，則竟以西藥房爲最多。彼時醫藥遠不如今日之發達，已有此象，即證人民疾病之多。今日在臺，商業廣告又以藥物爲最多，此爲人所共知共見之象。由好的一面講，醫藥發達，對疾病可以預防，亦可治療。可促進健康，減少疾病。但從壞的一面講，則藥物之銷售量當與疾病成正比。假如人民身體健康，不生病，則藥物銷量自然減少。如再就臺灣全省公私立醫院之數量作一統計，將更使人驚訝！假如我們大家將在醫藥上所用功夫，多多轉向衛生，營養，運動，清潔，避免斲喪，……等等促進健康工作上，將更有益於民族。作者本人體不健，疾病多，醫藥費用大，因有此感，亦願作此呼籲。綜合以上所述關於民族體質方面，計有身材大小問題，疾病與體質强弱問題，死亡率，和平均壽命問題。身體大小問題顯然可見，已如上述。疾病與强弱問題，有事實在，亦略如上述。不易作數字統計，亦無此需要。其死亡率及平均壽命，則可用數字統計，作實際之研究比較。

茲先講死亡率。

在過去，中國全國的死亡率，只知道比率很高，但因缺乏正確精細的統計，無人能指出實際數字。據龍冠海著「中國人口」一書（民國四十四年，中華文化出版事業委員會出版）引據民國二十五年中國經濟年鑑所載，全國平均人口死亡率爲千分之二十七點六。又據民國二十七年內政部衛生統計，則爲千分之二十八點二。即每年每千人中死亡二十七人强或二十八人强。又謂孫本文據九種不同統計平均計算，爲千分之二十九點一七。最後，龍氏則謂「由此看來，我們大陸人口的死亡率還是一個謎。不過一般人口學家對於這個謎的推測，大概總在千分之三十左右。」（中國人口，第七章）

又據同書，世界重要國家死亡率比較，以公元一九二二年（民國十一年）爲基準，以印度千分之三十六點八爲最高，澳大利亞千分之十點五爲最低。我國千分之三十，僅次於印度，居世界第二位。美國是千分之十三點五。按死亡率愈低愈好，顯示民族健康。相形之下，印度和中國最差。

到公元一九五零年，（民國三十九年）印度死亡率降低，爲千分之十六。澳大利亞也降低，至千分之九點六。與美國相同。這時中國大陸已陷匪手，就臺灣一省言，已有調查數字，爲千分之十一點三五。大家都有進步。尤以臺灣省爲最顯著。在一九二零年（民國九年）臺灣一省死亡率還是千分之三十點八九。三十年功夫，即降至千分之十一點三五。進步之速，不能不認爲奇蹟。再到民國四十二年，又降，爲千分之九點二五。民國四十七年再減，爲千分之七點四五。

臺灣省進步如此之速，不外下列三因：

第一，醫藥發達，衛生常識普及。尤以種痘術通行之後，天花症絕跡，加以接生育嬰常識進步，嬰兒死亡率銳減，爲其最大因素。成人也因教育普及，醫藥發達，衛生行政進步，預防措施周密，傳染病已瀕於絕跡，因而死亡率亦大減。

第二，經濟繁榮，國民生活改善。

第三，社會安定，光復以後，未有戰亂，呈蒸蒸日上之勢。

有以上數因，臺灣省之進步，遂呈突飛猛進之象。此爲差堪告慰之事。

再次論平均壽命。

一國一民族的平均壽命，與死亡率有密切的關係。尤以嬰兒死亡率高，最能將平均壽命拉低。

過去在大陸，也因爲沒有調查統計，無法知道確數。只有中外人士零碎片段的調查估計。如清華大學國情普查研究所，於民國二十九年至三十三年，作選樣調查，以雲南省呈貢縣爲例，所得結果爲男子三十三點八歲，女子三十八歲。平均爲三十五點九歲。

又一人口專家袁貽瑾，於民國二十一年，以廣東省中山縣李姓一家，作縱的研究。根據李姓家譜，上溯至公元一千三百六十五年，（元順帝至正二十五年）下推至公元一千八百四十九年（清宣宗道光二十九年）共計四百八十四年間，統計結果，最低三十二點九歲，最高三十九點七歲，平均爲三十五歲强。三十六歲略弱。

另有一外國人蕭孚德（H. E. Seibert）以河北等十六省農村調查資料，以民國十七年至二十二年爲時限，調查結果爲男女平均三十四點七歲。（均據龍冠海著：人口問題第七章）

以上所舉，均係局部事實，自不能認作一般現象。但其所得結果，均在三十五歲左右。在缺乏一般調查，無可依據時，亦只好暫時以此爲假定數字。即我國人口男女老幼通盤合計，平均年壽爲三十五歲左右。此雖非確數，但與事實相差不致太遠。

此外我們再將世界各重要國家人民壽命作一比較。茲仍依龍著列表如下：

國別	年限	男子平均數	女子平均數	合計平均數
英國	一九五一	六五・八	七〇・九	六八・三五
法國	一九四九	六一・九	六七・四	六四・六五
丹麥	一九五〇	六七・八	七〇・一	六八・九五
美國	一九五〇	六六・六	七二・四	六九・五
加拿大	一九四七	六五・一八	六九・〇五	六七・一二
澳大利亞	一九四八	六六・〇七	七〇・六三	六八・四
新西蘭	一九三八	六五・四六	六八・四五	六六・九六
日本	一九五〇	五六・一九	五九・一六	五七・六八
智利	一九四〇	三七・九	三九・八	三八・一
印度	一九三一	二六・九一	二六・五六	二六・七四
中國	近五百年	假定合計	平均數	三五・〇〇

照上表統計，各國人民平均年壽，以美國六十九點九歲爲最高，印度二十六點七四歲爲最低。我國僅優於印度。即除印度外，以我國爲最低。又無論何國，男女相較，均係女優於男。再照我國之次低數與美國之最高數，相差一倍略弱，即二與一之比。在民族生存競爭場合中，極可慮，亦極可恥。則極力發展衛生教育，醫藥設施，開發經濟，消滅疾病，減少死亡率，提高平均壽命，以促進民族健康，實爲不可緩之急務。

又據張敬原著：「中國人口問題」第十三章略謂，近數十年中健康衛生進步甚速。世界各國平均壽命均有增加。如美國英國約增加二十歲，法國瑞典增加十六歲，澳大利亞增加十二歲，紐西蘭增加九歲。講到中國臺灣省，則截至公元一九五四年（民國四十三年）已增至男六十二歲，女六十五點二歲，平均六十三點六歲。較同時期最高數荷蘭男女平均七十二點四五歲雖相差尙有十歲左右，但進步之速，則極驚人。此爲極可喜之現象。目前雖因大陸陷入匪手，無法調查統計，但可斷言，此不過爲臺灣一省僅有之現象。蓋臺灣地處亞熱帶，氣候溫和，物產豐富，自然條件優厚。再加以近年政府遷臺，無論政治經濟教育，以及醫藥衛生，均有急速之進步，始有此可喜之現象。以視大陸各省，自然條件既遠遜於臺灣，過去因戰亂連年，迄未得到安定，一切未入常軌，自難與臺灣相比。則光復後有待於加倍努力，自無待言。至於經共匪暴政之摧毀人民正常生活，使大陸同胞陷於痛苦深淵，一切失去常軌，有待於解救復蘇，則又急而又急者也。就提高民族品質而言，臺灣一省局部可喜之現象，未足以自慰，更不可有恃無恐。蓋大陸光復後之艱鉅工作正待吾人齊力以赴也。

次論智力。

就文化起源之早，以及品類之富，實質之優而言，我中華民族即爲世界上最優秀之民族。於智慧方面，在任何民族之上。在物質生活上，我們於史前期已能製作生活用具，舉凡衣食住行之所需，旣無一不備，甚至發展到應用之外再加以藝術創作。仰韶文物中有彩陶，即其一例。在精神生活上有音樂和圖畫，也是藝術。至文字之發明，教育，政治……等文化思想與行動，皆在史前期開創；有史之初，即已親模大備。且婚姻制度已定，曆法已明，養蠶織絲之簡單機器已能製作與使用。只此已非任何民族所能企及。其智力之優，可以概見。即科學能力亦極高明，已另詳本書文化篇。

就近年而論，中國留學生在國外，無不表現優異，爲外人所稱道。在國內造詣亦不差。設非教育制度上對若干青年才力上有所桎梏，其造詣將更爲優異。無論在哲學，文學，史學，以及科學，各方面能力平均發展，無一遜於外人。其科學落後，另有原因，與民族智力無關。

綜觀上述，則民族智力之優秀，並不遜於任何民族，事實具在，固無疑義也。

第二節　人口之分佈

中國土地廣大，氣候溫和，適於人民生活，人口分佈當可隨自然條件而爲適當的分佈。就近數十年地下發現遠古時期遺物而言，地域的分佈，相當平均。東北到遼寧的沙鍋屯，北到山西的夏縣，西到甘肅的齊家坪，南到安徽的壽縣，河南澠池縣的仰詔村，而以北平附近的房山縣周口店爲中心，亦以此爲最古。即證遠古時期人口分佈四面所到之處，相當均勻，而位置實以黃河流域爲中心。黃河流域又以北岸爲較繁盛。就本書地理篇的研究，古今氣候變化頗大，約略說，始而黃河以北地區比較溫暖宜人。由植物盛產竹，動物盛產象可證。以後暖流逐漸南移，北方遂成寒冷地帶而人口亦隨之向南展擴。春秋戰國時期，楚國還目爲夷狄，湖南省一帶還是荒凉，少人居住的區域。秦始置桂林象郡於兩廣。西漢時的南粵，還是中土人移去與當地土人合組的新國。再後始漸發達。到了三國，時局重心乃展至長江兩岸。晉室東渡，人口大量流徙，江南地區乃更趨發達。人口分佈亦隨之而遍及南北。惟西部則因氣候乾燥，地勢高而多山，自然條件較差，經濟情形落後，人口始終不能與東部相比。

人口疏密在自然條件上與地勢與氣候有關。地勢平坦肥沃，氣候溫暖的地帶人口稠密，否則稀少。在人爲條件上則政治經濟中心地帶人口稠密，邊遠地區稀少。地方安靖，無敵國外患地區人口稠密，反之則稀少。政府措施能在人口疏密上着眼，爲適當之調整者，可以人力補救自然現象之不足。例如孟子書講梁惠王，說，「寡人之於國也，盡心焉耳矣；河內凶，則移其民於河東，移其粟於河內。河東凶亦然。……」（孟子梁惠王上）這是就救濟荒歉而採取的人口政策。又如秦始皇併天下，徙天下富豪十二萬戶於咸陽，這又兼具政治與經濟的雙重意義。政治上徙富豪於輦轂下，便於監督，防止叛亂或反抗政府。經濟上培養王畿附近財富力量。使內重而外輕。表面上爲經濟，實質上仍係政治。又於始皇三十五年，謫徙民五十萬，於新開闢的桂林，象郡，南海各郡。由內而外，將內地文化高的民族移向邊疆文化低的地區，有開發落後地區，與充實國防的兩大作用。這都是始皇所採之人口政策。到了西漢，則武帝多次將人口內外交互移徙。如將東甌（今浙江福建一帶）人民內徙於江淮間。兩次徙匈奴人民於隴西、北地、上谷、漁陽、右北平各郡。又徙山東貧民七十萬戶於上谷、漁陽、右北平、遼東各地。東漢光武帝與章帝也先後將匈奴降民內移。這是兩漢的人口政策。揆其用意，亦不外政治，文化，經濟，與國防種種作用。（詳見本書民族融合章）此外隨着政令或隨軍事，雙方軍民自動移徙的，爲數亦多，無法統計。以上所舉各例，雖其目的不專在調節人口疏密，實際上在調節人口疏密上所收效果却甚大。

歷代建都地點與人口疏密亦有重大關係。殷商以前都在黃河中下游一帶。周始移都關中。東遷後又回到黃河中下游。春秋戰國時期，時局重心在黃河中下游，人口發展亦在此一地帶。秦都咸陽，漢以後以都關中爲常態，變亂衰落時期才出關至黃河中下游，或長江下游。元以後向北移至北平。國都所在地，人口當然日趨稠密。加以人文薈萃，經濟發達，自然人口旺盛。用歷史眼光看民族盛衰，自然國都常常移動，不是好現象。但站在調節人口疏密的立場看，則未嘗不是一種調節人口的機會。

東南沿海自古即爲人口密集之區。其原因很多：地勢平坦，水多山少，土地肥沃，氣候溫和，生產豐富，交通便別等是。文化與政治亦有助力。所以歷代都以東南沿海人口密度較大。在自然條件上，此爲不能免之現象。加以心理上因素，人類亦不知不覺要向繁華地區着眼，亦向人多地方奔赴。邊地愈荒涼，人愈不想去。俗語說「鳥奔旺處飛」。這是人之常情。假如政治家不用一種力量在疏密上加以調節，在經濟文化上使邊地進步繁榮，則在人口分佈上將日益懸殊而愈趨於不平衡。就全國各地區均衡發展而言，就成爲一種類似半身不遂的病態。密者愈密，疏者愈疏；繁榮的愈繁榮，荒凉的愈荒凉。其結果荒凉冷落的是病症，過份偏枯的繁榮稠密也成爲病症。兩不得宜。就落後地區言，不能使其長久落後，應盡人力以求開發。既可增加富源，亦可發展人口。就繁榮地區言，雖較爲繁榮，但因人口過於稠密，反可使之成爲貧窮。且可造成失業，擁擠，經濟失調……等現象。如站在國防立場，邊疆空虛，易致外禍，防守難周，消息不靈。對於國家安全有重大影響。如就文化教育言，則繁榮與落後地區，亦將使進步的愈進步，落後的愈落後，成爲相反的對比。總之，人口疏密過於偏枯，有百害無一利，並且影響深遠。

基於上述種種原因，政府對於人口分佈，應予重視，妥愼決定全盤而永久的人口政策，不可漠視不問，聽其自然。

古代如秦漢，都有調整人口密度的措施，應該說是有人口政策。近代如明清，未見有關人口分佈的政治措施。結果遂使全國人口密度不僅不平衡，並且相差甚大。茲就最近政府發表官方數字，將全國土地總面積，各省區人口數，及人口密度（按每方公里平均數計算）列表如左：

全國各行政區面積人口及平均人口數目表

區域	面積（方公里）	人口	每方公里平均人口	備註
江蘇省	一〇八、三一四	三六、〇五二、〇一一	三三二	
浙江省	一〇二、六四六	一九、九四二、一一二	一九四	
安徽省	一四〇、六八六	二一、七〇五、二五六	一五四	
江西省	一七三、〇一三	一二、七二五、一八七	七三	
湖北省	一八六、二三〇	二一、〇三四、四六三	一一三	

湖南省	二〇四、七七一	二六、一七一、一一七	一二七
四川省	三〇三、三一八	四七、一〇七、七二〇	一五五
西康省	四五一、五二一	一、六五一、一三二	四
河北省	一四〇、二五三	二八、五二九、〇八九	二〇二
山東省	一四六、七三六	三八、六七一、九九九	二六三
山西省	一五六、四二〇	一五、〇二五、二五九	九六
河南省	一六五、一四一	二八、四七三、〇二五	一七二
陝西省	一八七、七〇一	九、四九二、四八九	五〇
甘肅省	三九一、五〇六	六、八九七、七八一	一八
青海省	六六七、二三六	一、三四六、三二〇	二
福建省	一一七、九七六	一一、一〇〇、六八〇	九四
臺灣省	三五、九六一	六、一二六、〇〇六	一七〇
廣東省	二一八、五一一	二七、八二五、五一二	一二七
廣西省	二一八、九二四	一四、六〇三、二四七	六七
雲南省	四二〇、四六六	九、一七一、四四九	二二
貴州省	一七一、〇九六	一〇、五一八、七六五	六一
遼寧省	六七、一〇九	九、九九二、三八七	一四八
安東省	六三、四二一	三、一六三、九一一	四九
遼北省	一二三、三一五	三、七九八、〇五六	三〇
吉林省	八七、二八四	六、九八一、二七七	七八
松江省	八〇、七八八	四、五三五、〇九二	五六

合江省	一二三、六二〇	一、九三六、〇〇〇	一五
黑龍江省	一九八、二九五	二、五六三、二三四	一四
嫩江省	六六、九六七	二、四〇七、四三八	三五
興安省	二五八、三五二	三三七、五六三	一
熱河省	一七九、九八二	六、一〇九、八六六	三三
察哈爾省	二八三、六七五	二、一一四、二八八	七
綏遠省	三二九、三九七	二、一六六、五一三	七
寧夏省	二三三、三二〇	七七三、三二五	三
新疆省	一、七一一、九三〇	四、〇一二、三三〇	二
西藏地方	一、二一五、七八〇	一、〇〇〇、〇〇〇	一
南京市	七七九	一、〇三七、六五六	一、三三一
上海市	八九三	三、八五三、五一一	四、三一四
北平市	七〇七	一、六〇二、二三四	二、二六六
天津市	一八五	一、六七九、二一〇	九、〇六四
青島市	七四九	七五二、八〇〇	一、〇〇五
重慶市	二九九	一、〇〇〇、一〇一	三、三四四
漢口市	一三四	七四七、九五二	五、六〇八
廣州市	二五三	一、二七六、四二九	五、〇四〇
西安市	二〇八	五二三、一八三	二、五一九
瀋陽市	二二九	一、一七五、六二〇	五、一三三
大連市	一四八	五四三、六九〇	三、六五四

哈爾濱市	九二九	七六〇、〇〇〇	八一七
蒙古	一、六二一、二〇〇		
總計	一一、三五七、四八八	四六一、〇〇六、二八五	四七

附註：

一、資料來源：內政部人口局於民國三十六年十二月編：「中華民國各行政區面積人口數目表」（見三十七年中華年鑑九十三頁）。

二、民國三十六年雖已允許蒙古獨立，但詳確邊境尚待勘定故蒙古面積仍列表內。（著者按，蒙古獨立係依據民國三十四年中蘇友好同盟條約，此項條約已於民國四十二年經聯合國會議通過廢止，自此蒙古仍爲中華民國領土。）

三、全國人口平均密度，每方公里四七人，不包括蒙古在內。如將蒙古計算在內，平均人口數將大爲減低，將不足四十人。

今按，由上表可知，全國人口密度最高的是江蘇省，每方公里三百三十二點八四人。次山東省，二百六十三點五五人。最低的是西藏，每方公里僅零點八二人，不足一人。次興安省，一點二七人。蒙古未統計人口，無數字。事實上恐與西藏相彷彿。此僅就廣大的省區而言。至於都市，則地方狹小，人口密集，其密度當然不能與省區相比。即如上海市，每方公里四千三百一十四點零三人。此種特殊現象，不能作爲依據。僅能在全國總面積與總人口中作全國性統計。單就省區比較，以最高的江蘇三百三十二點八四人，與最低的西藏僅一人弱，以及興安省的一點二七人，相差如此之大！幾成一與三百之比。其過份偏枯，急待調節，至爲顯然。就全國平均總統計，每方公里四十七人，密度實嫌太小。如將地廣人稀的蒙古計算在內，總平均密度必在四十人以下，可以斷言。可惜現在無數字可計。

茲就中國人口密度與世界各國相比較，則中國密度並不高。茲依據聯合國於一九五一年(民國四十年)人口年鑑所列七十二國及地區人口密度統計如下表：

世界各國人口密度比較表 一九五一年

按密度分級	人口密度(每方公里人數)	國別
第一級	三百人以上	荷蘭。
第二級	二百人至三百人	比利時、日本、英國。
第三級	一百人至二百人	德國、義大利、韓國、黎巴嫩、海地、錫蘭、印度、盧森堡、匈牙利。
第四級	五十人至一百人	丹麥、波蘭、葡萄牙、南斯拉夫、羅馬尼亞、希臘、法國、保加利亞、菲律賓、巴基斯坦、以色列、西班牙、尼泊爾、薩爾瓦多。
第五級	二十五人至五十人	阿爾巴尼亞、愛爾蘭、巴勒斯坦、印尼、中華民國、多明尼加、古巴、泰國、土爾其、緬甸、瓜地馬拉。
第六級	十人至二十五人	摩洛哥、埃及、瑞典、挪威、芬蘭、敍利亞、伊拉克、伊朗、阿富汗、烏拉圭、厄瓜多爾、哥侖比亞、美國、巴拿馬、墨西哥、洪都拉斯、哥斯達黎加、南非聯邦。
第七級	五人至十人	新西蘭、剛果(比屬)、尼加拉瓜、巴西、智利、秘魯、委內瑞拉、不丹、約旦。
第八級	五人以下	巴拉圭、加拿大、澳大利亞、氷島、利比亞、阿爾及利亞。

附註：

一、資料來源：一九五一年聯合國人口年鑑。

二、爲求簡單明瞭，按密度分爲八級。

今按，據上表，密度最高的荷蘭，每方公里三百一十二人，相當於我國密度最高的江蘇省略弱。最低的巴拉圭、加拿大、冰島、澳大利亞等國，每方公里一人左右，略相當於我國密度最低的西藏，與安兩省區。就全國總平均數四十七人而論，在世界各國中居第五級，比上不足，比下有餘，處中等地位。密度實並不高。而在一國之內高低之差，竟與世界最高最低數相等。足徵密度不勻之甚。此種特殊現象，世界當無其匹。

就臺灣一省而論，據臺灣省民政廳於民國四十七年發表統計數字，計全省土地面積三萬五千九百六十一方公里。人口總數爲一千零零三萬九千四百三十五人。平均每方公里二百七十九人。次於江蘇省，略同於山東省。四十七年以後，自然又有增加。再就地理條件而言，臺灣省山地多平地少，人口則平地多而山地少。合起來看，可能是全國密度最大的地區。不過在此應說明下列幾件事：

第一，臺灣省人口密度高主要原因係大陸遷來人口甚多，遂使人口總數驟然增加。其次是出生率高，死亡率低所造成。茲先講死亡率。

臺灣省人口死亡率，由民元前二年的千分之三十一點八九，到民國四十七年減爲千分之七點四五。由於醫藥衛生之發達與進步，使民族健康得以促進，遂使死亡率大大降低。又由近年經濟之繁榮進步，人民生活得到改善，亦爲降低死亡率之一因。在死亡率降低中，尤以嬰兒爲甚。此種現象，當爲全國人民所馨香禱祝以求者。希望醫藥衛生更發達，經濟再進步，使民族健康更能促進，幸福更能提高。

次言出生率。

臺灣省出生率，由民國前五年千分之四十點二七，到民國四十七年升至千分之四十點九二。前後差額甚小。中間只有民國四十五年左右升至千分之四十四點三三，爲突出現象。統觀近五十年情況，有升有降，頗不穩定。並非直線上升。自然在四十七年以後又有增加，但所差不致太大。此項出生率較之大陸各省自然高出甚多，即在世界各國，亦居高位，自屬事實。

此項高出生率之構成，因素頗多。主要在於臺灣省緯度低，處於亞熱帶，氣候溫暖宜人，終歲無祁寒盛暑。落葉樹經多不落葉。物產豐富，謀生容易。加以近年經濟建設，進步迅速，國民所得逐年提高，人民生活普遍改善。此外如政治上安定，亦其一因。這些條件，在大陸各省甚難找到。就自然條件而論，可以說，這是中國全國得天獨厚的地方。就人口出生率而言，臺灣省是全國最優越的現象，也可以說是全國僅有的現象。用歷史眼光看，為民族生存發展設想，在現代競爭劇烈的場合中，這僅有的一點好現象，應該認為是一線生機，求之不得，我們有義務，珍惜，愛護，並盡力為之擴充，為我們中華民族無窮的未來，留下生存發展的前途。萬萬不可遏阻。

第二，二十年來，由外面遷徙來臺的人數，年有增加，為數極大。可惜未有精確統計。約略估計當在二百萬至三百萬之間。此項數字，不能計入出生率，至死亡率之減少，亦不能計入出生率，至為明顯。但事實上好像有人却把所有增加數認為都是由出生率所增出。似乎有嫌攏統。

第三節　結　語

綜觀我中華民族人口演變之概況，自有若干可喜之現象，如平均壽命之提高，死亡率之減低，以及品質上智力之優秀，均為好現象。最堪憂慮者，却為數量問題。數千年來，忽升忽降，始終不見增加。展望民族前途，世界大局，危機甚深，極堪憂慮。加以近年聯合國當局站在世界立場，以平時人口發展速度為人口數量過多為憂，提出節制生育的呼聲。站在各國立場，以非常時期民族競爭劇烈情況，觀察自己實情，實應作自身打算。尤其是中國，本已處於劣勢，又加共匪禍國，民族生存遭受極大危脅，在人口質與量上同受極大創傷。正宜速謀挽救之道，不應由聯合國之廣泛呼聲而自己放棄立場。此不可不注意者也。

第十一篇 中華民族之命運篇

第一章 由民族文化看民族命運

中華民族的命運，掌握在中國人手中。使之存則存，使之亡則亡；使之興則興，使之衰則衰。外人不能奈我何；任何人不能使我們亡，但也愛莫能助，不能使我們由亡而存，由衰而興。最多不過減少障害，俾得順利發展而已，不能有所仰賴。過去如此，今後更將如此。則中華民族之盛衰興亡，只有自己負責任，無可推諉；也只有自己有此權力，外人不容有任何干涉。

由歷史看，中華民族可能偶有衰落，斷無滅亡之理。由文化看，又不僅不能滅亡，更能持正義，滅强權，扶弱小，使皆能獨立。因爲我們有雄厚的力量，也有偉大的氣派。不過我們的力量表面看不見，沉潛在民族性中。不發作則已，一發作即足以驚天地泣鬼神。我們的文化優點也不在表面，而深蘊於民族精神中。不宏揚則已，一旦宏揚即足以安天下。事實擺在歷史上，彰彰在人耳目。道理存在於文化思想中，虛心探討，便可公認。

命運要把握，要緊緊把握，不可一毫放鬆。自己的命運，要自己把握，不可倚賴他人。明天的命運，要今天把握，不可期待明日。命運的決定在於適當時機。機會放過，追悔不及。民族的盛衰，歷史的升降，有一種勢，人人可以看見。只要注意自己的民族歷史，注意當前社會，即可明白看出。

歷史上講因果。不過歷史上因果與佛家所謂因果不同。佛家因果是宗教的，歷史因果是事實的。即今天種因，明天結果。今天不種因，明天便無果可結。欲結好果，須種好因。種瓜得瓜，種豆得豆。欲得豆的不能種瓜。既無無果之因，亦無無因之果。歷史上的因果一件一件明白可見，歷歷不爽。明天欲復興，今天便必須努力。空空期待，便如守株而待兎，緣木而求魚。

興衰之機，往往存在於一兩件小事，在小事中透露出大趨勢。但這要有大修養，有大識見的人才能看出。此謂見微知著，以小喻大，由現在推知未來。有心人由歷史上的勢，由小事透露出的事機，領會到後果的嚴重性，便以愛國家愛民族的熱情，提出警告，敲警鐘，爲未雨綢繆之計。賢明的君主，士大夫，善良的百姓，從善如流，接納忠言，即足以化險爲夷，由剝而復，艱難險阻消化於無形。否則言不聽，計不從，使言者不幸而言中，則社稷傾頹，人民塗炭，可以立致。寇準脅眞宗以抗遼，眞宗聽之，而國家安，大局定。李綱諫欽宗以抗金，欽宗不能用，而大局崩頹，山河變色。江統有遠識，建議徙戎，晉惠帝不能用，未十年而五胡亂華。顧炎武爲日知錄，知其不見用於時，乃曰，「……若其所欲明學術，正人心，撥亂世，以興太平之事，則有不盡於是刻者。須絕筆之後，藏之名山，以待撫世宰物者之求。其無以是刻之陋而棄之，則幸甚。」（顧炎武：「初刻日知錄自序」）此皆機見於前，議供於時，或見用而功成事立，挽狂瀾於既倒；或則言不聽，計不從，而目覩大局之崩頹。若顧氏者，則明知聽者之非其人，而內心之責任感又不能已於言，遂不得不出於著書垂後，以待撫世宰民者之求也。其苦心可以概見！噫！亦偉矣！

孔子不見用於時，不得不修春秋以立訓垂教，以救後世。管仲用於齊，尊王室，攘夷狄，使中原華夏之族得免於披髮左衽；名留於當時，功垂於後世。其機在於攘夷。當其時如聽夷狄之內侵而不能攘，則被髮左衽之禍已見於春秋初。無怪孔子推崇管仲，曰，「如其仁！」蓋「微管仲，吾其被髮左衽矣！」

越王勾踐爲雪恥報吳，而臥薪嘗膽，生聚教訓。越國朝野上下，萬衆一心，擁護國策，忍苦耐勞，二十年卒報吳仇，雪國恥，成霸業。東晉偏安江左，而士大夫泄沓，人民宴安，雖有祖逖劉琨之流，號召忠義，誓復中原，終以暮氣已深，國勢難於重振。人民興廢之影響國運有如是者。可不戒哉！

退一步言，衰世不足懼，衰世中有先知，亦足以起衰而振敝。暮氣中有晨鐘，亦足以醒世而覺民。清末國家民族危機之深，朝不能保夕，但國人暮氣已深，不能挽狂瀾於既倒，行見衰頹日甚，危機益深。幸有　國父孫中山先生，登高一呼，羣山響應。晨鐘一響，暮氣頓失。用能喚起民族靈魂，以國民革命推翻誤國之滿清政府，挽回垂危之國運，重振民族之聲威。其機在於全國人民睡而能醒，靡而能振，服從領導，由沉迷而覺悟，放棄頹廢淫靡之生活，奮發有爲，發揮其威力，意志集中，齊一步伐，則大功可成，危機立解。反觀今日之世局，則國勢之危急，已使民族生存不絕如縷。局勢之險惡，爲有史以來所未有。幸賴臺澎之險，得以偏安。惟以承平日久，國富日增，遂又不免如燕雀之處堂，享晏安而忘患難。朝氣漸失，暮氣日長。又差幸有　蔣總統領導全民，革命救國，犧牲奮鬬，至老不衰。使我民族又於衰世中得先知，暮氣中聞鐘鼓。能否服從領導，振起精神，發奮圖强，挽垂危之國運，振民族之聲威，則在今日之全國同胞。民族安危，在此一舉。想我黃帝子孫必能及時奮起，創造偉績也。史事俱在，無容疑慮。惟時不我待，機不可失耳。

文化是民族的靈魂；有獨立的文化，就有獨立的民族；有不朽的文化，就有不滅的民族；有精深廣大的文化，就有堅强偉大的民族。不由文化上着眼，不能瞭解中華民族。**愈研究中國文化，愈相信中華民族前途之遠大，命運之綿長。愈熟習中國文化，愈喜愛中華民族。作者不敏，深深自幸，生而爲中國人，而沐浴薰陶於中國文化，因而以作中國人爲莫大幸運，亦爲莫大之光榮。人同此心，心同此理，想讀者必有同感。**

中國文化是由中華民族獨力創造，獨力發展。它能吸收外來文化，也能放射到外國民族。它的本質是健全的完整的，文武並重，智德雙修，手腦並用。內容精深，範圍廣大。它能涵容，也能啓導。它能給我們信心，也能武裝我們的頭腦。它有無限的時間性，也有無限的空間性。孔子是聖之時者。他的道理是放諸四海而皆準，百世以俟聖人而不惑。能屈能伸，可大可久。更能依主觀客觀條件而爲適當之因應；能針對現實而爲適時之改革與進步。孔子並不陳舊腐敗，而斥孔子陳舊腐敗者，乃眞陳舊腐敗。

今之言中國文化者，頗有人以缺乏科學爲病。殊不知我們有科學，也能科學。就歷史言，我們在東周時代，科學已極發達。且遠在西方科學之前。就目前而言，中國留學國外的率多世界一流科學家。可證中華民族品質優秀，科學能力强。本書文化篇言之已詳。一旦教育進步，環境許可，其突飛猛進，邁西方而上之，並不是難事。由過去的歷史與今天的事實足可證明。此絕非大言。

中國文化是推不翻，打不倒的。此由歷史事實可以證明。推不翻打不倒即有前途，永永不能磨滅。中國文化不能磨滅，中華民族即有前途，永永不能滅亡。

中國正統文化自周初確立之後，迭遭摧毀破壞，但到今天未能損其毫末。不僅不能損其毫末，並且益顯其光輝，漸爲世界人士所欽仰，亦爭相研究以求其瞭解。行見中國文化即將大行於世界。此必有不期然而然，不待扶而自立者。墨子反儒，而儒家自若也。老莊申韓反儒，而儒家自若也。秦始皇李斯反儒，狠狠的打擊，舉其根株而拔除之。受創之重，幾乎不可復起。但經西漢之搜求，重振，朝野之努力，未及百年，而頓復舊觀。仍不能損其毫末。六朝隋唐老莊反儒，佛學反儒，而儒家自若也。至兩宋乃並道佛而吸收之，融化之。其結果，儒學基礎擴大，而道佛式微，不復能與儒學分庭抗禮。清末西學入侵，民國初年，五四運動，盛倡科學與民主，而科學與民主遂以內外夾攻之形勢，欲舉儒學而摧毀之，再舉其根株而拔除之，使中國全盤西化。但儒學仍自若也。終未能損其毫末。**又不僅不能損其毫末，且又吸收西學，融化之，而再將儒學基礎擴大，充實內容，反使數千年之儒學益放光輝。此爲誰？即 國父孫中山先生是也。其所創三民主義是也。由三民主義而看西學，亦不過爾爾，因而擇其優者採用之，吸收之，以之融入儒學而成三民主義。擇其缺失而批評之，是正之，亦補救之。則西學之不足畏明甚，其不難超邁而過之，亦**

明甚。此儒學之所以爲儒學，　國父之所以爲　國父，而三民主義之所以爲三民主義也。中國文化之不可侮，不可滅，有如是者！

共產主義來了，唯物論，唯物史觀也來了，未嘗不囂張，猖狂。其說亦未嘗不自以爲新奇，自炫其進步與科學，亦未嘗不眩惑一時，恐懼一世也。**但由　國父孫中山先生視之，跳梁之小醜耳。其說固早爲國父所唾棄。乃今人仍不乏眩其新奇，迷其邪說者，其不値　國父一笑也明矣**。恐懼其勢力者，**自失其信心者，亦不察實質耳**。究底言之，**共產勢力之所以猖狂**，所以恐怖，**只在人之眩惑，莫測其高深耳。換言之，即以眩惑恐懼者力量爲其力量，一旦惑者醒，懼者勇，則其勢力立即消失。戳穿了，一紙老虎耳！而世人不之醒，不奮勇，偏偏自願爲其思想之俘虜，可憐亦復可笑。可憐可笑事小**，自誤誤人，誤盡天下蒼生事大！噫，亦可以醒矣！

英國文學家蕭伯納喜爲幽默之詞，其論共產，雖幽默而有哲學意味。其言曰，青年人而不相信共產主義者爲可笑。四十歲以後仍然信奉共產主義者，更可笑。言外就是共產主義不過哄騙小孩子的東西；眞正有思想，有學識的人，是欺騙不了的。今天的成年人甘願自上魚鉤者有之矣，執迷不悟者有之矣，悟而不來歸者亦有之矣，無怪小醜可以跳梁，妖魔足以爲怪也！

就歷史言，就文化本身言，其不可磨滅固如上述。其能吸收，融化，亦如上述。則中國文化有前途，中華民族有前途，毫無疑義。目前由表面看，**共黨兇惡，猶如魔鬼；儒學慈祥，猶如菩薩。但魔鬼與菩薩鬪法，只有魔鬼跪服於菩薩之前，斷無菩薩失敗之理。就實質言，眞理在我，正義在我，人心在我；我而不能勝，天地問寧有是理。不過勝利不可坐而致，必努力以赴之**。然則如何以求得勝利？如何以復興文化，復興中華民族，爲今日之急務，亦即爲本書之最大任務，作者之最大企望。因就淺見所及，提出若干切實可行之道，針對時需，略貢其狂愚如後。

第二章　今後努力之方針

第一節　從文化與教育着手

在一般文化方面，除前述各項外，謹提出兩項着眼點，三項方針。

第一項着眼點，是要瞭解，目前的局勢，是自開闢以來未有之奇變。此次之變太大，太厲害。此次變局之釀成，有主動與被動兩種力量。主動力量是自清末直到今天，由於失去信心而拚命自己打擊自己，認爲中國固有的一切要不得，於是大家將眼光一直向外看。對自己不感覺興趣。「物必自腐而後蟲生之，人必自侮而後人侮之；國必自伐而後人伐之。」（孟子）猶如自己先把房屋騰空了，等候向裏裝新的。於是新的來了，便只有迎而無拒。又不分青紅皂白，只要是外國的，總會比中國强。因此我覺得，在文化上與其說是人家侵入的，無寧說是我們迎入的來得痛快。被動的力量自然是共產主義，共產黨。他們先武裝了他們的思想，再武裝了他們的部隊，遂以雷霆萬鈞之力，向這倒空了的房屋侵來。結果遂成爲雀巢鳩佔，整個神州陷於匪手。假如我們事前有堅强的自信，充份的準備，思想不動搖，不將房屋騰空，而對外來思想嚴陣以待，共產黨再厲害，也斷斷不會這樣垂手而得整個大陸。

歷史上的變有許多次，民族由盛而衰，也有許多次。但自己對自己始終未失去信心，也從未自將房屋騰空，等候外敵來住。所以其嚴重性都未有今日之甚。今天不欲復興則已，如欲復興，第一急務，即恢復自信，堅定立場，把房屋用自己的陳設裝備，以敵愾之心對待共產主義。先把自己的精神武裝起來，才能談到軍事，政治經濟等等。抗戰時期，我們的口號是軍事第一，勝利第一。今天我們的口號應該是，**中國**

文化第一，中國思想第一。由教育學術界擴展至全社會，蔚成風氣。根本旣立，枝葉自繁。一切問題都可迎刄而解。

第二項着眼點，是把握中國文化的優點，拚命加以發揚，將缺點趕快補救。首先我們要知道，世界上任何文化，沒有十全十美的，總不免有若干缺點。西方的優點是科學，我們對人家的科學傾倒了。我們的優點是人生哲學，政治哲學，但我們厭棄了。人家的缺點是倫理道德，政治與教育，我們原諒了，也忽略了。我們的缺點在科學，但我們强調了，也痛罵了。於事旣不公允，於民族立場更說不過去。今天是科學時代，科學時代人要有科學頭腦。科學頭腦最忌攏統，我們今天要將攏統的頭腦淸除掉。把理智喚醒過來。

近年大家認爲中國科學落後，這自然是事實。但我們要進一步問，中國文化是否根本就沒有科學？或沒有科學方法，科學能力？我們科學落後是從何時開始？這些事我們應該一一問個明白。

在本書文化篇中，已將我們的科學上成就約略加以說明。在此地，我要提出五項事實。

第一項事實是，中國不但有科學，並且科學發達極早。

第二項事實，是中國科學發展到東周時已達極盛階段。

第三項事實是，晚周以後，科學發展，受秦火影響，隨學術之衰落而衰落。但經學，史學，文學，教育……等等經提倡而復興頗速，科學則因無人提倡，遂僅靠傑出之科學家自力研究；雖不中斷，但其業不昌。第四項事實是，中國科學落後，是最近三百年事。在三百年以前並不落後。

第五項事實是，中華民族科學能力極優，並不在西人之後。由古人及今人均可證明。

由上述事實可以破除疑慮，增加信念，自然更可由急起直追而後來居上。

次論三項方針：

第一項方針，是以自己本身爲對象，必使全國同胞首先在文化思想上健全起來。事最急迫，亦最重要。至其主要途徑則在於教育。茲先論之。

關於教育，僅提供兩要項：

第一要項，先要闡明教育原理，與目標。

教育是教人作人道理的事業，以人生哲學爲主體，生活技能居次。有體亦有用，有德亦有智，用腦亦用手。有文亦有武。總之，凡屬人類生活所需要的道德，知識，與能力，都要從教育上供給。換句話說，教育的任務，就是供人類生活所需要的一切。從政治社會方面看，人類社會如有不理想，即教育未盡善。假如教育辦得好，則天下人都是好人，都辦好事，而人類社會必蒸蒸日上，幸福無疆。因此使人人作好人，辦好事，是第一要事。而謀生技能乃細枝末節。我國文化思想首先抓往此點，所以自始即强調教育，而教育中文强調人生哲學。一套四書，整個就是講教育的書，在教育中幾乎全講人生哲學。此外講教育的書隨處皆是，十九皆教人作人的道理，屬於人生哲學，而謀生技能則居極少數，不佔重要地位。由此可見我國教育思想，教育事業之完備與發達。

綜觀我國古代教育之內容，計包括下列各義：

一、宇宙本禮之認識

二、人類在宇宙萬物中地位的認識

三、人生價值的瞭解，人生意義的體認

四、人生態度之決定，內容之充實，範圍之擴大，時效之延長，意趣之提高。

五、人處人羣之道。此又分三義：

1.人對人的態度——倫理道德

2.處理人羣之事——政治，經濟，社會

3.共同生存之維護——國防，軍事

六、生活技能的培養

1.生活事項的學習

2.謀生的技能的練達

教育內容之豐富，由此可見。教育責任之重大，也由此可見。假如我國的教育始終能照此目標，全面達成其任務，可以斷言，大同世界的理想早已達成。不僅中華民族發達，世界人類都可因而得救。其實，事並不難，只要我們肯作，有決心，立可達到目的。因此作者謹掬赤誠，請求教育當局爲下列措施：

第二要項，根本改革現行教育政策與制度。

現行教育政策與制度，顯然未能作到理想地步， 蔣總統屢屢慨乎言之，至爲沉痛。具見 總統歷年有關教育訓詞中。總統本人教育思想，亦屢見於上項訓詞中。細讀其內容，深合於中國固有教育思想，亦即合於本文上述教育內容。（可參看拙著：總統教育思想與實踐，三民主義研究所主編，幼獅書店）總統認爲教育有體有用；人生哲學，就是體，知識學問技能就是用。他主四育教育，六藝教育。智育德育體育羣育是四育。禮樂射御書數是六藝。德育，羣育是體，智育體育是用。禮樂是體，射御是國防，是軍事，是用；書數也是用。合起來看，總統所主張的教育是有體有用，智德雙修，文武並重，手腦並用的完整教育。尤其特別强調德育，强調教育之體，認爲這才是根本。詩云「執柯以伐柯，其則不遠。」如認爲古代的已邈遠，那我們就請遵行 蔣總統的指示。將現行教育政策與制度徹底加以改革。負起立國的根本任務，從頭作起。眼光向大處遠處看，爲現在及將來設想。學校教育，社會教育，家庭教育，同時並進，作全盤之計劃，同樣之改革。課程上減少知識學科，加强人格教育。以本國文化歷史爲主，而以餘力兼及外文外史。不使喧賓奪主，亦不等量齊觀，以明立場而培養國本。着重於實質，勿徒重形勢。重用考試，與研究成績而不專重畢業文憑。須知一紙文憑並不能代表學問。而眞才實學却十九得於學校之外。目前的事實是在校的困於數學與外國語文，校外的困於資格與證書。結果眞才埋沒而倖進者却比比皆是。原則如此，至其細節，我想，大前提決定之後，我們賢明的教育當局，自能泛應曲當，爲適宜之措施。無待作者之詞費。

關於體育，希望由現行選手體育，學校每週兩小時體育課改爲每人，每日體育。再擴充由學校體育到國民體育。由病後醫藥，再擴充到病前預防，與平時鍛鍊。

關於現行留學政策，時賢論者已多，作者不願多論，惟願提供一項立場，**即一個獨立自由的文明古國，應該有能力自己將教育全程自始至終辦完，不可留下最後一段高深教育委之國外。更不可長期倚賴外國。假定外國閉關不納，我們又將如何？又假如外國以外國的民族立場教育中國人，我們又將如何？**現在學成不歸，甚至自動放棄民族國家立場，加入外國籍，我們好像已經無可奈何。就此一端而言，已顯示我們的教育已全盤失敗。三民主義云乎哉？復興中國文化云乎哉？

提倡科學，自屬切要。惟於提倡科學教育同時，亦願提供三項淺見。

第一項淺見是，科學教育應分開兩方面：首先是一般國民均應略具科學知識。現在是科學時代，人人必須具備普通科學知識。此就一般國民而言者也。

其次，是培養造就高深科學家，使在科學上有創造，有發明。提高國家學術文化水準。急起直追，挽救我國文化上缺點，並免落於西人之後。

以上兩方面同時並進，但不可混爲一談。**更不可爲提倡科學，而勉强性不近科學的青少年學習高深科**

學，把過重的科學功課壓在無科學能力的學生頭上。結果使這些學生科學學不成，而性靈被抹煞，精力被浪費，文法科也不能學好。反而將可造之才毀壞。在此我們要知道兩項事實：第一國家需要的人才是多方面的，不僅需要科學，門門都需要。第二，人類性格資質乃至於興趣也是多方面的，文史教哲，藝術……等等，各有千秋，各有其用。就效果言也是行行出狀元。不能强之以過重的科學功課。所以在作者認爲，愈是加緊提倡科學，愈要提早分科，一點也不要勉强。現在的學校課程即重大犯此毛病。自小學起已經構成病態。須知全國兒童以及青少年中實有一半以上爲過多過重的數學所困。所謂惡性補習，十九就是數學。不知害了多少兒童青少年！這一慘酷的事實，委實要請當局加以注意，作者謹以赤誠爲下一代子弟請命。

第二項淺見是，文史教哲藝術等等，對國家民族同樣重要，同樣不可少，並且在作者認爲文史教哲是體，科學是用。我們在古代偏重了體而忽略了用，以致造成文化上病態，此是一種事實，亦是一種教訓。今天我們再不可偏重其一而畸重畸輕，矯枉過正，反成爲偏重於用而輕忽於體的病態。但今天的趨勢，似乎已有此傾向。在此我們又須知道，科學有用，文史教哲也一樣有用。不過一爲有形之用，即有用之用；一爲無形之用，亦可稱爲無用之用。假如無形之用，無用之用眞的無用，世界先進民主國家何以不廢文史教哲而全習科學工商。並且縱觀世界各民族，愈優秀民族，愈重文史，並有其自創的哲學。只有落後民族，才在哲學思想上隨人俯仰，而自己不能有立國根基。我中國幸而有先民所遺留之寶貴文史教哲等精神遺產，爲世界所不能及，爲我立國之深厚根基，何可自己爲提倡科學而予以輕忽？現在教育政策側重理工商農醫，而不重文史教哲，區區之愚，却期期以爲不可。賢明教育當局，其亦有同感否？

再就學術研究而言，現代學術大通，各科有互相連貫性，不能自設壁壘，即習文史教哲，亦需要科學知識。但此所謂科學知識，並不須如何高深，略備普通科學知識已足，不必强之以高深科學的研究。

第三項淺見是，有科學能力和興趣的青少年，以科學爲專業，自然不厭其深，亦不厭其專。但我認爲愈是學習科學的愈是需要先在文史哲學上打一基礎，使之在思想上品格上有修養，在作人爲學上有堅定明朗的立場。並且既能低下頭看顯微鏡，亦能抬起頭看自己的國家民族，乃至於整個世界。這樣才不致與世隔絕，或楚才晉用，甚至造就出高深人才，反而爲敵利用。撫今思昔，言之痛心！ 蔣總統亦早慨乎言之！即就個人生活而言，緊張中亦應有鬆弛，單調呆板生活中亦應有調劑。沙漠中不亦有綠洲乎？何可對科學家獨虐待之而不予以綠洲乎？

最後講到生活教育。

所謂生活教育，即在生活中表現教育，在教育上針對生活的需要。飲食起居應當如何？灑掃應對進退應該如何？在家對父母兄弟應該如何，出外對師長同學，親戚朋友，以及一般人，又應該如何？都是生活上切要之事。中國古代教育，就從這裏教起。一套四書是生活教育，一部禮記也是生活教育。下學而上達，由入則孝到出則悌泛愛衆，而親仁。由修身而齊家治國平天下，無一不是生活。講生活教育，應先從中國古代講起，也應由此作起。但現在我們的教育却拋開了生活，而專教謀生技能。於是謀生技能學會了，作人道理，生活教育丟下了。所以從小學起就造成了不良少年。加之以家庭教育廢弛，社會教育僅限於圖書館社教館。不進圖書館社教館，到處所見所聞所感受，十九是反教育。及今而言生活教育，應先除去反教育，然後再加以正教育。反教育以電化事業爲多，報刊書册次之，戲劇歌舞，以及各種廣告又次之。要趕快極力去除之，糾正之。正教育應自小學起，一直教到大學。又不僅在書本教學，更應在行動上習練，考察，比賽，奬懲。雙管齊下，大力推行，立可收效。如講理論，先中國而後外國，先講孔子而後講杜威。斷斷不可數典而忘祖，捨己而求人。

第二項方針，是以世界民主國家爲對象，設法儘速使友邦人士瞭解中國文化之眞正內含，中華民族之眞正精神與性格。澄淸其疑惑，糾正其誤解，加深其認識。使之由瞭解而愛好，而親近，進而吸收推行，而合作反共。俾中國文化不僅能救中國，亦能救世界。

第三項方針，是以大陸同胞，以及各國鐵幕內受共黨壓榨之痛苦人民爲對象。即共黨當局，均可以人性與理智予以呼喚，以利害爲之陳明，以正義使之折服。以中國文化精神作爲精神武器，恢復其人性，喚醒其理智，瓦解其戰志，催促其覺悟，號召其來歸。及今舉目四矚，最能在思想上精神上戰勝惡魔者，惟有我中國文化。此則我中國之責任，在反共上又重於友邦者也。

次論復興中國文化。

民國五十五年十一月起，開始推行中國文化復興運動，此可認爲中華民族復興之契機，歷史命運轉捩點。此一舉動，關係重大，影響深遠。反共勝利有賴於此，民族生存亦賴於此，至於文化本身之發揚光大，有賴乎此，更不待言。因此作者認爲，這是中華五千年史上一件最有意義的大事。尤其可喜的是，事由我民族自身自覺自奮而主動發起，其爲救民族救世界之不二法門，由本書可以概見。今後的事，只在於如何推行，使之有效，使之持久而又深入耳。

先決問題，應將此一大事列爲基本國策，經常推行，全國各部門，各地區，各職行，一體動員，採根本作法，不以「運動」方式辦理，庶乎有豸。

根本作法，是將全部工作交由教育部門負起責任，由最基本事項作起。學校教育由小學到大學，再到研究院所；社會教育由家庭到廣大社會，機關團體，娛樂場所等等。在項目上由正規教育到各種文化藝術活動，如禮節，音樂，戲劇，美術，舞蹈，書法，乃至建築，雕刻，服裝……一體納入教育部門，作統盤計劃，從小處低處近處作起。以民族爲立場，以救國家救民族，進而救世界人類爲目標。以獨立自主爲作風。一切以中國學術文化爲第一，以世界文化學術爲次。有主有從，有正有輔。斷不可數典忘祖，本末倒置，或輕重失宜，喧賓奪主。徹底改革現行教育文化政策，與現行各級學校課程，以及訓導制度，社會教育等等。一點一滴，實實在在，逐步推進，責求實效，隨時檢討改進。以雷霆萬鈞之力，作大規模振作，改變國人觀感，改良學術研究風氣。尤其重要者，必使在學學生求學觀念，徹底改變。立大志氣，養大氣量，下眞功夫，大處着眼，小處着手。以國家民族爲先，以學術教育爲用。不浮躁，不忘本，不自私，不狹隘。久而久之，學風爲之丕變，教育隨之進步，中國文化自能弘揚於世界，而國家民族因以復興。成敗之機在此一舉，不禁翹企以待之。

第二節　改革學術風氣

壹、弁言

文化是抽象的名詞，學術是具體的活動。文化精神促成學術動向，學術研究影響實際政治經濟，社會風氣，乃至人民心理。無形中支持着國運。就個人而言，學術修養影響識見，氣量，和應事接物的態度，辨別是非善惡利害的能力。所以學術修養與政治有極深關係，不可忽視。國家民族的大責重任，必定交與學養極深的君子來擔任，不學無術的人不足以當大任。霍光以忠藎之懷，爲國重臣，然班固論之，獨謂「然光不學亡術，闇於大理，陰妻邪謀，立女爲后，湛溺盈溢之欲，以增顚覆之禍。死財（纔同）三年，宗族誅夷。哀哉！」（漢書霍光傳贊）可見不學無術者闇於大理，足召族誅之禍。然此乃就個人成敗而論者也。宋之趙普，初寡學術，佐宋太祖定天下，太祖勸以讀書，乃勤學不輟。歷事太祖太宗兩朝。嘗謂太宗曰，「臣有論語一部，以半部佐太祖定天下，以半部佐陛下致太平。」足見政治家不可不讀書；能讀書，才不致闇於大理。因此中國乃有「宰相須用讀書人」之諺。此則就國家大局而論者也。

從歷史上看，我們可以看出一種跡象，即學術領導政治，學術在默默中推進，支持着國運的升降，民族的盛衰，社會的隆汚。學術盛的必爲盛世。輕忽學術的，必爲衰世。晚周德衰，學術散在六國。六國滅而人不忘六國。秦亡而人不思秦，但六國却死灰復燃。兩漢學術鼎盛，尤以光武明章提倡扶植，不遺餘力，而道德達到極峯，是非公道自在人心。曹操雖奸，終其身不敢篡漢而自立。漢末雖衰，而正義力量支持漢室不亡者，達百餘年。順桓靈獻諸朝，事實上政府自身已無能爲力。全賴此正義精神支持擁護，得以延長國祚；並以學術力量默默中支持着正義，監視着惡勢力。西蜀更以正義集團，在外匡扶，以謀興復。不幸漢室終於滅亡。但漢亡而人心思漢。從未聞秦亡而人心思秦，魏晉亡而人心思魏晉。豈止於不思，直欲與之偕亡耳！人心思漢，又豈僅在於漢之初亡，直至今日，人心始終不忘漢室，即不忘中國，不忘正義。自此傳爲美談，至今仍謂痛惡暴政，不忘中國，不忘正義者，仍以「人心思漢」爲言。此種心理乃由學術所造成之精神力量。有此精神力量，即人心始終思漢，漢即永久不亡。

宋明理學，人皆視爲空洞，不切實用。但宋明理學之用隱而不易見，歷久而彌彰。在人心不在表面，在精神不在物質。其影響深遠，其效用廣大。宋室南渡以後，實際政治軍事已不復能振作，仍能維持百餘年而不墜者，實亦賴於學術思想之支持，以及民心之趨向，忠臣義士之奮鬪。宋亡之後，有無數志士仁人，誓不臣於胡元，如謝翶之西臺痛哭，鄭思肖之鐵函心史，種種苦心，皆由學術之啓導，深植復興種籽於後人心中。使國雖亡而心不死。果能於百年之後，有明太祖者流，出而驅逐胡元，光復舊物。正如顧炎武日知錄所云，「夫興亡有迭代之時，中華無不復之日。」（素夷狄行乎夷狄條，見原抄本日知錄）而明太祖初即位，即下令盡去胡服胡語。設非深植人心之文化思想，學術風氣之萌動，將何由而得此？胡元又將何所賴以推翻？中華又何所資以興復？

明之亡也，論者譏其「平時束手言心性，臨危一死報君王」，爲學術未能打起精神負起責任，以挽垂危之命運，固不能慰國人之望。但差强人意者，尚有一死以報君王。否則並一死而無之，且將俯首以聽命矣。設吾人不以淺見量古人而更進一步以求之，則南明之繼起，志士之恢復，薙髮令之反抗，揚州嘉定之屠殺，又孰非有明一代學風之所使？即鄭氏祖孫三世之反淸復明，規復臺灣，奉明正朔，亦莫非正義之支持，學術思想之後果。**又鄭氏縱然事敗，志士終不喪志，乃立洪門會黨以光復之大任寄望於後世。結果竟使二百餘年後　國父之國民革命，得所憑藉。終賴此基本力量以推倒滿淸，光復宗國。上慰先哲在天之靈，下啓民族復興之機運。則宋明理學之影響於民族者，固不僅在宋與明，並及於民國之光復也。**

國父孫中山先生之倡導國民革命，初步成功，又屢遭挫折。艱困重重。在此時期，獨能埋首研究哲學，發明學理，創造孫文學說，以實際日常生活上例證，闡發高深學理；以深入淺出的筆法，使婦孺皆能通曉。就是要以學術啓導人心，破除疑慮，以促進革命，完成事功。其眼光銳利，用心深遠，由根本處入手，既可見其識見之超卓，更足證學術於實際之影響既深且遠。近年　蔣總統又於反共抗俄時期，提倡陽明學說，亦屬同一精神，同一意義。

孔子老而修春秋，筆筆削削，知我罪我，全寄於此。蓋自嘆既不見用於當時，惟有以學術寄望於後世。司馬遷撰史記，則明謂「藏之名山，傳之其人」。顧炎武則又謂「立言不爲一時」，期以供後之撫世宰民者之求。凡此種種，皆深知學術之救國，在當時亦在後世，在物質亦在精神，其效用實未容忽視。就今日而言救國救民，自救救世，爲目前亦爲後世，最切要而又最根本之圖，實莫過於學術。則改革學術風氣，提倡學術研究，以學術領導政治，啓導人心，應視爲最迫切之急務。因此著者誓以棉力薄才致力於此，亦願以其愚衷作誠懇之呼籲。想學術界先進，必具同情也。

貳、改進之道

學術事業經緯萬端，非一言可盡，僅能提出若干原則，以就教於學術界先進。

（一）以國家民族爲立場

先決問題，是國家民族的立場。無論任何學科，必以國家民族立場爲大前提，態度必須明朗而堅定。具體說，就是國家至上，民族至上。本國第一，民族利益第一。先瞭解自己，後瞭解他人。自己的一切未求通，且莫求他人。知己而不知人，其弊也狹，其罪輕；知人而不知己，其弊爲忘本，爲喪失立場，其罪重。己而優於人，先於人，當極力爲之標榜，宣揚，闡發。己而絀於人，當以沉痛心情，自求補救改進之道，而不以詆毀爲能事。講學授徒，必先以此義爲之灌輸，以明其立場，建立根基。勿使中國生徒於外人外學皆能源源本本，道其淵源，彰其優點，而於自己茫無所知。於外文書誦讀無碍，而於中國古書不能明其句讀，解其義理。環顧今日青年學生，却正不免有此現象。同一學術，中西並備，不相軒輊，而青年學子却往往於西學津津樂道，備述其詳，於中國固有學術，則瞠目不能答。語生活教育，必舉美國之杜威，而不知舉孔子。講經濟，則知有斯賓賽耳，而不知有管仲。語生活教育，則舉美國的杜威，而不講中國的孔子。許多人於西方學術，率能如數家珍，而於中國則絕口不談。似此現象，未免數典忘祖。但習之旣久，恬不爲怪。斯乃眞眞可怪，亦極可恥之現象。想學術界先進必有同感，即有責任急圖挽救之道。就學校課程而論，中外語文並重，中外史地並重，已大失民族立場。無主從之別，乏輕重之分，失先後之序。欲使青年學子油然而生自尊自重之心，豈不戛戛乎其難哉？以言民族主義，瞠乎遠矣！

（二）改革舊缺點，開創新精神

中國學術優點極多，缺點亦在所不免。舉其要者，有如下各端：

第一，過於重視理論，對國計民生之實務比較輕忽，遂不免與現實脫節。按正統學術，本極完備，有體有用，智德兼修，手腦並用，一切不離民生實務。孔子以六藝（禮、樂、射、御、書、教）教人，以四科（德行，言語，文學，政事）分組，何嘗咬文嚼字，亦何嘗空言性理？「仕而優則學，學而優則仕」，即表示爲學必以從政爲目的。誦詩三百，授之以政，必使能達；使於四方，必使能專對。無如後之學者，往往得其一偏而忽其大旨，遂致學術風氣離其根本。要之，對理論過於重視，對內治功夫用力過多，相對即形成言論多而事功少，思想多而方案少之現象。理想的學術，是要功力也要事功；要理論也要方案。今後的學術再不容我們拋離民生實務而空談理論了。此不可不急圖改進者一也。

第二，偏於保守，艱於改革。　按古聖先賢，立訓垂教，歷久常新，固屬事實，但不變者原理原則，而頃刻萬變者，人類社會。以不變之原理原則因應變動不居的社會是也。至其方法，則當因時制宜，未可執一不變。但我們因爲尊重前賢，遂不敢更改其法度。結果遂成爲刻舟而求劍，膠柱而鼓瑟。遇有針對現實而更新策略，改革政治者，必遭遇極大之反抗。反抗之理由，大都以先王先聖之成規爲言，改革者雖針對現實，求其實效，亦似並不受言者之重視。因此學術本身既不能由研究改革而進步，亦不能在事功上發揮效用，領導政治與社會。今後學術必須日新又新，改革以求進步。不過標新立異既不可行，古代優良之精神，更不可藉口改革而輕予拋棄也。此則應急圖改革者二也。

第三，派別門戶之爭，在學術史上亦偶有所見。　按見解不同，主張有異，在學術研究上在所難免。切磋商榷可也，聽其自然亦可也。惟相互輕視，相互詆排，則不可也。中庸有言，「萬物並育而不相害，道並行而不相悖。」此眞中國學術上可貴之精神，優良之風度。可惜後世寖假演變，不免各收黨徒，各立門戶，相與排擠，遂形成學派，極不相能。未免示人以不廣。如漢經學今古文之爭，宋明理學程朱陸王之爭，清初漢宋之爭，皆是也。凡此種種，均有失學人風度，爲中國學術美中之不足。此種作風，不應再見於今後學術界。

第四，抱殘守缺，或妄自菲薄，爲近代動盪時期之病態。　按此兩極端之態度，發生於東西文化接觸之後。均不得其正，亦有失其平。今天是民族競爭極劇烈時代，民族立場必須站穩，態度必須明朗堅定，此爲先決問題。但今天又是科學時代，科學時代必具科學頭腦。所謂科學頭腦，是不攏統，不含糊，不武斷；一是一，二是二。是非優劣，必須一一分辨清楚。擇優發揚，而缺點則必須補救。要以「愛而知其惡，惡而知其美」的態度對待自己的文化學術。有感情而不感情用事。這才是中國學人對待中國學術的態度。對世界學術，凡有助於我者，必虛心接納之，選擇吸收之，以補我之短，成我之大。故步自封，斷乎不可。重人輕己，尤非所宜。去取之間，必須審愼權衡，頭腦冷靜。不可稍涉偏激過火。此則急待改革者四也。

（三）强調人生哲學教育

哲學是一切學術的根本，尤以指導人生的人生哲學爲根本之根本。所有教育，政治，經濟思想和制度，都受人生哲學之支配。人民日常生活，受其影響，至顚困流離之際，更賴人生哲學之導引。人生必有理想，有理想方有志氣，亦有定力，前面有目標，後面有戒懼。由歷史上看，國家民族遭遇危難，個人遭遇逆境，都是考驗人生態度的時會。這無形的哲學思想，實係指導人生，推進民族的內在力量。萬萬不容忽視。我國古代對此問題有根本之瞭解，透徹之觀點，自始即緊緊把握住此一問題，痛下功夫。如果我們將正統文化思想作一分析研究，則應承認十九爲人生哲學。一部四書可以說全屬人生哲學。就是說都是解釋人生價值人類地位，人生意義，以及生活態度的學問。在今天實在應該把這些好道德，整理出系統，納入正規教育，認眞講授，認眞考核推行，使成爲存在人人心中之共同嚮往，社會上之公是公非。行之旣久，自然成爲風氣，發生重大而深遠的效果。

（四）加强歷史學術

中國人念舊，念舊故重歷史。中國人重人文，重人文故重歷史。中國人尊重古人，尊重古人故重歷史。念舊就是思既往。思既往又思未來。因思未來，故多立言。既思既往，又思未來，因此自然而然，中國史學極爲發達，歷史教育極爲普及，歷史著作也極爲豐富。因此，我們可以說，中華民族是一個極重歷史的民族。因爲重視歷史，所以是極優秀的民族。

我們既重歷史，即應接續。不僅使它不斷，且應研究發展中國史學，宏揚歷史教育，培養歷史家，撰著歷史書，保存歷史古蹟與歷史資料。就史學本身而言，固屬如此，其他學術也多需歷史之輔助。任何學術，拋開歷史，幾乎都不能成立。哲學是理論的根源，歷史是時間上根源。學術不能脫離歷史根源而突然發生，介然獨立。偉大思想家學者，無不對歷史有相當修養。我們讀 國父的三民主義，便可知道歷史的重要。可以說抽出歷史，三民主義就不能成立，不能產生。 國父對中外歷史融會貫通，源源本本，脫口而出，用能左右逢源，成爲有本之學。所以說，就學術本身而言，亦應發展史學，以奠立基礎。

今後我們對歷史，應作下列幾種功夫：

第一，普及歷史教育。由各級各類學校起，凡屬中國國民，無不當學習本國歷史。要增加鐘點，擴充內容，以本國史爲主，世界史居次。各級學校入學招生考試，必考本國史，與本國文並重。愈是習實科的學生，愈是要出國留學的學生，愈要加强本國史教育與考試。現在大專招生實科不考史地，大大失策。出國留學尤其要加重考本國史。小學常識課也要加强本國史的比重。社會教育要與學校教育相配合。務使國民隨時隨地都能與本國歷史相接觸。要以歷史加强國人念舊之感，因而以己身與列祖列宗連成一線，與歷史打成一片。自然發生一種責任感，以及愛國家愛民族的熱情。

第二，對古人古事的評論，要本着民族立場，時代意義爲適當的評定，大家採一致的看法，講法。是非曲直，忠奸夷夏，都必有適當評論，不容任何人歪曲。自然更不能淹沒事實，或曲解事實，顚倒黑白。

第三，發展史學研究，使之進步改良，以適應新時代的新需要。古代史學優良，自屬事實，但到今天，已不能適應今天的需要。今天各科學術極發達，既可供史學之運用，亦不能在學術普遍發展中使史學落後。增加可用之方法，擴展史學領域，改變體例，革新史書體裁，而最重要的則是建立正確的歷史哲學。

第四，培養史學家。古代政府設史官，定史制，編撰史書，並有時以私人史學著作定爲官書，列入正史。優良史學著作政府標榜鼓勵。大量印刷，收藏，整理歷代史書。種種措施，不僅提倡了史學，也培養了史學家。政府如此，學術界也尊重，標榜，推崇，歷史學人。史學家自然繼踵而起。現在政府與學術界，最好通力合作，用種種方法提倡，獎勵，使新的大史學家能上繼古代史家而繼起。不過這裏所謂新的大史學家，必具深厚的學力，遠大的眼光，宏濶的器識，又能有改革創造的能力，使中國史學能隨時代而創新，以新的面目打開新的路向。僅僅效法古人，遵守古代成規，已不能適應今後的需要了。

第五，及時收集史料，編撰史書。史業貴乎不斷的接續，資料尤其要及時收集。時機一過，資料搜不齊，史書即編不好。假如最原始可貴的資料一經放過，就只有降而求其次，使用次等的資料，史書價值即爲之減低。不過今後歷史資料一切與古代不同了。因爲科學發達了，方法多了。可以複製，可以多方面保留眞象。如關於形象可以攝影；關於聲音可以留聲，錄音；關於文字可以攝製副本，或印刷流傳。事後固可搜集，事前即可準備。公家可以設置專官專人，專司其事。私人亦可作爲專業或副業。現在政府既有政府公報，民間亦有日報期刊。尤以政府每年編印中華年鑑，爲最有效之史政。既免資料過時容有散失，亦免民間搜集官方資料難於周備。似此種種，皆史業之足稱者，宜擴充發展之，以宏史業。至於史書編撰方面，則現在中華民國已五十七年，國民革命史未見有人編撰。對日抗戰，前後二十二年，（由民國二十年九一八事變起，至民國四十年中日雙邊和平條約止）未有抗戰史。但社會上需要非常迫切，迄目前止却仍無書可讀。即或認爲時間未過，難作定評，也可先作長編，或輯印有關資料。總之，必使人有書可讀，有資料可查。不能使當時人不知當時事。

總之，歷史影響民族命運，關係重大，不可不特別重視，極力提倡，並力求改革進步。時間不能延擱，機會不能放過，責任不能推諉。

第三節　培養人才

歷史是人創的，禍福是人造的，民族命運是人決定的。一切問題由人而起，一切艱難困苦由人克服，一切希望也都寄託在人上。中國文化着眼點在人，功夫用在人上，所以稱爲人文的文化。可以說是抓住了問題的核心，事情的要領。因此我們在歷史上常有偉大人物前後繼起，或領導思想，或旋轉乾坤，或扶危定傾，成爲民族發展史上一顆顆明星，一根根的中流砥柱，負起歷史使命，創造民族前途，決定民族命運，打開民族新生的局面。

今天是中華民族有史以來未有的大變局。民族的興亡，全決定於今日。歷史的絕續，文化的盛衰，也決定於今日。所以今天（民國五十八年）是一個大時代。大時代就要有大人物來領導，大責任要有大人物來擔當。古語說，「英雄造時勢，時勢造英雄。」　蔣總統又說，「時代考驗青年，青年創造時代。」都是說人才是由時代所造成，時代亦由人才所決定。歷史上亂世出人才，國家危難時出大人物。今天是最亂的時代，國家最危難的時代，理應是人才蔚起之時，應超過歷史上任何時代。過去的責任，歷史上一代一代的偉大人物擔當了；今天的責任，要由今天的偉大人物來擔當，是自然的事，也是必然的事。

人才不當僅僅等待自然產生，也須國家社會多方面來培養教育。就今天情勢而論，人才之盛尚未臻於理想，則大力培養教育，實爲國家當前急務。

近百年來，應運而起的，前有　國父孫中山先生，今有總統　蔣中正先生。他們兩位都不是自然產生，也不是國家培養教育出來的，而是由自我覺悟，而自我奮起，自我教育而來。此又其特別超卓之處。微　國父與總統，中華民族早已亡於清末，亡於軍閥，或亡於日本；那裏有中華民國？中華民國又那裏有今日？

培養人物的條件，有下列各項：

今天是非常時代，需要非常人物來擔當，來領導。今天的人物，必須是通才，即古代所謂通儒。具體些說，必須具允文允武之才，出將入相之略，上馬殺賊，下馬草露佈，能高瞻遠矚，能博古通今，有世界知識。上安天地，下育人類萬物。氣派大，眼光遠，度量宏濶，手法靈活。志在承先啓後，力能旋乾轉坤，既拯救中國，亦拯救人類。爲天地立心，爲生命立命，爲往聖繼絕學，爲萬世開太平。以非常之力，就非常之功。此非故作大言，乃事實所需要，亦事勢所能有。古代教者以此教人，古代學者以此自勵，芸芸衆生所共同嚮往期許。成爲中國人心中人物之典型。事並不難，求之即得。孔子有謂，「仁遠乎哉？我欲仁斯仁至矣。」遠者如周公，孔孟，漢之司馬遷、諸葛亮，唐之太宗，宋之韓琦范仲淹寇準，明之陽明。近者如　國父孫中山先生與　蔣總統，此皆出於其類，拔乎其萃，卓然有所樹立，歷千百年而不朽之人物；時代所促成，教育所培養，或由自勵所造就。溯本窮源，偉大人物實以偉大哲學思想爲其始基。

中國人生哲學極爲發達，對教育事業極爲重視。我們教育的內容可以說就以人生哲學爲主體。已詳前述。孔孟所教，四書中所講，學者所嚮往追求，無非是人生哲學問題。薰陶既久，感染自深，氣派自然恢宏，志量自然高遠。在生活上有抱負，生命上有理想。有自我犧牲而爲人羣的精神，亦有鄙物質而重精神的境界，空間上不僅修己安人安天下，並及於萬物。時間上不僅限於生前，並及於死後，乃至無窮的未來。因此我們的人生，以治國平天下，老安少懷爲目標，以立德立功立言三不朽爲理想。如此培養教育，當可使人將生活領域放廣，生活意義充實，生命價值提高，不只爲一己而生活，乃爲人羣而生活，不作一己人而作宇宙人。作人道理必能到達宇宙人的地步，才能擔當起大事，不受時空之限，不重人我之分，在作人態度上立此根基，然後再加以苦學功夫，力行勇氣，則器識乃大，功業乃能彪炳。因此作者淺見，**認爲欲培養偉大人才，基本作法，必自人生哲學着手。假如我們把四書中講人生的道理，與易文言傳繫辭傳以及大學中庸合併研究整理，使之成爲一套有系統的人生哲學課本，分別淺深，在中等以上學校講授，實在是最有效的治本之圖。**不知當道諸公以爲然否？

曾國藩憂國憂民，不以無兵無餉爲憂，獨以無擔當大任之人才引爲深憂。他在覆彭麗生書中說，「竊以爲無兵不足深憂，無餉不足痛哭，**獨舉目斯世，求一攘利不先，赴義恐後，忠憤耿耿者不可亟得；或僅得之而又屈居卑下，往往抑鬱不伸，以挫，以去，以死。而貪饕退縮者，果驤首而上騰，而富貴，而名譽，而老健不死。此其可爲浩嘆者也。**」由此可見其有深心，留心人才之培養。國父孫中山先生則明白懇切的教育我們要以大仁大智大勇之精神，行救國救民之革命。又教我們要立志作大事，不要作大官。現在的　蔣總統則教育全國青年要創造時代。都着重在人才的培養。足見人才對國家民族關係之重大。尤以艱危動亂時期爲甚。今天的時代不僅艱危而且複雜，需要的人才數量衆多，方面亦廣。我們需要大政治家，大軍事家，大思想家學者，大文學家，也需要爲人類造福的大科學家。大家儘可依志願與興趣向不同方向發展，殊途同歸，都對國家有貢獻。只要有志氣，肯作人羣人，宇宙人，而不作自了漢，都能有成就。孟子說，「待文王而後興者，凡民也。**若夫豪傑之士，雖無文王猶興。**」（孟子盡心）大時代中大青年，其亦有豪傑之士乎，不禁翹足以待之。

第四節　促進民族道德、改革社會風氣

就自由地區臺灣省而言，目前的民族道德日見衰落，社會風氣亦日趨敗壞。大陸地區在共匪僞政權摧

毀之下，更不堪問了。

由於最近一百年國內局勢的劇烈變動，於政治經濟之外，連帶社會各方面無不隨之大大改變。由清末到今天民國五十七年，作者親眼看着，一樣一樣的變。變的快，變的普遍。及今回首，恍如兩個世界。在變動中主動促使社會進步的固然很多，但聽其自然任其墮落者亦復不少。本書社會篇初有專章論述社會演變。此處僅就若干不良現象提供改革意見。希望以有計劃的改革挽救向下的頹勢，造成向上進步的現象。

首先論禮。

按我國本爲重禮民族，在古代對於禮，認眞，嚴格，細密周詳，無往而非禮。到現在則竟演爲無禮的社會。這一變化，不能不說是重大缺失。如謂古禮過繁，可以簡化；如謂形式陳腐，可以革新；但總不能無禮。禮本爲人類文化進步的象徵，有禮的，大家公認爲文明；無禮的公認爲粗野。社會的治亂，民族的文野，由禮判分。社會秩序的維繫，民族文化的演進，靠禮支持。如更進一步。推到道德心的培養，違法亂紀行爲的防範，更只有靠禮。禮的實質爲仁，禮的作用爲教育。可以說，消極的使人類社會不亂，積極的推進民族進步，文化程度提高，無一不賴於禮。因此作者認爲，及今而言改革社會風氣，推進民族道德，最急迫的問題，即在於加强禮治。

現在推行禮治，第一個問題是制禮。制禮是由政府定出禮儀規範，全國一致遵行。由日常生活灑掃應對進退，入孝出悌的規範起始，次相見禮，婚喪祭祀禮，次軍師嘉賓等典禮。最重要的還是日常生活揖讓進退之禮。依中國文化，中國民族傳統習慣，就古禮簡化，肅其威儀而省其形式。由家庭教育起，責成父母教育子女，自髫齡養成習慣。入小學，由教師與家長配合施教，講解之外，定時演習，考察。列爲課程，依優劣獎懲。督學考察，不僅重課程，亦重禮節。對學校，對教師，乃至對家長，連帶考察，作爲考成依據。學生無禮，違法亂紀，家長與校長教師雖在法律上不負責任，但在道義上，教育上，要對社會負責，受輿論監督指責。情節較重者，當連帶受行政處分。有成績優良，表現卓越的，連帶受獎勵表彰。這樣各方面加緊配合，切實責求實效，一般青少年自然彬彬有禮，不敢放縱恣肆。禮節既周，道德心自然養成。在家爲孝子，在校爲好學生，在社會國家爲優良份子。此爲正本清源之道，必須立即着手，不可徒託空言，僅喊口號。

禮儀細節先按類別編爲各種手册，揷圖附說，作示範表演。更可作劇本活動電影廣播電視，到各校放映，各公共場所家庭學校張貼掛圖格言與共同規律。使到處所見所聞，無一非禮。行之既久，自然演爲公是公非，人人可用以制裁無禮份子。最重要的還是報紙，電影，與兒童讀物。

在制禮時，要注意保持中國自己的民情風俗，以及歷史文化，不可聽任其完全西化。民族要有民族的立場，性格和情調，豈可一切隨人俯仰？

次言音樂。

我們中國是富有藝術能力與興趣的民族，在遠古時期已有音樂。至堯舜時代已普及民間，並用於政治教育。再發展至周，即用禮與樂治國了。孔子在音樂藝術中生活，也用音樂藝術於教育。天天唱歌，天天彈琴。唱歌彈琴就是教育，也就是生活。又不僅有樂器樂曲，亦有高深的理論。音樂的價値可想而知。中華民族之優秀，亦由此可見。

清末海通以還，西方文化東來，音樂亦隨之而至。逐漸流行，逐漸普及，到了今天，幾乎有取國樂地位而代之的趨勢。尤其是到臺灣以後，西樂勢力不脛而走，大家演奏，練習，教學，無非西樂。國樂成了冷門，已見前述。偶有人提到，必有一套反對理由，舉出種種國樂上缺點予以反駁，而將西樂大大推崇一番。於是到處所聽所見，無非西樂，欲聞本國之音，機會很少，可以說很難。究竟何以演成此種情況，不能知道。贊美中國音樂的只有外國大音樂家。但我們好像也並不理會，不見有何反應。久而久之，頗有滑入世界主義的危險，而將「民族」淡忘。作者不敏，認爲隱憂。現在大家復興中國文化，不知對此亦有所考慮否？

靡靡之音，大家都知道是衰世象徵，只能助長社會風氣敗壞，民族道德衰退。但說來奇怪，自抗戰勝利後，風行一時的却就是這靡靡之音。近來又加上且歌且扭。既不堪入耳，又不堪入目。但也像是熟視無覩。更可怕的是連帶到舞，舞而至於脫衣舞。禁止處罰，百不得一。罰而從輕，輕而無懼。於是屢罰屢犯，法律失其尊嚴，失其效力。而社會風氣敗壞遂日甚一日！竟不見有效辦法予以根除，豈不可怕？回想古代男女授受不親，男女行者別於途，直到現在演變到大庭廣衆之中，光天化日之下，一絲不掛作脫衣舞！眞不知我們中國文化是在進步，還是開倒車？觀光事業發展以來，不良風氣漸漸侵入上層社會。再不防範，將益堪憂慮。

因此作者在音樂歌舞方面，認爲必須以極大魄力，有效政策，先除弊，後興利。力挽頹風，力求進步。使民族道德，社會風氣蒸蒸日上。在音樂方面，以民族情調，喚起民族靈魂。以優良音樂，培養高尚情操。以法令昭告於國人，以獎懲督導於社會。公營事業，知識份子率先奉行，大力提倡。予犯者以口誅筆伐，法律制裁。則政行於上，化成於下。移風易俗，立竿見影。不禁翹企以待之。

次論服裝。

國父孫中山先生說，衣服的作用，有護體，彰身，等差，方便四種。爲護體，即須使衣服衷於體，冷暖，大小，肥瘦，必使切合己身。此爲第一義。彰身是美觀。美觀在於質料，色彩，式樣。其作用次於護體，亦受經濟之限制。此爲第二義。等差是在服飾上分別人的身份。現在雖然講平等，不分階級，但軍中仍沿用之。爲表示人的社會地位，官吏，教師，平民，似仍可在服裝上表示區別。這裏所謂區別，並非依過去劃分階級，而是表明身份與職業。不僅在求人民尊敬官吏與教師，亦所以勵其自尊。假如官吏與教師有特定的服制，穿在身上自己就要檢點，處處要爲人民作表率。下流處所不能去，卑鄙無禮的態度和行動不能作，粗暴言語不能說。自尊自律的意義重，而受人尊敬反成爲末節。至於軍中以服裝表示階級，則更爲事實上需要，各國之所同。其實依同理，文官又何嘗不是一樣？古代官大一級，禮節森嚴，必恭必敬，固然過份。今雖民主，但官吏究竟是官吏，有隸屬關係，有服從義務，權利，職責，乃至於學養，年齡，大體上仍與官階成正比，又何可漫無區別？此爲第三義。至於方便，則事實所需，已經改革。

綜合上述之外，尚有民族國家的風俗習慣，文化精神上問題。一個民族爲保持其獨立精神，在國人心理上不忘自己的特點與其本源，因而增加其國家民族觀念，則在不妨碍進步的原則下保持其特有風格，實大大有其必要。不必捨己從人，自己放棄民族特徵，因而滑入世界主義。

關於衣服質料，應就本國產品優先考慮利用。本國大陸產絲，將來光復大陸，要考慮利用絲織品作衣料。否則自產而自己不加利用，競用外貨，即將任其萎縮，構成經濟上逆流。就美觀而言，亦無過於絲織品之美麗，華貴而又大方。柔軟輕暖，亦其一長。衣服式樣，長衣不便，已由 國父爲我們設計一種中山裝。方便，進步，而又採人之長，爲自己設想，製成一套新的式樣。此與其採人之長並入己身之優點而創爲三民主義，同一精神。有立場，亦有進步，合於實用。我們奉行三民主義，同樣，也應普遍着用中山裝。至於女子服式，當以雍容，華貴，大方，便利等條件爲原則。奇裝異服，瘦小不能容身，裸露惟恐不多，只覺其寒傖，小氣，輕佻，全無一點雍容大度的氣派。至於髮式，首飾，更無奇不有。應一律禁止。定頒式樣，令人民遵守。以敦風俗而正觀瞻，合體制，省經濟而又表現民族風格。

至於男女禮服，亦宜及早制定實施。在制定禮服與禮制時，似應考慮保持民族立場，發揚固有文化精神，不可隨人俯仰。

次論奢侈豪華。

中國自古以農立國，以樸實著稱。民間生活以勤儉爲最高原則，最佳信條。古人說，「勤能補拙，儉以養廉」，至今爲不易之理。今天又當加上「勤以增加生產，儉以節約消費」。一面開源一面節流，經濟上之鐵律。過去中國社會安定樸實，全靠此種優良風氣。致富起家，亦賴於此。一襲布衾，一件布衣，十年二十年，非破碎不肯更易。蔬食菜羹，非待客或過節，不肯食魚肉。一家奢侈，一子浮華，全村爲之非議。今則農業社會進於工商，生產方法改良，西方奢侈生活感染仿效，迅速而普遍。往昔之勤儉樸實，一變而爲豪華奢侈。追逐競爭，惟恐落人之後。窮奢極欲，放縱恣肆，相率效尤。風氣滋長，日甚一日。不量入而爲出，乃量出而爲入。於是百弊叢生，風氣敗壞。加以近年內憂外患，紛至迭乘，政府困於財政，公教人員待遇不免微薄，亦足影響政風。及今而言整飾風氣，應由政府作起，首先節省不急之費用，可緩之工程，不必要之浪費。以刻苦之精神，作生聚教訓反攻復國之準備。於人民則推進道德，首先要提高公教待遇，使足以養廉。繼之以倡導節約。嚴其禁令，重其罰則，庶乎弊絕風清，道德增進。國富可增，民生亦裕。此爲根本之圖，不容忽視者也。

第五節 綜述

學術是民族靈魂，學人是民族先覺。學人要站在時代前面，以學術思想啓廸人民，領導政治。民族的盛衰，歷史的升降，社會的隆汚，學術界負絕大責任。學術上的影響，遠比政治的影響深厚而又久遠。政治影響在外面，學術影響在內心。內心純良向上，國家社會自然强盛。在今天似乎感覺學術並未能站在時代前面發揮領導作用，却在後面跟着時代跑。自然更說不到對未來作深遠的打算，與長久的準備。我們在此時此地，十分感覺宋理學家張載的四句名言，十分可貴，氣量旣大，眼光又遠，志向又高。他告訴我們說，要「爲天地立心，爲生民立命，爲往聖繼絕學，爲萬世開太平。」短短二十二個字，道盡了中國文化精神，中華民族氣派，乃至中國學人的抱負。試想要達成這幾句話，捨學術孰能任之？所以我們可以說，上安天地，下育人類萬物；前接古人，後啓未來無窮命運，這才眞正是學術界的重大責任。想我學術界名賢，必有同感。

就今日而言改革學術風氣，必提出幾項切實可行的大原則，作爲各科學術共同依據，共同遵守的大目標。茲就體認前賢所得，以及淺見所及，提出下列三大原則，以就教於時賢。

第一，要求實。

講到實，又有二義。一是實在，確實。必依實際可靠的資料，就實際問題，作實在功夫。旣不要空中樓閣，也不可人云亦云，或剿人成說，以爲己獲。這樣才能立於不敗之地，而成爲自己的學問。二是忠實。忠實是指對學術負責任。對學術負責任，即對眞理負責任。結論不輕易提出，意見不輕易發表。也就是考慮到後果。對現時人負責，對後世負責。要知道，一個錯誤理論提出，不知要害多少人？馬克思的邪說，便是現實教訓。

第二，要求用。

學術而無用，便要落空。精力枉費，對人羣無益。又何貴乎有學術？不過講到用，不能只顧有用之用。而忽略無用之用。我們要知道無用之用大都在若干時間以後，才能發揮。假如我們只重有形的理工農醫等等實科，而輕忽這含義深遠的文史敎哲藝術等等文科，便將自食其果。爲國家民族深謀遠慮的，必不出此。

第三，要求通。

通又有四方面，即古今相通，中外相通，各科相通，理論與實際相通。如果是大共同的眞理，即萬世不變；如必拘執於古今，即是膠柱而鼓瑟。王充斥爲「知今而不知古爲矇瞽，知古而不知今爲陸沉。」

這便表示不可不通於古今。如果是隨時代而演變的事物，便要有歷史頭腦，由各個時代瞭解或評論各個時代的思想或制度。既不能開着現代的電燈笑古人只會點臘燭，也不能守着古代的臘燭罵現代人不該開電燈。但話又說回來，古今事物雖然時刻在變，在萬變中却有一個不變的原理原則。即如古代人是爲求生存而推動社會演變，構成歷史重心，今天也是一樣。儘管事情不同，而原理原則則一。必能明於這些通於古今的道理，才能算是通學。五四運動時代妄以古今爲是非，以中外爲優劣，認爲凡是古代的都不對，凡是中國的都不好，顯然是過激之論，不合於事實，亦有失立場。

學術無國界，中外各有其長，亦各有其短。世界大通之後，便當取人之長以補己之短。近百年來，恰好以中國之短遇西方之長；因而若干人失去自信，認爲中國一切不如人，只有跟人跑。只有 國父孫中山先生獨能看出，也說出，所以他主張論科學，我們要學西方；但若論政治哲學，則西方應該學中國。事實告訴我們，我們學西方，是在學了；西方學我們，現在也在學了。他們拚命研究中國文化，不就是學中國嗎？可惜到今天，仍有些人雖然外國人贊美與學習中國，但是自己却始終轉不過念頭，始終看不起自己。豈不可怪！

學術分科，是近代的事。在古代無所謂分科，不過各就性之所近，學之所得，自由發展而已。所以經書與子書，根本沒有類別學科的分野。後來東西多了，爲了整理方便，不能不分別部居。劉向歆父子的七略別錄，班固的九流十家，都是各就其所見而爲之約略分類而已。近代學術隨人事而日趨繁複，非古代攏統作法所能適應需要。於是乎分科，至今而愈分愈細，愈分愈多。亦以個人生命有限，難以一人並精若干學問。但這分科是相對的，不是絕對的，即學文史的不能不明科學，學科學的也不能不通文史。不過爲學重點可以各就其長以圖分途發展耳。就學術本身而論，也是彼此相依存，相利用，貫通。必欲自造壁壘，亦畫牢自限耳。

理論由事實而來，無事實即不產生理論。進一步講，提出理論，乃是爲了適應事實需要，也就是爲了解決現實問題，才有理論的提出。離開現實的理論，便是空中樓閣。理論落空，而現實問題不得解決。這樣又何貴乎有理論？何貴乎有學術？但有些人却死守着理論而不肯在現實上爲適當之運用。中國歷史上，每遇政治上革新變法，提出針對問題的對策，必遭遇反對。大體說，反對派總是以理論壓倒現實，以書本壓倒方案，以古人壓倒今人。桓寬鹽鐵論便是最明顯的證明。王安石變法失敗，便是最深刻的教訓。

古人爲講博講約，主張博觀而約取，或說由博返約。今人爲學講專門，尙專才，最近始提出通才。由通中求專。意思自然是先打一博通的基礎，再求專精。此深合於古之道。近代又盛行一種風氣，即爲學術而學術，此即表示不大看重現實應用的問題。有自鳴清高的意味。從好的一面講，其用心專，動機純潔，無所企圖。從壞的一面講，則未嘗不是對國計民生不感覺興趣，對匡濟時艱無責任感，也就是對人羣缺乏一種內發的熱情。假如大家都這樣想，這樣作，我們便覺得十分可怕。尤其在今天，民族國家的命運危如累卵，朝不保夕。而國人思想不免於徬徨，信念不免於搖動，步驅不免於混亂。丁此時會，正有待於學術界之啓發領導，折衷是非，指示迷津，使大家思想統一，信念堅定，朝氣勃發，以求渡過艱危，創造新運。何可學時艱而熟視無覩？

還有一種風氣是有些人喜歡作窄而深的研究，就幾個極專門極具體的小問題，作深入的研究。或就一項極狹的門徑作專攻。這種作法就求精求深的立場來說，固然可以有很深的造詣，但就效果來說，如只能低下頭看顯微鏡，不能抬起頭看面前的世界，則其學術不一定能對社會有益。閉門造車，出門未必合轍也。如僅就一個一個小題目作分別研究，則可能成爲零碎片段的學問，而組織不成系統。在初學時作一種基本訓練則可，作爲終生事業則不可。

懷疑，考證，也是近代學術界一種作風。大體說，此承清學餘緒而來。淸代前期考證辨僞之業甚盛，至清末又由若干人士對經學今古文問題重新提出意見，遂將兩漢以來久息之爭端死灰復燃。於是以懷疑精神作辨僞的考證，將盛清乾嘉時代的訓詁之學略爲轉向，而另成一種新的風氣。加以新的科學知識與方法來了，遂使此一考證辨僞工作除舊日風氣之外，又加上一種新精神，新方法。不過有時不免懷疑過多過猛，因而招徠若干物議，在作者認爲懷疑，考證，爲治學當具之基本精神與方法，但不可以此爲專務。即當先存一信任之心，有疑始疑，遇可疑始疑，並不先具一不信任態度，每書每事皆疑。讀書得間乃疑，未得間即以信任態度一直讀下。有疑始考，考以解疑，非必不得已不必去考。考證亦不可作爲專務。何處疑何處考，不在無疑處找問題，作考證資料。又假如歷史上美談，或足以勵進民族自尊自信心之輝煌史蹟，存之於民族有益，去之於民族有損；此等問題，縱有可疑，亦當仍之不改。萬不可以考證而自己拆臺。這樣的考證雖精無益，而精力亦枉費，反將造成不良後果，功勞成爲罪過。即如堯舜之禪讓是也。古人已有疑之者。曹丕篡漢時，亦曾說「舜禹之事，我知之矣」我們只能說，這是以小人之心度君子之腹。假如再在考證上予野心家以論證，則助紂爲虐耳。學術云乎哉？但話雖如此，治學如不具懷疑考證精神，則極易誤將黃金當黃土，黃土當黃金。分明是僞書，偏要信以爲眞，甚至不僅自己不疑，亦不許人疑，則未免陷於狹與陋耳。或分明兩相牴觸，或於理不通，於事不順，不能不疑，不容不考。假如不疑不考，又不信前人成說，即自陷於攏統不科學，自說不能圓，論據不能立。非現代學人所宜出。

總之，時代到了今天，民族危機到了現在的地步，正待學術界之領導與挽救。我們必須有熱情，有熱情才能以學術救國家，救民族，救世界。又必須有責任感，有責任感才能站在時代的前面，挺身爲國；站在學術的崗位，致力於領導社會，折衷是非，端正人心，齊一趨向。無論任何學術，以求實，求用，求通爲目標，理論務以現實爲歸趨。象牙之塔既不可藏，牛角尖更不可攢。新時代的精神既須具備，新學術，新方法亦須能知能用。傳統學術的優點既要發揚，外面的優點也要吸收。往聖的絕學要繼長增高，但是炒陳飯，作箋註，不出古人窠臼，則大可不必。學術的可貴在能繼前人而進步，而創新，不貴乎在古人的老路上兜圈子。又要能爲未來的後代設想，不只顧目前。眼光要遠，氣派要大，志量要高，作法則要一點一滴，實實在在的作。淺見如此，未知亦有當否！

前英國駐香港總督葛量洪曾說，十九世紀是英國人的世界，二十世紀是美國人的世界，到二十一世紀將是中國人的世界。我們聽了這話，不僅精神爲之一振，且覺由英國人說出，就格外値得重視。足證中華民族之有前途，中國文化之優秀。假如我們不能作到，那該是我們自己的罪過。

本書付印前修改至此，値尼克森先生就任美國第三十七屆總統。他在就職典禮中演講說，「我們發現，我們有充份的物質，但是在精神上貧乏。能極精確的到達月球，但是在這地球上，則是一片聒耳的爭論。……對一項精神危機，我們需要一個精神的答案，……諸如善良，得體，博愛，仁慈等。」最後他又說，「我們的命運不在衆星之中，而是在地球本身；在我們自己的手中，和我們自己的心中。」讀了這些話，不禁使我們眼前一亮。我們認爲這是一針見血之論，深中要害之言。這與本書的看法若合符節，與中國文化精神，尤深相契合。不過這種自覺我們在三千年前早已確定無疑。也早已說出，作出。到今天聽了他的話，使我們益加堅信，問題的根本在人，人的根本在心。治亂必先治人；治人必先治心。物質不能解決精神的問題。這樣就益加證明，解救世界危機，惟有賴於中國文化；此項艱巨任務，惟有賴於中國人任之。我們的責任重大，我們的氣量豪雄，全國同胞共起擔當，願無多讓。

國家圖書館出版品預行編目資料

中華民族之研究／徐文珊著. -- 初版. -- 新北市：華夏出版有限公司, 2022.01

面； 公分. -- (Sunny 文庫；209)

ISBN 978-986-0799-76-7(平裝)

1.中華民族 2.民族研究 3.民族史 4.民族文化

535.72 110019894

Sunny 文庫 209

中華民族之研究

著　作　徐文珊

印　刷　百通科技股份有限公司

電話：02-86926066 傳真：02-86926016

出　版　華夏出版有限公司

220 新北市板橋區縣民大道 3 段 93 巷 30 弄 25 號 1 樓

電話：02-32343788 傳真：02-22234544

E-mail：pftwsdom@ms7.hinet.net

總 經 銷　貿騰發賣股份有限公司

新北市 235 中和區立德街 136 號 6 樓

電話：02-82275988 傳真：02-82275989

網址：www.namode.com

版　次　2022 年 1 月初版—刷

特　價　新台幣 1200 元 (缺頁或破損的書，請寄回更換)

ISBN-13：978-986-0799-76-7

《中華民族之研究》由徐漢昌先生同意華夏出版有限公司出版繁體字版